Springer-Lehrbuch

Springer-Verlag Berlin Heidelberg GmbH

Wolfgang Mitsch

Strafrecht Besonderer Teil 2

Vermögensdelikte
(Randbereich) / Teilband 2

Springer

Professor Dr. Wolfgang Mitsch
Universität Potsdam
Juristische Fakultät
August-Bebel-Straße 89
14482 Potsdam
Deutschland

ISBN 978-3-540-41266-3

Die Deutsche Bibliothek – CIP-Einheitsaufnahme
Strafrecht, Besonderer Teil. – Berlin; Heidelberg; New York; Barcelona; Hongkong; London; Mailand; Paris; Singapur; Tokio: Springer, 2001
(Springer-Lehrbuch)
2. Vermögensdelikte / Wolfgang Mitsch
Teilbd. 2. Randbereich – 2001
ISBN 978-3-540-41266-3   ISBN 978-3-642-56559-5 (eBook)
DOI 10.1007/978-3-642-56559-5

Dieses Werk ist urheberrechtlich geschützt. Die dadurch begründeten Rechte, insbesondere die der Übersetzung, des Nachdrucks, des Vortrags, der Entnahme von Abbildungen und Tabellen, der Funksendung, der Mikroverfilmung oder der Vervielfältigung auf anderen Wegen und der Speicherung in Datenverarbeitungsanlagen, bleiben, auch bei nur auszugsweiser Verwertung, vorbehalten. Eine Vervielfältigung dieses Werkes oder von Teilen dieses Werkes ist auch im Einzelfall nur in den Grenzen der gesetzlichen Bestimmungen des Urheberrechtsgesetzes der Bundesrepublik Deutschland vom 9. September 1965 in der jeweils geltenden Fassung zulässig. Sie ist grundsätzlich vergütungspflichtig. Zuwiderhandlungen unterliegen den Strafbestimmungen des Urheberrechtsgesetzes.

http://www.springer.de

© Springer-Verlag Berlin Heidelberg 2001
Ursprünglich erschienen bei Springer-Verlag Berlin Heidelberg New York 2001

Die Wiedergabe von Gebrauchsnamen, Handelsnamen, Warenbezeichnungen usw. in diesem Werk berechtigt auch ohne besondere Kennzeichnung nicht zu der Annahme, dass solche Namen im Sinne der Warenzeichen- und Markenschutz-Gesetzgebung als frei zu betrachten wären und daher von jedermann benutzt werden dürften.

Umschlaggestaltung: Design & Production GmbH, Heidelberg

SPIN 10788414   64/2202-5 4 3 2 1 0 – Gedruckt auf säurefreiem Papier

Vorwort

Mit diesem zweiten Teilband wird dem 1998 erschienenen Lehrbuch zum „Kernbereich" der Vermögensdelikte der „Randbereich" hinzugefügt. Der geringeren Ausbildungs- und Prüfungsrelevanz entsprechend ist die Darstellung etwas knapper ausgefallen als im ersten Teilband. Insbesondere die Behandlung der Insolvenzstraftatbestände bleibt hinter dem Umfang des in den §§ 283 ff. StGB enthaltenen Rechtsstoffes weit zurück. Dies erscheint mir sachlich aber ebenso vertretbar wie umgekehrt die recht breite – von manchem vielleicht als zu ausführlich empfundene – Bearbeitung der beiden „raub- und erpressungsähnlichen" Strafvorschriften § 239 a StGB und § 316 a StGB. Kritische Anmerkungen und Verbesserungsvorschläge, die von Lesern und Kollegen zum ersten Teilband gemacht wurden, sind von mir dankbar aufgenommen und umgesetzt worden. Dennoch wird sich auch in diesem Buch gewiß Korrektur-, Ergänzungs- und Verbesserungsbedarf finden.

Herzlich danken für wertvolle Beiträge zur Entstehung des Buches möchte ich Kathleen Bornmann, Christian Fisch, Luise Gründel, Anne König, Sabine Lückel, Beatrix Suffa und Christian Ullrich.

Potsdam, im April 2001   Wolfgang Mitsch

Inhaltsverzeichnis

§ 1 Diebstahlsähnliche Delikte ... 1
   A. Vorbemerkung ... 1
   B. Unbefugter Gebrauch eines Fahrzeugs, § 248 b StGB ... 1
      I. Allgemeines ... 2
         1. Rechtsgut ... 2
         2. Abgrenzung zu Diebstahl und Unterschlagung ... 3
      II. Strafbarkeitsvoraussetzungen ... 3
         1. Objektiver Tatbestand ... 3
         2. Subjektiver Tatbestand ... 9
         3. Rechtswidrigkeit ... 9
      III. Täterschaft und Teilnahme ... 14
         1. Täterschaft ... 14
         2. Teilnahme ... 16
      IV. Konkurrenzen ... 17
         1. Subsidiaritätsklausel ... 17
         2. Konkurrenz zwischen Fahrzeugbenutzung und Benzinverbrauch ... 20
      V. Kontrollfragen ... 22
      VI. Literatur ... 22
   C. Entziehung elektrischer Energie, § 248 c StGB ... 23
      I. Allgemeines ... 23
         1. Rechtsgut ... 23
         2. Abgrenzung zu Diebstahl und Unterschlagung ... 23
         3. Systematik ... 24
      II. Grundtatbestand, § 248 c I ... 24
         1. Objektiver Tatbestand ... 24
         2. Subjektiver Tatbestand ... 22
      III. Privilegierungstatbestand, § 248 c IV 1 ... 27
      IV. Kontrollfragen ... 28
      V. Literatur ... 28
   D. Wilderei, §§ 292, 293 StGB ... 28
      I. Allgemeines ... 30
         1. Diebstahlsähnlichkeit ... 30
         2. Rechtsgut ... 30
         3. Systematik ... 31

VIII Inhaltsverzeichnis

    II. Jagdwilderei 31
        1. Strafbarkeitsvoraussetzungen 32
        2. Besonders schwere Fälle 52
    III. Fischwilderei 54
        1. Allgemeines 54
        2. Strafbarkeitsvoraussetzungen 54
    IV. Kontrollfragen 56
    V. Literatur 57

§ 2 Raub- und erpressungsähnliche Delikte 59

A. Einführung 59

B. Räuberischer Angriff auf Kraftfahrer, § 316 a StGB 60
    I. Allgemeines 62
        1. Entstehungsgeschichte 62
        2. Rechtsgut 63
        3. Systematik 65
        4. Verbrechen 65
    II. Grundtatbestand § 316 a I 66
        1. Objektiver Tatbestand 66
        2. Subjektiver Tatbestand 77
        3. Täterschaft und Teilnahme 83
        4. Versuch und Rücktritt 85
    III. Qualifikationstatbestand § 316 a III 87
        1. Allgemeines 87
        2. Objektiver Tatbestand 87
        3. Subjektiver Tatbestand 95
    IV. Kontrollfragen 96
    V. Literatur 96

C. Erpresserischer Menschenraub, § 239 a StGB 97
    I. Allgemeines 98
        1. Entstehungsgeschichte 98
        2. Rechtsgut 99
        3. Systematik 101
        4. Verbrechen 103
    II. Erster Grundtatbestand, § 239 a I 1. Alt. 103
        1. Objektiver Tatbestand 103
        2. Subjektiver Tatbestand 108
    III. Zweiter Grundtatbestand, § 239 a I 2. Alt. 126
        1. Allgemeines 126
        2. Objektiver Tatbestand 127
        3. Subjektiver Tatbestand 134

IV. Qualifikationstatbestand § 239 a III 134
    1. Allgemeines 134
    2. Objektiver Tatbestand 135
    3. Subjektiver Tatbestand 140
V. Tätige Reue, § 239 a IV 141
    1. Allgemeines 141
    2. Anwendungsbereich des § 239 a IV 142
    3. Voraussetzungen 144
VI. Kontrollfragen 147
VII. Literatur 147

§ 3 Betrugsähnliche Delikte 149

A. Einführung 149
    I. Übersicht 149
    II. Betrugsähnlichkeit 149

B. Computerbetrug, § 263 a StGB 150
    I. Allgemeines 151
        1. Betrugsähnlichkeit 151
        2. Rechtsgut 152
        3. Systematik 152
    II. Grundtatbestand § 263 a I 154
        1. Objektiver Tatbestand 154
        2. Subjektiver Tatbestand 164
    III. Qualifikationstatbestand § 263 a II i.V.m. § 263 V 165
        1. Allgemeines 165
        2. Objektiver Tatbestand 165
        3. Subjektiver Tatbestand 165
    IV. Kontrollfragen 166
    V. Literatur 166

C. Subventionsbetrug, § 264 StGB 167
    I. Allgemeines 168
        1. Betrugsähnlichkeit 168
        2. Rechtsgut 169
        3. Systematik 170
    II. Grundtatbestand 172
        1. Allgemeines 172
        2. Grundbegriffe 173
        3. Einzelheiten zu § 264 I Nr. 1, IV 177
        4. Einzelheiten zu § 264 I Nr. 2, IV 184
        5. Einzelheiten zu § 264 I Nr. 3, IV 185
        6. Einzelheiten zu § 264 I Nr. 4 187

III. Qualifikationstatbestand ... 189
  1. Allgemeines ... 189
  2. Tatbestandsmerkmale ... 189
IV. Besonders schwere Fälle ... 190
V. Tätige Reue ... 190
  1. Allgemeines ... 190
  2. Anwendungsbereich ... 191
  3. Voraussetzungen der Straffreiheit ... 191
VI. Kontrollfragen ... 192
VII. Literatur ... 193

D. **Kapitalanlagebetrug, § 264 a StGB** ... 193
  I. Allgemeines ... 194
    1. Betrugsähnlichkeit ... 194
    2. Rechtsgut ... 195
    3. Systematik ... 195
  II. Strafbarkeitsvoraussetzungen ... 196
    1. Objektiver Tatbestand ... 196
    2. Subjektiver Tatbestand ... 202
    3. Tätige Reue ... 203
  III. Kontrollfragen ... 204
  IV. Literatur ... 204

E. **Versicherungsmißbrauch, § 265 StGB** ... 204
  I. Allgemeines ... 205
    1. Entstehungsgeschichte ... 205
    2. Betrugsähnlichkeit ... 206
    3. Rechtsgut ... 207
    4. Systematik ... 207
  II. Strafbarkeitsvoraussetzungen ... 209
    1. Objektiver Tatbestand ... 209
    2. Subjektiver Tatbestand ... 213
  III. Versuch ... 215
  IV. Subsidiaritätsklausel ... 217
  V. Kontrollfragen ... 218
  VI. Literatur ... 218

F. **Erschleichen von Leistungen, § 265 a StGB** ... 219
  I. Allgemeines ... 220
    1. Betrugsähnlichkeit ... 220
    2. Rechtsgut ... 221
    3. Systematik ... 221
  II. Strafbarkeitsvoraussetzungen ... 222
    1. Objektiver Tatbestand ... 222
    2. Subjektiver Tatbestand ... 239

III. Subsidiaritätsklausel 241
IV. Kontrollfragen 242
V. Literatur 242

G. **Kreditbetrug, § 265 b StGB** 243
I. Allgemeines 243
1. Betrugsähnlichkeit 243
2. Rechtsgut 245
3. Systematik 245
II. Strafbarkeitsvoraussetzungen 246
1. Objektiver Tatbestand 246
2. Subjektiver Tatbestand 252
3. Tätige Reue 252
III. Kontrollfragen 254
IV. Literatur 254

H. **Wettbewerbsbeschränkende Absprachen bei Ausschreibungen, § 298 StGB** 255
I. Allgemeines 255
1. Betrugsähnlichkeit und Entstehungsgeschichte 255
2. Rechtsgut 257
II. Strafbarkeitsvoraussetzungen 258
1. Objektiver Tatbestand 258
2. Subjektiver Tatbestand 264
3. Tätige Reue 265
III. Kontrollfragen 265
IV. Literatur 266

J. **Bestechlichkeit und Bestechung im geschäftlichen Verkehr, §§ 299–302 StGB** 267
I. Allgemeines 268
1. Betrugsähnlichkeit 268
2. Rechtsgut 269
3. Systematik 269
II. Strafbarkeitsvoraussetzungen der Bestechlichkeit, § 299 I 270
1. Objektiver Tatbestand 270
2. Subjektiver Tatbestand 277
III. Strafbarkeitsvoraussetzungen der Bestechung, § 299 II 279
1. Objektiver Tatbestand 279
2. Subjektiver Tatbestand 282
IV. Besonders schwere Fälle 282
V. Kontrollfragen 282
VI. Literatur 283

§ 4 Untreueähnliche Delikte 285

A. Einführung 285

B. Vorenthalten und Veruntreuen von Arbeitsentgelt, § 266 a StGB 286
  I. Allgemeines 287
     1. Untreueähnlichkeit 287
     2. Rechtsgut 288
     3. Systematik 288
  II. Strafbarkeitsvoraussetzungen § 266 a Abs. 1 288
     1. Objektiver Tatbestand 288
     2. Subjektiver Tatbestand 298
     3. Tätige Reue 298
  III. Strafbarkeitsvoraussetzungen § 266 a Abs. 2 303
     1. Objektiver Tatbestand 303
     2. Subjektiver Tatbestand 309
  IV. Strafbarkeitsvoraussetzungen § 266 a Abs. 3 310
     1. Objektiver Tatbestand 310
     2. Subjektiver Tatbestand 311
     3. Tätige Reue 311
  V. Kontrollfragen 311
  VI. Literatur 311

C. Mißbrauch von Scheck- und Kreditkarten, § 266 b StGB 312
  I. Allgemeines 313
     1. Entstehungsgeschichte 313
     2. Untreueähnlichkeit 314
     3. Rechtsgut 314
     4. Systematik 315
  II. Strafbarkeitsvoraussetzungen des Scheckkartenmißbrauchs 315
     1. Objektiver Tatbestand 315
     2. Subjektiver Tatbestand 320
  III. Strafbarkeitsvoraussetzungen des Kreditkartenmißbrauchs 320
     1. Objektiver Tatbestand 320
     2. Subjektiver Tatbestand 322
  IV. Kontrollfragen 322
  V. Literatur 323

§ 5 Sonstige Delikte 325

A. Geldwäsche, § 261 StGB 325
  I. Allgemeines 326
     1. Zweck und Entstehungsgeschichte 326
     2. Rechtsgut 327
     3. Systematik 328

II. Strafbarkeitsvoraussetzungen nach § 261 I 329
  1. Objektiver Tatbestand 329
  2. Subjektiver Tatbestand 335
  3. Strafaufhebungsgrund 337
III. Strafbarkeitsvoraussetzungen nach § 261 II 338
  1. Objektiver Tatbestand 338
  2. Subjektiver Tatbestand 341
  3. Strafaufhebungsgrund 341
IV. Straflosigkeit von Vortatbeteiligten 342
V. Rechtsfolgen 344
VI. Kontrollfragen 345
VII. Literatur 345

B. **Wucher, § 291 StGB** 346
  I. Allgemeines 347
    1. Entstehungsgeschichte 347
    2. Rechtsgut 347
    3. Systematik 348
  II. Strafbarkeitsvoraussetzungen 349
    1. Objektiver Tatbestand 349
    2. Subjektiver Tatbestand 361
  III. Täterschaft und Teilnahme 361
    1. Beteiligung und Additionsklausel 361
    2. Mitwirkung des Bewucherten 365
  IV. Besonders schwere Fälle 366
    1. Allgemeines 366
    2. Regelbeispiele 366
  V. Kontrollfragen 367
  VI. Literatur 368

C. **Vereiteln der Zwangsvollstreckung, § 288 StGB** 368
  I. Allgemeines 369
    1. Rechtsgut 369
    2. Systematik 369
  II. Strafbarkeitsvoraussetzungen 370
    1. Objektiver Tatbestand 370
    2. Subjektiver Tatbestand 378
  III. Täterschaft und Teilnahme 379
    1. Allgemeines 379
    2. Mittelbare Täterschaft und Mittäterschaft 379
    3. Teilnahme 382
  IV. Kontrollfragen 383
  V. Literatur 384

D. Pfandkehr, § 289 StGB 384
   I. Allgemeines 385
      1. Rechtsgut 385
      2. Systematik 386
   II. Strafbarkeitsvoraussetzungen 386
      1. Objektiver Tatbestand 386
      2. Subjektiver Tatbestand 394
   III. Kontrollfragen 398
   IV. Literatur 398

E. Insolvenzdelikte, §§ 283 ff. StGB 399
   I. Allgemeines 399
      1. Geschichtliche Entwicklung und Terminologie 399
      2. Dimensionen strafrechtlicher Insolvenzreglementierung 400
      3. Rechtsgut 401
      4. Systematik 402
      5. Allgemeines zu den Strafbarkeitsvoraussetzungen 402
   II. Bankrott, § 283 405
      1. Allgemeines 405
      2. Strafbarkeitsvoraussetzungen 405
   III. Verletzung der Buchführungspflicht, § 283 b 407
      1. Allgemeines 407
      2. Strafbarkeitsvoraussetzungen 408
   IV. Gläubigerbegünstigung, § 283 c 409
      1. Allgemeines 409
      2. Strafbarkeitsvoraussetzungen 409
   V. Schuldnerbegünstigung, § 283 d 412
      1. Allgemeines 412
      2. Strafbarkeitsvoraussetzungen 412
   VI. Kontrollfragen 415
   VII. Literatur 415

F. Unerlaubtes Glücksspiel, §§ 284, 285, 287 StGB 416
   I. Allgemeines 416
      1. Rechtsgut 416
      2. Systematik 417
   II. Die einzelnen Straftatbestände 418
      1. Unerlaubte Veranstaltung eines Glücksspiels, § 284 I 418
      2. Qualifizierte unerlaubte Veranstaltung eines Glücksspiels, § 284 III 420
      3. Werbung für ein unerlaubtes Glücksspiel, § 284 IV 421
      4. Beteiligung am unerlaubten Glücksspiel, § 285 422
      5. Unerlaubte Veranstaltung einer Lotterie oder einer Ausspielung, § 287 I 423
      6. Werbung für unerlaubte Lotterie oder Ausspielung, § 287 II 424

III. Kontrollfragen 424
　　IV. Literatur 424
G. **Unbefugter Gebrauch von Pfandsachen, § 290 StGB** 425
　　I. Allgemeines 425
　　II. Strafbarkeitsvoraussetzungen 425
　　　　1. Objektiver Tatbestand 425
　　　　2. Subjektiver Tatbestand 427
　　III. Kontrollfragen 427
H. **Gefährdung von Schiffen, Kraft- und Luftfahrzeugen**
　　durch Bannware, § 297 StGB 427
　　I. Allgemeines 428
　　II. Strafbarkeitsvoraussetzungen 428
　　　　1. Objektiver Tatbestand 428
　　　　2. Subjektiver Tatbestand 430
　　III. Kontrollfragen 431
　　IV. Literatur 431
J. **Datenveränderung, Computersabotage, §§ 303 a, 303 b StGB** 431
　　I. Allgemeines 432
　　　　1. Entstehungsgeschichte 432
　　　　2. Rechtsgut 432
　　　　3. Systematik 433
　　II. Datenveränderung, § 303 a 434
　　　　1. Objektiver Tatbestand 434
　　　　2. Sonstige Strafbarkeitsvoraussetzungen 438
　　III. Computersabotage, § 303 b 439
　　　　1. Objektiver Tatbestand 439
　　　　2. Sonstige Strafbarkeitsvoraussetzungen 443
　　IV. Kontrollfragen 443
　　V. Literatur 444

Abkürzungsverzeichnis

a.A.	anderer Ansicht
a.a.O. (aaO)	am angegebenen Ort
abl.	ablehnend
Abs.	Absatz
abw.	abweichend
a.F.	alte(r) Fassung
AFG	Arbeitsförderungsgesetz
AG	Amtsgericht
allg.	allgemein
Alt.	Alternative
Anm.	Anmerkung
AO	Abgabenordnung
AsylVfG	Asylverfahrensgesetz
Art.	Artikel
AT	Allgemeiner Teil
Aufl.	Auflage
AuslG	Ausländergesetz
AVG	Angestelltenversicherungsgesetz
BaföG	Bundesausbildungsförderungsgesetz
BayObLG	Bayerisches Oberstes Landesgericht
BB	Betriebsberater
BbgFischG	Fischereigesetz für das Land Brandenburg
Bd.	Band
BGB	Bürgerliches Gesetzbuch
BGBl	Bundesgesetzblatt
BGH	Bundesgerichtshof
BGHSt	Entscheidungen des Bundesgerichtshofes in Strafsachen
BJagdG	Bundesjagdgesetz
BörsenG	Börsengesetz
BT	Besonderer Teil
BtMG	Gesetz über den Verkehr mit Betäubungsmitteln
bzw.	beziehungsweise
CR	Computer und Recht
DAR	Deutsches Autorecht
DB	Der Betrieb
ders.	derselbe
diff.	differenzierend
DRiZ	Deutsche Richterzeitung
DStR	Deutsches Steuerrecht
EG	Europäische Gemeinschaft

EGInsO	Einführungsgesetz zur Insolvenzordnung
EGStGB	Einführungsgesetz zum Strafgesetzbuch
evtl.	eventuell
f., ff.	folgende, fortfolgende
Fn.	Fußnote
FS, Festschr.	Festschrift
GA	Goltdammer's Archiv für Strafrecht
gem.	gemäß
GmbH	Gesellschaft mit beschränkter Haftung
GmbHG	Gesetz betreffend die Gesellschaften mit beschränkter Haftung
GÜG	Gesetz zur Überwachung des Verkehrs mit Grundstoffen, die für die unerlaubte Herstellung von Betäubungsmitteln mißbraucht werden können
GVBl	Gesetz- und Verordnungsblatt
GVG	Gerichtsverfassungsgesetz
GWB	Gesetz gegen Wettbewerbsbeschränkungen
HeimArbG	Heimarbeitsgesetz
Hervorh.	Hervorhebung
h.L.	herrschende Lehre
h.M.	herrschende Meinung
Hrsg.	Herausgeber
i.d.F.	in der Fassung
InsO	Insolvenzordnung
i.S.(v.)	im Sinne (von)
iur	Informatik und Recht
i.V. (m.)	in Verbindung (mit)
JA	Juristische Ausbildung
JGG	Jugendgerichtsgesetz
JR	Juristische Rundschau
Jura	Juristische Ausbildung
JuS	Juristische Schulung
JZ	Juristenzeitung
Kap.	Kapitel
KG	Kammergericht, Kommanditgesellschaft
KO	Konkursordnung
KorrBG	Gesetz zur Bekämpfung der Korruption
krit.	kritisch
lfd.	laufend(e)
LG	Landgericht
LK	Leipziger Kommentar
MDR	Monatsschrift für deutsches Recht
m.w.N.	mit weiteren Nachweisen
n.F.	neue(r) Fassung
NJW	Neue Juristische Wochenschrift
NK	Nomos Kommentar
Nr., Nrn.	Nummer, Nummern
NStZ	Neue Zeitschrift für Strafrecht
NZV	Neue Zeitschrift für Verkehrsrecht
OHG	Offene Handelsgesellschaft

OK	Organisierte Kriminalität
OLG	Oberlandesgericht
OrgKG	Gesetz zur Bekämpfung des illegalen Rauschgifthandels und anderer Erscheinungsformen der Organisierten Kriminalität
OrgkVerbessG	Gesetz zur Verbesserung der Bekämpfung der Organisierten Kriminalität
RGBl	Reichsgesetzblatt
RGSt	Entscheidungen des Reichsgerichts in Strafsachen
RKG	Reichsknappschaftsgesetz
Rn.	Randnummer(n)
RVO	Reichsversicherungsordnung
S	Satz, Seite
SGB	Sozialgesetzbuch
s.o., s.u.	siehe oben, siehe unten
sog.	sogenannt(e/er)
StÄG	Strafrechtsänderungsgesetz
StGB	Strafgesetzbuch
StPO	Strafprozeßordnung
StrRG	Strafrechtsreformgesetz
StV	Strafverteidiger
SubvG	Subventionsgesetz
UrhG	Urheberrechtsgesetz
usw.	und so weiter
UWG	Gesetz gegen den unlauteren Wettbewerb
v.	von, vom
Verf.	Verfasser
vgl.	vergleiche
VOB/A	Verdingungsordnung für Bauleistungen, Teil A
VOF	Verdingungsordnung für freiberufliche Leistungen
VOL/A	Verdingungsordnung für Leistungen, Teil A
VRS	Verkehrsrecht-Sammlung
VVG	Versicherungsvertragsgesetz
WiKG	Gesetz zur Bekämpfung der Wirtschaftkriminalität
wistra	Zeitschrift für Wirtschaft, Steuer und Strafrecht
WuW	Wirtschaft und Wettbewerb
z.B.	zum Beispiel
zust.	zustimmend
ZStW	Zeitschrift für die gesamte Strafrechtswissenschaft

Literaturverzeichnis

Albrecht, Peter-Alexis u.a. (Hrsg.), Vom unmöglichen Zustand des Strafrechts, 1995
Arzt, Gunther/Weber, Ulrich, Strafrecht Besonderer Teil, 2000
Baumann, Jürgen/Weber, Ulrich/Mitsch, Wolfgang, Strafrecht Allgemeiner Teil, 10. Aufl. 1995
Berz, Ulrich, Formelle Tatbestandsverwirklichung und materialer Rechtsgüterschutz, 1986
Beulke, Werner, Strafprozeßrecht, 4. Aufl. 2000
Blei, Hermann, Strafrecht Besonderer Teil, 12. Aufl. 1983
Brox, Hans/Walker, Wolf-Dietrich, Zwangsvollstreckungsrecht, 6. Aufl. 1999
Bühler, Christoph, Die strafrechtliche Erfassung des Mißbrauchs von Geldspielautomaten, 1995
Demko, Daniela, Zur „Relativität der Rechtsbegriffe" in strafrechtlichen Tatbeständen, Diss. Potsdam, 2000
Dencker, Friedrich/Struensee, Eberhard/Nelles, Ursula/Stein, Ulrich, Einführung in das 6. Strafrechtsreformgesetz, 1998
Erbs, Georg/Kohlhaas, Strafrechtliche Nebengesetze
Freund, Georg, Strafrecht Allgemeiner Teil, 1997
Geerds, Friedrich, Zur Lehre von der Konkurrenz im Strafrecht, 1961
Gössel, Karl Heinz, Strafrecht Besonderer Teil Band 2, 1996
Gropp, Walter, Strafrecht Allgemeiner Teil 1997
Gropp, Walter, Deliktstypen mit Sonderbeteiligung, 1992
Haft, Fritjof, Strafrechtliches Fallrepetitorium zum Allgemeinen und Besonderen Teil, 4. Aufl. 2000
Haft, Fritjof, Strafrecht Allgemeiner Teil, 8. Aufl. 1998
Hellmann, Uwe, Strafprozeßrecht, 1998
Herzberg, Rolf Dietrich, Täterschaft und Teilnahme, 1977
Hoff, Alexander, Das Handlungsunrecht der Steuerhinterziehung, 1999
Hoyer, Andreas, Strafrecht Allgemeiner Teil I, 1996
Immenga, Ulrich/Mestmäcker, Ernst-Joachim, Gesetz gegen Wettbewerbsbeschränkungen, 2. Aufl. 1992
Jakobs, Günther, Strafrecht Allgemeiner Teil, 2. Aufl. 1991
Jescheck, Hans-Heinrich/Weigend, Thomas, Lehrbuch des Strafrechts Allgemeiner Teil, 5. Aufl. 1996
Joecks, Wolfgang, Studienkommentar StGB, 2. Aufl. 2000
Kindhäuser, Urs, Strafrecht Besonderer Teil II Teilband 1, 2. Aufl. 1998
Knorz, Johannes, Der Unrechtsgehalt des § 261 StGB, 1996
KMR, Kommentar zur Strafprozeßordnung, 8. Aufl. 1990
Köhler, Michael, Strafrecht Allgemeiner Teil, 1997
Kohlrausch, Eduard/Lange, Richard, Strafgesetzbuch, 43. Aufl. 1961
Krey, Volker, Strafrecht Besonderer Teil Band 1, 11. Aufl. 1998
Krey, Volker, Strafrecht Besonderer Teil Band 2, 12. Aufl. 1999

Kühl, Kristian, Strafrecht Allgemeiner Teil, 3. Aufl. 2000
Kuhlen, Lothar, Die Unterscheidung von vorsatzausschließendem und nichtvorsatzausschließendem Irrtum, 1987
Küper, Wilfried, Strafrecht Besonderer Teil, 4. Aufl. 2000
Küpper, Georg, Strafrecht Besonderer Teil I, 2. Aufl. 2000
Lackner, Karl/Kühl, Kristian, Strafgesetzbuch, 23. Aufl. 1999
Leip, Carsten, Der Straftatbestand der Geldwäsche, 1995
Leipziger Kommentar zum Strafgesetzbuch, 11. Aufl. 1992
Löwe, Ewald/Rosenberg, Leo, Die Strafprozeßordnung und das Gerichtsverfassungsgesetz, 24. Aufl. 1984
Maurach, Reinhart/Schroeder, Friedrich-Christian/Maiwald, Manfred, Strafrecht Besonderer Teil Teilband 1, 8. Aufl. 1995
Maurach, Reinhart/Schroeder, Friedrich-Christian/Maiwald, Manfred, Strafrecht Besonderer Teil Teilband 2, 8. Aufl. 1999
Mitsch, Wolfgang, Strafrecht Besonderer Teil II Teilband 1, 1998
Mitsch, Wolfgang, Straflose Provokation strafbarer Taten, 1986
Münchener Kommentar zum BGB, 3. Aufl. 1998
Nomos Kommentar zum StGB, 2000
Otto, Harro, Grundkurs Strafrecht, Allgemeine Strafrechtslehre, 5. Aufl. 1996
Otto, Harro, Grundkurs Strafrecht, Die einzelnen Delikte, 5. Aufl. 1998
Paulus, Christoph, Zivilprozeßrecht, 2. Aufl. 2000
Ranft, Otfried, Strafprozeßrecht, 2. Aufl. 1995
Rengier, Rudolf, Strafrecht Besonderer Teil I, 4. Aufl. 2000
Rengier, Rudolf, Strafrecht Besonderer Teil II, 3. Aufl. 2000
Roxin, Claus, Strafrecht Allgemeiner Teil I, 3. Aufl. 1997
Roxin, Claus, Strafverfahrensrecht, 25. Aufl. 1998
Roxin, Claus, Täterschaft und Tatherrschaft, 6. Aufl. 1994
Rüping, Hinrich, Das Strafverfahren, 3. Aufl. 1997
Schlüchter, Ellen, Irrtum über normative Tatbestandsmerkmale im Strafrecht, 1983
Schlüchter, Ellen (Hrsg.), Bochumer Erläuterungen zum 6. Strafrechtsreformgesetz, 1998
Schmidhäuser, Eberhard, Strafrecht Besonderer Teil, 2. Aufl. 1983
Schmidt, Eberhard, Einführung in die Geschichte der deutschen Strafrechtspflege, 3. Aufl. 1965
Schönke, Adolf/Schröder, Horst, Strafgesetzbuch, 25. Aufl. 1997
Schwind, Hans-Dieter, Kriminologie, 10. Aufl. 2000
Sowada, Christoph, Die „notwendige Teilnahme" als funktionales Privilegierungsmodell im Strafrecht, 1992
Sternberg-Lieben, Detlev, Die objektiven Schranken der Einwilligung im Strafrecht, 1997
Stratenwerth, Günter, Strafrecht Allgemeiner Teil, 4. Aufl. 2000
Systematischer Kommentar zum Strafgesetzbuch, Band 2, 6. Aufl. 1995
Tag, Brigitte, Das Vorenthalten von Arbeitnehmerbeiträgen zur Sozial- und Arbeitslosenversicherung sowie das Veruntreuen von Arbeitsentgelt, 1994
Tröndle, Herbert/Fischer, Thomas, Strafgesetzbuch, 49. Aufl. 1999
Vogel, Joachim, Juristische Methodik, 1998
Wabnitz, Heinz-Bernd/Janovsky, Thomas, Handbuch des Wirtschafts- und Steuerstrafrechts, 2000
Welzel, Hans, Das Deutsche Strafrecht, 11. Aufl. 1969
Wessels, Johannes/Beulke, Werner, Strafrecht Allgemeiner Teil, 30. Aufl. 2000
Wessels, Johannes/Hettinger, Michael, Strafrecht Besonderer Teil 1, 24. Auf. 2000

Wessels, Johannes/Hillenkamp, Thomas, Strafrecht Besonderer Teil 2, 23. Aufl. 2000
Woelk, Birgit, Täterschaft bei zweiaktigen Delikten, 1994
Wolff, Carsten, Die Neuregelung des Versicherungsmissbrauchs (§ 265, § 263 Abs. 3 Satz 2 Nr. 5 StGB), 2000
Zipf, Heinz, Einwilligung und Risikoübernahme, 1970

Festschriftenverzeichnis

Festschrift für Jürgen Baumann, 1992
Festschrift für Günter Bemmann, 1997
Festschrift für Paul Bockelmann, 1979
Festschrift für Ernst Heinitz, 1972
Festschrift für Hans-Joachim Hirsch, 1999
Festschrift für Arthur Kaufmann, 1993
Festschrift für Eduard Kern, 1968
Festschrift für Karl Lackner, 1987
Festschrift für Theodor Lenckner, 1998
Festschrift für Reinhart Maurach, 1972
Festschrift für Dietrich Oehler, 1985
Festschrift für Otto Triffterer, 1996
Festschrift für Herbert Tröndle, 1989

§ 1 Diebstahlsähnliche Delikte

A. Vorbemerkung

Die in diesem Kapitel behandelten Straftatbestände weisen eine deutliche Verwandtschaft mit dem Diebstahl, aber auch mit Unterschlagung und mit Sachbeschädigung auf. Korrekt und vollständig müßte die Kapitelüberschrift also lauten „Diebstahls-, unterschlagungs- und sachbeschädigungsähnliche Delikte".[1] Der Einfachheit halber und wegen der Dominanz der diebstahlsähnlichen Deliktsstrukturelemente beschränken wir uns auf die abgekürzte Benennung wie aus der Überschrift ersichtlich.

Die Ähnlichkeit mit den genannten Kernbereichs-Tatbeständen §§ 242, 246 und 303 StGB basiert einerseits auf den betroffenen Rechtsgütern und andererseits dem modus operandi der tatbestandsmäßigen rechtsgutsbeeinträchtigenden Verhaltensweisen. Die Tatobjekte unterliegen nämlich entweder dem Eigentum des Verletzten oder einer eigentumsähnlichen Herrschaft. Die Angriffsform ist entweder eine Entfernung des Objekts aus fremdem Machtbereich nach Art einer Wegnahme, die unbefugte Anmaßung der Verfügungsmacht über das Objekt oder die Vernichtung des Objekts.

B. Unbefugter Gebrauch eines Fahrzeugs, § 248 b StGB

Übersicht   Rn.

I. Allgemeines
  1. Rechtsgut 2
  2. Abgrenzung zu Diebstahl und Unterschlagung
    a) Objektiver Tatbestand 3
    b) Subjektiver Tatbestand 4
    c) Konkurrenz bei tatbestandlicher Übereinstimmung 5
II. Strafbarkeitsvoraussetzungen
  1. Objektiver Tatbestand
    a) Übersicht 6
    b) Täter 7

---

[1] Oder: Delikte gegen das Eigentum und eigentumsähnliche Rechte.

c) Tatobjekt
    aa) Kraftfahrzeug 6
    bb) Fahrrad 9
    cc) Nicht erfaßte Fortbewegungsmittel 10
d) Ingebrauchnahme 11–14
e) Berechtigung 15–18
f) Entgegenstehender Wille 19–25
2. Subjektiver Tatbestand 26
3. Rechtswidrigkeit
    a) Einwilligung 27
    b) Mutmaßliche Einwilligung 28
    c) Rechtfertigender Notstand 29
    d) Selbsthilferecht 30
    e) Anspruch auf Eigentumsübertragung 31
    f) Festnahmerecht 32
III. Täterschaft und Teilnahme
    1. Täterschaft 33
    2. Teilnahme 34
IV. Konkurrenzen
    1. Subsidiaritätsklausel
        a) Allgemeines 35
        b) Gesetzeskonkurrenz 36
        c) Tatidentität 37–38
        d) Andere Vorschrift 39
        e) Schwerere Strafe 40
    2. Konkurrenz zwischen Fahrzeugbenutzung und Benzinverbrauch 41–42

I. Allgemeines

1. Rechtsgut

2   Der Straftatbestand § 248 b schützt das **Eigentum** und sonstige **Gebrauchs-** und **Nutzungsrechte** an den im Gesetzestext aufgeführten Fahrzeugen.[2] Das Delikt ist deshalb kein reines Eigentumsdelikt.[3] Der Eintritt eines Vermögensschadens oder die Erlangung bzw. Verfolgung eines Vermögensvorteils sind keine expliziten Strafbarkeitsvoraussetzungen. Die tatbestandsmäßige Tat wird aber regelmäßig dem Verletzten einen Vermögensnachteil zufügen und dem Täter einen Vermögensvorteil einbringen. Deshalb handelt es sich um ein Vermögensdelikt.

---

[2] *Gössel*, BT 2, § 18 Rn. 2; *Joecks*, § 248 b Rn. 1; *Lackner/Kühl*, § 248 b Rn. 1; a.A. (nur Eigentum) SK-*Hoyer*, § 248 b Rn. 1.
[3] NK-*Kindhäuser*, § 248 b Rn. 2.

2. Abgrenzung zu Diebstahl und Unterschlagung

a) Objektiver Tatbestand

Fahrzeuge sind bewegliche Sachen und daher taugliche Objekte von Diebstahl und Unterschlagung. Meistens stehen diese Sachen in täterfremdem Eigentum und erfüllen somit ein weiteres objektives Tatbestandsmerkmal der §§ 242, 246. Schließlich kann die tatbestandsmäßige Handlung im Einzelfall durchaus den Charakter einer Wegnahme oder Zueignung i. S. d. §§ 242, 246 StGB haben, so daß eine vollständige **Übereinstimmung** mit dem objektiven Tatbestand des § 242 bzw. § 246 möglich ist. Allerdings erfaßt der objektive Tatbestand des § 248 b darüber hinaus Taten, die nicht fremdes Eigentum verletzen, sowie Taten, die nicht die Handlungsmerkmale der Wegnahme oder Zueignung aufweisen.[4] Es gibt also schon auf der Ebene des objektiven Tatbestandes einen **inkongruenten** Bereich von § 248 b einerseits und §§ 242, 246 andererseits.

b) Subjektiver Tatbestand

Sofern der Täter bei der Verwirklichung des objektiv tatbestandsmäßigen Handlungsmerkmals mit Zueignungsabsicht handelt, besteht Übereinstimmung mit dem subjektiven Tatbestand des Diebstahls und der Unterschlagung. § 248 b setzt aber im subjektiven Tatbestand **keine Zueignungsabsicht** voraus. Erfaßt ist auch der „furtum usus".[5] Insoweit ist dieser Tatbestand weiter als der des Diebstahls und der der Unterschlagung.

c) Konkurrenz bei tatbestandlicher Übereinstimmung

Erfüllt eine Tat sämtliche Strafbarkeitsvoraussetzungen des § 248 b und des § 242 oder des § 246, greift die **Subsidiaritätsklausel** des § 248 b I ein. Der Täter wird also aus § 242 oder § 246, nicht aber aus § 248 b schuldig gesprochen (näher dazu unten Rn. 35 ff.).

II. Strafbarkeitsvoraussetzungen

1. Objektiver Tatbestand

a) Übersicht

Der objektive Tatbestand des § 248 b besteht aus folgenden Merkmalen:

• Täter:	Wer
• Tatobjekt:	Kraftfahrzeug oder Fahrrad
• Tathandlung:	Ingebrauchnahme
• Tatopfer:	gegen den Willen des Berechtigten

---

[4] OLG Schleswig, NStZ 1990, 340; a.A. *Schmidhäuser*, NStZ 1986, 460 (461).
[5] *Rengier*, BT 1, § 6 Rn. 4; *Lackner/Kühl*, § 248 b Rn. 1; LK-*Ruß*, § 248 b Rn. 9.

b) Täter

7 Täter des Delikts kann grundsätzlich **jedermann** sein. Eine Einschränkung des Täterkreises ergibt sich im konkreten Fall aber aus der Voraussetzung, daß der Täter „gegen den Willen des Berechtigten" handeln muß. Der Alleininhaber dieser Berechtigung scheidet also als Täter aus. Dies bedeutet aber nicht, daß der Eigentümer des Fahrzeugs in jedem Fall täteruntauglich ist.[6] Denn der „Berechtigte" ist nicht in jedem Fall der Eigentümer (näher dazu unten Rn. 15).

c) Tatobjekt

aa) Kraftfahrzeug

8 Der Begriff „Kraftfahrzeug" ist in Absatz 4 definiert. Danach werden auch Wasser- und Luftfahrzeuge erfaßt, sofern sie über eine **eigene Antriebsquelle** verfügen. Unerheblich ist, ob sich das Fahrzeug auf Rädern, Ketten oder Kufen fortbewegt. Tatbestandsmäßig ist also ein Pkw oder Omnibus ebenso wie ein Bundeswehrpanzer, eine Planierraupe oder ein motorisiertes Snowboard. Auch Krankenfahrstühle mit Motorantrieb sind Kraftfahrzeuge. Schienenfahrzeuge sind ausdrücklich ausgenommen. Dazu gehören außer den Zügen der Deutschen Bundesbahn, Untergrund- und Straßenbahnen auch Seil-, Hänge- und Schwebebahnen.[7] Ebenfalls ausgeschlossen sind Gegenstände, die sich nicht aus eigener Kraft fortbewegen können, sondern an ein Kraftfahrzeug angehängt sind oder von ihm geschoben werden.

bb) Fahrrad

9 Das Fahrrad unterscheidet sich vom Kraftfahrzeug vor allem durch das Fehlen eines Motors. Die Fortbewegung wird durch Muskelkraft bewirkt. Gleichgültig ist die Anzahl der Räder und die Anzahl der Personen, die das Rad trägt. Daher fallen auch Dreiräder, Tandems und nichtmotorisierte Krankenfahrstühle unter den Begriff.[8]

cc) Nicht erfaßte Fortbewegungsmittel

10 Mit den Begriffen „Kraftfahrzeug" und „Fahrrad" ist der Kreis der tauglichen Tatobjekte festgelegt. Gegenstände, die eine ähnliche Funktion haben, aber weder Kraftfahrzeug noch Fahrrad sind, werden vom Tatbestand daher nicht erfaßt. Eine analoge Anwendung ist nach Art. 103 II GG, § 1 StGB ausgeschlossen. Das gilt für alle Arten von Tieren, mit deren Hilfe sich ein Mensch reitend oder in einem von dem Tier gezogenen Wagen sitzend fortbewegen kann. Es gilt des weiteren für Boote und sonstige Wasserfahrzeuge ohne Motor. Skier, Rodelschlitten, Schlittschuhe, Tretroller, Skateboards, Rollschuhe, Segelflugzeuge, Flugdrachen, Fesselballons und Fallschirme fallen ebenfalls aus dem Tatbestand heraus.

---

[6] *Kindhäuser*, BT II, § 9 Rn. 1; *Arzt/Weber*, BT, § 13 Rn. 141; a.A. SK-*Hoyer*, § 248 b Rn. 3.
[7] LK-*Ruß*, § 248 b Rn. 2; SK-*Hoyer*, § 248 b Rn. 4.
[8] LK-*Ruß*, § 248 b Rn. 2.

d) Ingebrauchnahme

Die Tathandlung besteht in der Benutzung des Fahrzeugs als **Fortbewegungsmittel**.[9] Der Täter muß das Fahrzeug also in Bewegung setzen, wobei gleichgültig ist, ob dies durch Ingangsetzen eines Motors oder durch Freisetzung mechanischer Antriebskräfte erreicht wird. Letztendlich muß das Fahrzeug aber eine eigene Dynamik entfalten – Fahren, Fliegen, Schwimmen – und den Täter bei der Fortbewegung seines Körpers unterstützen. Es darf nicht umgekehrt der Täter sein, der durch körperlichen Kraftaufwand die Fortbewegung des Fahrzeugs bewerkstelligt. Wird das Fahrzeug vom Täter geschoben, gezogen oder getragen, liegt keine Ingebrauchnahme vor.[10] Ebenso verhält es sich, wenn der Täter das Fahrzeug auf der Ladefläche eines Lkw, mit einem Tieflader, einem Lastkahn oder einem Autoreisezug der Bundesbahn an einen anderen Ort transportiert oder transportieren läßt.

11

Die Ingebrauchnahme durch den Täter muß zugleich den Berechtigten vom Gebrauch des Fahrzeugs **ausschließen**. Wie bei Diebstahl und Unterschlagung korrespondiert auch bei § 248 b der Anmaßungskomponente (Aneignung)[11] eine Verdrängungskomponente (Enteignung).[12] Der Berechtigte muß also die Herrschaft über das Fahrzeug verlieren bzw. zur Zeit der Tat schon verloren oder übertragen haben. Läßt sich der Täter als blinder Passagier oder Trittbrettfahrer von dem sein Fahrzeug gebrauchenden Berechtigten kostenlos befördern, ist der Tatbestand nicht erfüllt.[13] Dasselbe gilt im Fall einer durch Nötigung des Berechtigten erwirkten Personen- oder Güterbeförderung.

12

Die tatbestandsmäßige Handlung hat **dauerdeliktischen** Charakter.[14] Denn nicht nur der Beginn des Gebrauchens, sondern der gesamte Gebrauchsvorgang bis zu dessen Ende ist eine Ingebrauchnahme.[15] Vollendet ist die Tat zwar bereits in dem Moment, in dem das Fahrzeug in Bewegung gesetzt ist. Tatbestandsmäßig ist jedoch auch der danach fortdauernde Bewegungsprozeß.[16] Der Täter verwirklicht also den Tatbestand so lange, wie der Gebrauch andauert. Erst wenn die Fahrt beendet ist und das Fahrzeug sich nicht mehr fortbewegt, ist die Ingebrauchnahme und damit das tatbestandsmäßige Verhalten abgeschlossen. Vollendung und Beendigung der Tat fallen bei § 248 b wie bei jedem Dauerdelikt auseinander.[17]

13

---

[9] BGHSt 11, 47 (50); *Gössel*, BT 2, § 18 Rn. 22; *Krey*, BT 2, Rn. 148; *Küper*, BT, S. 206; SK-*Hoyer*, § 248 b Rn. 7; *Maurach/Schroeder/Maiwald*, BT 1, § 37 Rn. 9.
[10] SK-*Hoyer*, § 248 b Rn. 8.
[11] Teilband 1, § 1 Rn. 119.
[12] Teilband 1, § 1 Rn. 105.
[13] *Gössel*, BT 2, § 18 Rn. 24; SK-*Hoyer*, § 248 b Rn. 9.
[14] RGSt 68, 216 (217); OLG Düsseldorf, NStZ 1985, 413; *Kindhäuser*, BT II, § 9 Rn. 14; *Wessels/Hillenkamp*, BT 2, Rn. 401; *Joecks*, § 248 b Rn. 16; LK-*Ruß*, § 248 b Rn. 4; *Schönke/Schröder/Eser*, § 248 b Rn. 9; *Tröndle/Fischer*, § 248 b Rn. 7.
[15] RGSt 68, 216 (217); BGHSt 11, 47 (50); OLG Zweibrücken, VRS 34 (1968), 444 (445); OLG Düsseldorf, NStZ 1985, 413; *Rengier*, BT 1, § 6 Rn. 7.
[16] A. A. *Ebert*, DAR 1954, 291; *Franke*, NJW 1974, 1803.
[17] Allgemein dazu *Kühl*, AT, § 14 Rn. 21 ff.; *Schönke/Schröder/Eser*, vor § 22 Rn. 9.

Beispiel: Nach einer durchzechten Nacht hat T eine Blutalkoholkonzentration von über 3 ‰. Er ist daher gem. § 20 schuldunfähig. In diesem Zustand entwendet er den Zündschlüssel zum Pkw des O, setzt sich in den Wagen und fährt davon. Nach über einer Stunde Fahrt ist seine Alkoholisierung so weit abgeklungen, daß er wenigstens wieder vermindert schuldfähig (§ 21) ist. Er fährt noch eine halbe Stunde weiter und bringt dann den Wagen zu O zurück.

Da T bei Antritt der Fahrt schuldunfähig war und für das Vorliegen einer „actio libera in causa" keine Anhaltspunkte sichtbar sind, hat sich T zunächst allenfalls aus § 323 a (iVm §§ 248 b, 316) strafbar gemacht. Nachdem er wieder schuldfähig geworden war, könnte er sich durch die weitere Benutzung des fremden Pkw aus § 248 b strafbar gemacht haben. Dies setzt allerdings voraus, daß das bloße Weiterfahren eine „Ingebrauchnahme" ist. Da dies nach zutreffender Ansicht zu bejahen ist, hat sich T durch die Fortsetzung der Fahrt im Zustand der Schuldfähigkeit aus § 248 b strafbar gemacht. Die während der ersten Hälfte der Fahrt begründete Strafbarkeit aus § 323 a tritt dahinter zurück.[18]

14   Verwendungsarten **ohne Fortbewegungsfunktion** erfaßt der Tatbestand nicht. Schaltet der Täter z.B. die Beleuchtung eines fremden Fahrzeugs ein, um die ausgefallene Flutlichtanlage eines Fußballplatzes zu ersetzen oder legt er sich auf die Ladefläche eines Lieferwagens, um einen Mittagsschlaf zu halten, macht er sich nicht aus § 248 b strafbar.[19]

e) Berechtigung

15   Anders als bei §§ 242, 246 braucht bei § 248 b das Tatobjekt nicht „fremd" zu sein. Das spricht für die Richtigkeit der h.M., daß nicht nur das Eigentum bzw. das Gebrauchsrecht als „Ausfluß des Eigentums",[20] sondern auch vom Eigentümer abgeleitete Nutzungsrechte Schutzgut dieses Tatbestandes sind.[21]

16   Opfer der Tat ist die Person, der die Berechtigung zum Gebrauch des Fahrzeugs zusteht und die deshalb dem Täter die Benutzung verbieten kann. Da dieses Recht dem Eigentum innewohnt (§ 903 BGB), ist als Berechtigter an erster Stelle der **Eigentümer** des Fahrzeugs zu nennen. Der Eigentümer kann aber das Recht zur Ausübung dieser Befugnis übertragen, ohne zugleich das Eigentum zu verlieren. Hat er das Fahrzeug einem anderen **vermietet**, erwirbt dieser zwar nicht Eigentum, aber ein schuldrechtliches Recht zur Benutzung des Fahrzeugs. Soweit dieses Nutzungsrecht reicht, geht es dem Eigentum vor und verleiht dem Mieter auch dem Eigentümer gegenüber die Befugnis zu einem ungehinderten störungsfreien Gebrauch. Also ist in diesem Fall der Mieter Berechtigter i. S. des

---

[18] *Schönke/Schröder/Cramer,* § 323 a Rn. 32; a.A. SK-*Horn,* § 323 a Rn. 25 (Tatmehrheit); *Lackner/Kühl,* § 323 a Rn. 18; BGH, NJW 1992, 584 (Tateinheit).
[19] SK-*Hoyer,* § 248 b Rn. 7.
[20] *Schönke/Schröder/Eser,* § 248 b Rn. 1.
[21] BGHSt 11, 48 (51); *Arzt/Weber,* BT, § 13 Rn. 141; *Gössel,* BT 2, § 18 Rn. 27; *Kindhäuser,* BT II, § 9 Rn. 10; *Küper,* BT, S. 206; *Wessels/Hillenkamp,* BT 2, Rn. 396; *Lackner/Kühl,* § 248 b Rn. 4; *Maurach/Schroeder/Maiwald,* BT 1, § 37 Rn. 5; a.A. SK-*Hoyer,* § 248 b Rn. 16.

§ 248 b I, während der Eigentümer Nichtberechtigter ist und selbst Täter sein kann, wenn er ohne Zustimmung des Mieters das Fahrzeug benutzt.²²

Da die unbefugte Ingebrauchnahme eine „**Berechtigung**" zum Gebrauch verletzt, scheiden alle Rechte an dem Fahrzeug aus, die nicht die Befugnis zum Gebrauch als Fortbewegungsmittel geben, sondern einen anderen Inhalt haben. Daher ist der Inhaber eines Pfandrechts an dem Fahrzeug kein „Berechtigter" i. S. des § 248 b, weil das Pfandrecht ihm nur als Sicherheit dient, aber nicht die Befugnis verleiht, selbst mit dem Fahrzeug zu fahren. Ebenfalls kein Berechtigter ist der Inhaber eines Kaufhauses, der einen Oldtimer vom Eigentümer gemietet hat, um ihn zur Dekoration in sein Schaufenster zu stellen. 17

Die Berechtigung wird nicht dadurch ausgeschlossen, daß ihr Inhaber selbst zur Zeit der Tat aus tatsächlichen oder rechtlichen Gründen nicht in der Lage wäre, das Fahrzeug als Fortbewegungsmittel zu benutzen. Liegt der Fahrzeugeigentümer mit einem gebrochenen Bein im Krankenhaus oder wurde ihm nach § 69 die Fahrerlaubnis entzogen, bleibt er gleichwohl Berechtigter i. S. des § 248 b und kann durch Bildung eines entsprechenden Willens darüber entscheiden, ob die Benutzung des Fahrzeugs durch einen anderen tatbestandsmäßig ist oder nicht. 18

f) Entgegenstehender Wille

Da die Tat „gegen den Willen" des Berechtigten geschehen muß, schließt eine Zustimmung des Berechtigten zur Tat die Strafbarkeit aus. Diese Billigung der Tat ist aber keine rechtfertigende Einwilligung, sondern ein bereits die objektive Tatbestandsmäßigkeit ausschließendes **Einverständnis**.²³ Das Einverständnis ist die **innere Zustimmung** zur Tat, eine Kundgabe dieser Zustimmung ist nicht erforderlich.²⁴ Tatbestandsausschließend wirkt nur das **tatsynchrone**, also während des Tatvollzugs vorhandene Einverständnis. Eine Zustimmung vor der Tat, die während der Tat bereits erloschen ist oder eine nachträgliche Genehmigung der Tat beseitigen die Tatbestandsmäßigkeit nicht. **Willensmängel** stehen der Wirksamkeit des Einverständnisses nicht generell entgegen.²⁵ Vielmehr ist zu differenzieren zwischen verschiedenen Arten von Irrtum und Zwang. Duldet oder gestattet der Berechtigte unter dem Eindruck von Gewalt oder Drohung den Gebrauch seines Fahrzeugs, liegt gar kein tatbefürwortender Wille vor. Denn der wirkliche innere Wille des Genötigten lehnt die Fahrzeugbenutzung ab. Selbst wenn der Berechtigte ausdrücklich oder konkludent seine Zustimmung erklärt, geschieht die Benutzung des Fahrzeugs durch den Täter „gegen seinen Willen" und ist daher tatbestandsmäßig. 19

---

²² *Gössel*, BT 2, § 18 Rn. 27.
²³ *Geerds*, ZStW 72 (1960), 42 (76); *Lenckner*, ZStW 72 (1960), 446 (448); *Maurach/Schroeder/Maiwald*, BT 1, § 37 Rn. 9; *Wessels/Hillenkamp*, BT 2, Rn. 400; *Schönke/Schröder/Eser*, § 248 b Rn. 7; *Schönke/Schröder/Lenckner*, vor § 32 Rn. 30; SK-*Hoyer*, § 248 b Rn. 16.
²⁴ *Hoyer*, AT I, S. 86; *Wessels/Beulke*, AT, Rn. 368; LK-*Ruß*, § 248 b Rn. 7.
²⁵ *Hoyer*, AT I, S. 87; *Wessels/Beulke*, AT, Rn. 367.

> **Beispiel:** T droht dem O, er werde dessen Ehefrau einen Ehebruch des O verraten, wenn dieser ihm nicht eine Spazierfahrt mit seinem neuen Porsche erlaubt. Notgedrungen sagt daraufhin O zu T: „Einverstanden!"

20 Irrt sich der Berechtigte über die Tatsache der Benutzung seines Fahrzeugs durch einen Unbefugten, liegt ebenfalls kein Einverständnis mit der konkreten Tat vor.

> **Beispiel:** O glaubt, der T wolle sein Fahrrad für eine Fahrt ins nächste Dorf benutzen, um dort seine Freundin zu besuchen. O ist damit einverstanden. Tatsächlich benutzt T das Motorrad des O.

21 Unbeachtlich sind Irrtümer, die sich auf Begleitumstände der Fahrzeugbenutzung beziehen, ohne die Kenntnis vom Tathergang zu beeinträchtigen. Da der Berechtigte hier alle tatbestandsrelevanten Tatsachen kennt, steht sein Wille der Ingebrauchnahme nicht entgegen. Anders als bei der rechtfertigenden Einwilligung ist ein bloßer Motivirrtum beim tatbestandsausschließenden Einverständnis unschädlich.

> **Beispiel:** O glaubt, T benutze sein Fahrrad, um seine Freundin im Nachbardorf zu besuchen. Tatsächlich fährt T mit dem Fahrrad ins Nachbardorf, um dort mit Freunden um Geld Karten zu spielen. Hätte O dies gewußt, wäre er mit der Benutzung seines Rades durch T nicht einverstanden gewesen.

22 Wer nicht tatsächlich mit der Fahrzeugbenutzung einverstanden ist, der ist gegen sie. „Gegen den Willen" könnte daher ebensogut als „**ohne (tatbefürwortenden) Willen**" umschrieben werden. Tatbestandsmäßig ist deshalb auch eine Tat, während deren Vollzug der Berechtigte überhaupt keinen aktuellen Willen bezüglich der Fahrzeugbenutzung durch andere hat. Wo keine voluntative Einstellung zum Fahrzeuggebrauch ist, da ist auch kein Einverständnis. Es wäre absurd, wenn der Täter nächtliche Spazierfahrten straflos unternehmen könnte, während der Berechtigte schläft und deshalb keinen Willen bilden kann.

23 Tatbestandsausschließend wirkt immer nur ein reales Einverständnis. Ein **mutmaßliches Einverständnis** steht der Tatbestandsmäßigkeit nicht entgegen,[26] kann aber als Rechtfertigungsgrund „mutmaßliche Einwilligung" die Rechtswidrigkeit ausschließen (unten Rn. 28). Keinen Einfluß auf die Tatbestandsmäßigkeit hat eine etwaige Pflicht des Berechtigten zur Duldung des Gebrauchs durch den Täter. Auch eine pflichtwidrig errichtete Willensbarriere begründet die objektive Tatbestandsmäßigkeit, solange durch die **Duldungspflicht** die Stellung als Berechtigter nicht aufgehoben wird. Das der Duldungspflicht korrespondierende Benutzungsrecht wird aber in der Regel die Rechtswidrigkeit aufheben.

24 Umgekehrt vermag ein **pflichtwidriges Einverständnis** durchaus die objektive Tatbestandsmäßigkeit auszuschließen. Gestattet der von Gläubigern bedrängte Schuldner dem Täter die Benutzung seines Pkw in der Hoffnung, das Fahrzeug werde durch dessen ungestüme Fahrweise so arg ramponiert, daß es als Voll-

---

[26] *Hoyer*, AT I, S. 89; ebenso BGHSt 25, 237 (238) zum ehemaligen § 237 StGB, der das Tatbestandsmerkmal „wider ihren Willen" enthielt.

streckungsobjekt für Gläubiger wertlos wird, begründet das Einverständnis möglicherweise Strafbarkeit des Schuldners aus § 288,[27] steht aber gleichwohl der Strafbarkeit des Fahrzeugbenutzers aus § 248 b entgegen.

Wegen des dauerdeliktischen Charakters der Tat ist es möglich, daß einige Teile eines einheitlichen Gebrauchsvorgangs von einem Einverständnis des Berechtigten gedeckt sind und andere Teile nicht. Tatbestandsmäßiger Gebrauch ist dann nur der Teil der Fahrt, mit dem der Berechtigte nicht einverstanden ist. 25

> **Beispiel:** Nachbar N leiht dem T seinen Pkw, weil das Kind des T plötzlich erkrankt ist und zum Arzt gebracht werden muß. T besitzt keinen eigenen Pkw. T fährt sein Kind mit dem Wagen des N zum Arzt. Nach dem Arztbesuch fährt T nicht sofort nach Hause, sondern macht mit dem Pkw des N noch einen Ausflug in eine 50 km entfernte Großstadt.

Die gesamte Fahrt mit dem Pkw des N ist eine Ingebrauchnahme dieses Kraftfahrzeugs. Soweit T mit dem Wagen zum Arzt und von dort wieder zurück zu N fuhr, war die Tat von einem Einverständnis des N gedeckt und deshalb nicht tatbestandsmäßig. Mit dem „Umweg" über die 50 km entfernte Großstadt war N dagegen nicht einverstanden. Dieser Teil der Fahrt ist daher eine objektiv tatbestandsmäßige Ingebrauchnahme.[28]

2. Subjektiver Tatbestand

Der subjektive Tatbestand besteht aus dem **Vorsatz**, § 15. Dolus eventualis genügt.[29] Eine über die Verwirklichung des objektiven Tatbestandes hinausgehende (Zueignungs- oder Bereicherungs-) Absicht ist nicht erforderlich. Handelt der Täter mit einer derartigen Absicht, ist er wegen Diebstahl, Unterschlagung, Erpressung, Betrug oder Hehlerei strafbar. § 248 b tritt dann auf Grund der Subsidiaritätsklausel zurück (näher dazu unten Rn. 35 ff.). Die irrige Annahme, der Berechtigte sei mit dem Fahrzeuggebrauch einverstanden, ist ein Tatbestandsirrtum, der den Vorsatz ausschließt, § 16 I 1.[30] 26

3. Rechtswidrigkeit

Zum Ausschluß der Rechtswidrigkeit eignen sich viele **Rechtfertigungsgründe**.

a) Einwilligung

Von vornherein nicht hierher gehört aber die **Einwilligung**. Denn der tatbefürwortende Wille des Berechtigten läßt bereits die objektive Tatbestandsmäßigkeit entfallen (s.o. Rn. 19). Raum für eine rechtfertigende Einwilligung wäre daher 27

---

[27] Zerstören der Sache wird von der h.M. als „Beiseiteschaffen" i. S. d. § 288 angesehen, nicht aber bloßes Beschädigen.
[28] OLG Zweibrücken, VRS 34 (1968), 444 (445); OLG Schleswig, NStZ 1990, 340 (341); *Kindhäuser*, BT II, § 9 Rn. 11; a.A. AG München, NStZ 1986, 458 (459); *Schmidhäuser*, NStZ 1986, 460 (461); *ders.*, NStZ 1990, 341; *Krey*, BT 2, Rn. 149.
[29] *Gössel*, BT 2, § 18 Rn. 30; *Lackner/Kühl*, § 248 b Rn. 5; SK-*Hoyer*, § 248 b Rn. 17.
[30] *Wessels/Hillenkamp*, BT 2, Rn. 400; *Joecks*, § 248 b Rn. 12, LK-*Ruß*, § 248 b Rn. 8.

nur in Fällen, in denen die Voraussetzungen eines wirksamen Einverständnisses nicht erfüllt sind und dennoch eine wirksame Einwilligung vorliegt. Diese Konstellation ist nach der h.M. möglich im Bereich der willensmangelbehafteten Einwilligung.

> **Beispiel:** Der hypersensible und krankhaft ehrgeizige Gymnasiast O ist Eigentümer eines teuren Rennfahrrads. Sein Klassenkamerad T droht ihm, er werde den Eltern des O verraten, daß ihr Sohn in der letzten Mathematikarbeit nicht – wie üblich – ein „sehr gut", sondern nur ein „gut" erzielt hat, falls O ihm nicht eine Spazierfahrt mit dem Rennrad erlaubt. O hat seinen Eltern sein „Versagen" in der Mathematikarbeit bisher verheimlicht. Aus Angst vor der angedrohten Denunziation erklärt O dem T, daß er mit dem Rad fahren dürfe.

Trotz der gegenteiligen Äußerung wollte O tatsächlich nicht, daß T mit seinem Fahrrad fährt. Anderenfalls hätte T den O nicht durch Drohung dazu bringen müssen, ihm die Fahrt zu erlauben. Ein tatbestandsausschließendes Einverständnis liegt deshalb nicht vor, die Tat des T erfüllt den objektiven Tatbestand. Die Gestattungserklärung des O könnte aber als Einwilligung die Tat des T rechtfertigen. Zwar wurde die Einwilligung unter Zwang erklärt und ist deshalb mit einem Willensmangel behaftet. Nach h.M. sollen aber nur Drohungsinhalte, die als „empfindliches Übel" vom Tatbestand des § 240 erfaßt wären, die Einwilligung unwirksam machen.[31] In Aussicht gestellte Nachteile, die einen besonnenen Menschen nicht zu der Einwilligung drängen könnten,[32] lassen danach die Wirksamkeit der Einwilligung unberührt. Im vorliegenden Fall wird man das Nachgeben des O gegenüber der von T geäußerten Drohung nicht mehr als vernünftige und verständliche Reaktion eines besonnenen Durchschnittsmenschen anerkennen können. Ein „empfindliches Übel" ist die Bekanntgabe der Note „gut" daher nicht. Die h.M. würde deshalb die Einwilligung des O als wirksam und die Tat des T als gerechtfertigt ansehen. Wer jedoch die h.M. ablehnt und jeder rechtswidrigen Androhung eines Übels – gleich ob „empfindlich" oder nicht empfindlich – einwilligungsvernichtende Kraft zumißt, kommt im vorliegenden Fall zu einer rechtswidrigen Tat des T. Die Situation einer wirksamen rechtfertigenden Einwilligung trotz unwirksamen Einverständnisses ist danach nicht möglich. Diese opferfreundliche Einwilligungsdoktrin ist vorzugswürdig.[33]

b) Mutmaßliche Einwilligung

28 Fehlt es an einem wirklichen Einverständnis und einer tatsächlich erklärten Einwilligung des Berechtigten, sprechen aber die Umstände dafür, daß er einverstanden wäre, wenn ihm diese Umstände bekannt wären, kann die Tat durch mutmaßliche Einwilligung gerechtfertigt sein.

> **Beispiel:** Während O nach einem schweren Arbeitsunfall bewußtlos im Krankenhaus liegt, trifft seine in einer anderen Stadt lebende Schwester S mit dem Zug am Bahnhof ein, um ihren Bruder zu besuchen. Es ist kalt, windig und regnet in Strömen. S ruft bei N – dem Nachbarn des O – an und fragt, ob sie abholen könne. N hat einen Schlüssel zum Haus des O und hat daher auch Zugang zu dessen Pkw samt Fahrzeugschlüssel. N

---

[31] *Kühl*, AT, § 9 Rn. 36; *Roxin*, AT 1, § 13 Rn. 81; *Schönke/Schröder/Lenckner*, vor § 32 Rn. 48.
[32] Zum Begriff „empfindliches Übel" vgl. *Küpper*, BT 1, Teil 1, § 3 Rn. 51.
[33] *Baumann/Weber/Mitsch*, § 17 Rn. 108.

setzt sich sofort in den Pkw des O, fährt zum Bahnhof und bringt die S trockenen Fußes zu O ins Krankenhaus. N weiß, daß die beiden Geschwister sich sehr mögen. Er geht daher davon aus, im Sinne des O zu handeln.

Da O wegen seiner Bewußtlosigkeit im Zeitpunkt der Tat gar keinen Willen bilden kann, ist er mit der Benutzung seines Pkw durch N auch nicht einverstanden (s.o. Rn. 22). Aus dem gleichen Grund fehlt es auch an einer rechtfertigenden Einwilligung. Jedoch gestatten die Umstände die Vermutung, daß O mit dem Handeln des N einverstanden wäre, wenn er einen Willen bilden könnte. Daher ist die Ingebrauchnahme des Pkw durch mutmaßliche Einwilligung gerechtfertigt.

c) Rechtfertigender Notstand

Eine Rechtfertigung durch **Notstand** kommt in Betracht, wenn das Fahrzeug als Mittel zur Abwendung einer Gefahr benötigt wird. Sofern man eine Rechtfertigung nach § 34 im Fall eines Nötigungsnotstandes anerkennt, ist auch in einem Fall wie dem folgenden Rechtfertigung möglich.[34] 29

Beispiel: Der bewaffnete Schwerverbrecher S hat einen Linienbus in seine Gewalt gebracht, den Busfahrer getötet und den Fahrgast F unter Todesdrohung gezwungen, sich ans Steuer zu setzen und ihn mit dem Bus von Berlin nach Leipzig zu fahren. F beugt sich dem Zwang und fährt den Bus.

Da F den Bus in Gebrauch nahm,[35] um eine gegenwärtige Gefahr für sein Leben abzuwenden, handelte er im rechtfertigenden Notstand. Wer beim Nötigungsnotstand jedoch die Möglichkeit einer Rechtfertigung kategorisch ablehnt, gelangt nur zu einer Entschuldigung der Tat nach § 35.[36]

d) Selbsthilferecht, § 229 BGB

§ 229 BGB gestattet zum Zwecke der Selbsthilfe die Wegnahme einer Sache. Damit ist auch der mit der Wegnahme eines Fahrzeugs einhergehende Fortbewegungsvorgang gerechtfertigt. Ein Fahrzeuggebrauch, der über den Sicherungszweck des Selbsthilferechts hinausgeht, ist allerdings rechtswidrig. 30

Beispiel: T hat gegen O wegen eines Anspruchs auf Zahlung von 2500 DM ein rechtskräftiges Urteil erstritten. Bevor T einen Gerichtsvollzieher beauftragen kann, hat O die Vorbereitungen einer das gesamte Vermögen und die eigene Person umfassenden endgültigen Absetzaktion ins Ausland abgeschlossen. T erfährt zufällig davon. Quasi „in letzter Sekunde" gelingt es dem T, sich eines dem O gehörenden Fahrrads im Wert von 3000 DM zu bemächtigen. T setzt sich auf das Rad, fährt damit nach Hause und sperrt es in einem Kellerraum ein.

T hat den objektiven und subjektiven Tatbestand des § 248 b I erfüllt. Eine Rechtfertigung durch Notwehr (§ 32) wäre erwägenswert, wenn man in den Fluchtvorbereitungen des O einen gegenwärtigen Angriff auf den materiellrechtlichen und vollstreckungsrechtlichen Anspruch des T sähe. Die Frage kann aber ebenso dahingestellt bleiben wie die Bestim-

---

[34] *Lackner/Kühl*, § 34 Rn. 2.
[35] Unbefugter Gebrauch ist kein eigenhändiges Delikt, *Wessels/Hillenkamp*, BT 2, Rn. 399.
[36] *Schönke/Schröder/Lenckner*, § 34 Rn. 41 b.

mung des Konkurrenzverhältnisses zwischen Notwehr und Selbsthilferecht. Sicher ist, daß die Tat gerechtfertigt ist, wenn sie die Voraussetzungen des § 229 BGB erfüllt. Das ist hier der Fall. Obrigkeitliche Hilfe war im Zeitpunkt der Tat nicht mehr rechtzeitig zu erreichen. Infolgedessen drohte dem T die endgültige Vereitelung seines Zahlungsanspruchs. Die mit einer Ingebrauchnahme verbundene Wegnahme des Fahrrads diente nur der Sicherung des Anspruchs. Anspruchsbefriedigungswirkung hat diese Maßnahme schon deswegen nicht, weil Gegenstand des Anspruchs die Zahlung eines Geldbetrages und nicht die Überlassung des Fahrrads zum Gebrauch war.

e) Anspruch auf Eigentumsübertragung

31   Beim Diebstahl schließt der Anspruch des Täters auf Übereignung der weggenommenen Sache die Rechtswidrigkeit der beabsichtigten Zueignung aus.[37] Auch wenn sich dieser Anspruch auf ein Kraftfahrzeug oder ein sonstiges von § 248 b erfaßtes Tatobjekt richtet, entfällt die subjektive Tatbestandsmäßigkeit und somit die Strafbarkeit aus § 242. Dabei ist es gleich, auf welche Weise der Täter die Wegnahme ausführt, ob er das Fahrzeug trägt, schiebt, abschleppt oder mit ihm fährt: Strafbaren Diebstahl begeht er nicht. Im Fall des Fahrens (Ingebrauchnahme) erfüllt er aber den Tatbestand des § 248 b. Denn der Anspruch auf Eigentumsübertragung macht ihn noch nicht zu einem „Berechtigten" i. S. des § 248 b I. Die Subsidiaritätsschranke ist in diesem Fall offen, da Strafbarkeit aus § 242 ja nicht möglich ist. Anders als bei § 242 läßt sich bei § 248 b der Eigentumsverschaffungsanspruch nicht auf der Ebene des subjektiven Tatbestandes verwerten. Dennoch besteht kein Zweifel daran, daß der Anspruch die Strafbarkeit aus § 248 b ausschließt. Denn es wäre ein Wertungswiderspruch, wenn dieser Umstand der Strafbarkeit aus dem gravierenderen Straftatbestand „Diebstahl", nicht aber der Strafbarkeit aus dem geringfügigeren Straftatbestand „Unbefugter Fahrzeuggebrauch" entgegenstünde. Da sich für diesen strafbarkeitsausschließenden Umstand auf der Ebene des objektiven oder subjektiven Tatbestandes kein Anknüpfungspunkt findet, muß er als Rechtfertigungsgrund berücksichtigt werden.

> **Beispiele:**
> (1) O verkauft dem T ein Fahrrad. T bezahlt das Rad sogleich, läßt es aber zunächst bei O stehen, da dieser noch eine Reparatur ausführen soll. Nachdem O das Rad repariert hat, verkauft er es für einen höheren Preis an X. Am selben Tag erfährt T von der Vertragsbrüchigkeit des O. Sofort begibt er sich zu O, um ihn zur Rede zu stellen. Zufällig steht das gekaufte Rad vor der Haustür. Eine Übereignung von O an X hat noch nicht stattgefunden. T setzt sich sofort auf das Rad und radelt damit davon.
>
> (2) Hauseigentümer O hat dem Studenten S nicht nur ein Zimmer, sondern auch ein Fahrrad vermietet. Eines Tages verkauft O dieses Fahrrad ohne Wissen des S an T. T bezahlt sofort und nimmt das Rad mit.

In **Beispiel 1** hat T dem O eine fremde bewegliche Sache weggenommen. Er handelte auch mit der Absicht, sich das Fahrrad zuzueignen. Da er aber aus § 433 I BGB einen Anspruch auf Übereignung des Fahrrades hatte, war die von ihm beabsichtigte Zueignung nicht rechtswidrig. Daher hat sich T nicht aus § 242 I strafbar gemacht. Die Wegnahme des Rades ist zugleich eine vorsätzliche Ingebrauchnahme gegen den Willen des Berechtigten O.

---

[37] Teilband 1, § 1 Rn. 149.

Da T mit der Wegnahme des Rades aber nur einen Zustand herbeiführen wollte, der auf Grund des Kaufvertrages konform zur zivilrechtlichen Güterzuordnung ist, handelte er nicht rechtswidrig. Die Tat ist daher gerechtfertigt. In **Beispiel 2** entfällt wieder die Rechtswidrigkeit der beabsichtigten Zueignung und damit der subjektive Tatbestand des § 242 I. Da der Anspruch aus § 433 I BGB aber nur gegen den Verkäufer O, nicht aber gegen S wirkt, kann er auch nicht die Strafbarkeit eines Eingriffs in Rechtsgüter des S ausschließen. Als Mieter des Fahrrades ist S „Berechtigter" i. S. des § 248 b I. Der zwischen O und T geschlossene Kaufvertrag beseitigt die Nutzungsberechtigung des S nicht. Er vermag auch nicht die Verletzung dieses Nutzungsrechts durch T zu rechtfertigen. Wußte T aber nichts von der Vermietung des Fahrrads, befand er sich in einem Tatbestandsirrtum und handelte daher ohne Vorsatz, § 16 I 1.[38] In diesem Fall ist O als mittelbarer Täter (§ 25 I Alt. 2) aus § 248 b I strafbar.

f) Festnahmerecht, § 127 StPO

Die Rechtfertigungswirkung des Festnahmerechts aus § 127 I 1 StPO bezieht sich primär und hauptsächlich auf Handlungen, die das Rechtsgut „Freiheit" bzw. „Fortbewegungsfreiheit" verletzen, also auf Nötigungen (§ 240) und Freiheitsberaubungen (§ 239).[39] Daneben werden auch Körperverletzungen und Sachbeschädigungen gerechtfertigt, soweit sie notwendige und unvermeidbare Begleiterscheinungen des Festnahmeaktes sind.[40] Daß darüber hinaus eine den Tatbestand des § 248 b verwirklichende Handlung durch § 127 I 1 StPO gerechtfertigt sein kann, leuchtet gewiß nicht unmittelbar ein. Jedoch ist anerkannt, daß anstelle des Eingriffs in die persönliche Fortbewegungsfreiheit eine sach- und eigentumsbezogene Zwangsmaßnahme erlaubt und von § 127 I 1 StPO gedeckt sein kann, wenn sie den Verfahrenssicherungszweck ebenso gut bedient wie der unmittelbare Zwang gegen die Person und den Betroffenen zudem weniger belastet als die Einschränkung der persönlichen Bewegungsfreiheit.[41]

32

> **Beispiel:** T beobachtet, wie O aus dem Lebensmittelgeschäft des L kommt, in das er gerade eingebrochen war und in dem er Sachen stehlen wollte. Durch die plötzlich ausgelöste Alarmanlage in Panik versetzt, brach O seinen Diebstahlsversuch ab und wandte sich ohne Beute zur Flucht. T erkennt, daß O sich sogleich auf sein vor dem Geschäft abgestelltes Fahrrad schwingen und dann wegfahren will. Auf eine körperliche Auseinandersetzung mit dem physisch robusten O will T sich nicht einlassen. Dennoch möchte er dazu beitragen, daß O umgehend in Polizeigewahrsam kommt, damit ein Strafverfahren gegen ihn eingeleitet werden kann. Daher wendet T folgenden Trick an: Bevor O sein Fahrrad erreicht, sitzt T bereits darauf und fährt langsam damit los. T vermutet, daß O ihn zu Fuß verfolgen wird, um ihm das Fahrrad abzunehmen. T fährt daher nur so schnell, daß O ihn nicht ganz erreicht, aber knapp hinter ihm bleibt. Ohne daß O dies merkt, fährt T zur nächsten Polizeidienststelle. Dort angekommen, alarmiert T sofort einen Polizeibeamten, der den überrumpelten und von der Verfolgung erschöpften O problemlos überwältigen und festnehmen kann.

---

[38] Unterstellt, O war damit einverstanden, daß T das Fahrrad mitnimmt.
[39] *Beulke*, Strafprozeßrecht, Rn. 237; *Küpper*, BT 1, Teil I, § 3 Rn. 9.
[40] *Hellmann*, Strafprozeßrecht, Teil II § 4 Rn. 70; *Roxin*, Strafverfahrensrecht, § 31 Rn. 10.
[41] *Beulke*, Strafprozeßrecht, Rn. 237.

T hat den Tatbestand des § 248 b I erfüllt, indem er mit dem Fahrrad des O vom Tatort des Diebstahls bis zur Polizeidienststelle fuhr. Eine Rechtfertigung durch Nothilfe (§ 32) scheidet aus, da der Angriff auf das Eigentum des L nach dem Scheitern der Tat nicht mehr gegenwärtig war. Zwar ist anerkannt, daß der in einem Diebstahl liegende Angriff auf das Eigentum auch während des Beuteabtransports noch gegenwärtig ist.[42] Das gilt aber nur für erfolgreiche Diebstahlstaten, bei denen der Täter etwas erbeutet hat und bei denen er das Eigentum durch das Wegtragen der gestohlenen Sache noch weiterhin angreift. Die Flucht des beutelosen Diebes ist kein Angriff auf das Eigentum mehr. Eine Rechtfertigung auf Grund des § 127 I 1 StPO erscheint fraglich, weil T den O nicht festgenommen hat und die Ingebrauchnahme eines fremden Fahrrads zudem keine Freiheitsverletzung, sondern die Verletzung eines Vermögensgutes ist. Dennoch erscheint es vertretbar, die Rechtfertigung der Fahrradbenutzung auf § 127 I 1 StPO zu stützen. T bezweckte mit dieser Tat letztlich nichts anderes als die Herbeiführung eines Verfahrenssicherungserfolges, der auch der typischen Festnahme den Unrechtscharakter nimmt. Anders als im „Normalfall" des § 127 I 1 StPO verfolgte er diesen Zweck nicht durch Entfaltung körperlichen Zwangs gegen O, sondern durch eine subtilere Methode der Ingewahrsamnahme. Da diese den O geringer belastet als z.B. eine Fesselung, ist sie ebenso aus § 127 I 1 StPO gerechtfertigt, wie es eine Fesselung oder sonstige unmittelbare Beschränkung der körperlichen Bewegungsfreiheit wäre.

III. Täterschaft und Teilnahme

1. Täterschaft

33 Der unbefugte Gebrauch eines Fahrzeugs ist kein eigenhändiges Delikt und kann daher in der Form der **mittelbaren Täterschaft** (§ 25 I 2. Alt.) begangen werden.[43] Der mittelbare Täter braucht dabei nicht selbst an dem Fortbewegungsvorgang als Bei- oder Mitfahrer beteiligt zu sein. Allerdings muß der Berechtigte durch die Tat von der Benutzung des Fahrzeugs ausgeschlossen sein. Daher kommt er als Werkzeug i. S. des § 25 I 2. Alt. nicht in Betracht.

> **Beispiele:**
> (1) Vor dem Haus des O steht ein roter Porsche, der dem O gehört. T ist bei O als Chauffeur angestellt und daher im Besitz der Fahrzeugschlüssel. T spiegelt nun dem X vor, der Porsche gehöre ihm (dem T). T händigt dem X die Fahrzeugschlüssel aus und erlaubt ihm eine „Probefahrt". X nimmt das Angebot dankend an.
>
> (2) T spiegelt am 31. März dem in Potsdam wohnenden O vor, ein Tankstellenpächter in Berlin habe 1000 DM ausgelobt für den Fahrer eines „Trabbi", der am 1. April als erster bei ihm zum Tanken vorfahre. Kurz vor Mitternacht setzt sich O in seinen Trabbi und fährt zu der von T angegebenen Tankstelle in Berlin. Als er am 1. April um 0 Uhr dort ankommt und die 1000 DM in Empfang nehmen will, erfährt er, daß er einem Witzbold aufgesessen ist.

---

[42] *Lackner/Kühl*, § 32 Rn. 4.
[43] *Kindhäuser*, BT II, § 9 Rn. 1; *Küper*, BT, S. 208; *Wessels/Hillenkamp*, BT 2, Rn. 399; NK-*Kindhäuser*, § 248 b Rn. 21.

(3) Abwandlung von (2): Da O mit einer schweren Grippe ans Krankenbett gefesselt ist, bittet er den gutgläubigen X (den T), für ihn mit seinem Trabbi zu der genannten Tankstelle zu fahren und dort die 1000 DM einzukassieren. X (bzw. T, der die Gelegenheit zu einer kleinen Spazierfahrt nutzen will) leisten der Aufforderung des O Folge.

In **Beispiel 1** nimmt X irrig an, T sei „Berechtigter", folglich sei der Berechtigte mit der Ingebrauchnahme des Porsche durch X einverstanden. Da das Einverständnis die objektive Tatbestandsmäßigkeit ausschließen würde (s.o. Rn. 19), befindet sich X in einem Tatbestandsirrtum i. S. des § 16 I 1 (s.o. Rn. 26). Damit ist er taugliches „Werkzeug" i. S. des § 25 I 2 Alt.[44] T hat den X in den Irrtum versetzt und den Irrtum zur Tatveranlassung ausgenutzt. Damit hat sich T die „Tatherrschaft" über das Handeln des X verschafft und folglich den Tatbestand des § 248 b I als mittelbarer Täter verwirklicht. Daß T selbst nicht mitgefahren ist, steht diesem Ergebnis nicht entgegen.

In **Beispiel 2** scheint T ebenfalls ein menschliches Werkzeug zur mittelbar-täterschaftlichen Begehung eines von § 248 b erfaßten Delikts eingesetzt zu haben. Denn in der Lehre von Täterschaft und Teilnahme ist anerkannt, daß auch der Rechtsgutsinhaber Tatmittler eines letztlich ihn selbst schädigenden Delikts sein kann, sofern der Hintermann ihn durch Täuschung oder Nötigung in die Werkzeug-Rolle gedrängt hat.[45] Allerdings ist dies nur möglich, wenn unter der Bedingung der Personalunion Werkzeug/Opfer der tatbestandsmäßige Rechtsgutsverletzungserfolg eintritt. Das ist bei § 248 b I nicht der Fall, wenn der Nutzungsberechtigte zu einem zwar sinnlosen und ressourcenvergeudenden („Ressourcen": Benzin, Motor- und Getriebeöl, Zeit, Kraft), aber gleichwohl sein Nutzungsrecht entfaltenden Fahrzeuggebrauch veranlaßt wird. Ein notwendiger Bestandteil des von § 248 b I erfaßten Rechtsgutsverletzungserfolgs ist die vorübergehende Verunmöglichung der Fahrzeugnutzung zum Nachteil des Berechtigten. Dieser muß durch die Tat von der Ausübung seines Gebrauchsrechts ausgeschlossen sein. Das ist in Beispiel 2 nicht der Fall. Folglich hat sich T nicht als mittelbarer Täter aus § 248 b I strafbar gemacht. Sachbeschädigung in mittelbarer Täterschaft (§§ 303 I, 25 I 2. Alt.) hinsichtlich des verbrauchten Benzins dürfte schon im objektiven Tatbestand ausscheiden, da das Benzin durch bestimmungsgemäßen Verwendung verbraucht und somit nicht „zerstört" wurde. Schließlich ist es auch keine Sachbeschädigung in mittelbarer Täterschaft, wenn der Eigentümer eines Apfels durch Täuschung zum Verzehr desselben verführt wird.

Beispiel 3 unterscheidet sich von Beispiel 2 dadurch, daß der „äußere" tatbestandsmäßige Erfolg des § 248 b I eintritt: Der Pkw wird von einem Nichtberechtigten in Gebrauch genommen und währenddessen ist dem O die Möglichkeit der Fahrzeugbenutzung entzogen. Allerdings war O mit der Fahrt des X bzw. des T einverstanden. Zwar war dieses Einverständnis irrtumsbehaftet. Der bloße Motivirrtum beseitigt die tatbestandsausschließende Wirkung der Zustimmung des O nicht (s.o. Rn. 21). Dennoch begründet dieser Irrtum die Werkzeugeigenschaft des O und somit mittelbare Täterschaft des T. Denn der T hat den O durch seine Täuschung zu einem unrechtsausschließenden (das Unrecht – die objektive Tatbestandsmäßigkeit – des Verhaltens des X ausschließenden) Verhalten veranlaßt. Dadurch hat T sowohl den O als auch den X zu seinen „Werkzeugen" i. S. des § 25 I 2. Alt. gemacht. Daher ist die Situation genauso zu beurteilen wie der Fall, in dem der

---

[44] *Gropp*, AT, § 10 Rn. 57; *Kühl*, AT, § 20 Rn. 52; *Stratenwerth*, AT, § 12 Rn. 34; *Wessels/Beulke*, AT, Rn. 537.

[45] *Gropp*, AT, § 10 Rn. 56; *Kühl*, AT, § 20 Rn. 46 ff.; *Stratenwerth*, AT, § 12 Rn. 68 ff.; *Wessels/Beulke*, AT, Rn. 539.

Hintermann (T) durch Täuschung einen anderen (O) zu einem notwehrfähigen Angriff gegen einen Dritten (X) veranlaßt. In einem solchen Fall ist die durch Notwehr gerechtfertigte Verteidigung des Angegriffenen das dem Hintermann zurechenbare tatbestandsmäßige Werkzeugverhalten.[46]

2. Teilnahme

34 Die Teilnahme (Anstiftung, Beihilfe, §§ 26, 27) am unbefugten Gebrauch eines Fahrzeugs folgt den **allgemeinen Regeln**.[47] Bloßes Mitfahren in einem Fahrzeug, das der Fahrer unbefugt benutzt, ist jedoch straflos, es sei denn, der Mitfahrer nimmt bestimmend (§ 26) oder helfend (§ 27) Einfluß auf die Dauer oder sonstige Umstände der Fahrt.[48]

> **Beispiele:**
> (1) T macht ohne Erlaubnis des O mit dessen Pkw eine Fahrt durch Berlin. In Steglitz läßt T den X einsteigen. Als T dem X nach 10 Minuten Fahrt erklärt, er werde jetzt den Wagen wieder zu O zurückbringen, schlägt X ihm vor, zuvor noch einen Abstecher nach Kloster Zinna (Brandenburg) zu machen und dort ein paar Flaschen „Klosterbruder" zu kaufen. T läßt sich von X überreden und fährt nach Kloster Zinna und anschließend wieder zurück nach Berlin.
>
> (2) Abwandlung von (1): Als X von T erfährt, daß er ein fremdes Fahrzeug unbefugt benutzt, fordert X den T auf, die Spazierfahrt abzubrechen und den Wagen sofort zu O zurückzubringen. T hatte an sich vor, noch eine Fahrt nach und durch Potsdam zu machen.
>
> (3) Abwandlung von (2): Als X erfährt, daß T den Pkw unbefugt benutzt, fordert X ihn auf, statt der vorgesehenen Fahrt von Steglitz nach Potsdam nur bis Wannsee zu fahren und danach den Wagen zu O zurückzubringen.

Wer die Fortsetzung eines bereits begonnenen Fahrzeuggebrauchs nicht als tatbestandsmäßige „Ingebrauchnahme" anerkennt, muß in **Beispiel 1** eine Strafbarkeit des X wegen Anstiftung zum unbefugten Gebrauch eines Fahrzeugs schon deswegen verneinen, weil X den T nicht zu seinem tatbestandsmäßigen Verhalten „bestimmt" hat. Den Entschluß zum Antritt der Fahrt mit dem Pkw hatte T ja schon vor dem Zustieg des X gefaßt und zu realisieren begonnen. Die Bestimmung zur Verlängerung der Fahrt kann nach dieser Auffassung allenfalls psychische Beihilfe sein. Nach der hier vertretenen Ansicht (s.o. Rn. 13) ist der gesamte Fortbewegungsvorgang eine dauernde tatbestandsmäßige Ingebrauchnahme, weshalb die Aufforderung zur Ausdehnung dieses Vorgangs eine Bestimmung zur Modifizierung tatbestandsmäßigen Verhaltens ist. Da diese Bestimmung eine Unrechtssteigerung bewirkt, ist sie nach den Grundsätzen über die sog. „Umstimmung" oder „Aufstiftung"[49] als Anstiftung zu unbefugtem Gebrauch eines Fahrzeugs strafbar. Dieses Ergebnis ist in Beispiel 1 vor allem deswegen überzeugend, weil die Aufforderung zur Fahrtverlängerung zugleich bewirkte, daß T seinen Entschluß zur – durch mutmaßliche Einwilligung des O – gerechtfertigten Rückfahrt fallen ließ. X rief also in T den –

---
[46] LK-*Roxin*, § 25 Rn. 80.
[47] *Gössel*, BT 2, § 18 Rn. 32.
[48] BGH, VRS 19 (1960), 288; *Joecks*, § 248 b Rn. 13; *Schönke/Schröder/Eser*, § 248 b Rn. 10.
[49] *Schönke/Schröder/Cramer*, § 26 Rn. 8, *Gropp*, AT, § 10 Rn. 122; *Kühl*, AT, § 20 Rn. 181; *Wessels/Beulke*, AT, Rn. 571.

neuen – Tatentschluß hervor, den Pkw weiter in rechtswidriger Weise als Fortbewegungsmittel zu benutzen. In **Beispiel 2** hat X den T zwar ebenfalls zu einer Änderung seines Tatentschlusses veranlaßt. Jedoch handelt es sich hier um die Umwandlung des Entschlusses zur Fortsetzung eines rechtswidrigen Fahrzeuggebrauchs in einen Entschluß zu einer durch mutmaßliche Einwilligung gerechtfertigten Rückfahrt. X hat den T also nicht zu einer rechtswidrigen, sondern zu einer gerechtfertigten Tat bestimmt und ist deshalb nicht als Teilnehmer eines unbefugten Fahrzeuggebrauchs strafbar.[50] In **Beispiel 3** ist die infolge des Vorschlags des X abgekürzte Fahrt von Steglitz nach Wannsee zwar nicht gerechtfertigt. Dennoch ist X auch in diesem Fall nicht wegen Anstiftung zu unbefugtem Gebrauch eines Fahrzeugs strafbar, da die Einwirkung auf den Tatentschluß des T zu einer Unrechtsverringerung („Abstiftung") geführt hat.[51] Eine Bestimmung mit dieser Folge ist genausowenig Anstiftung wie die Bestimmung zu einem rechtmäßigen Verhalten.

IV. Konkurrenzen

1. Subsidiaritätsklausel

a) Allgemeines

Da der Tatbestand „Unbefugter Gebrauch eines Fahrzeugs" eine **lückenschließende Auffangfunktion** hat, tritt er zurück, wo er zur Befriedigung eines Bestrafungsbedürfnisses nicht erforderlich ist, weil diese Funktion schon von einer anderen Strafvorschrift erfüllt wird. Das Gesetz bringt dies in einer Subsidiaritätsklausel zum Ausdruck, die denselben Wortlaut hat, wie die Subsidiaritätsklausel der durch das 6. Strafrechtsreformgesetz neugefaßten Unterschlagungsvorschrift § 246 I. Auf die ausführliche Darstellung im Unterschlagungskapitel des Teilbands 1 (§ 2 Rn. 68 ff.) kann hier also weitgehend verwiesen werden.

35

b) Gesetzeskonkurrenz

Betont sei hier noch einmal, daß die Subsidiarität nichts an der Erfüllung der Strafbarkeitsvoraussetzungen (Tatbestandsmäßigkeit, Rechtswidrigkeit, Schuld) ändert, sondern als Fall der **Gesetzeskonkurrenz** nur die Heranziehung des § 248 b als Verurteilungs- und Bestrafungsgrundlage ausschließt.[52] Dies ist insbesondere in Fällen mit Beteiligung mehrerer Personen zu beachten.

36

> **Beispiel:** A fordert den T auf, mit dem Pkw des O eine – von O nicht gebilligte – Spazierfahrt zu unternehmen. T nimmt daraufhin den Pkw mit Zueignungsabsicht weg und fährt damit davon. Daß T mit Zueignungsabsicht handeln würde, hatte A nicht erwartet.

Da T den Pkw des O in der Absicht wegnahm, sich das Fahrzeug rechtswidrig zuzueignen, hat er sich wegen Diebstahls aus § 242 I strafbar gemacht. Daneben hat er auch alle Strafbarkeitsvoraussetzungen des § 248 b I erfüllt. Bestraft wird er aber nur aus § 242 I, dagegen nicht aus § 248 b I, da dieser Tatbestand wegen seiner Subsidiarität hinter § 242 I zu-

---

[50] OLG Düsseldorf, NStZ 1985, 413.
[51] *Gropp*, AT, § 10 Rn. 139; *Kühl*, AT, § 20 Rn. 185.
[52] *Wessels/Beulke*, AT, Rn. 790.

rücktritt. A hat den T zu seiner Tat angestiftet (§ 26). Der Vorsatz des A richtet sich aber nicht darauf, daß T mit Zueignungsabsicht handelt und damit einen Diebstahl begeht, § 16 I 1. A hatte lediglich den Vorsatz, T zu einem unbefugten Fahrzeuggebrauch zu bestimmen. Diesen Tatbestand hat T auch erfüllt. Folglich kann A aus §§ 248 b I, 26 bestraft werden. Die bei T wirkende Subsidiarität hat auf die Strafbarkeit des A keinen Einfluß. Hinsichtlich des eigenen strafbarkeitsbegründenden Verhaltens des A greift die Subsidiaritätsklausel nicht ein, da A keinen weiteren – den § 248 b verdrängenden – Tatbestand verwirklicht hat.

c) Tatidentität

37 Gegenständlich ist die Subsidiaritätsklausel auf die **Tat** beschränkt, welche die Strafbarkeitsvoraussetzungen des § 248 b und zugleich die der „anderen Vorschrift" erfüllt. Soweit diese andere Vorschrift nicht durch dieselbe, sondern durch eine andere Tat erfüllt wird, verdrängt sie den § 248 b nicht.

> **Beispiel:** T entwendet ohne Zueignungsabsicht den Pkw des O, um damit eine Spazierfahrt zu machen. Nachdem er 20 km gefahren ist, faßt er den Entschluß, den Wagen zu behalten. Diesen Entschluß setzt er in die Tat um, indem er mit dem Wagen des O nach Hause fährt und ihn in seine Garage stellt.

Die Entwendung des Pkw und die ersten 20 km Fahrt erfüllen nur die Strafbarkeitsvoraussetzungen des § 248 b. Diebstahl oder Unterschlagung hat T bis dahin nicht begangen, weil er keine Zueignungsabsicht hatte bzw. sich den Pkw nicht zueignete. Dies änderte sich, nachdem T beschlossen hatte, den Wagen zu behalten. Die weitere Benutzung des Fahrzeugs war von Zueignungsvorsatz begleitet und objektiv eine Zueignung i. S. des § 246 I. Der durch die Weiterfahrt verwirklichte § 248 b wird von § 246 verdrängt. Fraglich ist, ob auch der bereits zuvor durch die 20 km Fahrt verwirklichte § 248 b von § 246 verdrängt wird. Wegen der Asynchronität dieser Fahrtabschnitte könnte man annehmen, es handele sich um zwei verschiedene Taten. Dann träte § 248 b im ersten Fahrtabschnitt nicht hinter § 246 zurück. Da aber der unbefugte Fahrzeuggebrauch ein Dauerdelikt ist (s.o. Rn. 13), bildet der gesamte Vorgang von der Entwendung des Wagens bis zum Abstellen in der eigenen Garage eine einzige Tat.[53] Daher verdrängt § 246 den § 248 b vollständig, obwohl die Unterschlagung erst nach 20 km Fahrt begann, während der unbefugte Fahrzeuggebrauch von T bereits auf den ersten 20 km begangen wurde. Hätte T dagegen seine Fahrt nach 20 km unterbrochen und danach erst beschlossen, den Wagen zu behalten, stünde der auf dem ersten Fahrtabschnitt verwirklichte § 248 b zu der durch die Weiterfahrt begangenen Unterschlagung in Tatmehrheit, § 53.

38 Tatidentität setzt nicht nur **Handlungsidentität**, sondern auch **Objekts-** und **Opferidentität** voraus. Die Verwirklichung des anderen – vorrangigen – Tatbestandes muß sich also ebenfalls auf das unbefugt benutzte Fahrzeug richten und den Fahrzeuginhaber verletzen.

> **Beispiel:** T benutzt den Pkw des O, um einen Fernsehapparat abzutransportieren, den der X soeben dem E gestohlen hat.

---

[53] *Schönke/Schröder/Stree*, vor § 52 Rn. 81 ff.; *Wessels/Beulke*, AT, Rn. 761; *Gropp*, AT, § 14 Rn. 39.

T hat mit dem unbefugten Gebrauch des Pkw zugleich Beihilfe zum Diebstahl (§§ 242, 27) oder Begünstigung (§ 257) begangen.[54] Fahrzeugbenutzung und Hilfeleistung sind ein und dieselbe Handlung, weshalb die Annahme von Tatidentität naheliegt. Jedoch bezieht sich das Hilfeleistungsdelikt (§§ 242, 27 oder § 257) gar nicht auf das Objekt, an dem sich die Verwirklichung des § 248 b auswirkt – das Fahrzeug. Zudem haben unbefugter Fahrzeuggebrauch und Diebstahlsbeihilfe bzw. Begünstigung unterschiedliche Verletzte. Beide Umstände zwingen dazu, die Strafbarkeit des T aus § 248 b nicht „unter den Tisch fallen" zu lassen, sondern die doppelte Angriffsrichtung durch Verurteilung aus den idealiter konkurrierenden Tatbeständen zum Ausdruck zu bringen.

d) Andere Vorschrift

Dieses Merkmal der Subsidiaritätsklausel ist anerkanntermaßen einschränkend auszulegen. Nur Straftatbestände mit **gleicher Schutzrichtung** wie § 248 b, die also das Eigentum, Nutzungsrechte oder das Vermögen schützen – insbesondere §§ 242, 246, 249, 253, 263 –, kommen als vorrangige, den § 248 b verdrängende Vorschriften in Betracht.[55] Hinter Straftatbeständen mit einem anderen Schutzgut tritt § 248 b auch dann nicht zurück, wenn der andere Tatbestand eine höhere Strafe androht.

39

> **Beispiel:** Obwohl er weiß, daß O seine plötzlich schwer und lebensgefährlich erkrankte Ehefrau E sofort mit seinem Pkw zu einem Arzt bringen muß, bemächtigt sich T des dem O gehörenden Fahrzeugs und macht damit eine halbstündige Spazierfahrt. Während dieser Zeit verschlechtert sich der Gesundheitszustand der E dramatisch. O muß die Feuerwehr alarmieren, die alsbald erscheint und die E ins Krankenhaus bringt. Dort wird E durch eine sofort eingeleitete Operation gerettet. Hätte O die E mit seinem eigenen Pkw ins Krankenhaus bringen können, wäre der Verlust wertvoller Zeit vermieden worden. Die Zustandsverschlechterung der E wäre weniger gravierend gewesen und die Lebensgefahr hätte sich nicht so stark zugespitzt.

Je nach innerer Einstellung zu dem rapiden Gesundheitsverfall der E hat sich T durch die rettungsbehindernde Benutzung des fremden Fahrzeugs wegen fahrlässiger oder vorsätzlicher Körperverletzung (§§ 229; 223, 224 I Nr. 5) oder gar wegen versuchten Totschlags oder versuchten Mordes (§§ 212, 211, 22) strafbar gemacht. Dieselbe Handlung ist auch ein unbefugter Gebrauch eines Fahrzeugs gem. § 248 b I. Außer § 229 drohen alle konkurrierenden Strafvorschriften höhere Strafen an als § 248 b. Eine Verdrängungswirkung gegenüber § 248 b entfalten sie gleichwohl nicht, weil in keinem der gesundheits- oder lebensschützenden Tatbestände der vermögensschädigende Charakter der Tat anklingt. Damit dieser Unrechtsaspekt im Strafurteil zum Ausdruck kommt, muß § 248 b als Verurteilungsgrundlage Erwähnung finden.[56] Dies ist aber nur möglich, wenn § 248 b nicht durch einen der anderen Tatbestände verdrängt wird, sondern mit ihm in Tateinheit (§ 52) steht.

---

[54] Zur Abgrenzung vgl. Teilband 1 § 9 Rn. 8.
[55] *Kindhäuser*, BT II, § 9 Rn. 16; *ders.*, in: NK, § 248 b Rn. 25; *Rengier*, BT 1, § 6 Rn. 8; *Wessels/Hillenkamp*, BT 2, Rn. 403; *Schönke/Schröder/Eser*, § 248 b Rn. 13; *Lackner/Kühl*, § 248 b Rn. 6; LK-*Ruß*, § 248 b Rn. 13; SK-*Hoyer*, § 248 b Rn. 18.
[56] *Schönke/Schröder/Stree*, § 52 Rn. 2: Klarstellungsfunktion.

e) Schwerere Strafe

40 Entgegen dem insoweit mißverständlichen Gesetzeswortlaut („mit schwererer Strafe bedroht ist") tritt § 248 b hinter einer anderen Strafvorschrift nur zurück, wenn der Täter aus dieser **tatsächlich schuldig gesprochen** wird. Durch die bloße Existenz einer höheren gesetzlichen Strafandrohung wird § 248 b als Verurteilungs- und Bestrafungsgrundlage im konkreten Fall also nicht verdrängt.[57] Für die Feststellung, daß die Strafe, die durch die Verwirklichung des vorrangigen Straftatbestands verwirkt worden ist, „schwerer" ist als die, die wegen des unbefugten Fahrzeuggebrauchs verhängt werden könnte, ist dagegen das **abstrakte gesetzliche Strafmaß** bestimmend.[58] Würde man auf die Höhe der konkret verhängten Strafe abstellen, wäre die Subsidiaritätsklausel unanwendbar in all den Fällen, in denen auf die Straftat nicht mit Strafe reagiert wird, z.B. bei Taten, die dem Jugendstrafrecht unterliegen (vgl. §§ 5, 18 I 3 JGG).

2. Konkurrenz zwischen Fahrzeugbenutzung und Benzinverbrauch

41 Die h.M. stellt die Subsidiaritätsklausel auf den Kopf, soweit es um das Verhältnis zwischen der Benutzung des Fahrzeugs und dem damit – jedenfalls bei Kraftfahrzeugen regelmäßig – verbundenen Kraftstoff- und Schmiermittelverbrauch geht. Damit § 248 b in diesen Fällen nicht leerläuft, tritt § 248 b hinter den an sich durch den Verbrauch dieser Stoffe verwirklichten §§ 242, 246 StGB nicht zurück. Im Gegenteil: Die an sich vorrangigen – weil eine schwerer Strafe androhenden – Straftatbestände **treten hinter § 248 b zurück**.[59] Dies soll sogar gelten, wenn der Täter bei der Fahrzeugentwendung Raubmittel angewendet hat.

> **Beispiel:** T möchte unbedingt mit dem neuen Porsche des O eine Spazierfahrt machen. Da O ihm dies nicht erlaubt, verschafft sich T den Wagen mit Gewalt. Er schlägt den O nieder, setzt sich in den Sportwagen und fährt davon.

Hinsichtlich des Fahrzeugs hat T weder Diebstahl noch Raub begangen, da er bei der gewaltsamen Wegnahme ohne Zueignungsabsicht handelte. Er wollte dem O den Wagen nur vorübergehend entziehen, hatte also nicht den Vorsatz dauernder Enteignung.[60] Die Fahrt mit dem Porsche erfüllt den Tatbestand des § 248 b. Stellt man nicht auf das Fahrzeug, sondern ausschließlich auf das im Tank vorhandene und dem O gehörende Benzin ab, ergibt sich eine andere strafrechtliche Beurteilung: Zusammen mit dem Fahrzeug hat T auch dieses Benzin dem O weggenommen. Da er den Kraftstoff – zumindest teilweise – verbrauchen und somit dem O endgültig entziehen wollte, hatte er auch Enteignungsvor-

---

[57] Teilband 1 § 2 Rn. 83.
[58] Teilband 1 § 2 Rn. 85.
[59] BGH, GA 1960, 182 (183), OLG Celle, NJW 1953, 37 (38); *Vogler*, FS Bockelmann, S. 715 (731), *F. Geerds*, Konkurrenz, S. 220; *Arzt/Weber*, BT, § 13 Rn. 145; *Kindhäuser*, BT II, § 9 Rn. 16; *ders.*, in: NK, § 248 b Rn. 26; *Küper*, BT, S. 209; *Otto*, BT, § 49 Rn. 13; *Rengier*, BT 1, § 6 Rn. 9; *Wessels/Hillenkamp*, BT 2, Rn. 403; *Lackner/Kühl*, § 248 b Rn. 6; LK-*Ruß*, § 248 b Rn. 13; nach SK-*Hoyer*, § 248 b Rn. 18 entfällt bereits die Tatbestandsmäßigkeit; ähnlich *Gössel*, BT 2, § 18 Rn. 36.
[60] Zur umstrittenen Strafbarkeit aus §§ 253, 255 vgl. Teilband 1 § 6 Rn. 37 ff.

satz.[61] Also scheint einer Bestrafung aus § 249 bzw. – wenn T ohne Gewaltanwendung weggenommen hätte – § 242 nichts entgegenzustehen.[62] Die Konsequenz wäre jedoch, daß § 248 b I auf Grund der Subsidiarität nicht zum Zuge käme. Dies wäre immer so, wenn der Täter bei der unbefugten Benutzung eines Fahrzeugs Treibstoff und/oder sonstige den Fahrzeugbetrieb ermöglichende Substanzen verbraucht. § 248 b träte stets zurück und wäre so gut wie unanwendbar. Zur Vermeidung dieses Ergebnisses erklärt die h.M. den Treibstoffverbrauch für strafrechtlich irrelevant, behandelt diesen Umstand also so, als wäre er nicht vorhanden.[63] T ist demnach nur aus § 248 b, sowie aus § 223 und § 240 strafbar.

Zu dieser h.M. ist kritisch anzumerken: Das Bestreben, den Straftatbestand § 248 b in der praktischen Rechtsanwendung nicht zu einer vernachlässigbaren Größe schrumpfen zu lassen und zu diesem Zweck die Augen vor der Verwirklichung der an sich vorrangigen Straftatbestände zu verschließen, ist verständlich. Strafrechtsdogmatisch ist eine solche Konsumtion des schwereren Tatbestandes durch den ihn begleitenden milderen Tatbestand jedoch fragwürdig. Insbesondere ergeben sich **Wertungswidersprüche** im Verhältnis zu Fällen, in denen der Täter „nur" Benzin entwendet, um dieses dann mit seinem eigenen Fahrzeug zu verbrauchen. 42

> **Beispiele:**
>
> (1) Mit einer speziellen Absaugvorrichtung saugt T 25 Liter Benzin aus dem Tank des dem O gehörenden Pkw. Dieses Benzin füllt T in den Tank seines eigenen Pkw, mit dem er sodann davonfährt.
>
> (2) Mit einem 5 Liter fassenden Kanister in der Hand und einer geladenen Pistole in der Hosentasche geht T zur Tankstelle des O, füllt dort den Behälter mit Benzin und entfernt sich, ohne das getankte Benzin bezahlt zu haben. Als O sich dem T in den Weg stellt und Bezahlung verlangt, zieht T seine Pistole und hält sie dem O drohend vor die Nase.

In **Beispiel 1** hat sich T zweifellos aus § 242, nicht aber aus § 248 b strafbar gemacht. Eine Verdrängung des § 242 durch § 248 b kommt also nicht in Betracht. Hätte T dagegen das Benzin in dem Wagen des O gelassen und wäre er statt mit dem eigenen mit dem Wagen des O gefahren, drohte ihm nach h.M. nur Strafe aus § 248 b, falls er den Wagen des O ohne Zueignungsabsicht weggenommen hätte. Die Tat, mit der der Täter dem Eigentümer das Benzin endgültig und den Pkw vorübergehend entzieht, würde milder bestraft als die Tat, mit der der Täter dem Eigentümer nur das Benzin endgültig entzieht und den Pkw im übrigen unangetastet läßt. Dies ist ein klarer Wertungswiderspruch.[64] Wer dennoch an der h.M. festhält, kann diesen Widerspruch bei der Beurteilung des Beispiels 1 nur dadurch abmildern, daß er den T aus § 242 verurteilt, bei der Strafzumessung jedoch das mildere Strafniveau des § 248 b beachtet und ihm eine Art „Sperrwirkung" zuschreibt. T dürfte dann aus § 242 nicht schwerer bestraft werden als er aus § 248 b bestraft würde, wenn er den Pkw des O unbefugt benutzt und dabei die 25 Liter Benzin verbraucht hätte.

---

[61] A. A. *Gössel*, BT 2 § 18 Rn. 36; Zur Aneignungsabsicht in einem solchen Fall vgl. Teilband 1 § 1 Rn. 135.
[62] *Ranft*, JA 1984, 277 (282).
[63] BGHSt 14, 386 (389).
[64] Zu einer ähnlichen Konstellation lesenswert *Maurach*, JZ 1962, 380 (381).

Diese Methode läßt sich aber nicht immer durchführen, wie **Beispiel 2** zeigt: Geht man davon aus, daß die Entwendung des Benzins den Tatbestand des Diebstahls erfüllt, stellt sich die anschließende Gewaltanwendung gegen O als schwerer räuberischer Diebstahl (§§ 252, 250 I Nr. 1 a, II Nr. 1) dar. Dessen Strafrahmenuntergrenze liegt aber zwei Jahre über der Strafrahmenobergrenze des § 248 b. Daran kommt man auch mit einer Sperrwirkung des § 248 b nicht vorbei.

V. Kontrollfragen

1. Welche Rechtsgüter werden von § 248 b StGB geschützt? (Rn. 2)
2. Wie unterscheidet sich die unbefugte Ingebrauchnahme von Fahrzeugen von Diebstahl und Unterschlagung? (Rn. 3, 4)
3. Welche Art der Fahrzeugbenutzung ist vom Tatbestand des § 248 b erfaßt? (Rn. 11)
4. Warum fallen Vollendung und Beendigung der unbefugten Ingebrauchnahme auseinander? (Rn. 13)
5. Kann der Eigentümer des Tatfahrzeugs Täter eines unbefugten Fahrzeuggebrauchs sein? (Rn. 15)
6. Welche strafrechtsdogmatische Bedeutung hat die Zustimmung des Berechtigten zu der Fahrzeugbenutzung? (Rn. 19)
7. Welche strafrechtsdogmatische Bedeutung hat die mutmaßliche Zustimmung des Berechtigten zu der Fahrzeugbenutzung? (Rn. 23, 28)
8. Kann der Tatbestand des § 248 b in mittelbarer Täterschaft verwirklicht werden? (Rn. 33)
9. Welche Konkurrenzform wird durch die „Subsidiaritätsklausel" geregelt? (Rn. 36)
10. Welches Konkurrenzverhältnis besteht zwischen der unbefugten Fahrzeugbenutzung und dem damit einhergehenden Kraftstoff- und Schmiermittelverbrauch? (Rn. 41)

VI. Literatur

Ebert, Zur Strafbarkeit ungetreuer Kraftfahrzeugmieter, DAR 1954, 291
Franke, Zur unberechtigten Ingebrauchnahme eines Fahrzeugs (§ 248 b), NJW 1974, 1803
Schaffstein, Zur Abgrenzung von Diebstahl und Gebrauchsanmaßung insbesondere beim Kraftfahrzeugdiebstahl, GA 1964, 97
Seibert, Zur Frage des unbefugten Gebrauchs von Fahrzeugen, DAR 1955, 298

C. Entziehung elektrischer Energie, § 248 c StGB

Übersicht   Rn.
I. Allgemeines
   1. Rechtsgut... 43
   2. Abgrenzung zu Diebstahl und Unterschlagung.................. 44
   3. Systematik.. 45
II. Grundtatbestand, § 248 c I StGB
   1. Objektiver Tatbestand
      a) Übersicht.. 46
      b) Elektrische Energie.. 47
      c) Fremdheit... 48
      d) Elektrische Anlage oder Einrichtung............................. 49
      e) Entziehen.. 50
      f) Leiter... 51
   2. Subjektiver Tatbestand
      a) Übersicht.. 52
      b) Vorsatz... 53
      c) Zueignungsabsicht... 54
III. Privilegierungstatbestand, § 248 c IV 1 StGB........................ 55

I. Allgemeines

1. Rechtsgut

Der Straftatbestand § 248 c schützt das zum **Vermögen** seines Inhabers gehörende eigentumsähnliche Herrschaftsrecht über die elektrische Energie. Da die Energie keine Sache ist, gibt es daran kein Eigentum.[65] Aus diesem Grund läßt sich der unbefugte Zugriff auf fremder Herrschaft unterliegende elektrische Energie nicht mit § 242 oder § 246 strafrechtlich erfassen. § 248 c hat also lückenfüllende Funktion.

2. Abgrenzung zu Diebstahl und Unterschlagung

Folgt man der nicht unbestrittenen Auffassung, daß der elektrische Strom **keine Sache**.[66] ist,[67] scheitert die Subsumtion der „Stromentwendung" unter § 242 be-

---

[65] RGSt 29, 111 (112); 32, 165 (184); OLG Celle, MDR 1969, 597; *Gössel*, BT 2, § 18 Rn. 38; *Rengier*, BT 1, § 2 Rn. 4; NK-*Kindhäuser*, § 248 c Rn. 6.
[66] Obwohl Elektrizität keine Sache war bzw. ist, konnte sie „Gegenstand des hauswirtschaftlichen Verbrauchs" und ihre Entziehung daher ein nach § 370 I Nr. 5 StGB a.F. privilegierter Fall sein, vgl. LG Schweinfurt, NJW 1973, 1809.
[67] Aus diesem Grund wurde § 248 c zur Schließung einer Strafbarkeitslücke durch Gesetz vom 9. 4. 1900 in das StGB eingefügt.

reits im objektiven Tatbestand an mehreren Stellen: Das Objekt der Tat ist keine bewegliche Sache, es kann daher auch nicht fremd – im Sinn von „in fremdem Eigentum stehend" – sein und es kann nicht weggenommen werden. Auch der objektive Tatbestand der Unterschlagung verschließt sich der Tat wegen ihrer Inkompatibilität mit den Tatobjektsmerkmalen des § 246. Darüber hinaus ist auch die Erfüllung des Merkmals „Zueignung" ausgeschlossen, da man sich Objekte nicht zueignen kann, die nicht eigentumsfähig sind.

3. Systematik

45 Die Vorschrift § 248 c enthält zwei verschiedene Straftatbestände: In Absatz 1 ist der **Grundtatbestand** normiert, Absatz 4 Satz 1 regelt einen **Privilegierungstatbestand**. Ein Unterschied zwischen den beiden Tatbeständen besteht lediglich auf der Ebene des subjektiven Tatbestandes (s. u. Rn. 57). Absatz 2 erklärt die versuchte Verwirklichung des Grundtatbestandes (§ 248 c I) für strafbar, der Versuch des privilegierten Delikts ist straflos, vgl. § 23 I. Absatz 3 und Absatz 4 Satz 2 haben strafverfahrensrechtliche Relevanz. Sie machen die Strafverfolgung unter bestimmten Umständen von der Stellung eines Strafantrages abhängig.

II. Grundtatbestand, § 248 c I StGB

1. Objektiver Tatbestand

a) Übersicht

46 Der objektive Tatbestand des Grunddelikts besteht aus folgenden Merkmalen:

- Täter: Wer
- Tatobjekt:
  - elektrische Energie
  - fremd
  - elektrische Anlage oder Einrichtung
- Tathandlung:
  - Entziehung mittels eines Leiters, der zur ordnungsgemäßen Entnahme von Energie aus der Anlage oder Einrichtung nicht bestimmt ist.

Die Übersicht verdeutlicht die **diebstahlsähnliche Struktur** des Tatbestandes:[68] Die elektrische Energie ersetzt die „Sache",[69] das Fremdheits-Merkmal haben § 242 und § 248 c gemeinsam, die elektrische Anlage oder Einrichtung entspricht

---

[68] Zur strukturellen Übereinstimmung des subjektiven Tatbestandes beider Delikte unten Rn. 52.
[69] *Ranft*, JA 1984, 1 (3).

dem „Gewahrsams"-Element der Wegnahme und die Entziehung mittels eines irregulären Leiters ist das energiebezogene Gegenstück zur sachbezogenen Wegnahme.

b) Elektrische Energie

Was Elektrizität ist, erklärt uns die Physik. Auf deren Kriterien nimmt der Gesetzesbegriff Bezug,[70] der sich daher einer spezifisch juristischen Definition entzieht.

47

c) Fremdheit

Da die elektrische Energie keine Sache und somit **nicht eigentumsfähig** ist,[71] kann im vorliegenden Zusammenhang nicht derselbe Fremdheits-Begriff zugrundegelegt werden wie bei §§ 242, 246 und 249. Fremd bedeutet hier nicht „in fremdem Eigentum stehend". An elektrischem Strom läßt sich aber eine eigentumsähnliche Herrschafts-, Verfügungs- und Nutzungsrechtsstellung begründen. Für den, der wie der Eigentümer einer Sache das Recht hat, die elektrische Energie für eigene Zwecke zu nutzen und andere von der Nutzung auszuschließen, ist die elektrische Energie nicht fremd. Das sind die Stromerzeuger, Versorgungsunternehmen und bezugsberechtigten Verbraucher. Fremd ist die elektrische Energie für alle anderen Menschen.[72]

48

d) Elektrische Anlage oder Einrichtung

Die elektrische Energie ist zwar selbst keine Sache, im Zeitpunkt der Tat aber mit einer Sache verbunden, von der sie durch die Tat – das Entziehen – getrennt wird. Diese Sache ist die Anlage oder Einrichtung, worunter man Vorrichtungen versteht, die der Erzeugung, Speicherung, Zusammenführung und/oder Übertragung elektrischen Stroms dienen.[73] Anlagen haben dauerhafte, Einrichtungen vorübergehende Natur.[74]

49

e) Entziehen

Die elektrische Energie ist mit der Anlage oder Einrichtung so verbunden, daß sie von dem, der die Herrschaft über die Anlage oder Einrichtung hat, genutzt werden kann. „Entziehen" ist eine Technik, mittels derer die Verbindung mit der Anlage oder Einrichtung aufgehoben wird, ohne daß sich an deren Substanz etwas ändert. Der Erfolg des Entziehens ist also ein **Energieverlust**,[75] aber keine

50

---

[70] *Gössel*, BT 2, § 18 Rn. 41; *Kindhäuser*, BT II, § 8 Rn. 3.
[71] OLG Celle, MDR 1969, 597; *Gössel*, BT 2, § 18 Rn. 41; SK-*Hoyer*, § 248 c Rn. 3.
[72] LK-*Ruß*, § 248 c Rn. 3.
[73] *Kindhäuser*, BT II, § 8 Rn. 4, SK-*Hoyer*, § 248 c Rn. 4.
[74] *Gössel*, BT 2, § 18 Rn. 42; LK-*Ruß*, § 248 c Rn. 2.
[75] *Gössel*, BT 2, § 18 Rn. 43.

Sachbeschädigung an der Anlage oder Einrichtung.[76] Beim Empfänger bewirkt das Entziehen einen Energiezufluß. Manipulationen am Stromzähler, die zur Folge haben, daß ein niedrigerer als der tatsächliche Stromverbrauch angezeigt wird, sind keine Entziehung von elektrischer Energie.[77]

f) Leiter

51 Das Instrument, mit dem die elektrische Energie der Anlage oder Einrichtung entzogen wird, ist ein Leiter, der die physikalischen Eigenschaften hat, die zum Transport der in der Anlage oder Einrichtung erzeugten oder gespeicherten elektrischen Energie erforderlich sind.[78] Der Verbrauch oder die Entnahme elektrischer Energie ohne Leiter wird von dem Tatbestand nicht erfaßt. Der Leiter darf **nicht zur ordnungsmäßigen Energieentnahme** bestimmt sein.[79] Die Bestimmung zur Energieentnahme richtet sich nach dem Willen desjenigen, der das Verfügungsrecht über die elektrische Energie hat.[80] Dessen Einverständnis mit der Tat schließt also schon die objektive Tatbestandsmäßigkeit aus. Zu unterscheiden ist die Benutzung eines nichtordnungsmäßigen Leiters von der unbefugten Benutzung eines ordnungsmäßigen Leiters. Im letzteren Fall greift § 248 c nicht ein.[81]

> **Beispiel:** Während sein Nachbar O verreist ist, schleicht sich T in dessen Haus, schaltet im Wohnzimmer den Fernsehapparat ein und schaut sich einen Spielfilm an. Ein anderer Nachbar N betritt ebenfalls das Haus des O, steckt in eine der Steckdosen ein Verlängerungsstromkabel und verbindet es mit seinem eigenen Fernsehapparat, den er dann den ganzen Abend auf Kosten des O laufen läßt.

Sowohl T als auch N hat elektrische Energie verbraucht, die dem O zusteht und von ihm bezahlt werden muß. Aber nur N hat dabei einen Leiter benutzt und die elektrische Energie dem O entzogen. T dagegen hat sich die Leistung eines dem O gehörenden elektrisch betriebenen Gerätes angemaßt, ohne elektrische Energie aus dem Stromkreislauf im Haus des O abzuzweigen. Daher hat sich N aus § 248 c – und aus § 123 I – strafbar gemacht. T ist nur aus § 123 I strafbar.

---

[76] RGSt 32, 165 (190).
[77] RGSt 74, 243 (244).
[78] *Ranft*, JA 1984, 1 (3); LK-*Ruß*, § 248 c Rn. 4; SK-*Hoyer*, § 248 c Rn. 5.
[79] Hinsichtlich der Parallelität zum Merkmal „falscher Schlüssel oder anderes nicht zur ordnungsgemäßen Öffnung bestimmtes Werkzeug" (§ 243 I 2 Nr. 1) vgl. RGSt 74, 243 (245).
[80] RGSt 39, 436 (438); 74, 243 (245); *Mahnkopf*, JuS 1982, 885 (886); *Gössel*, BT 2, § 18 Rn. 46; LK-*Ruß*, § 248 c Rn. 5.
[81] *Mahnkopf*, JuS 1982, 885 (886); *Rengier*, BT 1, § 6 Rn. 10; *Wessels/Hillenkamp*, BT 2, Rn. 408; LK-*Ruß*, § 248 c Rn. 5; *Schönke/Schröder/Eser*, § 248 c Rn. 10; *Tröndle/Fischer*, § 248 c Rn. 4; a.A. SK-*Hoyer*, § 248 c Rn. 7.

2. Subjektiver Tatbestand

a) Übersicht

Der subjektive Tatbestand des § 248 c hat dieselbe **zweigliedrige Struktur** wie der subjektive Tatbestand des § 242: Er besteht aus dem Vorsatz (§ 15) und der Zueignungsabsicht.

b) Vorsatz

Jede Vorsatzform ist tatbestandsrelevant, also auch der dolus eventualis.[82] Die irrtümliche Vorstellung, elektrischer Strom sei eine Sache, ist ein Subsumtionsirrtum, der weder Strafbarkeit wegen untauglichen Diebstahlsversuchs begründet noch den Vorsatz bezüglich der Entziehung elektrischer Energie ausschließt.

c) Zueignungsabsicht

Bei der Auslegung dieses Merkmals ist zu beachten, daß die elektrische Energie keine Sache und daher kein Objekt von Eigentum ist. Deshalb ist der Ausdruck „zueignen" im Kontext des § 248 c etwas inadäquat. Dennoch läßt sich alles, was zur Erläuterung der Zueignungsabsicht beim Diebstahl zu sagen ist, auch auf das gleichnamige Merkmal des § 248 c übertragen.[83] Man muß nur jeweils den Bezug des Begriffs „Zueignung" zum Eigentum bzw. zur Eigentümerstellung modifizieren und den spezifischen Gegebenheiten des § 248 c sprachlich anpassen.[84] Das hinter der Zueignungsabsicht stehende Ziel des Täters ist also nicht die Erlangung einer eigentümergleichen Position, sondern die Erlangung einer Position, die der des zur Verfügung über die Elektrizität Berechtigten gleicht. Das 6. Strafrechtsreformgesetz hat den subjektiven Tatbestand um die Variante der „Drittzueignungsabsicht" erweitert.[85]

III. Privilegierungstatbestand, § 248 c IV 1 StGB

Der Tatbestand des § 248 c IV 1 unterscheidet sich von dem Tatbestand des § 248 c I nur durch das Merkmal, welches in Absatz 4 Satz 1 ausdrücklich erwähnt ist. Da 248 c IV 1 zum objektiven Tatbestand des Delikts keine Aussage macht, ist der objektive Tatbestand des privilegierten Delikts mit dem des § 248 c I identisch. Auch das Vorsatzelement des subjektiven Tatbestandes bleibt in § 248 c IV 1 unverändert erhalten. Die einzige Abweichung der beiden Tatbe-

---

[82] *Gössel*, BT 2, § 18 Rn. 48.
[83] OLG Hamburg, MDR 1968, 257.
[84] *Gössel*, BT 2, § 18 Rn. 49; *Kindhäuser*, BT II, § 8 Rn. 10; LK-*Ruß*, § 248 c Rn. 7; *Schönke/Schröder/Eser*, § 248 c Rn. 15; SK-*Hoyer*, § 248 c Rn. 9.
[85] Zur – eigennützigen – Zueignungsabsicht eines Täters, der die Nutzung unbefugt entzogener Elektrizität durch Dritte duldet, vgl. OLG Hamburg, MDR 1968, 257.

stände betrifft also das zweite subjektive Tatbestandsmerkmal: Die Zueignungsabsicht des § 248 c I entfällt in § 248 c IV 1 und wird durch die Schädigungsabsicht ersetzt. Dadurch erhält dieser Tatbestand eine sachbeschädigungsähnliche Gestalt.[86] Die Strafrahmenmilderung entspricht dem Sanktionsgefälle, das zwischen § 303 und § 242 besteht. Auch die Sachbeschädigung ist verglichen mit dem Diebstahl eine privilegierte Eigentumsverletzung.

IV. Kontrollfragen

1. Warum ist die Entziehung elektrischer Energie nicht als Diebstahl oder Unterschlagung strafbar? (Rn. 43)
2. Wie unterscheiden sich die Begriffe „fremd" in § 242 und in § 248 c? (Rn. 48)
3. Wonach richtet sich die Bestimmung zur „ordnungsmäßigen Entnahme von Energie"? (Rn. 51)
4. Woraus besteht der subjektive Tatbestand der Entziehung elektrischer Energie? (Rn. 52)
5. In welchem Verhältnis stehen § 248 c I und § 248 c IV 1 zueinander? (Rn. 45, 55)

V. Literatur

Mahnkopf, Forum: Probleme der unbefugten Telefonbenutzung, JuS 1982, 885
Stimpfig, Auffangen von Rundfunk- und Fernmeldewellen – Entziehung elektrischer Energie?, MDR 1991, 709.

D. Wilderei, §§ 292, 293 StGB

Übersicht   Rn.

I. Allgemeines
   1. Diebstahlsähnlichkeit 56
   2. Rechtsgut 57
   3. Systematik 58–59
II. Jagdwilderei
   1. Strafbarkeitsvoraussetzungen
      a) Objektiver Tatbestand
         aa) Übersicht 60

---

[86] *Joecks*, § 248 c Rn. 5.

bb) Täter 61
cc) Tatopfer
   (1) Jagdrecht 62
   (2) Jagdausübungsrecht 63–65
dd) Tatobjekt
   (1) Herrenlosigkeit 66
   (2) Wild 67–68
   (3) Sache, die dem Jagdrecht unterliegt 69
ee) Tathandlungen 70
   (1) Nachstellen 71–77
   (2) Fangen 78–79
   (3) Erlegen 80
   (4) Zueignen 81–83
   (5) Beschädigen 84
   (6) Zerstören 85
b) Subjektiver Tatbestand
  aa) Vorsatz 86
  bb) Irrtumsprobleme 87
    (1) Irrtum über die Herrenlosigkeit des Tatobjekts ... 88–89
    (2) Irrtum über die Eigenschaft „Wild"
       bzw. „dem Jagdrecht unterliegt" 90–91
c) Rechtswidrigkeit
  aa) Einwilligung 92
  bb) Notstand und notstandsähnliche Befugnisse 93
2. Besonders schwere Fälle
  a) Allgemeines 94
  b) Regelbeispiele
    aa) § 292 II 2 Nr. 1 95
    bb) § 292 II 2 Nr. 2 96
    cc) § 292 II 2 Nr. 3 97
III. Fischwilderei
  1. Allgemeines 98
  2. Strafbarkeitsvoraussetzungen
    a) Objektiver Tatbestand
      aa) Übersicht 99
      bb) Täter 100
      cc) Tatopfer 101
      dd) Tatobjekt 102
      ee) Tathandlung 103
    b) Subjektiver Tatbestand 104

I. Allgemeines

1. Diebstahlsähnlichkeit

56 Die Wilderei ist dem Diebstahl (bzw. Unterschlagung und Sachbeschädigung) zunächst einmal unähnlich, da sie ein anderes **Rechtsgut** als dieser tangiert. Diebstahl ist – wie Unterschlagung, Raub und Sachbeschädigung – ein Delikt gegen das Eigentum. Wilderei dagegen kann das Eigentum nicht unmittelbar verletzen, da die Tatobjekte herrenlos sind, also Eigentum an ihnen zur Zeit der Tat gar nicht besteht. Allerdings handelt es sich um Objekte, die ein dazu Berechtigter sich aneignen kann, d. h. an denen er durch Aneignung Eigentum erwerben kann. Diese Aneignungsmöglichkeit wird durch die Wilderei beeinträchtigt oder vereitelt. Verletzt wird dadurch zugleich eine ohne die Tat entstehende künftige Eigentümerposition. Wilderei und Diebstahl nähern sich also schon auf der Ebene der Schutzgüter wieder einander an. Die Wilderei verletzt ein Rechtsgut, das eine Art **Vorstufe des Eigentums** ist.[87] Darüber hinaus sind auch die Tatbilder der zu vergleichenden Delikte recht ähnlich. Tatobjekt ist – trotz § 90a S. 1 BGB[88] – stets eine **Sache**, Tathandlung ist entweder die physische Beschädigung oder Zerstörung dieser Sache oder ihre Entfernung aus dem Herrschaftsbereich des (Aneignungs-)Berechtigten. Wegnahme oder **wegnahmeähnliche Vorgänge** prägen das Bild der Wilderei also ganz erheblich.

2. Rechtsgut

57 Schutzgut der Wildereitatbestände ist das **Aneignungsrecht** an wilden Tieren und diesen gleichgestellten Gegenständen.[89] Das Aneignungsrecht umschließt die Möglichkeit der „Erstarkung" zum Eigentum. Wie das Eigentum ist somit das Aneignungsrecht ein Vermögensgut. Deshalb gehört die Wilderei zu den Vermögensdelikten im weiteren Sinne. Einige Autoren weisen den Wildereitatbeständen als zweites Rechtsgut das Interesse der Allgemeinheit an dem **durch Hege erhaltenen Wildbestand** zu.[90] Dadurch wird die Wilderei in die Nähe der Umweltdelikte gerückt. Spezielle dogmatische Konsequenzen werden daraus aber nicht gezogen.[91]

---

[87] *Arzt/Weber*, BT, § 16 Rn.12; *Gössel*, BT 2, § 19 Rn. 1 („Vorform des Eigentumsrechts").
[88] Teilband 1, § 1 Rn. 12.
[89] *Wessels*, JA 1984, 221; *Arzt/Weber*, BT, § 16 Rn. 10; *Blei*, BT, S. 274; *Maurach/Schroeder/Maiwald*, BT 1, § 38 Rn. 6; *Rengier*, BT 1, § 29 Rn. 1; *Schmidhäuser*, BT, 9/1; *Welzel*, Strafrecht, S. 362; *Wessels/Hillenkamp*, BT 2, Rn. 412; *Lackner/Kühl*, § 292 Rn. 1.
[90] *Mitsch*, ZStW 111 (1999), 65 (120); *Wessels*, JA 1984, 221; *Kindhäuser*, BT II, § 11 Rn. 1; *Maurach/Schroeder/Maiwald*, BT 1, § 38 Rn. 8; *Rengier*, BT 1, § 29 Rn. 1; *Wessels/Hillenkamp*, BT 2, Rn. 412; *Lackner/Kühl*, § 292 Rn. 1; *Tröndle/Fischer*, § 292 Rn. 1 a; a.A. (reines Vermögensdelikt) *Schmidhäuser*, BT, 9/2; *Gössel*, BT 2, § 19 Rn. 1; NK-*Wohlers*, § 292 Rn. 7; SK-*Hoyer*, § 292 Rn. 3; *Schönke/Schröder/Eser*, § 292 Rn. 1.
[91] NK-*Wohlers*, § 292 Rn. 7: „hat in der Ausgestaltung der Strafbarkeitsvoraussetzungen des § 292 Abs. 1 keinen Niederschlag gefunden."

3. Systematik

Das StGB gliedert die Wilderei zunächst nach den betroffenen Tierarten in die **Jagdwilderei** (§ 292) und die **Fischwilderei** (§ 293). In Studium und Examen hat die Jagdwilderei eindeutig die größere Bedeutung.[92] Beide Strafvorschriften sind durch das 6. Strafrechtsreformgesetz umgestaltet worden.[93] Die Struktur der jetzt geltenden Fassung ist recht unkompliziert: Es gibt jeweils nur einen **Grundtatbestand**, dessen Merkmale in § 292 I und § 293 beschrieben sind. Qualifikations- oder Privilegierungstatbestände kennt das Wildereistrafrecht nicht. Auf der Rechtsfolgenseite ist die Jagdwilderei durch eine Strafrahmenanhebung für **besonders schwere Fälle** modifiziert. Dabei hat der Gesetzgeber die Regelbeispielstechnik angewendet, § 292 II 2. Ebenfalls Rechtsfolgen der Wildereistraftat regelt § 295. Strafverfahrensrechtliche Bedeutung hat die Strafantragsvorschrift § 294.

58

Das Verhältnis der Wilderei zu **anderen Straftatbeständen** demonstriert die beachtliche Relevanz, die der fundamentalen und abstrakten Kategorie des „Rechtsguts" mitunter bei der Klärung konkreter dogmatischer Fragen zukommt. Zu den verwandten Tatbeständen des strafrechtlichen Eigentumsschutzes (Diebstahl, Unterschlagung, Sachbeschädigung) besteht tatbestandliche Exklusivität, da die Wilderei nicht das Eigentum verletzt. Als Bestandteil des Vermögens rückt das in §§ 292, 293 geschützte Aneignungsrecht die Wilderei aber in die Nähe von Tatbeständen, die das Vermögen als Ganzes schützen. Soweit der Angriff auf das Aneignungsrecht mit den Mitteln der Täuschung oder der Nötigung geführt wird, kommen neben §§ 292, 293 auch die Delikte Betrug und Erpressung[94] ins Blickfeld. Hehlerei und Untreue können in einem Fall im Wilderer-Milieu ebenfalls eine Rolle spielen. Hinsichtlich § 252 im Falle beutesichernder Nötigung ist zu beachten, daß die Wilderei keine taugliche Vortat des räuberischen Diebstahls ist.[95] Die Rechtsgutskomponente „Schutz des Wildbestandes" tritt in den Vordergrund, wenn das Verhältnis des § 292 zu dem Straftatbestand „Jagdfrevel" nach § 38 BJagdG beleuchtet wird.[96]

59

II. Jagdwilderei

Strafbarkeitsvoraussetzungen und Strafzumessungsregeln der Jagdwilderei sind in § 292 enthalten. Ebenfalls auf die Jagdwilderei bezogen sind die §§ 294, 295.

---

[92] Weshalb z.B. *Rengier* in § 29 seines Lehrbuchs BT 1 die Darstellung der Wilderei auf § 292 beschränkt.
[93] Dazu näher *Mitsch*, ZStW 111 (1999), 65 (120).
[94] Zu den Tatbestandsproblemen, die auftreten, wenn der Täter ein von § 292 geschütztes Objekt mit vis absoluta wegnimmt, vgl. Teilband 1, § 6 Rn. 75.
[95] Teilband 1, § 4 Rn. 16.
[96] Dazu *Erbs/Kohlhaas/Metzger*, § 38 BJagdG Rn. 13.

1. Strafbarkeitsvoraussetzungen

a) Objektiver Tatbestand

aa) Übersicht

60
- Täter: Wer
- Tatobjekt
  - Wild o d e r
  - dem Jagdrecht unterliegende Sache
- Tatopfer
  - Inhaber des Jagdrechts
  - Inhaber des Jagdausübungsrechts
- Tathandlung
  - unter Verletzung fremden Jagdrechts o d e r
  - unter Verletzung fremden Jagdausübungsrechts
    - Wild
      - nachstellen,
      - fangen,
      - erlegen
      - sich oder einem Dritten zueignen
    - dem Jagdrecht unterliegende Sache
      - sich oder einem Dritten zueignen
      - beschädigen
      - zerstören

bb) Täter

61 Die Person des Täters ist in § 292 I schlicht mit dem auf ein Allgemeindelikt[97] hinweisenden Wort „wer" gekennzeichnet. Da der Gesetzestext dieses Wort mit keinen weiteren, den Kreis tauglicher Täter einschränkenden, Merkmalen verknüpft, ist davon auszugehen, daß **jedermann** Täter der Jagdwilderei sein kann.[98] Im konkreten Fall schließt das Gesetz jedoch die Tätertauglichkeit wenigstens einer Person aus: Da die Tat gegen „fremdes" Jagd- oder Jagdausübungsrecht gerichtet sein muß, kann der Inhaber des betroffenen Jagd- oder Jagdausübungsrechts nicht Täter sein. Die Selbstverletzung ist also hier wie generell im Strafrecht[99] bereits vom objektiven Tatbestand nicht erfaßt. Allerdings steht die Stellung als Rechtsinhaber der Tatbestandsmäßigkeit nur in bezug auf das Recht dieses Inhabers entgegen. Da § 292 aber sowohl das Jagdrecht als auch das Jagdausübungsrecht schützt und diese beiden Rechte verschiedenen Inhabern zuste-

---

[97] Zu den Begriffen „Allgemeindelikt" und „Sonderdelikt" vgl. *Roxin*, AT 1, § 10 Rn. 128 ff.; *Jescheck/Weigend*, AT, § 26 II 6; *Gropp*, AT, § 5 Rn. 4.
[98] *Kindhäuser*, BT II, § 11 Rn. 3; *Maurach/Schroeder/Maiwald*, BT 1, § 38 Rn. 15.
[99] Zu § 242 vgl. Teilband 1, § 1 Rn. 10.

hen können, ist auch eine täterschaftliche Wilderei des einen Rechtsinhabers bezüglich des Rechts des anderen Rechtsinhabers möglich.[100] Hat der Inhaber des Jagdrechts (dazu unten Rn. 62) einem anderen ein Jagdausübungsrecht eingeräumt (näher dazu unten Rn. 64), kann er Täter einer Wilderei zum Nachteil des Jagdausübungsberechtigten sein.[101] Umgekehrt kann der Jagdausübungsberechtigte durch Überschreitung seines Jagdausübungsrechts Wilderei zum Nachteil des Jagdrechtsinhabers begehen.[102] Von diesen Konstellationen zu unterscheiden und außerhalb des § 292 einzuordnen sind die Fälle, in denen der Jagdrechtsinhaber bzw. Jagdausübungsberechtigte gegen Vorschriften des Bundesjagdgesetzes verstößt und dadurch eine Straftat nach § 38 BJagdG oder eine Ordnungswidrigkeit nach § 39 BJagdG begeht.

cc) Tatopfer

Opfer der Wilderei ist entweder der Inhaber des **Jagdrechts** oder der Inhaber des **Jagdausübungsrechts**.

(1) Jagdrecht

Inhaber des Jagdrechts ist der Eigentümer von dem Grund und Boden, auf dem sich das „Gebiet" i. S. des § 1 I 1 BJagdG befindet, § 3 I 1 BJagdG.[103] Da das Jagdrecht untrennbar mit dem Eigentum an dem Grund und Boden verbunden ist, kann es der Eigentümer nicht ohne das Eigentum auf einen anderen Inhaber übertragen, § 3 I 2 BJagdG. Räumlich begrenzt wird das Jagdrecht durch die Bildung von **Jagdbezirken** (Reviersystem),[104] §§ 3 III, 4, 7, 8 BJagdG. Auf bestimmten Flächen darf die Jagd überhaupt nicht ausgeübt werden (sog. Ruhen der Jagd), § 6 BJagdG. Der **Inhalt** des Jagdrechts ist in § 1 I 1 BJagdG definiert,[105] läßt sich aber auch aus den Handlungsmerkmalen des § 292 I Nr. 1 erschließen: Was dort unter Strafdrohung gestellt, also verboten ist, ist dem Inhaber des Jagdrechts erlaubt, weil das Jagdrecht ihm die Befugnis dazu gibt. Er darf also dem Wild nachstellen, es fangen, erlegen und sich – oder einem Dritten – zueignen.

62

---

[100] *Wessels/Hillenkamp*, BT 2, Rn. 413, 419; *Joecks*, § 292 Rn. 2; *SK-Hoyer*, § 292 Rn. 8.
[101] *Blei*, BT, S. 275; *Gössel*, BT 2, § 19 Rn. 14; *Maurach/Schroeder/Maiwald*, BT 1, § 38 Rn. 5; *Schmidhäuser*, BT, 9/6; *Wessels/Hillenkamp*, BT 2, Rn. 413; *NK-Wohlers*, § 292 Rn. 17; *Schönke/Schröder/Eser*, § 292 Rn. 9; *SK-Hoyer*, § 292 Rn. 8.
[102] *Gössel*, BT 2, § 19 Rn. 14; *Wessels/Hillenkamp*, BT 2, Rn. 413; *NK-Wohlers*, § 292 Rn. 19; *SK-Hoyer*, § 292 Rn. 10.
[103] *Wessels/Hillenkamp*, BT 2, Rn. 413; *SK-Hoyer*, § 292 Rn. 4.
[104] *Erbs/Kohlhaas/Lorz/Metzger*, § 3 BJagdG Rn. 2.
[105] „Das Jagdrecht ist die ausschließliche Befugnis, auf einem bestimmten Gebiet wildlebende Tiere, die dem Jagdrecht unterliegen (Wild), zu hegen, auf sie die Jagd auszuüben und sie sich anzueignen."

(2) Jagdausübungsrecht

63 Das Jagdausübungsrecht steht in **Eigenjagdbezirken** dem Grundstückseigentümer zu, § 7 IV 1 BJagdG. In diesem Fall liegen Jagdrecht und Jagdausübungsrecht in einer Hand. Dagegen fallen Jagdrecht und Jagdausübungsrecht auseinander, wenn die ganze Nutzung des Eigenjagdbezirkes einem Nutznießer zusteht, § 7 IV 2 BJagdG. In dieser Konstellation ist es also möglich, daß der Jagdrechtsinhaber Wilderei zum Nachteil des Jagdausübungsberechtigten begeht und umgekehrt (s.o. Rn. 61). In **gemeinschaftlichen Jagdbezirken** haben gemäß § 3 BJagdG die beteiligten Grundstückseigentümer das Jagdrecht, das Jagdausübungsrecht steht hingegen der Jagdgenossenschaft zu, § 8 V BJagdG. Die Jagdgenossenschaft ist eine öffentlich-rechtliche Körperschaft, die aus den Eigentümern der Grundstücke gebildet wird, die zu dem gemeinschaftlichen Jagdbezirk gehören, § 9 I 1 BJagdG. Auch hier sind die Inhaber des Jagdrechts und des Jagdausübungsrechts also nicht identisch. Der einzelne Grundstückseigentümer kann somit auf seinem eigenen Grundstück Jagdwilderei zum Nachteil der Jagdgenossenschaft bzw. des von dieser mit einem Jagdausübungsrecht ausgestatteten Jagdpächters (dazu sogleich Rn. 64) begehen.[106]

64 Der Jagdausübungsberechtigte kann die Befugnis zur tatsächlichen Nutzung des Ausübungsrechts durch schuldrechtlichen Pachtvertrag auf einen anderen übertragen (**Jagdpacht**), § 11 I BJagdG. In der Praxis geschieht dies vor allem bei gemeinschaftlichen Jagdbezirken. Der Pächter wird dadurch zum Inhaber eines eigenen abgeleiteten Jagdausübungsrechts. Davon zu unterscheiden ist die bloße **Jagderlaubnis**, die einem Dritten anders als im Wege der Pacht erteilt werden kann.[107] Der Erlaubnisinhaber (Jagdgast) erwirbt kein eigenes Jagdausübungsrecht, sondern nur die Befugnis zur Ausübung eines fremden Rechts. Während der Jagdpächter auf Grund seiner Rechtsinhaberschaft Opfer einer – auch einer vom Verpächter begangenen – Wilderei sein kann,[108] sind Eingriffe in die dem Jagdgast erteilte Jagderlaubnis nicht tatbestandsmäßig. Da der Jagdgast kein Jagdausübungsrecht hat, ist er kein taugliches Opfer einer Wilderei.[109]

65 Strafrechtlich relevant ist die Jagderlaubnis des Jagdgastes somit in bezug auf dessen täterschaftliches Handeln. Da der Jagdgast nicht Inhaber des geschützten Rechtsgutes ist, haben seine dem Tatbild des „Nachstellens" usw. entsprechenden Aktionen nicht den Charakter einer Selbstverletzung. Straflos ist der Jagdgast also nicht aus diesem Grund (Nichterfüllung des objektiven Tatbestandes), sondern wegen Rechtfertigung seiner Tat. Die Jagderlaubnis ist eine **Einwilligung** und schließt die Rechtswidrigkeit seines tatbestandsmäßigen Verhaltens aus (näher dazu unten Rn. 92).[110]

---

[106] *Furtner*, JR 1962, 414 (415).
[107] *Erbs/Kohlhaas/Lorz/Metzger*, § 11 BJagdG Rn. 11.
[108] LK-*Schäfer*, § 292 Rn. 6.
[109] *Erbs/Kohlhaas/Lorz/Metzger*, § 11 BJagdG Rn. 16; *Schönke/Schröder/Eser*, § 292 Rn. 13.
[110] *Kindhäuser*, BT II, § 11 Rn. 6; *Welzel*, Strafrecht, S. 364; LK-*Schäfer*, § 292 Rn. 21; nach *Gössel*, BT 2, § 19 Rn. 16; NK-*Wohlers*, § 292 Rn. 22 ist die objektive Tatbestandsmäßigkeit ausgeschlossen; ebenso SK-*Hoyer*, § 292 Rn. 9; differenzierend *Schönke/Schröder/Eser*, § 292 Rn. 13.

dd) Tatobjekt

Tatobjekt einer Jagdwilderei ist entweder „**Wild**" (§ 292 I Nr. 1) oder eine „**dem Jagdrecht unterliegende Sache**" (§ 292 I Nr. 2).

(1) Herrenlosigkeit

Beide Objektsarten beziehen sich auf Sachen, die **herrenlos** sind, also niemandem gehören, d. h. keinem Eigentumsrecht unterliegen.[111] Sobald eine Sache im Eigentum einer Person steht, scheidet sie aus dem Kreis tauglicher Wildereiobjekte aus und wächst zugleich in die Position eines tauglichen Diebstahls-, Unterschlagungs- oder Sachbeschädigungsobjekts hinein[112] (zu den damit verbundenen Irrtumsproblemen unten Rn. 88). Die Begründung und Aufhebung des Eigentums an den von § 292 erfaßten Sachen richten sich nach §§ 958 ff. BGB. 66

(2) Wild

„Wild" sind sämtliche **wildlebenden jagdbaren Tiere** i. S. der Legaldefinition in § 1 I BJagdG.[113] „Wildlebend" ist gleichbedeutend mit Herrenlosigkeit, „jagdbar" bedeutet dem Jagdrecht unterliegend. Letztere Voraussetzung ist näher geregelt in § 2 I BJagdG, wo die einzelnen Tierarten (Haarwild, Federwild), die dem Jagdrecht unterliegen, aufgezählt sind. Gemäß § 2 II BJagdG kann dieser Katalog durch Landesrecht erweitert werden. Das Tier unterfällt der Nr. 1 des § 292 I nur solange, wie es lebendig ist.[114] Ein totes Tier (verendetes Wild, Fallwild) kann aber eine „Sache, die dem Jagdrecht unterliegt", i. S. des § 292 I Nr. 2 sein.[115] 67

Die Eigenschaft „**dem Jagdrecht unterliegend**" schränkt den Inhalt der Befugnis zur Jagdausübung auf diese Tiere ein. Auf Tiere dieser Art darf die Jagd nur nach Maßgabe und im Rahmen des Bundesjagdgesetzes und der Jagdgesetze der Länder ausgeübt werden. Demgegenüber ist die Jagd auf sonstige wildlebende Tiere frei, also nicht den jagdgesetzlichen Beschränkungen unterworfen.[116] 68

(3) Sache, die dem Jagdrecht unterliegt

Außer dem von § 292 I Nr. 1 erfaßten Wild unterliegen noch weitere Sachen dem Jagdrecht. Diese Klassifikation knüpft an das Recht zur Aneignung der Sache an. Im einzelnen handelt es sich um **verendetes Wild, Fallwild, Abwurfstangen und Eier von Federwild**, § 1 V BJagdG. Das ebenfalls in § 1 V BJagdG erwähnte kranke – also noch lebende – Wild fällt unter den Begriff „Wild" in § 292 I Nr. 1.[117] 69

---

[111] BayObLG, JR 1987, 128; *Wessels*, JA 1984, 221; *Gössel*, BT 2, § 19 Rn. 4, 22; *Welzel*, Strafrecht, S. 363; *Wessels/Hillenkamp*, BT 2, Rn. 418.
[112] *Gössel*, BT 2, § 19 Rn. 5.
[113] *Blei*, BT, S. 274; SK-*Hoyer*, § 292 Rn. 11.
[114] *Furtner*, JR 1962, 414; *Wessels*, JA 1984, 221; *Blei*, BT, S. 274; *Gössel*, BT 2, § 19 Rn. 3; *Kindhäuser*, BT II, § 11 Rn. 12; SK-*Hoyer*, § 292 Rn. 11.
[115] *Wessels*, JA 1984, 221; *Rengier*, BT 1, § 29 Rn. 2; SK-*Hoyer*, § 292 Rn. 18.
[116] *Kindhäuser*, BT II, § 11 Rn. 12.
[117] LK-*Schäfer*, § 292 Rn. 58.

ee) Tathandlungen

70 Alle Handlungsalternativen sind tatbestandsmäßig nur, wenn und soweit sie **fremdes Jagdrecht oder fremdes Jagdausübungsrecht verletzen** (dazu oben Rn. 62 ff.). Darunter ist die Verletzung der eigentümerähnlichen Herrschaftsposition des Rechtsinhabers, nicht etwa die Übertretung des die Jagdausübung durch den Berechtigten selbst beschränkenden jagdrechtlichen Reglements – z.B. Jagen während der Schonzeit, § 22 II 1 i.V. m. § 38 I Nr. 2 BJagdG – zu verstehen.[118] In räumlicher Hinsicht richtet sich die Beantwortung der Frage, ob und – wenn ja – wessen Jagd- oder Jagdausübungsrecht verletzt ist, nach dem **Standort des Tatobjekts** – nicht nach dem Standort des Täters – im Tatzeitpunkt.[119]

(1) Nachstellen

71 Dieses Handlungsmerkmal bezieht sich nur auf „Wild" i. S. des § 292 I Nr. 1.[120] „Dem Wilde Nachstellen" ist ein Verhalten, dessen Vollzug im **Vorfeld** (Versuchs-, Vorbereitungsstadium) des Fangens oder Erlegens liegt und mit diesen Folgeakten intentional verbunden ist.[121] Nachstellen ist somit jede Handlung, die das Fangen oder Erlegen eines Tieres bezweckt.[122]

> **Beispiele:** Durchstreifen des Forstes mit einsatzbereiter Jagdwaffe, Stehen auf dem Anstand, Fallenstellen, Auslegen von Ködern.[123]

Dabei muß das objektive (äußere) Verhalten stets von einer auf weitergehende Beeinträchtigung des Jagd- oder Jagdausübungsrechts zielenden inneren Tendenz begleitet sein.[124] Das Nachstellen hat daher eine ähnliche Struktur wie Delikte mit „überschießender Innentendenz".[125]

72 Im Normalfall wird Ziel des Nachstellens ein eigener Anschlußakt (Fangen, Erlegen, Zueignen) des Nachstellenden sein. Möglich ist aber auch eine Art **drittbegünstigendes** Nachstellen mit der Zielsetzung, einem Dritten die Jagd auf das Wild zu ermöglichen. Dies gilt jedenfalls seit der Erweiterung des Zueignungsmerkmals um eine drittbezogene Variante, da es widersprüchlich wäre, die drittbezogene der eigennützigen Zueignung gleichzustellen, von derselben Gleichstellung bei dem der Zueignung vorausgehenden Vorgang des Nachstellens aber abzusehen.

---

[118] *Blei*, BT, S. 275; *Kindhäuser*, BT II, § 11 Rn. 7; LK-*Schäfer*, § 292 Rn. 30; SK-*Hoyer*, § 292 Rn. 3; *Schönke/Schröder/Eser*, § 292 Rn. 10, 14.
[119] *Blei*, BT, S. 275; *Kindhäuser*, BT II/1, § 11 Rn. 16; *Welzel*, Strafrecht, S. 363; *Wessels/Hillenkamp*, BT 2, Rn. 419; NK-*Wohlers*, § 292 Rn. 15; *Schönke/Schröder/Eser*, § 292 Rn. 11.
[120] NK-*Wohlers*, § 292 Rn. 50.
[121] *Sowada*, GA 1988, 195 (200).
[122] *Wessels*, JA 1984, 221 (222); *Gössel*, BT 2, § 19 Rn. 7; LK-*Schäfer*, § 292 Rn. 41; NK-*Wohlers*, § 292 Rn. 40; *Schönke/Schröder/Eser*, § 292 Rn. 5; SK-*Hoyer*, § 292 Rn. 13.
[123] Weitere Beispiele bei LK-*Schäfer*, § 292 Rn. 43; NK-*Wohlers*, § 292 Rn. 42.
[124] *Maurach/Schroeder/Maiwald*, BT 1, § 38 Rn. 16.
[125] *Sowada*, GA 1988, 195 (202).

Beispiel: T treibt Wild aus dem Jagdrevier des O auf das angrenzende Grundstück des D, der dort Fallen aufgestellt hat.

Da das bloße Entziehen von Wild zwar das Jagdrecht des O verletzt, aber weder als Zueignung noch als Nachstellen den Tatbestand der Jagdwilderei erfüllt, hat sich T allein durch das Vertreiben des Wildes aus dem Revier des O nicht aus § 292 I Nr. 1 strafbar gemacht. Zu einem tatbestandsmäßigen Nachstellen wurde diese Aktion aber auf Grund der über die bloße Entziehung des Wildes hinausgehenden Zielsetzung. T wollte dem D die Gelegenheit verschaffen, das Wild zu fangen, zu erlegen oder es sich zuzueignen. Diese drittnützige überschießende Innentendenz verleiht der Handlung des T ebenso die Qualität tatbestandsmäßigen Nachstellens wie die Absicht, das Wild selbst zu erlegen.

Da der Standort des Wildes im Zeitpunkt des Tatvollzugs darüber entscheidet, ob der Täter fremdes Jagdrecht verletzt (s.o. Rn. 70), hängt die Tatbestandsmäßigkeit des Nachstellens in fremdem Jagdrevier nicht davon ab, ob auch der beabsichtigte anschließende Akt des Fangens, Erlegens oder Zueignens in fremdem Jagdrevier stattfinden und demzufolge in fremdes Jagdrecht eingreifen soll. Mit strafbarem Nachstellen kann daher auch das Ziel verfolgt werden, das Wild anschließend auf eigenem Jagdgebiet in Ausübung des eigenen Jagdrechts einzufangen oder zu erlegen.

Beispiele:
(1) T treibt Wild vom Jagdgebiet des O in sein eigenes angrenzendes Jagdgebiet, um es dort zu erlegen.
(2) T treibt Wild vom Jagdgebiet des O in das benachbarte Jagdgebiet des D, um dem D die Jagd auf dieses Wild in dessen eigenem Jagdrevier zu ermöglichen.
(3) T treibt aus seinem eigenen Jagdrevier Wild in das benachbarte Jagdrevier des O, um dort dem nicht jagdausübungsberechtigten W die Jagd auf dieses Wild zu ermöglichen.

In den **Beispielen 1** und **2** befand sich das Wild, dem T nachstellte, auf dem Jagdgebiet des O und unterlag somit dem Jagdrecht des O. Während T dem Wild im Revier des O nachstellte, verletzte er also dessen Jagdrecht. Die dem Begriff des Nachstellens immanente Absicht, das Wild anschließend zu erlegen, richtete sich dagegen auf eine Handlung, die auf einem anderen Jagdgebiet von dem dortigen Inhaber des Jagdrechts ausgeführt werden sollte. Diese Handlung würde daher nicht mehr das Jagdrecht des O verletzen, da das tatgegenständliche Wild mit dem Grenzübertritt in das Jagdrevier des T bzw. des D nicht mehr vom Jagdrecht des O erfaßt gewesen wäre. Dennoch hat T durch sein Nachstellen im Jagdrevier des O dessen Jagd- und Aneignungsrecht verletzt. Der mit dem Verlust der tatsächlichen Sachherrschaft verbundene Verlust des Aneignungsrechts wiegt sogar noch schwerer als ein rein faktischer Eingriff in die bestehenbleibende Rechtsstellung des Jagdberechtigten. T hat daher in den beiden ersten Beispielen den Tatbestand des § 292 I Nr. 1 erfüllt.[126] Demgegenüber ist die Rechtslage in **Beispiel 3** genau umgekehrt: Das Nachstellen im eigenen Jagdrevier kann selbstverständlich nicht fremdes Jagdrecht verletzen. Die zugrundeliegende Absicht, einen fremdes Jagdrecht verletzenden Wildereiakt in einem fremden Jagdrevier zu ermöglichen, vermag daran nichts zu ändern, solange T sein Nachstellen nicht jenseits der Reviergrenze auf dem fremden Gebiet fortsetzt. Da T hier das Jagdrevier des O nicht betreten und somit dort dem Wild nicht mehr selbst nachgestellt hat, kann er allenfalls wegen Beteiligung an einer gegen O gerichteten Wildereitat des W strafbar sein.

---

[126] BayObLG, GA 1955, 247 (249).

74 Häufig wird das Nachstellen als „**unechtes**[127] **Unternehmensdelikt**" bezeichnet.[128] Das ist insofern treffend, als es sich wegen des Vorstufencharakters materiell betrachtet um einen Versuch handelt,[129] der formell aber als vollendete Tat behandelt wird.[130] Denn solange der Täter über das Stadium des Nachstellens noch nicht hinausgelangt ist, ist das Jagd- oder Jagdausübungsrecht allenfalls gefährdet, aber noch nicht verletzt. Ob und – wenn ja – welche besonderen dogmatischen Konsequenzen an diese Charakterisierung des Nachstellens geknüpft sind, ist jedoch umstritten. Nach zutreffender Ansicht ist aus dem abstrakten Begriff „Unternehmen" unmittelbar nichts herzuleiten,[131] vielmehr kommt es auf den Sinngehalt des jeweiligen konkreten Handlungsmerkmals – also hier „Nachstellen – an.[132] Unbestreitbar reicht eine Aktion, die so weit im Vorfeld der Rechtsgutsverletzung stattfindet, daß sie nach allgemeinen Kriterien noch nicht einmal Versuchs-, sondern lediglich Vorbereitungscharakter hat, zur Tatbestandserfüllung nicht aus.[133] Ebenfalls klar ist, daß § 11 I Nr. 6 keine Anwendung findet, weil diese Vorschrift ausdrücklich auf echte Unternehmensdelikte bezogen ist.[134] Eine schematische Gleichsetzung des Wildereiversuchs mit einer vollendeten Tat ist deshalb wegen Art. 103 II GG nur in dem Maße vertretbar, wie dies als Ergebnis der Anwendung anerkannter Auslegungsmethoden aus dem Begriff „Nachstellen" gewonnen werden kann. Daraus folgt vor allem, daß sich die Tat objektiv als erfolgversprechende Verfolgung von tatsächlich vorhandenem Wild darstellen muß. Ein von vornherein untaugliches Unternehmen, also ein materiell „**untauglicher Versuch**" erfüllt den objektiven Tatbestand nicht.[135]

> **Beispiele:**
> (1) Leicht alkoholisiert und daher etwas desorientiert schleicht T mit umgehängtem Gewehr durch einen Forst, um Rotwild zu erlegen. Er stellt sich vor, er bewege sich im Jagdrevier des O. Tatsächlich befindet sich T aber noch in seinem eigenen Jagdbezirk.

---

[127] „Echte" Unternehmensdelikte sind die, zu deren Beschreibung das Gesetz den Terminus „Unternehmen" verwendet und auf die daher die Legaldefinition des § 11 I Nr. 6 zutrifft, z.B. § 309 I.

[128] *Waider*, GA 1962, 176 (183); *Weber*, ZStW-Beiheft 1987, 1 (13); *Jakobs*, 25/7; *Jescheck/Weigend*, AT, § 26 II 7; *Kindhäuser*, BT II, § 11 Rn. 16; *Küper*, BT, S. 221; *Wessels/Hillenkamp*, BT 2, Rn. 417; *Joecks*, § 292 Rn. 3; *NK-Wohlers*, § 292 Rn. 35; *SK-Rudolphi*, § 11 Rn. 44; *SK-Hoyer*, § 292 Rn. 13; *Schönke/Schröder/Eser*, § 11 Rn. 52; § 292 Rn. 5; dagegen *Gössel*, BT 2, § 19 Rn. 29.

[129] Materielle Vollendung ist erst mit Fangen, Erlegen oder Zueignen gegeben, vgl. *Burkhardt*, JZ 1971, 352 (354).

[130] *Furtner*, JR 1962, 414; *Waider*, GA 1962, 176 (180).

[131] *Sowada*, GA 1988, 195 (206).

[132] *Sowada*, GA 1988, 195 (202); *Lackner/Kühl*, § 11 Rn. 19.

[133] *Waider*, GA 1962, 176 (180); *NK-Wohlers*, § 292 Rn. 41.

[134] *Weber*, ZStW-Beiheft 1987, 1 (14); mißverständlich *LK-Schäfer*, § 292 Rn. 41; *Kindhäuser*, BT II, § 11 Rn. 16; *Rengier*, BT 1, § 29 Rn. 3.

[135] *SK-Rudolphi*, § 11 Rn. 45; § 292 Rn. 5; *Jakobs*, 25/7; a.A. *Waider*, GA 1962, 176 (184); *Arzt/Weber*, BT, § 16 Rn. 15 Fn. 6; differenzierend *Wessels/Hillenkamp*, BT 2, Rn. 417; *NK-Wohlers*, § 292 Rn. 44; *Schönke/Schröder/Eser*, § 11 Rn. 54.

(2) Abwandlung von (1): T durchstreift den Jagdbezirk des O, hat aber keine Munition für sein Gewehr dabei. Irrtümlich hält er sein Gewehr für geladen.

(3) Mit dem Gewehr im Anschlag verfolgt der kurzsichtige T im Jagdrevier des O ein Tier, das er für einen Feldhasen (Lepus europaeus PALLAS) hält. Tatsächlich ist das Tier eine Hauskatze. Diese gehört dem O.

In allen drei Beispielen könnte T den objektiven Tatbestand der Jagdwilderei nicht verwirklichen, wenn dieser nur die Handlungsmerkmale „erlegen", „fangen" und „zueignen" enthielte. In **Beispiel 1** fehlt es am Tatbestandsmerkmal „Verletzung fremden Jagdrechts", da T auf seinem eigenen Grund und Boden Jagdrechtsinhaber ist, vgl. § 3 I BJagdG. T versucht die Wilderei gewissermaßen am untauglichen Objekt. In **Beispiel 2** ist das benutzte Jagdgerät untauglich. Mit einem ungeladenen Gewehr kann kein Wild gefangen oder gar erlegt werden. Auch **Beispiel 3** ist ein Fall des Versuchs am untauglichen Objekt. Eine Hauskatze ist der Art nach kein dem Jagdrecht unterliegendes Tier und schon deshalb nicht „Wild" i. S. des § 292 I Nr. 1.[136] Darüber hinaus ist die Katze auch nicht herrenlos, da sie im Eigentum des O steht. Der Versuch der Jagdwilderei ist nicht mit Strafe bedroht. Die Tatsache, daß §§ 22, 23 zweifellos unter „Versuch" auch den untauglichen Versuch verstehen, vermag daher die Strafbarkeit des untauglichen Unternehmen einer Wilderei nicht zu begründen. Das Merkmal „Nachstellen" läßt sich ebenfalls nicht im Wege der Auslegung dermaßen subjektivieren, daß allein die – irrige – Vorstellung des Täters von wildereitauglichen Tatsachen die Tatbestandsmäßigkeit trüge. Vielmehr muß in der Alternative des Nachstellens wirklich fremdes Jagdrecht verletzt werden (Beispiel 1), wirklich Wild in der Nähe sein (Beispiel 3) und dem Täter wirklich Instrumente und Werkzeuge zum Fangen oder Erlegen von Wild zur Verfügung stehen (Beispiel 2). Da alles dies in den drei Beispielen nicht der Fall ist, hat sich T nicht aus § 292 I Nr.1 strafbar gemacht.[137]

Während die Anwendung der Grundsätze über den untauglichen Versuch den Täter belasten würde und daher abzulehnen ist, hätten zwei andere Aspekte aus dem Bereich der Versuchsdogmatik **entlastende** Konsequenzen, weshalb ihre Übertragung auf das Merkmal „Nachstellen" erwägenswert erscheint: Dabei handelt es sich um den strafbefreienden **Rücktritt** und die straflose Tatveranlassung als **agent provocateur**.

Zu den Eigentümlichkeiten des echten Unternehmensdelikts gehört, daß die in § 11 I Nr. 6 angeordnete formelle Vollendungsgleichheit des Versuchs der Anwendung des § 24 auf materiell lediglich versuchte Unternehmen entgegensteht.[138] Daher enthalten einige Vorschriften – so § 316 a II a.F., §§ 314 a I i.V. mit 307 I – spezielle Regeln zur Honorierung von Verhaltensweisen, die der Sache nach **Rücktritt** vom materiell versuchten Unternehmensdelikt sind. In den Vorschriften, die unechte Unternehmensdelikte normieren, gibt es solche Rücktrittsregelungen nicht.

---

[136] Anders die Wildkatze (felis silvestris SCHREBER), vgl. § 2 I Nr. 1 BJagdG.
[137] Zu Beispiel 2 anders *Küper*, BT, S. 221; *Wessels/Hillenkamp*, BT 2, R. 417; *Schönke/Schröder/Eser*, § 292 Rn. 5; zu Beispiel 3 anders *Kindhäuser*, BT II, § 11 Rn. 28; *LK-Schäfer*, § 292 Rn. 45, 78; *NK-Wohlers*, § 292 Rn. 44; *Tröndle/Fischer*, § 292 Rn. 20; noch weitergehend für Strafbarkeit *Arzt/Weber*, BT, § 16 Rn. 15 Fn. 6.
[138] *Sowada*, GA 1988, 195 (198); *Lackner/Kühl*, § 292 Rn. 19.

> **Beispiel:** T marschiert mit geladenem Gewehr durch den Eigenjagdbezirk des O. Er hat die Absicht, Wild zu erlegen. Als ihm ein Hirsch so nah vor die Flinte läuft, daß er ihn problemlos mit einem Schuß erlegen könnte, gibt T spontan seine Absicht auf und geht nach Hause.

Das Durchstreifen des fremden Jagdreviers mit einem schußbereiten Gewehr ist ein typischer Anwendungsfall des Handlungsmerkmals „dem Wilde nachstellen".[139] Auf der Basis dieses Merkmals ist die Wilderei schon vollendet, bevor die Tat in die Verwirklichung der Merkmale „Fangen", „Erlegen" oder „Zueignen" einmündet. Insbesondere liegt die Vollendung des Nachstellens vor dem Punkt, an dem in bezug auf die anderen Handlungsmerkmale von einem „unmittelbaren Ansetzen" i. S. des § 22 gesprochen werden könnte.[140] Als T den Entschluß faßte und ausführte, die Jagd auf den Hirsch und sonstiges Wild nicht fortzusetzen, hatte er also bereits sämtliche Strafbarkeitsvoraussetzungen vollendeter Wilderei nach § 292 I Nr. 1 erfüllt. Dieses rücktrittsähnliche Verhalten könnte dem T Straflosigkeit oder eine andere – geringere – Vergünstigung[141] nur durch Rechtsanwendung praeter legem einbringen. Angesichts der Vielfalt der Regelungen, die schadensabwendendes Verhalten obligatorisch oder fakultativ mit Straflosigkeit oder Strafminderung oder überhaupt nicht honorieren, ist es unmöglich, einen passenden Anknüpfungspunkt für eine Analogie zu finden.[142] Die einfache Lösung der entsprechenden Anwendung des § 24 hätte die systematisch inakzeptable Folge, daß Taten ohne jede gesetzliche Reglementierung des Rücktrittsverhaltens den stärksten Grad an Honorierung zugewiesen bekämen und damit weitaus nachsichtiger behandelt würden, als viele Delikte mit dem richterlichen Ermessen anheimgegebener Strafabsehens- oder Strafmilderungsklausel.[143] Angesichts dieser unklaren und konzeptionslosen[144] Gesamtlage ist wohl nur eine Minimallösung bedenkenfrei: Eine obligatorische oder fakultative Straflosigkeit scheidet ebenso aus wie eine Strafmilderung nach § 49 I oder gar § 49 II. Das rücktrittsähnliche Verhalten ist lediglich als Milderungsgrund bei der Strafzumessung im Normalstrafrahmen zu berücksichtigen. Im übrigen kann auf verfahrensrechtlicher Ebene von Fall zu Fall durch Anwendung der §§ 153, 153 a StPO für die gebotene Lockerung des repressiven Zugriffs gesorgt werden.[145]

77 Die Bezeichnung „**agent provocateur**" wird bekanntlich auf Fälle bezogen, in denen jemand (der Provokateur, Tatveranlasser) einen anderen (den provozierten Täter) zur Begehung einer Tat bestimmt, die nach dem Willen des Provokateurs zwar versucht, aber nicht vollendet werden soll. Da dem Tatveranlasser mit dem Vollendungswillen auch der Rechtsgutsverletzungswillen fehlt, handelt er ohne den für eine Strafbarkeit wegen Anstiftung erforderlichen Vorsatz.[146] Ohne

---

[139] *Lackner/Kühl*, § 292 Rn. 2.
[140] *Sowada*, GA 1988, 195 (209); *Berz*, Formelle Tatbestandsverwirklichung, S. 134.
[141] Absehen von Strafe, Strafmilderung.
[142] Anders *Schröder*, FS Kern, S. 457 (468), der vorschlägt, „jeweils diejenigen der im StGB vorhandenen Rücktrittsvorschriften heranzuziehen, die der besonderen Struktur der zur Anwendung stehenden Strafnorm am ehesten entsprechen."
[143] *Burkhardt*, JZ 1971, 352 (358).
[144] *Sowada*, GA 1988, 195 (213): „konfuses Bild".
[145] *Weber*, ZStW-Beiheft 1987, 1 (15).
[146] *Lackner/Kühl*, § 26 Rn. 4; *Schönke/Schröder/Cramer*, § 26 Rn. 20; *Kühl*, AT, § 20 Rn. 201; *Gropp*, AT, § 10 Rn. 130; *Köhler*, AT, S. 528.

Rechtsgutsverletzungswillen handelt aber auch ein Provokateur, der die Begehung einer formell zwar vollendeten, materiell hingegen im Vorfeld der Rechtsgutsverletzung endenden Tat veranlassen will. Diese Konstellation ist möglich, wenn die Haupttat eine mit Vollendungsstrafe bedrohte Deliktsvorbereitung (z.B. § 149), ein abstraktes Gefährdungsdelikt oder ein Unternehmensdelikt ist. Sofern man die Übertragung der Lehre von der straflosen Tatprovokation auf solche Konstellationen befürwortet,[147] muß man im Rahmen des § 292 auch die Möglichkeit einer straflosen Bestimmung zum Nachstellen anerkennen.

> **Beispiel:** A gibt dem T den Auftrag, im Jagdrevier des O auf Rehe Jagd zu machen. A will den T bei seiner Pirsch verfolgen und rechtzeitig hindernd eingreifen, wenn T zum Abschießen von Wild ansetzt. T streift daraufhin mit schußbereitem Gewehr durch den Forst des O. Er kommt aber nicht zum Schuß, da A das Wild verscheucht, sobald T in seine Nähe kommt.

Trotz Erfolglosigkeit ist das Durchstreifen des Jagdreviers mit schußbereiter Waffe ein tatbestandsmäßiges Nachstellen i. S. des 292 I Nr. 1. T hat sich daher wegen vollendeter Jagdwilderei strafbar gemacht. Da A in T den Entschluß zur Begehung dieser Tat hervorgerufen hat und ihre Ausführung in der geschehenen Weise wollte, könnte er wegen Anstiftung zur Wilderei strafbar sein, §§ 292 I Nr. 1, 26. Fraglich ist allerdings, ob A mit Anstiftervorsatz handelte. Zwar umfaßt sein Vorsatz eine vollendete Haupttat des T. Da diese jedoch materiell nicht über eine Vorstufe zur „eigentlichen" Verletzung des durch § 292 geschützten Rechtsguts hinauswachsen sollte, unterscheidet sich die haupttatbezogene subjektive Einstellung des A nicht von der des „klassischen" agent provocateur, der den Täter nur zu einer formell versuchten Tat bestimmen will. Diese strukturelle Parallelität rechtfertigt es, den A wie einen agent provocateur zu behandeln und daher eine Strafbarkeit aus §§ 292 I Nr. 1, 26 wegen mangelndem Rechtsgutsverletzungswillen zu verneinen.[148]

(2) Fangen

Dieses Handlungsmerkmal bezieht sich nur auf „Wild" i. S. des § 292 I Nr. 1. Es bezieht sich auf Aktionen, durch die der Täter die tatsächliche Herrschaft über das Tier erlangt, ohne es dabei zu töten.[149] Vollendet ist diese Tat bereits dann, wenn der Täter das Tier so in seine Gewalt gebracht hat, daß er es entweder an Ort und Stelle töten oder abtransportieren und aus dem fremden Jagdrevier herausbringen kann. Der Abtransport ist keine Vollendungsvoraussetzung. Läßt der Täter das gefangene Tier also am Tatort zurück, hat er den Tatbestand gleichwohl erfüllt. Ebensowenig steht es der Strafbarkeit entgegen, wenn der Täter das gefangene Tier alsbald wieder freiläßt.[150] In der Regel bildet das Fangen den Abschluß einer schon als „Nachstellen" tatbestandsmäßigen Tat. Eigenständige

78

---

[147] Schönke/Schröder/Cramer, § 26 Rn. 20; Kühl, AT, § 20 Rn. 205; Köhler, AT, S. 531.
[148] Mitsch, Straflose Provokation strafbarer Taten, S. 202.
[149] Wessels, JA 1984, 221 (222); Arzt/Weber, BT, § 16 Rn. 14; Küper, BT, S. 221; LK-Schäfer, § 292 Rn. 48; SK-Hoyer, § 292 Rn. 15.
[150] Kindhäuser, BT II, § 11 Rn. 18; NK-Wohlers, § 292 Rn. 37; SK-Hoyer, § 292 Rn. 15.

materiellstrafrechtliche Bedeutung erlangt die Alternative „Fangen" somit nur in seltenen Fällen.[151]

> **Beispiel:** Nach exzessivem Genuß alkoholischer Getränke marschiert T im Zustand rauschbedingter Schuldunfähigkeit durch das Jagdrevier des O. Dort stellt er eine Falle auf und legt sich dann unter einen Baum, um seinen Rausch auszuschlafen. Während seines Schlafes gerät ein Feldhase in die aufgestellte Falle. Als T aufwacht, ist er wieder schuldfähig. Den noch lebenden Hasen in der Falle nimmt er wahr und überlegt eine halbe Stunde, was er mit ihm anfangen soll. Schließlich befreit er das Tier aus der Falle und läßt es laufen.

Das Aufstellen der Falle ist tatbestandsmäßiges Nachstellen i. S. des § 292 I Nr. 1. Da T jedoch beim Vollzug dieser Tat schuldunfähig war, § 20, kann er wegen dieser Handlung nicht aus § 292, sondern nur aus § 323 a bestraft werden. Dasselbe gilt, soweit die im Rauschzustand ausgeführte Handlung als „Fangen" qualifiziert wird. Nachdem die strafbarkeitshindernde Schuldunfähigkeit im Zeitpunkt des Wiedererwachens weggefallen war, wäre nunmehr eine Strafbarkeit des T möglich, sofern sich sein weiteres Verhalten unter ein tatbestandliches Handlungsmerkmal des § 292 I Nr. 1 subsumieren ließe. Hinsichtlich des Merkmals Nachstellen ist dies nicht möglich, da T keinen Verfolgungswillen mehr hatte. Dagegen kann sein Verhalten bis zur Freilassung des gefangenen Hasen als Verwirklichung des Tatbestandsmerkmals „Fangen" qualifiziert werden. Dieses entspricht nämlich der auf lebende Menschen bezogenen Freiheitsberaubung i. S. des § 239. Fangen ist also nichts anderes als eine gegen Tiere gerichtete Freiheitsberaubung. So wie die von § 239 erfaßte Beraubung menschlicher Bewegungsfreiheit anerkanntermaßen die Eigenschaft eines Dauerdelikts hat, ist auch dem Fangen **dauerdeliktischer** Charakter zuzuschreiben. Tatbestandsmäßig ist also nicht nur die Herbeiführung der Gefangenschaft, sondern auch ihre weitere Aufrechterhaltung bis zur Freilassung oder zum Tod des Tieres. Hier hat somit T eine halbe Stunde lang das Tatbestandsmerkmal „Fangen" verwirklicht. Da er dabei schuldfähig war, kann er aus § 292 I Nr. 1 bestraft werden.

79 Größer ist die Bedeutung dieses Handlungsmerkmals in prozessualer und beweisrechtlicher Hinsicht. Von den Äußerlichkeiten eines als „Fangen" tatbestandsmäßigen Aktes läßt sich leichter auf einen Wildereivorsatz schließen als von dem bloßen Nachstellen, das im Einzelfall auch die Gestalt neutralen Verhaltens (z.B. harmloser Waldspaziergang) haben kann. Zudem ist der Beginn der Verjährungsfrist eindeutiger zu markieren, wenn ein zeitlich ausgedehntes Nachstellen in dem relativ punktuellen Vorgang des Fangens seinen Abschluß gefunden hat, § 78 a S.1.

(3) Erlegen

80 Dieses Handlungsmerkmal bezieht sich nur auf „Wild" i. S. des § 292 I Nr. 1. Das leuchtet unmitelbar ein, da nur lebende Tiere erlegt werden können. Erlegen ist die **Tötung** des Tieres.[152] Dies kann mit und ohne Zueignungsabsicht geschehen.[153]

---

[151] NK-*Wohlers*, § 292 Rn. 36.
[152] *Wessels*, JA 1984, 221 (222); *Arzt/Weber*, BT, § 16 Rn. 13; *Gössel*, BT 2, § 19 Rn. 9; *Kindhäuser*, BT II, § 11 Rn. 19; *Küper*, BT, S. 221; NK-*Wohlers*, § 292 Rn. 38; SK-*Hoyer*, § 292 Rn. 16.
[153] *Waider*, GA 1962, 176 (182); NK-*Wohlers*, § 292 Rn. 38.

(4) Zueignen

Dieses Handlungsmerkmal bezieht sich sowohl auf „Wild" i. S. des § 292 I Nr. 1 als auch auf dem Jagdrecht unterliegende Sachen i. S. des § 292 I Nr. 2. Es unterstreicht die Eigentumsähnlichkeit der Rechtsstellung, die durch die Strafvorschrift geschützt wird. Der Bedeutungsgehalt des Zueignungsmerkmals entspricht dem des gleichnamigen Begriffs in den Straftatbeständen Diebstahl, Unterschlagung und Raub. Erforderlich ist also eine **Enteignung**[154] und eine **Aneignung**.[155] Enteignung bedeutet die Verdrängung des Aneignungsberechtigten aus der Position, die ihm die Ausübung des Aneignungsrechts und damit den Eigentumserwerb ermöglicht.[156] Aneignung bedeutet dementsprechend die Anmaßung der Position des Aneignungsberechtigten. Die bloße Entziehung von Wild – z.B. durch Verjagen aus dem Jagdrevier – ist also keine tatbestandsmäßige Wilderei. Geschieht dies aber in der Absicht späteren Fangens, Erlegens oder Zueignens, ist es tatbestandsmäßiges Nachstellen.

Zueignung setzt Besitzergreifung am Wild voraus und wird daher typischerweise durch **Fangen** des Wildes realisiert. Der Unterschied zwischen beiden Handlungsmerkmalen besteht darin, daß das Fangen weder einen Verdrängungs- noch einen Anmaßungseffekt zu haben braucht.[157] Fangen ist tatbestandsmäßig auch, wenn der Täter von vornherein mit der Absicht alsbaldiger Freilassung des gefangenen Wildes handelt.[158] Ähnlich wie das Nachstellen ist deshalb auch das Fangen eine Vorstufe der Zueignung.[159]

Seit dem 6. Strafrechtsreformgesetz erfaßt der Tatbestand auch die Zueignung **zugunsten eines Dritten**. Dritter kann jeder sein, der kein Aneignungsrecht hat. Daß der Dritte gerade durch die Tat ein Aneignungsrecht erwirbt, steht der Tatbestandsmäßigkeit nicht entgegen.

Beispiel: T treibt Wild aus dem Jagdrevier des O in das angrenzende Jagdrevier des D.

T hat sich das Wild nicht selbst zugeeignet, da er sich nicht an die Stelle des Aneignungsberechtigten O gesetzt hat. Er könnte aber dem D das Wild zugeeignet haben. Allerdings ist D Inhaber des Jagd- und damit auch des Aneignungsrechts bezüglich aller wildlebenden Tiere, die sich in seinem Jagdrevier aufhalten, § 3 I BJagdG. Wenn D sich eines der ihm zugetriebenen Tiere aneignet, erwirbt er gemäß § 958 I BGB Eigentum daran. Die den D begünstigende Handlung hat also die Begründung einer tatsächlichen Herrschaft des D bewirkt, die mit der dinglichen Rechtslage im Einklang steht. Allerdings steht dies einer tatbestandsmäßigen Zueignung nicht entgegen, wie der Vergleich mit einem Fall aus dem Bereich der Eigentumsbegründung durch Sachverbindung zeigt: Wenn T fremde Ziegelsteine entwendet, um sie anschließend beim Bau einer Garage auf seinem Grundstück zu verwenden, maßt er sich die Stellung eines Eigentümers nicht nur tatsächlich an, sondern er wird gemäß § 946 BGB sogar Eigentümer der Steine. Dennoch verletzt er damit zu-

---

[154] Dazu Teilband 1, § 1 Rn. 105 ff.
[155] Dazu Teilband 1, § 1 Rn. 119 ff.
[156] SK-*Hoyer*, § 292 Rn. 17.
[157] *Arzt/Weber*, BT, § 16 Rn. 14; *Kindhäuser*, BT II, § 11 Rn. 20.
[158] *Waider*, GA 1962, 176 (182).
[159] Schönke/Schröder/*Eser*, § 292 Rn. 5.

gleich die bis zur Verbindung bestehende Rechtsstellung des Voreigentümers. Der Entzug des Eigentumsrechts ist sogar eine besonders einschneidende Verletzung. Daher hat sich T die Steine rechtswidrig zugeeignet und dadurch wegen Diebstahls oder Unterschlagung strafbar gemacht.[160] Ebenso verhält es sich mit dem Eingriff in fremdes Jagdrecht, der zugleich einem anderen – dem Täter selbst oder wie hier einem Dritten – das Aneignungsrecht an dem Wild verschafft. T hat deshalb den Tatbestand der Jagdwilderei in der Handlungsalternative „Drittzueignung" erfüllt.

(5) Beschädigen

84 Dieses Handlungsmerkmal bezieht sich auf dem Jagdrecht unterliegende Sachen i. S. des § 292 I Nr. 2. Es hat denselben Bedeutungsgehalt wie das gleichnamige Handlungsmerkmal der **Sachbeschädigung**.[161] Da in § 292 I zwischen den Tatobjekten „Wild" und „dem Jagdrecht unterliegende Sache" unterschieden wird, und das Handlungsmerkmal „beschädigt" nur auf die letztgenannte Kategorie von Tatobjekten bezogen ist, erfüllt die „Beschädigung" von lebendem Wild den Tatbestand der Jagdwilderei nicht.[162] Eine Strafbarkeitslücke entsteht dadurch aber nicht, da Taten, mit denen der Täter ein Tier beim Versuch des Fangens oder Erlegens nur verletzt, als „Nachstellen" tatbestandsmäßig sind.[163]

(6) Zerstören

85 Dieses Handlungsmerkmal bezieht sich auf dem Jagdrecht unterliegende Sachen i. S. des § 292 I Nr. 2. Es hat denselben Bedeutungsgehalt wie das gleichnamige Handlungsmerkmal der **Sachbeschädigung**.[164]

b) Subjektiver Tatbestand

aa) Vorsatz

86 Der subjektive Tatbestand der Jagdwilderei besteht lediglich aus dem **Vorsatz**, § 15.[165] Dolus eventualis reicht aus.[166] Eine zusätzliche – den Anwendungsbereich des § 292 einschränkende – subjektive Komponente (z.B. Bereicherungs- oder Zueignungsabsicht) schreibt das Gesetz nicht vor.[167] Insbesondere braucht der Täter, der das Tatobjekt (noch) nicht sich oder einem Dritten zugeeignet, son-

---

[160] Teilband 1, § 2 Rn. 11.
[161] Dazu Teilband 1, § 5 Rn. 18 ff.
[162] NK-*Wohlers*, § 292 Rn. 38.
[163] Missverständlich NK-*Wohlers*, § 292 Rn. 38 a. E.
[164] Dazu Teilband 1, § 5 Rn. 18 ff.
[165] *Maurach/Schroeder/Maiwald*, BT 1, § 38 Rn. 18; SK-*Hoyer*, § 292 Rn. 21.
[166] *Gössel*, BT 2, § 19 Rn. 17; *Wessels/Hillenkamp*, BT 2, Rn. 427; *Joecks*, § 292 Rn. 5; LK-*Schäfer*, § 292 Rn. 77; *Lackner/Kühl*, § 292 Rn. 5; NK-*Wohlers*, § 292 Rn. 53; *Tröndle/Fischer*, § 292 Rn. 20.
[167] Zur subjektiven Komponente des objektiven Tatbestandsmerkmals „Nachstellen" s.o. Rn. 71.

dern es z.b. lediglich gefangen hat, nicht mit Zueignungsabsicht zu handeln (s.o. Rn. 82).

bb) Irrtumsprobleme

Die strafrechtliche Behandlung von Irrtümern richtet sich bei der Jagdwilderei nach den **allgemeinen Regeln**.[168] Der Irrtum bezüglich einer zum objektiven Tatbestand gehörenden Strafbarkeitsvoraussetzung ist vorsatzausschließender Tatbestandsirrtum (§ 16 I), der Irrtum über die tatsächlichen Voraussetzungen eines Rechtfertigungsgrundes („Erlaubnistatbestandsirrtum") wird dem Tatbestandsirrtum gleichgestellt (h.M.) und sonstige Irrtümer über die Rechtswidrigkeit der Tat sind Verbotsirrtümer (§ 17). Dennoch erzeugt der Wildereitatbestand einige besondere Irrtumsprobleme, die mit der **Zivilrechts- und Jagdrechtsakzessorietät** dieses Delikts zusammenhängen. 87

(1) Irrtum über die Herrenlosigkeit des Tatobjekts

Das Tier oder die Sache, auf die sich die Tat bezieht, muß im Tatzeitpunkt (noch oder wieder) herrenlos sein. Der objektive Tatbestand kann nicht erfüllt werden, wenn und soweit der Tatgegenstand im Eigentum irgendeiner mit dem Täter nicht identischen Person steht. Dann ist er fremd und fällt in den Schutzbereich der eigentumsschützenden Straftatbestände §§ 242 ff, 303. Als Bestandteil des objektiven Tatbestandes ist die Herrenlosigkeit Bezugsgegenstand des Vorsatzes. Ein Irrtum, der dem Täter das Bewußtsein von der Herrenlosigkeit des Tatobjekts verstellt, ist deshalb **Tatbestandsirrtum** i. S. des § 16 I 1. Nun kann die Unkenntnis von der Herrenlosigkeit aber unterschiedliche Gründe haben. Unproblematisch ist dabei der Fall, daß der Täter überhaupt nicht die Vorstellung hat, in fremden Rechtskreis einzudringen, weil er z.B. glaubt, wilde Tiere stünden jedermann zur Verfügung und niemand habe irgendein Vorrecht an ihnen.[169] Strafbarkeit aus § 292 kommt dann nicht in Betracht, da der subjektive Tatbestand nicht erfüllt ist. Eine Strafbarkeit aus § 242 oder § 246 scheidet aber ebenfalls aus, da der Täter nicht mit dem Vorsatz handelt, sich an einer fremden Sache zu vergreifen und somit fremdes Eigentum zu verletzen. Schwieriger sind die Fälle, in denen der Irrtum über die Herrenlosigkeit gerade auf der unrichtigen Annahme von Fremdheit der Sache beruht. 88

> **Beispiel:** T findet im Jagdrevier des O in einer von dem Wilderer W aufgestellten Falle einen Feldhasen. T nimmt das noch lebende Tier mit Zueignungsabsicht in Besitz. Dabei stellt er sich vor, die Falle sei von dem Jagdrechtsinhaber O aufgestellt worden.

Durch die Ergreifung des Besitzes an dem Hasen hat sich T Wild zugeeignet und dabei das Jagdrecht des O verletzt. Auch in der von W aufgestellten Falle war der Hase noch herrenlos, da ein eigentumsbegründender Aneignungsakt eines Berechtigten nicht stattgefunden hatte. Fallensteller W selbst konnte als Nichtberechtigter ohnehin kein Eigentum

---

[168] *Rengier*, BT 1, § 29 Rn. 8.
[169] Anders, wenn der Täter einen „generellen" Vorsatz bezüglich der Verletzung einer fremden dinglichen Berechtigung an der Sache hat, *Wessels*, JA 1984, 221 (224).

an dem Hasen erlangen, § 958 II BGB.[170] Die von ihm verursachte Gefangenschaft des Hasen verschaffte aber auch dem Aneignungsberechtigten O nicht das Eigentum.[171] Denn nur ein dem O zurechenbarer Aneignungsakt hätte eigentumsbegründende Wirkung. Somit hat T den objektiven Tatbestand des § 292 I Nr. 1 erfüllt. Seine Vorstellung von der Tat beinhaltet aber ein Detail, das mit der Wirklichkeit nicht übereinstimmt und zudem ein objektives Tatbestandsmerkmal der Jagdwilderei betrifft. Wäre die Falle nicht von W, sondern – wie T glaubte – von O aufgestellt worden, läge darin ein Aneignungsakt des O i. S. des § 958 BGB, der dem O das Eigentum an dem Hasen verschafft und zugleich die Herrenlosigkeit dieses Tieres aufgehoben hätte.[172] Also stellte sich T vor, seine Besitzergreifung erfasse nicht ein herrenloses, sondern ein in fremdem Eigentum – und in fremdem Gewahrsam – stehendes Tier. T hatte somit nicht Wilderei-, sondern Diebstahlsvorsatz. Außer Frage steht, daß T wegen (untauglich) versuchten Diebstahls (§§ 242, 22),[173] nicht aber wegen vollendeten Diebstahls strafbar ist. Denn den objektiven Tatbestand des Diebstahls hat T nicht erfüllt. Fraglich ist jedoch, ob neben die Strafbarkeit wegen Diebstahlsversuchs noch eine Strafbarkeit wegen vollendeter Wilderei tritt. Das prima facie eindeutig entgegenstehende Strafbarkeitshindernis des fehlenden Wildereivorsatzes könnte möglicherweise mit dem Argument überwunden werden, daß der Vorsatz des T sogar eine gravierendere Rechtsgutsverletzung – nämlich eine Verletzung des Eigentums – beinhaltete und der Wildereivorsatz gewissermaßen als „wesensgleiches minus" – Verletzung der Vorstufe des Eigentums „Aneignungsrecht" – in diesem Vorsatz enthalten ist.[174] In der Tat rechtfertigt der Strafwürdigkeitsgehalt und die Ähnlichkeit der Schutzgüter ein derartiges argumentum a fortiori.[175] Gleichwohl würde eine darauf gestützte Strafentscheidung den eindeutigen Gesetzeswortlaut durchbrechen und somit gegen Art. 103 II GG verstoßen. Strafbarkeit wegen Wilderei ist deshalb in diesem Fall abzulehnen.[176] Eine unerträgliche Strafbarkeitslücke entsteht dadurch nicht, da die Bestrafung wegen Diebstahlsversuchs in aller Regel zur Befriedigung des Strafbedürfnisses ausreichen wird.[177]

89 Ein Irrtum über die Herrenlosigkeit ist auch in umgekehrter Richtung möglich: Der Täter hält eine tatsächlich in fremdem Eigentum stehende Sache für herrenlos.

---

[170] *Wessels/Hillenkamp*, BT 2, Rn. 426.
[171] BayObLG, NJW 1955, 32 (33); *Quack*, in: Münchener Kommentar zum BGB, § 958 Rn. 23; *Wessels*, JA 1984, 221 (223); *Arzt/Weber*, BT, § 16 Rn. 17; *Rengier*, BT 1, § 29 Rn. 8; *Schmidhäuser*, BT, 9/6; *Wessels/Hillenkamp*, BT 2, Rn. 426; SK-*Hoyer*, § 292 Rn. 12.
[172] *Wessels*, JA 1984, 221 (223); SK-*Hoyer*, § 292 Rn. 12.
[173] *Wessels*, JA 1984, 221 (225); *Rengier*, BT 1, § 29 Rn. 10; *Joecks*, § 292 Rn. 8; LK-*Schäfer*, § 292 Rn. 80; NK-*Wohlers*, § 292 Rn. 63; SK-*Hoyer*, § 292 Rn. 21; *Tröndle/Fischer*, § 292 Rn. 20.
[174] *Arzt/Weber*, BT, § 16 Rn. 20; *Maurach/Schroeder/Maiwald*, BT 1, § 38 Rn. 20; im Ergebnis ebenso *Schmidhäuser*, BT, 9/7; *Welzel*, Strafrecht, S. 363.
[175] *Kindhäuser*, BT II, § 11 Rn. 33; *Lackner/Kühl*, § 292 Rn. 5.
[176] *Rengier*, BT 1, § 29 Rn. 10; NK-*Wohlers*, § 292 Rn. 62; SK-*Hoyer*, § 292 Rn. 21.
[177] *Wessels*, JA 1984, 221 (225); *Wessels/Hillenkamp*, BT 2, Rn. 430.

> Beispiel: (Abwandlung des obigen Beispiels Rn. 88):[178] Die Falle ist vom Jagdberechtigten O aufgestellt worden. T nimmt an, sein „Wildererkollege" W habe die Falle aufgestellt.

Das Aufstellen der Falle durch O ist ein Aneignungsakt, der dem Berechtigten O das Eigentum an dem Hasen verschafft hat, § 958 BGB. Mit der Begründung des Eigentums endete die Herrenlosigkeit und damit die Tauglichkeit des Hasen zum Objekt einer Wilderei. Objektiv hat T also nicht den Tatbestand der Jagdwilderei, sondern den Tatbestand des Diebstahls bzw. der Unterschlagung erfüllt. Der Vorsatz des T umfaßte jedoch nicht die Fremdheit des Hasen. T stellte sich einen Sachverhalt vor, auf dessen Grundlage der Hase noch als herrenlos und somit als taugliches Wildereiobjekt zu qualifizieren wäre. Strafbarkeit aus § 242 oder § 246 scheitert deshalb am Tatbestandsirrtum bezüglich des objektiven Tatbestandsmerkmals „fremd", § 16 I 1.[179] Fraglich ist, ob T wenigstens wegen Wilderei bestraft werden kann. Da er den objektiven Tatbestand des § 292 I nicht erfüllt hat, ist seine mit Wildereivorsatz begangene Tat konstruktiv ein untauglicher Wildereiversuch.[180] Zwar könnte man wiederum das a-fortiori-Argument bemühen und eine Strafbarkeit wegen vollendeter Wilderei damit begründen, daß T objektiv sogar mehr getan hat, als „nur" fremdes Aneignungsrecht zu verletzen. Als minus im Verhältnis zum Diebstahl stehe die Erfüllung des objektiven Wildereitatbestandes zwar nicht logisch, wohl aber normativ in einem Implikationsverhältnis zur Erfüllung des objektiven Diebstahlstatbestandes.[181] Dennoch vermag diese auf durchaus nachvollziehbaren Strafwürdigkeitserwägungen fußende Argumentation die fehlende Deckung durch den Gesetzeswortlaut nicht zu ersetzen. Eine Bestrafung des T wegen vollendeter Wilderei verstieße gegen Art. 103 II GG.[182] Auch diese restriktive Beurteilung wird aber praktisch kaum zu nennenswerten Strafbarkeitslücken führen. Denn in der Regel dürfte dem Akt der Besitzergreifung eine auf Verletzung fremden Jagdrechts gerichtete und noch nicht auf ein bestimmtes Tatobjekt konzentrierte strafbare Nachstell-Aktion vorausgehen.[183]

(2) Irrtum über die Eigenschaft „Wild" bzw. „dem Jagdrecht unterliegt"

Taugliche Tatobjekte nach § 292 I Nr. 1 („Wild") sind nur die in § 2 I BJagdG aufgeführten Tierarten. Die Zugehörigkeit zu einer solchen Gattung ist deshalb eine die objektive Tatbestandsmäßigkeit nach § 292 I Nr. 1 mitkonstituierende Tatsache. Folglich fällt ein Irrtum über diese Tatsache in den Bereich des § 16 I.[184] Entsprechendes gilt in § 292 I Nr. 2 für die Sachen, die dem Jagdrecht unterliegen. Da die Definition dieses Merkmals in § 1 V BJagdG an den Begriff „Wild" anknüpft, hat hier die Zugehörigkeit zu den in § 2 I BJagdG aufgeführten Tierarten Rele-

90

---

[178] Vgl. auch Teilband 1, § 1 Rn. 95.
[179] *Wessels*, JA 1984, 221 (224); a.A. *Welzel*, Strafrecht, S. 363, nach dem das laienhafte Bewußtsein genüge, daß das Wild einem anderen „gehört".
[180] *Wessels*, JA 1984, 221 (224); *Wessels/Hillenkamp*, BT 2, Rn. 429.
[181] *Maurach/Schroeder/Maiwald*, BT 1, § 38 Rn. 20.
[182] *Wessels*, JA 1984, 221 (224); *v. Löbbecke*, MDR 1974, 119 (121); *Wessels/Hillenkamp*, BT 2, Rn. 430; im Ergebnis ebenso *Arzt/Weber*, BT, § 16 Rn. 19; *Joecks*, § 292 Rn. 7; SK-*Hoyer*, § 292 Rn. 22; *Tröndle/Fischer*, § 292 Rn. 20.
[183] *Waider*, GA 1962, 176 (181); *Lackner/Kühl*, § 292 Rn. 5; LK-*Schäfer*, § 292 Rn. 78.
[184] *Bringewat*, MDR 1970, 652; *Maurach/Schroeder/Maiwald*, BT 1, § 38 Rn. 18; *Schönke/Schröder/Eser*, § 292 Rn. 15.

vanz für den objektiven Tatbestand. Ein diesbezüglicher Irrtum berührt somit § 16 I.

> **Beispiele:**
> (1) T erlegt im Jagdrevier des O ein Mauswiesel. Er weiß, daß Mauswiesel „Wild" sind, hält das erlegte Tier aber für eine Maus.
> (2) T erlegt im Jagdrevier des O eine Maus, die er für ein Mauswiesel hält. Er weiß, daß Mauswiesel „Wild" sind.
> (3) T erlegt im Jagdrevier ein Wildkaninchen. Irrtümlich hält er das Tier für einen Feldhasen. T ist darüber informiert, daß Wildkaninchen und Feldhasen „Wild" sind.

In **Beispiel 1** hat T den objektiven Tatbestand der Jagdwilderei nach § 292 I Nr. 1 erfüllt. Mauswiesel (Mustela nivalis L.) sind Haarwild gem. § 2 I Nr. 1 BJagdG. Da T das erlegte Tier aber nicht als Mauswiesel erkannte, sondern für eine Maus hielt, hatte er keinen Vorsatz bezüglich des objektiven Tatbestandsmerkmals „Wild". Denn Mäuse sind in der Aufzählung des § 2 I BJagdG nicht enthalten. Der Tatbestandsirrtum schließt den Vorsatz aus, § 16 I 1.[185] Somit hat sich T nicht aus § 292 I Nr. 1 strafbar gemacht. **Beispiel 2** ist die Umkehrung von Beispiel 1. Da die Maus kein Wild ist, hat T den objektiven Tatbestand des § 292 I Nr. 1 nicht erfüllt. Die irrtümliche Vorstellung des T, ein Mauswiesel zu erlegen, verleiht seiner Tat den Charakter eines untauglichen Wildereiversuchs. Dieser ist nicht mit Strafe bedroht. Strafbarkeit aus § 292 I Nr. 1 können in Beispiel 2 also nur diejenigen bejahen, die auf das Merkmal „Nachstellen" die Regeln des untauglichen Versuchs anwenden (dazu oben Rn. 74). Die strafrechtliche Beurteilung des Täterverhaltens in **Beispiel 3** stimmt mit Beispiel 1 insofern überein, als die Tötung des Wildkaninchens den objektiven Tatbestand des § 292 I Nr. 1 erfüllt. Fraglich ist der Vorsatz des T. Da T sich über die Tierart irrte, könnte ein Tatbestandsirrtum vorliegen, § 16 I. Jedoch erzeugte dieser Irrtum im Tatbewußtsein des T keine Lücke bezüglich des objektiven Tatbestandsmerkmals „Wild". T hatte das Bild eines Tieres vor Augen, das ebenso wie das tatsächlich erlegte Wildkaninchen in der Aufzählung des § 2 I Nr. 1 BJagdG enthalten und daher ebenso taugliches Wildereiobjekt ist. Auch im Rahmen anderer Straftatbestände ist anerkannt, daß ein Irrtum über die konkrete Beschaffenheit des Tatobjekts unerheblich ist, solange dieser Irrtum das Bewußtsein von der tatbestandlichen Qualität des Objekts nicht tangiert. Beispielsweise steht es der Strafbarkeit aus § 303 nicht entgegen, wenn der Täter den von ihm willentlich beschädigten Pkw Toyota irrtümlich für einen Mitsubishi hält.[186] Deshalb schließt die subjektive Einordnung eines Tieres in eine falsche Wildgattung den Wildereivorsatz nicht aus. Anders wäre es nur, wenn dieser erste Irrtum noch einen weiteren tatbestandsrelevanten Irrtum über die Wild-Eigenschaft ausgelöst hätte. Das ist hier aber nicht der Fall, da T dem Feldhasen zutreffend die Eigenschaft „Wild" zuschreibt. T hat also vorsätzlich gehandelt und sich deshalb aus § 292 I Nr. 1 strafbar gemacht.

91 Kompliziert wird die Lösung der Irrtumsproblematik, wenn zu dem Irrtum über die Tierart (dazu oben Rn. 90) noch ein Irrtum über die Zugehörigkeit zum Katalog des § 2 I BJagdG hinzukommt. Diese Fälle des sog. „**Doppelirrtums**"[187] werden we-

---

[185] *Kuhlen*, Irrtum, S. 497; LK-*Schäfer*, § 292 Rn. 82.
[186] *Schroeder*, GA 1979, 321 (324).
[187] Denkbar ist auch folgender „Dreifachirrtum": Der Täter hält das Mauswiesel für eine Maus, die Maus hält er für Wild und das Erlegen von Wild auf fremdem Jagdgebiet hält er für erlaubt.

gen ihrer geringen praktischen Bedeutung[188] in der Literatur nur spärlich erörtert und bilden daher ein immer noch recht unsicheres dogmatisches Terrain.[189]

> **Beispiele:**
> (1) T erlegt im Jagdrevier des O ein Mauswiesel, das er für eine Maus hält. T stellt sich vor, Mäuse seien „Wild".
> (2) T erlegt im Jagdrevier des O eine Maus, die er für ein Mauswiesel hält. T weiß nicht, daß Mauswiesel „Wild" sind.

In **Beispiel 1** hat T den objektiven Tatbestand des § 292 I Nr. 1 erfüllt.[190] Fraglich ist jedoch, ob er dabei vorsätzlich handelte. Der Vorsatz muß sämtliche Merkmale des objektiven Tatbestandes erfassen, also auch das Objektmerkmal „Wild". Die Schwierigkeit der hier zu beurteilenden Tätervorstellung ist ihre innere Widersprüchlichkeit. Einerseits hat T – irrig – ein Tier vor Augen, das objektiv kein „Wild" i. S. der §§ 1 I, 2 I BJagdG ist, andererseits wird dieser Vorsatzmangel – scheinbar – kompensiert bzw. „korrigiert"[191] durch die – ebenfalls irrige – Annahme, Mäuse seien „Wild".[192] Die irrige Zuordnung der Maus zur Kategorie Wild bewirkt, daß T trotz falscher zoologischer Bestimmung des Tatobjekts die richtige Vorstellung von dessen für § 292 relevanten jagdrechtlichen Qualität hat. Es stellt sich daher die Frage, ob die Tatbeurteilung allein an diesem Vorsatzinhalt anzuknüpfen hat oder ob die Vorstellung von der Tierart mit zu berücksichtigen ist. Letzteres ist aus folgendem Grund richtig: Auf der Grundlage der Vorstellung des T, Mäuse seien Wild, könnte dem T nur der Vorwurf gemacht werden, daß ihn das Bewußtsein von der Verletzung fremden Jagdrechts nicht davon abgehalten hat, eine Maus zu töten. Der Vorwurf, entgegen dieser Vorstellung nicht davon Abstand genommen zu haben, ein Mauswiesel getötet zu haben, kann ihm hingegen nicht gemacht werden, weil er das Tier nicht als Mauswiesel erkannt hat. Zweifellos bezweckt § 292 nicht die Verhinderung von Mäusetötungen, sondern die Verhinderung von Mauswieseltötungen. Dieser gesetzliche Schutzzweck kann aber vernünftigerweise nicht darauf bauen, daß sich jemand durch das vorgestellte Bild einer Sache, die objektiv nicht Wild ist, zu einer bewußten Verhaltenssteuerung motivieren läßt, die tatsächlich die Verletzung von Wild und damit von fremdem Jagdrecht vermeidet. Daß im konkreten Fall die Befolgung des von dem vorgestellten „Wild" ausgehenden Appells, fremdes Jagdrecht nicht zu verletzen, tatsächlich ein Mauswiesel vor Tötung bewahrt hätte, ist reiner Zufall. Nur die kumulative Kenntnis von der Tierart und ihrer Eigenschaft als Wild gewährleistet, daß ein normtreuer Bürger sich nicht an Tieren vergreift, die Wild sind.[193] Umgekehrt kann deshalb der Vorwurf vorsätzlicher Tat auch nur dem Täter gemacht werden, der sich mit seiner Tat über den von dieser kumulativen Vorstellung ausgehenden Tatvermeideappell hinweggesetzt hat. Würde

---

[188] *Kuhlen*, Irrtum, S. 39; LK-*Schäfer*, § 292 Rn. 84 („etwas phantastisch anmutende Fälle").
[189] Vgl. z.B. die unentschlossene Stellungnahme bei LK-*Schäfer*, § 292 Rn. 84 a. E.: „Dem wird zuzustimmen sein."
[190] *Kuhlen*, Irrtum, S. 494; NK-*Wohlers*, § 292 Rn. 45.
[191] *Foth*, JR 1965, 366 (371).
[192] *Kuhlen*, Irrtum, S. 497: Der erste Irrtum wird durch den zweiten „aufgehoben".
[193] Anders *Kuhlen*, Irrtum, S. 497, der der Verwechslung eines Mauswiesels mit einer Maus keine andere sachliche Relevanz zumessen will als der Verwechslung des Mauswiesels a mit dem Mauswiesel b; im Ergebnis ebenso *Bringewat*, MDR 1970, 652 (653); im Ergebnis wie hier *Baumann*, NJW 1962, 16 (17); *Foth*, JR 1965, 366 (371); *Schlüchter*, Irrtum , S. 123; NK-*Wohlers*, § 292 Rn. 45.

man hingegen auf die richtige kognitive Erfassung der Tierart verzichten und sich mit einer auf Irrtumsbasis entstandenen Vorstellung von „Wild" begnügen, müßte sogar der Täter wegen Wilderei bestraft werden, der in der Dunkelheit auf ein Wildschwein schießt, das er für einen Menschen hält, dem er die Eigenschaft „Wild" zuschreibt.

Da T in **Beispiel 2** ein Tier getötet hat, das nicht „Wild" i. S. der §§ 1 I, 2 BJagdG ist, hat er den objektiven Tatbestand jedenfalls nicht in der Alternative „fangen", „erlegen" oder „zueignen" erfüllt. Strafbarkeit aus § 292 I Nr. 1 kommt somit nur unter der Prämisse in Betracht, daß der Versuch am untauglichen Objekt ein Fall tatbestandsmäßigen „Nachstellens" ist. Auf Grund der Unternehmensdeliktsstruktur des Nachstellens ist eine derartige Annahme nicht fernliegend (s.o. Rn. 74). Fraglich ist jedoch darüber hinaus, ob die Vorstellung des T von seiner Tat – insbesondere von dem Objekt seiner Tat – überhaupt den Anforderungen des Wildereivorsatzes genügt. Denn die Tierart, der T das von ihm getötete Tier irrtümlich zuordnet, ist zwar in § 2 I Nr. 1 BJagdG erwähnt und daher Wild i. S. des § 1 I BJagdG. Jedoch bleibt die Wild-Eigenschaft dem Tatbewußtsein des T letztlich doch verschlossen, weil T das Mauswiesel nicht mit dem Begriff „Wild" in Verbindung bringt. Damit ist der Vorsatz des T aber unvollständig. Der Tatbestand der Jagdwilderei schützt nicht herrenlose Tiere schlechthin, sondern nur solche, die dem Jagdrecht unterliegen, also nur Wild. Folglich muß der Vorsatz des Täters diese Klassifizierung im konkreten Fall aufnehmen. Daran fehlt es im vorliegenden Fall. T hatte nicht den Vorsatz, Wild zu jagen. Deshalb kann er auch nicht nach den Regeln des untauglichen Versuchs wegen Nachstellens bestraft werden.

c) Rechtswidrigkeit

Zum Ausschluß der Rechtswidrigkeit tatbestandsmäßiger Wilderei eignen sich verschiedene **Rechtfertigungsgründe**.[194]

aa) Einwilligung

92 Da das von § 292 geschützte Jagdrecht ein zur Disposition seines Inhabers stehendes Vermögensgut ist, kann der Jagdrechtsinhaber in die Tat wirksam **einwilligen**.[195] Rechtfertigend wirkt demzufolge auch eine mutmaßliche **Einwilligung**.[196] Die Einmütigkeit, mit der diese Ansicht im Schrifttum vertreten wird, ist allerdings überraschend, wenn man berücksichtigt, daß dem Tatbestand Jagdwilderei überwiegend noch ein zweites Rechtsgut zugeordnet wird: Die Hege und Pflege des Wildbestandes (s.o. Rn. 57). Da es sich dabei um ein überindividuelles Schutzgut handelt, dessen Träger die „Allgemeinheit" ist, ist an sich nach allgemeiner Einwilligungsdogmatik eine rechtfertigende Einwilligung mangels Disponibilität nicht möglich.[197] Eine ähnliche Konstellation findet man bei den Straftatbeständen §§ 164, 315 c und 340. Dort ist die Möglichkeit einer rechtfertigenden Einwilligung durchaus umstritten. Die Auffassung, daß die Rechtferti-

---

[194] NK-*Wohlers*, § 292 Rn. 64–67.
[195] LK-*Schäfer*, § 292 Rn. 66; Schönke/Schröder/Eser, § 292 Rn. 12; nach *Gössel*, BT 2, § 19 Rn. 16 schließt die Einwilligung die objektive Tatbestandsmäßigkeit aus.
[196] NK-*Wohlers*, § 292 Rn. 67.
[197] Allgemein dazu *Kühl*, AT § 9 Rn. 27; *Gropp*, AT, § 6 Rn. 39.

gung durch Einwilligung an der jeweiligen überindividuellen Rechtsgutskomponente des Straftatbestandes scheitert, wird von einer großen Anhängerschaft getragen.[198] Daran gemessen ist die im Spiegel der Literatur hervorstechende Unbedenklichkeit einer rechtfertigenden Einwilligung bei § 292 inkonsequent. Folgt man hingegen der vorzugswürdigen Mindermeinung, die der Einwilligung bei §§ 164, 315 c und 340 die Kraft zum letztlich der Strafbarkeit entgegenstehenden Ausschluß eines Teil-Unrechts attestiert,[199] stößt man auch im Rahmen des § 292 auf keine unüberwindlichen dogmatischen Hürden: Willigt der Jagdausübungsberechtigte in die Tat ein, tangiert die Tat das von § 292 geschützte Individualgut nicht in rechtswidriger Weise. Die Einwilligung bewirkt also eine Teil-Rechtfertigung. Soweit die konsentierte Tat den Wildbestand gefährdet, ist sie zwar unter dem Gesichtspunkt des überindividuellen Rechtsguts Unrecht. Dies reicht aber für eine Strafbarkeit aus § 292 nicht aus. Vielmehr sind für die Ahndung dieses Teil-Unrechts die speziellen Straf- und Bußgeldtatbestände des BJagdG zuständig. Wäre es anders, müßte auch eine vom Jagdausübungsberechtigten selbst begangene Tat nach § 292 strafbar sein, wenn sie schädlich für den Wildbestand ist. Die Straflosigkeit des Jagdrechtsinhabers steht aber außer Zweifel, da es in jedem Fall an dem Tatbestandsmerkmal „unter Verletzung fremden Jagdrechts" fehlt (s.o. Rn.61).

bb) Notstand und notstandsähnliche Befugnisse

Eine Rechtfertigung durch Notstand ist ohne weiteres möglich.[200] Wird die Tat begangen, um eine von dem betroffenen Wild ausgehende Gefahr abzuwenden, greift die besonders täterfreundliche Bestimmung über den **Defensivnotstand** ein. Der Wortlaut des § 228 S. 1 BGB deckt die Tat zwar nicht vollständig, da das Wild per definitionem keine „fremde Sache" ist. Jedoch bestehen gegen eine entsprechende Anwendung des § 228 BGB auf dem Jagdrecht unterliegende herrenlose Tiere keine Bedenken.[201] Auf **Notwehr** (§ 32) kann sich der von einem wilden Tier angegriffene und sich dagegen mit einer tatbestandsmäßigen Handlung (z.B. erlegen) wehrende Täter hingegen nicht berufen. Der „reine" Tierangriff ist kein „Angriff" i. S. des Notwehrrechts.[202] Die – von § 32 erfaßte – Situation, daß ein Mensch das Tier zu dem Angriff aufhetzt,[203] wird bei Wild praktisch kaum möglich sein.

93

---

[198] LK-*Hirsch*, vor § 32 Rn. 114 (a.A. jedoch hinsichtlich § 164, vgl. Rn. 115); Schönke/Schröder/*Lenckner*, vor § 32 Rn. 35 a; § 164 Rn. 23; Schönke/Schröder/*Cramer*, § 340 Rn. 5; Tröndle/*Fischer*, § 164 Rn. 2; § 315 c Rn. 17; § 340 Rn. 7; SK-*Rudolphi*, § 164 Rn. 20.
[199] *Baumann/Weber/Mitsch*, § 17 Rn. 99; SK-*Horn*, § 315 c Rn. 22; § 340 Rn. 7; Schönke/Schröder/*Cramer*, § 315 c Rn. 43.
[200] *Gössel*, BT 2, § 19 Rn. 27; *Kindhäuser*, BT II, § 11 Rn. 34; *Schmidhäuser*, BT, 9/6; LK-*Schäfer*, § 292 Rn. 66; NK-*Wohlers*, § 292 Rn. 65, 67; Schönke/Schröder/*Eser*, § 292 Rn. 12.
[201] *Baumann/Weber/Mitsch*, § 17 Rn. 86; *Maurach/Schroeder/Maiwald*, BT 1, § 38 Rn. 21; NK-*Wohlers*, § 292 Rn. 65; SK-*Hoyer*, § 292 Rn. 24.
[202] *Baumann/Weber/Mitsch*, § 17 Rn. 4; *Gropp*, AT, § 6 Rn. 68; *Kühl*, AT, § 7 Rn. 26.
[203] *Kühl*, AT, § 7 Rn. 27.

Beispiele:

(1) T fängt im Jagdrevier des O einen Keiler und hetzt ihn auf den V. V hat zufällig ein schußbereites Gewehr dabei. Mit diesem Gewehr erschießt V den Keiler.

(2) Abwandlung von (1): O fängt den Keiler und hetzt ihn auf den V.

In **Beispiel 1** ist V mit einem notwehrfähigen Angriff konfrontiert. Die Gefahr für seine körperliche Unversehrtheit beruht zwar unmittelbar auf einem Tier. Auslösendes Gefahrmoment ist jedoch menschliches Verhalten. Daher befindet sich V in einer Notwehrlage. Die Tötung des Keilers ist aber keine „Verteidigung" i. S. des § 32. Denn anerkanntermaßen rechtfertigt Notwehr nur den Eingriff in Güter des Angreifers.[204] Die Verletzung von Gütern einer neutralen Person – eines Nicht-Angreifers – ist nicht durch Notwehr gerechtfertigt. Zur gesetzestextnahen Begründung dieses Ergebnisses eignet sich am besten das Notwehrmerkmal Verteidigung. Diese Qualität hat eine Tat nämlich nur, soweit sie sich gegen den Angreifer richtet.[205] Angreifer ist hier T und nicht O, dessen Jagdrecht durch die Tötung des Keilers verletzt worden ist. Die Tat ist also nicht durch Notwehr, sondern durch Notstand gerechtfertigt. In **Beispiel 2** stellt sich die Rechtfertigungsfrage von vornherein in einem anderen tatbestandlichen Kontext. V hat mit der Tötung des Keilers keine Jagdwilderei begangen, da das Tier nicht mehr herrenlos – also nicht mehr „Wild" – war, als es den V angriff. Indem O den Keiler fing, nahm er ihn in Eigenbesitz und erwarb gem. § 958 I BGB das Eigentum. Die Tötung des Tieres erfüllt daher den Tatbestand der Sachbeschädigung, § 303 I. Diese ist nun allerdings durch Notwehr gerechtfertigt, da V von dem Eigentümer O angegriffen wurde und die Verteidigung sich gegen das Eigentum des Angreifers richtet.[206]

2. Besonders schwere Fälle

a) Allgemeines

94 Der durch das 6. Strafrechtsreformgesetz neugefaßte § 292 enthält keinen Qualifikationstatbestand mehr. Statt dessen ordnet § 292 II eine Strafrahmenanhebung für besonders schwere Fälle an. In § 292 II 2 ist die besondere Schwere in Gestalt von **Regelbeispielen** konkretisiert.[207] Diese Regelbeispiele waren teilweise schon in der alten Fassung des § 292 strafzumessungsrelevante Regelbeispiele (so § 292 II 2 Nr. 2 und 3, früher § 292 II), teilweise aber auch Qualifikationsmerkmale (so § 292 II 2 Nr. 1, früher § 292 III).

b) Regelbeispiele

aa) § 292 II 2 Nr. 1

95 **Gewerbsmäßigkeit** und **Gewohnheitsmäßigkeit** sind subjektive Einstellungen, die der Täter mit der einzelnen Tat verbindet und die inhaltlich durch den Willen zur Wiederholung geprägt sind. Gewerbsmäßigkeit ist die Absicht, sich durch wiederholte Tatbegehung eine dauerhafte und ergiebige Einnahmequelle zu ver-

---

[204] *Gropp*, AT, § 6 Rn. 100; *Kühl*, AT, § 7 Rn. 84.
[205] *Baumann/Weber/Mitsch*, § 17 Rn. 19.
[206] Teilband 1, § 5 Rn. 28.
[207] Näher zu dieser Regelungstechnik Teilband 1, § 1 Rn. 167 ff.

schaffen.²⁰⁸ Gewohnheitsmäßigkeit ist der durch wiederholte Tatbegehung erzeugte, verstärkte und anhaltende Hang zur Wilderei.²⁰⁹ Sowohl die Gewerbsmäßigkeit als auch die Gewohnheitsmäßigkeit sind besondere persönliche Merkmale, die dem § 28 II unterfallen.²¹⁰ Sind also an einer Tat mehrere Personen beteiligt, von denen nicht alle gewerbsmäßig oder gewohnheitsmäßig handeln, kommt § 292 II 2 Nr. 1 nur den Tatbeteiligten gegenüber zur Anwendung, die selbst gewerbs- oder gewohnheitsmäßig handeln.²¹¹

bb) § 292 II 2 Nr. 2

Das Merkmal „nicht weidmännische Weise" ist eine Art **Generalklausel** und steht zu den genannten Tatausführungsarten „zur Nachtzeit, in der Schonzeit, unter Anwendung von Schlingen" im Verhältnis von Oberbegriff zu Unterbegriff. „Nicht weidmännisch" geht der Täter zu Werke, wenn er gegen die auch für den Jagdausübungsberechtigten verbindlichen gesetzlichen Vorschriften verstößt.²¹² „**Nachtzeit**" ist nicht als eine bestimmte Uhrzeit (z.B. zwischen 22 Uhr abends und 6 Uhr morgens) zu verstehen, sondern bedeutet, daß der Täter in der nächtlichen Dunkelheit (Ende der Abend- bis Beginn der Morgendämmerung)²¹³ wildert.²¹⁴ Die Bestimmung in § 19 I Nr. 4 BJagdG ist nicht maßgeblich. Die „**Schonzeit**" ist gem. § 22 I 2 BJagdG der außerhalb der durch Verordnung festgelegten Jagdzeiten liegende Zeitraum. Außer **Schlingen** indizieren auch andere dem Wild besondere Qualen verursachende Jagdwerkzeuge die „**nicht weidmännische Weise**", näher dazu § 19 BJagdG.²¹⁵

96

cc) § 292 II 2 Nr. 3

Dieses Regelbeispiel unterscheidet sich von seinem Vorläufer in § 292 II a.F. nur dadurch, daß das Merkmal „Täter" durch das Merkmal „**Beteiligte**" ersetzt worden ist. „Beteiligter" ist ein weiterer Begriff als „Täter". Er umfaßt alle Arten der Beteiligung an einer Straftat, also außer den verschiedenen Täterschaftsformen des § 25 auch Anstiftung (§ 26) und Beihilfe (§ 27), vgl. § 28 II. Die Neufassung ist deshalb weiter als die Vorläuferregelung.²¹⁶ Früher war das Regelbeispiel nur erfüllt, wenn mehrere – mindestens zwei – Personen jeweils in der Rolle des (Mit-)

97

---

²⁰⁸ *Schönke/Schröder/Stree*, vor § 52 Rn. 95, NK-*Wohlers*, § 292 Rn. 70.
²⁰⁹ *Schönke/Schröder/Stree*, vor § 52 Rn. 98; NK-*Wohlers*, § 292 Rn. 71.
²¹⁰ *Gössel*, BT 2, § 19 Rn. 37; *Schönke/Schröder/Cramer*, § 28 Rn. 14; NK-*Wohlers*, § 292 Rn. 72; SK-*Hoyer*, § 292 Rn. 27.
²¹¹ Zur Gewerbsmäßigkeit im Rahmen des § 243 I 2 Nr. 3 vgl. Teilband 1, § 1 Rn. 198 ff.
²¹² *Schönke/Schröder/Eser*, § 292 Rn. 25/26.
²¹³ *Tröndle/Fischer*, § 292 Rn. 26.
²¹⁴ *Lackner/Kühl*, § 292 Rn. 6; LK-*Schäfer*, § 292 Rn. 88; NK-*Wohlers*, § 292 Rn. 73.
²¹⁵ Kasuistik bei LK-*Schäfer*, § 292 Rn. 92.
²¹⁶ Nach NK-*Wohlers*, § 292 Rn. 79 hat die Neufassung des § 292 die Streitfrage nicht erledigt.

Täters zusammenwirkten.²¹⁷ Nunmehr reicht auch die gemeinsame Tatbegehung eines Täters mit Gehilfen.²¹⁸

III. Fischwilderei

1. Allgemeines

98 § 293 wurde durch das 6. Strafrechtsreformgesetz in einigen Punkten umgestaltet.²¹⁹ Früher enthielt die Vorschrift in Absatz 2 die Anordnung einer Strafschärfung für besonders schwere Fälle, die durch Regelbeispiele konkretisiert waren. § 293 III a.f. regelte einen Qualifikationstatbestand, der auf den Merkmalen „gewerbsmäßig" und „gewohnheitsmäßig" basierte. Wie bei § 292 steht als Schutzgut das **Aneignungsrecht** des Fischereiberechtigten im Vordergrund.²²⁰ Mittelbar dient die Strafvorschrift aber auch dem Tier- und Naturschutz.²²¹ Eine Konkurrenzsituation mit § 324 kann entstehen, wenn durch die Verunreinigung des Gewässers zugleich Sachen i. S. des § 293 Nr. 2 beschädigt oder zerstört werden. Die Verursachung eines Fischesterbens durch Verschmutzung oder Vergiftung des Gewässers ist hingegen kein Fall der Fischwilderei und konkurriert deshalb nicht mit § 324, weil diese Art der Tötung von Fischen kein „fischen" i. S. des § 293 Nr. 1 ist und lebende Fische keine „Sachen" i. S. des § 293 Nr. 2 sind.

2. Strafbarkeitsvoraussetzungen

a) Objektiver Tatbestand

aa) Übersicht

99
- Täter: Wer
- Tathandlung: Verletzung fremden Fischerei- oder Fischereiausübungsrechts
  - fischen **oder**
  - dem Fischereirecht unterliegende Sache
    - sich zueignen
    - einem Dritten zueignen
    - beschädigen
    - zerstören

---

²¹⁷ *Gössel*, BT 2, § 19 Rn. 34; *Schönke/Schröder/Eser*, § 292 Rn. 27; LK-*Schäfer*, § 292 Rn. 94.
²¹⁸ *Mitsch*, ZStW 111 (1999), 65 (120); *Kindhäuser*, BT II, § 11 Rn. 42; *Wessels/Hillenkamp*, BT 2, Rn. 436; *Lackner/Kühl*, § 292 Rn. 6; a.A. SK-*Hoyer*, § 292 Rn. 29; *Tröndle/Fischer*, § 292 Rn. 29.
²¹⁹ Vgl. dazu die Synopse im Nachtrag zur 22. Aufl. des Kommentars von *Lackner/Kühl*, S. 69 oder in *Schlüchter* (Hrsg.), Bochumer Erläuterungen zum 6. StRG, S. 99.
²²⁰ NK-*Wohlers*, § 293 Rn. 2; SK-*Hoyer*, § 293 Rn. 2.
²²¹ NK-*Wohlers*, § 293 Rn. 2: „Schutzreflex".

bb) Täter

Als Täter dieses **Allgemeindelikts** scheiden nur die Inhaber der betroffenen Rechtspositionen aus, also der Fischereiberechtigte (näher dazu unten Rn. 101). Wie beim Jagdrecht (dazu oben Rn. 64) können aber auch hier Fischereirecht und Fischereiausübungsrecht voneinander getrennt werden. Folglich ist es möglich, daß der Inhaber des Fischereirechts fremdes Fischereiausübungsrecht verletzt und umgekehrt.[222]

100

cc) Tatopfer

Opfer der Tat ist entweder der Inhaber des Fischereirechts oder der mit ihm nicht identische Inhaber des Fischereiausübungsrechts. Der positivrechtliche Rahmen dieser Rechtsstellungen wird durch **Landesfischereigesetze** und **Fischereiordnungen der Länder** gesetzt.[223] Beispielsweise im Land Brandenburg beinhaltet das Fischereirecht nach § 3 I 1 BbgFischG die ausschließliche Befugnis, „in einem Gewässer Fische usw.[224] zu hegen, zu fangen und mit Ausnahme der geschützten Arten sich anzuzeigen". Es steht entweder dem Eigentümer des Gewässergrundstücks (Eigentumsfischereirecht) zu, § 4 I BbgFischG, oder ist als selbständiges Fischereirecht ein das Gewässergrundstück – bzw. das Eigentum daran – belastendes Recht, § 4 II BbgFischG. Der Fischereiberechtigte kann durch Fischereipachtvertrag die Ausübung des Fischereirechts auf einen anderen übertragen, § 10 BbgFischG. Unter dieser Voraussetzung ist es also möglich, daß der Inhaber des Fischereirechts den Tatbestand verwirklicht, indem er in das Fischereiausübungsrecht des Pächters eingreift.

101

dd) Tatobjekt

Tatobjekte nach § 293 Nr. 1 sind Fische und sonstige im Gewässer lebende Tiere (z.B. Krebse, Frösche, Schildkröten, Austern, Miesmuscheln, Perlmuscheln),[225] die Gegenstand des Fischfangs sind. Als Tatobjekte der Alternative § 293 Nr. 2 kommen alle sonstigen dem Fischereirecht unterliegenden Sachen in Betracht, z.B. Muschelschalen, tote Fische oder Seemoos, nicht aber Fischereigeräte.[226] Die Gegenstände müssen **herrenlos** sein. Im Eigentum stehende Objekte – z.B. Fische in Teichen und sonstigen geschlossenen Privatgewässern (§ 960 I 2 BGB) – unterfallen nicht dem Tatbestand der Fischwilderei, sondern Diebstahl, Unterschlagung und Sachbeschädigung.[227]

102

---

[222] NK-*Wohlers*, § 293 Rn. 5,6.
[223] Im Land Brandenburg durch das BbgFischG vom 13. 5. 1993, GVBl. I S. 178; vollständige Zusammenstellung der Gesetze und Verordnungen im *Erbs-Kohlhaas*-Registerband (Lexikon des Nebenstrafrechts von *Göhler/Buddendiek/Lenzen*) Rn. 245.
[224] „Fische einschließlich deren Laich, Neunaugen, Krebse, Muscheln sowie Fischnährtiere".
[225] *Lackner/Kühl*, § 293 Rn. 3; *Tröndle/Fischer*, § 293 Rn. 2.
[226] *Lackner/Kühl*, § 293 Rn. 4; *Tröndle/Fischer*, § 293 Rn. 3.
[227] *Lackner/Kühl*, § 292 Rn. 1; *Tröndle/Fischer*, § 293 Rn. 1.

ee) Tathandlung

103 **Fischen** (§ 293 Nr. 1) ist jede auf Fang oder Erlegen frei lebender Wassertiere gerichtete Handlung. Der Eintritt des beabsichtigten Erfolges (Fangen, Erlegen) ist nicht erforderlich.[228] Wie das „Nachstellen" des § 292 I ist das Fischen also ein Handlungsmerkmal, das der Tat den Charakter eines **unechten Unternehmensdelikts** verleiht.[229] Die Merkmale **zueignen, beschädigen** und **zerstören** (§ 293 Nr. 2) haben denselben Bedeutungsgehalt wie die gleichnamigen Merkmale des § 292 I Nr. 2 (dazu oben Rn. 81–85).

b) Subjektiver Tatbestand

104 Der subjektive Tatbestand setzt – mindestens bedingten – **Vorsatz** voraus, § 15.[230] Eine über den Tatvorsatz hinausgehende Zueignungsabsicht ist nicht erforderlich. Wegen der Unternehmensstruktur des objektiven Handlungsmerkmals „fischen" (s.o. Rn. 103) ist dort aber eine überschießende – auf Fangen oder Erlegen zielende – Innentendenz erforderlich. Diese wird aber schon bei der Prüfung des objektiven Tatbestandsmerkmals „fischen" berücksichtigt, weshalb sie sich im subjektiven Tatbestand nicht mehr bemerkbar macht.

IV. Kontrollfragen

1. Schützt § 292 ein Rechtsgut oder mehrere Rechtsgüter? (Rn. 57)
2. Kann der Inhaber des Jagdrechts Täter einer Wilderei sein? (Rn. 61)
3. Wie unterscheiden sich „Jagdrecht" und „Jagdausübungsrecht"? (Rn. 62, 63)
4. Welche strafrechtsdogmatische Bedeutung hat eine Jagderlaubnis? (Rn. 65)
5. Warum können Wildereiobjekte nicht gleichzeitig Objekt einer Wilderei und eines Diebstahls sein? (Rn. 66)
6. Welchen besonderen strafrechtsdogmatischen Charakter hat das Tatbestandsmerkmal „Nachstellen"? (Rn. 74)
7. Wie macht sich strafbar, wer sich Wild zueignet, von dem er irrtümlich annimmt, der Berechtigte habe es sich bereits angeeignet? (Rn. 88)
8. Enthält § 292 II Qualifikationstatbestände? (Rn. 94)

---

[228] NK-*Wohlers*, § 293 Rn. 14; *Tröndle/Fischer*, § 293 Rn. 2.
[229] *Lackner/Kühl*, § 293 Rn. 3; NK-*Wohlers*, § 293 Rn. 13; SK-*Hoyer*, § 293 Rn. 6.
[230] NK-*Wohlers*, § 293 Rn. 17; SK-*Hoyer*, § 293 Rn. 8; *Tröndle/Fischer*, § 293 Rn. 5.

V. Literatur

Furtner, Wie lange kann ein jagdbares Tier Gegenstand der Jagdwilderei sein?, JR 1962, 414

Furtner, Kann sich der nicht jagdberechtigte Eigentümer in seinem befriedeten Besitztum der Jagdwilderei schuldig machen?, MDR 1963, 98

Stelling, Das Jagdvergehen nach § 292 StGB auf Grund des Reichsjagdgesetzes vom 3. Juli 1934, ZStW 54 (1935), 692

Waider, Strafbare Versuchshandlungen der Jagdwilderei, GA 1962, 176

Wessels, Probleme der Jagdwilderei und ihrer Abgrenzung zu den Eigentumsdelikten, JA 1984, 221

§ 2 Raub – und erpressungsähnliche Delikte

A. Einführung

Die beiden in diesem Kapitel erläuterten Straftatbestände – der **Räuberische Angriff auf Kraftfahrer** (§ 316 a) und der **Erpresserische Menschenraub** (§ 239 a) haben nicht nur Raub- und Erpressungsähnlichkeit, auch im Verhältnis zueinander lassen sich einige **Gemeinsamkeiten** festhalten: Beide Straftatbestände sind – wie der Kleinbuchstabe hinter der Paragraphenzahl andeutet – erst nachträglich in das Strafgesetzbuch aufgenommen worden, gehörten also 1871 noch nicht zum Besonderen Teil des StGB. Darüber hinaus steht ihre Entstehung in demselben geschichtlichen und politischen Zusammenhang. Beide Strafvorschriften sind Erzeugnisse **nationalsozialistischer** Verbrechensbekämpfungspolitik. Außerdem wurde bei beiden Straftatbeständen der Anstoß zu ihrer Schaffung durch tatsächliche kriminelle Ereignisse („Lindbergh-Baby-Entführung";[1] „Gebrüder Götze") gegeben,[2] die die Bevölkerung in Unruhe versetzten und den NS-Machthabern willkommener Anlaß für weitere Exempel einer zunehmenden Brutalisierung, Primitivierung und Verrohung hoheitlicher Verbrechensverfolgung waren (näher dazu unten Rn. 4).[3] Den Zusammenbruch des „Dritten Reiches" haben Räuberischer Angriff auf Kraftfahrer und Erpresserischer Menschenraub als Straftatbestände insofern überdauert, als sie nach Gründung der Bundesrepublik in entnazifizierter – wenngleich nicht unbedingt rechtsstaatlich vorbildlicher[4] – Fassung weiterhin Bestandteile des Strafgesetzbuches geblieben sind. Vor allem wegen ihrer hohen Strafdrohung sind diese Strafvorschriften immer noch umstritten und vielfältiger Kritik ausgesetzt.[5]

1

---

[1] Informativ dazu *George Waller*, Kindesraub: Der Fall Lindbergh, in: Berühmte Kriminalfälle und andere, mysteriöse Begebenheiten, Verlag DAS BESTE, 1966, S. 507 ff.

[2] *Maurach/Schroeder/Maiwald*, BT 1, § 15 Rn. 2; § 35 Rn. 45; LK-*Sowada*, vor § 316 a Rn. 1; NK-*Herzog*, § 316 a Rn. 1.

[3] *Maurach*, JZ 1962, 559 (zu § 239 a): „ ... Terrorbestimmung, die so ziemlich in allen Hinsichten den primitivsten rechtsstaatlichen Vorstellungen ins Gesicht schlug und die, nicht zuletzt im Urteil des Auslands, dem deutschen Strafrecht ein Kainsmal aufdrückte ... "; ebenso *Eberhard Schmidt*, Einführung, S. 432: „Entwicklung zum Terrorismus".

[4] *Maurach*, JZ 1962, 559 (560).

[5] Zu § 316 a vgl. z. B. *Günther*, JZ 1987, 16; *ders.*, JZ 1987, 369; *Neuhaus*, DAR 1989, 200; *Freund*, ZStW 109 (1997), 455 (482); *Wolters*, JZ 1998, 397 (400); *Hörnle*, Jura 1998, 169 (175); SK-*Horn*, § 316 a Rn. 2; zu § 239 a vgl. z. B. *Bohlander*, NStZ 1993, 439 (440); *Renzikowski*, JZ 1994, 492.

2　　In strafrechtsdogmatischer Hinsicht weisen die beiden Straftatbestände eine parallele Struktur auf, soweit es um das Verhältnis zu den Tatbeständen Raub bzw. Erpressung geht: Weder der Räuberische Angriff auf Kraftfahrer noch der Erpresserische Menschenraub sind Raub- oder Erpressungstaten.[6] Vielmehr liegen die Taten, durch die die Tatbestände § 316 a und § 239 a verwirklicht werden, im **Vorfeld** eines Raubes, eines raubähnlichen Delikts (Räuberischer Diebstahl, Räuberische Erpressung, §§ 252, 255) oder einer Erpressung.[7] Dieses Anschlußdelikt taucht im Tatbestand der §§ 316 a, 239 a[8] lediglich in „versubjektivierter" Form als Inhalt der Täterintention auf (näher dazu unten Rn. 31).

3　　Der letztgenannte Umstand und die Stellung der Tatbestände im System des Besonderen Teils (§ 239 a: 18. Abschnitt – Straftaten gegen die persönliche Freiheit; § 316 a: 28. Abschnitt – Gemeingefährliche Straftaten) unterstreichen eine weitere wichtige Übereinstimmung: Die Eigentums- bzw. Vermögensbeeinträchtigung ist nur ein Teil des rechtsgutstheoretischen Fundaments dieser Straftatbestände. Sowohl der Räuberische Angriff auf Kraftfahrer als auch der Erpresserische Menschenraub tangieren neben dem Eigentum bzw. Vermögen noch ein weiteres – immaterielles – **Rechtsgut** (näher dazu unten Rn. 62). Dennoch sind die Tatbestände wegen ihrer bedeutenden vermögensdeliktischen Komponente in diesem Lehrbuch zu berücksichtigen.[9]

B. Räuberischer Angriff auf Kraftfahrer, § 316 a StGB

Übersicht　　　　　　　　　　　　　　　　　　　　　　　　　　　　　　Rn.
I. Allgemeines
　1. Entstehungsgeschichte 4–5
　2. Rechtsgut 6–8
　3. Systematik
　　a) Binnenstruktur des § 316 a 9
　　b) Verhältnis zu §§ 249, 252 und 255 10
4. Verbrechen 11

---

[6] Ungenau *Otto*, BT, § 46 Rn. 69, der § 316 a als „durch die besondere Begehungsweise qualifizierte Form des Raubes, räuberischen Diebstahls und der räuberischen Erpressung" charakterisiert.

[7] Bei § 239 a I gilt dies allerdings nur für die erste Tatbestandsalternative, näher dazu unten Rn. 67.

[8] Vgl. Fn. 7.

[9] Ebenso *Krey*, BT 2, § 4 (§ 316 a); § 10 (§ 239 a); teilweise ebenso *Rengier*, BT 1, § 12 (§ 316 a) – dagegen *ders.*, BT 2, § 24 (§ 239 a) –; *Gössel*, BT 2, § 15 B (§ 316 a); *Wessels/Hillenkamp*, BT 2, § 9 II (§ 316 a), § 17 III (§ 239 a); ganz anders hingegen *Blei*, BT, § 92, wo § 316 a im Abschnitt „Verkehrsstraftaten" eingeordnet wird; abw. auch *Otto*, BT, § 29 Rn. 1 (Freiheitsdelikte).

B. Räuberischer Angriff auf Kraftfahrer, § 316 a StGB   61

II. Grundtatbestand § 316 a I
  1. Objektiver Tatbestand
     a) Übersicht 12
     b) Täter 13
     c) Angriff 14
     d) Angegriffenes Gut 15
     e) Angriffsopfer 16–21
     f) Ausnutzung der besonderen Verhältnisse des Straßenverkehrs
        aa) Ausnutzungsmerkmal und Deliktscharakter 22
        bb) Öffentlicher Verkehrsraum 23
        cc) Angriffsbegünstigung 24–26
        dd) Koinzidenz von Tat und angriffsbegünstigender Verkehrslage ... 27–28
  2. Subjektiver Tatbestand
     a) Übersicht 29
     b) Vorsatz 30
     c) Absicht zur Begehung eines Raubes, eines räuberischen Diebstahls oder einer räuberischen Erpressung
        aa) Zielgerichtetes Wollen 31
        bb) Raub oder raubähnliches Verbrechen 32–33
        cc) Eigene und fremde Taten 34
        dd) Verhältnis zwischen Angriff und Raub bzw. raubähnlichem Verbrechen 35–37
  3. Täterschaft und Teilnahme
     a) Mittäterschaft 38
     b) Teilnahme 39
  4. Versuch und Rücktritt
     a) Versuch 40
     b) Rücktritt 41
III. Qualifikationstatbestand § 316 a III
  1. Allgemeines 42
  2. Objektiver Tatbestand
     a) Übersicht 43
     b) Grundtatbestandsmerkmale (§ 316 a I) 44
     c) Tod eines anderen Menschen
        aa) Tod 45
        bb) Anderer Mensch 46
     d) Zusammenhang zwischen Tat und Tod 47
        aa) Tat 48–49
        bb) Verursachung und Zurechenbarkeit 50–56
  3. Subjektiver Tatbestand
     a) Übersicht 57
     b) Wenigstens leichtfertig 58–59

I. Allgemeines

1. Entstehungsgeschichte[10]

4   Der § 316 a wurde zwar erst 1953 in das StGB eingefügt, der Tatbestandstyp existierte im deutschen Strafrecht indes schon länger.[11] Vorläufer des § 316 a war nämlich das sog „**Autofallenraubgesetz**" vom 22. 6. 1938, das nur aus einer sehr knappen und äußerst unbestimmten Tatbeschreibung und der absoluten Todesstrafdrohung bestand: „*Wer in räuberischer Absicht eine Autofalle stellt, wird mit dem Tode bestraft*". Im Lichte des Art. 103 II GG besonders schockierend erscheint uns Angehörigen rechtsstaatsverwöhnter Nachkriegsgenerationen die rückwirkende Inkraftsetzung des Gesetzes: „*Dieses Gesetz tritt mit Wirkung vom 1. Januar 1936 in Kraft*".[12] Nach 1945 wurde das Autofallenraubgesetz durch das **Kontrollratsgesetz Nr. 55** vom 20. 6. 1947 wieder aufgehoben. Das **1. Straßenverkehrssicherungsgesetz** vom 19. 12. 1952 ließ den Tatbestand in neuem gesetzlichen Gewand als § 316 a StGB wiederauferstehen. Von geringfügigen Ergänzungen durch das **11. Strafrechtsänderungsgesetz** vom 16. 12. 1971 und das **EGStGB** vom 2. 3. 1974 abgesehen blieb der Straftatbestand viereinhalb Jahrzehnte unverändert.

5   Das am 1. 4. 1998 in Kraft getretene **6. Strafrechtsreformgesetz** hat die zur Zeit gültige Fassung geschaffen, die sich von ihrer Vorgängerin in einigen Punkten deutlich unterscheidet.[13] Der gravierendste Einschnitt in das Bild des Tatbestandes ist die Beseitigung der **Unternehmensdelikts**-Natur. Die betreffende Passage des Gesetzestextes vor dem 6. StrRG lautete: „*Wer ... einen Angriff auf ... unternimmt, ...*". Der Räuberische Angriff auf Kraftfahrer war also früher ein Unternehmensdelikt i.S. des § 11 I Nr. 6. Das bedeutete, daß die Tat bereits mit dem Versuch (i.S. des § 22) eines Angriffs formell vollendet und deswegen ein strafbefreiender **Rücktritt** nach § 24 ausgeschlossen war.[14] Die Funktion des ausgeschalteten § 24 übernahm § 316 a II,[15] der dem Gericht die Möglichkeit einräumte, gegenüber dem tätige Reue übenden Angreifer die Strafe zu mildern oder von

---

[10] *Günther*, JZ 1987, 16: „dubiose Entstehungsgeschichte".
[11] Instruktiv zur Entstehungsgeschichte *Fischer*, Jura 2000, 433 (434); *Große*, NStZ 1993, 525 (526); *Günther*, JZ 1987, 369 (376); NK-*Herzog*, § 316 a Rn. 1,2; LK-*Sowada*, vor § 316 a Rn. 1.
[12] NK-*Herzog*, § 316 a Rn. 2: „Paradebeispiel nationalsozialistischen Straf(un)rechts"; vgl. auch *Maurach*, JZ 1962, 559.
[13] Dazu eingehend *Mitsch*, JA 1999, 662 ff.; krit. *Ingelfinger*, JR 2000, 225 ff.
[14] BGHSt 6, 82 (84); *Günther*, JZ 1987, 16 (17); *Baumann/Weber/Mitsch*, § 8 Rn. 48; § 26 Rn. 7; SK-*Rudolphi*, § 11 Rn. 42.
[15] „Das Gericht kann die Strafe nach seinem Ermessen mildern (§ 49 Abs. 2) oder von einer Bestrafung nach dieser Vorschrift absehen, wenn der Täter freiwillig seine Tätigkeit aufgibt und den Erfolg abwendet. Unterbleibt der Erfolg ohne Zutun des Täters, so genügt sein ernsthaftes Bemühen, den Erfolg abzuwenden."

Bestrafung abzusehen.¹⁶ Das 6. StrRG hat das Wort „unternimmt" aus dem Gesetzestext entfernt und durch das Wort „verübt" ersetzt. Mit § 11 I Nr. 6 besteht somit jetzt keine Verbindung mehr. Der versuchte Angriff ist nunmehr ein Versuch i.S. der §§ 22 bis 24. Vollendet ist die Tat erst, wenn der Angriff vollendet ist.

2. Rechtsgut

Die Stellung des Straftatbestandes im System des BT sowie das Tatbestandsmerkmal „die besonderen Verhältnisse des Straßenverkehrs ausnutzt" zeigen, daß die Strafvorschrift das überindividuelle Interesse an der **Möglichkeit gefahr- und risikoloser Straßenverkehrsteilnahme** schützt.¹⁷ Letztlich ist es also die Mobilität, deren Schutz § 316 a dient, weil der Verzicht auf die Benutzung des Automobils aus Furcht vor Straßenräubern die Überbrückung großer Entfernungen in kürzester Zeit erschwert. Daneben schützt § 316 a auch die Individualgüter **Leben, körperliche Unversehrtheit** und (Willensentschließungs-) **Freiheit**.¹⁸ Denn die tatbestandsmäßige Handlung ist ein Angriff auf „Leib, Leben oder Entschlußfreiheit". Schließlich bezweckt § 316 a auch noch **Eigentums-** und **Vermögensschutz,** denn dem tatbestandsmäßigen Angriff liegt die Intention zur Begehung eines Raubes, räuberischen Diebstahls oder einer räuberischen Erpressung zugrunde.¹⁹

6

Der aufgezeigte Rechtsgüterpluralismus – man könnte auch von „Synkretismus" sprechen²⁰ – hat **praktische Konsequenzen**²¹ im Zusammenhang mit der rechtfertigenden Einwilligung und mit der aberratio ictus:

Nach h.M. ist Rechtfertigung durch **Einwilligung** bei Delikten unmöglich, die neben einem Individualrechtsgut auch noch ein überindividuelles Rechtsgut angreifen.²² Das wird in Rechtsprechung und Literatur vor allem in bezug auf die Straftatbestände „Falsche Verdächtigung" (§ 164),²³ „Gefährdung des Straßenverkehrs" (§ 315 c)²⁴ und „Körperverletzung im Amt" (§ 340)²⁵ erörtert, müßte aber – sofern man dieser Meinung folgt – auch auf § 316 a bezogen werden.

7

---

¹⁶ Die Möglichkeit des Absehens von Strafe konnte gem. § 153 b StPO zur vorzeitigen Verfahrensbeendigung genutzt werden.
¹⁷ *Günther,* JZ 1987, 369 (377); *Gössel,* BT 2, § 15 Rn. 27; *Kindhäuser,* BT II, § 19 Rn. 1; *Rengier,* BT 1, § 12 Rn. 1; *Wessels/Hillenkamp,* BT 2, Rn. 381; *Joecks,* § 316 a Rn. 1; LK-*Sowada,* § 316 a Rn. 7; *Lackner/Kühl,* § 316 a Rn. 1; SK-*Horn,* § 316 a Rn. 2; a.A. NK-*Herzog,* § 316 a Rn. 4.
¹⁸ *Gössel,* BT 2, § 15 Rn. 27; *Joecks,* § 316 a Rn. 1.
¹⁹ *Joecks,* § 316 a Rn. 1; *Lackner/Kühl,* § 316 a Rn. 1; SK-*Horn,* § 316 a Rn. 2; nach NK-*Herzog,* § 316 a Rn. 5 sind Eigentum und Vermögen „primäre Schutzgüter" des § 316 a.
²⁰ *Günther,* JZ 1987, 16: „zwitterhafte Züge".
²¹ Zur Relevanz des Rechtsguts für die teleologische Auslegung der Tatbestandsmerkmale vgl. *Günther,* JZ 1987, 369 (375 ff.).
²² *Gropp,* AT, § 6 Rn. 39; *Schönke/Schröder/Lenckner,* vor § 32 Rn. 35 a.
²³ *Zipf,* Einwilligung und Risikoübernahme, S. 24; *Küpper,* BT 1, Teil II, § 3 Rn. 21; *Wessels/Hettinger,* BT 2, Rn. 702; *Schönke/Schröder/Lenckner,* § 164 Rn. 23; SK-*Rudolphi,* § 164 Rn. 20.
²⁴ *Wessels/Hettinger,* BT 1, Rn. 993.
²⁵ *Tröndle/Fischer,* § 340 Rn. 7.

Beispiel: T greift den Kraftfahrer O unter Ausnutzung der besonderen Verhältnisse des Straßenverkehrs an, um das Fahrzeug des O gewaltsam wegzunehmen. O ist der Angriff und der drohende Verlust seines Pkw sehr willkommen, weil er den Wagen loswerden und seine Versicherung in Anspruch nehmen möchte. Daher willigt er in den Angriff des T ein. T weiß davon aber nichts.

Wäre die Einwilligung des O beachtlich, könnte T nur wegen versuchten räuberischen Angriffs auf Kraftfahrer (§§ 316 a, 22) bestraft werden. Denn die Unkenntnis von der Einwilligung (subjektives Rechtfertigungselement) begründet bei Erfüllung sämtlicher objektiver Erlaubnistatbestandsmerkmale nur Strafbarkeit wegen eines untauglichen Versuchs.[26] Jedoch setzt dies voraus, daß bei dem Straftatbestand, den die Tat verwirklicht, eine rechtfertigende Einwilligung überhaupt rechtlich beachtlich ist. Da § 316a mit der Straßenverkehrssicherheit auch ein überindividuelles Rechtsgut schützt, in dessen Beeinträchtigung nicht wirksam eingewilligt werden kann, ist die Einwilligung des O nach h.M. rechtlich unerheblich. T ist folglich wegen vollendeten räuberischen Angriffs auf Kraftfahrer strafbar.

8   Eine **aberratio ictus** schließt nach h.M. die Strafbarkeit wegen einer vollendeten vorsätzlichen Straftat aus.[27] Nach einer verbreiteten Meinung soll dies aber nicht gelten, wenn der verwirklichte Straftatbestand neben einem Individualrechtsgut auch ein überindividuelles Rechtsgut schützt und die Tatabweichung nur das Individualgut betrifft, während hinsichtlich des überindividuellen Rechtsguts keine Abweichung vorliegt. Dann soll Strafbarkeit wegen vollendeter Vorsatztat trotz der partiellen Abirrung begründet sein. Auch für diese Fallkonstellation wird vor allem § 164 als Beispiel angeführt.[28] Erkennt man die abstrakte Regel an, zwingt sie den Rechtsanwender auch bei § 316 a zu der Konsequenz der Vollendungsstrafbarkeit in dem Fall, daß der Angriff des Täters auf Grund Kausalverlaufsabweichung Leib, Leben oder Entschlußfreiheit einer anderen Person trifft, als der Täter oder Teilnehmer sich vorgestellt hatte.

Beispiel: A stiftet den T an, in das Taxi des O zu steigen, den O unterwegs körperlich anzugreifen und auszurauben. T verwechselt aber O mit X und steigt daher in das Taxi des X. Unterwegs greift er den X an und nimmt ihm Geld weg.

Folgt man in diesem der „Rose-Rosahl"-Entscheidung nachgebildeten Fall der Auffassung, für den Anstifter A sei die Personenverwechslung des Täters T[29] als aberratio ictus zu behandeln,[30] kommt man an sich zu dem Ergebnis, daß A mangels eines auf das Opfer X gerichteten Vorsatzes nicht wegen (vollendeter) Anstiftung zu einem (vollendeten) räu-

---

[26] *Gropp*, AT, § 13 Rn. 95; *Kühl*, AT, § 6 Rn. 16; SK-*Günther*, vor § 32 Rn. 91; *Schönke/Schröder/Lenckner*, vor § 32 Rn. 15.
[27] *Gropp*, AT, § 13 Rn. 77; *Kühl*, AT, § 13 Rn. 33; *Lackner/Kühl*, § 15 Rn. 12.
[28] BGHSt 9, 240 ff.; *Schönke/Schröder/Lenckner*, § 164 Rn. 31; SK-*Rudolphi*, § 164 Rn. 32; a.A. *Kühl*, AT, § 13 Rn. 40; *Roxin*, AT 1, § 12 Rn. 158.
[29] Für diesen ist die Personenverwechslung ein unbeachtlicher „error in persona"; anders ist die Rechtslage, wenn sich der Angriff auf Grund der Personenverwechslung gegen ein Opfer richtet, das weder Führer eines Kraftfahrzeugs noch Mitfahrer ist, vgl. *Günther*, JZ 1987, 16 (18).
[30] SK-*Samson*, vor § 26 Rn. 55; *Lackner/Kühl*, § 26 Rn. 6.

berischen Angriff auf Kraftfahrer bestraft werden kann.[31] Da die von T begangene Tat aber im Einklang mit dem Vorsatz des A das überindividuelle Straßenverkehrs-Rechtsgut beeinträchtigt, liegt insofern keine Tatabweichung vor. Daher ist Strafbarkeit des A wegen Anstiftung zum vollendeten räuberischen Angriff auf Kraftfahrer vertretbar.

3. Systematik

a) Binnenstruktur des § 316 a

Den **Grundtatbestand** normiert § 316 a I. Ein darauf aufbauender **Qualifikationstatbestand** ist seit dem 6. StrRG in § 316 a III enthalten. Privilegierungstatbestände gibt es nicht. § 316 a II regelt keinen gemilderten Straftatbestand, sondern eine **Strafrahmensenkung** für – gesetzlich nicht näher beschriebene – minder schwere Fälle.[32]

b) Verhältnis zu §§ 249, 252 und 255

Der den Tatbestand des § 316 a verwirklichende räuberische Angriff ist selbst noch kein Raub oder raubähnliches Delikt. Der Angriff ist früher vollendet als der Raub, der räuberische Diebstahl oder die räuberische Erpressung. Im System der Strafbarkeitsvoraussetzungen des § 316 a sind Raub, räuberischer Diebstahl und räuberische Erpressung auf der Ebene des subjektiven Tatbestandes als Inhalt der Täterabsicht plaziert. Für das Verhältnis zwischen § 316 a zu §§ 249, 252 und 255 folgt daraus, daß der räuberische Angriff kein Qualifikationstatbestand, sondern ein **raubähnlicher Sondertatbestand** ist.[33] Kommt es zur Vollendung des Raubes, räuberischen Diebstahls oder der räuberischen Erpressung, besteht Idealkonkurrenz mit § 316 a.[34] Versuchter Raub, versuchter räuberischer Diebstahl oder versuchte räuberische Erpressung wird von § 316 a dagegen konsumiert, sofern nicht die Voraussetzungen des § 250 erfüllt sind.[35]

4. Verbrechen

Da § 316 a I den räuberischen Angriff gegen Kraftfahrer mit einer Mindeststrafe von fünf Jahren Freiheitsentzug bedroht, ist die Tat ein Verbrechen i.S. des § 12 I. Daraus folgt, daß sowohl der **Versuch** (§ 23 I) als auch die **vorbereitenden** Aktionen des § 30 I, II strafbar sind. Weiterhin schlägt sich die Schwere des Delikts in der Berücksichtigung im Katalog **anzeigepflichtiger** Deliktsvorhaben nieder, § 138 I Nr. 9. Einbezogen ist § 316 a des weiteren in §§ 126 I Nr. 6, 130 a I und

---

[31] Unter den Anhängern dieser Lehre ist umstritten, ob A wegen Anstiftung zum versuchten räuberischen Angriff auf Kraftfahrer (§§ 316 a, 22, 26) oder wegen versuchter Anstiftung zum räuberischen Angriff auf Kraftfahrer (§§ 316 a, 30 I) strafbar ist; *Stratenwerth*, FS Baumann, S. 57 ff..
[32] Vor dem 6. Strafrechtsreformgesetz enthalten in § 316 a I S. 2: „... in minder schweren Fällen Freiheitsstrafe nicht unter einem Jahr."
[33] *Gössel*, BT 2, § 15 Rn. 28; *Kindhäuser*, BT II, § 19 Rn. 3.
[34] *Joecks*, § 316 a Rn. 18.
[35] *Gössel*, BT 2, § 15 Rn. 53; *Rengier*, BT 1, § 12 Rn. 14; SK-*Horn*, § 316 a Rn.10.

§ 140, nicht dagegen in § 129 a I. **Strafprozeßrechtliche** Relevanz hat § 316 a vor allem in § 100 a S. 1 Nr. 2 a. E. StPO und § 100 c I Nr. 2 StPO. Unverständlich ist hingegen, daß § 111 StPO nicht an § 316 a anknüpft, obwohl diese Verfolgungsmaßnahme einen unverkennbar engen Straßenverkehrsbezug hat.

II. Grundtatbestand § 316 a I

1. Objektiver Tatbestand

a) Übersicht

12 Der Text des § 316 a I enthält objektive und subjektive Tatbestandsmerkmale. Die Beschreibung des objektiven Tatbestandes findet man durch „Überspringen" des mit „zur Begehung" beginnenden und mit „einer räuberischen Erpressung (§ 255)" endenden Textteiles. Somit besteht der objektive Tatbestand aus folgenden Merkmalen:[36]

- Täter: Wer
- Tathandlung:
  - Angriff verübt
  - Ausnutzung der besonderen Verhältnisse des Straßenverkehrs
- Tatobjekt: Leib oder Leben oder Entschlußfreiheit
- Tatopfer: Führer eines Kraftfahrzeugs oder Mitfahrer

Die Begehung eines Raubes (§ 249), eines räuberischen Diebstahls (§ 252) oder einer räuberischen Erpressung (§ 255) ist kein Teil des objektiven Tatbestandes. Das Wörtchen „zur" – wie z.B. in § 267 I – signalisiert, daß die Verwirklichung der genannten Straftatbestände Gegenstand einer Täterintention, einer Absicht, ist und daher straftatsystematisch zum subjektiven Tatbestand gehört.[37]

b) Täter

13 Täter kann **jedermann** sein („Wer").[38] Auch der Führer des Kraftfahrzeugs oder ein Mitfahrer scheidet aus dem Kreis tauglicher Täter nicht aus, obwohl diese Personen im Gesetzestext die Rolle des Angriffsopfers zugewiesen bekommen haben. Der Fahrzeugführer kann einen Mitfahrer oder den Führer eines anderen Kraftfahrzeugs tatbestandsmäßig angreifen, umgekehrt kann ein Mitfahrer den Fahrzeugführer oder einen anderen Mitfahrer tatbestandsmäßig angreifen.[39] Diese Konstellationen dürften sogar die typischen Anwendungsfälle des § 316 a sein.

---

[36] Vollständiger Deliktsaufbau bei *Joecks*, § 316 a Rn. 4.
[37] *Gössel*, BT 2, § 15 Rn. 48; *Kindhäuser*, BT II § 19 Rn. 23; *Rengier*, BT 1, § 12 Rn. 5; *Wessels/Hillenkamp*, BT 2, Rn. 387.
[38] *Gössel*, BT 2, § 15 Rn. 43; *Wessels/Hillenkamp*, BT 2, Rn. 383; LK-*Sowada*, § 316 a Rn. 16.
[39] *Kindhäuser*, BT II, § 19 Rn. 13; *Rengier*, BT 1, § 12 Rn. 3; *Schönke/Schröder/Cramer*, § 316 a Rn. 5.

Personen, die weder Fahrzeugführer noch Mitfahrer sind, kommen ebenfalls als Täter in Betracht, insbesondere Autofallensteller vom Schlage der Verbrecher, die Mitte der 30er Jahre des 20. Jahrhunderts in Deutschland ihr Unwesen trieben und die Schaffung des oben skizzierten berüchtigten „Autofallenraubgesetz" mitzuverantworten haben (s.o. Rn. 1).

c) Angriff

Die tatbestandsmäßige Handlung ist die Verübung eines Angriffs. **Angriff** ist eine in feindseliger Willensrichtung gegen ein tatbestandsmäßiges Rechtsgutsobjekt gerichtete Handlung.[40] Die Ersetzung des früheren Handlungsmerkmals „unternehmen" durch das Verb „verüben" hat zwar den formalen Charakter der Straftat als echtes Unternehmensdelikt beseitigt, jedoch an der recht weiten Vorverlagerung der Vollendungsgrenze nicht viel geändert.[41] Das unmittelbare Ansetzen (§ 22) zu einem Angriff ist dem verübten – also vollendeten – Angriff nicht mehr gleichgestellt, sondern ihm vorgelagert.[42] Dennoch bedarf es zur Vollendung der Tat keines abgeschlossenen Angriffs. Die Fortsetzung des Angriffs nach Erreichen der Vollendungsgrenze führt die Tat in das Stadium, an dessen Ende die „Beendigung" der Tat steht. Vollendet ist der Angriff in dem Moment, in dem eine Angriffswirkung an dem Angriffsobjekt „Leib", „Leben" oder „Entschlußfreiheit" zu verzeichnen ist.[43] Dazu genügt die Schaffung einer Lage, in der der Handlungs- und/oder Entscheidungsspielraum des Opfers eingeschränkt ist. Eine Verletzung der genannten Rechtsgüter, also eine Gesundheitsbeschädigung (Leib), der Tod (Leben) oder eine nötigungsbedingte Willensentschließung (Entschlußfreiheit) des Opfers ist nicht notwendig.[44] Dies erkennt man an § 316a III, der dem Todeserfolg qualifizierende Funktion zuschreibt, woraus zu schließen ist, daß die Vollendung des Grunddelikts in der Variante „Angriff auf das Leben" schon vor Eintritt dieses qualifizierenden Erfolges gegeben ist.

14

> **Beispiele:**
> (1) Taxifahrgast T hält dem Fahrer O eine ungeladene Pistole an den Hinterkopf, schlägt ihm mit der Faust ins Gesicht, würgt ihn mit beiden Händen.
> (2) Die Täter legen einen Baumstamm quer über die Fahrbahn.

In **Beispiel 1** sind alle beschriebenen Handlungen bereits verübte – also vollendete – Angriffe, obwohl noch nicht feststeht, ob der Täter sein Opfer überwältigen oder dieses erfolgreich Widerstand leisten wird.[45] Denn die Situation des O hat sich bereits erheblich

---

[40] *Gössel*, BT 2, § 15 Rn. 31; *Küper*, BT, S. 17; *Rengier*, BT 1, § 12 Rn. 3; *Wessels/Hillenkamp*, BT 2, Rn. 383; *Joecks*, § 316 a Rn. 6; LK-*Sowada*, § 316 a Rn. 9.
[41] *Wolters*, JZ 1998, 397 (400); *Freund*, ZStW 109 (1997), 455 (482); *Küper*, BT, S. 20; *Wessels/Hillenkamp*, BT 2, Rn. 382.
[42] *Joecks*, § 316 a Rn. 6; LK-*Sowada*, § 316 a Rn. 12.
[43] LK-*Sowada*, § 316 a Rn. 14.
[44] *Ingelfinger*, JR 2000, 225 (231); *Fischer*, Jura 2000, 433 (439); *Stein*, in: Dencker/Struensee/Nelles/Stein, Einführung, S. 126; LK-*Sowada*, § 316 a Rn. 4, 15; SK-*Horn*, § 316 a Rn. 7.
[45] *Ingelfinger*, JR 2000, 225 (232); *Rengier*, BT 1, § 12 Rn. 12; *Joecks*, § 316 a Rn. 6.

verschlechtert, die Gefahr, Opfer eines Raubes, räuberischen Diebstahls oder einer räuberischen Erpressung zu werden, hat sich beträchtlich erhöht. In **Beispiel 2** liegt solange nur ein versuchter und noch kein verübter Angriff vor, wie sich der Straßensperre kein Fahrzeug nähert. Ein Angriff auf die „Entschlußfreiheit" des Fahrzeugführers kann frühestens dann konstatiert werden, wenn dieser die Straßensperre wahrnimmt und dadurch gezwungen wird, seinen Entschluß zum Geradeausfahren zu ändern (Entschluß zum Anhalten, Ausweichen, Wenden).[46]

d) Angegriffenes Gut

15   Der Angriff muß sich gegen **Leib, Leben** oder **Entschlußfreiheit** richten. Damit sind die strafrechtlich geschützten Rechtsgüter „körperliche Unversehrtheit" (bzw. Gesundheit), Leben und Willensentschließungs- bzw. Willensbetätigungsfreiheit angesprochen. Die Erwähnung des Rechtsguts „Leben" ist eigentlich überflüssig, da ein Angriff auf das Leben stets ein Angriff auf den „Leib" ist. Allerdings zeigt die Mitaufnahme des Lebens in den Gesetzestext, daß die Angriffsintensität einen recht hohen Grad erreichen muß. Angriff auf das Leben bedeutet nämlich mindestens Schaffung einer lebensgefährlichen Situation. Daran ist die Bemessung der erforderlichen Intensität eines Angriffs auf die beiden anderen Güter auszurichten. Die Erzeugung der Gefahr einer geringfügigen Körperverletzung kann deshalb ebensowenig ein tatbestandsmäßiger Angriff auf den Leib sein[47] wie die Androhung eines zwar empfindlichen, aber dennoch relativ geringfügigen Übels ein tatbestandsmäßiger Angriff auf die Entschlußfreiheit sein kann. Um dem Angriff auf das Leben in etwa gleichzustehen, muß der Angriff auf den Leib das Potential schwerer Gesundheitsschäden haben und muß der Angriff auf die Entschlußfreiheit massiven Druck mit der Inaussichtstellung schwerer Nachteile ausüben.[48] Zu gering sind die Anforderungen an tatbestandsmäßiges Verhalten, wenn „jede Art von Körperverletzung" bzw. „sämtliche Formen der Nötigung" als taugliche Angriffe auf Leib oder Entschlußfreiheit anerkannt werden.[49] Diese Ausdehnung des Angriffsmerkmals widerspricht der allseits geforderten[50] restriktiven Auslegung des Tatbestandes. Aus dem gleichen Grund ist die in der Literatur verbreitete Auffassung abzulehnen, ein Angriff auf die Entschlußfreiheit könne auch durch Täuschung oder **List** ausgeführt werden.[51] Das paßt schon nicht zu dem Namen des Delikts: Der Angriff ist „räuberisch" nur unter der Voraussetzung, daß er mit Raubmitteln, also **Gewalt**

---

[46] *Ingelfinger*, JR 2000, 225 (232); *Rengier*, BT 1, § 12 Rn. 13.
[47] *Kindhäuser*, BT II, § 19 Rn. 7.
[48] *Schönke/Schröder/Cramer*, § 316 a Rn. 4.
[49] So aber *Rengier*, BT 1, § 12 Rn. 3; LK-*Sowada*, § 316 a Rn. 9.
[50] *Günther*, JZ 1987, 369 (380); *Stein*, in: Dencker/Struensee/Nelles/Stein, Einführung, S. 126; *Küper*, BT, S. 20; *Wessels/Hillenkamp*, BT 2, Rn. 382; LK-*Sowada*, § 316 a Rn. 28 ff.; SK-*Horn*, § 316 a Rn. 2.
[51] Einhellige Meinung, vgl. *Gössel*, BT 2, § 15 Rn. 32; *Kindhäuser*, BT II, § 19 Rn. 8; *Krey*, BT 2, Rn. 226; *Rengier*, BT 1, § 12 Rn. 3; *Wessels/Hillenkamp*, BT 2, Rn. 383; LK-*Sowada*, § 316 a Rn. 9; NK-*Herzog*, § 316 a Rn. 10; *Schönke/Schröder/Cramer*, § 316 a Rn. 4; a.A. nur *Maurach/Schroeder/Maiwald*, BT 1, § 35 Rn. 50.

oder **Drohung** ausgeführt wird. Eine Täuschung ist betrugstypisches, nicht aber raubtypisches Verhalten. Außerdem ist unerfindlich, wie die Entschlußfreiheit eines Fahrzeugführers schon dadurch angegriffen sein soll, daß der Täter sich als harmloser Anhalter geriert.[52] Solange dieser Täter seine Verstellung aufrechterhält, ist die Entschlußfreiheit des ihn mitnehmenden Fahrers nicht mehr eingeschränkt als bei der Mitnahme eines Anhalters, der tatsächlich harmlos ist.[53]

e) Angriffsopfer

Als Opfer des Angriffs kommt nur der **Führer** eines Kraftfahrzeugs oder ein **Mitfahrer** in Betracht. **Kraftfahrzeug** ist jedes durch Maschinenkraft angetriebene, nicht an Gleise gebundene Landfahrzeug (vgl. § 1 II StVG).[54] Auch ein Mofa mit einer „bauartbedingten" Höchstgeschwindigkeit von 25 km/h fällt darunter.[55] Flugzeuge werden nicht erfaßt – und zwar auch während sie sich in der Start- und Landephase noch am Boden bewegen. Dies folgt aus § 316 c I 2, wo klargestellt wird, daß Angriffe auf den Luftverkehr auch vor dem Abheben bzw. nach der Landung ausschließlich in § 316 c pönalisiert sind. 16

Mit den Worten „Führer" und „Mitfahrer" wird nicht die Person oder eine Eigenschaft des Opfers, sondern die Situation beschrieben, in der sich das Opfer während des Angriffs befindet. „Führer" und „Mitfahrer" sind Substantivierungen der Tätigkeiten „Fahrzeug führen" und „mitfahren". Daraus folgt, daß ein tatbestandsmäßiger Angriff nur solange möglich ist, wie das Opfer ein Kraftfahrzeug führt oder in einem Kraftfahrzeug mitfährt.[56] Dies wiederum setzt voraus, daß das Fahrzeug während des Angriffs in Betrieb ist.[57] 17

> **Beispiele:**
> (1) T greift den F an,
>   a) während F hinter dem Steuer des fahrenden Fahrzeugs sitzt,
>   b) nachdem F das Fahrzeug angehalten hat und ausgestiegen ist, um sich die Beine zu vertreten,
>   c) kurz bevor F in sein Fahrzeug einsteigen will,
>   d) während F in seinem geparkten Fahrzeug einen Mittagsschlaf hält.
> (2) T greift M an,
>   a) während M auf dem Beifahrersitz in dem fahrenden Fahrzeug neben F sitzt,
>   b) nachdem M aus dem von F angehaltenen Fahrzeug gestiegen ist, um auszutreten,
>   c) kurz bevor M in das Fahrzeug des F steigt,
>   d) während M in dem Fahrzeug des F einen Mittagsschlaf hält.

---

[52] Beispiel bei *Kindhäuser*, BT II, § 19 Rn. 8; NK-*Herzog*, § 316 a Rn. 10.
[53] LK-*Sowada*, § 316 a Rn. 39.
[54] BGHSt 39, 249 (250); *Gössel*, BT 2, § 15 Rn. 36; LK-*Sowada*, § 316 a Rn. 17.
[55] BGHSt 39, 249 ff.
[56] *Fischer*, Jura 2000, 433 (437); *Rossmüller*, JR 1997, 162; *Günther*, JZ 1987, 369 (379); *Gössel*, BT 2, § 15 Rn. 36, 38; NK-*Herzog*, § 316 a Rn. 13; SK-*Horn*, § 316 a Rn. 3.
[57] LK-*Sowada*, § 316 a Rn. 17.

In den **Beispielen 1 a und 2 a** richtet sich der Angriff des T gegen den Führer eines Kraftfahrzeugs (F) bzw. gegen einen Mitfahrer (M). F ist Fahrzeugführer, weil er das Fahrzeug führt, während der Angriff gegen ihn ausgeführt wird. M ist Mitfahrer, weil er in dem Fahrzeug sitzt, während dieses fährt und er angegriffen wird. In allen anderen Beispielen erfüllen F und M während des Angriffs nicht die Opfermerkmale des § 316 a. In den **Beispielen 1 b und 1 c** ist F schon deswegen kein Kraftfahrzeugführer, weil er sich nicht in dem Fahrzeug befindet. In **Beispiel 1 d** führt F kein Fahrzeug, weil Fahrzeugführen einen in Gang befindlichen Fortbewegungsvorgang voraussetzt. Auch die Mitfahrereigenschaft setzt voraus, daß der Mitfahrer sich im Innern des Fahrzeugs aufhält.[58] Das ist in den **Beispielen 2 b und 2 c** nicht der Fall. Eine weitere Voraussetzung des Mitfahrers ist ein fahrendes Fahrzeug. Daran fehlt es in **Beispiel 2 d**.

18 Ein Angriff während eines kurzen verkehrsbedingten **Halts** (Ampel, Bahnschranke, Stau) trifft ein tatbestandsmäßiges Opfer, wenn die Fortsetzung des Fortbewegungsvorgangs unmittelbar bevorsteht und das Opfer sich deswegen im Innern des Fahrzeugs befindet.[59]

> **Beispiele:**
> (1) Weil ein Hund plötzlich über die Straße rennt, muß F sein Fahrzeug scharf abbremsen. Während sich F von dem Schreck erholt und eine kurze Verschnaufpause einlegt, greift T ihn an.
>
> (2) Während des Ferienrückreiseverkehrs ist die Autobahn Salzburg–München wegen eines schweren Unfalls blockiert. Drei Stunden lang bewegt sich kein Fahrzeug vorwärts. Nachdem F einen halbstündigen Spaziergang zur Unfallstelle und zurück gemacht hat, setzt er sich wieder in seinen Wagen, um ein wenig zu schlafen. Als er eingeschlafen ist, wird er von T angegriffen.

In **Beispiel 1** ist der Verkehrsfluß durch das kurze Anhalten nicht unterbrochen. Fahren, Bremsen und Weiterfahren sind ein einheitlicher Vorgang, die kurze Zäsur des Anhaltens beendet diesen Vorgang nicht. Das Fahrzeug befindet sich daher die ganze Zeit im fließenden Straßenverkehr, auch während es abgebremst wird und zum Stehen kommt. Daher ist F im Zeitpunkt des Angriffs Führer des Kraftfahrzeugs. Anders ist die Opfersituation in **Beispiel 2** zu beurteilen. Während des staubedingten Stillstands kann von einem „Führen" des Fahrzeugs keine Rede sein. Das erkennt man schon daran, daß F sich einen längeren Spaziergang außerhalb des Fahrzeugs leisten kann. Der Zusammenhang mit dem Fahrtvorgang vor dem Stau bzw. nach Auflösung des Staus ist nicht eng genug, um dem F während seines Schlafes die Rolle des Kraftfahrzeugführers zu erhalten.

19 **Mitfahrer** ist jeder, der sich in dem Kraftfahrzeug befindet und mit diesem befördert wird. Darauf, ob der Aufenthalt in dem Fahrzeug freiwillig ist, kommt es nicht an.[60] Taugliches Tatopfer ist deshalb auch ein Mensch, der gewaltsam in das Kraftfahrzeug gezerrt worden ist und mit diesem entführt wird. Die Mitfahrer-Beziehung braucht nicht zu dem Täter zu bestehen, d. h. der den Mitfahrer

---

[58] SK-*Horn*, § 316 a Rn. 3; a.A. *Kindhäuser*, BT II, § 19 Rn. 9; *Schönke/Schröder/Cramer*, § 316 a Rn. 5.
[59] BGH, NJW 2001, 764; *Keller*, JR 1992, 515 (516); *Gössel*, BT 2, § 15 Rn. 37; *Schönke/Schröder/Cramer*, § 316 a Rn. 5; LK-*Sowada*, § 316 a Rn. 17.
[60] LK-*Sowada*, § 316 a Rn. 18.

angreifende Täter braucht nicht selbst Führer oder anderer Mitfahrer des Kraftfahrzeugs sein, in dem sich das Opfer als Mitfahrer befindet.

Das Opfer des Angriffs und das **Opfer des vom Täter beabsichtigten Verbrechens** Raub, räuberischer Diebstahl oder räuberische Erpressung brauchen nicht unbedingt identisch zu sein. Sicherlich ist das der „Normalfall" des § 316 a. Möglich und tatbestandsmäßig ist aber auch ein Angriff, der ein Anschlußverbrechen vorbereitet, das sich nicht gegen das Angriffsopfer, sondern gegen eine andere Person richtet.

Beispiele:
(1) Anhalter T wird von Kraftfahrer O im Wagen mitgenommen. Als O an einer geschlossenen Bahnschranke kurz halten muß, schlägt T dem O eine Bierflasche auf den Kopf, nimmt ihm die Brieftasche weg, steigt aus und rennt davon.
(2) T zwingt mit bedrohlich vorgehaltener Pistole den Busfahrer O, den mit 20 Fahrgästen besetzten Bus auf das Gelände einer stillgelegten Fabrik zu fahren. Dort warten schon vier Komplizen, die zusammen mit T die Fahrgäste ausrauben. Den O lassen sie in Ruhe, da er weder Geld noch Wertgegenstände bei sich hat.
(3) O hat dem E einen Pkw gestohlen. Zufällig wurde die Tat von T, einem Bekannten des E, bemerkt. T lauert nun dem O auf und überfällt ihn in einem Parkhaus. Er schlägt ihn nieder und fährt mit dem Pkw des E davon. Eine halbe Stunde später dringt T in ein Schmuckgeschäft ein, bedroht den Inhaber S mit der Pistole und erreicht so die Herausgabe von Schmuck im Wert von 1 Million DM. Anschließend flüchtet T mit dem Pkw des E. Nachdem T sich und die Beute in Sicherheit gebracht hat, bringt er den Pkw zu E zurück.

In **Beispiel 1** ist das Opfer des Angriffs (auf den Leib) zugleich Opfer des Raubes, der durch den Angriff eingeleitet wurde. Diese Konstellation wird zweifellos von § 316 a erfaßt. In **Beispiel 2** und **Beispiel 3** ist O, das Opfer des Angriffs (auf die Entschlußfreiheit), nicht Opfer des anschließenden Raubes bzw. der anschließenden räuberischen Erpressung. Das sind vielmehr die Busfahrgäste bzw. der Schmuckhändler S. Der Tatbestandsmäßigkeit nach § 316 a steht dies aber nicht entgegen. Das Opfer des Raubdelikts braucht auch nicht Führer eines Kraftfahrzeugs oder Mitfahrer zu sein. Diese Voraussetzungen müssen nur bei dem Opfer des Angriffs gegeben sein. Daher ist der Umstand, daß S in Beispiel 3 – anders als die Busfahrgäste in Beispiel 2 – nicht einmal die Angriffsopfereigenschaft „Kraftfahrzeugführer" oder „Mitfahrer" hat, unerheblich. In allen drei Beispielen erfüllt die „Opferseite" die Voraussetzungen der Tatbestandsmäßigkeit.

Keine tauglichen Angriffsopfer sind Droschkenkutscher und ihre Fahrgäste, Fußgänger, Radfahrer, Führer und Fahrgäste eines Schienenfahrzeugs, Hubschraubers, Flugzeugs oder Wasserfahrzeugs (zu Angriffen im Zusammenhang mit Luft- und Wasserfahrzeugen vgl. § 316 c).

f) Ausnutzung der besonderen Verhältnisse des Straßenverkehrs

aa) Ausnutzungsmerkmal und Deliktscharakter

Die stärkste Prägung des Deliktscharakters als **mixtum** aus Straßenverkehrs-, Freiheits- und Vermögenselementen erfährt der räuberische Angriff im Ausnutzungsmerkmal.⁶¹ Hier werden Angriffs- und Verkehrsgeschehen in quasi „janusköpfiger" Weise miteinander verknüpft, die sowohl den Standort des § 316 a im System des BT als auch die hohe Strafdrohung erklärt.⁶² Die Einbeziehung der Straßenverkehrssituation in den Angriff hat zur Folge, daß die Sicherheit des Straßenverkehrs einerseits und das durch den Angriff bedrohte Individualgut andererseits einer erhöhten Gefahr ausgesetzt ist. Der Angriff beeinträchtigt die Sicherheit des Straßenverkehrs, der Einfluß des Straßenverkehrs verstärkt die Beeinträchtigung des angegriffenen Guts (Leib, Leben, Entschlußfreiheit). Für andere Verkehrsteilnehmer – und damit die „Allgemeinheit" – ist der „verkehrsnahe" Ausführungsmodus des Angriffs gefährlich, weil sie unberechenbare riskante Fahrzeugbewegungen provozieren kann und weil ein außer Kontrolle geratenes Kraftfahrzeug schnell eine eskalierende Gemeingefahr herbeiführen kann. Für die angegriffenen Individualgüter begründet der Straßenverkehrsbezug des Angriffs eine besondere Gefahr, weil zum einen die Angriffsintensität durch die im Straßenverkehr waltenden Kräfte erheblich gesteigert und zum anderen das Opfer in eine ungünstige Abwehrposition gedrängt werden kann.⁶³

bb) Öffentlicher Verkehrsraum

23 **Straßenverkehr** ist nur das Verkehrsgeschehen auf **öffentlichen** Straßen, Wegen und Plätzen. Denn eine Gefährdung des durch § 316 a geschützten überindividuellen Rechtsguts „Sicherheit des Straßenverkehrs" setzt voraus, daß an dem Ort, wo die Tat begangen wird, jedermann als Repräsentant der Allgemeinheit die Rolle des Verkehrsteilnehmers spielen kann und darf.⁶⁴ Das ist bei Fahrzeugbewegungen auf privatem Grund nicht der Fall.

cc) Angriffsbegünstigung

24 Der **Ausnutzungseffekt** besteht in der Unterstützung des Angreifers oder Behinderung des Angegriffenen. Das Machtgefälle zwischen Angreifer und Angegriffenem läßt sich vergrößern, indem die Verhältnisse des Straßenverkehrs zum Bundesgenossen des Angreifers und zum Feind des Angegriffenen gemacht werden.

25 Der **Angreifer** kann einen Vorteil vor allem aus der **Schnelligkeit** gewinnen, mit der sich viele Fortbewegungsvorgänge im Straßenverkehr vollziehen. Benutzt er selbst zur Ausführung des Angriffs ein Kraftfahrzeug, kann er sich seinem Opfer schneller und überraschender annähern als ohne Fahrzeug und so einen Überrumpelungseffekt erzeugen, der die Abwehrchancen des Opfers verringert. Ist das Opfer ein Mitfahrer und der Führer des Kraftfahrzeugs Täter, kann dieser sein Opfer mit dem Fahrzeug leichter als ohne Fahrzeug an einen Ort bringen, wo anschließend der geplante Raub ungestört ausgeführt wird.⁶⁵ Steht dem Angreifer ein Kraftfahrzeug als Beförderungsmittel zur Verfügung, können nicht nur Ent-

---

⁶¹ *Günther*, JZ 1987, 16; *ders.*, JZ 1987, 369.
⁶² *Günther*, JZ 1987, 369 (370); *Keller*, JR 1992, 515.
⁶³ *Keller*, JR 1992, 515.
⁶⁴ NK-*Herzog*, § 316 a Rn. 15.
⁶⁵ *Kindhäuser*, BT II, § 19 Rn. 18.

fernungen rascher überbrückt, sondern auch Verfolger abgeschüttelt, Straßensperren und sonstige Hindernisse durchbrochen oder umfahren werden. Durch starkes Beschleunigen des Fahrzeugs oder andere riskante Fahrmanöver kann zudem ein zusätzlicher Einschüchterungseffekt beim Angegriffenen ausgelöst werden, der die Widerstandsbereitschaft des Opfers dämpft und so die Durchführung des Angriffs erleichtert.

Auf der Seite des **Angegriffenen** schlägt sich die angriffsfördernde Wirkung der Straßenverkehrssituation in einer **Einschränkung der Verteidigungsmöglichkeiten** nieder. Ist der Angegriffene Führer eines Kraftfahrzeugs, ist es vor allem die Inanspruchnahme seiner Aufmerksamkeit, seiner Konzentration und seines ganzen Körpers durch das Verkehrsgeschehen, die ihn an einer wirksamen Verteidigung hindert.[66] Wird der Kraftfahrzeugführer von einem Mitfahrer während der Fahrt angegriffen, sind seine Abwehrmöglichkeiten schon deswegen erheblich reduziert, weil er seine Hände am Steuer lassen muß und nicht zur Selbstverteidigung benutzen kann. Der Mitfahrer ist als Angriffsopfer in einer ungünstigen Verteidigerposition, weil er sich dem Angriff während der Fahrt nicht durch Verlassen des Fahrzeugs entziehen kann.[67] Ordnungsgemäßes Gurten schränkt seine Beweglichkeit zusätzlich ein. Außerdem ist er von fremder Hilfe abgeschnitten, weil es kaum möglich ist, in ein fahrendes Kraftfahrzeug so von außen zu intervenieren, daß der Angreifer ausgeschaltet, das Opfer dabei aber nicht gefährdet werden kann. Versuche gewaltsamer Befreiung des Opfers durch staatliche Sicherheitskräfte enden nicht selten als Blutbad und mit dem Tod unschuldiger Menschen. Der tragische Ausgang des „Gladbecker Geiseldramas", das durch eine polizeiliche Befreiungsaktion beendet wurde, bei der eine Geisel und ein Geiselnehmer starben, ist noch in schmerzlicher Erinnerung.

26

dd) Koinzidenz von Tat und angriffsbegünstigender Verkehrslage

Der **zeitliche** Zusammenhang zwischen Angriff und Ausnutzung wird durch das Wort „dabei" im Sinne von Gleichzeitigkeit definiert. Demnach muß sich der Ausnutzungseffekt während der Verübung des Angriffs realisieren, nicht vorher und auch nicht nachher.[68] Tatbestandsmäßiges Ausnutzen ist also allein in dem Tatabschnitt vom **Versuchsbeginn bis zur Vollendung** möglich.[69] In der Phase der Angriffs**vorbereitung** kommt tatbestandsmäßges Ausnutzen ebensowenig in Betracht wie in der Phase zwischen Vollendung und **Beendigung** des Angriffs.

27

> **Beispiele:**
> (1) Mit einer Pistole bewaffnet steigt T in das Taxi des O. Unmittelbar bevor O an einer roten Ampel halten muß, zieht T die Pistole, bedroht damit den O und zwingt ihn zur Herausgabe von Geld. Bevor die Ampel auf „grün" springt und O weiterfahren kann, steigt T aus dem Taxi und rennt mit dem erbeuteten Geld davon.

---

[66] BGH, NJW 2001, 764; BGHSt 38, 196 (197); *Rossmüller*, JR 1997, 162; *Kindhäuser*, BT II, § 19 Rn. 17; NK-*Herzog*, § 316 a Rn. 16.
[67] *Kindhäuser*, BT II, § 19 Rn. 17; NK-*Herzog*, § 316 a Rn. 16.
[68] *Fischer*, Jura 2000, 433 (438); *Küper*, BT, S. 18.
[69] *Günther*, JZ 1987, 369 (378); *Gössel*, BT 2, § 15 Rn. 42; LK-*Sowada*, § 316 a Rn. 20.

74 § 2 Raub- und erpressungsähnliche Delikte

(2) Während O mit seinem Pkw an einer geschlossenen Bahnschranke halten muß, schleicht sich T von hinten an das Fahrzeug heran, öffnet den Kofferraum und entwendet den darin liegenden Wagenheber. Mit diesem Gerät schlägt er eine Viertelstunde später an einer Tankstelle den gerade seinen Wagen auftankenden Fahrzeugführer F nieder und nimmt ihm Geld weg.

(3) Abwandlung von (2): T und M handeln als Mittäter. Gemeinsam nehmen sie dem O den Wagenheber weg und gemeinsam berauben sie anschließend den F.

(4) Fortsetzung von (2): Nachdem T dem F Geld weggenommen hat, schlägt er den Radfahrer R nieder, nimmt ihm das Fahrrad weg und fährt damit davon. Nach 5 km Fahrt stellt T das Fahrrad an einer U-Bahnstation ab und setzt seine Flucht mit der U-Bahn fort.

In **Beispiel 1** nutzt T die „Fesselung" des O an das Steuer seines Fahrzeugs aus, während er den Angriff auf die Entschlußfreiheit des O verübt. Der Angriffsversuch beginnt (§ 22), als O geistig und körperlich gerade auf das Ampelsignal und die dadurch veranlaßten Handlungen (Geschwindigkeit verringern, Abbremsen, ggf. Kupplung bedienen und Schalten) konzentriert ist. Seine Abwehrbereitschaft und Verteidigungskraft ist in diesem Moment stark herabgesetzt, was dem T den Angriff erleichtert. Verantwortlich dafür sind „besondere Verhältnisse des Straßenverkehrs". Dies hat sich T bei der Ausführung des Angriffs zunutze gemacht.[70]

In **Beispiel 2** nutzt T ebenfalls eine Straßenverkehrssituation aus, als er den zum Anhalten gezwungenen O den Wagenheber wegnimmt. Allerdings greift T dabei nicht Leib, Leben oder Entschlußfreiheit, sondern nur Eigentum und Gewahrsam des O an. Ein Angriff auf die Person (körperliche Unversehrtheit) wird von T erst eine Viertelstunde später gegen F verübt. Geht man davon aus, daß F trotz des Stillstands seines Pkw während des kurzen Halts an der Tankstelle „Kraftfahrzeugführer" ist (s.o. Rn. 18), trifft dieser Angriff auch ein taugliches Opfer. Jedoch nutzt T bei diesem Angriff keine spezifischen Gegebenheiten des Straßenverkehrs aus. Der Angriff auf F unterscheidet sich nicht von einer Attacke auf einen Grundstückseigentümer G, der an einem heißen Sommerabend mit dem Gartenschlauch seine Pflanzen begießt, während er den Schlag auf den Kopf bekommt. Daß der F einen Benzinschlauch, das Vergleichsopfer G einen Wasserschlauch in der Hand hält, ist zwar ein Unterschied. Diese Differenz schlägt sich aber nicht in einer Begünstigung des gegen F begangenen Angriffs nieder. Was die Abwehrchancen betrifft, besteht zwischen F und G kein Unterschied. Tatbestandsmäßig ist der Angriff des T also nur unter der Voraussetzung, daß die Ausnutzung der besonderen Verhältnisse des Straßenverkehrs bei der Wegnahme des Wagenhebers mit dem Angriff auf F in einem hinreichend engen Zusammenhang steht. Das jedoch ist nicht der Fall. Der Diebstahl des Wagenhebers ist noch kein unmittelbares Ansetzen zum Angriff auf die körperliche Unversehrtheit des F. Er **bereitet** diesen Angriff nur **vor**. Ausnutzung der besonderen Verhältnisse des Straßenverkehrs bei der Angriffsvorbereitung erfüllt den Tatbestand des § 316 a I nicht.[71]

In der Abwandlung (**Beispiel 3**) ändert sich an diesem Ergebnis nichts, obwohl sich T und M spätestens seit der gemeinsamen Wegnahme des Wagenhebers in der Zone strafbarer Raubvorbereitung befinden, §§ 249, 30 II 3. Alt. Die Strafbarkeit der Verbrechensverabredung ändert nichts daran, daß ein tatbestandsmäßiger Ausnutzungszusammenhang nur

---

[70] BGHSt 38, 196 (198).
[71] LK-*Sowada*, § 316 a Rn. 20.

mit einem wenigstens schon ins Versuchsstadium eingetretenen Angriff möglich ist. Aus diesem Grund haben sich T und M auch nicht wegen Verabredung zur gemeinsamen Begehung eines räuberischen Angriffs auf Kraftfahrer (§§ 316 a, 30 II 3. Alt.) strafbar gemacht. Denn sie verabredeten einen Angriff, bei dem die besonderen Verhältnisse des Straßenverkehrs gerade nicht ausgenutzt werden sollten.

Bei der Beurteilung des **Beispiels 4** ist davon auszugehen, daß der Angriff auf die körperliche Unversehrtheit des F nicht unter Ausnutzung der besonderen Verhältnisse des Straßenverkehrs erfolgte. Diese Eigenschaft hat zwar der anschließende Angriff auf R. Jedoch ist R als Fahrradfahrer kein taugliches Opfer. Wie in Beispiel 2 ist das Ausnutzen der Straßenverkehrssituation nur dann tatbestandsmäßig, wenn es mit dem Angriff gegen F in Zusammenhang gebracht werden kann. Das scheitert aber ebenso wie in Beispiel 2 am Fehlen der Koinzidenz. Der Angriff gegen F ist bereits vollendet, bevor T die Verhältnisse des Straßenverkehrs auszunutzen beginnt. Daß T das erbeutete Geld noch nicht in Sicherheit gebracht hat und der Raub sich daher noch im Stadium zwischen tatbestandsmäßiger Vollendung und tatsächlicher **Beendigung** befindet, vermag dieses Ergebnis nicht zu korrigieren.[72] Denn maßgeblich ist, daß das Ausnutzen mit dem Angriff auf die körperliche Unversehrtheit in engem Zusammenhang steht. Auf die Beziehung des Ausnutzens zu dem Raub, räuberischen Diebstahl oder zu der räuberischen Erpressung kommt es dagegen nicht an.[73]

Die zeitliche Anbindung des Ausnutzungsmerkmals an die Tatausführungsphase zwischen Versuchsbeginn und Vollendung hat zur Folge, daß **Angriffe außerhalb des Fahrzeugs** den objektiven Tatbestand des § 316 a I nicht erfüllen.[74] Denn während eines solchen Angriffs sind die besonderen Verhältnisse des Straßenverkehrs nicht mehr präsent und es findet keine unmittelbare Beeinflussung des Angriffs durch den Straßenverkehr statt. Allenfalls die Auswirkungen früheren – mit der Vorbereitung des Angriffs koinzidenten – Straßenverkehrsgeschehens können sich noch mittelbar in dem Angriff bemerkbar machen. Zwar ist rein sprachlich auch unter diesen Voraussetzungen ein „Ausnutzen" durchaus möglich. Teleologisch ginge die Einbeziehung solcher Ausnutzungssituationen in den Tatbestand des § 316 a aber zu weit. Fallen nämlich die Angriffsausführung und die ausgenutzten besonderen Verhältnisse des Straßenverkehrs nicht zusammen, fehlt der Tat die für das Verbrechen wesensbestimmende Unrechtskomponente der angriffsbedingt gesteigerten Bedrohung der Straßenverkehrssicherheit (dazu oben Rn. 22). Die Gefahr, daß es in dem fahrenden Fahrzeug zu einer tätlichen Auseinandersetzung zwischen Mitfahrer und Fahrzeugführer kommt und letzterer dadurch die Kontrolle über den Wagen verliert, ist ausgeschlossen, wenn der Angriff erst nach Abschluß der Fahrt außerhalb des Fahrzeugs verübt werden soll.

28

---

[72] *Gössel*, BT 2, § 15 Rn. 42; LK-*Schäfer*, § 316 a Rn. 19.
[73] *Geppert*, NStZ 1986, 552; *Kindhäuser*, BT II, § 19 Rn. 15; *Küper*, BT, S. 17; *Wessels/Hillenkamp*, BT 2, Rn. 384; anders anscheinend BGHSt 37, 256 (258); NK-*Herzog*, § 316 a Rn. 18.
[74] *Fischer*, Jura 2000, 433 (437); *Günther*, JZ 1987, 369 (378); *Roth-Stielow*, NJW 1969, 303; *Gössel*, BT 2, § 15 Rn. 42; *Kindhäuser*, BT II, § 19 Rn. 18; *Rengier*, BT 1, § 12 Rn. 10; a.A. LK-*Schäfer*, § 316 a Rn. 12.

Beispiele:

(1) Weil T seinen Pkw auf einer kurvenreichen und abschüssigen Strecke mit hoher Geschwindigkeit fährt und dabei ruckhafte und hektische Lenkradbewegungen ausführt, wird dem auf der Rückbank sitzenden O schlecht. Als O den T darum bittet, kurz anzuhalten und ihn aussteigen zu lassen, faßt T den Entschluß den O auszurauben. Während sich O am Straßenrand übergibt, versetzt ihm T einen Schlag mit einer Mineralwasserflasche auf den Hinterkopf. Dem bewußtlosen O nimmt T Geld und Armbanduhr weg. Dann legt er den O in den Kofferraum und setzt die Fahrt fort.

(2) Nach einer feuchtfröhlichen Feier fahren die vier Männer T, A, B und O mit dem Pkw des T und einem Kasten Bier in einen Wald. Dort will man die Feier noch ein wenig fortsetzen und im Morgengrauen ausklingen lassen. Während der Fahrt fällt dem T auf, daß O nicht nur eine große Menge Bargeld, sondern auch ungewöhnlich teure Schmuckgegenstände dabei hat. Mit A und B verständigt sich T darüber, daß O im Wald zusammengeschlagen und ausgeraubt werden soll. O bekommt von diesem Plan nichts mit. Im Wald angekommen, steigen alle vier Männer aus dem Wagen. Zusammen gehen sie noch einige hundert Meter bis zu einem kleinen See. Dort schlagen T, A und B den O zusammen und nehmen ihm sämtliche wertvollen Sachen weg.

In **Beispiel 1** haben die besonderen Verhältnisse des Straßenverkehrs – abschüssige, kurvenreiche Strecke, schnelle und unruhige Fahrweise – bewirkt, daß O in eine Lage geraten ist, in der er von T leicht überwältigt werden konnte und geringe Verteidigungschancen hatte. Dies ist eine Opfersituation, wie sie für das Ausnutzungsmerkmal typisch ist. Die Reduzierung der Abwehrkräfte des O kam dem T zugute, als er mit der Mineralwasserflasche zuschlug und den O ausraubte. Da die Schwäche des O straßenverkehrsbedingt war, besteht zwischen den besonderen Verhältnissen des Straßenverkehrs und der Verübung des Angriffs auf den O ein Zusammenhang, der als „Ausnutzung" bezeichnet werden könnte. Allerdings hatte der Angriff gegen O noch nicht begonnen, als die Straßenverkehrssituation anfing sich auf die physische Verfassung des O auszuwirken. Als der Angriff dann von T ausgeführt wurde, waren die Umstände, welche den O in eine hilflose Opferposition brachten, bereits vergangen. Das ändert zwar nichts daran, daß das zurückliegende Straßenverkehrsgeschehen den Angriff des T begünstigte, weil die Schwäche des O noch andauerte. Jedoch ging von dem Angriff des T auf O keinerlei Gefährdung des Straßenverkehrs aus. Das Rechtsgut „Sicherheit des Straßenverkehrs" wurde nicht während des Angriffs und durch den Angriff, sondern vor dem Angriff durch die Fahrweise des T gefährdet. Diese Art der Straßenverkehrsgefährdung ist aber vollkommen unabhängig von dem Angriff, zumal T noch gar keine Angriffsabsicht hatte, als er die Übelkeit des O durch sein rasantes und riskantes Fahren herbeiführte. T hat sich daher nicht aus § 316 a I strafbar gemacht.

In **Beispiel 2** hat der Zusammenhang zwischen Straßenverkehr, Schwächung der Verteidigungsaussichten des Opfers und darauf beruhender Angriffserleichterung dieselbe Struktur wie in Beispiel 1: Der Einfluß des Straßenverkehrs auf die Opferposition des O besteht darin, daß er in dem fahrenden Pkw keine Fluchtmöglichkeit hat und außerdem durch dieses Fahrzeug in kurzer Zeit an einen Ort transportiert werden kann, an dem er dem Angriff der drei anderen Männer wehrlos ausgeliefert ist. Während diese straßenverkehrsspezifischen Gegebenheiten sich entfalteten, befand sich der Angriff aber noch im Vorbereitungsstadium. Die Angriffsausführung erfolgte später zu einem Zeitpunkt, zu dem die geschilderten opferbeeinträchtigenden Umstände des Straßenverkehrs nicht mehr vorlagen. Angriffsbegünstigende Verkehrslage und Angriffsausführung fallen also zeitlich deutlich auseinander. Zwar waren die Folgen der früheren Straßenverkehrssituation und deren angriffsbegünstigender Einfluß, insbesondere die Chancenlosigkeit des O gegenüber den Angreifern noch präsent. Ein Einfluß des Angriffs auf den Straßenverkehr war hingegen nicht möglich. Eine angriffsbedingte Gefährdung des Straßenverkehrs ist deshalb ausgeschlossen. Daher ist auch in Beispiel 2 der objektive Tatbestand des § 316 a I nicht erfüllt worden.

2. Subjektiver Tatbestand

a) Übersicht

Der subjektive Tatbestand des Delikts besteht aus **zwei** Elementen, dem Vorsatz (§ 15) und der Absicht, einen Raub, einen räuberischen Diebstahl oder eine räuberische Erpressung zu begehen.[75]   29

b) Vorsatz

Der Vorsatz muß alle objektiven Tatbestandsmerkmale umfassen. **Dolus eventualis** genügt.[76] Dies gilt auch für den Vorsatz hinsichtlich der Tatsachen, durch die das objektive Tatbestandsmerkmal „Ausnutzung . . ." erfüllt wird[77]. Zur aberratio ictus bezüglich des Angriffsopfers vgl. oben Rn. 8.   30

c) Absicht zur Begehung eines Raubes, eines räuberischen Diebstahls oder einer räuberischen Erpressung

aa) Zielgerichtetes Wollen

Die Formulierung „zur Begehung" drückt aus, daß zwischen dem Angriff und dem geplanten Raubverbrechen ein intentionaler, finaler Zusammenhang besteht. Der Angriff soll nach dem Willen des Täters der Begehung eines Raubes, eines räuberischen Diebstahls oder einer räuberischen Erpressung dienen. Der Begehungswille muß die Qualität einer Absicht im Sinne **zielgerichteten Handelns** haben.[78] Bedingter Vorsatz genügt hier also nicht. Die beabsichtigte Tat braucht nicht zur Ausführung zu kommen. Es handelt sich bei der Absicht daher um eine „überschießende Innentendenz".[79]   31

bb) Raub oder raubähnliches Verbrechen

Als beabsichtigte Straftaten erfaßt der Tatbestand **Raub** (§§ 249, 250), **räuberischen Diebstahl** (§ 252) und **räuberische Erpressung** (§ 255). Auslegungsprobleme, die diese Tatbestände aufwerfen, fließen also auf der Stufe des subjektiven Tatbestandes in die Prüfung des § 316 a ein.   32

---

[75] *Gössel*, BT 2, § 15 Rn. 44; *Kindhäuser*, BT II, § 19 Rn. 19; LK-*Sowada*, § 316 a Rn. 42.
[76] *Gössel*, BT 2, § 15 Rn. 45; *Lackner/Kühl*, § 316 a Rn. 5; LK-*Sowada*, § 316 a Rn. 43.
[77] A. A. *Gössel*, BT 2, § 15 Rn. 45, der insoweit direkten Vorsatz verlangt.
[78] *Gössel*, BT 2, § 15 Rn. 48; *Kindhäuser*, BT II, § 19 Rn. 23; *Schönke/Schröder/Cramer*, § 316 a Rn. 8.
[79] *Joecks*, § 316 a Rn. 10.

> **Beispiel:** T greift den Taxifahrer O am S-Bahnhof Wannsee unter Ausnutzung der besonderen Verhältnisse des Straßenverkehrs an und nimmt ihm das Fahrzeug weg. Er will damit eine Fahrt nach Potsdam machen, dort einen Gerichtstermin wahrnehmen und anschließend das Taxi zu seinem Standplatz am S-Bahnhof zurückbringen.

Die von T mit dem Angriff gegen O ermöglichte Tat ist kein Raub, da der Rückführungswille den Enteignungsvorsatz und damit die Zueignungsabsicht ausschließt. T wollte sich aber durch die kostenlose Benutzung des Taxis auf Kosten des O rechtswidrig bereichern. Diese Absicht wird vom subjektiven Tatbestand der räuberischen Erpressung (§ 255) erfaßt. Jedoch ist fraglich, ob T den objektiven Tatbestand der räuberischen Erpressung erfüllen wollte. Denn er beabsichtigte die gewaltsame Wegnahme des Fahrzeugs und nicht die gewaltsame Erwirkung einer Vermögensverfügung des O. Wer – wie ein großer Teil der Literatur – eine solche Vermögensverfügung des Opfers zum objektiven Tatbestandsmerkmal der räuberischen Erpressung erklärt,[80] kann den T nicht aus § 316 a I verurteilen, weil er nicht mit der tatbestandsmäßigen Absicht handelte. Nach der Auffassung der Rechtsprechung, die den objektiven Tatbestand der räuberischen Erpressung auch auf die Nötigung zur Duldung einer Wegnahme erstreckt, richtete sich die Absicht des T auf die Begehung einer räuberischen Erpressung. Danach hat T den subjektiven Tatbestand des § 316 a I erfüllt.

33   Die Absicht zur Begehung **sonstiger Straftaten** – z.B. sexuelle Nötigung (§ 177), Mord (§ 211), Entziehung Minderjähriger (§ 235) oder Freiheitsberaubung (§ 239) – wird von § 316 a nicht erfaßt.[81] Soweit zur Durchführung oder Vorbereitung solcher Taten ein Angriff mit engem Bezug zum Straßenverkehr verübt wird, kann auf den spezifisch straßenverkehrsfeindlichen Unrechtsgehalt allenfalls mit einer Verurteilung aus § 315 b (insb. Absatz 3 i.V. m. § 315 III Nr. 1 b) reagiert werden. Da die Raubbegehungsabsicht während der Angriffsverübung bestehen muß, vermag eine nachträgliche Absichtsänderung die Strafbarkeit weder zu begründen noch zu beseitigen.

> **Beispiele:**
> (1) Die drei Heranwachsenden A, B und C fahren mit der 17jährigen O im Wagen des A durch die Gegend. Unterwegs werden die drei Männer gegen O gewalttätig, weil sie das Mädchen vergewaltigen wollen. Auf dem Gelände einer stillgelegten Fabrik halten sie an und zerren die O aus dem Wagen. Als A bemerkt, daß O einen wertvoll aussehenden Ring an ihrer rechten Hand trägt, entschließt er sich spontan, das Schmuckstück zu entwenden. Gewaltsam streift A der sich heftig wehrenden O den Ring vom Finger.
>
> (2) Abwandlung von (1): A hat schon vor dem Angriff auf O die Absicht, der O den Ring mittels Gewaltanwendung wegzunehmen. B und C ahnen dies, haben selbst gegenüber der O jedoch nur sexuelle Absichten und kein Interesse an dem Ring oder sonstigen Wertsachen der O. Nachdem O aus dem Wagen gezerrt worden ist, verliert plötzlich auch A das Interesse an dem Ring. Er läßt seine Raubabsicht fallen und beteiligt sich an der Vergewaltigung der O.

---

[80] Dazu Teilband 1, § 6 Rn. 37 ff.
[81] LK-*Sowada*, § 316 a Rn. 44.

Die Asynchronität von angriffsbegünstigender Verkehrslage, Angriffsausführung und Raubabsicht steht in **Beispiel 1** der Strafbarkeit des A aus § 316 a I entgegen. Zwar hat er zusammen mit B und C die O angegriffen und dabei die besonderen Verhältnisse des Straßenverkehrs ausgenutzt. Er tat dies aber nicht „zur Begehung eines Raubes". Als A sich zur Begehung eines Raubes entschlossen hatte, waren die Rahmenbedingungen des Angriffs nicht mehr durch eine aktuelle Straßenverkehrssituation geprägt. Eine Rückwirkung des Angriffs auf die Sicherheit des Straßenverkehrs war daher ausgeschlossen. Deswegen kann auch das gewaltsame Entwenden des Rings, das ja von einer synchronen Raubabsicht begleitet war, nicht mehr als tatbestandsmäßiger Angriff i.S. des § 316 a I qualifiziert werden (s.o. Rn. 28).

In **Beispiel 2** führt A den gemeinsamen Angriff auf O mit Raubabsicht aus. Daß B und C mit dem Angriff andere Ziele verfolgten, berührt die Strafbarkeit des A aus § 316 a I nicht. Umgekehrt vermag die Raubabsicht des A keine Strafbarkeit von B und C aus § 316 a I zu begründen. Der Zusammenschluß als Mittäter (§ 25 II) begründet nur eine Zurechnung von objektiv-tatbestandsmäßigen Handlungen oder Handlungsteilen. Eine Zurechnung von subjektiven Tatbestandsmerkmalen ist nicht möglich.[82] Eigene Raubabsicht hatten B und C nicht. Zwar genügt im Rahmen des § 316 a I die Absicht, die Raubtat eines anderen zu ermöglichen (s.u. Rn. 34). Jedoch muß auch in diesem Fall die innere Einstellung des Täters zu der Raubtat den Intensitätsgrad zielgerichteten Wollens haben. Daran fehlt es bei B und C. Fraglich ist, ob die Strafbarkeit des A entfällt, weil er seinen Raubentschluß fallengelassen hat. Dies hängt davon ab, ob der Angriff schon vollendet war, als A das Interesse an dem Ring verlor. Dann nämlich könnte der Sinneswandel an der zuvor bereits begründeten Strafbarkeit aus § 316 a I nichts mehr ändern. Denn dem Wesen einer „überschießenden Innentendenz" entspricht es, daß ihre Aufrechterhaltung bzw. ihre Realisierung nach Vollendung der Tat keine Strafbarkeitsvoraussetzung ist, folglich ihr Wegfall bzw. ihre Nichtrealisierung der Strafbarkeit auch nicht entgegensteht. Da die Absicht aber bis zur Vollendung Bestand haben muß, entfällt jedenfalls eine Strafbarkeit wegen vollendeten räuberischen Angriffs auf Kraftfahrer, wenn die Absicht vor Erreichen der Tatvollendungsgrenze erloschen ist. Darüber hinaus entfällt sogar die Strafbarkeit wegen versuchten räuberischen Angriffs auf Kraftfahrer (§§ 316 a, 22), wenn der Täter die Raubabsicht freiwillig aufgegeben hat und den Angriff mit einer anderen – nicht tatbestandsmäßigen – Intention zu Ende bringt. Denn der Entschluß, den Angriff mit einer tatbestandsneutralen Zielsetzung fortzusetzen und abzuschließen, ist ein strafbefreiender Rücktritt vom Versuch, § 24.[83] In Beispiel 2 dürfte der Angriff gegen O indes bereits vollendet gewesen sein, als A innerlich von dem ursprünglich beabsichtigten Raub Abstand nahm. Daher ist seine Strafbarkeit aus § 316 a I nicht beseitigt worden.

cc) Eigene und fremde Taten

Fraglich ist, welche Art von **Beteiligung an dem beabsichtigten Raub** oder raubähnlichen Verbrechen der Täter intendieren muß, um das Absichtsmerkmal zu erfüllen. Außer Frage steht, daß neben alleintäterschaftlicher Begehung auch die beabsichtigte Beteiligung als Mittäter ausreicht.[84] Sicher ist des weiteren, daß der Angriff selbst in jedem Fall mindestens eine Beihilfe zu der geplanten Tat ist. Ob

34

---

[82] *Jescheck/Weigend*, AT, § 63 I 3 b.
[83] Teilband 1, § 1 Rn. 100.
[84] *Gössel*, BT 2, § 15 Rn. 48.

dies aber genügt, Täter also auch sein kann, wer mit seinem Angriff lediglich die Raubtat eines anderen ermöglichen und sich selbst auf eine Teilnahme als Gehilfe beschränken will, wird in der Literatur nicht eingehend erörtert.[85] Bei zwei anderen Delikten mit einer ähnlichen „unvollkommen zweiaktigen" Struktur wird die weite – Beihilfe einbeziehende – Auslegung einhellig befürwortet: Beim „Ermöglichungsmord" (§ 211 II) kann Täter der anderen Straftat, die der Mörder durch die Tötung ermöglichen will, ein anderer als der Mörder selbst sein.[86] Bei der Urkundenfälschung (§ 267) genügt ebenfalls die Absicht, die Urkunde einem anderen zum Zwecke der Täuschung im Rechtsverkehr zur Verfügung zu stellen.[87] Das spricht dafür, im Rahmen des § 316 a ebenfalls die Tatbestandsmäßigkeit einer fremdnützigen Raubabsicht anzuerkennen. Eine über den Angriff hinausgehende Mitwirkung an dem Raub braucht der Täter also nicht zu beabsichtigen.

> **Beispiel:** T macht mit O eine Stadtrundfahrt, wobei er sich auch in ein Viertel wagt, das wegen seiner extrem hohen Kriminalitätsrate berüchtigt ist. Als sich in einer engen Gasse plötzlich eine Horde gewaltbereit aussehender und mit Baseballschlägern ausgerüsteter Jugendlicher vor dem Fahrzeug des T aufbaut, reagiert T folgendermaßen: Er löst den Sicherheitsgurt des neben ihm sitzenden O, öffnet die Beifahrertür und stößt den O unsanft aus dem Wagen. Wie T erwartet hatte, wird O sogleich von den Jugendlichen zusammengeschlagen und ausgeraubt. Während die Jugendlichen mit O beschäftigt sind, gelingt es dem T, unbemerkt aus dem Auto zu steigen und wegzulaufen.

T hat einen Angriff auf den Leib des O – einen Mitfahrer – verübt und dabei die besonderen Verhältnisse des Straßenverkehrs ausgenutzt. Er tat dies in der sicheren Annahme, daß die Jugendlichen alsbald einen Raub begehen würden. Darauf kam es ihm auch an, da er erreichen wollte, daß die Jugendlichen ihre Aggressionsgelüste auf O konzentrieren und ihn – T – in Ruhe und laufen lassen. Den Raub wollte T aber nicht selbst begehen. Er wollte auch nicht Mittäter der Jugendlichen sein, mit diesen eine Tatgenossenschaft zu bilden, hatte T nicht im Sinn. Seine Mitwirkung beschränkte sich auf den Angriff gegen O, der im Verhältnis zu dem anschließenden Raub die Qualität einer Beihilfe (§§ 249, 27) hat. Nach der hier vertretenen Meinung hat T damit den subjektiven Tatbestand des § 316 a I erfüllt.

dd) Verhältnis zwischen Angriff und Raub bzw. raubähnlichem Verbrechen

35 Der Angriff kann – als Gewalt gegen eine Person oder Drohung mit gegenwärtiger Gefahr für Leib oder Leben – bereits Teil des Raubes oder raubähnlichen Verbrechens sein.[88] Räuberischer Angriff auf Kraftfahrer und Raub – bzw. räube-

---

[85] *Kindhäuser*, BT II, § 19 Rn. 25 fordert ohne Begründung den Willen des Angreifers zu täterschaftlicher Beteiligung an dem beabsichtigten Raubdelikt; im Ergebnis ebenso BGHSt 24, 284; *Fischer*, Jura 2000, 433 (440); LK-*Sowada*, § 316 a Rn. 45.
[86] *Gössel*, BT 1, § 4 Rn. 44; *Wessels/Hettinger*, BT 1, Rn. 124; *Lackner/Kühl*, § 211 Rn. 12; *Schönke/Schröder/Eser*, § 211 Rn. 32; SK-*Horn*, § 211 Rn. 55.
[87] *Lackner/Kühl*, § 267 Rn. 25; *Schönke/Schröder/Cramer*, § 267 Rn. 92; SK-*Hoyer*, § 267 Rn. 93.
[88] *Geppert*, NStZ 1986, 552 (553).

rischer Diebstahl oder räuberische Erpressung – stehen dann in **Tateinheit** (§ 52).[89] Wenn der Angriff einem räuberischen Diebstahl dient, wird Tateinheit die Regel sein. Möglich ist aber auch **Tatmehrheit** zwischen dem Angriff und dem Raub bzw. dem raubähnlichen Delikt.

> **Beispiele:**
> (1) T greift den Mofafahrer O an und zerrt ihn gewaltsam von dem Zweirad. Dann setzt sich T selbst auf das Mofa und verfolgt damit den Fahrradfahrer F. Nachdem T den F eingeholt hat, führt er einen Sturz des F herbei. Dem am Boden liegenden F nimmt T Geld und Wertsachen weg. Das Mofa stellt er in der Nähe der Wohnung des O ab.
> (2) T hat dem O Geld weggenommen. Auf der Flucht wird T von O verfolgt. T steigt in das Taxi des X, bedroht diesen mit der Pistole und zwingt ihn zum Aussteigen. T setzt sich dann selbst hinter das Steuer und rast mit dem Taxi frontal auf O zu. O kann sich in letzter Sekunde durch einen Sprung vor dem Überfahrenwerden schützen. T stellt das Taxi eine halbe Stunde später vor dem Hauptbahnhof ab.
> (3) T greift den Kraftfahrer O an und nimmt ihm unter Anwendung von Gewalt den Pkw weg. Anschließend installiert T in dem Wagen eine Bombe. Das so präparierte Fahrzeug stellt T auf dem Kundenparkplatz einer Bank ab. Von einer öffentlichen Telefonzelle aus ruft T den Filialleiter der Bank an und droht, den Sprengsatz in dem Auto zur Detonation zu bringen, falls die Bank ihm nicht binnen einer Stunde 1 Million DM in bar aushändige.

In **Beispiel 1** fallen der Angriff auf den Fahrzeugführer O und der dadurch ermöglichte Überfall auf den F (Raub, § 249) deutlich auseinander. Der Angriff auf O ist bereits beendet, bevor T den F beraubt. Angriffshandlung und Raubhandlungen sind nicht – auch nicht partiell – kongruent. Daher besteht zwischen dem räuberischen Angriff auf den Kraftfahrer O und dem Raub gegen F Tatmehrheit.

Auch **Beispiel 2** demonstriert eine Realkonkurrenz. Anders als in Beispiel 1 ist die durch den Angriff vorbereitete Tat kein Raub, sondern ein räuberischer Diebstahl (§ 252). Die gegen O verübte Gewalt diente nämlich nicht der Wegnahmeermöglichung, sondern der Sicherung des zuvor bereits durch Diebstahl erlangten Gutes. Hinsichtlich des Taxis liegt kein Raub vor, da T sich das Fahrzeug nicht zueignen wollte. Wer – wie die h.M. in der Literatur – in den Tatbestand der Erpressung ein ungeschriebenes Merkmal „Vermögensverfügung" einbaut, muß auch eine räuberische Erpressung bezüglich des Taxis verneinen (s.o. Rn. 32). Nach der Rechtsprechung hat T dagegen eine räuberische Erpressung gegenüber X begangen. Diese steht in Tateinheit mit dem räuberischen Angriff.

Beispiel 3 zeigt erneut einen räuberischen Angriff auf Kraftfahrer, der mit dem beabsichtigten raubähnlichen Delikt nicht zusammenfällt, sondern von ihm klar getrennt ist. Daher liegt auch hier Tatmehrheit vor. Das durch den Angriff vorbereitete – gegen die Bank gerichtete – Verbrechen ist eine räuberische Erpressung.

Alle drei Beispiele zeigen im übrigen, daß das Opfer des Raubes bzw. raubähnlichen Delikts mit dem Angriffsopfer nicht identisch zu sein braucht und auch nicht Fahrzeugführer oder Mitfahrer zu sein braucht. Außerdem verlangt § 316 a nicht, daß bei dem Raub oder raubähnlichen Delikt die besonderen Verhältnisse des Straßenverkehrs ausgenutzt werden.

---

[89] *Kindhäuser*, BT II, § 19 Rn. 23; *Schönke/Schröder/Cramer*, § 316 a Rn. 7.

Daß die Erpressung der Bank in Beispiel 3 keinen engen Bezug zum Straßenverkehr hat, ist daher unbeachtlich und steht der Strafbarkeit aus § 316 a nicht entgegen.

36 Was die zeitliche Abfolge anbelangt, gilt für die Tatmehrheit, daß der Angriff dem Raub oder raubähnlichen Delikt stets vorausgehen muß. Der Angriff wird also **vor Vollendung des beabsichtigen Raubes** oder raubähnlichen Delikts ausgeführt, nicht umgekehrt. Ein Angriff nach vollendetem Raub bzw. raubähnlichen Delikt erfüllt den subjektiven Tatbestand auch dann nicht, wenn der Raub bzw. das raubähnliche Delikt noch nicht „beendet" ist und der Angriff zur Sicherung einer erfolgreichen **Beendigung** dienen soll.

> **Beispiel:** T schlägt den Hauseigentümer O nieder und entwendet anschließend einen Computer des O. Diesen verläd er in den Kofferraum seines Pkw. Da sein Wagen aber nicht anspringt, hält T kurzerhand das Taxi des X an, schlägt den X nieder und bemächtigt sich des Fahrzeugs. Den geraubten Computer stellt er auf die Rückbank des Taxis. Dann fährt er mit dem Taxi zu seiner Wohnung, wo er den Computer ablädt. Anschließend bringt er das Taxi zum Bahnhof und stellt es dort auf einem öffentlichen Parkplatz ab.

Der Raub des T war bereits vollendet, als T den Taxifahrer X angriff. Denn als der Computer im Kofferraum seines Pkw stand, hatte T neuen (eigenen) Gewahrsam an ihm begründet. Der Angriff auf X fällt in die Phase zwischen Vollendung und Beendigung des Raubes. Solange sich T mit dem Computer noch in Tatortnähe bzw. auf dem Weg in die eigene Wohnung befand, war der Gewahrsam am Computer noch nicht gesichert. Erst mit Erreichung dieses Zieles war der Raub tatsächlich beendet. T griff den X an, um mit Hilfe des Taxis den erfolgreichen Abschluß – die Beendigung – des Raubes zügig zu erreichen. Allerdings ist der Abtransport der Beute nach vollendetem Raub nicht mehr „Begehung eines Raubes". Diese Beschreibung trifft nur auf die Handlungen zu, durch die die Tatbestandsmerkmale des Raubes bis zu dessen Vollendung erfüllt werden, hier also das Niederschlagen des O und das Verstauen des Computers im Kofferraum. Das Wegfahren mit dem Taxi ist keine Raubbegehung mehr. Folglich dient der Angriff auf X nicht der Begehung eines Raubes. Das weggenommene Taxi ist nicht Objekt eines Raubes, weil T sich des Fahrzeugs ohne Zueignungsabsicht bemächtigte.[90] Der Angriff dient auch nicht der Begehung eines räuberischen Diebstahls, da T von X nicht auf frischer Tat betroffen wurde. Begründbar ist eine Strafbarkeit des T aus § 316 a nur, wenn man – wie die Rechtsprechung[91] – die gewaltsame Wegnahme des Taxis als räuberische Erpressung bewertet.

37 Darüber, wie groß der **zeitliche und räumliche Abstand** zwischen Angriff und geplantem Raubdelikt sein darf bzw. wie eng der Zusammenhang zwischen diesen beiden Vorgängen sein muß, macht das Gesetz keine klare Aussage. Insbesondere läßt sich dem Ausnutzungs-Merkmal dazu nichts entnehmen, da es nur auf den Angriff bezogen ist, nicht aber auf Raub, räuberischen Diebstahl oder räuberischer Erpressung.[92] Dem Wortlaut des Gesetzes nach braucht das Raubverbrechen überhaupt keine Beziehung zum Straßenverkehr zu haben, außer der,

---

[90] Zur Frage, ob der Verbrauch von Benzin und Schmiermitteln Raub ist, vgl. oben § 1 Rn. 41 ff.
[91] BGHSt 14, 386 ff.
[92] *Fischer*, Jura 2000, 433 (438).

daß bei dem raubvorbereitenden Angriff die besonderen Verhältnisse des Straßenverkehrs ausgenutzt wurden.

> **Beispiel:** Als Frau O mit ihrem Pkw an einer Ampel halten muß, dringen plötzlich T und X in ihren Wagen ein und setzen sich neben bzw. hinter sie. T bedroht O mit einer Pistole und zwingt sie zu einer Fahrt in den Wald. Bei einer einsamen Jagdhütte endet die Fahrt. In dieser Hütte wird Frau O anschließend fünf Tage von T und X gefangen gehalten. E, den Ehemann von Frau O, fordern T und X erfolgreich zur Zahlung von 1 Mio. DM Lösegeld auf. Nach erfolgter Lösegeldübergabe wird Frau O freigelassen.

T und X verübten ihren räuberischen Angriff gegen O, um damit eine räuberische Erpressung gegenüber E vorzubereiten. Der Angriff erfolgte unter Ausnutzung der besonderen Verhältnisse des Straßenverkehrs. Die anschließende räuberische Erpressung des E war dagegen ein Vorgang ohne jede unmittelbare Beziehung zum Straßenverkehr. Sowohl zeitlich als auch räumlich war die räuberische Erpressung von dem räuberischen Angriff auf Kraftfahrer recht weit entfernt. Das ändert aber nichts an der Tatsache, daß der Angriff „zur Begehung" einer räuberischen Erpressung begangen wurde. Denn durch den Angriff haben T und X die O in ihre Gewalt gebracht und sich damit das „Faustpfand" verschafft, mit dem sie gegenüber E erpresserisch auftreten konnten. Für eine restriktive Auslegung, die Fälle wie diesen aus dem Tatbestand ausgrenzen könnte, bietet der Text des § 316 a I keinen Anknüpfungspunkt.[93] T und X haben sich daher aus § 316 a T strafbar gemacht.

3. Täterschaft und Teilnahme

a) Mittäterschaft

Als unvollkommen zweiaktiges Delikt wirft der räuberische Angriff auf Kraftfahrer spezifische Probleme der **Mittäterschaft** – insbesondere der „sukzessiven" Mittäterschaft – auf. Wie oben dargelegt wurde, erfüllt das subjektive Tatbestandsmerkmal „zur Begehung eines Raubes..." auch, wer den Raub nicht selbst begehen, sondern mit seinem Angriff nur die Raubtat eines anderen Täters ermöglichen will (s.o. Rn. 34). Im Fall einer solchen Arbeitsteilung stellt sich unter anderem die Frage, ob der Täter des dem Angriff folgenden Raubes auch als Beteiligter – insbesondere als Mittäter – an dem räuberischen Angriff auf Kraftfahrer strafbar ist.

38

> **Beispiel:** Taxifahrer T soll den reichen Geschäftsmann O vom Flughafen Berlin-Tegel nach Potsdam chauffieren. O sitzt vorn im Wagen neben T. An der Autobahnausfahrt „Hüttenweg" verläßt T die Avus und fährt mit dem O einige hundert Meter in den Grunewald. Auf die heftigen Proteste des O reagiert T mit derben Faustschlägen ins Gesicht des O. Den eingeschüchterten O stößt T sodann aus dem fahrenden Auto. Ohne anzuhalten fährt T weiter und zurück auf die Autobahn. Auf Grund einer zuvor mit T getroffenen Verabredung lauert an der Stelle, wo O aus dem Taxi gestoßen wurde, der R. Dieser bedroht den O mit einer Pistole und zwingt ihn zur Herausgabe von Geld. Nachdem O dem R sein Geld gegeben hat, rast R mit einem Motorrad davon.

---

[93] So aber NK-*Herzog*, § 316 a Rn. 24, nach dem „die vom Täter beabsichtigte Raubtat eine zum Straßenverkehr wesenseigene Beziehung aufweisen muß."; vgl. *Küper*, BT, S. 20.

T hat sich aus § 316 a I, R hat sich aus §§ 253, 255, 250 II Nr. 1 strafbar gemacht. T ist außerdem an der schweren räuberischen Erpressung des R als Gehilfe beteiligt, §§ 253, 255, 250 II Nr. 1, 27. Eine strafbare Beteiligung des R an dem von T begangenen räuberischen Angriff auf Kraftfahrer ist dagegen fraglich. Die Tatverabredung zwischen T und R macht keinen der beiden zum Mittäter des räuberischen Angriffs.[94] Im Rahmen der Mittäterschaftsvoraussetzungen erfüllt diese Verabredung allenfalls das subjektive Merkmal „gemeinsamer Tatentschluß".[95] Zur Vervollständigung der Mittäter-Rolle bedarf es zusätzlich einer Tatbegehungshandlung, die nach der zustimmungswürdigen engeren Auffassung zwischen Versuchsbeginn und Vollendung vollzogen werden muß,[96] nach der – vor allem von der Rechtsprechung vertretenen – h.M. auch im Vorbereitungsstadium liegen kann.[97] R hat hier weder zur Ausführung noch zur Vorbereitung des von T begangenen räuberischen Angriffs einen Beitrag geleistet, der geeignet wäre, ihn zum Mittäter zu machen. Zwar hatte R absprachegemäß im Wald Stellung bezogen, um im Anschluß an den Angriff des T den O auszurauben bzw. räuberisch zu erpressen. Jedoch hat diese Handlung keinerlei Einfluß auf den von T allein ausgeführten Angriff. Denn nicht die tatsächliche Anwesenheit des R, sondern die Zusicherung des R, zur Angriffszeit an der verabredeten Stelle zu warten, motivierte den T zu seinem Angriff. Wäre R absprachewidrig nicht an der Stelle im Grunewald erschienen, hätte T seinen Angriff gegen O gleichwohl wie verabredet ausgeführt. Eine Strafbarkeit des R wegen mittäterschaftlichen Angriffs auf Kraftfahrer könnte also allenfalls auf der Nötigung beruhen, die R gegen O begangen hat, nachdem dieser von T aus dem Taxi gestoßen worden war. Dogmatische Bedingung wäre allerdings eine außerordentlich extensive Interpretation der Regeln über die sukzessive Mittäterschaft.[98] Eine solche Ausdehnung der Mittäterschaft ist jedoch abzulehnen.[99] Denn die von R begangene räuberische Erpressung ist ohne jeden Einfluß auf das Vorliegen eines tatbestandsmäßigen räuberischen Angriffs auf Kraftfahrer. R bewegt sich mit dieser Handlung außerhalb des objektiven Tatbestandes des § 316 a I. Der räuberische Angriff ist bereits zuvor von T allein vollendet worden, die Handlung des R läßt sich nur noch in eine außertatbestandliche Vollendungs-Beendigungs-Phase einordnen. Daß R eine Handlung vollzog, die Bezugspunkt der zum subjektiven Tatbestand des § 316 a gehörenden räuberischen Absicht ist, reicht nicht aus, um dem R die gesamte objektive Tatbestanderfüllungshandlung des T zuzurechnen.[100] Daran ändert auch die Tatsache nichts, daß R auf Grund der Verabredung mit T dessen Tat von Anfang an subjektiv mittrug, hier also nicht – wie in den in Rechtsprechung und Literatur als „sukzessive Mittäterschaft"

---

[94] *Schönke/Schröder/Cramer*, § 25 Rn. 68; LK-*Roxin*, § 25 Rn. 180, a.A. BGHSt 37, 289 (292).
[95] Dazu *Kühl*, AT, § 20 Rn. 104 ff; *Jescheck/Weigend*, AT, § 63 II 1; *Lackner/Kühl*, § 25 Rn. 10.
[96] *Roxin*, Täterschaft und Tatherrschaft, S. 294; *Herzberg*, Täterschaft und Teilnahme, S. 66; *Köhler*, AT, S. 518; LK-*Roxin*, § 25 Rn. 181.
[97] BGHSt 37, 289 (292); *Haft*, AT, S. 202; *Jakobs*, AT, 21/47; *Jescheck/Weigend*, AT, § 63 III 1; *Kühl*, AT, § 20 Rn. 111; *Otto*, AT, § 21 Rn. 61; *Lackner/Kühl*, § 25 Rn. 11; *Schönke/Schröder/Cramer*, § 25 Rn. 66.
[98] Dazu allgemein *Gropp*, AT, § 10 Rn. 95 ff.
[99] *Herzberg*, Täterschaft und Teilnahme, S. 72; *Freund*, AT, § 10 Rn. 160; *Jakobs*, AT, 21/60; *Köhler*, AT, S. 520; *Kühl*, AT, § 20 Rn. 127; *Otto*, AT, § 21 Rn. 66; *Lackner/Kühl*, § 25 Rn. 12.
[100] *Köhler*, AT, S. 518; LK-Roxin, § 25 Rn. 192; a.A. *Gropp*, AT, § 10 Rn. 85.

diskutierten Fällen – die Willensübereinkunft zwischen den Beteiligten erst nachträglich zustandekam. Entscheidend ist, daß der erforderliche objektive Tatbeitrag des R „zu spät" geleistet wurde, um als Mittäterschaft bezüglich des räuberischen Angriffs auf Kraftfahrer qualifiziert werden zu können. R hat sich daher nicht aus §§ 316 a I, 25 II strafbar gemacht.

b) Teilnahme

Der Anstifter oder Gehilfe braucht selbst nicht zielgerichtet mit der Absicht „zur Begehung eines Raubes ..." zu handeln.[101] Es genügt, wenn er – wenigstens bedingten – Vorsatz bezüglich der beim Täter vorhandenen Absicht hat. Das Fehlen der räuberischen Absicht beim Teilnehmer führt aber nicht zu einer Strafmilderung nach § 28 I, da die Absicht kein besonderes persönliches Merkmal ist.[102] Nach den Grundsätzen über den straflosen „agent provocateur" handelt ohne den erforderlichen Teilnehmervorsatz und ist daher nicht wegen Anstiftung oder Beihilfe zum räuberischen Angriff auf Kraftfahrer strafbar, wer lediglich einen Angriffsversuch des Täters will.[103] Dazu genügt aber nicht, daß der Teilnehmer das Unterbleiben oder Scheitern der vom Täter beabsichtigten Raubtat erwartet. Diese Einstellung verhindert nur eine Strafbarkeit wegen Teilnahme an diesem – dem räuberischen Angriff nachfolgenden – Verbrechen. Um völlig straflos davonzukommen, muß die innere Einstellung des Teilnehmers bereits gegen einen vollendeten Angriff gerichtet sein.

39

4. Versuch und Rücktritt

a) Versuch

Nach der Eliminierung des „Unternehmens"-Merkmals durch das 6. StRG wird der Versuch des Delikts der Vollendung nicht mehr gleichgestellt. Die Strafbarkeit des Versuchs ergibt sich aus dem Verbrechenscharakter des Delikts, §§ 23 I, 12 I. In die tatbestandsmäßige Zone gerät die Tat mit dem unmittelbaren Ansetzen im Sinn des § 22.[104] Die Schwelle des Versuchsbeginns stimmt ungefähr mit der des Körperverletzungs-, Tötungs- oder Nötigungsversuchs überein. Bestraft wird der Angriffsversuch nach Maßgabe des § 23 II und III.

40

b) Rücktritt

Die wichtigste Konsequenz des Unternehmenscharakters des § 316 a alter Fassung war die Unanwendbarkeit des § 24. Nunmehr ist der Rücktritt vom Versuch also auch bei § 316 a nach allgemeinen Regeln möglich.[105] Gegenüber dem früheren Rechtszustand ist das eine teilweise Milderung. Denn die Strafbefreiung nach

41

---

[101] SK-*Horn*, § 316 a Rn. 9.
[102] *Schönke/Schröder/Cramer*, § 28 Rn. 20.
[103] *Haft*, AT, S. 214; *Kühl*, AT, § 20 Rn. 201; *Otto*, AT, § 22 Rn. 42; *Lackner/Kühl*, § 26 Rn. 4; *Tröndle/Fischer*, § 26 Rn. 8.
[104] LK-*Sowada*, § 316 a Rn. 47.
[105] *Stein*, in: *Dencker/Struensee/Nelles/Stein*, Einführung, S. 126; LK-*Sowada*, § 316 a Rn. 48.

§ 24 ist obligatorisch, während das nach früherem Recht gemäß § 316 a II a.F. mögliche Absehen von Bestrafung infolge tätiger Reue im Ermessen des Gerichts stand. Verschlechtert hat sich die Rechtslage für den Täter insofern, als eine tätige Reue nach Vollendung des Angriffs nur noch mit Strafnachlaß honoriert werden kann.[106] Der neue § 316 a sieht in einem solchen Fall das vollständige Absehen von Bestrafung nicht mehr vor.

Beispiele:

(1) An einem Samstagnachmittag wird Anhalter T von dem freundlichen Kraftfahrer O im Pkw mitgenommen. T braucht Geld und will den O während der Fahrt ausrauben. Kurz vor 17 Uhr schaltet O das Autoradio ein, um die Konferenzreportage der Schlußphase der Fußballbundesligaspiele zu hören. Als O einschaltet, berichtet der Reporter aus dem Berliner Olympiastadion, daß Bayern München soeben gegen Hertha BSC mit 1: 0 in Führung gegangen ist. Das versetzt den T in so große Verärgerung, daß er spontan nach seiner Pistole in der rechten Hosentasche greift, um den O damit zu bedrohen. T hält die Pistole schon in der Hand, als aus dem Olympiastadion die Meldung kommt, daß Hertha BSC den Ausgleichstreffer erzielt hat. T und O brechen in lauten Jubel aus und fallen sich fast um den Hals. T steckt vor Begeisterung die Pistole wieder weg und beschließt, den O in Ruhe zu lassen und sich ein anderes Opfer zu suchen.

(2) Abwandlung von (1): Nach dem 1: 0 für Bayern München richtet T die Pistole auf O und befiehlt: „Halt an und rück das Geld raus !" Im nächsten Moment kommt aus dem Radio die Nachricht von Herthas Ausgleichstor. Dies versetzt den T in dermaßen euphorische Stimmung, daß er dem O auf die Schulter klopft und ruft: „Mensch, behalt dein Geld und trink einen auf die Hertha !". Am nächsten Parkplatz hält O an. T steigt aus und verabschiedet sich mit den Worten „Nix für ungut, Kumpel, war nur ein kleiner Scherz".

In **Beispiel 1** hat T zur Verwirklichung des in § 316 a I beschriebenen Tatbestandes unmittelbar angesetzt, als er die Pistole aus der Hosentasche zog, um danach sogleich den O mit der Schußwaffe zu bedrohen. Damit war Strafbarkeit aus §§ 316 a, 22 begründet. Zur Vollendung der Tat kam es aber nicht, weil T die Fortsetzung der Tatausführung freiwillig aufgegeben hat, § 24 I 1 Alt. 1. T ist also vom unbeendeten Versuch zurückgetreten und daher letztlich doch nicht wegen versuchten räuberischen Angriffs auf Kraftfahrer strafbar. Anders ist die Rechtslage in **Beispiel 2**: Mit dem bedrohlichen Vorzeigen der Pistole hatte T bereits einen Angriff auf die Entschlußfreiheit des O verübt. Dies ist mehr als ein Angriffsversuch, die Tat war also schon vollendet. Zwar wurde der geplante Raub von T nicht mehr begangen. Am Vorliegen einer vollendeten Straftat aus § 316 a ändert das aber nichts. Der freiwillige Verzicht auf die Ausführung des Raubes ist deshalb auch kein Rücktritt nach § 24 I. Die Strafbarkeit des T wegen vollendeten räuberischen Angriffs auf Kraftfahrer ist dadurch also nicht beseitigt worden.[107]

---

[106] *Stein*, in: *Dencker/Struensee/Nelles/Stein*, Einführung, S. 127, *Küper*, BT, S. 20; LK-*Sowada*, § 316 a Rn. 48.
[107] LK-*Sowada*, § 316 a Rn. 49; *Tröndle/Fischer*, § 316 a Rn. 6.

III. Qualifikationstatbestand § 316 a III

1. Allgemeines

Das 6. Strafrechtsreformgesetz beseitigte die frühere unbenannte Strafschärfungsklausel des § 316 a I 2[108] und setzte an ihre Stelle einen echten Qualifikationstatbestand. Wegen der Anknüpfung an einen leichtfertig verursachten Todeserfolg handelt es sich um ein **erfolgsqualifiziertes Delikt**.

2. Objektiver Tatbestand

a) Übersicht

Der objektive Tatbestand des § 316 a III besteht aus den objektiven Tatbestandsmerkmalen des Grundtatbestandes (§ 316 a I) und zusätzlichen qualifizierenden Tatbestandsmerkmalen. Vollständig hat er folgendes Gesicht:

- Wer
- Angriff verübt
- Leib oder Leben oder Entschlußfreiheit
- Führer eines Kraftfahrzeugs oder Mitfahrer
- Ausnutzung der besonderen Verhältnisse des Straßenverkehrs
- Tod eines anderen Menschen
- durch die Tat verursacht

b) Grundtatbestandsmerkmale (§ 316 a I)

Der Bedeutungsgehalt der oben erläuterten objektiven Tatbestandsmerkmale des § 316 a I ändert sich im Kontext des Qualifikationstatbestandes nicht. Lediglich hinsichtlich des „**Angriffs**-"Merkmals ergibt sich eine Einschränkung des Anwendungsbereichs, die aus der spezifischen Natur des erfolgsqualifizierten Delikts resultiert: Bekanntlich unterliegen erfolgsqualifizierte Tatbestände einer Restriktion dahingehend, daß nur bestimmte Erscheinungsformen grundtatbestandlichen Verhaltens mit einem **besonders hohen Erfolgspotential** geeignet sind, den erforderlichen spezifischen Zurechnungszusammenhang zwischen grunddeliktischer Tat und qualifizierendem Erfolg herzustellen.[109] Das bedeutet für § 316 a, daß nicht jeder Angriff, der den Grundtatbestand § 316 a I erfüllt, zugleich auch den Qualifikationstatbestand § 316 a III zu erfüllen vermag. Angriffe ohne ausreichende Erfolgsgeneigtheit fallen aus dem Geltungsbereich des § 316 a III heraus. Wird durch einen solchen Angriff der Tod eines anderen Menschen fahrlässig verursacht, tritt § 222 idealiter konkurrierend (§ 52) neben § 316 a I.

---

[108] „In besonders schweren Fällen ist die Strafe lebenslange Freiheitsstrafe..."
[109] *Küpper*, BT I, Teil I, § 2 Rn. 28.

c) Tod eines anderen Menschen

aa) Tod

45 Wie die meisten Erfolgsqualifikationstatbestände erfaßt § 316 a III als qualifizierenden Erfolg nur noch den Tod eines Menschen, nicht die schwere Körperverletzung i.S. des § 226 (vgl. z.B. §§ 178, 221 III, 239 IV, 239 a III, 251; § 30 I Nr. 3 BtMG). Es gilt der **Todesbegriff der §§ 211 ff.**[110] Der Eintritt einer konkreten Todesgefahr reicht nicht, kann aber auf der Basis des § 316 a I bei der Strafzumessung strafschärfend berücksichtigt werden.

bb) Anderer Mensch

46 Das Todesopfer muß im Zeitpunkt der Tat schon **Menschqualität** im strafrechtlichen Sinne haben, sich also mindestens im Stadium nach Geburtsbeginn befinden.[111] Der Tod einer Leibesfrucht reicht zur Tatbestandserfüllung nicht aus. Wird eine Schwangere durch den Angriff so schwer verletzt, daß auch ihre Leibesfrucht gravierende gesundheitliche Schäden erleidet, die alsbald nach der Geburt zum vorzeitigen Tod des Neugeborenen führen, ist der Tatbestand nicht erfüllt. Denn das Opfer eines Tötungsdelikts muß bereits im Zeitpunkt der todesverursachenden Handlungsvollzugs Menschqualität haben.[112] Das gilt auch für todeserfolgsqualifizierte Delikte.[113] Der Täter des Angriffs scheidet aus dem Kreis tauglicher Opfer aus, weil er kein „anderer" ist. Ebenfalls nicht zum persönlichen Schutzbereich des Tatbestandes gehören alle Angriffsteilnehmer, obwohl sie im Verhältnis zum Täter durchaus andere Menschen sind.[114] Im übrigen kommt jedermann als Opfer in Betracht. Mit dem Angriffsopfer braucht das Todesopfer nicht identisch zu sein.[115] Ebenfalls nicht erforderlich ist die Position als Kraftfahrzeugführer oder Mitfahrer.[116]

> **Beispiel:** Mitfahrer T greift während der Fahrt den Kraftfahrzeugführer O an, um ihm Geld wegzunehmen. Es kommt zu einem Handgemenge, bei dem O das Steuer losläßt und die Kontrolle über das Fahrzeug verliert. Der führerlos gewordene Wagen bricht nach links aus und rast auf dem Bürgersteig in eine Gruppe Schulkinder. Drei Kinder werden dabei getötet.

T hat unter Ausnutzung der besonderen Verhältnisse des Straßenverkehrs den Fahrzeugführer O körperlich angegriffen, um einen Raub zu begehen. Dadurch wurde der Tod von drei Fußgängern verursacht. Daß die Getöteten sich nicht als Führer oder Mitfahrer in dem Fahrzeug befanden und somit nicht taugliche Opfer des grunddeliktischen Angriffs waren, ist unerheblich. Die besondere Gefährlichkeit eines Angriffs auf den Kraft-

---

[110] Dazu *D. Sternberg-Lieben*, JA 1997, 80 ff.
[111] *Küpper*, BT I, Teil I, § 1 Rn. 4; *Tröndle/Fischer*, vor § 211 Rn. 2.
[112] *Küpper*, BT I, Teil I, § 1 Rn. 4; *Tröndle/Fischer*, vor § 211 Rn. 2.
[113] Teilband 1, § 3 Rn. 91.
[114] *Kindhäuser*, BT II, § 19 Rn. 26; a.A. LK-*Sowada*, § 316 a Rn. 53.
[115] SK-*Horn*, § 316 a Rn. 13; LK-*Sowada*, § 316 a Rn. 53.
[116] *Tröndle/Fischer*, § 316 a Rn. 5.

fahrzeugführer im fließenden Straßenverkehr hat sich im Tod der drei Kinder niedergeschlagen. Daher ist T aus § 316 a III strafbar.

d) Zusammenhang zwischen Tat und Tod

Der Gesetzeswortlaut erweckt den Eindruck, als reiche ein Kausalzusammenhang zwischen grunddeliktischer Tat und Todeserfolg aus, um den Tatbestand des § 316 a III zu erfüllen. Tatsächlich ist aber in der Dogmatik der erfolgsqualifizierten Delikte schon lange anerkannt, daß die bloße Kausalität nur eine notwendige, aber keine hinreichende Strafbarkeitsvoraussetzung ist. Der Zusammenhang zwischen Grunddelikt und Erfolg ist wesentlich enger als die Kausalität. 47

aa) Tat

Mit „Tat" meint das Gesetz den Vorgang, durch den der objektive Tatbestand des Grunddelikts § 316 a I erfüllt wird. Tat ist also der Angriff auf Leib, Leben oder Entschlußfreiheit eines Kraftfahrzeugführers oder Mitfahrers.[117] Dagegen ist das Verbrechen, dessen Begehung der Angriff dient (Raub, räuberischer Diebstahl oder räuberische Erpressung), nicht Tat und somit kein unmittelbarer Anknüpfungspunkt für die Zurechnung des Todeserfolges im Rahmen des § 316 a III.[118] 48

> **Beispiele:**
> (1) Die Mitfahrer T und X schlagen mit Fäusten heftig auf den Fahrzeugführer O ein, um ihm Geld wegzunehmen. O verliert daraufhin die Gewalt über sein Fahrzeug und fährt mit hoher Geschwindigkeit gegen einen Laternenpfahl. O erleidet dabei schwere Verletzungen, an denen er wenig später verstirbt.
>
> (2) Abwandlung von Fall (1): T und X zwingen den O mit bedrohlich vorgehaltener Pistole, den Wagen in einen Wald zu fahren, dort anzuhalten und auszusteigen. Dann führen T und X den O zu einem 300 m entfernten Steinbruch, schlagen ihn dort brutal zusammen, nehmen ihm Geld weg und lassen ihn bewußtlos liegen. O verstirbt wenig später infolge der erlittenen Verletzungen.

In **Beispiel 1** haben die während der Fahrt ausgeführten Schläge den anschließenden Unfall mit tödlichem Ausgang verursacht. Die Schläge sind ein „Angriff auf den Leib" des Fahrzeugführers O und somit als „Tat" i.S. des § 316 a III zur Tatbestandserfüllung geeignete Todesursache. Daß diese Schläge zugleich die Eigenschaft „Gewalt gegen eine Person" haben und damit bereits Anfang der Erfüllung des Raubtatbestandes (§§ 249, 22) sind, ist im vorliegenden Zusammenhang unmaßgeblich. Der versuchte Raub mit Todesfolge (§§ 251, 22) tritt hinter § 316 a III zurück.

Auch in **Beispiel 2** besteht zwischen der während der Fahrt begangenen Bedrohung des Fahrzeugführers O und dessen späterem Tod ein Kausalzusammenhang. Die Bedrohung ist ein „Angriff auf die Entschlußfreiheit" des O und daher „Tat" i.S. des § 316 a III. Allerdings ist der Zusammenhang zwischen dieser Bedrohung und dem Tod des O weder unmittelbar noch eng. Den spezifischen Anforderungen, die an den Zusammenhang zwischen Grunddelikt und schwerer Folge bei einem erfolgsqualifizierten Delikt gestellt wer-

---

[117] *Kindhäuser*, BT II, § 19 Rn. 26.
[118] SK-*Horn*, § 316 a Rn. 13; a.A. *Tröndle/Fischer*, § 316 a Rn. 5.

den, wird er nicht gerecht. Folglich ist dieser Zusammenhang nicht tatbestandsmäßig. Der erforderliche unmittelbare Zusammenhang besteht dagegen zwischen den brutalen Schlägen und dem dadurch verursachten Tod des O. Diese Schläge sind als Gewalt gegen eine Person bereits Teil des Raubes, der durch den vorangehenden Angriff im fahrenden Pkw vorbereitet wurde und mit ihm auf diese Weise verbunden ist. Diese Verbindung, die sich auf der dogmatischen Ebene zur Raubintention versubjektiviert wiederfindet, reicht nicht aus, um den Raub zur „Tat" i.S. des § 316 a III zu machen. Denn der gesteigerte Strafwürdigkeitsgehalt des § 316 a III resultiert maßgeblich aus dem Umstand, daß der Angriff unter den besonderen Situationsgegebenheiten des Straßenverkehrs eine erhöhte Gefahr für das Leben anderer Menschen darstellt und dies sich im Todeserfolg unmittelbar niedergeschlagen hat. Die tödlichen Verletzungen, die T und X dem O mit ihren Mißhandlungen zugefügt haben, stehen in keinem spezifischen Zusammenhang mit den Gefahren des Straßenverkehrs. Täter und Opfer hätten auch mit einem von § 316 a nicht erfaßten Beförderungsmittel oder zu Fuß in den Wald gelangen können, ohne daß dies Einfluß auf die Lebensgefährlichkeit der anschließenden Mißhandlung gehabt hätte. Da somit der Tod des O mit der Erfüllung des § 316 a I nicht in hinreichend engem Zusammenhang steht, haben sich T und X nicht aus § 316 a III strafbar gemacht. Ihr Verhalten ist als „einfacher" räuberischer Angriff aus §§ 316 a I, 25 II strafbar. Die Todesverursachung erfüllt die Strafbarkeitsvoraussetzungen der Körperverletzung mit Todesfolge (§§ 227, 25 II) und des Raubes mit Todesfolge (§§ 251, 25 II).

49 Da die „Tat" i.S. des § 316 a III ein Vorgang sein muß, der bereits in die Strafbarkeitszone gelangt – also wenigstens partiell tatbestandsmäßig – ist, taugt zwar ein Angriffs**versuch** (§§ 316 a, 22) als Anknüpfungspunkt für die Erfolgszurechnung, nicht jedoch eine Angriffs**vorbereitung**.

> **Beispiele:**
> (1) Mitfahrer T will gerade dazu ansetzen, den Fahrzeugführer mit einer geladenen Pistole zu bedrohen. Da T nervös und unvorsichtig mit der Waffe hantiert, löst sich – von T ungewollt – ein Schuß, der den O in den Kopf trifft und tötet.
>
> (2) A und B fällen einen am Rand einer Landstraße stehenden Baum, den sie als Straßensperre quer über die Fahrbahn legen wollen. Dadurch wollen sie Kraftfahrer zum Anhalten zwingen und diese anschließend ausrauben. Bei ihrer Tätigkeit werden sie von dem Spaziergänger O neugierig beobachtet. Als der riesige Baum umfällt, steht O so unglücklich, daß er von dem Stamm erschlagen wird.

Todesursache ist in **Beispiel 1** eine Handlung, die bereits „unmittelbares Ansetzen" (§ 22) zur Verwirklichung des Tatbestandes „Räuberischer Angriff auf Kraftfahrer" (§ 316 a I) ist. Das tödliche Hantieren mit der Pistole ist also ein strafbarer Versuch,[119] der als Ursache des Todes zur Erfüllung des qualifizierten Tatbestandes § 316 a III geeignet ist. In **Beispiel 2** ist das Fällen des Baumes noch kein unmittelbares Ansetzen zur Begehung eines tatbestandsmäßigen Angriffs. Bezogen auf etwaige künftige Überfälle auf Kraftfahrer ist es nur eine Vorbereitung. Diese ist zwar gem. § 30 II 3. Alt. i.V. mit § 316 a I und §§ 249, 250 bereits strafbar. Sie ist aber keine „Tat" i.S. des § 316 a III. Selbst wenn es also noch zu einem versuchten oder vollendeten räuberischen Angriff auf Kraftfahrer kommt, vermag die Tötung des O diesen aus § 316 a I strafbaren Angriff nicht auf die Stufe des § 316 a III zu heben.

---

[119] Ein vollendeter Angriff (auf das Leben des O) liegt nicht vor, da die Tötung des O eine wesentliche Kausalverlaufsabweichung und daher vom Vorsatz des T nicht umfaßt ist.

bb) Verursachung und Zurechenbarkeit

Ursächlichkeit des Angriffs für den Tod des Opfers ist **Mindestvoraussetzung** der qualifizierenden Erfolgszurechnung.[120] Fehlt es bereits an der Kausalität zwischen Tat und Tod, brauchen die zusätzlichen einschränkenden Zurechnungsgesichtspunkte nicht erörtert zu werden. Die Kausalitätsprüfung erfolgt auf der Grundlage der im Strafrecht herrschenden Äquivalenztheorie.[121]

50

> **Beispiel:** Nach einem schweren Arbeitsunfall auf einer Baustelle will O seinen lebensgefährlich verletzten Arbeitskollegen A mit seinem Pkw in das Krankenhaus bringen. Unterwegs gerät O in eine von T und X gestellte Autofalle, die ihn zum Anhalten zwingt. T und X stürzen sich sofort auf O, schlagen ihn nieder und nehmen ihm Geld weg. Den auf der Rückbank sitzenden A lassen sie in Ruhe. O ist einige Minuten bewußtlos. Nachdem O wieder bei Bewußtsein ist, fährt er weiter. Als er im Krankenhaus ankommt, stellen die Ärzte fest, daß A bereits vor zehn Minuten verstorben ist. Der Überfall hat die Ankunft im Krankenhaus um fünf Minuten verzögert.

Als angriffsimmanente Todesursachen kämen hier entweder die während des Angriffsgeschehens verübten Gewalttätigkeiten oder die Verzögerung des Krankentransports durch die angriffsbedingte Fahrtunterbrechung in Frage. A wurde aber von T und X nicht unmittelbar behelligt und hat auch im übrigen keine lebenszeitverkürzenden Gesundheitsschäden erlitten, die mit dem Angriff zusammenhängen. Die Verzögerung des Krankentransports um fünf Minuten hat zwar ex ante die Rettungschancen des A erheblich verschlechtert. Für die Feststellung der Todesursächlichkeit ist aber die ex-post-Perspektive maßgeblich. Da sich aus der Rückschau die Erkenntnis ergab, daß selbst eine zehn Minuten frühere Ankunft im Krankenhaus den Tod des A nicht abgewendet hätte, steht fest, daß die angriffsbedingte Verzögerung um fünf Minuten den Tod des A nicht verursacht hat. Denn der Angriff von T und X kann „hinweggedacht" werden, ohne daß der Tod des A (in seiner konkreten Gestalt) entfiele. T und X sind daher weder aus § 316 a III noch aus § 222 strafbar.

Todesursächlichkeit allein reicht für eine tatbestandsmäßige Verknüpfung von Grunddelikt und Todeserfolg nicht aus. Dies ist zunächst die Konsequenz der im Allgemeinen Strafrecht heute überwiegend vertretenen **Lehre von der objektiven Zurechnung**, die neben die naturwissenschaftlich begründete Kausalität weitere normative Zurechnungskriterien stellt.[122] Die auf diese Lehre zurückgehenden Zurechnungsbeschränkungen gelten für Erfolgsdelikte generell, also auch für die erfolgsqualifizierten Delikte.

51

> **Beispiele:**
>
> (1) T begeht einen räuberischen Angriff auf den Fahrzeugführer O. Obwohl T mit äußerster Brutalität vorgeht, hat O insofern Glück im Unglück, als er nur eine mittelschwere Körperverletzung erleidet. Bei alsbaldiger ordnungsgemäßer ärztlicher Be-

---

[120] *Freund*, AT, § 2 Rn. 69; *Hoyer*, AT 1, S. 38.
[121] *Gropp*, AT, § 5 Rn. 13 ff; *Kühl*, AT, § 4 Rn. 7; kritisch zur Leistungsfähigkeit der Äquivalenztheorie *Maiwald*, JuS 1984, 439 (440); *Otto*, AT, § 6 Rn. 22.
[122] *Maiwald*, JuS 1984, 439 (440); *Kühl*, AT, § 4 Rn. 36.

handlung dieser Verletzung bestünde keine Lebensgefahr. Im Bewußtsein und unter Inkaufnahme der damit verbundenen Gefahr für sein Leben sieht O aber davon ab, einen Arzt aufzusuchen. O stirbt zwei Wochen später an den Folgen der bei dem Angriff erlittenen Verletzungen.

(2) Abwandlung von (1): O sucht umgehend den Arzt A auf. Da A – ohne Wissen des O – ein Verhältnis mit der Ehefrau des O hat, nutzt er die Situation aus, um den störenden Ehemann zu beseitigen. Auf raffinierte Art begeht A bei der Behandlung der Verletzungen des O einen schweren – aber schwer nachweisbaren – Kunstfehler, an dessen Folgen O wenig später stirbt.

In beiden Beispielen hat T mit seinem Angriff den Tod des O verursacht. Jeweils wirkten in dem zum Tod führenden Kausalverlauf aber außer dem Angriff noch weitere Risikofaktoren mit, die möglicherweise die strafrechtliche Relevanz des Angriffsgeschehens für den Todeserfolg bereits auf der Ebene der objektiven Zurechnung ausschließen. Zu den wenigen Zurechnungsregeln, die von einem breiten strafrechtswissenschaftlichen Konsens getragen werden, gehört die Zurechnungsverlagerung auf eigenverantwortliches Opfer- oder Nebentäterverhalten. Wird nämlich die unmittelbare Erfolgsursache durch ein der Tat nachfolgendes defektfreies Handeln oder Unterlassen des Verletzten[123] (**Beispiel 1**) oder eines Dritten[124] (**Beispiel 2**) gesetzt, kommt eine normative Verbindung der Ausgangstat mit dem Erfolg nicht zustande. Das Dazwischentreten des Opfers oder des Dritten bricht den mit der Tat in Gang gesetzten Gefahrverwirklichungsprozeß, an dessen Ende ohne das Dazwischentreten ein zurechenbarer Todeserfolg stünde, ab. Eine objektive Zurechnung des Todeserfolges zu dem Angriff entfällt daher.[125] Dieser Zurechnungsausschluß ist nicht nur im Rahmen des § 316 a III, sondern auch im Rahmen des Straftatbestandes „Fahrlässige Tötung" (§ 222) beachtlich. Daher sind hier nicht Besonderheiten des erfolgsqualifizierten Delikts, sondern bereits allgemeine Zurechnungsaspekte dafür verantwortlich, daß T nicht aus § 316 a III strafbar ist.[126] Wäre es anders, würde der Zurechnungsausschluß Strafbarkeit aus § 222 nicht verhindern.

52   Die Beachtung der allgemeinen Zurechnungsgrundsätze ist nach der Ermittlung der Kausalität der zweite, aber nicht der letzte Schritt auf dem Weg zur Feststellung des tatbestandsmäßigen Zusammenhangs zwischen Grunddelikt und Todeserfolg.[127] Als dritter und letzter Prüfungsschritt ist noch die Würdigung des zum Todeserfolg führenden Kausalverlaufs im Licht der **besonderen Zurechnungserfordernisse des erfolgsqualifizierten Delikts** notwendig. Denn das für erfolgsqualifizierte Deliktstatbestände typische außerordentlich hohe Strafrahmenniveau und der Umstand, daß die Todesverursachung auch ohne § 316 a III – nämlich mit dem tateinheitlich zu § 316 a I hinzutretenden § 222 – strafrechtlich erfaßt würde,[128] zwingen zu einer weiteren Tatbestandsrestriktion, die über diejenige hinausgeht, die bereits durch allgemeine Zurechnungsgesichtspunkte –

---

[123] *Gropp*, AT, § 5 Rn. 49; *Otto*, AT, § 6 Rn. 59.
[124] *Maiwald*, JuS 1984, 439 (440); *Gropp*, AT, § 5 Rn. 50; *Otto*, AT, § 6 Rn. 56.
[125] *Gropp*, AT, § 5 Rn. 48; *Köhler*, AT, S. 145.
[126] *Wolter*, GA 1984, 443 (444); *Maiwald*, JuS 1984, 439 (443); SK-*Rudolphi*, § 18 Rn. 3.
[127] SK-*Rudolphi*, § 18 Rn. 3.
[128] *Schönke/Schröder/Cramer*, § 18 Rn. 4.

und daher auch im Rahmen des § 222 – bewirkt würde.[129] Weil es solche speziellen Zurechnungsregeln für erfolgsqualifizierte Delikte gibt, ist es möglich, daß eine leichtfertige Todesverursachung durch räuberischen Angriff zwar aus § 316 a I und § 222 (beide in Tateinheit stehend, § 52), nicht aber aus § 316 a III strafbar ist.

In terminologischer Hinsicht hat sich für das besondere Zurechnungserfordernis des erfolgsqualifizierten Delikts der Ausdruck „**unmittelbarer Zusammenhang zwischen Grunddelikt und Erfolg**" breite Anerkennung verschafft.[130] Über die sachlichen Kriterien der Abgrenzung von Unmittelbarkeit und Mittelbarkeit herrscht aber weder Klarheit noch Konsens.[131]

Auffallend und für die Lösung von Bedeutung ist, daß im geltenden Strafrecht nur relativ wenige Straftatbestände überhaupt als Basis von Erfolgsqualifikationen in Betracht gezogen worden sind. Beispielsweise gibt es keine „Nötigung mit Todesfolge" oder keinen „Diebstahl mit Todesfolge". Das spricht dafür, daß den Grundtatbeständen, denen ein qualifizierendes Erfolgsmerkmal aufgepfropft worden ist, eine **besonders starke Erfolgsneigung immanent** ist, die eine drastische Strafschärfung – nur dann – rechtfertigt, wenn sie sich tatsächlich **im Erfolgseintritt niederschlägt**.[132] Dieses Kriterium ist geeignet, **zwei Klassen von Grunddelikten** mit schwerer Folge zu trennen, von denen eine die Eigentümlichkeit des erfolgsqualifizierten Delikts aufweist und die andere nicht.

Der letzteren Klasse gehören Grunddelikte an, die den Erfolg in zwar zurechenbarer, aber insofern unspezifischer Weise verursacht haben, als derselbe Erfolgszusammenhang auch mit jedem anderen Delikt möglich wäre. Hier spiegelt der eingetretene Erfolg nicht das besondere Erfolgspotential des Grundtatbestands wider. Daher erfüllt diese Grunddelikts-Erfolgs-Kombination nicht den objektiven Tatbestand des erfolgsqualifizierten Delikts.

> **Beispiel:** Der von O im Pkw mitgenommene Anhalter T greift den O während der Fahrt körperlich an, wobei er die besonderen Verhältnisse des Straßenverkehrs ausnutzt. Es gelingt dem T, den O zum Anhalten zu zwingen und ihm die Brieftasche mit 400 DM Inhalt wegzunehmen. T springt aus dem Wagen und läuft weg. O rennt hinter T her, um ihm Geld und Brieftasche wieder abzunehmen. In vollem Lauf stolpert O über eine Baumwurzel und stürzt zu Boden. Dabei schlägt sein Kopf auf einen Stein. Die dabei erlittene Kopfverletzung ist tödlich.

T hat den Grundtatbestand § 316 a I erfüllt und dadurch den Tod des O verursacht. Nach der Lehre von der objektiven Zurechnung bestehen auch keine Bedenken gegen die ob-

---

[129] *Wolter*, GA 1984, 443.
[130] BGHSt 31, 96 (99), 32, 25 (28); *Küpper*, FS Hirsch, S. 615 ff; kritisch zur „Unmittelbarkeit" als Kriterium (im Rahmen der Geiselnahme mit Todesfolge) BGHSt 33, 322 (323).
[131] *Wolter*, GA 1984, 443 (447); *Hirsch*, FS Oehler, S. 111 (112); *Schönke/Schröder/Cramer*, § 18 Rn. 4; *Roxin*, AT 1, § 10 Rn. 115.
[132] BGHSt 32, 25 (28); *Hirsch*, FS Oehler, S. 111 (130); *Otto*, AT, § 11 Rn. 10; *Roxin*, AT 1, § 10 Rn. 114.

jektive Zurechenbarkeit des Todeserfolgs. Eine Strafbarkeit des T aus § 222 ist daher zu bejahen, da das Verhalten des O in bezug auf die Tötung des O gewiß als fahrlässig bewertet werden kann. Fraglich ist allerdings, ob T aus § 316a III strafbar ist. Analysiert man den zum Tod des O führenden Kausalverlauf, finden sich keine Elemente gesteigerter Lebensgefahr, die die eigentümliche Gefährlichkeit eines Angriffs i.S. des § 316a I zur Geltung bringen. Denn nicht der Angriff auf den Körper des O, sondern die erfolgreiche Wegnahme der Brieftasche ist der entscheidende Auslöser des tödlich endenden Geschehensverlaufs. Derselbe Verlauf wäre ebensogut als Folge eines einfachen Diebstahls oder eines Betrugs denkbar. Die Einbettung des Geschehens in einen Angriff mit Straßenverkehrsbezug ist für den tödlichen Ausgang ein beiläufiges Akzidens. Da sich im Tod des O nicht die spezifische Todesgefahr eines räuberischen Angriffs auf Kraftfahrer niedergeschlagen hat, ist T nicht aus § 316a III strafbar.

56 Die der anderen Klasse angehörigen Taten zeichnen sich durch eine Art der Erfolgsherbeiführung aus, in der sich eine **besondere Charakterprägung des Grunddelikts** bemerkbar macht. Grunddelikt und Todeserfolg sind bei diesen Taten besonders eng miteinander verbunden, weil sich im Todeserfolg ein Risiko verwirklicht, wie es in der Form nur Grunddelikten **dieses Typs** adäquat ist.[133] Im Zusammenhang mit anderen Grunddelikten würde sich dieser Erfolgseintritt hingegen eher als außergewöhnliche atypische Folge darstellen. Die spezifische Gefährlichkeit des räuberischen Angriffs auf Kraftfahrer basiert auf der Involvierung des Angriffs in ein per se gefahrenträchtiges Straßenverkehrsgeschehen. Folglich setzt bei § 316a III der tatbestandsmäßige Zusammenhang zwischen Tod und Grunddelikt voraus, daß gerade die dem **Straßenverkehr** zuzurechnenden Faktoren, welche die Gefährlichkeit des Angriffs erhöhen, sich im Tod des Opfers niedergeschlagen haben. Beruht der Tod dagegen auf Angriffsmodalitäten, die sich auch außerhalb einer Straßenverkehrssituation mit gleich hoher Wahrscheinlichkeit ausgewirkt hätten, hat sich die spezifische Gefährlichkeit des räuberischen Angriffs auf Kraftfahrer nicht im Todeserfolg niedergeschlagen. Es genügt vor allem nicht, daß der Täter einen Raub mit Todesfolge (§ 251) begeht und dabei zugleich den Grundtatbestand des § 316a I erfüllt. Denn anderenfalls wäre § 316a III überflüssig. Außerdem zeigt der Vergleich der Strafdrohungen, daß der räuberische Angriff auf Kraftfahrer mit Todesfolge etwas anderes und gewichtigeres ist als ein Raub mit Todesfolge, der im Zusammenhang mit einem räuberischen Angriff auf Kraftfahrer begangen wird. Denn § 316a III sieht für Extremfälle die Möglichkeit der Ahndung mit lebenslanger Freiheitsstrafe vor, während ein mit § 316a I idealiter konkurrierender Raub mit Todesfolge „nur" mit maximal 15 Jahren Freiheitsstrafe bestraft werden kann.

> **Beispiele:**
> (1) Kraftfahrer T nimmt den Anhalter O mit. O schläft auf dem Beifahrersitz alsbald ein. T will dem schlafenden O die Brieftasche aus der Jackentasche ziehen. O wacht aber auf und setzt sich zur Wehr. Ein kräftiger Faustschlag ins Gesicht des O verschafft dem T die Oberhand. Es gelingt ihm, dem O Geld wegzunehmen. Anschließend öffnet

---

[133] SK-*Rudolphi*, § 18 Rn. 1.

T die Beifahrertür und stößt den O aus dem fahrenden Wagen. O bleibt auf die Fahrbahn liegen und wird von einem folgenden Pkw überfahren. Dabei erleidet O tödliche Verletzungen.

(2) Zwischen zwei Mitfahrern – T und O – kommt es im Fahrzeug des F während der Fahrt zu einer gewalttätigen Auseinandersetzung. T schlägt mit Fäusten auf O ein, um ihm Geld wegzunehmen. Einer der Schläge führt zum Tod des O.

In **Beispiel 1** hat sich die Gefahr für das Leben des O gerade auf Grund des Umstands drastisch erhöht, daß die Auseinandersetzung mit T in einem fahrenden Pkw auf einer Straße mit dichtem Verkehr stattfand. Die Gefahr der Tötung durch Überfahrenwerden mit einem Kfz hätte bei einem Angriff außerhalb des Straßenverkehrsbereichs nicht – jedenfalls nicht in dem Maße – bestanden. Daher hat sich im Tod des O ein spezifisches Lebensrisiko des räuberischen Angriffs auf Kraftfahrer niedergeschlagen. T hat den objektiven Tatbestand des § 316a III erfüllt. Anders ist es in **Beispiel 2**: Zwar hat das Eingesperrtsein in dem fahrenden Pkw die Verteidigungs- oder Fluchtchancen des O erheblich verringt. Dennoch sind viele Tatsituationen außerhalb des Straßenverkehrsbereichs denkbar, in denen die Lage des Opfers ähnlich ungünstig ist und die Auseinandersetzung sich in gleicher Weise tödlich zuspitzt: Man stelle sich vor, T und O treffen in einem Fahrstuhl aufeinander und T schlägt den O zwischen zwei Stockwerken nieder. Zu einer tödlichen Gefahr für O wurde der Streit mit T nicht auf Grund der besonderen Straßenverkehrsverhältnisse, sondern wegen der Härte der Faustschläge, mit denen T den O attackierte. Dieser Risikofaktor ist straßenverkehrsunspezifisch. Die besondere Gefährlichkeit des räuberischen Angriffs auf Kraftfahrer hat sich daher im Tod des O nicht niedergeschlagen. T ist nicht aus § 316a III, sondern nur aus § 316a I, § 227 und § 251 strafbar.

3. Subjektiver Tatbestand

a) Übersicht

Der subjektive Tatbestand des § 316a III besteht aus drei Elementen: Dem Vorsatz bezüglich der objektiven Tatbestandsmerkmale (§ 15), der Absicht zur Begehung eines Raubes, eines räuberischen Diebstahls oder einer räuberischen Erpressung und der Leichtfertigkeit bezüglich des Todeserfolges. Die beiden erstgenannten sind bereits Bestandteile des Grundtatbestandes § 316a I (s.o. Rn. 29).

57

b) Wenigstens leichtfertig

Dem Wesen der erfolgsqualifizierten Delikte entsprechend verlangt § 316a III keinen Tötungsvorsatz. Es genügt, daß der Tod wenigstens leichtfertig verursacht worden ist. Andererseits reicht nicht jede Art von Fahrlässigkeit. Die allgemeine Regelung des § 18 wird insofern von dem speziellen § 316a III verdrängt. Leichtfertigkeit ist gleichbedeutend mit **grober Fahrlässigkeit**. Darunter ist eine besonders krasse Sorgfaltspflichtwidrigkeit zu verstehen. Leichte Sorgfaltsverstöße unterhalb der Schwelle grober Fahrlässigkeit werden von § 316a III nicht erfaßt. Verursacht der Täter durch einen räuberischen Angriff auf Kraftfahrer leicht fahrlässig den Tod eines anderen Menschen, ist er nicht aus § 316a III, sondern aus § 316a I in Tateinheit (§ 52) mit fahrlässiger Tötung (§ 222) strafbar.

58

59   Mit dem Wort „wenigstens" bringt das Gesetz zum Ausdruck, daß Leichtfertigkeit eine Untergrenze markiert und oberhalb der Leichtfertigkeit liegende Unrechtskategorien nicht ausgeschlossen sind. Über der Leichtfertigkeit stehen die verschiedenen Formen des Vorsatzes. § 316 a III erfaßt also auch mit **Tötungsvorsatz** verübte Angriffe.

IV. Kontrollfragen

1. Wann wurde das „Autofallenraubgesetz" erlassen? (Rn. 4)
2. Welche einschneidende Veränderung am Tatbestand des § 316 a I brachte das 6. Strafrechtsreformgesetz? (Rn. 5)
3. Wieso bereitet die Anwendung des Rechtfertigungsgrundes „Einwilligung" bei § 316 a Probleme? (Rn. 7)
4. Gibt es zwischen dem „Unternehmen" eines Angriffs und dem „Verüben" eines Angriffs einen Unterschied? (Rn. 14)
5. Was sind „besondere Verhältnisse des Straßenverkehrs"? (Rn. 24–26)
6. Können bei einem Angriff außerhalb des Fahrzeugs die besonderen Verhältnisse des Straßenverkehrs ausgenutzt werden? (Rn. 28)
7. Ist § 24 StGB bei § 316 a anwendbar? (Rn. 41)
8. Welcher Gattung von Tatbeständen gehört § 316 a III an? (Rn. 42)
9. Welche strafrechtsdogmatische Bedeutung hat der Kausalzusammenhang zwischen Angriff und Todeserfolg in § 316 a III? (Rn. 50)
10. Wie setzt sich der subjektive Tatbestand des § 316 a III zusammen? (Rn. 57)

V. Literatur

C. Fischer, Der räuberische Angriff auf Kraftfahrer nach dem 6. Strafrechtsreformgesetz, Jura 2000, 433
Geppert, Räuberischer Angriff auf Kraftfahrer (§ 316 a StGB), Jura 1995, 310
Günther, Der „Versuch" des räuberischen Angriffs auf Kraftfahrer, JZ 1987, 16
Günther, Der räuberische Angriff auf „Fußgänger" – ein Fall des § 316 a StGB?, JZ 1987, 369
Ingelfinger, Zur tatbestandlichen Reichweite der Neuregelung des räuberischen Angriffs auf Kraftfahrer und zur Möglichkeit strafbefreienden Rücktritts vom Versuch, JR 2000, 225
Mitsch, Der neue § 316 a StGB, JA 1999, 662
Neuhaus, 15 Jahre Freiheitsstrafe für den minder schweren Fall des räuberischen Angriffs auf Kraftfahrer?, DAR 1989, 200

C. Erpresserischer Menschenraub, § 239 a StGB

Übersicht   Rn.

I. Allgemeines
   1. Entstehungsgeschichte 60–61
   2. Rechtsgut 62
   3. Systematik
      a) Binnenstruktur 63
      b) Verhältnis zu anderen Straftatbeständen 64–65
   4. Verbrechen 66
II. Erster Grundtatbestand, § 239 a I 1. Alternative
   1. Objektiver Tatbestand
      a) Übersicht 67
      b) Opfer 68–72
      c) Entführung 73–74
      d) Bemächtigung 75–76
   2. Subjektiver Tatbestand
      a) Übersicht 77
      b) Vorsatz 78–79
      c) Erpressungsabsicht 80
         aa) Absicht 81
         bb) Erpressung 82–84
         cc) Erpressungsmittel 85–88
         dd) Drohungsadressat 89–92
         ee) Sorge um das Wohl des Opfers 93–95
         ff) Ausnutzung 96–101
III. Zweiter Grundtatbestand, § 239 a I 2. Alt.
   1. Allgemeines 102
   2. Objektiver Tatbestand
      a) Übersicht 103–104
      b) Erster Akt
         aa) Solche Handlung 105–107
         bb) Lage des Opfers 108–109
      c) Zweiter Akt 110
         aa) Solche Erpressung 111
         bb) Ausnutzung 112
   3. Subjektiver Tatbestand
      a) Erster Akt 113
      b) Zweiter Akt 114
IV. Qualifikationstatbestand § 239 a III
   1. Allgemeines 115
   2. Objektiver Tatbestand
      a) Grunddelikt 116–117

    b) Todeserfolg
        aa) Tod 118
        bb) Opfer 119–120
    c) Zusammenhang zwischen Grunddelikt und Tod 121
  3. Subjektiver Tatbestand
    a) Grunddelikt 122
    b) Leichtfertigkeit 123
V. Tätige Reue, § 239 a IV
  1. Allgemeines 124
  2. Anwendungsbereich des § 239 a IV
    a) Vollendete und versuchte Tat 125
    b) Täter und Teilnehmer 126
    c) Grundtatbestand § 239 a I 127
    d) Qualifikationstatbestand § 239 a III 128
  3. Voraussetzungen
    a) Allgemeines 129
    b) Freilassung, § 239 a IV S. 1
        aa) Zurückgelangenlassen in den Lebenskreis 130–131
        bb) Verzicht auf die erstrebte Leistung 132
    c) Freilassungsversuch, § 239 a IV S. 2
        aa) Erfolgseintritt ohne Zutun des Täters 133
        bb) Ernsthaftes Bemühen um den Erfolg 134

I. Allgemeines

1. Entstehungsgeschichte

60 Die Strafvorschrift über den erpresserischen Menschenraub ist ein Produkt nationalsozialistischer Gesetzgebung[134] und daher – wie *Maurach* treffend schrieb – „auch heute noch mit der schweren Hypothek seiner Entstehungsgeschichte belastet".[135] Eingeführt wurde der Straftatbestand erstmalig durch Gesetz vom 22. Juni 1936.[136] Wie das „Autofallenraubgesetz" (oben Rn. 4) wurde auch die Strafvorschrift gegen den „erpresserischen Kindesraub"[137] mit rückwirkender Kraft ausgestattet[138] und mit absolut angedrohter Todesstrafe bewehrt.[139]

61 Das 3. StÄG vom 4. 8. 1953 brachte eine rechtsstaatlichen Anforderungen angepaßte Fassung, die sich von ihrer Vorgängerin vor allem durch eine präzisere Tatbeschreibung und eine moderatere Strafdrohung unterschied. Auf der Opfer-

---

[134] Zur Entstehungsgeschichte vgl. *Fahl*, Jura 1996, 456.
[135] *Maurach*, JZ 1962, 559.
[136] RGBl I, S. 493.
[137] „Wer in Erpressungsabsicht ein fremdes Kind durch List, Drohung oder Gewalt entführt oder sonst der Freiheit beraubt, wird mit dem Tode bestraft."
[138] „Dieses Gesetz tritt mit Wirkung vom 1. Juni 1936 in Kraft."
[139] *Maurach*, JZ 1962, 559 Fn. 3.

seite des Tatbestandes blieb die Beschränkung auf „fremde Kinder" zunächst erhalten. Dies änderte sich, als Anfang der 70er Jahre die Öffentlichkeit durch einige besonders aufsehenerregende Fälle erpresserischen Menschenraubs in Unruhe versetzt wurde. Der Gesetzgeber reagierte darauf mit einer Erweiterung des Tatbestandes durch das 12. StÄG vom 16. 12. 1971 und bezog Erwachsene in den Kreis der geschützten Entführungsopfer ein.[140] Die gravierendste und dogmatisch problematischste[141] Veränderung des Tatbestandes bewirkte aber das am 16. 6. 1989 in Kraft getretene sog. „**Artikelgesetz**".[142] Die seitdem geltende Fassung stellt den Rechtsanwender vor fast unlösbare Probleme, die in Rechtsprechung und Literatur eine wahre Flut von disparaten Lösungsvorschlägen erzeugt haben (näher dazu unten Rn. 96 ff.). Zuletzt hat der Gesetzgeber im **6. StRG** am Text des § 239 a einige – sachlich belanglose – Sprachkorrekturen vorgenommen.[143]

2. Rechtsgut

Die systematische Stellung der Vorschrift im Besonderen Teil und ihr Wortlaut lassen erkennen, daß die Pönalisierung des Verbrechens „Erpresserischer Menschenraub" dem Schutz mehrerer verschiedener Rechtsgüter dient. Bereits der Grundtatbestand des § 239 a I ist von diesem Schutzgutpluralismus geprägt, der in dem Qualifikationstatbestand des § 239 a III noch erweitert wird. Auf Grund der Einordnung im 18. Abschnitt des BT ist der erpresserische Menschenraub primär als Delikt gegen die persönliche **Freiheit** – des Entführungsopfers und des Erpressungsopfers – zu charakterisieren.[144] Daneben gerät aber auch das **Vermögen** in die Angriffszone des Verbrechens bzw. in den Schutzbereich des Straftatbestandes.[145] Der Namensteil „erpresserisch" und die Tatbestandsmerkmale „um ... zu einer Erpressung auszunutzen" (§ 239 a I 1. Alt.) und „zu einer solchen Erpressung ausnutzt" (§ 239 a I 2. Alt.) sind dafür unmißverständliche Indizien. Als typische Folgeverletzung besonders brutaler Tatausführung ist der Tod des Opfers in einem Qualifikationstatbestand normativ erfaßt (§ 239 a III), weshalb auch das Rechtsgut **Leben** als tatbestandlich geschütztes Gut Erwähnung verdient.[146] Alle genannten Rechtsgüter sind individualistischer Natur; ihr strafrechtlicher Schutz

62

---

[140] Informativ *Müller-Emmert/Maier*, MDR 1972, 97 ff.; *Bohlinger*, JZ 1972, 230 ff.
[141] Vgl. z. B. den Kommentar bei *Arzt/Weber*, BT, § 18 Rn. 30: „geradezu unsinnig" und § 18 Rn. 33: „Pfusch des Gesetzgebers".
[142] Dazu eingehend *Kunert/Bernsmann*, NStZ 1989, 449 ff.
[143] Instruktiv die Synopse bei *Lackner*, Nachtrag, S. 51.
[144] *Müller-Emmert/Maier*, MDR 1972, 97; *Krey*, BT 2, Rn. 322; *Maurach/Schroeder/Maiwald*, BT 1, § 12 Rn. 5; § 15 Rn. 19; *Otto*, BT, § 29 Rn. 1; *Rengier*, BT 2, § 24 Rn. 1; *Wessels/Hillenkamp*, BT 2, Rn. 741; *Joecks*, § 239 a Rn. 1; *Lackner/Kühl*, § 239 a Rn. 1; *LK-Schäfer*, § 239 a Rn. 2; *SK-Horn*, § 239 a Rn. 2; *Schönke/Schröder/Eser*, § 239 a Rn. 3; *Tröndle/Fischer*, § 239 a Rn. 4.
[145] *Maurach*, JZ 1962, 559 (561); *Müller-Emmert/Maier*, MDR 1972, 97; *Krey*, BT 2, Rn. 322; *Joecks*, § 239 a Rn. 1; *Schönke/Schröder/Eser*, § 239 a Rn. 3; *Tröndle/Fischer*, § 239 a Rn. 4.
[146] *Bohlinger*, JZ 1972, 230 (232) qualifiziert bereits das Grunddelikt (§ 239 a I) als abstraktes Lebensgefährdungsdelikt.

steht somit grundsätzlich[147] zur Disposition ihres Inhabers. Daher kann der zustimmende Wille des betroffenen Rechtsgutsinhabers eventuell die Strafbarkeit ausschließen. Wegen der Rechtsgütermehrheit und Opfermehrheit muß genau geprüft werden, auf welches Rechtsgut die Zustimmung sich bezieht.

> **Beispiele:**
>
> (1) T und X sperren den 18jährigen Millionärssohn O mit dessen Einverständnis in einer Jagdhütte ein und fordern dann von den Eltern des O 1 Mio. DM Lösegeld. Die Summe wollen T und X mit O, der von seinen Eltern nur ein wöchentliches Taschengeld von 300 DM bekommt, teilen.
>
> (2) Die Eltern des 16jährigen Volksmusiksternchens S lassen ihre Tochter von den Gelegenheitskriminellen T und X entführen. Über einen Mittelsmann stiften sie die beiden Entführer zur Tat sowie zur anschließenden Forderung eines sechsstelligen Lösegeldbetrages an. T und X wissen nicht, daß die Eltern des entführten „Goldkehlchens" ihre wahren Auftraggeber sind. Die Eltern haben die Entführung ihrer Tochter und die gegen sie selbst (die Eltern) gerichtete Lösegeldforderung deshalb veranlaßt, weil sie zu recht damit rechnen, daß die Entführung der sehr populären S in der Bevölkerung eine Welle der Anteilnahme lostreten wird, die sich vor allem in Form von umfangreichen Spenden für die Familie der S auch monetär bemerkbar machen wird. Da die Eltern zudem davon ausgehen, daß T und X alsbald von der Polizei gefaßt werden und das gezahlte Lösegeld dann an sie zurückfließen wird, erhoffen sie sich außer dem Publizitätseffekt auch einen wirtschaftlichen Zugewinn. S weiß von den Überlegungen und Aktivitäten ihrer Eltern nichts und ist auch nicht mit ihrer Entführung durch T und X einverstanden.

In **Beispiel 1** ist das Entführungsopfer (O) mit der Tat einverstanden. Die Freiheit des O ist daher von T und X nicht verletzt worden. Im Aufbau des Delikts wirkt sich das bereits auf der Tatbestandsebene aus. Denn das objektive Tatbestandsmerkmal „entführen" gehört zu den Merkmalen mit begriffsimmanenter Willensbruchskomponente. Es kann deshalb nur durch Überwindung eines entgegenstehenden Willens erfüllt werden. Ist der Betroffene mit der Tat einverstanden, liegt keine tatbestandsmäßige Entführung vor.[148] Der zustimmende Wille des Opfers ist also keine rechtfertigende Einwilligung, sondern ein tatbestandsausschließendes Einverständnis. T und X haben demnach wegen des rechtlich beachtlichen Einverständnisses[149] des O den objektiven Tatbestand des § 239 a I nicht erfüllt. Die Tatsache, daß die Eltern als Inhaber der von § 239 a ebenfalls geschützten Rechtsgüter „Willensentschließungsfreiheit" und „Vermögen" nicht einverstanden waren, ändert an diesem Ergebnis nichts.[150] Strafbar sind T und X aber wegen räuberischer Erpressung (§§ 253, 255, 25 II), möglicherweise auch wegen Betrugs (§§ 263, 25 II).[151] Die

---

[147] Zu den insoweit geltenden Besonderheiten des Rechtsguts „Leben" vgl. z. B. *Zipf*, Einwilligung und Risikoübernahme, S. 33, 73; *D. Sternberg-Lieben*, Einwilligung, S. 103 ff.
[148] *Arzt/Weber*, BT, § 18 Rn. 35; *Otto*, BT, § 29 Rn. 4; *Rengier*, BT 2, § 24 Rn. 2; *Joecks*, § 239 a Rn. 9; LK-*Schäfer*, § 239 a Rn. 5; SK-*Horn*, § 239 a Rn. 5.
[149] Die kriminelle Motivation des O beseitigt die rechtliche Wirksamkeit seines Einverständnisses nicht.
[150] *D. Sternberg-Lieben*, Einwilligung, S. 95; a.A. *Lampe*, JR 1975, 424 (425).
[151] Zur Kontroverse um die Anwendbarkeit des § 263 in diesem Fall vgl. Teilband 1 § 7 Rn. 44.

„Schein-Geisel" O ist wegen Beteiligung an der Tat (mindestens Beihilfe, eventuell sogar Anstiftung oder Mittäterschaft) ebenfalls strafbar.[152]

Die Entführung der S in **Beispiel 2** ist von keinem Einverständnis der S gedeckt. Einverstanden waren zwar ihre Eltern. Da diese aber nicht Inhaber des von der Entführung betroffenen Rechtsguts „Fortbewegungsfreiheit" sind, vermag ihre Zustimmung die Erfüllung des Tatbestandsmerkmals „Entführung" durch T und X nicht auszuschließen.[153] Auch ihr elterliches Aufenthalts- und Umgangsbestimmungsrecht (§§ 1631 I, 1632 II BGB) gegenüber ihrer noch minderjährigen Tochter verleiht ihnen nicht die Befugnis, in dieser Weise über die persönliche Freiheit der S zu verfügen und dadurch deren strafrechtlichen Schutz aufzuheben. T und X haben also den objektiven Tatbestand des § 239 a I erfüllt. Außer mit der Entführung ihrer Tochter S waren die Eltern auch mit der an sie selbst gerichteten Lösegeldforderung einverstanden. Das bedeutet, daß der darin liegende Angriff auf ihre Willensentschließungsfreiheit und ihr Vermögen von ihnen gebilligt wurde. Allerdings hat dies auf die Strafbarkeit von T und X keinen Einfluß. Der Angriff auf die Willensfreiheit des Drohungsadressaten und auf dessen oder eines Dritten Vermögen ist nämlich nur in „versubjektivierter" Fassung – also auf der Stufe des subjektiven Tatbestandes – Strafbarkeitsvoraussetzung des § 239 a I (näher dazu unten Rn. 80 ff.). Die Täter brauchen nur die Absicht zu haben, die Entführung und die dadurch erzeugte Sorge der Eltern um das Wohl des entführten Mädchens zu einer Erpressung auszunutzen. Die – objektiv hier nicht vorhandene – „Sorge um ihr Wohl" und die „Erpressung" müssen also nur in der Vorstellung der Täter mit allen strafbarkeitserheblichen Merkmalen abgebildet sein. Wenn – wie hier – die Täter nicht wissen, daß sich die Eltern keineswegs um das Wohl ihrer Tochter sorgen und darüber hinaus sogar die erpresserische Lösegeldforderung gutheißen, haben sie die für die Erfüllung des subjektiven Tatbestandes notwendige Vorstellung. Daß es sich dabei um eine Fehlvorstellung handelt, ist unerheblich und bewirkt auch nicht, daß die Unrechtsdimension ihrer Tat von der Vollendung zum Versuch hinabsinkt. Vielmehr haben sie einen vollendeten erpresserischen Menschenraub begangen. Die Eltern der S sind wegen Anstiftung zur Freiheitsberaubung strafbar, §§ 239, 26. Eine Strafbarkeit wegen Anstiftung zum erpresserischen Menschenraub (§§ 239 a, 26) entfällt nach den Grundsätzen über den „agent provocateur", da die Eltern Inhaber des von T und X angegriffenen Vermögens sind. Zwar richtet sich ihr Vorsatz auf eine von T und X zu begehende vollendete Haupttat. Zugleich wissen sie aber auch, daß die Erpressungsabsicht von T und X gewissermaßen ins Leere gehen wird, weil die beabsichtigte Erpressung auf Vermögensinhaber trifft, die der Lösegeldforderung von vornherein gar keinen Willenswiderstand entgegensetzen, die also gar nicht erpreßt werden können.

3. Systematik

a) Binnenstruktur

§ 239 a ist recht kompliziert aufgebaut. In den vier Absätzen sind neben drei verschiedenen Tatbeständen auch noch zwei spezielle – zu den Normalstrafrahmen hinzutretende – Rechtsfolgenbestimmungen enthalten. Abs. 1 regelt **zwei Grund-** 63

---

[152] *Lampe*, JR 1975, 424 (425), der – von seinem Standpunkt aus konsequent – sogar strafbare Teilnahme an erpresserischem Menschenraub bzw. Geiselnahme bejaht.
[153] BGHSt 26, 70 (72).

tatbestände, die Entführungs- bzw. Bemächtigungsalternative (§ 239 a I 1. Alt.) und die Ausnutzungsalternative (§ 239 a I 2. Alt.). Auf diesen Grundtatbeständen baut ein **Qualifikationstatbestand** auf, der in Abs. 3 nach dem Muster des erfolgsqualifizierten Delikts beschrieben ist. Privilegierungstatbestände gibt es nicht. Abs. 2 senkt das Strafniveau für **minder schwere** Fälle, Abs. 4 gewährt einen Strafnachlaß für **tätige Reue** nach vollendeter Tat.

b) Verhältnis zu anderen Straftatbeständen

64 Dieselbe Tatbestandsstruktur wie der erpresserische Menschenraub hat die **Geiselnahme** des § 239 b.[154] Die starke Ähnlichkeit der beiden Delikte ist an den Verweisungen auf § 239 a in § 239 b II deutlich zu erkennen. Im objektiven Tatbestand sind beide Straftaten vollkommen kongruent. Unterschiede bestehen im subjektiven Tatbestand. § 239 b ist auf dieser Ebene insofern spezieller, als die Übel, mit deren Zufügung der Täter drohen will, konkretisiert und enumeriert sind. Bei § 239 a ist der Kreis der anzudrohenden empfindlichen Übel theoretisch unbegrenzt (näher dazu unten Rn. 94). Umgekehrt ist § 239 a spezieller als § 239 b, soweit es um das Nötigungsziel geht. Die erpresserische Absicht des § 239 a ist auf die Begehung einer Erpressung, also die Abnötigung einer Vermögensverfügung des Opfers gerichtet. Die Absicht des Geiselnehmers kann hingegen jedwede Handlung, Duldung oder Unterlassung des Opfers umfassen. Beabsichtigt der Täter eine Erpressung und droht er dabei mit einer Übelszufügung, die unter § 239 b subsumiert werden kann, sind die Strafbarkeitsvoraussetzungen des erpresserischen Menschenraubs und der Geiselnahme erfüllt. § 239 a verdrängt § 239 b in einem solchen Fall.[155]

65 Das Verhältnis zu **Erpressung** (§ 253) oder **räuberischer Erpressung** (§ 255) ist unterschiedlich, je nachdem, ob die erste oder die zweite Alternative des § 239 a I in den Blick genommen wird.[156] Der erpresserische Menschenraub, den die erste Alternative des § 239 a I beschreibt, ist eine Vorbereitung der Erpressung.[157] Mit der Entführung oder dem Bemächtigen wird die Lage geschaffen, die dem Täter die Begehung einer Erpressung ermöglichen soll. Die Erpressung ist versubjektiviert und kein Teil der objektiv tatbestandsmäßigen Tat. Anders verhält es sich mit der zweiten Alternative des § 239 a I: Hier besteht die objektiv tatbestandsmäßge Handlung in der Begehung einer – zumindest versuchten – Erpressung. § 239 a I 2. Alt. beschreibt also nichts anderes als einen speziellen Erpressungstatbestand.[158]

---

[154] *Krey*, BT 2, Rn. 330; *Küpper*, BT 1, Teil I § 3 Rn. 23; *Maurach/Schroeder/Maiwald*, BT 1, § 15 Rn. 18; SK-*Horn*, § 239 b Rn. 3.
[155] *Arzt/Weber*, BT, § 18 Rn. 42; *Krey*, BT 2, Rn. 331; *Maurach/Schroeder/Maiwald*, BT 1, § 15 Rn. 18; *Lackner/Kühl*, § 239 a Rn. 11; § 239 b Rn. 4; *Tröndle/Fischer*, § 239 a Rn. 13; *Schönke/Schröder/Eser*, § 239 b Rn. 20.
[156] *Maurach*, FS Heinitz, S. 403 (405).
[157] *Maurach*, JZ 1962, 559 (561).
[158] Teilband 1, § 6 Rn. 7.

4. Verbrechen

Alle drei Tatbestände des erpresserischen Menschenraubs haben auf Grund der sehr hohen Mindeststrafdrohung Verbrechenscharakter, § 12 I. Daraus folgt, daß der Versuch (§ 23 I) und die in § 30 beschriebenen Vorfeldakte strafbar sind. Die Schwere des Delikts schlägt sich des weiteren in der Einbeziehung des § 239 a in §§ 126 I Nr. 4, 129 a I Nr. 2, 130 a I, 138 I Nr. 7 und 140 nieder. Als Verbrechen ist § 239 a außerdem Bezugsobjekt von § 241 und § 261 I 2 Nr. 1.

II. Erster Grundtatbestand, § 239 a I 1. Alternative

1. Objektiver Tatbestand

a) Übersicht

Der objektive Tatbestand der ersten Alternative („Entführungstatbestand") des erpresserischen Menschenraubs besteht aus folgenden Merkmalen:

- Täter: wer
- Tatopfer: einen Menschen
- Tathandlung: entführen oder sich seiner bemächtigen

Nicht zum objektiven Tatbestand gehören die Sorge um das Wohl des entführten Menschen und die Ausnutzung der Zwangslage zu einer Erpressung.[159] Diese Entführungsfolgen sind nur Absichtsinhalt und daher im System der Strafbarkeitsvoraussetzungen Bestandteile des subjektiven Tatbestands.[160] Keiner ausdrücklichen Erwähnung bedürftig ist das Tätermerkmal „wer". Erpresserischer Menschenraub ist ein Allgemeindelikt und kann von jedermann als Täter begangen werden.

b) Opfer

Auf der Ebene des objektiven Tatbestandes gibt es nur ein Opfer: Die Person, die der Täter entführt oder derer er sich bemächtigt. Im Rahmen des subjektiven Tatbestandes können als weitere Opfer hinzukommen der Drohungsadressat, dessen Sorge um das Wohl des Entführten der Täter ausnutzen will und der Inhaber des Vermögens, das Angriffsziel der vom Täter beabsichtigten Erpressung ist.[161] An dieser Stelle ist allein über das Entführungsopfer zu sprechen.

Das Entführungsopfer muß ein **Mensch** sein.[162] Die noch nicht geborene Leibesfrucht einer schwangeren Frau ist also kein taugliches Entführungsopfer.

---

[159] *Arzt/Weber*, BT, § 18 Rn. 36.
[160] SK-*Horn*, § 239 a Rn. 6.
[161] *Arzt/Weber*, BT, § 18 Rn. 34; *Maurach/Schroeder/Maiwald*, BT 1, § 15 Rn. 19.
[162] *Joecks*, § 239 a Rn. 8.

Entführt der Täter die Schwangere, um die Sorge eines anderen um das Wohl des nasciturus – nicht der Frau – zu einer Erpressung auszunutzen, ist der subjektive Tatbestand nicht erfüllt. Denn mit dem „Opfer", um dessen Wohl sich der Drohungsadressat in der Vorstellung des Täters sorgt, meint das Gesetz das Entführungsopfer. Es muß daher Menschqualität haben. Hätte jemand in dem berühmten „Erlanger Fall"[163] den Leichnam der schwangeren Frau mitsamt des in ihrem toten Körper noch heranreifenden Fötus „gestohlen", um damit jemanden zu erpressen, wäre der objektive Tatbestand nicht erfüllt, weil weder die tote Frau noch die Leibesfrucht im Zeitpunkt der Tat die Eigenschaft „Mensch" gehabt hätten.

70   In der Fassung der Vorschrift vor dem 6. StrRG war das Merkmal „Mensch" zur Kennzeichnung des Opfers nicht enthalten. Statt dessen bezeichnete der Gesetzestext das Entführungsopfer als „einen anderen". Sachlich hat diese sprachliche Umgestaltung nichts geändert. Daß auch in der neuen Fassung das Opfer ein **anderer** Mensch sein muß, versteht sich von selbst.

71   Obwohl als primäres Schutzgut des § 239 a die persönliche Freiheit des Entführungsopfers anerkannt ist (s.o. Rn. 62), braucht das Opfer im konkreten Fall zur Ausübung dieser Freiheit nicht fähig zu sein. Auch ein neugeborenes Baby,[164] ein im Koma liegender Schwerverletzter oder ein Querschnittsgelähmter können Opfer der Entführung oder Bemächtigung sein.[165] Darüber hinaus kommen als Opfer sogar Menschen in Betracht, die im Zeitpunkt der Tat nicht mehr frei sind, weil sie bereits Opfer einer Entführung geworden sind. So wie man eine weggenommene Sache erneut wegnehmen kann (§ 242), kann auch ein Entführter erneut entführt werden.

> **Beispiel:** Unternehmersohn O ist von der Kidnapperbande „Cobra" entführt worden. Die rivalisierende Bande „Viper" entreißt den O gewaltsam seinen Entführern und sperrt ihn in ihrem eigenen Gefängnis ein.

72   Eine besondere Beziehung des Opfers zu einem anderen Menschen – einer Bezugsperson – ist ebenfalls keine Bedingung der Tatbestandsmäßigkeit. Faktisch wird eine derartige Beziehung aber in der Regel notwendig sein, weil anderenfalls – außer dem Entführten selbst – kein Drohungsadressat vorhanden wäre, der in Sorge um das Wohl des Entführten ist und sich somit zum Erpressungsopfer eignet. Eine nähere Beziehung zwischen Täter und Opfer (z.B. Eltern und Kind) steht der Tatbestandsmäßigkeit nicht entgegen. Die Tat kann also auch von einem Angehörigen gegen einen Angehörigen begangen werden.[166]

---

[163] Dazu instruktiv *Hilgendorf*, JuS 1993, 97 ff.
[164] *Krey*, BT 2, Rn. 324; *Joecks*, § 239 a Rn. 8.
[165] *Müller-Emmert/Maier*, MDR 1972, 97 (98); *Bohlinger*, JZ 1972, 230.
[166] *Bohlinger*, JZ 1972, 230 (231); *Joecks*, § 239 a Rn. 8.

c) Entführung

Die Entführung besteht darin, daß der Täter eine **Ortsveränderung des Opfers** 73 herbeiführt.[167] Dabei muß der Täter **gegen den Willen** des Opfers handeln. Ist das Opfer mit der Verbringung an einen anderen Ort einverstanden oder begibt es sich freiwillig auf Anweisung des Täters selbst an einen anderen Ort, liegt keine Entführung vor (s.o. Rn. 62).[168] Wer sich im Tausch gegen das Opfer in die Gewalt der Entführer begibt („Austauschgeisel"), handelt nicht freiwillig, weil er durch die Zwangs- und Notlage des ersten Opfers zu seiner Aufopferung veranlaßt wird.[169] Als Mittel zur Herbeiführung der Ortsveränderung kommen **Gewalt, Drohung** und **Täuschung** in Betracht. Der Entführungserfolg besteht in der Begründung einer gewahrsamsähnlichen Herrschaft des Täters oder eines Dritten über den Körper des Opfers.[170] Auf Grund dieser Gewaltunterworfenheit muß das Opfer dem ungehemmten Einfluß des Täters oder des Dritten hilflos ausgeliefert sein.

> **Beispiele:**
> (1) T spricht die 10jährige O auf dem Schulweg, lockt sie mit dem Versprechen von Süßigkeiten in seinen Pkw und fährt mit ihr in seine Wohnung, wo er die O in einem Kellerraum einsperrt.
>
> (2) O fährt seinen Pkw in die Waschanlage auf dem Tankstellengelände des T. Während O mit dem Fahrzeug in der Halle ist, läßt T das Rolltor der Einfahrt herunter und verriegelt es.

In **Beispiel 1** hat T die O gegen deren wahren Willen an einen anderen Ort verbracht und dadurch zugleich die physische Herrschaft über das Mädchen erlangt. Also hat T die O entführt. Auch in **Beispiel 2** hat T den O körperlich in Gewahrsam genommen und damit die Macht über die Möglichkeiten des O zu körperlicher Entfaltung – insbesondere durch Fortbewegung – gewonnen. Dies geschah jedoch nicht durch Verbringung des O an einen anderen Ort. Daher ist die Tat des T keine „Entführung", sondern ein „Sich-Bemächtigen" (dazu unten Rn. 75).

Die Entführung ist wie die Freiheitsberaubung ein **dauerdeliktisches** Verhal- 74 ten.[171] Der Täter verwirklicht das Merkmal „Entführung" und damit den Tatbestand insgesamt so lange, wie die Gefangenschaft des Opfers andauert.

---

[167] *Arzt/Weber*, BT, § 18 Rn. 35; *Küper*, BT, S. 121; *Maurach/Schroeder/Maiwald*, BT 1, § 15 Rn. 22; *Otto*, BT, § 29 Rn. 4; *Rengier*, BT 2, § 24 Rn. 2; *Wessels/Hillenkamp*, BT 2, Rn. 742; *Joecks*, § 239 a Rn. 9; LK-*Schäfer*, § 239 a Rn. 6; *Schönke/Schröder/Eser*, § 239 a Rn. 6.
[168] *Gropp*, Deliktstypen mit Sonderbeteiligung, S. 156; *Otto*, BT, § 29 Rn. 4; *Arzt/Weber*, BT, § 18 Rn. 35; SK-*Horn*, § 239 a Rn. 5; a.A. *Bohlinger*, JZ 1972, 230.
[169] SK-*Horn*, § 239 a Rn. 5; trotz Bejahung der Freiwilligkeit im Ergebnis ebenso *Gropp*, Deliktstypen mit Sonderbeteiligung, S. 156; *Krey*, BT 2, Rn. 325; *Schönke/Schröder/Eser*, § 239 a Rn. 8.
[170] SK-*Horn*, § 239 a Rn. 4.
[171] *Maurach*, JZ 1962, 559 (562); *ders.*, FS Heinitz, S. 403 (408); *Arzt/Weber*, BT, § 18 Rn. 36.

Beispiel: Der österreichische Millionär O wird in Wien von A und B gekidnappt und dort eine Woche in einer Mietwohnung gefangen gehalten. Als die österreichische Polizei den Entführern auf die Spur kommt, bringen diese den O mit einem Pkw nach München und sperren ihn dort im Keller eines Hauses ein. Dort wird O nach vier Tagen Gefangenschaft von der Polizei befreit. Der Entführer B war zwei Tage vor der erfolgreichen Befreiungsaktion der Polizei 21 Jahre alt geworden.

Die Entführung des O ist nach § 239 a strafbar, wenn deutsches Strafrecht auf die Tat überhaupt anwendbar ist. Dies hat in der Regel zur Voraussetzung, daß die Tat in Deutschland begangen worden ist, § 3 (Territorialitätsprinzip).[172] Die Entführung des O in Wien unterliegt daher nicht gem. § 3 dem deutschen Strafrecht. § 239 a könnte aber auf das Verbringen des O nach München und die anschließende viertägige Einsperrung anwendbar sein. Denn dieser Vorgang spielte sich auf deutschem Territorium ab. Allerdings entfiele eine Strafbarkeit aus § 239 a, wenn das Verhalten der Täter nach Grenzübertritt nicht mehr tatbestandsmäßig wäre. Da O zu diesem Zeitpunkt längst Opfer einer vollendeten Entführung war, könnte der auf deutschem Boden bewirkten Aufrechterhaltung seiner Gefangenschaft die tatbestandsmäßige Eigenschaft als „Entführung" fehlen. Wie die Freiheitsberaubung des § 239[173] ist aber auch die Entführung des § 239 a I ein Verhalten, das so lange andauert, bis das Opfer seine Freiheit wiedererlangt hat.[174] Tatbestandsmäßige Entführung ist daher nicht nur die Herbeiführung des Freiheitsentzugs, sondern auch seine Aufrechterhaltung bis zu seiner Aufhebung. O wurde also weiter entführt, als die Täter ihn von Österreich nach Deutschland brachten und dort noch mehrere Tage in ihrer Gewalt hatten. Dieses Verhalten ist eine Inlandstat i.S. des § 3, die den Tatbestand des § 239 a I erfüllt. Der dauerdeliktische Charakter des § 239 a I wirkt sich in dem Beispiel auch noch in einer anderen Hinsicht aus:[175] Da B noch tatbestandsmäßig handelte, nachdem er 21 Jahre alt geworden war, beging er diesen Teil der Tat als Erwachsener und nicht mehr als Heranwachsender i.S. des § 1 II JGG. Ob die von B begangene Entführung gleichwohl jugendstrafrechtlich behandelt wird, richtet sich letztlich nach § 105 I JGG und § 32 JGG.

d) Bemächtigung

75 Diese Handlungsalternative unterscheidet sich von der Entführung im wesentlichen nur durch die **Entbehrlichkeit einer Ortsveränderung** des Opfers.[176] Der Täter verschafft sich die physische Herrschaft über das Opfer, ohne dieses von seinem gegenwärtigen Stand- und Aufenthaltsort fortzubewegen (vgl. oben Beispiel 2 bei Rn. 73).[177] Die Überlegenheit gegenüber dem Opfer, die der Täter durch das Sich-Bemächtigen erlangt, muß so stabil und anhaltend sein, daß sie

---

[172] *Gropp,* AT, § 1 Rn. 53.
[173] *Roxin,* AT 1, § 10 Rn. 105; *Schönke/Schröder/Eser,* § 239 Rn. 12.
[174] *Schönke/Schröder/Stree,* vor § 52 Rn. 84.
[175] Zu weiterer Erheblichkeit des Dauerdeliktscharakters vgl. *Roxin,* AT 1, § 10 Rn. 107, sowie unten Rn. 79 (subjektiver Tatbestand).
[176] *Bohlinger,* JZ 1972, 230; *Arzt/Weber,* BT, § 18 Rn. 35; *Küper,* BT, S. 250; *Joecks,* § 239 a Rn. 10.
[177] *Rengier,* GA 1985, 314 (316); *Krey,* BT 2, Rn. 324; *Otto,* BT, § 29 Rn. 4; *Rengier,* BT 2, § 24 Rn. 3; LK-*Schäfer,* § 239 a Rn. 7; SK-*Horn,* § 239 a Rn. 4; *Schönke/Schröder/Eser,* § 239 a Rn. 7.

dem Täter die Begehung nachfolgender Erpressungsaktivitäten – insbesondere gegen Dritte – ermöglicht. Die Verhinderung oder Erschwerung einer aktiven Ortsveränderung des Opfers (Flucht, Weglaufen) ist zwar eine typische Wirkung des Bemächtigens.[178] Zur Erfüllung des Tatbestandes erforderlich ist dieser Aspekt jedoch nicht. Anderenfalls wären konstitutionsbedingt fortbewegungsunfähige Menschen aus dem Schutzbereich des Tatbestandes ausgegrenzt.

Beispiele:
(1) Der bis an die Zähne bewaffnete T bringt einen Linienbus samt Insassen in seine Gewalt. Zur Zeit der Tat befinden sich in dem Bus außer dem Fahrer nur die 20jährige Studentin S und der sechs Monate alte O, der in einem Kinderwagen liegt und von der S „gesittet" wird. T verlangt 1 000 000 DM in bar und ein Fluchtfahrzeug und droht mit der Tötung des O für den Fall, daß seine Forderung nicht erfüllt wird.

(2) Als Pfleger verkleidet verschafft sich T Zugang zur Intensivstation in einem Krankenhaus. Unbehelligt gelangt er in ein Krankenzimmer, in dem der schwerverletzte O liegt, der bei einem Hubschrauberabsturz unter anderem beide Beine verloren hat. Von den Eltern des O verlangt T 250 000 DM, anderenfalls werde er den O töten.

In **Beispiel 1** hat T sich des Busfahrers und der Fahrgäste S und O bemächtigt, indem er sie am Verlassen des Busses hinderte.[179] Daß der 6 Monate alte O ohnehin nicht in der Lage ist, sich aus eigener Kraft an einen anderen Ort zu begeben, steht der Tatbestandsmäßigkeit des Verhaltens nicht entgegen. Entscheidend ist nicht die Unterbindung einer sonst möglichen freien Fortbewegung des Opfers, sondern dessen schutzloses Ausgeliefert-Sein gegenüber dem Täter. Essenz der Bemächtigungslage ist, daß T nunmehr willkürlich darüber bestimmen kann, wie lange O in dem Bus bleibt und an welchen anderen Ort er gegebenenfalls gebracht wird. Für die Strafbarkeit des T aus § 239 a I 1. Alt. ist die Opfertauglichkeit des O deswegen von Bedeutung, weil die Erpressungsabsicht nur auf die Sorge des Drohungsadressaten um das Wohl einer Person gestützt werden kann, welche Opfer der Entführung oder Bemächtigung ist. Da T hier nur die Sorge der Eltern um das Wohl des O – nicht das Wohl der S bzw. des Busfahrers – erpresserisch ausnutzen wollte, wäre der subjektive Tatbestand nicht erfüllt, wenn O kein „Opfer" i.S. des § 239 a I wäre. In **Beispiel 2** hat sich T ebenfalls des O bemächtigt, obwohl es sich bei dem Opfer um einen Menschen handelt, der jedenfalls in der Tatsituation zu eigenen körperlicher Fortbewegungsaktivitäten unfähig ist. Aber auch hier ist allein ausschlaggebend die Isolierung des O von seiner Schutz, Geborgenheit, Beistand gewährleistenden Umwelt, das Abschneiden von fremder Hilfe und die zugleich bestehende unbeschränkte Verfügungsmacht des T über das Schicksal des O.

Auch in dieser Tatbestandsalternative muß ein – zumindest mutmaßlicher – entgegenstehender Wille des Opfers überwunden werden. **Einverständnis** des Opfers schließt die Tatbestandsmäßigkeit des Täterhandelns aus.[180]

---

[178] *Küper*, BT, S. 229.
[179] Würde er den Busfahrer zur Weiterfahrt zwingen, läge auch noch eine Entführung vor.
[180] BGHSt 38, 83 (84); *Otto*, BT, § 29 Rn. 4.

2. Subjektiver Tatbestand

a) Übersicht

77 Der subjektive Tatbestand besteht aus **zwei Merkmalen**, dem Vorsatz (§ 15) und der erpresserischen Absicht.[181] Fehlt eines dieser beiden Merkmale, ist Strafbarkeit aus § 239 a I 1. Alt. ausgeschlossen. Handelt der Täter zwar mit Erpressungsabsicht, aber ohne einen alle objektiven Tatbestandsmerkmale umfassenden Vorsatz (z.B. weil er irrtümlich annimmt, der Entführte sei einverstanden, § 16 I 1, vgl. unten das Beispiel bei Rn. 79), ist zu prüfen, ob die Tat (Entführung oder Bemächtigung) bereits ein unmittelbares Ansetzen zur Verwirklichung des Erpressungstatbestandes und somit als Erpressungsversuch aus §§ 253, 22 strafbar ist. Handelt der Täter vorsätzlich und hat er auch eine überschießende Nötigungsabsicht, die jedoch nicht auf Herbeiführung eines Vermögensschadens, sondern auf einen anderen Erfolg zielt, kann unter Umständen Strafbarkeit wegen Geiselnahme aus § 239 b I begründet sein.

b) Vorsatz

78 Der Vorsatz muß alle Tatsachen erfassen, die zur Erfüllung des objektiven Tatbestandes erforderlich sind. Dolus eventualis reicht aus. Die irrige Vorstellung, das Opfer sei mit der Tat einverstanden, ist ein vorsatzausschließender Tatbestandsirrtum, § 16 I 1. Denn der Täter geht dann von einem Sachverhalt aus, der das objektive Tatbestandsmerkmal „entführt" oder „sich bemächtigt" nicht enthält.

79 In zeitlicher Hinsicht ist der Dauerdeliktscharakter zu beachten: Nach allgemeinen Vorsatzregeln muß der Vorsatz während des Vollzugs der tatbestandsmäßigen Handlung (Simultaneitätsprinzip, Koinzidenzprinzip) – also der Entführung oder der Bemächtigung – vorliegen.[182] Da die tatbestandsmäßige Handlung durch Aufrechterhaltung der Herrschaft über das Opfer bis zu dessen Freilassung – also in der Phase zwischen Vollendung und Beendigung – andauert, kann das Vorsatzerfordernis auch noch durch einen erst nach Erreichen des ersten Vollendungszeitpunkts gefaßten Vorsatz erfüllt werden. Es handelt sich dann nicht um einen unbeachtlichen „dolus subsequens".[183]

> **Beispiel:** T und der Millionärssohn O verabreden, daß die Eltern des O durch eine vorgetäuschte Entführung des O um ein Lösegeld von 500 000 DM erpreßt werden sollen. T soll den O mit dessen Einverständnis nach einem abendlichen Kinobesuch chloroformieren, in ein Auto zerren und an einen abgelegenen Ort bringen. Von dort soll dann den Eltern des O per Handy die Lösegeldforderung übermittelt werden. Bei der Ausführung der Tat unterläuft dem T eine Personenverwechslung. Er hält den X für O und bringt das falsche Opfer in das Versteck. Dort erst bemerkt T seinen Irrtum. Damit die aufgewendete Mühe nicht vergebens ist, beschließt T, die Lage des X zu einer an dessen Eltern gerichteten Erpressung auszunutzen.

---

[181] *Rengier*, BT 2, § 24 Rn. 5; SK-*Horn*, § 239 a Rn. 6.
[182] *Kühl*, AT, § 5 Rn. 20; Schönke/Schröder/*Cramer*, § 15 Rn. 48.
[183] Dazu allgemein *Kühl*, AT, § 5 Rn. 23 ff.; *Otto*, AT, § 7 Rn. 20.

Als T den X betäubte und fortschaffte, beging er bereits eine objektiv tatbestandsmäßige Entführung, die spätestens mit der Ankunft am Zielort vollendet war. Während dieses Vorgangs stellte sich T aber vor, daß es sich bei seinem Opfer um den O handelt, der mit der Tat einverstanden ist. Daher befand sich T in einem Tatbestandsirrtum und handelte ohne Entführungsvorsatz, § 16 I 1.[184] Erst als T die Verwechslung bemerkte und den Entschluß faßte, den X weiter in seinem Gewahrsam zu behalten und seine Eltern zu erpressen, richtete sich sein Vorsatz auf ein Opfer, welches mit dem ihm zugefügten Freiheitsentzug nicht einverstanden war und ist. Dieser Vorsatz wäre jedoch strafrechtlich unbeachtlich, wenn er nicht mit einem tatbestandsmäßigen Handlungsvollzug koinzidierte, sondern diesem nachfolge. Da aber die weitere Aufrechterhaltung des Freiheitsentzugs gegenüber X eine fortdauernde Verwirklichung des Tatbestandsmerkmals „Entführung" ist, liegt die erforderliche Gleichzeitigkeit von Vorsatz und tatbestandsmäßigem Handlungsvollzug vor. Die weitere Entführung nach dem Erkennen der Personenverwechslung ist also eine vorsätzliche Tatbestandserfüllung.

c) Erpressungsabsicht

Das zweite subjektive Tatbestandsmerkmal des erpresserischen Menschenraubes ist ein äußerst kompliziertes Gebilde. Vor allem das Verhältnis der beabsichtigten Erpressung zu dem objektiv tatbestandsmäßigen Entführungs- oder Bemächtigungsakt ist seit der Umgestaltung des Tatbestandes im Jahr 1989 ein äußerst umstrittenes Thema. Die Diskussion darüber ist inzwischen recht unübersichtlich geworden und ein Ende ist noch nicht abzusehen.

80

aa) Absicht

Die Formulierung „um ... auszunutzen" drückt wie z.B. die aus § 253 I bekannte Wendung „um ... zu bereichern" das Erfordernis einer Absicht im Sinne **zielgerichteten** Wollens (dolus directus 1. Grades) aus.[185] Es muß dem Täter darauf ankommen, die durch die Tat geschaffene Lage des Opfers zu einer Erpressung ausnutzen zu können. Dolus eventualis reicht also nicht aus. Wie der Tatvorsatz (§ 15) muß auch die Erpressungsabsicht während des tatbestandsmäßigen Handlungsvollzugs bestehen (Simultaneitätserfordernis, s.o. Rn. 79). Wiederum kann in diesem Zusammenhang der **Dauerdelikt**charakter des erpresserischen Menschenraubs ausschlaggebende Bedeutung erlangen.

81

> **Beispiel:** T überfällt die 16jährige O, während diese nach einem Diskothekenbesuch mit dem Fahrrad nach Hause fährt. T zerrt die O in seinen Pkw und fährt mit ihr in einen Wald. Dabei hat er zunächst die Absicht, die O zu vergewaltigen. Im Wald angekommen ändert er seinen Plan. Da er annimmt, daß die Eltern der O für die Freilassung ihrer Tochter zur Zahlung eines größeren Geldbetrag bereit sein würden, beschließt er, die O in seine Wohnung zu bringen, dort einzusperren und dann ihre Eltern zur Zahlung von 100 000 DM aufzufordern.

---

[184] Der „error in persona" ist hier also nicht „unbeachtlich"; allgemein dazu *Kühl*, AT, § 13 Rn. 20.
[185] *Rengier*, BT 2, § 24 Rn. 5; *Kühl*, AT, § 5 Rn. 33.

§ 2 Raub- und erpressungsähnliche Delikte

Während T die O in den Wald entführte, hatte er noch keine Erpressungsabsicht und deshalb den subjektiven Tatbestand nicht erfüllt.[186] Als T sich dann zur Begehung einer Erpressung gegenüber den Eltern seines Opfers entschloß, war der objektive Tatbestand des § 239 a I 1. Alt. bereits vollständig erfüllt. O befand sich in der Situation, die T nun zu einer Erpressung ausnutzen konnte. Daher liegt es nahe, das darauf folgende Verhalten des T dem Ausnutzungstatbestand § 239 a I 2. Alt. zuzuordnen. In der Tat wird ein großer Teil der Fälle, in denen die Erpressungsabsicht erst nachträglich einer Entführungssituation hinzugefügt wird, von dem Ausnutzungstatbestand § 239 a I 2. Alt. erfaßt. Jedoch ist der Anwendungsbereich des § 239 a I 2. Alt. nicht flächendeckend, wie das Beispiel belegt. Der Ausnutzungstatbestand erfaßt das Geschehen nämlich erst, wenn T mit dem Anruf bei den Eltern der O damit beginnt, eine Erpressung zu begehen (näher dazu unten Rn. 110). Zwischen der Entschlußfassung im Wald und dem Anruf würde also eine Strafbarkeitslücke klaffen, falls nicht § 239 a I 1. Alt. anwendbar wäre. Dies ist aber letztlich der Fall, da die Fortsetzung der Entführung nach der Entschlußänderung im Wald den objektiven Tatbestand weiter erfüllt. Objektiv tatbestandsmäßiges Handeln und Erpressungsabsicht des T fallen also zeitlich zusammen. T hat den objektiven und den subjektiven Tatbestand gleichzeitig erfüllt.

bb) Erpressung

82 Das Ziel des Täters muß die Begehung einer Tat sein, die **alle Tatbestandsmerkmale** des § 253[187] oder des § 255 erfüllt und zudem **rechtswidrig** ist. Schuldhaft braucht die beabsichtigte Erpressung dagegen nicht zu sein.

> **Beispiele:**
> (1) T entführt die 6jährige O und sperrt sie in seiner Wohnung ein. T will anschließend die Eltern E der O anrufen. Diesen gegenüber will T aber nicht als Entführer auftreten, sondern sich als tatunbeteiligter Bote ausgeben, der von den wahren Entführern gezwungen worden sei, die Lösegeldforderung zu übermitteln und das Lösegeld zu überbringen.
> (2) O ist gegenüber X mit der Rückzahlung eines Darlehens in Höhe von 100 000 DM mehrere Wochen in Verzug. Um den O zur Erfüllung seiner Zahlungspflicht zu zwingen, beauftragt X den „Inkassospezialisten" T. Dieser entführt kurzerhand den 12jährigen Sohn S des O. Nachdem T dem O die Tötung des O angedroht hat, zahlt dieser sofort den noch ausstehenden Betrag nebst Verzugszinsen an X.
> (3) T entführt die 6jährige O, um von deren Eltern ein Lösegeld in Höhe von 800 000 DM zu erpressen. Da den T schon der bloße Gedanke an den Anruf äußerst nervös macht, nimmt er sich während der Entführung vor, durch ausgiebigen Genuß alkoholischer Getränke die nötige Ruhe und Selbstsicherheit zu gewinnen und dabei gegebenenfalls auch einen schuldfähigkeitsausschließenden Rausch in Kauf zu nehmen. In diesem Zustand alkoholbedingt geistiger Umnachtung will T dann den Anruf bei den Eltern der O tätigen.

Die von T in **Beispiel 1** beabsichtigte Art des Auftretens gegenüber den Eltern des entführten Kindes ist keine Drohung i.S. des Erpressungstatbestandes. Denn da T seine wahre Entführereigenschaft verschleiern wollte, hatte er nicht die Absicht, seine tatsächlich

---

[186] Dieser Teil der Tat kann nach § 239 b I strafbar sein.
[187] Dazu ausführlich Teilband 1, § 6 Rn. 11–73.

vorhandene Übelszufügungsmacht gegenüber E auszuspielen. Er wollte den E nicht vor Augen führen, daß er ihr Kind in seiner Hand habe und ihm jederzeit Böses zufügen könne. T wollte die E nur täuschen und somit nicht durch Erpressung, sondern allenfalls durch Betrug[188] an ihrem Vermögen schädigen.[189] Daher hat T den subjektiven Tatbestand des erpresserischen Menschenraubes nicht erfüllt.

In **Beispiel 2** hat T während der Entführung des S die Absicht, den O durch Drohung mit einem empfindlichen Übel zu einer Vermögensverfügung zu zwingen. Sofern man der Ansicht ist, daß die Bezahlung einer fälligen Schuld (hier: aus § 607 BGB) beim Schuldner (hier: O) keinen Vermögensschaden verursacht, da der Verlust des Geldes durch die Befreiung von der Schuld ausgeglichen wird,[190] fehlt in der von T beabsichtigten Tat bereits das objektive Tatbestandsmerkmal „Vermögensschaden". Nach der vorzugswürdigen Auffassung erleidet O ungeachtet der Rückzahlungsforderung des X durch die Zahlung der 100 000 DM einen Vermögensschaden. Allerdings ist die von T beabsichtigte Bereicherung des X nicht rechtswidrig, weil ihr ein fälliger und einredefreier Anspruch des X korrespondiert.[191] T wollte die Entführung des S daher nicht zu einer subjektiv tatbestandsmäßigen Erpressung, sondern nur zu einer sonstigen Nötigung ausnutzen. Daher ist T nicht aus § 239 a I 1. Alt. strafbar.[192] Dieses Ergebnis darf nicht dadurch unterlaufen werden, daß die von T beabsichtigte Nötigung unter § 239 b subsumiert wird,[193] was der Wortlaut dieser Strafvorschrift durchaus zulassen würde.

Beispiel 3 wirft die Frage auf, welche Bedeutung, der von T beabsichtigten Berauschung im Rahmen der erpresserischen Absicht zukommt. Geht man davon aus, daß T bei Ausführung der Erpressungshandlung (Drohung durch Anruf bei den Eltern) gem. § 20 schuldunfähig sein würde, richtete sich seine Absicht auf eine Erpressung, die zwar tatbestandsmäßig und rechtswidrig, nicht aber schuldhaft ist. Wer sich entgegen aktuellen Tendenzen in Rechtsprechung und Literatur[194] weiterhin für die Anerkennung der „actio libera in causa" ausspricht,[195] hat mit der Alkoholisierung des T keine rechtlichen Probleme. Die Begehung der Erpressung im Zustand der alkoholbedingten Schuldunfähigkeit wäre nach der actio-libera-Lehre nicht anders zu beurteilen als die Erpressung eines schuldfähigen Täters. Aber auch ohne Rückgriff auf die actio libera in causa reicht die von T beabsichtigte Erpressung im Zustand der Schuldunfähigkeit aus, um das subjektive Tatbestandsmerkmal „erpresserische Absicht" zu erfüllen. Denn für das Erfordernis strafrechtlichen Schutzes zugunsten der Rechtsgutsobjekte, um die es bei § 239 a I neben der Freiheit des Entführten geht (Freiheit und Vermögen der Eltern der O, vgl. oben Rn. 62),

---

[188] Dazu, daß die Eltern mangels unbewußter Selbstschädigung auch nicht Opfer eines Betruges werden sollten, Teilband 1, § 7 Rn. 44–48.
[189] BGHSt 7, 197; 11, 66.
[190] Dazu Teilband 1, § 7 Rn. 100.
[191] Teilband 1, § 6 Rn. 72.
[192] *Müller-Emmert/Maier*, MDR 1972, 97 (98); *Maurach/Schroeder/Maiwald*, BT 1, § 15 Rn. 27; *Rengier*, BT 2, § 24 Rn. 7; LK-*Schäfer*, § 239 a Rn. 15; SK-*Horn*, § 239 a Rn. 8; *Schönke/Schröder/Eser*, § 239 a Rn. 11; *Tröndle/Fischer*, § 239 a Rn. 6; a.A. auf der Grundlage der Gesetzesfassung vor dem 12. StrÄG („Lösegeld") BGHSt 16, 316 (320).
[193] *Mitsch*, Jura 1993, 18 (21); a.A. *Rengier*, BT 2, § 24 Rn. 7; *Joecks*, § 239 b Rn. 10; unklar SK-*Horn*, § 239 b Rn. 6; *Schönke/Schröder/Eser*, § 239 b Rn. 8.
[194] Vgl. dazu *Tröndle/Fischer*, § 20 Rn. 19 a, b.
[195] Vgl. zum aktuellen Streitstand *Lackner/Kühl*, § 20 Rn. 25.

ist es gleichgültig, ob sie von einem schuldfähig oder einem schuldunfähig handelnden Täter angegriffen werden.

83 Der Täter der Entführung bzw. Bemächtigung muß auch **Täter (zumindest Mittäter) der Erpressung** sein wollen. Wer den objektiven Tatbestand verwirklicht, um einem anderen die Begehung einer Erpressung zu ermöglichen, hat nicht die erforderliche Erpressungsabsicht. Das folgt aus dem eindeutigen Gesetzeswortlaut und der für eine systematische Auslegung bedeutsamen Tatsache, daß auch die Ausnutzungsalternative (§ 239 a I 2. Alt.) Identität von Entführungstäter und Ausnutzungstäter voraussetzt („von ihm geschaffene Lage").

> **Beispiel:** A beauftragt den T, die 12jährige O zu entführen und ihm das Mädchen in die Wohnung zu bringen. A will die O einsperren und anschließend ihre Eltern um 500 000 DM Lösegeld erpressen. Der Plan scheitert: Bei dem Versuch, die O in einen Pkw zu zerren, wird T von couragierten Passanten gestört, die der O zu Hilfe eilen und die Entführung vereiteln.

T hat versucht, die O zu entführen. Damit hätte er sich wegen versuchten erpresserischen Menschenraubs (§§ 239 a, 22) strafbar gemacht, wenn er mit erpresserischer Absicht gehandelt hätte. Jedoch wollte T selbst die Eltern der O nicht erpressen, sondern dies dem A allein überlassen. Die Absicht des T beschränkte sich darauf, Beihilfe zu einer Erpressung des A zu leisten. Dies reicht zur Erfüllung des subjektiven Tatbestandes nicht aus. Also hat sich T nicht wegen versuchten erpresserischen Menschenraubes, sondern nur wegen versuchter Freiheitsberaubung (§§ 239 II, 22) strafbar gemacht. Daraus folgt zugleich, daß A nicht wegen Anstiftung zum versuchten erpresserischen Menschenraub (§§ 239 a, 22, 26) bestraft werden kann. Der Umstand, daß A selbst die Absicht hatte, die Sorge der Eltern um das Wohl der O zu einer Erpressung auszunutzen, könnte ihn allerdings zum mittelbaren Täter eines versuchten erpresserischen Menschenraubes (§§ 239 a, 25 I 2. Alt., 22) machen. Da dem Vordermann T die zur Tatbestandserfüllung erforderliche Erpressungsabsicht fehlte, liegt ein Fall des „absichtslosen dolosen Werkzeugs" vor. Wer diese umstrittene Erscheinungsform der mittelbaren Täterschaft akzeptiert,[196] kann Strafbarkeit des A aus §§ 239 a, 25 I 2. Alt., 22 bejahen. T wäre dann wegen Beihilfe zum versuchten erpresserischen Menschenraub (§§ 239 a I, 25 I 2. Alt., 22, 27) strafbar. Lehnt man das absichtslose dolose Werkzeug ab, bleibt als Grundlage für eine Bestrafung des A nur Anstiftung zur versuchten Freiheitsberaubung (§§ 239 II, 22, 26) übrig.

84 Will der Täter einen **Raub** oder einen **räuberischen Diebstahl** begehen, hängt die Strafbarkeit aus § 239 a I davon ab, ob die Handlungen, durch die § 249 oder § 252 verwirklicht werden, zugleich den Tatbestand der Erpressung erfüllen.

> **Beispiel:** A und B brechen in das Pelzgeschäft des O ein. Während sie Pelze in ihren Pkw verladen, werden sie von O überrascht. A zieht sofort seine Pistole und bedroht damit den O. B setzt daraufhin das Verladen der Pelze fort. Wenig später ist der Wagen voll mit Pelzen. A und B springen ins Auto und fahren mit ihrer Beute davon.

---

[196] Vgl. z.B. *Herzberg*, Täterschaft und Teilnahme, S. 35; *Gropp*, AT, § 10 Rn. 58; *Jescheck/Weigend*, AT, § 62 II 7; *Kühl*, AT, § 20 Rn. 54 ff.; *Lackner/Kühl*, § 25 Rn. 4.

C. Erpresserischer Menschenraub, § 239 a StGB

Das In-Schach-halten des O mit der Pistole ist ein tatbestandsmäßiges Sich-Bemächtigen.[197] A tat dies, um die weitere Wegnahme von Pelzen zu ermöglichen, sowie um sich im Besitz der bereits im Wagen verstauten Pelze zu erhalten. A wollte also die Sorge des O um sein Wohl zur Begehung eines Raubes und zur Begehung eines räuberischen Diebstahls – jeweils als Mittäter des B (§ 25 II) – ausnutzen. Vertritt man mit der Rechtsprechung die Auffassung, daß der Raub ein Spezialfall der räuberischen Erpressung ist,[198] kommt man zu dem Ergebnis, daß zumindest bezüglich der noch nicht weggenommenen Pelze Erpressungsabsicht vorliegt. Strafbarkeit aus § 239 a I ist also begründet. Dagegen ist nach der überwiegenden Literaturmeinung der Pelzraub keine Erpressung, da es an der – nach dieser Meinung erforderlichen – Vermögensverfügung des O fehlt.[199] § 239 a I greift dieser Meinung zufolge nicht ein, möglicherweise läßt sich aber der Nachbartatbestand „Geiselnahme" (§ 239 b) anwenden.[200] Das Verhältnis von § 252 zu §§ 253, 255 ist noch ungeklärt.[201] Für die Anhänger der herrschenden Literaturauffassung zum Erpressungstatbestand kann § 252 mit §§ 253, 255 nicht zusammentreffen, da in dem Sachverhalt, der unter § 252 subsumiert werden kann, das Erpressungsmerkmal „Vermögensverfügung" fehlt. Somit scheidet § 239 a I nach dieser Meinung auch bezüglich der Pelze aus, die bereits im Pkw der Täter verladen waren, als diese von O auf frischer Tat ertappt wurden. Aber auch bei einem Verzicht auf das Erpressungsmerkmal „Vermögensverfügung" bereitet die Subsumtion des räuberischen Diebstahls unter §§ 253, 255 im objektiven Tatbestand Schwierigkeiten. Zweifelhaft ist nämlich die Verursachung eines Vermögensschadens durch die auf Beutesicherung zielende Nötigung. Der im Verlust der Sache liegende Vermögensschaden des O wurde bereits durch die vorangegangene Wegnahme verursacht. Die anschließende Nötigung zur Erhaltung des Beutebesitzes führt zu keinem weiteren Vermögensschaden. Daher ist hier hinsichtlich der schon im Pkw verstauten Pelze Erpressungsabsicht und somit Strafbarkeit aus § 239 a I zu verneinen.

cc) Erpressungsmittel

Obwohl der objektive Tatbestand der Erpressung durch Anwendung der Nötigungsmittel „Gewalt" und „Drohung mit einem empfindlichen Übel" erfüllt werden kann, kommt im Rahmen der erpresserischen Absicht des § 239 a I **nur die Drohungsalternative** in Betracht. Dies folgt aus der Verknüpfung der Merkmale „Erpressung", „Sorge um das Wohl des Opfers" und „auszunutzen". Damit wird eine Erpressung umschrieben, die der Täter dadurch ausführt, daß er der in Sorge um das Wohl des Opfers befindlichen Person androht, dem Entführungsopfer ein Leid zuzufügen, falls der erpresserischen Forderung nicht Folge geleistet wird. Durch **Gewaltanwendung** allein ist eine derartige Ausnutzung von Sorge nicht möglich.[202] Das gilt auch für „Zwei-Personen-Konstellationen", bei denen das Entführungsopfer zugleich Nötigungsadressat ist. Zwar kann in diesem Fall die Drohung durch Gewaltanwendung zum Ausdruck gebracht werden. Tatbe-

---

[197] Rengier, BT 2, § 24 Rn. 3; Lackner/Kühl, § 239 a Rn. 3; Schönke/Schröder/Eser, § 239 a Rn. 7.
[198] Teilband 1, § 6 Rn. 39.
[199] Schönke/Schröder/Eser, § 253 Rn. 8.
[200] Hellmann, JuS 1996, 522 (527); Rengier, BT 2, § 24 Rn. 7.
[201] Vgl. Teilband 1, § 4 Rn. 8; § 6 Rn. 64.
[202] Schönke/Schröder/Eser, § 239 a Rn. 12.

standsmäßig ist aber nicht die Gewalttätigkeit selbst, sondern nur die in der physischen Mißhandlung enthaltene konkludente „tätliche" Ankündigung, die üble körperliche Behandlung werde fortgesetzt oder wiederholt.

86 Eine Drohung kann bekanntlich mit einer **Täuschung** verknüpft, die zum Ausdruck gebrachte Fähigkeit und Bereitschaft zu künftiger Übelszufügung also nur vorgespiegelt sein.[203] Denn maßgeblich ist die Opferperspektive und aus dieser Position ist eine ernstgemeinte von einer täuschungsgestützten Drohung nicht zu unterscheiden. Auch im Rahmen der erpresserischen Absicht des § 239 a I reicht grundsätzlich die Drohung mit objektiv nicht vorhandener Fähigkeit und/oder Bereitschaft zur Übelszufügung aus.[204]

> **Beispiel:** T entführt die 12jährige O und fordert anschließend ihre Eltern zur Zahlung eines Lösegeldes auf. Dieser Forderung verleiht er mit der Ankündigung Nachdruck, er werde die O ansonsten umbringen. Tatsächlich hat T von vornherein nicht die Absicht, der O ein Haar zu krümmen. Für den Fall, daß die Eltern wider Erwarten zahlungsunwillig sein sollten, will T sein Vorhaben aufgeben und die O ohne Lösegeld freilassen.

T hat den objektiven Tatbestand des § 239 a I vorsätzlich erfüllt. Die der Tat zugrundeliegende Absicht umfaßt die Begehung einer räuberischen Erpressung (§§ 253, 255) gegenüber den Eltern der O. Als Erpressungsmittel will T die Drohung mit Tötung der O – also gegenwärtiger Gefahr für Leib oder Leben – anwenden. Die Inaussichtstellung der Tötung ist zwar nicht ernst gemeint, soll aber den Eltern als ernst gemeint erscheinen und bei ihnen einen Einschüchterungseffekt auslösen. Allein darauf kommt es bei dem Merkmal „Drohung" an. Daher hat T auch den subjektiven Tatbestand des § 239 a I erfüllt.

87 Die Möglichkeit der tatbestandsmäßigen Ersetzung objektiv nicht existenter Drohungskomponenten durch ihre Vorspiegelung ist allerdings begrenzt. Insbesondere kann auf das Erfordernis eines objektiv tatbestandsmäßigen Entführungs- oder Bemächtigungsakts nicht verzichtet werden. Dadurch werden „**Trittbrettfahrer**" aus dem Tatbestand ausgegrenzt.

> **Beispiel:** T hat davon erfahren, daß X die 12jährige O entführt hat. T selbst hat mit der Entführung nichts zu tun. Gleichwohl ruft er bei den Eltern der O an und erklärt, er habe die O in seiner Gewalt und werde sie nur gegen Zahlung von 500 000 DM Lösegeld unversehrt freilassen.

T hat sich durch die an die Eltern der O gerichtete Drohung wegen (versuchter) räuberischer Erpressung aus §§ 253, 255 (22) strafbar gemacht.[205] Die Täuschung über die wahren Machtverhältnisse bezüglich der O ordnet sich dem Drohungsbegriff des Erpressungstatbestandes problemlos unter. Anders verhält es sich mit dem Tatbestand des erpresserischen Menschenraubes: Dieser begnügt sich nicht mit einer vorgetäuschten Entführung, sondern setzt – im objektiven Tatbestand – eine wirkliche Tat mit der Eigenschaft „Entführung" oder „Bemächtigung" voraus. Daran, daß T eine solche Tat nicht be-

---

[203] Teilband 1, § 3 Rn. 31.
[204] *Maurach*, JZ 1962, 559 (562); BGHSt 16, 316 (319).
[205] BGHSt 23, 294 ff.

gangen hat, vermag selbst eine auf die Spitze getriebene subjektive Täterlehre[206] nichts zu ändern. T hat sich also nicht aus § 239 a I strafbar gemacht.[207]

Nicht so leicht und eindeutig wie die soeben erörterte Fallkonstellation läßt sich die vom Täter beabsichtigte **Täuschung über die Person des Entführungsopfers** aus dem Tatbestand aussondern. Dabei geht es um den Fall, daß der Täter die geplante Erpressung gegenüber Bezugspersonen (z.B. Eltern) eines vermeintlichen – mit dem wirklichen nicht identischen – Entführungsopfers begehen will. Der Täter hat zwar objektiv jemanden entführt, aber nicht den, mit dessen Drangsalierung er Druck auf den Drohungsadressaten ausüben könnte. Daher will er dem Drohungsadressaten vorspiegeln, er habe jemanden entführt, an dessen Wohlbefinden dem Drohungsadressaten etwas liegt. Hätte der Drohungsadressat Kenntnis von der wahren Identität des Entführten, würde er sich um dessen Wohl keine Sorgen machen. Da aber die Sorge um das Wohl in das subjektive Tatbestandsmerkmal „Absicht" eingebettet ist, braucht tatsächlich niemand in Sorge zu sein (dazu unten Rn. 93). Erforderlich und ausreichend ist, daß der Täter erwartet, der von ihm ausersehen Drohungsadressat werde um das Schicksal des Opfers besorgt sein. Deshalb könnte man annehmen, daß die Person, um deren Wohl sich der Bedrohte sorgen soll, objektiv mit dem Entführungsopfer nicht identisch zu sein braucht.

88

Beispiele:

(1) Der 20jährige Student O macht in den Semesterferien mit seinem Kommilitonen A eine Trekkingtour im Himalaya-Gebiet. Nachdem sich O seit zwei Wochen nicht mehr bei seinen Eltern (E) in der Heimat gemeldet hat, machen diese sich große Sorgen. Eine Nachrichtenagentur hatte nämlich vor kurzem gemeldet, daß einige europäische Touristen von Rebellen (R) entführt worden seien, darunter auch Studenten aus Deutschland. Tatsächlich haben die Rebellen den Begleiter A des O gefangen. O selbst war kurz vor der Entführung bei einem Unfall ums Leben gekommen. A glaubt, seine Chancen auf Freilassung wären am besten, wenn die sehr wohlhabenden E ein Lösegeld an die R zahlen würden. Daher spiegelt A den R vor, er sei Sohn des reichen Unternehmerehepaars E. Darauf beschließen die R, von den E 100 000 DM Lösegeld für die Freilassung ihres Sohnes zu verlangen.

(2) Abwandlung von (1): Die R wissen, daß nicht A, sondern der verunglückte O Sohn der E ist. Da sie aber vom Reichtum der E erfahren haben, wollen die R den E vorspiegeln, ihr Sohn O sei ihre Geisel und werde nur gegen Zahlung eines Lösegeldes von 100 000 DM freigelassen.

Durch die Entführung des Studenten A haben die R den objektiven Tatbestand des § 239 a I 1. Alt. erfüllt. Dabei handelten sie – nicht von Anfang an, aber während der andauernden Verwirklichung des Entführungstatbestandes (s.o. Rn. 74) – mit der Absicht, die E zu erpressen. Diese Absicht umfaßte auch eine Besorgnis der E um das Wohl ihres Sohnes. Problematisch ist jedoch der Umstand, daß O gar nicht entführt wurde, also nicht

---

[206] Abgesehen davon, daß eine solche Tätertheorie heute von niemandem vertreten wird, vgl. z.B. *Baumann/Weber/Mitsch*, § 29 Rn. 27 ff. (insb. 38–47).

[207] Die Ausnutzungsalternative (§ 239 a I 2. Alt.) hat T nicht erfüllt, da die ausgenutzte Lage der O nicht „von ihm" geschaffen wurde.

das „Opfer" ist, um dessen Wohl die E nach dem Tatplan der R in Sorge sein sollen. Das Entführungsopfer A wiederum ist nicht Sohn der E. Da aber der ganze Komplex „Sorge um das Wohl des Opfers" nur als Inhalt der erpresserischen Absicht strafbarkeitsrelevant ist, könnte es ausreichen, daß die R sich (irrig) vorstellen, die Person, um dessen Wohl sich die E Sorgen machen sollen, sei eines ihrer Entführungsopfer. In **Beispiel 1** gehen die R ja immerhin davon aus, daß sie tatsächlich den Sohn der E in ihrer Gewalt haben und daher in der Lage sind, den Druck auf die E erforderlichenfalls durch Verschärfung der Zwangslage des Entführten zu erhöhen. Auf der Basis ihrer Fehlvorstellung von der zwischen A und E bestehenden Beziehung könnten die R sich vornehmen, den Sohn Lebenszeichen an seine Eltern geben zu lassen, Fotos, Video- oder Tonbandaufnahmen von dem Entführten oder gar abgetrennte Körperteile (z.B. Ohr, Finger) des Entführten zur Verdeutlichung des Ernsts der Lage zu verschicken. R glaubten also zumindest, ein echtes Faustpfand im Erpressungskonflikt mit E in der Hand zu haben. Daran fehlt es in **Beispiel 2**. Hier ist den R von vornherein klar, daß sie mit ihrem Erpressungsversuch gegenüber E nur dann Erfolg haben würden, wenn das aufgebaute Lügengebäude nicht einstürzt, insbesondere die E keinen Beweis dafür verlangen, daß ihr Sohn in der Gewalt der Entführer und noch am Leben ist. Vor allem haben die R keine Möglichkeit, den Druck auf die E durch Foltermaßnahmen gegenüber dem Entführten ohne Täuschung über die Identität des Opfers zu verstärken. In der Vorstellung der R von der geplanten Erpressung würden die E sich nicht Sorgen um das Wohl des „Opfers", sondern Sorgen um das Wohl eines scheinbaren Opfers machen. Die tatsächliche Entführung des A hätte im Rahmen dieser geplanten Erpressung also gar keine drucksteigernde Funktion. Ebensogut könnten die R sich vornehmen, jemanden aus den eigenen Reihen als Geisel zu präsentieren, um eine Entführung vorzutäuschen und die vorgespiegelte Gefangenschaft des O als Druckmittel gegenüber E zu benutzen. Dies reicht aber für eine Strafbarkeit aus § 239 a I 1. Alt. nicht aus, wie das obige „Trittbrettfahrer-Beispiel" (o. Rn. 87) zeigt. Da in Beispiel 2 die Druckmitteltauglichkeit des Entführten A nicht wesentlich höher ist als die einer „Geiselattrappe", ist die Erfüllung des subjektiven Tatbestandes und damit die Strafbarkeit aus § 239 a I 1. Alt. zu verneinen. Anders ist es in Beispiel 1: Die objektiv fehlende Eignung des A als „Faustpfand" wird durch die dahingehende irrige Vorstellung der R kompensiert. Dies reicht im Rahmen eines subjektiven Tatbestandsmerkmals aus. Daher haben die R in Beispiel 1 mit der erforderlichen Erpressungsabsicht gehandelt und sich aus § 239 a I 1. Alt. strafbar gemacht.

dd) Drohungsadressat

89 Bis zur Neufassung des § 239 a im Jahr 1989 setzte der Tatbestand Personenverschiedenheit von Entführungsopfer und Drohungsadressat voraus. Der Tatbestand erfaßte nur die **„Dreiecks-Konstellation"**, die auch in der geltenden Fassung noch in den Worten „Sorge eines Dritten um das Wohl des Opfers" enthalten ist. Die Tatsituation wird in diesem Fall aus folgenden (mindestens) drei Personen gebildet: Täter, Entführungsopfer und Drohungsadressat.

> **Beispiel:** T entführt O, um den Eltern des O die Tötung ihres Kindes anzudrohen und sie so zur Zahlung von 500 000 DM zu nötigen.

Stellt man in Rechnung, daß Erpressung auch in der Form einer „Dreiecks- 90
Erpressung"[208] möglich ist, gesellt sich noch eine vierte Person hinzu, nämlich
der – mit dem Drohungsadressaten nicht identische – Inhaber des von der beabsichtigten Erpressung betroffenen Vermögens.

> **Beispiel:** T entführt den Fußballspieler O. Mit der Drohung, den O zu töten, will T den Vorsitzenden V des Fußballvereins F, für den O spielt, zur Zahlung von 1 Mio. DM Lösegeld aus dem Vereinsvermögen nötigen.

Die Rolle des Entführungsopfers ist also von den Rollen des Drohungsadressaten 91
und des zu schädigenden Vermögensinhabers zu unterscheiden. In der Regel werden die beiden letztgenannten Rollen ein und derselben Person zufallen, Drohungsadressat und erpresserisch angegriffener Vermögensinhaber also identisch sein. Aber auch die beiden erstgenannten Rollen können nach der aktuellen Fassung des Tatbestandes in einer Person zusammenfallen,[209] so daß es letztendlich sogar möglich ist, daß auf der Opferseite nur ein Mensch steht, der alle drei Rollen innehat (Entführungsopfer, Drohungsadressat und Vermögensinhaber). Das ist die Struktur der sog. „Zwei-Personen-Konstellation", die der Auslegung und Anwendung des § 239 a erhebliche Schwierigkeiten bereitet (dazu unten Rn. 97).

> **Beispiel:** T bemächtigt sich des reichen Unternehmers O, fährt mit ihm in dessen Wohnung und verlangt dort von ihm die Herausgabe von 100 000 DM Bargeld, die sich in dem Haustresor des O befinden.

Im Regelfall beabsichtigt der Täter, die Person zu erpressen, von der er annimmt, daß sie in Sorge um das Wohl des Opfers sein würde. Die Absicht des 92
Täters kann sich aber auch darauf richten, den Bedrohten als Werkzeug einer **Erpressung in mittelbarer Täterschaft** (§ 25 I 2. Alt.) zu benutzen. Denn der Nötigungsdruck ist geeignet, eine rechtswidrige Tat des Drohungsadressaten zu entschuldigen (§ 35) und diesen so zum schuldlosen Werkzeug zu machen.[210] In diesem Fall sind die bedrohte und die erpreßte Person nicht identisch.

> **Beispiel:** T entführt die Tochter O des A. Da A selbst kein Vermögen und nur ein geringes Einkommen hat, will T nicht ihn, sondern den wohlhabenden Arbeitgeber G des A erpressen. T weiß aber, daß dem G das Schicksal der O und des A gleichgültig ist. Deshalb fordert T den A auf, den G mit Waffengewalt zur Zahlung eines Lösegeldes von 250 000 DM zu zwingen.

Das Beispiel zeigt, daß die Person, die in Sorge um das Wohl des Entführten ist bzw. nach dem Plan des Täters sein soll, nicht unbedingt mit dem Erpressungsopfer identisch sein muß. Erpressungsopfer ist hier G, in Sorge um das Wohl der O ist hingegen nur der A. Zwar ist der von A unmittelbar und von T mittelbar bedrohte G in Sorge um sein eigenes Wohl. Jedoch wurde G weder von T entführt noch hat sich T des G bemächtigt. Entführungsopfer des T ist allein die O, um deren Wohl A besorgt ist, was seine eigene Erpres-

---

[208] Dazu ausführlich Teilband 1 § 6 Rn. 41 ff.
[209] *Maurach/Schroeder/Maiwald*, BT 1, § 15 Rn. 26; *Rengier*, BT 2, § 24 Rn. 9.
[210] In diesem sog. „Nötigungsnotstand" wird von einigen sogar eine Rechtfertigung nach § 34 für möglich gehalten, vgl. z.B. *Baumann/Weber/Mitsch*, § 17 Rn. 80.

sung gegenüber G entschuldigt (§ 35), möglicherweise sogar rechtfertigt (§ 34). Da T den A in die Notstandslage gedrängt hat, ist er mittelbarer Täter, § 25 I 2. Alt. Ihm wird deshalb das tatbestandsmäßige Handeln des A zugerechnet. Deshalb ist die von A gegenüber G begangene Erpressung letztlich (auch) eine Erpressung des T. Die darauf gerichtete Absicht reicht zur Erfüllung des subjektiven Tatbestandes des § 239 a I aus.

ee) Sorge um das Wohl des Opfers

93 Die Strafbarkeitsvoraussetzung „Sorge um das Wohl des Opfers" ist in die Erpressungsabsicht des Täters eingebettet. Sie ist daher wie alle anderen Bestandteile des Absichtsinhalts „versubjektiviert";[211] d. h. es ist nicht erforderlich, daß tatsächlich irgend jemand um das Wohl des Entführungsopfers besorgt ist. Ausreichend ist die Vorstellung des Täters, das Opfer selbst oder ein Dritter werde um das Wohl des Opfers besorgt sein. Das Erfordernis tatsächlicher Besorgnis wäre bei einem Tatbestand, der das Strukturmerkmal „überschießende Innentendenz" aufweist, jedenfalls in der Drei-Personen-Konstellation praktisch gar nicht zu erfüllen. Denn die Erpressungsabsicht muß im Zeitpunkt der Entführung vorliegen; tatsächliche Sorge einer mit dem Entführten nicht identischen Person um das Wohl des Entführten wird aber zu diesem Zeitpunkt schon deswegen nicht möglich sein, weil diese Person von der Entführung noch gar keine Kenntnis hat.

> **Beispiele:**
> (1) T entführt die 12jährige O und sperrt sie in einem Kellerraum ein. Dabei nimmt er sich vor, von den Eltern der O ein Lösegeld in Höhe von 300 000 DM zu fordern. Er geht davon aus, daß die Eltern um das Leben ihrer Tochter fürchten würden, sobald sie von der Entführung erfahren haben. Die Lösegeldforderung übermittelt er mit einem Brief, den er am Tag der Entführung in einen Briefkasten wirft. Einen Tag später geht der Brief bei den Eltern der O ein. Zu diesem Zeitpunkt hat T aber schon keine Erpressungsabsicht mehr. Eine halbe Stunde, bevor die Eltern den Brief erhielten, hatte T die O freigelassen.
>
> (2) Abwandlung von (1): Bevor T den Brief mit der Lösegeldforderung absenden kann, gelingt der O die Flucht.

Als T die O entführte, hatte er die Absicht, die Eltern der O zu erpressen. Diese Absicht stützte sich auf die Annahme, die Eltern würden in Sorge um das Wohl der O sein, sobald sie Kenntnis von der Entführung erlangt hätten. Tatsächlich waren die Eltern aber nur in **Beispiel 1** in Sorge um das Wohl der O, dies jedoch erst, als der von T abgesandte Brief mit der Lösegeldforderung bei ihnen eintraf. In **Beispiel 2** entstand eine Besorgnis der Eltern überhaupt nicht, da der Grund dafür weggefallen war, bevor sie sich hätten Sorgen machen können. Enthielte der Tatbestand das Erfordernis tatsächlicher (objektiver) Sorge um das Wohl des Opfers, so wäre es nur im ersten Beispiel erfüllt. Allerdings würde die Sorge der Eltern zur Strafbarkeitsbegründung nicht reichen, weil sie nicht mehr mit einer Erpressungsabsicht des T verknüpft war. Dafür wäre nämlich notwendig gewesen, daß T immer noch beabsichtigt, die Lage der O und die wirkliche Sorge ihrer Eltern zu einer Erpressung auszunutzen. An dieser Synchronität von tatsächlicher Sorge und Erpressungs-

---

[211] *Joecks*, § 239 a Rn. 19.

absicht fehlt es aber. T hätte also auch in Beispiel 1 den Tatbestand des § 239 a I nicht erfüllt und für die Anwendung des § 239 a IV bestünde kein Bedarf. Die Beispiele zeigen, daß § 239 a empfindliche Lücken hätte, wenn die Strafbarkeit davon abhinge, daß tatsächlich ein Mensch in Sorge um das Wohl des Entführten ist. Vor allem ergäbe sich die merkwürdige Situation, daß die Tatbestandserfüllung überhaupt erst in dem Moment beginnen könnte, in dem der Drohungsadressat von der Entführung erfahren hat und nunmehr in Sorge um das Wohl des Entführungsopfers ist. Das Tatgeschehen vor diesem Zeitpunkt wäre noch nicht tatbestandsmäßig. Daß dies nicht richtig sein kann, bedarf keiner näheren Erläuterung. Daher hat sich in den obigen Beispielen T schon durch die vor der Absendung des Briefes bzw. der Flucht der O ausgeführte Entführung der O aus § 239 a I strafbar gemacht. Denn die Erwartung, die Eltern würden durch die Entführung der O in Sorge um deren Wohl geraten, hatte er von Anfang an. Das reicht zur Erfüllung des subjektiven Tatbestandes aus.

Grund für die vom Täter vermutete Sorge um das Wohl des Opfers ist die Bedrängnis, in die der Täter das Opfer durch die Entführung oder Bemächtigung gebracht hat. Je nachdem, wer damit bedroht werden soll – der **Entführte** oder ein **Dritter** –, handelt es sich bei der Sorge um eine Form des Selbsterhaltungstriebes oder um eine Form von mitfühlender Anteilnahme an der Not eines anderen Menschen. Im Kontext der vom Täter beabsichtigten Erpressung korrespondiert die Sorge um das Wohl dem Erpressungsmerkmal „**Drohung mit einem empfindlichen Übel**".[212] Auslöser der Sorge ist das Übel, dessen Zufügung der Täter in Aussicht stellen will. Dieses Übel muß unmittelbar mit dem „Wohl" des Opfers zusammenhängen, gewissermaßen ursprüngliches Wohlbefinden in Unwohlbefinden verwandeln. Tatsächlich ist das gegenwärtige und künftige Wohl des Opfers durch die Entführung bzw. Bemächtigung erschüttert und in Frage gestellt worden. Eben dies muß zum Zweck der Übelsandrohung vom Täter als Druckmittel verwertet werden. Deshalb kommt als „Übel" nur eine Lageverschlechterung in Betracht, in der sich Hilflosigkeit und Ausgeliefertsein des seiner Bewegungsfreiheit beraubten Opfers manifestieren.

94

Beispiele:
(1) T entführt X, die 12jährige Tochter des O. T weiß, daß O ein sensibler, wenig belastbarer Mensch ist, den die Entführung seiner Tochter sehr erschüttern und völlig aus dem seelischen Gleichgewicht bringen wird. Daher erwartet T, daß O alsbald nervlich so zermürbt sein wird, daß er unfähig zu jeglichem Widerstand gegen jede Art von Nötigung ist. Dies will T ausnutzen, um dem O mit der Aufdeckung einer von O begangenen Steuerhinterziehung zu drohen, falls O nicht 50 000 DM zahle. Eine Lösegeldforderung will T dagegen nicht erheben, da er nicht als Entführer in Erscheinung treten möchte.
(2) Abwandlung von (1): T will dem O mit Tötung der X für den Fall drohen, daß O nicht zahlt.

In beiden Beispielen bezieht T in seinen Erpressungsplan die Erwartung ein, daß O infolge der Entführung seiner Tochter in Sorge um deren Wohl sein wird. Diese Besorgnis will sich T auch zur leichteren Ausführung einer Erpressung zunutze machen. Allerdings

---
[212] Näher dazu Teilband 1, § 6 Rn. 18 ff.

nimmt in **Beispiel 1** die zum Zweck der Erpressung geplante Übelsandrohung nicht Bezug auf die Gefangenschaft der X bzw. etwaige weitere Angriffe auf Leib oder Leben der wehrlosen Tochter. Das in Aussicht zu stellende empfindliche Übel soll also nicht ein Verlust an Wohlbefinden der X sein. Die Sorge des O um das Wohlergehen der X soll nicht Drohungsinhalt sein, sondern den O „weich" machen und so seine Widerstandskraft gegen Drohungen ohne Bezug zu der Entführungssituation abbauen. Eine derartige Wirkung der Sorge um das Wohl paßt aber nicht zu dem auf „Erpressung" beschränkten Ausnutzungsziel. Ginge es in dem Tatbestand nur darum, daß das bedrohte Opfer unter dem Eindruck der Lage des Entführungsopfers psychisch zusammenbricht und infolgedessen für jeden weiteren Angriff ein leichter Gegner sein wird, hätte auch die Ausnutzung zur Begehung straftatbestandsmäßiger Taten anderer Art tatbestandlich erfaßt werden müssen. Statt „zu einer Erpressung auszunutzen" hätte es dann „zu einer rechtswidrigen Tat auszunutzen" heißen müssen. Daher kann mit „Erpressung" in § 239 a I nur eine solche gemeint sein, die in einem engen inneren Zusammenhang mit der Entführung bzw. Bemächtigung und der dadurch hervorzurufenden Sorge um das Wohl des Opfers steht. Dieser Zusammenhang wird dadurch hergestellt, daß dem Drohungsadressaten das Wohl des Opfers als gefährdet, nämlich von dem in Aussicht gestellten Übel bedroht, vor Augen geführt wird.[213] In **Beispiel 2** ist diese Voraussetzung erfüllt.

95 Wie gesehen bewirkt bereits die Verknüpfung von „Wohl des Opfers" und „Drohung mit einem empfindlichen Übel" eine erhebliche Einschränkung der Erpressungsformen, die zur Erfüllung des Absichtsmerkmals geeignet sind. Alle Erpressungen, bei denen als „Übel" ein Ereignis angedroht wird, das mit der Lage des Entführungsopfers (seinem „Wohl") unmittelbar nichts zu tun hat, scheiden aus dem Kreis absichtstauglicher Erpressungen aus. Möglicherweise ist noch eine weitere Verengung des Kreises relevanter Erpressungsarten in Hinblick auf das Erpressungsmittel, nämlich das anzudrohende Übel, geboten. Dafür spricht ein Vergleich mit der Nachbarvorschrift § 239 b: Dort reicht nicht jede beliebige Übelsandrohung, sondern nur die Androhung von **Tod, schwerer Körperverletzung oder Freiheitsentziehung von über einer Woche**. Die Zufügung dieser Übel ist straftatbestandlich vertypt als Mord (§ 211), schwere Körperverletzung (§ 226) und qualifizierte Freiheitsberaubung (§ 239 III Nr. 1). Gemessen an den drastischen Strafdrohungen dieser Verbrechenstatbestände erscheint die Einbeziehung der gesamten Skala „empfindlicher Übel" i.S. des § 253 in den Tatbestand des § 239 a fragwürdig. Denn der Schweregrad dieser empfindlichen Übel kann weit unter dem Niveau der in § 239 b aufgezählten Gutsbeeinträchtigungen liegen.

> **Beispiele:**
>
> (1) T entführt X, die 12jährige Tochter des O. Er will dem O androhen, er werde der X abscheuliche Pornovideos vorführen, ekellerregend fettes Fleisch zu essen geben und ordinäre Witze erzählen, falls O nicht binnen 48 Stunden 100 000 DM Lösegeld zahlt.
>
> (2) Abwandlung von (1): T will dem O androhen, er werde der X alle 30 Minuten zehn Ohrfeigen und fünfzehn Stockschläge auf das Gesäß geben, falls O nicht zahlt.
>
> (3) Abwandlung von (1): Außer X hat T auch deren Lieblingskatze „Kathi" entführt. T will dem O androhen, er werde „Kathi" vor den Augen der X in einer Badewanne ertränken, falls O nicht zahlt.

---

[213] SK-*Horn*, § 239 a Rn. 9.

Die dem O angedrohten Übel, die T der X zufügen will, sind allesamt „empfindlich" und daher geeignet, den Tatbestand der Erpressung (§ 253) zu erfüllen. Jedes dieser Übel beeinträchtigt zudem das „Wohl" der X, also des Opfers, um das sich O Sorgen machen soll. Dagegen läßt sich keines dieser Übel unter die Merkmale subsumieren, mit denen § 239 b den Inhalt der beabsichtigten Drohung beschreibt. Hätte es T also nicht auf ein Lösegeld abgesehen, sondern ginge es ihm darum, irgendein Verhalten ohne Vermögensbezug zu erzwingen (z.B. die Mutter der X soll mit T den Geschlechtsverkehr ausüben oder O soll in der Öffentlichkeit ein Geständnis über seine außerehelichen Affären und Steuerhinterziehungen ablegen), wäre er weder aus § 239 a noch aus § 239 b strafbar. Daher regen sich Zweifel an dem Ergebnis, auf das die Subsumtion der drei obigen Beispiele unter 239 a hinausläuft: Jeweils wollte T die Sorge des O um das Wohl der X zu einer Erpressung ausnutzen; also scheint er aus § 239 a I strafbar zu sein. Da die Tatbestände erpresserischer Menschenraub und Geiselnahme aber nicht nur eine identische Struktur haben (s.o. Rn. 64), sondern auch auf demselben hohen Strafniveau stehen, leuchtet es nicht ein, daß § 239 b nur Täter erfaßt, die ein „schweres Geschütz" auffahren wollen, in die Strafzone des § 239 a dagegen bereits gerät, wer mit Nötigungsdruck an der unteren Schwelle des § 240 bzw. § 253 zum Ziel kommen will. Die Andersartigkeit der Nötigungsziele – Vermögensbeschädigung und Bereicherung in § 239 a, sonstiges Handeln, Dulden oder Unterlassen in § 239 b – vermag nicht zu erklären, warum die Strafbarkeit wegen erpresserischen Menschenraubs eine erheblich geringere Drohungsintensität voraussetzt als die Strafbarkeit wegen Geiselnahme.[214] Daher ist eine Angleichung des § 239 a an § 239 b durch teleologische Reduktion des „Erpressungs"-Merkmals im subjektiven Tatbestand des § 239 a geboten.[215] Die Erpressungsabsicht des Täters führt zur Strafbarkeit aus § 239 a nur unter der Bedingung, daß die beabsichtigte Erpressung mittels Androhung der Übel erfolgen soll, die im Tatbestand des § 239 b konkret genannt sind: Der Täter muß also die Erpressung durch Drohung mit dem Tod, einer schweren Körperverletzung oder einer über eine Woche andauernden Freiheitsberaubung des Opfers begehen wollen. Andere empfindliche Übel reichen als Drohungsinhalt auch dann nicht aus,[216] wenn sie so schwer wie oder sogar noch schwerer als eine qualifizierte Freiheitsberaubung oder schwere Körperverletzung wiegen (z.B. die Androhung wiederholter Vergewaltigung[217]). Dieser Tatbestandseinschränkung könnte man zwar den Gesetzeswortlaut des § 239 a und vor allem den Klammerzusatz „§ 253" entgegenhalten.[218] Jedoch folgt daraus nur, daß zur Erzielung angemessener Ergebnisse eine juristische Methode angewendet werden muß,

---

[214] Anders *Bohlinger*, JZ 1972, 230 (233), der das Erfordernis gravierenderer Nötigungsmittel in § 239 b damit erklärt, daß der Unwertgehalt des Nötigungsziels in § 239 b geringer sei als der des Erpressungsziels in § 239 a.
[215] *Hansen*, GA 1974, 353 (367).
[216] Anders anscheinend *Schönke/Schröder/Eser*, § 239 a Rn. 16.
[217] Weiter SK-*Horn*, § 239 a Rn. 9, der als Drohungsinhalt außer Gefahren für Leib oder Leben und Fortsetzung der Freiheitsberaubung auch „sexuelle Handlungen gegenüber dem Opfer" anerkennt; nach *Otto*, BT, § 29 Rn. 5 muß der Täter mit körperlichem oder seelischem Schaden des Opfers drohen wollen; ebenso *Maurach/Schroeder/Maiwald*, BT 1, § 15 Rn. 24 („körperliche, seelische oder sittliche Schäden"); *Lackner/Kühl*, § 239 a Rn. 5 („körperliche oder seelische Unbill").
[218] Plausibler wäre hier die Formulierung „zu einer räuberischen Erpressung (§ 255) auszunutzen". Allerdings würde damit der Drohungsinhalt „Freiheitsentziehung von über einer Woche Dauer" ausgegrenzt.

bei der vom Wortlaut des Gesetzes abgewichen, nämlich die Wortlautgrenze unterschritten wird. Dies ist das Wesen der teleologischen Reduktion.[219] Da diese Abweichung vom Gesetzestext strafbarkeitseinschränkend wirkt, gerät sie nicht mit Art. 103 II GG in Konflikt. Nach der hier vertretenen Auffassung hat T in den obigen drei Beispielen den subjektiven Tatbestand des § 239 a I nicht erfüllt.

ff) Ausnutzung

96 Da der Täter die Sorge des Drohungsadressaten um das Wohl des Entführungsopfers zu einer Erpressung ausnutzen will, die Sorge um das Wohl ihren Grund in der Entführung hat, will der Täter letztlich die Entführung zu einer Erpressung ausnutzen. Die Sorge um das Wohl des Entführungsopfers ist gewissermaßen das Bindeglied zwischen der Entführung und der beabsichtigten Erpressung. Diese psychologische Verbindung macht aus der **Entführungssituation ein Druckmittel**, das der Täter bei der geplanten Erpressung einsetzen kann. Die Mittelfunktion der Entführung wirft die Frage auf, welches zeitlich-räumliche **Verhältnis zwischen der Entführung/Bemächtigung und der Erpressung** bestehen muß, damit das Ausnutzungsmerkmal erfüllt ist. In den **Dreiecks**-Fällen, bei denen Entführter und Drohungsadressat verschiedene Personen sind, ist dies nicht problematisch. Wegen der Verschiedenheit der Opfer müssen Entführung und Erpressung zwangsläufig verschiedene Taten sein.

> **Beispiel:** T entführt die 12jährige Unternehmertochter X, um anschließend von den Eltern O ein Lösegeld für die Freilassung der X zu verlangen.

Die Entführung der X ist noch kein Beginn der Erpressung. Erst mit der Unterrichtung der Eltern O von der Entführung und der Forderung des Lösegeldes würde T zur Verwirklichung des Erpressungstatbestandes ansetzen. Entführung und Erpressung sind also deutlich getrennt. Der erpresserische Menschenraub hat in dieser Konstellation eine andere Deliktsstruktur als die (räuberische) Erpressung. Die Gefahr, daß „normale" Fälle des § 255 zugleich Fälle des § 239 a sind und so in eine erheblich über dem Niveau des § 255 liegende Strafregion geraten, besteht nicht.

97 Eben diese Gefahr besteht aber in den seit 1989 vom Tatbestand erfaßten **Zwei-Personen**-Fällen. Entführungsopfer und Drohungsadressat sind hier identisch. Die Entführung bzw. Bemächtigung des Opfers ist daher bereits eine konkludente Übelsandrohung und somit ein Teil der Erpressung. Entführung und Erpressung können also zusammenfallen, eine deutliche Zäsur wie in den Drei-Personen-Fälle ist dieser Konstellation nicht immanent.

> **Beispiel:** T steigt nachts in einen U-Bahn-Wagen, in dem nur die O sitzt. Der bullige T droht der O Schläge an und verlangt von ihr die Herausgabe von Geld. O händigt dem T ihr Geld aus.

Die Tat des T ist ein klarer und unproblematischer Fall der räuberischen Erpressung, §§ 253, 255. Zugleich könnte T aber auch einen erpresserischen Menschenraub begangen haben. Denn die Bedrängnis, in die der körperlich überlegene T die O mit seiner Drohung

---

[219] *Jescheck/Weigend*, § 17 IV 5; *Vogel*, Juristische Methodik, S. 134.

brachte, kann durchaus als „Bemächtigungs"-Situation qualifiziert werden.²²⁰ Also hat T den objektiven Tatbestand des § 239 a I erfüllt. Die Situation der O wollte T zu einer Erpressung der O ausnutzen. Also hat er auch den subjektiven Tatbestand des § 239 a I erfüllt. Damit wird ein ganz „normaler" Fall räuberischer Erpressung zu einem Fall erpresserischen Menschenraubes.²²¹ Die Strafrahmenuntergrenze von 1 Jahr (§§ 255, 249) steigt dadurch auf 5 Jahre (§ 239 a I). Geht man davon aus, daß die Tat des T das typische Tatbild einer räuberischen Erpressung reproduziert, drängt sich der Schluß auf, daß praktisch jede normale räuberische Erpressung zugleich erpresserischer Menschenraub ist. Angesichts der viel höheren Strafdrohung des § 239 a I würde die Strafvorschrift des § 255 zu praktischer Bedeutungslosigkeit degradiert. Das kann aber nicht Sinn eines vernünftigen Strafgesetzes sein. Der Anwendungsbereich des § 239 a I muß daher in den Zwei-Personen-Fällen eingeschränkt werden, damit die skizzierte Überlappung mit § 255 vermieden wird. Auf welche Weise dies geschehen kann, ist das große Problem, um dessen Lösung in Rechtsprechung und Literatur heftig gerungen wird. Während die Rechtsprechung immerhin einige Vorschläge zur tatbestandlichen Einschränkung unterbreitet,²²² beschränkt sich das Schrifttum im wesentlichen darauf, die Rechtsprechung zu kritisieren²²³ und nach dem Gesetzgeber zu rufen.

Die richtige Lösung muß sich durch eine **größtmögliche Annäherung der Zwei-Personen-Konstellation an die historische und den Deliktstyp prägende Dreieckskonstellation** auszeichnen.²²⁴ Der 1. Strafsenat des BGH hat dies zunächst durch Einführung des einschränkenden Merkmals der „Außenwirkung" zu erreichen versucht,²²⁵ ist damit aber sowohl bei anderen Strafsenaten des BGH²²⁶ als auch im Schrifttum²²⁷ auf Widerspruch gestoßen. Später verwies der Große Senat des BGH für Strafsachen – in einer § 239 b betreffenden Entscheidung – auf die (unvollkommen) zweiaktige Struktur des Verbrechens²²⁸ und ließ nur solche beabsichtigten Erpressungen gelten, die der Entführung/Bemächtigung nachfolgen, von ihr deutlich getrennt sind und nicht mit ihr zusammenfallen.²²⁹

---

[220] *Hellmann*, JuS 1996, 522 (527).
[221] BGHSt 39, 36 (41); *Graul*, Zustand, S. 345 (347); *Krey*, BT 2, Rn. 335 a; *Maurach/Schroeder/Maiwald*, BT 1, § 15 Rn. 26; *Rengier*, BT 2, § 24 Rn. 10; *Wessels/Hillenkamp*, BT 2, Rn. 743.
[222] Gute Übersicht über die Entwicklung der Rechtsprechung bei *Küper*, BT, S. 252.
[223] *Wessels/Hettinger*, BT 1, Rn. 458 (zu BGHSt 40, 350): „Es liegt auf der Hand, daß dieser Versuch, § 239 b nF mit dem bisherigen Normenbestand zu harmonisieren, nicht voll überzeugen kann."
[224] BGHSt 40, 350 (356); *B. Heinrich*, NStZ 1997, 365 (367).
[225] BGHSt 39, 36 (44); 39, 330 ff.
[226] BGHSt 40, 350 (358).
[227] *Graul*, Zustand, S. 345 (351 ff.); *Bohlander*, NStZ 1993, 439; zustimmend hingegen *Tenckhoff/Baumann*, JuS 1994, 836 (839); *Amelung/Cirener/Grüner*, JuS 1995, 48 (49).
[228] BGHSt 40, 350 (355).
[229] BGHSt 40, 350 (357): „Über den Zwang, der schon im Sich-Bemächtigen liegt, muß daher weiterer, den eigentlichen Zielen des Täters dienender Zwang gewollt sein."; zust. *Hellmann*, JuS 1996, 522 (528); *Küper*, BT, S. 254; *Rengier*, BT 2, § 24 Rn. 18; *Wessels/Hillenkamp*, BT 2, Rn. 743.

99 Sowohl die „Außenwirkungs-Lösung" als auch die „Zweiaktigkeits-Lösung" gehen in die richtige Richtung, wenngleich die sie propagierenden Gerichtsentscheidungen die maßgeblichen Gesichtspunkte ebensowenig herausarbeiten, wie die anderen in Rechtsprechung und Literatur unterbreiteten Vorschläge. Der springende Punkt ist, daß der Täter, der sein Opfer entführt oder sich seiner bemächtigt, dessen Handlungsspielraum extrem einengt. Im äußersten Fall wird das Opfer in der Gefangenschaft zu überhaupt keiner nennenswerten Aktivität fähig sein. Die weitgehende „Lähmung" des Entführten ist für den erpresserischen Menschenraub – und die Geiselnahme – typisch und wesensprägend ! Da der Täter das Opfer aber in der Regel zu einer Vermögensverfügung von erheblichem wirtschaftlichen Ausmaß (Lösegeld) zwingen will, zu der das Opfer gerade nicht in der Lage ist, wenn es auf Grund der Zwangslage (fast) handlungsunfähig geworden ist, erweist sich die Entführung oder Bemächtigung zur Erreichung dieses Zieles als geradezu kontraproduktiv. Wenn man eine Kuh melken will, darf man sie nicht der Entfaltungsmöglichkeiten berauben, die sie zur Milcherzeugung benötigt. Der Fall, daß der Entführte eine Million DM Bargeld in der Tasche mit sich herumträgt, das er in seinem Gefängnis den Entführern zwecks Freikauf herausgeben kann, dürfte äußerst selten vorkommen. Entführungen bzw. Bemächtigungen haben aber typischerweise den Zweck, die Erpressung enormer Lösegeldsummen zu ermöglichen, zu deren Mobilisierung der Genötigte in der Regel auf eine Geldquelle Zugriff nehmen muß, die außerhalb des durch die Entführung auf ein Minimum reduzierten Handlungsspielraums liegt. Also wird sich die Absicht des Täters in der Regel nicht darauf richten, das Erpressungsziel gewissermaßen unmittelbar mit der Entführung zu erreichen und die erstrebte Bereicherung unmittelbar aus der Entführungssituation heraus zu erlangen. Vielmehr wird der Täter auf eine Erpressung zusteuern, die sich zwar unmittelbar gegen den Entführten selbst richtet, diesen aber zu einer Vermögensverfügung nötigt, die einen Aktionsradius erfordert, der über den engen örtlichen Bereich der Gefangenschaft hinausreicht. In der Regel wird es erforderlich sein, daß der Entführte Kontakt zu Dritten aufnimmt und diese zur Durchführung der Lösegeldübergabe einschaltet. Mittelbar werden diese Dritten selbst auf die Opferseite der Erpressung gezogen. Der Unterschied zu dem Fall der unmittelbar gegen Dritte gerichteten Erpressung ist dann nicht mehr groß.

100 Die typische Konstellation des erpresserischen Menschenraubes und der Geiselnahme ist also sowohl durch einen „Außen-" oder „Drittbezug" als auch durch eine Zweiaktigkeit geprägt. Daran fehlt es, wenn – wie in dem obigen Beispiel – Bemächtigungs- und Erpressungsakt zusammenfallen und die „Abwicklung" des erpresserischen Austauschgeschäfts (der „Freikauf" des Opfers) nach Art einer „Taschenpfändung" auf „engstem Raum" ohne über die Entführungs-/Bemächtigungssituation hinausreichende Maßnahmen des Opfers stattfinden soll.[230] In einem solchen Fall ist der erforderliche Funktionszusammenhang zwischen Ent-

---

[230] Nach *Graul*, Zustand, S. 345 (351) sei die Herausnahme solcher Fälle aus dem Tatbestand des § 239 a nicht begründbar und der erforderliche erheblich gesteigerte Unrechtsgehalt der anderen Fälle nicht erkennbar.

führung/Bemächtigung und beabsichtigter Erpressung nicht gegeben, weil der Bemächtigungssituation die von § 239 a I vorausgesetzte eigenständige Bedeutung fehlt.[231] Kann das Opfer „an Ort und Stelle" durch Ankündigung einer Übelszufügung von der § 239 b I genannten Art zur Erfüllung der Forderung genötigt werden, wäre es aus der Sicht des Täters nachgerade „unvernünftig", das Opfer zunächst an einen anderen Ort zu schaffen, um dort erst – nach Herstellung eines „stabilisierten"[232] Gewaltverhältnisses – mit der Erpressung zu beginnen. Zur Erreichung des Zieles bedarf es der oftmals aufwendigen, zeitraubenden, umständlichen und mit dem Risiko polizeilicher Befreiungsversuche verbundenen Entführungs- bzw. Bemächtigungsaktion unter diesen Umständen nicht.

Zuzugeben ist allerdings, daß eine so gravierende **Unrechtsdifferenz**, wie sie im abstrakt-gesetzlichen Unterschied zwischen § 255 und § 239 a zum Ausdruck kommt, zwischen den Fällen mit und ohne Außenwirkung bzw. Zweiaktigkeit nicht auf den ersten Blick zu erkennen und schwer zu begründen ist. Die diesbezügliche Bewertung der Dreiecks-Fälle dürfte jedoch das Besondere dieser Art von Erpressung verglichen mit „normalen" Erpressungsfällen – einschließlich der räuberischen Erpressung – begreiflich machen. Das Ausgeliefertsein und die Abhängigkeit des Entführungsopfers von Entscheidungen und Vorgängen in einer seinem Einfluß entzogenen Sphäre verleiht der Lage eines solchen Opfers die Qualität einer Degradierung zum Spielball fremder Entscheidungen, was nicht nur erhöhten psychischen Druck erzeugt, sondern auch einen gesteigerten Grad an Entwürdigung und Erniedrigung der Person bedeutet. Demgegenüber hat ein Opfer, dem vom Täter die Chance eingeräumt wird, sich aus eigener Kraft und durch eigene Entscheidung „freizukaufen", immerhin noch einen Entscheidungsspielraum und damit einen letzten Rest an Freiheit. Man mag darüber streiten, ob dieser Aspekt tatsächlich ausreicht, um den erpresserischen Menschenraub so hoch über die räuberische Erpressung zu heben, wie das nach der gegenwärtigen Gesetzeslage der Fall ist. Ein diskussionswürdiger Denkansatz ist es aber gewiß und zudem ein möglicher Orientierungspunkt für eine strafbarkeitsrestringierende Deutung des Kriteriums „Außenwirkung". Diese wäre z.B. zu verneinen in Fällen, in denen das Opfer sich zwar nicht durch Aushändigung von Bargeld, aber durch die telefonische Erteilung eines Überweisungsauftrags oder mittels Scheckkarte freikaufen kann.[233]

---

[231] BGHSt 40, 350 (359).
[232] BGHSt 40, 350 (359).
[233] Insoweit ist der Kritik von *Graul*, Zustand, S. 345 (351) an der „Außenwirkungs"-Rechtsprechung des BGH voll zuzustimmen; vgl. auch *Hellmann*, JuS 1996, 522 (527).

III. Zweiter Grundtatbestand, § 239 a I 2. Alt.

1. Allgemeines

102 Neben den beiden der beabsichtigten Erpressung vorgelagerten Entführungs- und Bemächtigungstatbeständen (§ 239 a I 1. Alt.) enthält § 239 a auf der grundtatbestandliche Ebene (Absatz 1) noch einen weiteren Tatbestand, in dessen Zentrum die Ausführung der Erpressung selbst steht, den Ausnutzungstatbestand (§ 239 a I 2. Alt.). Die zeitliche Ausdehnung des § 239 a I, die auf Grund des dauerdeliktischen Charakters der Entführung zw. Bemächtigung (s.o. Rn. 74) ohnehin schon recht weit ist, wird dadurch noch verlängert. Allerdings ist die Ergänzungsfunktion der Ausnutzungsalternative verbunden mit einer erheblichen Überlappung oder Überschneidung bezüglich der Entführung bzw. Bemächtigung. Soweit nämlich die von erpresserischer Absicht getragene Entführung bzw. Bemächtigung in die Ausnutzungsphase hineinreicht, wird das Verhalten noch von § 239 a I 1. Alt. erfaßt. Der gleichzeitig verwirklichte Ausnutzungstatbestand ist daher zur angemessenen Ahndung des verbrecherischen Verhaltens nicht erforderlich. Echte Lückenschließungsfunktion hat der Ausnutzungstatbestand daher nur in den Fällen, in denen der Täter die Entführung oder Bemächtigung ohne erpresserische Absicht begangen hat und in denen er während der Ausnutzung die Tatbestandsmerkmale „Entführung" oder „Sich-Bemächtigen" nicht mehr erfüllt. Diese Fälle dürften nicht eben häufig sein.

> **Beispiele:**
> (1) T entführt die O, um sie in einer abgelegenen Hütte einige Tage einzusperren und dort wiederholt zu vergewaltigen. Nachdem er die O eingesperrt hat, faßt er den Entschluß, die Eltern (E) der O anzurufen und von ihnen 200 000 DM Lösegeld für die Freilassung der O zu fordern. Mit seinem Handy ruft er von der Hütte aus bei den Eltern an, schildert die Lage der O und erhebt seine Lösegeldforderung.
>
> (2) Abwandlung von (1): Nachdem T die O in der Hütte eingesperrt hat, unternimmt diese einen Fluchtversuch. Dabei stürzt sie unglücklich und kommt zu Tode. Nun beschließt T, die Eltern (E) der O anzurufen und ein Lösegeld zu erpressen. Am Telefon erklärt T den Eltern, er habe die O in seiner Gewalt und werde sie erst nach Zahlung von 200 000 DM unversehrt freilassen.

In **Beispiel 1** hat T bereits mit dem Verbringen der O zu der Hütte den objektiven Tatbestand des § 239 a I 1. Alt. erfüllt, denn schon die Erlangung der Herrschaft über ihren Körper ist ein Sich-Bemächtigen und eine Entführung. Zunächst erfüllte er aber nicht den subjektiven Tatbestand, da er ohne Erpressungsabsicht handelte. Ein erpresserisches Ziel setzte sich T jedoch später zu einem Zeitpunkt, zu dem er die O immer noch in seiner Gewalt hatte, also den tatbestandsmäßigen Zustand der Entführung bzw. Bemächtigung aufrechterhielt. T erfüllte also noch vor dem Anruf bei E sowohl den objektiven als auch – synchron dazu – den subjektiven Tatbestand des § 239 a I 1. Alt. Mit Beginn des Anrufes verwirklichte er zusätzlich den objektiven und subjektiven Tatbestand des § 239 a I 2. Alt. Da die Verwirklichung des § 239 a I 1. Alt. auch während des Anrufs weiterhin andauerte, fallen Entführungs- und Ausnutzungstatbestand also während dieser Phase zusammen. Anders verhält es sich in **Beispiel 2**. Hier hatte T zwar die O entführt und dadurch den objektiven Tatbestand des § 239 a I 1. Alt. erfüllt. Diese Entführung diente aber keiner erpresserischen Zielverfolgung, solange die O am Leben war. Erst nach dem Tod der O faßte T eine erpresserische Absicht. Zu diesem Zeitpunkt erfüllte er aber den objektiven Tatbestand des § 239 a I 1. Alt. nicht mehr, da eine tatbestandsmäßige Entführung bzw. Bemächtigung nur an einem lebenden Menschen möglich ist. Aus § 239 a I ist T daher nur strafbar, wenn der erpresserische Anruf bei E nach dem Tod der O ein „Ausnutzen" i.S. der Ausnutzungsalternative des § 239 a I 2. Alt. ist (näher dazu unten Rn. 108).

2. Objektiver Tatbestand

a) Übersicht

Im Unterschied zur ersten Alternative handelt es sich hier um ein (vollkommen)[234] **zweiaktiges** Delikt:[235] Der erste Akt ist die Schaffung der durch den zweiten Akt ausgenutzten Lage des Opfers. Der zweite Akt ist die erpresserische Ausnutzung der zuvor durch eine „solche Handlung" geschaffenen Lage des Opfers. 103

Der objektive Tatbestand der zweiten Alternative des erpresserischen Menschenraubs besteht aus folgenden Merkmalen: 104

- Erster Akt:
  - einen Menschen
  - entführen oder sich seiner bemächtigen („solche Handlung")
  - Zwangslage des Opfers
- Zweiter Akt
  - Ausnutzung der Zwangslage
  - Erpressung durch Ausbeutung der Sorge um das Wohl des Opfers („solche Erpressung")

b) Erster Akt

aa) Solche Handlung

Mit dem Merkmal „durch eine solche Handlung" verweist die 2. Alt. des § 239 a I auf die Handlungsmerkmale der 1. Alt. zurück, also auf die **„Entführung"** bzw. **„Bemächtigung"**.[236] Der Ausnutzungshandlung muß eine **objektiv tatbestandsmäßige** Entführung oder Bemächtigung vorausgegangen sein. Den Unrechtsgehalt, der die hohe Strafdrohung des § 239 a I rechtfertigt, hat die Ausnutzung nur, wenn die Entführung bzw. Bemächtigung auch **vorsätzlich** und **rechtswidrig** war.[237] Schuldhaft braucht der erste Akt dagegen nicht ausgeführt worden zu sein. 105

---

[234] Zur „unvollkommen" zweiaktigen Struktur des § 239 a I 1. Alt. vgl. oben Rn. 67.
[235] *Bohlinger*, JZ 1972, 230 (232); *Maurach/Schroeder/Maiwald*, BT 1, § 15 Rn. 20; SK-*Horn*, § 239 a Rn. 15; Schönke/Schröder/Eser, § 239 a Rn. 18; allgemein dazu; *Jescheck/Weigend*, AT, § 26 II 5; *Roxin*, AT 1, § 10 Rn. 126.
[236] Schönke/Schröder/Eser, § 239 a Rn. 19.
[237] Schönke/Schröder/Eser, § 239 a Rn. 20; SK-*Horn*, § 239 a Rn. 15.

Beispiele:

(1) Der Hausmeister T der Universität Eisenhüttenstadt verursacht am Samstagnachmittag aus Versehen einen Stromausfall im Juridicum, der zur Folge hat, daß der Fahrstuhl zwischen der ersten und zweiten Etage steckenbleibt. In dem Fahrstuhl befindet sich gerade der Strafrechtsprofessor O. Als T bemerkt, was passiert ist, beschließt er, die hilflose Lage des O auszunutzen, dessen Ehefrau E mitzuteilen, daß O in seiner Gewalt ist und von E die Zahlung eines Lösegeldes von 100 000 DM zu fordern. Dies tut er auch sogleich.

(2) Auf Grund einer rechtmäßigen vorläufigen Festnahme (§ 127 II StPO) befindet sich O in Polizeigewahrsam. Der Polizeibeamte P, der an der Festnahme beteiligt war, ruft bei E – der Ehefrau des O – an, teilt ihr mit, daß O in seiner Gewalt sei und verlangt für die Freilassung des O ein Lösegeld von 100 000 DM.

(3) Im Zustand schuldfähigkeitsausschließenden Alkoholrausches (§ 20) entführt T die 12jährige O und sperrt sie ein. Als T wieder nüchtern ist, ruft er die Eltern der O an, schildert die Lage der O und verlangt für die Freilassung der Tochter 100 000 DM Lösegeld.

In **Beispiel 1** hat sich T des O objektiv bemächtigt, indem er dessen Gefangenschaft im Fahrstuhl verursachte. Allerdings hatte T zunächst keinen dahingehenden Vorsatz. Die spätere Ausnutzung der Zwangslage des O steht insoweit nicht mit einer vorsätzlichen Bemächtigungshandlung im Zusammenhang. Die unvorsätzliche Bemächtigung ist keine „solche Handlung" i.S. des § 239 a I 2. Alt. Zu berücksichtigen ist jedoch der dauerdeliktische Charakter der Bemächtigung (s.o. Rn. 73). Solange O in dem Fahrstuhl feststeckte und T diesen Zustand beenden konnte, befand sich O in der Gewalt des T. Sobald T der Lage des O gewahr wurde, hatte er den Vorsatz, sich des O zu bemächtigen. Die vorsätzliche Aufrechterhaltung der Gefangenschaft des O ist eine objektiv tatbestandsmäßige, vorsätzliche und rechtswidrige Bemächtigung und damit eine „solche Handlung".[238] Die dadurch geschaffene Zwangslage des O hat T zu einer Erpressung ausgenutzt. Daher hat sich T aus § 239 a I 2. Alt. strafbar gemacht.[239] In **Beispiel 2** hat sich T des O vorsätzlich bemächtigt. Die Tat war aber durch das Festnahmerecht des § 127 II StPO gerechtfertigt. Die Zwangslage des O ist deshalb nicht durch eine „solche Handlung" geschaffen worden. Denn der Gesamtunrechtsgehalt des § 239 a I 2. Alt. wird nicht erreicht, wenn einer der beiden Teilakte des zweiaktigen Delikts mit der Rechtsordnung in Einklang steht. T hat sich nicht aus § 239 a I 2. Alt. strafbar gemacht. In **Beispiel 3** hat T eine vorsätzliche und rechtswidrige Entführung begangen, wegen der er aber mangels Schuldfähigkeit nicht bestraft werden kann.[240] Das Entführungsunrecht reicht jedoch als Grundlage für eine Strafbarkeit der späteren – im Zustand der Schuldfähigkeit begangenen – Ausnutzung der Entführungslage. T hat die O durch eine „solche Handlung" in die Lage gebracht, die er zu einer Erpressung ausnutzte. Daher hat sich T aus § 239 a I 2. Alt. strafbar gemacht.

---

[238] Dabei ist gleichgültig, ob man das weitere Verhalten des T als andauerndes aktives Sich-Bemächtigen oder als Sich-Bemächtigen durch garantenpflichtswidriges (§ 13) Unterlassen qualifiziert. Denn T hatte eine Garantenpflicht aus Ingerenz; Schönke/Schröder/Eser, § 239 a Rn. 20.
[239] LK-Schäfer, § 239 a Rn. 16.
[240] Strafbar ist T aus § 323 a I (Rauschtat Freiheitsberaubung).

Die 2. Alt. des § 239 a I ist zur Befriedigung eines Bestrafungsbedürfnisses erforderlich, das die 1. Alt. nicht zu befriedigen vermag. Die Lücke im Strafrechtsschutz der 1. Alt., die durch die 2. Alt. geschlossen wird, betrifft Fälle, in denen der vorsätzlichen und rechtswidrigen Entführung bzw. Bemächtigung entweder überhaupt **keine „überschießende" Absicht** zugrundeliegt oder eine Absicht, die **nicht auf Erpressung** gerichtet ist.[241]

106

> **Beispiele:**
> (1) T entführt den 12jährigen O, um ihn einige Tage in einem dunklen Kellerraum einzusperren und ihm dadurch Angst einzujagen. Am zweiten Tag der Gefangenschaft beschließt T, die Eltern des O anzurufen und von ihnen für die Freilassung ihres Sohnes eine Lösegeld von 100 000 DM zu verlangen. Er setzt diesen Entschluß sogleich in die Tat um.
>
> (2) T entführt die 12jährige O, um sie in seiner Wohnung einige Tage lang sexuell zu mißbrauchen. Am zweiten Tag beschließt T, von den Eltern der O für die Freilassung der Tochter ein Lösegeld in Höhe von 100 000 DM zu fordern.
>
> (3) Abwandlung von (2): Noch vor Vollendung der Entführung läßt T seinen Vergewaltigungsentschluß fallen und wandelt ihn in eine Erpressungsabsicht um.

Die Entführung des O in **Beispiel 1** ist von Anfang an eine strafbare Freiheitsberaubung (§ 239 I). Erpresserischer Menschenraub ist die Tat hingegen zunächst nicht, da T sich des O nicht zum Zwecke einer Erpressung bemächtigte. Zwar erfüllte T den objektiven Tatbestand des § 239 a I 1. Alt., nicht aber den subjektiven Tatbestand. Die auf eine Erpressung gerichtete Entschlußfassung am zweiten Tag der Entführung fügte der objektiv tatbestandsmäßigen und vorsätzlichen Tat das fehlende subjektive Tatbestandsmerkmal hinzu. Die weitere Aufrechterhaltung der Gefangenschaft des O ist somit ein strafbarer erpresserischer Menschenraub gem. § 239 a I 1. Alt.[242] Darüber hinaus verwirklichte T auch den Ausnutzungstatbestand § 239 a I 2. Alt., als er damit begann, von den Eltern des O ein Lösegeld zu fordern. Erkennt man mit der hier vertretenen Meinung die Dauerdeliktsnatur der 1. Alt. des § 239 a I an, besteht für die 2. Alt. kein Bedürfnis. In **Beispiel 2** hat sich T aus § 239 b I 1. Alt. wegen Geiselnahme strafbar gemacht. Strafbarkeit aus § 239 a I 1. Alt. scheitert zunächst am Fehlen der erpresserischen Absicht. Wie in Beispiel 1 ergibt sich aber eine Strafbarkeit aus § 239 a I 1. Alt. schon auf Grund der nachträglichen Entschlußfassung bezüglich einer Erpressung. Die dann noch hinzukommende Verwirklichung des Ausnutzungstatbestandes (§ 239 a I 2. Alt.) ist zur Begründung der Strafbarkeit aus § 239 a I nicht erforderlich. In **Beispiel 3** bedarf es zur Begründung des Ergebnisses, daß sich T bereits aus § 239 a I 1. Alt. strafbar gemacht hat, nicht des Hinweises auf den dauerdeliktischen Charakter der Entführung. Denn T hatte schon vor Erreichen des Vollendungspunktes seine Zielsetzung auf die subjektiv-tatbestandsmäßige Erpressungsabsicht umgestellt. Gleichwohl ist auch die spätere Ausführung der Erpressungsabsicht als Verwirklichung des Ausnutzungstatbestandes (§ 239 a I 2. Alt.) ein erpresserischer Menschenraub. Die Aufgabe der Vergewaltigungsabsicht im Stadium der versuchten Geiselnahme (§§ 239 b, 22) ist als strafbefreiender Rücktritt zu werten. T ist also nur wegen erpresserischen Menschenraubes strafbar.

---

[241] *Blei*, BT, S. 79; SK-*Horn*, § 239 a Rn. 15.
[242] *Maurach*, FS Heinitz, S. 403 (408).

107   Der Täter der Ausnutzung muß auch Täter der vorangegangenen Entführung bzw. Bemächtigung sein.²⁴³ Denn § 239 a I 2. Alt. setzt voraus, daß die Lage des Opfers **„von ihm"** durch eine „solche Handlung" geschaffen wurde. Es genügt, daß der Ausnutzungstäter die erste Handlung als **Mittäter** oder **mittelbarer Täter** begangen hat.²⁴⁴ Nicht ausreichend ist dagegen eine Beteiligung als Anstifter oder Gehilfe.

> **Beispiele:**
> (1) T fordert den Geisteskranken M auf, die 12jährige O zu entführen. M führt die Tat sofort aus und bringt die O an einen auch dem T unbekannten Ort. Nun erst faßt T den Entschluß, von den Eltern der O für die Freilassung der Tochter ein Lösegeld von 100 000 DM zu verlangen. Mit einem Anruf bei den Eltern setzt T diesen Entschluß in die Tat um.
> (2) T und X entführen die O, um sie sexuell zu mißbrauchen. Nachdem T sich an der O vergangen hat, entfernt er sich und läßt die O in der Gewalt des X zurück. Als T an einer öffentlichen Telefonzelle vorbeikommt, beschließt er spontan, die Lage der O dazu auszunutzen, von den Eltern der O 100 000 DM Lösegeld zu verlangen.
> (3) Abwandlung von (1): M ist nicht geisteskrank, was dem T bekannt ist.

In **Beispiel 1** hat M die Tatbestandsmerkmale „entführt" und „sich bemächtigt" eigenhändig – also in der Manier der unmittelbaren Täterschaft (§ 25 I 1. Alt.) – erfüllt. Da er aber wegen seiner Geisteskrankheit schuldunfähig war (§ 20), beging er keine Straftat. Die Schuldunfähigkeit macht den M zu einem tauglichen „Werkzeug" in der Hand des mittelbaren Täters T. Indem nämlich T den schuldunfähigen M zur Tatbegehung benutzte, verwirklichte er selbst den objektiven Tatbestand des § 239 a I 1. Alt. in der Form der mittelbaren Täterschaft (§ 25 I 2. Alt.). Strafbar ist T aus § 239 a I 1. Alt. gleichwohl nicht, weil er während der von M ausgeführten Entführung der O keine erpresserische Absicht hatte. Diese Absicht faßte T zwar später, als sich O immer noch in der Gewalt des M befand. Jedoch verwirklichte T zu diesem Zeitpunkt nicht mehr den objektiven Tatbestand des § 239 a I 1. Alt. – und zwar auch nicht in der Begehungsform der mittelbaren Täterschaft. Denn da T nicht wußte, wo M die O gefangen hielt, hatte er keine Herrschaft über die O und auch keine Herrschaft über das Verhalten des M. Von einer tätigen dauerdeliktischen Aufrechterhaltung der Gefangenschaft der O durch T kann also nicht die Rede sein. Für Strafbarkeit aus § 239 a I 2. Alt. genügt allerdings, daß T die Lage der O in (mittelbar) täterschaftlicher Manier durch eine Entführungs- oder Bemächtigungshandlung geschaffen hat. Dies ist hier der Fall. Eine andere – hier nicht zu klärende – Frage ist, ob T die Lage der O ausnutzen konnte, obwohl er den Aufenthaltsort der O nicht kannte und daher keine physische Herrschaft über die O mehr hatte. In **Beispiel 2** hat T bei der Entführung der O zusammen mit X als Mittäter (§ 25 II) agiert. Die auf einer Entführung beruhende Lage der O ist also auch von T durch eine „solche Handlung" (Entführung) geschaffen worden. Auf dieser Basis kann T durch eine Ausnutzung der Lage der O den Tatbestand des § 239 a I 2. Alt. verwirklichen. Die Beurteilung der Tat des T in **Beispiel 3** fiele wie in Beispiel 1 aus, wenn T bezüglich der Entführung der O mittelbarer Täter wäre. Da aber M schuldfähig und deshalb selbst – aus § 239 I – strafbar ist, bestehen gegen die Annahme

---

²⁴³ *Blei*, BT, S. 79; *Joecks*, § 239 a Rn. 23; LK-*Schäfer*, § 239 a Rn. 16; SK-*Horn*, § 239 a Rn. 16.
²⁴⁴ *Schönke/Schröder/Eser*, § 239 a Rn. 21.

einer „Werkzeug"-Eigenschaft Bedenken. Erkennt man jedoch mit einer im Schrifttum durchaus beachtlichen Meinung die Fallgruppe „absichtsloses doloses Werkzeug" an,[245] könnte der – ohne Erpressungsabsicht handelnde – M hier doch Werkzeug des T im Sinne der mittelbaren Täterschaft sein. Allerdings käme dem T als „Benutzer" dieses Werkzeugs die für mittelbare Täterschaft erforderliche Überlegenheit nur unter der Voraussetzung zu, daß er – im Gegensatz zu M – die Entführung der O mit erpresserischer Absicht veranlaßt hätte. Das aber ist nicht der Fall. T handelte genauso absichtslos wie M. T ist daher nicht mittelbarer Täter, sondern nur Anstifter des M (§§ 239 I, 26). Die Lage der O, die T später zu einer Erpressung ausnutzte, ist also nicht von T, sondern nur von M geschaffen worden. T kann daher nicht aus § 239 a I 2. Alt. strafbar sein.

bb) Lage des Opfers

Der Täter des Ausnutzungstatbestandes muß durch eine „solche Handlung", also eine Entführung oder Bemächtigung, die „Lage eines Menschen" geschaffen haben. Damit ist zunächst klargestellt, daß der **erste Akt vollendet** sein muß, eine bloß versuchte Entführung oder Bemächtigung somit keine ausreichende Basis zur Erfüllung des Ausnutzungstatbestandes ist.

108

> **Beispiele:**
> (1) Mit einer Pistole in der Hand schleicht sich T von hinten an die O heran. Er hat dabei die Absicht, O mit der Waffe zu bedrohen und zum Einsteigen in seinen Pkw zu zwingen. Anschließend will er O in seine Wohnung bringen und dort vergewaltigen. Da T sehr aufgeregt ist, löst er versehentlich einen Schuß aus, der die O in den Rücken trifft und tötet. Nachdem T die Leiche der O in einen See geworfen hat, ruft er die Eltern der O an, erklärt ihnen, er habe ihre Tochter entführt. Dann verlangt er für ihre Freilassung ein Lösegeld von 500 000 DM.
> (2) Gemeinsam mit seinem Komplizen X bringt T den 16jährigen Unternehmersohn O in eine einsame Waldhütte. X hatte zuvor mit O vereinbart, diese Aktion zur Vortäuschung einer Entführung zu benutzen und von den Eltern E des O ein Lösegeld von 500 000 DM zu erpressen. T weiß von dieser Vereinbarung nichts und geht davon aus, O solle zum Zwecke körperlicher und seelischer Mißhandlung einige Tage eingesperrt werden. Als T am nächsten Tag zum Einkauf von Lebensmitteln in der nächstgelegenen Stadt ist, beschließt er, die Eltern des O auf eigene Faust zu erpressen. Er ruft die E an und vereinbart mit ihnen Termin und Ort der Lösegeldübergabe. Dabei hat T die Absicht, nicht mehr zu der Waldhütte zurückzukehren, sondern sich nach Empfang des Lösegeldes sofort ins Ausland abzusetzen.

In **Beispiel 1** hatte T dazu angesetzt, sich der O zu bemächtigen und sie zu entführen. Zur Vollendung dieser Tat kam es aber nicht. Insbesondere hatte sich T der O noch nicht bemächtigt, da die beabsichtigte Zwangswirkung mittels Bedrohung nicht zur Entfaltung gekommen war. O hatte ja den sich von hinten nähernden T noch nicht wahrgenommen. T beging also lediglich den Versuch einer Entführung bzw. Bemächtigung, strafbar als versuchte Geiselnahme mit Todesfolge, §§ 239 b I, II, 22 i.V. mit § 239 a III. Man könnte deshalb schon daran zweifeln, ob dies eine „solche Handlung" i.S. des § 239 a I 2. Alt. ist. Sicher ist jedenfalls, daß die erforderliche „geschaffene Lage eines Menschen" als Resultat

---

[245] Dazu *Woelk*, Täterschaft bei zweiaktigen Delikten, 1994, S. 80 ff.; *Herzberg*, Täterschaft und Teilnahme, S. 31 ff.

einer „solchen Handlung" fehlt. Zum einen war O tot und daher kein „Mensch" im strafrechtlichen Sinne mehr. Zum anderen meint „Lage" die Situation des Opfers, die infolge einer Entführung oder Bemächtigung eingetreten ist, nämlich den Verlust der Freizügigkeit und Fortbewegungsfreiheit. Diesen Entführungs- bzw. Bemächtigungserfolg hatte T aber nicht erreicht. In **Beispiel 2** verhält es sich insofern etwas anders, als der O zumindest aus der Sicht des T in eine Zwangslage geraten war, nachdem er in ein Geschehen involviert war, das äußerlich alle Merkmale einer Gefangennahme aufwies. Dennoch war dieser Vorgang weder eine Entführung noch eine Bemächtigung. Denn das Einverständnis des O steht dieser tatbestandsmäßigen Eigenschaft entgegen (s.o. Rn. 73, 76). Da T jedoch von diesem Einverständnis keine Kenntnis hatte, stellte er sich vor, den O zu entführen. Also beging T einen (untauglichen) Entführungsversuch. Dieser eignet sich aber hier ebensowenig wie in Beispiel 1 als Fundament einer tatbestandsmäßigen Ausnutzung. T hat sich daher nur wegen versuchten erpresserischen Menschenraubs strafbar gemacht, §§ 239 a I 2. Alt., 22.

109 Die Beispiele zeigen im übrigen, daß die Lage des Opfers auch **im Zeitpunkt der Ausnutzung noch die eines Entführungsopfers** sein muß. Befindet sich das Opfer dann nicht mehr in der Lage, in die es durch eine Entführung oder Bemächtigung gebracht worden ist, kann der Täter eine solche Lage nicht mehr ausnutzen.[246]

> **Beispiele:**
>
> (1) Unternehmersohn O wird von T und X entführt und in einer Waldhütte eingesperrt. Zunächst haben T und X noch keine konkreten Pläne bezüglich des weiteren Umgangs mit O. Als O aber bei einem nächtlichen Fluchtversuch in eine Schlucht stürzt und tödlich verletzt wird, entschließen sich T und X, nach Beseitigung der Leiche von den Eltern E des O ein Lösegeld zu erpressen. T ruft bei E an und teilt mit, daß O in der Gewalt von Entführern sei. Gegen ein Lösegeld von 500 000 DM werde O wieder freigelassen.
>
> (2) T entführt die 20jährige Zeitungsverlegertochter O, um sie als Objekt sexueller Handlungen zu benutzen. Nach kurzer Zeit verliebt sich O in ihren Entführer und schlägt ihm vor, von O´s Eltern E ein Lösegeld zu erpressen. T ruft darauf bei E an und erklärt, er habe die O entführt und werde sie nur gegen ein Lösegeld von 500 000 DM wieder freilassen.

T und X haben den O durch eine Entführung – also eine „solche Handlung" – in die Lage eines Entführungsopfers gebracht. Als sie dazu ansetzten, die Eltern des O zu erpressen, war diese Lage jedoch schon wieder aufgehoben. Da O tot war, existierte in bezug auf ihn keine „Lage eines – lebenden – Menschen" mehr. Es ist fraglich, ob T und X dennoch die frühere Entführungslage in tatbestandsmäßiger Weise zu einer Erpressung ausnutzen konnten. Eine ähnliche Problematik wurde im Rahmen des Entführungstatbestandes (§ 239 a I 1. Alt.) bereits oben erörtert (Rn. 88). Dabei wurde darauf hingewiesen, daß die tatsächliche Herrschaft über das – lebende – Opfer bei der beabsichtigten Erpressung die Funktion eines bedeutenden Druckmittels hat. Die Macht über das Schicksal des Entführten eröffnet dem Täter weitreichende Möglichkeiten der Druckausübung, über die ein Erpresser, der eine Entführungslage nur vortäuschen kann, nicht verfügt. Diese Machtstellung gibt daher auch dem Ausnutzungstatbestand sein besonderes Gepräge und sei-

---

[246] *Blei*, BT, S. 80.

nen enormen Unrechtsgehalt. Die Entführungslage muß nicht nur vom Täter geschaffen worden sein; sie muß auch noch bestehen, während der Täter sie zu einer Erpressung ausnutzt.[247] Anderenfalls wäre nicht einzusehen, warum § 239 a I 2. Alt. überhaupt eine vom Täter geschaffene Entführungslage verlangt. T und X haben sich somit nicht aus § 239 a I 2. Alt. strafbar gemacht. Auch in **Beispiel 2** hat T eine tatbestandsmäßige Entführung – also eine „solche Handlung" – begangen. Dadurch hat er die O in eine Entführungslage gebracht, die als Grundlage einer tatbestandsmäßigen Ausnutzung i.S. des § 239 a I 2. Alt. geeignet ist. Jedoch hatte diese Lage im Zeitpunkt des Erpressungsbeginns eine andere Qualität: Da O mit der von T geschaffenen Lage nunmehr einverstanden war, wurde sie nicht mehr gegen ihren Willen festgehalten. Sie war keine Entführte mehr, ihre Lage war keine tatbestandsmäßige Entführungslage mehr. In der Lage der O im Zeitpunkt der Erpressung wirkt sich die ursprüngliche Entführung nicht mehr aus. O hätte ebensogut von Anfang an freiwillig zu T gehen können, um ihm die Möglichkeit einer täuschungsgestützten Erpressung ihrer Eltern zu verschaffen. Also hat sich T nicht aus § 239 a I 2. Alt. strafbar gemacht.

c) Zweiter Akt

Der zweite Akt ist die eigentliche tatbestandsmäßige Handlung: Die **Ausnutzung** der zuvor durch den ersten Akt geschaffenen Lage des Opfers **zu einer Erpressung**. Der erste Akt hat im Rahmen des Ausnutzungstatbestandes eine ähnliche Funktion wie z.B. der Diebstahl im Rahmen des Tatbestandes „räuberischer Diebstahl" (§ 252). Er ist eine „Vortat" und schafft die Ausgangsposition für die Begehung einer nach § 239 a I 2. Alt. tatbestandsmäßigen Tat. 110

aa) Solche Erpressung

Der zweite Akt muß alle Strafbarkeitsvoraussetzungen einer – wenigstens versuchten[248] – Erpressung erfüllen. Durch den Zusatz „solche" wird der Kreis tauglicher Erpressungstaten auf diejenigen reduziert, die in § 239 a I 1. Alt. Gegenstand der erpresserischen Absicht sind (s.o. Rn. 93 ff.): Der Tatbestand des § 239 a I 2. Alt. umfaßt also nur Erpressungen, bei denen der Täter die **Sorge des Opfers um sein Wohl oder die Sorge eines Dritten um das Wohl des Opfers** ausnutzt.[249] Eine weitere Einschränkung des Tatbestandes ist nach der hier vertretenen Meinung hinsichtlich des Erpressungsmittels geboten. In Anlehnung an die speziellen Nötigungsmittel des § 239 b I ist auch im Rahmen des § 239 a I 2. Alt. als tatbestandsmäßige Erpressungshandlung nur eine **Drohung mit Tötung, Zufügung einer schweren Körperverletzung oder Freiheitsberaubung von über einer Woche Dauer** anzuerkennen (s.o. Rn. 95). 111

---

[247] SK-*Horn*, § 239 a Rn. 15.
[248] *Maurach*, FS Heinitz, S. 403 (408); *Otto*, BT, § 29 Rn. 7; *Rengier*, BT 2, § 24 Rn. 20; *Wessels/Hillenkamp*, BT 2, Rn. 744; *Lackner/Kühl*, § 239 a Rn. 7; LK-*Schäfer*, § 239 a Rn. 16; *Schönke/Schröder/Eser*, § 239 a Rn. 24; *Tröndle/Fischer*, § 239 a Rn. 7.
[249] *Schönke/Schröder/Eser*, § 239 a Rn. 22.

bb) Ausnutzung

112 Das Merkmal „ausnutzt" stellt die Verbindung zwischen der durch den ersten Akt (Entführung, Bemächtigung) geschaffenen „Lage eines Menschen" und der Erpressung her. Die Entführungslage ist das **Druckmittel**, mit dem der Täter die Zwangswirkung seiner Erpressung verstärken kann. Die Stabilität der Entführungslage ermöglicht dem Täter eine Ausdehnung der Druckausübung über einen längeren Zeitraum sowie die Variierung der Druckintensität. Er kann die Drohungsintensität lockern oder verschärfen und notfalls eine Zermürbungstaktik anwenden. Wie oben (Rn. 109) schon dargelegt wurde, muß die Entführungslage im Zeitpunkt der Erpressung noch bestehen. Anderenfalls ist eine Ausnutzung dieser Lage nicht möglich.

3. Subjektiver Tatbestand

Hinsichtlich der Bestandteile des subjektiven Tatbestandes sind der erste und der zweite Akt differenziert zu betrachten.

a) Erster Akt

113 Der erste Akt – die Entführung bzw. Bemächtigung – muß **vorsätzlich** ausgeführt worden sein (s.o. Rn. 105). Dagegen braucht der Täter beim Vollzug der Entführungs- bzw. Bemächtigungshandlung noch **keine erpresserische Absicht** gehabt zu haben. Denn es ist gerade die Aufgabe des Ausnutzungstatbestandes, ohne Erpressungsabsicht begangenen Entführungen bzw. Bemächtigungen zu erfassen (s.o. Rn. 106).

b) Zweiter Akt

114 Da der zweite Tatakt eine tatbestandsmäßige Erpressung ist, muß er alle subjektiven Tatbestandsmerkmale einer Erpressung umfassen. Neben dem **Vorsatz** (§ 15) beinhaltet der subjektive Tatbestand also die **Absicht rechtswidriger Bereicherung**. Inhalt des Vorsatzes sind zum einen alle objektiven Tatbestandsmerkmale der Erpressung, zum anderen aber auch die Ausnutzung der Entführungslage zum Zwecke der Erpressung.

IV. Qualifikationstatbestand § 239 a III

1. Allgemeines

115 Da die Qualifikation des § 239 a III durch einen zur grunddeliktischen Tat hinzutretenden und durch sie verursachten Todeserfolg begründet wird, handelt es sich um ein **erfolgsqualifiziertes Delikt**.

2. Objektiver Tatbestand

a) Grunddelikt

Mit „Tat" meint § 239 a III einen Vorgang, der die Qualität eines nach § 239 a I strafbaren erpresserischen Menschenraubs hat. Als Basis der Erfolgsqualifikation kommen alle Grundtatbestände des § 239 a I in Betracht.[250] Im Vordergrund stehen dabei eindeutig die Entführungs- und Bemächtigungsfälle des § 239 a I 1. Alt. Der Ausnutzungstatbestand (§ 239 a I 2. Alt.) eignet sich nur ausnahmsweise zur Begründung der Erfolgsqualifikation.

116

> **Beispiele:**
> (1) T entführt die O, um von ihren Eltern ein Lösegeld zu erpressen. O wird von T in einem Zimmer eingesperrt, das zu einer im 6. Stock eines Hochhauses gelegenen Wohnung gehört. Bei dem Versuch, durch das Fenster zu flüchten, stürzt O ab und zieht sich tödliche Verletzungen zu.
> (2) T entführt O, um von den Eltern ein Lösegeld zu erpressen. O wird in einer einsam gelegenen Waldhütte eingesperrt und mit Nahrungsmittelvorräten ausgestattet, die eine Woche reichen. Dann ruft T bei den Eltern des O an und verlangt ein Lösegeld. Da diese aber auf Anraten der Polizei eine Hinhaltetaktik anwenden, gibt T den Versuch der Erpressung alsbald entnervt auf und setzt sich ins Ausland ab. Die Suche der Polizei nach dem entführten O verläuft ergebnislos. Erst nach zwei Wochen wird der inzwischen verhungerte O zufällig von einem Journalisten, der von T einen Hinweis bekommen hatte, gefunden.
> (3) T entführt die O aus zunächst rein sexuellen Motiven. Erst später entschließt sich T zu einer Erpressung gegenüber den Eltern der O. Bei der von der Polizei überwachten Lösegeld- und Geiselübergabe kommt es zu einem Schußwechsel, bei dem die O tödlich verletzt wird.

In **Beispiel 1** ist der Tod des Opfers unmittelbare Folge der durch Entführung und Bemächtigung geschaffenen Gefangenschaft. Die qualifizierende Todesfolge wurde also durch die Begehung des Grunddelikts § 239 a I 1. Alt. verursacht. Im Ergebnis ebenso verhält es sich in **Beispiel 2**. Auch hier wurde O durch Entführung in die Lage gebracht, in der er den Tod fand. Daß T im Zeitpunkt des Todeseintritts keine unmittelbare physische Herrschaft über O mehr besaß und seine erpresserische Absicht aufgegeben hatte, ändert daran nichts. In **Beispiel 3** hatte T möglicherweise keine Gewalt mehr über O, als diese tödlich getroffen wurde. Dennoch ist der unmittelbar bei dem Austausch von Lösegeld und Geisel verursachte Tod mittelbar auch eine Folge der vorausgegangenen Entführung bzw. Bemächtigung. Diese erfüllte anfänglich zwar nicht den subjektiven Tatbestand des § 239 a I 1. Alt.. Als T sich jedoch nachträglich entschloß, die Lage der O zu einer Erpressung auszunutzen, verwirklichte er den Tatbestand des § 239 a I 1. Alt. Wegen des dauerdeliktischen Charakters des § 239 a I 1. Alt. braucht also in Beispiel 3 nicht auf § 239 a I 2. Alt. zurückgegriffen zu werden.[251] Gleichwohl ist der Tod der O auch Folge einer tatbestandsmäßigen Ausnutzungshandlung i.S. des § 239 a I 2. Alt. Dies könnte ergebnisrelevant werden, falls in bezug auf § 239 a I 1. Alt. der erforderliche spezifische Gefahrverwirklichungszusammenhang oder die Leichtfertigkeit fehlt.

---

[250] *Maurach*, FS Heinitz, S. 403 (406).
[251] *Schönke/Schröder/Eser*, § 239 a Rn. 29.

117 Als grunddeliktische Erfolgsbasis kommt auch ein **versuchter** erpresserischer Menschenraub in Betracht.[252] Denn die spezifische Lebensgefährlichkeit kann schon durch die typischerweise bei der Begründung des Gewaltverhältnisses – also zwischen Versuch und Vollendung der Entführung bzw. Bemächtigung – ausgeführten Körperverletzungsakte zur Entfaltung gebracht werden.

> **Beispiel:** Mit einer geladenen und entsicherten Pistole in der Hand nähert sich T von hinten dem O, den er zum Zwecke der Lösegelderpressung entführen will. Als O sich plötzlich umdreht, löst der sehr aufgeregte T einen Schuß aus, der den O trifft und tödlich verletzt.

Zu einem vollendeten erpresserischen Menschenraub ist es hier nicht gekommen, da O gestorben ist, bevor T sich seiner bemächtigen konnte. Der objektive Tatbestand des § 239 a I 1. Alt. kann nur durch Begründung der physischen Gewalt über einen lebenden Menschen erfüllt werden. T hatte aber zur Verwirklichung des Tatbestandes unmittelbar angesetzt und daher einen versuchten erpresserischen Menschenraub begangen, §§ 239 a I 1. Alt., 22. Da die Versuchshandlung den Tod des O verursacht hat, ist Strafbarkeit des T aus §§ 239 a III, 22 möglich,[253] sofern die sonstigen Strafbarkeitsvoraussetzungen, insbesondere der Gefahrverwirklichungszusammenhang und die Leichtfertigkeit, erfüllt sind.

b) Todeserfolg

aa) Tod

118 § 239 a III berücksichtigt als erfolgsqualifizierende Folge nur den Tod des Opfers. Schwere Körperverletzungen i.S. des § 226 reichen nicht, da deren Erfolgsunwert unschwer bei der Strafzumessung aus dem sehr scharfen Strafrahmen des § 239 a I berücksichtigt werden kann. Es gilt derselbe **Todesbegriff** wie bei §§ 211 ff.[254]

bb) Opfer

119 § 239 a III setzt durch die Formulierung „Tod des Opfers" voraus, daß der Getötete bereits die strafrechtlich erhebliche Eigenschaft als Tatopfer hat, bevor der Todeserfolg eintritt und ihn zum „Todesopfer" macht. Wie oben dargestellt wurde (Rn. 62), zeichnet sich der erpresserische Menschenraub durch die Beeinträchtigung mehrerer verschiedener Rechtsgüter aus, was zur Folge hat, daß die Tat auch mehrere verschiedene Opfer treffen kann. Dennoch ist nicht daran zu zweifeln, daß im Rahmen des § 239 a III allein das **Opfer der Entführung bzw. Bemächtigung** gemeint sein kann.[255] Denn die im tödlichen Ausgang bestätigte Lebensgefährlichkeit haftet in ausreichendem Maße nur dem – typischerweise mit physischer Gewalt vollzogenen – Entführungs- bzw. Bemächtigungsakt an.

---

[252] *Maurach*, FS Heinitz, S. 403 (413); *Schönke/Schröder/Eser*, § 239 a Rn. 30; SK-*Horn*, § 239 a Rn. 27; *Tröndle/Fischer*, § 239 a Rn. 9.
[253] *Maurach/Schroeder/Maiwald*, BT 1, § 15 Rn. 29.
[254] Dazu Teilband 1, § 3 Rn. 92; *Gössel*, BT 1, § 2 Rn. 11 ff.; *Krey*, BT 1, Rn. 15 ff.; *Rengier*, BT 2, § 3 Rn. 7; *Wessels/Hettinger*, BT 1, Rn. 19 ff.
[255] *Arzt/Weber*, BT, § 18 Rn. 38.

C. Erpresserischer Menschenraub, § 239 a StGB

Dagegen ist die erpresserische Drohung und die – ebenfalls zum Tatbestand der Erpressung gehörende – Vermögensbeschädigung kein typisch lebensgefährlicher Vorgang.

> **Beispiel:** T entführt die 16jährige O, um ihre Eltern zu erpressen. Als M, die Mutter der O, den von T geschriebenen und abgeschickten Brief mit der Lösegeldforderung liest, erleidet sie einen Herzanfall, an dessen Folgen sie einen Tag später stirbt. Zur Erfüllung der Lösegeldforderung muß V, der Vater der O, sein Einfamilienhaus verkaufen und in eine schäbige Mietwohnung umziehen. Den Verlust von Ehefrau und Haus geht über die Kräfte des V. Ein halbes Jahr nach der M stirbt auch V.

Opfer des erpresserischen Menschenraubs, den T durch die Entführung der O begangen hat, sind außer O selbst auch ihre Eltern M und V. Man könnte den Opferkreis sogar noch weiter ziehen und jeden berücksichtigen, der Grund hat, um das Wohl der O zu bangen, also beispielsweise sonstige Angehörige und Freunde. Eine sinnvolle und dem Bestimmtheitsgebot entsprechende Definition des Opferbegriffs muß sich aber auf die Personen beschränken, die Inhaber der unmittelbar durch die tatbestandsmäßige Tat tangierten Rechtsgüter sind. Das sind die Eltern der O, weil sie Drohungsadressaten (Rechtsgut Willensentschließungsfreiheit) und Inhaber des Vermögens (Rechtsgut Vermögen) sind, das mit der von T beabsichtigten Erpressung angegriffen wird. Dennoch erfüllt der Tod von M und V nicht den Tatbestand des § 239 a III. Denn beide sind nicht „Opfer" i.S. dieser Vorschrift. Das StGB läßt nämlich generell bei der Schaffung erfolgsqualifizierter Tatbestände die psychische Erschütterung durch Drohung und die Zufügung eines Vermögensschadens als Erfolgsbasis unberücksichtigt. Dies erkennt man am deutlichsten daran, daß es im StGB keine „Nötigung mit Todesfolge", keine „(einfache) Erpressung mit Todesfolge", keinen „Diebstahl mit Todesfolge" und keine „Sachbeschädigung mit Todesfolge" gibt. Daher können diese Todesursachen auch im Rahmen des § 239 a III nicht berücksichtigt werden.

Das Opfer muß im Zeitpunkt der Todesverursachung ein **Mensch** im strafrechtlichen Sinne sein. Denn der Erfolg „Tod" ist nur in bezug auf einen schon und noch lebenden Menschen möglich. Da der getötete Mensch zudem „Opfer" eines tatbestandsmäßigen erpresserischen Menschenraubs gewesen sein muß, dieses Delikt aber nur an einem lebenden Menschen begangen werden kann (s.o. Rn. 69), muß der Getötete bereits zur Zeit der Grundtatbestandsverwirklichung Mensch gewesen sein.

> **Beispiele:**
>
> (1) T entführt die hochschwangere O, um ihren Ehemann E zu erpressen. Die O wird von T im Keller eines unbewohnten Hauses eingesperrt. Nachdem eine Lösegeldübergabe scheitert, verliert T die Nerven und gibt die Tat auf. Er flieht ins Ausland, ohne sich weiter um O zu kümmern. Diese bringt kurz danach ein Mädchen M zur Welt. Auf Grund der miserablen hygienischen Verhältnisse stirbt das Neugeborene einen Tag nach der Geburt. Erst zwei Tage darauf wird die völlig entkräftete O von der Polizei gefunden und aus ihrem Gefängnis befreit.
>
> (2) Abwandlung von (1): O wehrt sich heftig gegen die Entführung durch T und bekommt von diesem einen Tritt in den Unterleib. Dadurch wird die Leibesfrucht der O beschädigt. Zwei Tage später kommt M mit schweren Gesundheitsschäden zur Welt. Am Tag nach der Geburt findet der Versuch einer Lösegeldübergabe statt, nach deren

Scheitern T ins Ausland flieht. O wird zwei Tage später gefunden und befreit. M war kurz zuvor an den Verletzungen, die der Tritt in den Unterleib der O verursacht hatte, verstorben. Ob das Leben der M hätte gerettet werden können, wenn sofort nach der pränatalen Schädigung die erforderliche medizinische Versorgung von Mutter und Leibesfrucht eingesetzt hätte, läßt sich nicht mehr aufklären.

In **Beispiel 1** hat sich T durch die Entführung der O aus § 239 a I 1. Alt. strafbar gemacht. In bezug auf M hat T dagegen den Tatbestand des erpresserischen Menschenraubs nicht erfüllt, denn im Zeitpunkt der Entführung der O war M noch nicht geboren und daher kein taugliches Opfer eines erpresserischen Menschenraubs (s.o. Rn. 69). Als M auf die Welt kam, hatte T die Tat bereits aufgegeben und sein tatbestandsmäßiges Verhalten – Aufrechterhaltung der Entführung bzw. Bemächtigung – beendet. M war also zu keinem Zeitpunkt Opfer einer Entführung bzw. Bemächtigung. Aus diesem Grund kann ihr Tod zur Erfüllung des Qualifikationstatbestandes § 239 a III nichts beitragen. Denn der/die Getötete muß zuvor bereits Opfer eines tatbestandsmäßigen erpresserischen Menschenraubs gewesen sein. In **Beispiel 2** hat sich T aus § 239 a I 1. Alt. sowohl in bezug auf O als auch in bezug auf M strafbar gemacht. Denn da T das Dauerdelikt „Entführung" noch beging, als M geboren und damit zum Menschen geworden war, wurde M gewissermaßen in die andauernde Tat und die Rolle des tauglichen Opfers eines erpresserischen Menschenraubs „hineingeboren". Damit ist die M auch ein taugliches Opfer des erfolgsqualifizierten Delikts § 239 a III. Allerdings war M noch nicht geboren und damit noch kein taugliches Opfer eines Tötungsdelikts, als die Ursache für den kurz nach der Geburt eingetretenen Tod gesetzt wurde. Todesursache war eine pränatale Verletzung, die weder den Tatbestand einer Körperverletzung noch den Tatbestand einer Tötung erfüllen kann, da diese Tatbestände voraussetzen, daß das Opfer bereits im Zeitpunkt der Verursachung Menschqualität hat.[256] Für todeserfolgsqualifizierte Delikte wie § 239 a III kann insoweit nichts anderes gelten.[257] Dieser Tatbestand wäre hier daher nur erfüllt, wenn noch nach der Geburt der M gesundheitsschädliche Einflüsse und Auswirkungen der Entführung – z.B. die Vorenthaltung medizinischer Betreuung – zu dem frühzeitigen Tod des Neugeborenen beigetragen hätten. Da sich dies aber nicht aufklären läßt, ist nach dem Prinzip „in dubio pro reo" zugunsten des T davon auszugehen, daß das Leben der vorgeschädigten M auf keinen Fall mehr zu retten war. Deshalb hat sich T nicht aus § 239 a III strafbar gemacht.

c) Zusammenhang zwischen Grunddelikt und Tod

121 Der Tod des Opfers muß „durch die Tat" verursacht worden sein. Wie bei erfolgsqualifizierten Delikten allgemein[258] ist damit ein wesentlich engerer Zusammenhang zwischen Grunddelikt und Erfolg gemeint, als die Vokabel „verursacht" es auszudrücken vermag.[259] Es reicht nicht, daß die Tat – das Grunddelikt „erpresserischer Menschenraub" (§ 239 a I) – **Ursache** des Todes ist. Erforderlich ist darüber hinaus die **objektive Zurechenbarkeit** des Todeserfolgs zum Grunddelikt sowie die **Verwirklichung der spezifischen deliktsimmanenten Todesgefahr** im

---

[256] *Krey*, BT 1, Rn. 187; *Tröndle/Fischer*, vor § 211 Rn. 2.
[257] Teilband 1, § 3 Rn. 91 (zu § 251).
[258] Zu § 316 a III vgl. oben Rn. 51 ff. , zu § 251 vgl. Teilband 1, § 3 Rn. 97.
[259] BGHSt 33, 322 (323).

eingetretenen Todeserfolg („Gefahrverwirklichungszusammenhang", „Risikozusammenhang").[260]

> **Beispiele:**
>
> (1) Zum Zwecke einer Erpressung entführt T die O nachts aus ihrer Wohnung und sperrt sie im Keller eines Hauses ein, das nur 100 m von ihrer Wohnung entfernt liegt. In derselben Nacht entweicht in der Wohnung der O Gas aus einer undichten Leitung. Wäre O nicht kurz zuvor von T entführt worden, hätte das Gas die O im Schlaf getötet. Noch in derselben Nacht gelingt der O die Flucht. Auf dem schnellsten Weg kehrt sie in ihre Wohnung zurück. Als sie den Lichtschalter betätigt, kommt es auf Grund des ausgeströmten Gases zu einer Explosion, durch die O getötet wird.
>
> (2) Der von T entführte O wird anläßlich eines mißlungenen Fluchtversuchs von T mit Fußtritten und Schlägen mißhandelt. Die dadurch verursachten Verletzungen sind lebensgefährlich. Nach seiner Freilassung wird O sofort in eine Klinik eingeliefert. Zufälligerweise befindet sich unter dem Klinikpersonal die Ärztin Ä, mit der O einst eine Liaison hatte, die von O auf ziemlich unfreundliche Weise abrupt beendet worden war. Ä erkennt den O wieder und sieht eine günstige Gelegenheit zur Rache gekommen. Durch heimliches Vertauschen zweier Ampullen bewirkt die Ä, daß dem O von der arglosen Krankenschwester K ein tödlich wirkendes Mittel injiziert wird.
>
> (3) Abwandlung von (2): Die Mißhandlungen durch T führen bei O nur zu mittelschweren – nicht lebensgefährlichen – Verletzungen. Nach seiner Freilassung begibt sich O zu Arzt A in Behandlung. Auf Grund leichter Fahrlässigkeit unterläuft dem A bei der Behandlung des O ein Kunstfehler, der zum Tod des O führt.
>
> (4) O wird von T in einen Pkw gezerrt und entführt. Die Polizei nimmt sofort die Verfolgung auf, um den O zu befreien. Als T an einer geschlossenen Bahnschranke halten muß, kommt es zu einem Feuergefecht zwischen ihm und der Polizei. Von einer verirrten Polizeikugel wird der noch im Wagen sitzende O tödlich getroffen.

Die beiden ersten Beispiele zeigen, daß man die Fallprüfung nicht voreilig auf den spezifischen Gefahrverwirklichungszusammenhang konzentrieren sollte. Denn das Ergebnis der Straflosigkeit kann gegebenenfalls schon aus den dogmatisch vorgelagerten Gesichtspunkten mangelnder Kausalität oder mangelnder allgemeiner objektiver Zurechenbarkeit abzuleiten sein In **Beispiel 1** fehlt ersichtlich schon die Ursächlichkeit der nach § 239 a I 1. Alt. tatbestandsmäßigen Entführung für den Tod der O. Ohne diese Tat des T wäre O noch früher ums Leben gekommen, die Entführung hat das Leben der O also sogar verlängert. Daraus darf selbstverständlich nicht geschlossen werden, daß die Entführung doch Ursache des konkreten Todeseintritts war, weil ohne Entführung der Tod zu einem anderen Zeitpunkt eingetreten und auf andere Weise herbeigeführt worden wäre. Hinausschiebung des Todeszeitpunkts ist schon deshalb keine Todesverursachung, weil der tatbestandsmäßige Erfolg „Tod" Lebenszeitverkürzung – und nicht Lebenszeitverlängerung – bedeutet.[261] In **Beispiel 2** bestehen an der Kausalität der von T begangenen Entführung für den Tod des O keine Zweifel. Hätte T den O nicht entführt, wäre es nicht zu dem Fluchtversuch und den dabei von T begangenen Mißhandlungen gekommen. O hätte dann nicht in die Klinik gebracht werden müssen und wäre nicht durch die Injektion des falschen Mittels getötet worden. Der Tod des O wurde also von T verursacht, ist ihm aber

---

[260] SK-*Horn*, § 239 a Rn. 28; BGHSt 32, 25 (28).
[261] *Kühl*, AT, § 4 Rn. 54.

gleichwohl nicht objektiv zuzurechnen. Denn das vorsätzliche Eingreifen der Ä in den Kausalverlauf hat zur Folge, daß ausschließlich das Handeln der Ä als Erfolgsursache strafrechtlich relevant ist.[262] Das Zustandekommen eines Zurechnungszusammenhanges zwischen dem möglichen Tod des O und dem lebensgefährlichen Handeln des T wird durch die Intervention der Ä verhindert. Daher entfällt nicht nur eine Strafbarkeit des T aus § 239 a III, sondern auch aus § 222 und aus § 227. In **Beispiel 3** hat T nicht nur den Tod des O verursacht; der Todeserfolg ist dem todesursächlichen Verhalten des T auch objektiv zuzurechnen. Das nur fahrlässige „Dazwischentreten" des A läßt den Beitrag des T zum Tod des O im Licht der strafrechtlichen Würdigung nicht in dem Maße verblassen, daß der Zusammenhang zwischen der Tat des T und dem Tod des O strafrechtlich bedeutungslos wäre. Vielmehr spiegelt das Strafrecht die Relation zwischen dem Erfolgsunwert der Tötung des O und dem zugrundeliegenden Handlungsunwert nur dann zutreffend wider, wenn es sowohl das Fehlverhalten des A als auch das Fehlverhalten des T in den Blick nimmt.[263] Dennoch ist T nicht aus § 239 a III strafbar. Im Tod des O hat sich nämlich nicht die besondere Lebensgefahr der Entführung niedergeschlagen. Zwar ist die gewalttätige Auseinandersetzung zwischen T und O anläßlich des Fluchtversuchs eine für Entführungen typische lebengefährliche Situation. Jedoch hat diese Situation hier ihre abstrakte Lebensgefährlichkeit nicht konkret entfaltet. Da O keine lebensgefährlichen Verletzungen davongetragen hat, konnte sich in dem später eingetretenen Tod die Lebensgefährlichkeit der Entführung nicht mehr niederschlagen. Der Tod des O stellt sich hier vielmehr als Resultat eines allgemeinen Lebensrisikos bzw. eines allgemeinen Patientenrisikos nieder. Strafbar ist T aus § 222.[264] Ein Fall der Strafbarkeit aus § 239 a III ist nur das **Beispiel 4**. Hier hat T den Tod des O in objektiv zurechenbarer Weise verursacht. Zudem hat sich im Tod des O eine spezielle und für Entführungen charakteristische Lebensgefahr verwirklicht. Tod oder schwere Verletzungen bei Befreiungsversuchen sind entführungstypische Risiken.[265]

3. Subjektiver Tatbestand

a) Grunddelikt

122 Je nachdem, ob dem Todeserfolg ein Grunddelikt nach § 239 a I 1. Alt. oder nach § 239 a I 2. Alt. zugrundeliegt, gelten für den subjektiven Tatbestand die oben (Rn. 77 ff., 113) dargestellten Regeln. Der Täter muß in jedem Fall vorsätzlich und mit erpresserischer Absicht gehandelt haben. Dabei ist zu beachten, daß zwischen dem Teil der Grundtatbestandsverwirklichung, der die Basis des Todeserfolges bildet, und den beiden subjektiven Tatbestandsmerkmalen **Synchronität** bestehen muß.

> **Beispiel:** T entführt die O aus rein sexuellen Motiven. Durch die Gewalttätigkeiten, die T bei der Gefangennahme der O ausübt, wird O schwer verletzt. Nun beschließt T, die Eltern der O anzurufen und von ihnen für die Freilassung ihrer Tochter ein Lösegeld zu fordern. Einen Tag danach verstirbt O an den erlittenen Verletzungen.

---

[262] *Kühl*, AT, § 4 Rn. 49; *Maiwald*, JuS 1984, 439 (440).
[263] *Maiwald*, JuS 1984, 439 (441).
[264] Vgl. BGHSt 33, 322 (325) letzter Satz.
[265] BGHSt 33, 322 (324); *Küpper*, NStZ 1986, 117; *Rengier*, BT 2, § 24 Rn. 28; *Krey*, BT 2, Rn. 329; *Wessels/Hettinger*, BT 1, Rn. 460; *Otto*, BT, § 29 Rn. 13.

C. Erpresserischer Menschenraub, § 239 a StGB   141

Mit der Gefangennahme der O erfüllte T den objektiven Tatbestand des § 239 a I 1. Alt. Da er aber zunächst keine Erpressungsabsicht hatte, erfüllte er nicht den subjektiven Tatbestand des § 239 a I 1. Alt. Dieser Entführungsakt, durch den der Tod der O verursacht wurde, ist deshalb keine „Tat" i.S. des § 239 a III (s.o. Rn. 116). Der subjektive Tatbestand des § 239 a I 1. Alt. wurde von T erst erfüllt, als er den Entschluß zur Erpressung der Eltern der O faßte. Von nun an hatte das dauerdeliktische Verhalten des T die erforderlichen rechtlichen Eigenschaften einer „Tat" i.S. des § 239 a III. Allerdings war diese Tat keine Todesursache. Denn da O auf Grund der zuvor schon erlittenen Verletzungen ohnehin unrettbar dem Tode geweiht war, hat sich die Fortdauer der Entführung im Todeserfolg nicht ausgewirkt. Der Tod der O ist also nicht durch eine „Tat" verursacht worden. T ist nicht aus § 239 a III – wohl aber aus § 239 III Nr. 2 und gegebenenfalls aus §§ 239 b II i.V. m. 239 a III – strafbar.[266]

b) Leichtfertigkeit

Während § 18 allgemein bei erfolgsqualifizierten Delikten leichte Fahrlässigkeit bezüglich des qualifizierenden Erfolges als Strafbarkeitsvoraussetzungen ausreichen läßt, hebt § 239 a III die Strafbarkeitsschwelle auf das Niveau der **groben Fahrlässigkeit**.[267] Das Wort „wenigstens" öffnet den Tatbestand für Taten, bei denen der Täter mit Tötungsvorsatz gehandelt hat.[268]   123

V. Tätige Reue, § 239 a IV

1. Allgemeines

Die in § 239 a IV dem Gericht eingeräumte Strafmilderungsmöglichkeit knüpft an ein **rücktrittsähnliches Verhalten** des Täters – oder Teilnehmers – an. Hinsichtlich der Rechtsfolge unterscheidet sich § 239 a IV von § 24 und von Sondervorschriften wie z.B. § 266 a V 2, § 306 e II dadurch, daß nicht die Strafbarkeit (Straftatvoraussetzungen), sondern die Bestrafung (Straftatfolgen) berührt wird. Die tätige Reue schließt nicht das Vorliegen einer Straftat aus, sondern eröffnet nur die Möglichkeit **gemilderter Sanktionierung** der Straftat. Von in dieser Hinsicht verwandten Sondervorschriften wie z.B. § 142 IV, § 158 I oder § 306 e I unterscheidet sich § 239 a IV dadurch, daß nur eine fakultative Strafmilderung, nicht dagegen fakultatives Absehen von Bestrafung vorgesehen ist. Das hat zur Folge, daß Vorschriften, die diese weitergehenden Rechtsfolgen auslösen können, im Falle eines Zusammentreffens mit § 239 a IV vorrangig anzuwenden sind.   124

> **Beispiele:**
>
> (1) T schleicht sich mit geladener Pistole in der Hand von hinten an O heran. Er will O entführen und die Eltern des O um ein Lösegeld erpressen. Als O sich plötzlich umdreht, stellt T fest, daß O ein weißes T-Shirt mit dem Emblem seines – des T – Lieb-

---

[266] *Maurach*, FS Heinitz, S. 403 (408).
[267] *Lackner/Kühl*, § 15 Rn. 55; *Tröndle/Fischer*, § 15 Rn. 20.
[268] *Rengier*, BT 2, § 24 Rn. 26.

lingsfußballvereins auf der Brust trägt. Da T keinen Anhänger „seines" Vereins entführen will, gibt er den Plan spontan auf und läßt O in Ruhe.

(2) Abwandlung von (1): Als O sich umdreht, erkennt T, daß er den O mit jemand anderem verwechselt hat. Tatsächlich hatte T es auf den Y abgesehen, der dem O ähnelt, aber wesentlich wohlhabendere Eltern hat als der aus bescheidenen Verhältnissen stammende O. Da T sich von einer Entführung des O keinen Erfolg verspricht, gibt er sein Tatvorhaben auf.

In **Beispiel 1** hatte T den O noch nicht entführt und sich seiner auch noch nicht bemächtigt, als er sein Vorhaben aufgab. Eine vollendete Straftat nach § 239 a I 1. Alt. hatte er also noch nicht begangen. Da er aber kurz davor stand, den O in seine Gewalt zu bringen, hatte er zur Verwirklichung des Tatbestandes § 239 a I 1. Alt. unmittelbar angesetzt und alle Strafbarkeitsvoraussetzungen des versuchten erpresserischen Menschenraubs erfüllt, §§ 239 a I 1. Alt., 22. Die Aufgabe der weiteren Tatausführung erfolgte freiwillig. Daher ist T vom Versuch strafbefreiend zurückgetreten, § 24 I 1 1. Zwar läßt sich das Rücktrittsverhalten des T durchaus auch unter § 239 a IV S. 1 subsumieren. T hat sein Opfer O in seinen Lebenskreis zurückgelangen lassen und auf die erstrebte Bereicherung verzichtet. Als Rechtsfolgevorschrift setzt § 239 a IV aber das Vorliegen einer Straftat voraus. Da sich T nicht aus § 239 a I strafbar gemacht hat, kann § 239 a IV nicht zur Anwendung kommen. In **Beispiel 2** läßt sich gegen die Gewährung des Rücktrittsprivilegs aus § 24 I mit gutem Grund einwenden, daß T seine Tat nicht freiwillig aufgegeben habe. Da er den O als ein für sein Erpressungsvorhaben ungeeignetes Entführungsopfer ansah, ist sein Versuch fehlgeschlagen. Also hat sich T wegen versuchten erpresserischen Menschenraubs aus §§ 239 a I 1. Alt., 22 strafbar gemacht. Für die Anwendung des § 239 a IV ist daher Raum. Wie sich insbesondere aus dem Vergleich zwischen § 239 a IV S. 2 einerseits („ernsthaftes Bemühen") und § 24 I 2 andererseits („freiwillig und ernsthaft bemüht") schließen läßt, kommt es bei § 239 a IV nicht auf Freiwilligkeit des Leistungsverzichts an.[269] Aus Gründen des Opferschutzes wird dem Täter hier eine (fast)[270] goldene Brücke gebaut, deren Überquerung vom Täter nicht die gleiche honorierungswürdige Umkehrleistung verlangt wie bei § 24.[271] Das Gericht kann also zugunsten des T von der Milderungsmöglichkeit des § 239 a IV S. 1 Gebrauch machen, vorausgesetzt, T hat tatsächlich auf eine Leistung verzichtet.

2. Anwendungsbereich des § 239 a IV

a) Vollendete und versuchte Tat

125   Die Strafmilderungsmöglichkeit des § 239 a IV kommt hauptsächlich in Fällen des „Rücktritts" **nach vollendeter Tat** zur Anwendung.[272] Wie das obige Beispiel (Rn.124) zeigt, kann aber auch ein versuchter erpresserischer Menschenraub Anknüpfungspunkt für § 239 a IV sein. Denn es wäre ein Wertungswiderspruch,

---

[269] *Bohlinger,* JZ 1972, 230 (232); *Blei,* BT, S. 80; *Krey,* BT 2, Rn. 328; *Maurach/Schroeder/ Maiwald,* BT 1, § 15 Rn. 30; *Otto,* BT, § 29 Rn. 15; *Rengier,* BT 2, § 24 Rn. 30; *LK-Schäfer,* § 239 a Rn. 25; *Lackner/Kühl,* § 239 a Rn. 10; *SK-Horn,* § 239 a Rn. 22; *Schönke/ Schröder/Eser,* § 239 a Rn. 33.
[270] Völlig „golden" ist die Brücke nicht, da sie den Täter nicht in die Straflosigkeit führt.
[271] *Bohlinger,* JZ 1972, 230 (232); *Schönke/Schröder/Eser,* § 239 a Rn. 40.
[272] *Schönke/Schröder/Eser,* § 239 a Rn. 33.

b) Täter und Teilnehmer

Die Erwähnung des „Täters" und die Nichterwähnung des „Teilnehmers" im Text des § 239 a IV bedeutet nicht, daß Teilnehmer keine Chance haben, sich durch ein dem § 239 a IV entsprechendes Verhalten das Privileg der Strafmilderung zu verdienen. Es ist eine im Strafgesetzbuch weit verbreitete Technik der Textgestaltung, nur den „Täter" ausdrücklich zu nennen, obwohl die Vorschrift ihrem Sinn nach zweifellos **auch auf Teilnehmer Anwendung** finden muß. Beispielsweise wird niemand in Frage stellen, daß der Anstifter oder Gehilfe nach § 60 S. 1 straflos davonkommen muß, wenn er selbst durch die Tat schwer geschädigt worden ist.[273] Auch das Privileg des § 158 I wird dem Teilnehmer gewährt, wenn er – nicht der Täter – die falsche Aussage berichtigt.[274] Ebenso verhält es sich mit § 239 a IV.[275]

126

> **Beispiel:** A stiftet den T an, die O zu entführen und dann von den Eltern ein Lösgeld zu erpressen. T entführt die O und sperrt sie in einem Kellerraum ein. Bevor T dazu kommt, von den Eltern das Lösegeld zu fordern, befreit A die O aus ihrem Gefängnis und bringt sie zu ihren Eltern zurück.

T hat sich durch die Entführung der O aus § 239 a I 1. Alt., A hat sich durch die Bestimmung des T zu dieser Tat aus §§ 239 a I 1. Alt., 26 strafbar gemacht. Die Befreiung der O durch A ändert daran nichts. A hat jedoch bewirkt, daß O in ihren Lebenskreis zurückgelangt und ihre Eltern die von T erstrebte Leistung nicht zu erbringen brauchten. Daher könnte A eine Aussicht auf Milderung seiner Strafe nach § 239 a IV S. 1 erlangt haben. Fraglich ist dies allerdings, weil A nicht „Täter" ist und – sofern er selbst an dem Lösegeld nicht partizipieren wollte – auf die Leistung der Eltern nicht verzichtet hat. Daß eine Ungleichbehandlung von Tätern und Teilnehmern im Rahmen des § 239 a IV jedoch ungerecht und sachlich nicht zu begründen wäre, zeigt bereits § 24 II. Die alleinige Erwähnung des Täters ist daher kein Hindernis für die Anwendung des § 239 a IV auf A. Auch das Merkmal „Verzicht" braucht nicht im Sinne von Aufgabe einer Absicht zur persönlichen Bereicherung verstanden zu werden. Da im subjektiven Tatbestand des § 253 die Drittbereicherungsabsicht der eigennützigen Bereicherungsabsicht gleichgestellt ist, muß auch im Rahmen des § 239 a IV die Verhinderung der Leistung an einen Dritten – hier: den Täter T – dem Verzicht auf Leistung an sich selbst – hier: an den Anstifter A – gleichgestellt werden. Daß die Vokabel „Verzicht" dazu nicht besonders gut paßt, ist unschädlich, da gegen eine analoge Anwendung des begünstigenden § 239 a IV auf Tatteilnehmer keine Bedenken bestehen.[276]

---

[273] *Lackner/Kühl*, § 60 Rn. 2; *Schönke/Schröder/Stree*, § 60 Rn. 1.
[274] *Lackner/Kühl*, § 158 Rn. 1; *Schönke/Schröder/Lenckner*, § 158 Rn. 2; *Tröndle/Fischer*, § 158 Rn. 2.
[275] *LK-Schäfer*, § 239 a Rn. 25; *SK-Horn*, § 239 a Rn. 25.
[276] *Schönke/Schröder/Eser*, § 239 a Rn. 43.

c) Grundtatbestand § 239 a I

127 Das Hauptanwendungsgebiet des § 239 a IV sind Taten, die alle Strafbarkeitsvoraussetzungen eines Grundtatbestandes nach § 239 a I erfüllen und somit Strafbarkeit wegen vollendeten erpresserischen Menschenraubes begründen. Im Fall des § 239 a I 1. Alt. ist die Anwendbarkeit evident, da der Täter sich hier im **Vorfeld der beabsichtigten Erpressung** befindet und daher vom Empfang der „erstrebten Leistung" noch recht weit entfernt ist. Hat der Täter die Lage des Opfers bereits zu einer Erpressung ausgenutzt (§ 239 a I 2. Alt.) ist es ebenso, da das „Ausnutzen" schon mit dem Erpressungsversuch gegeben ist (s.o. Rn. 111). Aber selbst **nach bereits vollendeter Erpressung** kann tätige Reue noch möglich sein, da Vollendung und Eintritt des Bereicherungserfolgs zeitlich auseinanderfallen können.[277]

d) Qualifikationstatbestand § 239 a III

128 Selbstverständlich **unanwendbar** ist § 239 a IV in Fällen, in denen das Opfer durch die Tat **getötet** wird und aus diesem Grund nicht mehr – lebendig – in seinen Lebenskreis zurückgelangt. In gleicher Weise sind Fälle zu beurteilen, bei denen das Opfer **an den Folgen der Tat verstirbt**, nachdem es in seinen Lebenskreis zurückgelangt ist.[278] Liegt zwischen der Freilassung des Opfers und dem Todeseintritt allerdings ein längerer Zeitraum, ist dies ein Indiz für das Fehlen des von § 239 a III vorausgesetzten spezifischen Risikozusammenhangs zwischen Entführung und Todeserfolg. Ein strafprozeßrechtliches Problem begründet der große zeitliche Abstand zwischen Entführung, Freilassung und Todeseintritt, wenn der Täter wegen erpresserischen Menschenraubs aus § 239 a I rechtskräftig verurteilt wurde, dabei § 239 a IV zur Anwendung kam und erst danach der – mit der Tat gefahrspezifisch verknüpfte – Tod des Opfers eingetreten ist. Die Rechtskraft des Strafurteils steht dann einer Wiederaufrollung des Verfahrens mit dem Ziel einer ungemilderten Verurteilung aus § 239 a III entgegen („ne bis in idem", Art. 103 III GG).[279]

3. Voraussetzungen

a) Allgemeines

129 § 239 a IV differenziert nach dem auch in anderen Rücktritts- oder rücktrittsähnlichen Vorschriften praktizierten Muster – z.B. § 24 I S. 1 und S. 2, § 31 I und II, § 139 IV S. 1 und S. 2, § 149 II und III – zwischen **erfolgsursächlichem** und **nichtursächlichem** Rücktrittsverhalten. Im Fall des § 239 a IV S. 1 bewirkt der Täter (oder Teilnehmer, s.o. Rn. 126), daß der strafmilderungsrelevante Erfolg

---

[277] Vgl. Teilband 1, § 6 Rn. 11, 66.
[278] SK-*Horn*, § 239 a Rn. 21.
[279] KMR-*Sax*, Einleitung XIII Rn. 28; LR-*Schäfer*, Einl. Kap. 12 Rn. 36 a; *Ranft*, Strafprozeßrecht, Rn. 1873; a.A. *Roxin*, Strafverfahrensrecht, § 50 Rn. 17; *Rüping*, Das Strafverfahren, Rn. 568.

eintritt (Freilassung, unten Rn.130), im Fall des § 239 a IV S. 2 bemüht er sich um die Herbeiführung dieses Erfolges, ohne ihn tatsächlich zu verursachen (Freilassungsversuch, unten Rn. 131).

b) Freilassung, § 239 a IV S. 1

aa) Zurückgelangenlassen in den Lebenskreis

§ 239 a IV S. 1 geht davon aus, daß der Täter das Opfer durch die Tat (Entführung oder Bemächtigung) aus seiner gewohnten Umgebung herausgerissen und an einen Ort außerhalb des „Lebenskreises" gebracht hat. Die **Ortsveränderung** ist – wie oben gesehen (Rn. 73) – das charakteristische Merkmal der Variante „Entführung". Ein Zurückgelangen in den Lebenskreis des Opfers erfordert also eine Rückkehr, d. h. die Überwindung der räumlichen Distanz zwischen dem Ort der Gefangenschaft und dem Ort, der den eigenen Lebenskreis ausmacht. Da bei der „Bemächtigungs"-Variante eine Ortsveränderung des Opfers nicht erforderlich ist, sind Fälle möglich, in denen der Täter sich des Opfers innerhalb dessen Lebenskreises bemächtigt. Demnach scheint in solchen Fällen ein „Zurückgelangen" ausgeschlossen zu sein. Jedoch ist eine so enge Deutung des Merkmals abzulehnen, hätte sie doch zur Folge, daß gerade Taten mit geringerem Unrechtsgehalt von der Strafmilderungsmöglichkeit abgeschnitten wären. Deshalb muß für das „Zurückgelangen in den Lebenskreis" genügen, daß das Opfer aus der Situation der Bemächtigung entlassen wird und sich wieder frei innerhalb seines Lebenskreises bewegen kann. Es ist nicht notwendig, daß das Opfer vom Ort seiner Gefangenschaft bis zu seinem Lebenskreis einen mehr oder weniger langen Weg zurücklegen muß.

130

Der Beitrag des Täters zu dem Rückkehrerfolg beschränkt sich auf das **Zulassen** dieses Vorgangs. Dazu genügt das Absehen von erfolgversprechenden Gegenmaßnahmen bei einem erfolgreichen Fluchtversuch des Opfers.[280] Allerdings ist die Strafmilderungsmöglichkeit erst eröffnet, wenn das Opfer seinen Lebenskreis tatsächlich erreicht hat. Den Täter entlastet nicht schon die Beendigung der Gefangenschaft, wenn zwischen ihr und der Wiederherstellung des Normalzustandes eine längere Wegstrecke liegt. Insbesondere trägt der Täter das Risiko eines fehlgeschlagenen Rückkehrversuchs, z.B. wenn das Opfer auf seinem Weg nach Hause tödlich verunglückt.[281] Bei einem von der Heimat des Opfers weit entfernten Entführungsort darf sich der Täter nicht damit begnügen, das Opfer gehen zu lassen. Vielmehr muß er aktiv dafür Sorge tragen, daß das Opfer auf zumutbare, sichere und zügige Weise an seinen Heimatort zurückgelangen kann. Der Lebenskreis des Opfers ist auch dann als Zielort des § 239 a IV S. 1 relevant, wenn sich das Opfer vor der Tat gar nicht an diesem Ort befunden hat. Der Täter, der ein im Wald verirrtes Kind entführt hat, kann sich also nicht darauf beschränken, das Kind wieder in diesen Wald zurückzubringen. Will das Opfer

131

---

[280] LK-*Schäfer*, § 239 a Rn. 26; *Schönke/Schröder/Eser*, § 239 a Rn. 35; SK-*Horn*, § 239 a Rn. 22.
[281] *Schönke/Schröder/Eser*, § 239 a Rn. 38.

nicht mehr in seinen früheren Lebenskreis zurückkehren, bewirkt diese Entscheidung die Begründung eines neuen Lebenskreises. Für die Anwendung des § 239 a IV S. 1 ist dann erforderlich, daß der Täter dem Opfer die Möglichkeit gibt, diesen neuen Lebenskreis zu erreichen. Dieser neue Lebenskreis kann auch der Ort der Gefangenschaft sein. Entschließt sich also das Opfer, bei dem Täter zu bleiben – z.B. weil sich zwischen den beiden eine Liebesbeziehung entwickelt hat – genügt es, daß der Täter dem Opfer die Freiheit gibt, ihn zu verlassen.

bb) Verzicht auf die erstrebte Leistung

132 Da der Täter den Menschenraub zum Zweck einer Erpressung begeht, richtet sich sein Streben auf eine rechtswidrige **Bereicherung**. „Leistung" ist also die Vermögensverfügung, die von der Geisel oder einem Dritten durch die Androhung einer gegen die Geisel gerichteten Übelszufügung erzwungen werden soll. Der Verzicht kann darin bestehen, daß das Opfer freigelassen und das Leistungsverlangen zurückgenommen wird, bevor der Täter die Leistung erhalten hat. Ausreichend ist aber auch, daß der Täter das Opfer freiläßt und die schon erhaltene Leistung zurückgibt.[282]

c) Freilassungsversuch, § 239 a IV S. 2

aa) Erfolgseintritt ohne Zutun des Täters

133 Mit „dieser Erfolg" meint § 239 a IV S. 2 die **Rückkehr des Opfers** in seinen Lebenskreis und das **Ausbleiben einer Vermögensschädigung** beim Erpressungsopfer. „Ohne Zutun" bedeutet, daß das Opfer nicht infolge eines Zurückgelangenlassens seinen Lebenskreis zurückgewinnt und daß die Unversehrtheit des Vermögens der erpreßten Person nicht auf einem Verzicht des Täters beruht. Es handelt sich also um Fälle, in denen sich das Opfer selbst befreit oder von Dritten befreit wird bzw. in denen der Täter die erstrebte Leistung ohnehin nicht erhalten hätte (Beispiel: Die Eltern des entführten Kindes folgen dem Rat der Polizei und beschließen, der Forderung des Entführers nicht nachzugeben) bzw. ihm die erhaltene Leistung wieder entzogen wurde (Beispiel: Die Polizei befreit die Geisel und stellt das bereits gezahlte Lösegeld sicher).

bb) Ernsthaftes Bemühen um den Erfolg

134 Das ernsthafte Bemühen um Herbeiführung des Erfolges im oben beschriebenen Sinne (Rückkehr des Opfers in seinen Lebenskreis, Unversehrtheit des Vermögens des Erpressungsopfers) hat die Struktur eines untauglichen bzw. fehlgeschlagenen Versuchs. Der Täter muß also gewissermaßen mit dem **Vorsatz** handeln, durch sein eigenes Verhalten diesen Erfolg herbeizuführen. Er muß den Vorsatz haben, das Opfer in seinen Lebenskreis zurückgelangen zu lassen und auf die erstrebte Leistung zu verzichten. Weiß er, daß sich das Opfer bereits

---

[282] LK-*Schäfer*, § 239 a Rn. 28; *Schönke/Schröder/Eser*, § 239 a Rn. 39; SK-*Horn*, § 239 a Rn. 23.

selbst befreit hat oder daß die erpreßte Person auf keinen Fall bereit ist, das verlangte Lösegeld zu zahlen, hat er diesen Vorsatz nicht. In objektiver Hinsicht muß der Täter Anstrengungen unternehmen, die ex ante gesehen geeignet sind, die Rückkehr des Opfers in seinen Lebenskreis zu ermöglichen und das Erpressungsopfer vor einem Vermögensverlust zu bewahren.[283]

VI. Kontrollfragen

1. Seit wann gibt es im deutschen Strafrecht den Straftatbestand „Erpresserischer Menschenraub"? (Rn. 60)
2. Wie unterscheiden sich die Tatbestände „Erpresserischer Menschenraub" (§ 239 a) und „Geiselnahme" (§ 239 b)? (Rn. 64)
3. Was versteht man unter einer „Entführung"? (Rn. 73)
4. Wie unterscheiden sich die Tatbestandsmerkmale „entführen" und „sich bemächtigen"? (Rn. 75)
5. Welche Probleme hat die Einbeziehung von „Zwei-Personen-Konstellationen" in den Tatbestand des § 239 a erzeugt? (Rn. 96–101)
6. Wie unterscheidet sich die zweite Tatbestandsalternative des § 239 a I von der ersten Tatbestandsalternative? (Rn. 102, 103)
7. Wie setzt sich der subjektive Tatbestand des § 239 a I 1. Alt. und der subjektive Tatbestand des § 239 a I 2. Alt. zusammen? (Rn. 77, 113, 114)
8. Zu welcher Deliktsgattung gehört § 239 a III? (Rn. 115)
9. Wie muß bei § 239 a III der Zusammenhang zwischen Grunddelikt und Todeserfolg beschaffen sein? (Rn. 121)
10. Wie unterscheidet sich § 239 a IV von § 24 StGB? (Rn. 124)

VII. Literatur

Bohlinger, Bemerkungen zum Zwölften Strafrechtsänderungsgesetz (12. StrÄG), JZ 1972, 230

Fahl, Zur Problematik der §§ 239 a b StGB bei der Anwendung auf „Zwei-Personen-Verhältnisse", Jura 1996, 456

Graul, Vom Zustand der Zeit im Umgang mit Gesetzen, dargestellt am Beispiel der §§ 239 a, 239 b StGB, in: Vom unmöglichen Zustand des Strafrechts, Institut für Kriminalwissenschaften Frankfurt a. M. (Hrsg.), 1995, S. 345

Hansen, Tatbild, Tatbestandsfassung und Tatbestandsauslegung beim erpresserischen Menschenraub (§ 239 a StGB), GA 1974, 353

Bernd Heinrich, Zur Notwendigkeit der Einschränkung des Tatbestandes der Geiselnahme, NStZ 1997, 365

Maurach, Zur Rechtsnatur des erpresserischen Kindesraubes (§ 239 a StGB), JZ 1962, 559

---

[283] LK-*Schäfer*, § 239 a Rn. 29.

Maurach, Probleme des erfolgsqualifizierten Delikts bei Menschenraub, Geiselnahme und Luftpiraterie, Festschrift für Ernst Heinitz, 1972, S. 403
Müller-Dietz, Der Tatbestand der Geiselnahme in der Diskussion, JuS 1996, 110
Müller-Emmert/Maier, Erpresserischer Menschenraub und Geiselnahme, MDR 1972, 97
Rengier, Genügt die „bloße" Bedrohung mit (Schuß-) Waffen zum „Sichbemächtigen" i.S. der §§ 239 a, 239 b StGB?, GA 1985, 314
Renzikowski, Erpresserischer Menschenraub und Geiselnahme im System des Besonderen Teils des Strafgesetzbuches, JZ 1994, 492
Tenckhoff/Baumann, Zur Reduktion des Tatbestandes des erpresserischen Menschenraubs und der Geiselnahme, §§ 239 a, 239 b StGB, JuS 1994, 836

§ 3 Betrugsähnliche Delikte

A. Einführung

I. Übersicht

In diesem Kapitel werden Straftaten dargestellt, die dem in § 263 geregelten Betrug mehr oder weniger stark ähneln. Der Standort fast aller diese Straftaten normierenden Vorschriften im Besonderen Teil des StGB – §§ 298, 299 ausgenommen – zeigt durch seine Nähe zu § 263 die strukturelle und inhaltliche Verwandtschaft auch gesetzessystematisch an.[1] Im einzelnen handelt es sich um folgende Straftatbestände:

- Computerbetrug (§ 263 a)
- Subventionsbetrug (§ 264)
- Kapitalanlagebetrug (§ 264 a)
- Versicherungsmißbrauch (§ 265)
- Erschleichen von Leistungen (§ 265 a)
- Kreditbetrug (§ 265 b)
- Wettbewerbsbeschränkende Absprachen bei Ausschreibungen (§ 298)
- Bestechlichkeit und Bestechung im geschäftlichen Verkehr (§ 299)

II. Betrugsähnlichkeit

Die Einordnung in die Klasse der „betrugsähnlichen" Delikte beruht bei sämtlichen hier erfaßten Straftaten auf dem ihren Charakter prägenden **Täuschungselement** – bzw. täuschungsähnlichen Element.[2] Jeweils besteht die tatbestandsmäßige Handlung in einer wahrheitswidrigen Äußerung über Tatsachen, die gegenüber einem anderen gemacht wird und diesen zu einem Verhalten veranlaßt, das vermögensschädigende Folgen hat oder haben kann. Eine weitere Parallele zum Betrug bildet also die Interaktion zwischen dem Täter und einem anderen mit einer **selbstschädigenden** Reaktion auf der Seite des anderen. Der Einordnung in die große Gruppe der Vermögensdelikte entspricht es schließlich,

---

[1] Vgl. aber die Kritik bei LK-*Tiedemann*, § 263 a Rn. 6.
[2] Zu den dieses Element betreffenden computerspezifischen Modifizierungen bei § 263 a sogleich unten Rn. 16 ff.

daß bei allen Delikten am Ende des Interaktionsprozesses eine **Vermögensschädigung** oder wenigstens **Vermögensgefährdung** steht.

3   Die betrugsähnlichen Tatbestände decken sich allerdings nicht vollkommen mit dem Tatbestand des § 263, anderenfalls wären sie selbst Betrug und nicht nur betrugs„ähnlich". Die **Unterschiede zum Betrug** sind nicht einheitlich. Teilweise weicht das betrugsähnliche Delikt vom Betrug im Täuschungsmerkmal ab, teilweise betrifft die Abweichung den Vermögensschaden. Vielfach wird auch auf das subjektive Tatbestandsmerkmal „Bereicherungsabsicht" verzichtet. Ausführlich und eingehend werden die Abweichungen von § 263 bei den Einzeldarstellungen der Delikte erläutert.

B. Computerbetrug, § 263 a StGB

Übersicht Rn.

I. Allgemeines
 1. Betrugsähnlichkeit 4–5
 2. Rechtsgut 6
 3. Systematik
   a) Innere Systematik des § 263 a 7–8
   b) Verhältnis zu anderen Delikten 9–11
II. Grundtatbestand § 263 a I
 1. Objektiver Tatbestand
   a) Übersicht 12
     aa) Gemeinsame Merkmale 13
     bb) Differenzierende Merkmale 14
     cc) Vollständiges Schema 15
   b) Handlungsalternativen
     aa) 1. Alternative: Unrichtige Gestaltung des Programms 16–17
     bb) 2. Alternative: Verwendung unrichtiger oder unvollständiger Daten 18–19
     cc) 3. Alternative: Unbefugte Verwendung von Daten 20–23
     dd) 4. Alternative: Sonstige unbefugte Einwirkung auf den Ablauf ... 24–25
   c) Beeinflussung des Ergebnisses eines Datenverarbeitungsvorgangs ... 26–27
   d) Vermögensschaden 28
 2. Subjektiver Tatbestand 29
III. Qualifikationstatbestand § 263 a II i.V.m. § 263 V
 1. Allgemeines 30
 2. Objektiver Tatbestand
   a) Grunddelikt 31
   b) Qualifizierende Merkmale 32
 3. Subjektiver Tatbestand
   a) Grunddelikt 33
   b) Qualifizierende Merkmale 34

I. Allgemeines

1. Betrugsähnlichkeit

Der Name des Delikts, die unmittelbare Nachbarschaft zu § 263, die Verweisung in § 263 a II und die Gestaltung des Normtextes in § 263 a I sind untrügliche äußere Zeichen einer sehr weitgehenden Anlehnung an den „Muttertatbestand" des § 263.[3] Bis zu der Stelle „dadurch beschädigt, daß er" sind die Texte von § 263 I und § 263 a I vollkommen identisch. Liest man weiter, begegnen einem zwar nunmehr unterschiedliche Worte. Abstrahiert man aber die in diesen Teilen der § 263 I und § 263 a I getroffenen Aussagen, kristallisiert sich eine weitere Grobidentität der Texte heraus: Jeweils wird der Adressat unwahrer Angaben zu einem vermögensschädigenden Verhalten veranlaßt. Sachlich unterscheiden sich Betrug und Computerbetrug nur in einem Punkt: Beim Betrug wird ein Mensch getäuscht, beim Computerbetrug wird ein Computer „getäuscht". Da aber der Begriff „Täuschung" auf **unwahre Angaben gegenüber Menschen** festgelegt ist, scheitert die Subsumtion unwahrer Angaben im Rahmen eines EDV-Vorganges bereits an diesem objektiven Tatbestandsmerkmal.[4] Computer können nicht getäuscht werden, deshalb ist der Computerbetrug kein Betrug i.S. des § 263. Gäbe es diese eine Hürde nicht, wäre § 263 a überflüssig, weil der Computerbetrug dann problemlos von § 263 erfaßt werden könnte. Denn alle anderen Strafbarkeitsvoraussetzungen des § 263 lassen sich mit den strafwürdigen Fällen des Computerbetrugs ohne weiteres in Einklang bringen.[5]

4

Die **Strafbarkeitslücke**, die die zunehmende Gefährdung von Vermögen durch Computermanipulationen („Computerkriminalität") und die Unmöglichkeit ihrer Erfassung durch § 263 spätestens in den 70er Jahren des vergangenen Jahrhunderts spürbar und sichtbar werden ließen,[6] führte schließlich zur Einführung des neuen Straftatbestandes „Computerbetrug" durch das **Zweite Gesetz zur Bekämpfung der Wirtschaftskriminalität** (2. WiKG) im Jahr 1986.[7] Der Gesetzgeber ließ sich bei der Gestaltung des Tatbestandes von der Überlegung leiten, daß die tatbestandlich zu erfassenden Taten so stark dem Typus des Betrugs angeglichen seien, daß die Fassung des § 263 zur Vorlage genommen werden könne und nur die auf den getäuschten Menschen zugeschnittenen Betrugsmerkmale in eine computertaugliche Form gebracht werden müßten.[8] So erklärt es sich, daß die

5

---

[3] Vgl. bereits Teilband 1, § 7 Rn. 8.
[4] Teilband 1, § 7 Rn. 33; *Gössel*, BT 2, § 22 Rn. 1; *Wessels/Hillenkamp*, BT 2, Rn. 599; LK-*Tiedemann*, § 263 a Rn. 2.
[5] *Otto*, BT, § 52 Rn. 29; *Lackner/Kühl*, § 263 a Rn. 2.
[6] *Schönke/Schröder/Cramer*, § 263 a Rn. 1 („unabweisbares kriminalpolitisches Bedürfnis"); *Möhrenschlager*, wistra 1982, 201 (202); *Winkelbauer*, CR 1985, 40 (42); zweifelnd *Sieg*, Jura 1986, 352 (362).
[7] *Lenckner/Winkelbauer*, CR 1986, 654; *Arzt/Weber*, BT, § 21 Rn. 26; LK-*Tiedemann*, § 263 a Rn. 1.
[8] *Lackner*, FS Tröndle, S. 41 (43); *Hilgendorf*, JuS 1997, 130; *Ranft*, NJW 1994, 2574; *Arzt/Weber*, BT, § 21 Rn. 30.

Grobstruktur des objektiven und des subjektiven Tatbestandes beider Delikte übereinstimmt.[9] Die einzelnen Tatbestandsmerkmale selbst sind ebenfalls teilidentisch. Vermögensschaden, Vorsatz und Bereicherungsabsicht sind sowohl in § 263 als auch in § 263 a Strafbarkeitsvoraussetzungen. In EDV-adäquate Fassung gebracht wurden hingegen die objektiven Betrugsmerkmale Täuschung, Irrtum und Vermögensverfügung (näher dazu unten Rn. 16 ff.).

2. Rechtsgut

6   Wie § 263 schützt auch § 263 a nur ein einziges Rechtsgut, das **Vermögen**.[10] Daß daneben auch die EDV als eine aus dem öffentlichen und privaten Leben nicht mehr wegzudenkende Einrichtung mit enormem Einfluß auf die Lebensqualität vor Mißbrauch, Störung und Diskreditierung geschützt ist, läßt sich nicht bestreiten. Strafrechtsdogmatisch wirkt sich dies aber nicht aus.[11] Insbesondere verliert § 263 a durch diesen überindividuellen Aspekt nicht seinen Gesamtcharakter als Delikt gegen ein Individualgut. Dasselbe gilt für die Affinität des Straftatbestandes zur Wirtschaft. Wie schon § 263[12] wird auch § 263 a zu den Vorschriften gezählt, die zusammen mit zahlreichen anderen den Inbegriff „**Wirtschaftstrafrecht**" konstituieren. Äußerlich ist dieser Zusammenhang am deutlichsten an der gerichtlichen Zuständigkeit der „Wirtschaftsstrafkammer" zu erkennen, § 74 c I Nr. 5 GVG. Ein besonderes Schutzgut „Wirtschaft" resultiert daraus jedoch nicht.[13]

3. Systematik

a) Innere Systematik des § 263 a

7   Das Tatbestandsgefüge des Computerbetrugs ist durch Zweistufigkeit in der Vertikalen und Viergliedrigkeit in der Horizontalen geprägt. Die **grundtatbestandliche** Basis des § 263 a I trägt einen **Qualifikationstatbestand**, § 263 a II i.V.m. § 263 V. Privilegierungstatbestände gibt es nicht. Der Grundtatbestand des § 263 a I zerfällt in vier Alternativen: Unrichtige Gestaltung des Programms, Verwendung unrichtiger oder unvollständiger Daten, unbefugte Verwendung von Daten und sonstige unbefugte Einwirkung auf den Ablauf.

8   § 263 a II bezieht sämtliche **Regelbeispiele** des § 263 III in den Bereich des Computerbetrugs ein. **Geringer** Vermögensschaden schließt eine Strafschärfung

---

[9] Dazu, daß dies auf die Variante „unbefugte Verwendung von Daten" nur bedingt zutrifft, vgl. *Schönke/Schröder/Cramer*, § 263 a Rn. 2 sowie unten Rn. 20.
[10] *Ranft*, NJW 1994, 2574; *Haft*, NStZ 1987, 6 (7); *Bühler*, MDR 1987, 448 (449); *Arzt/Weber*, BT, § 21 Rn. 31; *Gössel*, BT 2, § 22 Rn. 1; *Krey*, BT 2, Rn. 512 c; *Otto*, BT, § 52 Rn. 30; *Rengier*, BT 1, § 14 Rn. 1; *Wessels/Hillenkamp*, BT 2, Rn. 599; *Lackner/Kühl*, § 263 a Rn. 1; LK-*Tiedemann*, § 263 a Rn. 13; NK-*Kindhäuser*, § 263 a Rn. 3; SK-*Günther*, § 263 a Rn. 4; *Tröndle/Fischer*, § 263 a Rn. 2.
[11] *Lackner/Kühl*, § 263 a Rn. 1: „Schutzreflex".
[12] Vgl. Teilband 1, § 7 Rn. 2.
[13] Ebenso *Tröndle/Fischer*, § 263 a Rn. 2: „Reflexwirkung".

nach § 263 a II i.V.m. § 263 III aus und begründet ein Strafantragserfordernis, § 263 a II i.V.m. § 263 IV. Der **Versuch** des Grunddelikts ist gem. § 263 a i.V.m. § 263 II strafbar, beim qualifizierten Delikt § 263 a II i.V.m. § 263 V ergibt sich die Versuchsstrafbarkeit aus der Verbrechensnatur, §§ 12 I, 23 I. Verbindungen des Computerbetrugs mit **Organisierter Kriminalität** werden in § 263 a II i.V.m. § 263 VII aufgegriffen.

b) Verhältnis zu anderen Delikten

Das Verhältnis zum **Betrug** wurde oben schon skizziert: Auf objektiv-tatbestandlicher Ebene gehen die beiden Delikte im Merkmal „Täuschung" auseinander und ordnen sich dem § 263 einerseits und dem § 263 a andererseits zu. Es handelt sich somit um ein Verhältnis tatbestandlicher Exklusivität.[14] In der Realität kann der Betrug des § 263 durchaus mit computerbetrügerischem Verhalten i.S. des § 263 a zusammentreffen. Wird nämlich durch eine Computermanipulation auch noch ein Mensch getäuscht, dessen Reaktion zu einem Vermögensschaden führt, liegt ein „normaler" Betrug vor. Ob daneben auch der Tatbestand des § 263 a erfüllt ist und welches Konkurrenzverhältnis gegebenenfalls besteht, hängt davon ab, auf welche Weise der Vermögensschaden verursacht worden ist. Soweit der Schaden allein durch die Verfügung des Getäuschten verursacht wurde, greift nur § 263 ein. Computerbetrug scheidet dann schon tatbestandlich aus.[15] Wurde der Vermögensschaden aber durch die manipulationsbedingte „Reaktion" des Computers und die täuschungsbedingte Verfügung des Menschen gemeinsam herbeigeführt, sind § 263 und § 263 a erfüllt. Aus der Entstehungsgeschichte des § 263 a (dazu oben Rn. 5) ergibt sich aber dessen Lückenschließungs- und Auffangfunktion im Verhältnis zu § 263, was konkurrenzdogmatisch zur Subsidiarität gegenüber § 263 führt. § 263 a tritt also hinter § 263 zurück, wenn durch eine Tat (im prozessualen Sinn) beide Straftatbestände erfüllt worden sind.[16]

Ein außerordentlich umstrittenes Tatbestandsproblem stellt sich im Grenzbereich zwischen Computerbetrug und **Diebstahl** bzw. **Unterschlagung**. Da nämlich eine der vier Tatbestandsvarianten des § 263 a I auf Fälle des „Codekartenmißbrauchs" an Geldautomaten zugeschnitten ist, wäre ein Zusammentreffen mit § 242 und § 246 möglich, sofern man der Ansicht ist, daß die Verschaffung von Bargeld aus Automaten tatbestandsmäßiger Diebstahl[17] oder tatbestandsmäßige Unterschlagung[18] ist. Die h.M. verneint bekanntlich beides.[19] Wer dagegen Dieb-

9

10

---

[14] SK-*Günther*, § 263 a Rn. 5.
[15] *Lenckner/Winkelbauer*, CR 1986, 654 (656); LK-*Tiedemann*, § 263 a Rn. 17.
[16] *Lackner*, FS Tröndle, S. 41 (57); *Gössel*, BT 2, § 22 Rn. 40; *Maurach/Schroeder/Maiwald*, BT 1, § 41 Rn. 239; *Otto*, BT, § 53 Rn. 49; *Rengier*, BT 1, § 14 Rn. 17; *Wessels/Hillenkamp*, BT 2, Rn. 614; *Lackner/Kühl*, § 263 a Rn. 27; *Schönke/Schröder/Cramer*, § 263 a Rn. 41; *Tröndle/Fischer*, § 263 a Rn. 17.
[17] Vgl. Teilband 1, § 1 Rn. 77.
[18] Vgl. Teilband 1, § 2 Rn. 13.
[19] SK-*Günther*, § 263 a Rn. 24

stahl und/oder Unterschlagung für möglich hält, muß sich zur Konkurrenzfrage äußern. Nach der hier vertretenen Auffassung besteht für die Anwendung des § 263 a kein Bedürfnis, da die Tat aus § 242 oder zumindest aus § 246 strafbar ist. Eine Strafbarkeitslücke besteht nicht, die Auffangfunktion des § 263 a kommt nicht zum Tragen.[20]

11 Ein weiteres Abgrenzungsproblem werfen die Geldautomaten-Fälle im Verhältnis des Computerbetruges zum Delikt „**Mißbrauch von Scheck- und Kreditkarten**" (§ 266 b) auf. Der Wortlaut des § 266 b scheint nämlich die mißbräuchliche Benutzung von Scheckkarten an Geldautomaten durchaus zu erfassen, was wegen der niedrigeren Strafdrohung des § 266 b im Verhältnis zu § 263 a zu einer auch praktisch bedeutsamen Entscheidung nötigt.[21] Die h.M. leugnet allerdings schon die Erfüllung des Tatbestandes § 266 b,[22] weshalb sich für sie das Problem des Zusammentreffens beider Tatbestände nicht stellt.[23]

II. Grundtatbestand § 263 a I

1. Objektiver Tatbestand

a) Übersicht

12 Wie oben (Rn. 7) bereits erwähnt wurde, zerfällt der Grundtatbestand § 263 a I in **vier verschiedene Alternativen**.[24] Die Unterschiede dieser Alternativen betreffen jeweils das Handlungsmerkmal. Die übrigen Bestandteile des objektiven Tatbestandes sind in allen vier Varianten gleich. Daraus ergibt sich folgendes Schema:

aa) Gemeinsame Merkmale

13
- Täter: Wer
- Tathandlung: Beeinflussungshandlung
- Taterfolg
  - beeinflußtes Ergebnis eines Datenverarbeitungsvorgangs
  - Vermögensschädigung

---

[20] Umgekehrt *Gössel*, BT 2, Rn. 40; *Rengier*, BT 1, § 14 Rn. 17; *Lackner/Kühl*, § 263 a Rn. 28; LK-*Tiedemann*, § 263 a Rn. 84; *Schönke/Schröder/Cramer*, § 263 a Rn. 41: Vorrang des § 263 a.
[21] Für Vorrang des § 263 a *Gössel*, BT 2, § 26 Rn. 58; für Vorrang des § 266 b *Mitsch*, JZ 1994, 877 (881); *Hilgendorf*, JuS 1997, 130 (136).
[22] *Berghaus*, JuS 1990, 981 (982); *Lackner*, FS Tröndle, S. 41 (59); *Rengier*, BT 1, § 14 Rn. 12; *Wessels/Hillenkamp*, BT 2, Rn. 611; SK-*Günther*, § 266 b Rn. 4; näher dazu unten § 4 Rn. 65.
[23] *Tröndle/Fischer*, § 266 b Rn. 1.
[24] *Hilgendorf*, JuS 1997, 130 (131); *Meier*, JuS 1992, 1017 (1018).

Das Tätermerkmal „Wer" zeigt, daß es sich beim Computerbetrug wie beim Betrug um ein **Allgemeindelikt** handelt, eine besondere Täterqualifikation rechtlich[25] also nicht erforderlich ist.[26] Das Merkmal „Vermögensschädigung" verleiht dem Computerbetrug die Eigenschaft eines **Erfolgsdelikts**.[27] Das Merkmal „Beeinflussung" verdeutlicht den **interaktiven** und kommunikativen Charakter des Tathergangs.

bb) Differenzierende Merkmale

- 1. Alternative: Unrichtige Gestaltung des Programms
- 2. Alternative: Verwendung unrichtiger oder unvollständiger Daten
- 3. Alternative: Unbefugte Verwendung von Daten
- 4. Alternative: Sonstige unbefugte Einwirkung auf den Ablauf

14

Die hier aufgeführten Handlungsmerkmale stehen jeweils in unmittelbarem Zusammenhang mit dem Merkmal „Beeinflussung des Ergebnisses eines Datenverarbeitungsvorganges". Dieses Merkmal ist gewissermaßen als „vor die Klammer gezogenes" Glied einer Kette zu lesen, die komplett lautet

„Beeinflussung des Ergebnisses eines Datenverarbeitungsvorgangs durch
- *unrichtige Gestaltung des Programms,*
- *Verwendung unrichtiger oder unvollständiger Daten,*
- *unbefugte Verwendung von Daten,*
- *sonst unbefugte Einwirkung auf den Ablauf"*

cc) Vollständiges Schema

- Wer
- Handlungsmerkmal (vgl. bb)
- Beeinflussung des Ergebnisses eines Datenverarbeitungsvorgangs
- Vermögensschädigung

15

Die **Parallele zum objektiven Tatbestand des Betrugs** (§ 263) läßt sich nicht auf den ersten Blick ziehen. Eine genaue Analyse der Merkmale zeigt jedoch, daß die vier Handlungsmerkmale – mehr oder weniger – dem Täuschungselement entsprechen,[28] während die computerangepaßten Modifikationen von Irrtum und Vermögensverfügung in der „Beeinflussung des Ergebnisses eines Datenverar-

---

[25] Faktisch sehr wohl, vgl. *Tröndle/Fischer*, § 263 a Rn. 4.
[26] LK-*Tiedemann*, § 263 a Rn. 18; NK-*Kindhäuser*, § 263 a Rn. 4; Schönke/Schröder/Cramer, § 263 a Rn. 39.
[27] *Arzt/Weber*, BT, § 21 Rn. 30; *Gössel*, BT 2, § 22 Rn. 2; LK-*Tiedemann*, § 263 a Rn. 15.
[28] *Arzt/Weber*, BT, § 21 Rn. 32; LK-*Tiedemann*, § 263 a Rn. 16; SK-*Günther*, § 263 a Rn. 3, 9.

beitungsvorgangs" enthalten sind.[29] Noch deutlicher wird die betrugsähnliche Struktur, wenn die **Kausalzusammenhänge** berücksichtigt werden, die die Merkmale miteinander verbinden: Zwischen der Handlung (z.B. unrichtigen Gestaltung des Programms) und dem Datenverarbeitungsvorgang muß ein Kausalzusammenhang bestehen. Des weiteren muß zwischen dem durch die Handlung beeinflußten Datenverarbeitungsvorgang und dem Ergebnis dieses Vorgangs ein Kausalzusammenhang bestehen. Letztendlich muß zwischen dem Ergebnis des Datenverarbeitungsvorgangs und dem Vermögensschaden ein Kausalzusammenhang bestehen. Insgesamt weist der objektive Tatbestand des Computerbetrugs also drei Kausalitäts-Brücken auf.[30] Genauso ist es im objektiven Tatbestand des Betrugs.[31]

b) Handlungsalternativen

aa) 1. Alternative: Unrichtige Gestaltung des Programms

16 Die Programm-Manipulation wird in der Literatur überwiegend als **Unterfall der Verwendung unrichtiger Daten** angesehen.[32] Denn das Programm basiert selbst auf Daten und es wird unrichtig,[33] wenn an den Daten manipuliert wird, die es konstituieren. Seiner Funktion nach ist das Programm eine Arbeitsanweisung an den Computer, der sie ausführt, indem er eingegebene Daten (Input) verarbeitet und daraus neue Daten (Output) produziert.[34] Bei richtiger Programmgestaltung werden aus richtigen Eingangsdaten richtige Ausgangsdaten erzeugt, das Ergebnis des Datenverarbeitungsvorgangs ist also richtig. Ein unrichtiges Ergebnis des Datenverarbeitungsvorgangs läßt sich demzufolge auf verschiedene Weise herbeiführen, durch Manipulation am Programm, an den Eingangsdaten oder am Verarbeitungsvorgang selbst. Wird am Programm manipuliert, führt die Verarbeitung richtiger Eingabedaten zu einem falschen Ergebnis.

17 Das Programm ist **unrichtig** gestaltet, wenn bei ansonsten ungestörtem Ablauf des Datenverarbeitungsvorgangs die Verarbeitung richtiger Eingangsdaten zwangsläufig zu unrichtigen Ergebnissen führen muß. Maßstab für die Richtigkeit sind die Bedingungen, von denen die Bewältigung der gestellten Aufgabe abhängt. Da die Aufgabenstellung letztlich auf der Willensentscheidung einer Person beruht,

---

[29] *Arzt/Weber*, BT, § 21 Rn. 33; SK-*Günther*, § 263 a Rn. 3; *Schönke/Schröder/Cramer*, § 263 a Rn. 21.
[30] *Gössel*, BT 2, § 22 Rn. 2; *Schönke/Schröder/Cramer*, § 263 a Rn. 3, 30.
[31] Teilband 1, § 7 Rn. 16.
[32] *Haft*, NStZ 1987, 6 (7); *Hilgendorf*, JuS 1997, 130 (131); *Gössel*, BT 2, § 22 Rn. 20; *Maurach/Schroeder/Maiwald*, BT 1, § 41 Rn. 231; *Rengier*, BT 1, § 14 Rn. 4; *Wessels/Hillenkamp*, BT 2, Rn. 606; LK-*Tiedemann*, § 263 a Rn. 27; SK-*Günther*, § 263 a Rn. 10; *Tröndle/Fischer*, § 263 a Rn. 6; a.A. *Lenckner/Winkelbauer*, CR 1986, 654 (655).
[33] Die behauptete logische Implikation setzt voraus, daß in beiden Alternativen ein identischer Begriff von „unrichtig" zugrundegelegt wird; vgl. *Lenckner/Winkelbauer*, CR 1986, 654 (655).
[34] *Haft*, NStZ 1987, 6 (7); *Bühler*, MDR 1987, 448 (449); *Gössel*, BT 2, § 22 Rn. 20; *Schönke/Schröder/Cramer*, § 263 a Rn. 6.

läßt sich die Unrichtigkeit der Programmgestaltung auch als Abweichung von diesem Willen darstellen.³⁵ Will der Verfügungsberechtigte also beispielsweise ein Programm, dessen Anwendung als Ergebnis der Multiplikation zweier Zahlen einen Betrag „errechnen" soll, der um eins über dem mathematisch korrekten Produkt der Zahlen liegt (z.B. 3 × 3 = 10), so ist das Programm richtig gestaltet, wenn bei Eingabe der Daten 2 × 4, 5 × 5, 7 × 8, 12 × 6 usw. die Ergebnisse 9, 26, 57, 73 usw. produziert werden.³⁶ Dagegen ist die Programmgestaltung in diesem Fall unrichtig, wenn die Datenverarbeitung mathematisch richtige Multiplikationsergebnisse erzeugt. In der Praxis wird natürlich die Lehre von der objektiven Richtigkeit in der Regel bestätigt werden, da es kaum vorstellbar ist, daß derjenige, der die Richtigkeitskriterien festlegt, dabei einen objektiv falschen Maßstab zur Richtschnur erhebt.

bb) 2. Alternative: Verwendung unrichtiger oder unvollständiger Daten

Da die manipulative Verwendung programmgestaltender Daten nach h.M. schon in der ersten Alternative erfaßt ist (s.o. Rn. 16), beschränkt sich die zweite Alternative auf sog. **Input-Manipulationen.**³⁷ Gegenstand der Tathandlung sind die eingegebenen Daten, deren Verarbeitung durch den Computer zur Herstellung neuer (Output-)Daten führt. Sind die Input-Daten unrichtig oder unvollständig, erzeugt ein ungestörter Verarbeitungsvorgang auf der Grundlage eines richtigen Programms zwangsläufig ein unrichtiges Ergebnis.

18

Daten sind **unrichtig**, wenn sie über ihren Bezugsgegenstand eine unrichtige Aussage treffen. Wie bei der unwahren Tatsachenbehauptung des § 263 ist die Unrichtigkeit von Daten die Abweichung von Zeichen und Wirklichkeit.³⁸ Die Verarbeitung solcher Daten erzeugt Output-Daten, die ebenfalls mit der Wirklichkeit nicht übereinstimmen. **Unvollständig** ist ein Unterfall von „unrichtig" und gewissermaßen das „computerisierte" Pendant der „Unterdrückung wahrer Tatsachen" im Betrugstatbestand.³⁹ Die Unrichtigkeit ergibt sich aus der sinnentstellenden Wirkung von Lücken in einem Gesamtzusammenhang. Das als solche richtige Datenfragment ist zugleich Teil eines unrichtigen Ganzen, wenn das Er-

19

---

[35] *Lenckner/Winkelbauer,* CR 1986, 654 (655); *Schönke/Schröder/Cramer,* § 263 a Rn. 6; a.A. *Lackner,* FS Tröndle, S. 41 (55); *Haft,* NStZ 1987, 6 (7); *Hilgendorf,* JuS 1997, 130 (131); *Gössel,* BT 2, § 22 Rn. 21; *Maurach/Schroeder/Maiwald,* BT 1, § 41 Rn. 231; *Rengier,* BT 1, § 14 Rn. 4; *Wessels/Hillenkamp,* BT 2, Rn. 606; LK-*Tiedemann,* § 263 a Rn. 30; SK-*Günther,* § 263 a Rn. 14; *Tröndle/Fischer,* § 263 a Rn. 6: „objektive Richtigkeit".

[36] *Lenckner/Winkelbauer,* CR 1986, 654 (656).

[37] *Lenckner/Winkelbauer,* CR 1986, 654 (656); *Haft,* NStZ 1987, 6 (8); *Bühler,* MDR 1987, 448 (450); *Hilgendorf,* JuS 1997, 130 (131); *Maurach/Schroeder/Maiwald,* BT 1, § 41 Rn. 232; *Rengier,* BT 1, § 14 Rn. 5; LK-*Tiedemann,* § 263 a Rn. 32; SK-*Günther,* § 263 a Rn. 15; *Schönke/Schröder/Cramer,* § 263 a Rn. 7.

[38] *Lenckner/Winkelbauer,* CR 1986, 654 (656); *Haft,* NStZ 1987, 6 (8); *Bühler,* MDR 1987, 448 (450); *Hilgendorf,* JuS 1997, 130 (131); *Otto,* Jura 1993, 612 (613); *Meier,* JuS 1992, 1017 (1018); LK-*Tiedemann,* § 263 a Rn. 33; SK-*Günther,* § 263 a Rn. 15; *Schönke/ Schröder/Cramer,* § 263 a Rn. 7.

[39] LK-*Tiedemann,* § 263 a Rn. 34.

gebnis der Verarbeitung den – unrichtigen – Eindruck der Vollständigkeit erweckt.[40] Gibt der Output dagegen die Unvollständigkeit des Inputs zutreffend wieder, ist er nicht falsch und das Datenverarbeitungsergebnis von der Unvollständigkeit der Eingabedaten nicht beeinflußt. **Verwendung** ist jede Handlung, die bewirkt, daß die Daten in den Verarbeitungsvorgang einbezogen werden.[41]

cc) 3. Alternative: Unbefugte Verwendung von Daten

20 Die generelle Betrugsähnlichkeit des Computerbetrugs scheint in dieser Alternative unterbrochen zu sein:[42] Denn nach dem Gesetzeswortlaut brauchen die Daten, die der Täter „unbefugt" verwendet, weder unrichtig noch unvollständig zu sein.[43] Unter dieser Voraussetzung ist aber ausgeschlossen, daß die Verarbeitung dieser Daten durch eine ordnungsgemäß funktionierende – also weder im Programmbereich noch im Ablauf gestörte – Anlage zu einem falschen Ergebnis führt. Die Verwendung richtiger und vollständiger Daten kann kein täuschungsähnlicher Vorgang sein. Wenn man also dieser Alternative überhaupt einen Rest Betrugsähnlichkeit attestieren möchte, dann erreicht man das wohl nur durch eine Verlagerung der Täuschungskomponente von den Daten zur Befugnis. Die verwendeten Daten selbst haben kein Täuschungspotential, weil sie richtig und vollständig sind. **Getäuscht wird vielmehr über die (fehlende) Befugnis des Täters, diese Daten zu verwenden.**[44] Problematisch ist nur, daß die Befugnis möglicherweise gar nicht Gegenstand (Thema) des Datenverarbeitungsvorgangs ist. Dann schlägt sie sich auch nicht im Ergebnis des Datenverarbeitungsvorgangs nieder, d.h. es fehlt an der Beeinflussung des Ergebnisses durch die Vortäuschung der Befugnis.[45]

21 Die h.M. fordert daher eine Einschränkung der 3. Alternative durch „**betrugsspezifische" Auslegung**.[46] Vereinzelt wird auch – ohne nähere Erläuterung und Angabe irgendwelcher Kriterien – eine „computerspezifische" Deutung dieses Merkmals verlangt.[47] Die betrugsspezifische Auslegung verengt den Tatbestand

---

[40] *Lenckner/Winkelbauer*, CR 1986, 654 (656).
[41] *Lenckner/Winkelbauer*, CR 1986, 654 (656); *Rengier*, BT 1, § 14 Rn. 5; *Lackner/Kühl*, § 263 a Rn. 9; LK-*Tiedemann*, § 263 a Rn. 36; *Schönke/Schröder/Cramer*, § 263 a Rn. 7; *Tröndle/Fischer*, § 263 a Rn. 7.
[42] So die h.M., z.B. *Tröndle/Fischer*, § 263 a Rn. 8: „Die unbefugte Verwendung von Daten würde in weiter Auslegung des Tatbestandsmerkmals nicht nur betrugsspezifische Verhaltensweisen, sondern zB auch Untreuehandlungen umfassen."; ebenso *Krey*, BT 2, Rn. 512 g; *Maurach/Schroeder/Maiwald*, BT 1, § 41 Rn. 233; *Lackner*, FS Tröndle, S. 41 (50).
[43] *Bühler*, MDR 1987, 448 (450); *Gössel*, BT 2, § 22 Rn. 14; LK-*Tiedemann*, § 263 a Rn. 40; NK-*Kindhäuser*, § 263 a Rn. 28.
[44] *Lackner*, FS Tröndle, S. 41 (49).
[45] NK-*Kindhäuser*, § 263 a Rn. 32.
[46] OLG Köln, NJW 1992, 125 (126); *Hilgendorf*, JuS 1999, 542 (543); *Rossa*, CR 1997, 219 (221); *Schlüchter*, NStZ 1988, 52 (59); *Lackner*, FS Tröndle, S. 41 (53); *Wessels/Hillenkamp*, BT 2, Rn. 609; *Lackner/Kühl*, § 263 a Rn. 13; LK-*Tiedemann*, § 263 a Rn. 44; NK-*Kindhäuser*, § 263 a Rn. 35; SK-*Günther*, § 263 a Rn. 18; *Tröndle/Fischer*, § 263 a Rn. 8.
[47] OLG Celle, NStZ 1989, 367 (368).

auf täuschungsgleiche Datenverwendungsvorgänge. Das Verhalten, welches sich als unbefugte Datenverwendung darstellt, müsse „Täuschungswert" oder „Täuschungsäquivalenz" haben, um tatbestandsmäßig zu sein.[48] Zur Ermittlung des Täuschungswerts denkt man sich den Computer weg und setzt an seine Stelle einen Menschen, der die vom Täter verwendeten Daten wahrnimmt und daraufhin eine Vermögensverfügung trifft.[49] Sofern der Täter durch die Verwendung der Daten den anderen Menschen in einen Irrtum versetzt, der diesen zu einer vermögensschädigenden Vermögensverfügung veranlaßt, hat die Verwendung derselben Daten in einem Datenverarbeitungsvorgang die von der h.M. geforderte Betrugsähnlichkeit. Praktische Relevanz erlangt der Streit um die Auslegung des Merkmals „unbefugt" vor allem in den Fällen des „**Bankomatenmißbrauchs**".

Beispiele:

(1) T entwendet heimlich die Codekarte seines Arbeitskollegen O. Die Geheimnummer hatte T schon vorher in Erfahrung gebracht. An einem Geldautomaten der X-Bank hebt T mit Hilfe der Codekarte 1000 DM ab, mit denen das Konto des O bei der X-Bank belastet wird. Danach gibt T die Karte dem O – wiederum heimlich – zurück. Dies hatte er von Anfang an vor.

(2) T hat bei der Y-Bank ein Girokonto und ist im Besitz einer Codekarte, mit der er sich an Geldautomaten Bargeld verschaffen kann. Momentan ist sein Konto weit überzogen. Nach den Kartenbenutzungsbedingungen der Y-Bank ist T deshalb zur Zeit nicht berechtigt, die Codekarte zur Bargeldbeschaffung an Geldautomaten zu benutzen. Dennoch holt sich T mit der Codekarte an einem Geldautomaten der Z-Bank 400 DM.

(3) O überläßt dem T seine Codekarte und teilt ihm die Geheimzahl mit. T soll für O an einem Geldautomaten 400 DM abheben und ihm das Geld anschließend bringen. T verschafft sich mit der Codekarte bei einem Geldautomaten der X-Bank 1000 DM Bargeld. Davon bringt er 400 DM dem O, die restlichen 600 DM behält er.

Da die h.M. die in **Beispiel 1** beschriebenen Vorgänge „Entwendung der Codekarte"[50] und „Verschaffung des Bargeldes"[51] nicht als Eigentumsdelikte (§§ 242, 246) beurteilt, war die Einführung einer gerade auf solche Fälle zugeschnittenen Tatbestandsvariante in § 263 a I zur Schließung einer Strafbarkeitslücke erforderlich. Diese Lückenschließungsfunktion wird im Rahmen des § 263 a I allgemein der 3. Alternative „unbefugte Verwendung von Daten" zugeschrieben.[52] Unproblematisch erfüllt ist dabei die Voraussetzung „Verwendung von Daten".[53] Schwierigkeiten bereitet hingegen die Bejahung einer betrugsspezifisch restringierten „Unbefugtheit".[54] Sollte sich nämlich der Computer nur für die auf der Codekarte magnetisch gespeicherten Daten „interessieren", ginge der Rück-

---

[48] *Rengier*, BT 1, § 14 Rn. 8; *Wessels/Hillenkamp*, BT 2, Rn. 609.
[49] *Löhnig*, JR 1999, 362 (363); *Ranft*, JuS 1997, 19 (21); *ders.*, NJW 1994, 2574; *Meier*, JuS 1992, 1017 (1019); SK-*Günther*, § 263 a Rn. 18; *Schönke/Schröder/Cramer*, § 263 a Rn. 11; *Wessels/Hillenkamp*, BT 2, Rn. 609.
[50] *Hilgendorf*, JuS 1997, 130 (133); Teilband 1, § 1 Rn. 145.
[51] *Hilgendorf*, JuS 1997, 130 (133); zur abw. Meinung vgl. Teilband 1, § 1 Rn. 77, § 2 Rn. 13.
[52] Dazu, daß die 2. Alt. nicht erfüllt ist, *Rossa*, CR 1997, 219 (227).
[53] *Gössel*, BT 2, § 22 Rn. 9.
[54] Keine Schwierigkeiten sieht *Rengier*, BT 1, § 14 Rn. 10: „Ein täuschungsgleiches, betrugsnahes Verhalten liegt auf der Hand."

griff auf die nicht bestehende – also vorgetäuschte – Kartenbenutzungsberechtigung des Täters ins Leere.[55] Die h.M. weicht dieser Konsequenz mit der zweifelhaften Behauptung aus, die Benutzung der Codekarte an einem Geldautomaten impliziere stets die konkludente Erklärung des Benutzers, er sei die zur Kartenbenutzung berechtigte Person.[56] Diese Behauptung ist anfechtbar, da der Geldautomat technisch auf eine Identitätsprüfung nicht eingestellt ist, sich also zwangsläufig von vornherein mit einer geringeren Legitimation des Benutzers zufriedengeben muß, nämlich dem tatsächlichen Besitz der Karte.[57] Diese Konstellation entspricht einem Bankangestellten, der auf bloße Vorlage der Karte Bargeld auszahlt, ohne sich Gedanken darüber zu machen, ob der Kunde überhaupt berechtigter Inhaber der Karte ist. Sowenig wie dieser Bankangestellte in einen Irrtum über die Berechtigung des Karteninhabers versetzt wird, wird das Ergebnis des Datenverarbeitungsvorgangs inhaltlich durch die Tatsache der fehlenden Benutzungsberechtigung des Täters beeinflußt.[58] In **Beispiel 2** hängt die Bejahung hinreichender Betrugsähnlichkeit ebenfalls davon ab, ob die Benutzung der Codekarte trotz Kontoüberziehung als Äquivalent einer verbalen Erklärung mit dem – unwahren – Inhalt „das Konto ist nicht überzogen" bzw. „ich bin zur Geldabhebung mittels Codekarte berechtigt" bewertet werden kann. Dies ist zweifelhaft, denn der Computer verarbeitet keine Daten mit diesem Aussagegehalt. Eine Erklärung mit dem oben genannten Inhalt fließt also in den Datenverarbeitungsvorgang nicht ein, kann somit auch keinen Einfluß auf das Ergebnis dieses Vorgangs haben. Der Computer reagiert auf die Eingabe der Daten vielmehr wie ein Bankangestellter, der dem Kontoinhaber Bargeld auszahlt, ohne sich über die Deckung Gedanken zu machen.[59] Wiederum nimmt die h.M. aber an, die Respektierung des vertraglich vereinbarten Kartenbenutzungslimits gehöre zur „Geschäftsgrundlage" des einzelnen Benutzungsvorgangs, werde also vom Computer – diesen als Mensch gedacht – als selbstverständlich vorausgesetzt, weshalb das Schweigen über den Mangel der Benutzungsberechtigung eine schlüssige Vortäuschung derselben sei.[60] In **Beispiel 3** nimmt die h.M. zutreffend an, daß es an einem betrugsnahen, täuschungsgleichen Verhalten des Täters fehle.[61] Denn die Überschreitung der vom geschädigten Kartengeber gezogenen Grenze ist ein Umstand, der nicht in eine ausdrückliche oder konkludente Erklärung ge-

---

[55] *Lenckner/Winkelbauer*, CR 1986, 654 (657).
[56] OLG Köln, NJW 1992, 125 (126); *Lackner*, FS Tröndle, S. 41 (53); *Lenckner/Winkelbauer*, CR 1986, 654 (656); *Wessels/Hillenkamp*, BT 2, Rn. 610.
[57] LK-*Tiedemann*, § 263 a Rn. 49.
[58] Treffend *Ranft*, JuS 1997, 19 (21): „Indessen erhält man auf diese Weise als Vergleichsbasis eine hypothetische Situation, mit der sich im allgemeinen auch das Gegenteil des aus ihr abgeleiteten Ergebnisses begründen läßt."; vgl. auch *Lenckner/Winkelbauer*, CR 1986, 654 (657).
[59] *Rossa*, CR 1997, 219 (221); *Berghaus*, JuS 1990, 981 (982); *Lenckner/Winkelbauer*, CR 1986, 654 (658); *Arzt/Weber*, BT, § 21 Rn. 43; LK-*Tiedemann*, § 263 a Rn. 51; SK-*Günther*, § 263 a Rn. 19; *Schönke/Schröder/Cramer*, § 263 a Rn. 11; a.A. *Hilgendorf*, JuS 1997, 130 (134) Fn. 97.
[60] *Lackner*, FS Tröndle, S. 41 (53); *Meier*, JuS 1992, 1017 (1021); *Wessels/Hillenkamp*, BT 2, Rn. 610; *Lackner/Kühl*, § 263 a Rn. 14; *Tröndle/Fischer*, § 263 a Rn. 8; ohne Begründung für Strafbarkeit auch hier *Rengier*, BT 1, § 14 Rn. 12; konsequent für Straflosigkeit *Rossa*, CR 1997, 219 (224).
[61] OLG Köln, NJW 1992, 125 (127); *Meier*, JuS 1992, 1017 (1019); *Krey*, BT 2 Rn. 513 c; *Wessels/Hillenkamp*, BT 2, Rn. 615; LK-*Tiedemann*, § 263 a Rn. 50; *Schönke/Schröder/Cramer*, § 263 a Rn. 19; SK-*Günther*, § 263 a Rn. 19; a.A. *Hilgendorf*, JuS 1997, 130 (134).

genüber der Bank einfließt. Der Täter täuscht nicht vor, daß er nur so viel Geld abhebe, wie der Kartenberechtigte ihm gestattet hat.

Der h.M. ist schon im Ansatz zu widersprechen.⁶² Der Tatbestand des § 263 a ist nicht „betrugsspezifisch" auszulegen. „Betrugsähnlichkeit" ist eine deskriptive, aber keine präskriptive Aussage über Gestalt und Charakter eines Tatbestandes, also eine Aussage über die „Ist-Form" des Tatbestandes, nicht über die „Soll-Form". Sind tatsächlich nicht alle Alternativen des als „betrugsähnlich" charakterisierten Tatbestandes betrugsähnlich, ist die Deskription (teilweise) falsch, nicht der Tatbestand. Dieser ist dann eben nur zum Teil betrugsähnlich. Diesem Befund entspringt aber kein rechtlich verbindlicher Imperativ, die betrugsunähnliche Alternative mit Gewalt gegen den Wortlaut auf ein betrugsähnliches Format zurückzuschneiden.⁶³ Es existieren keine dem Strafrecht vorgegebenen normativen Anweisungen,⁶⁴ die den Gesetzgeber zwängen, mißbräuchliche Benutzung elektronischer Datenverarbeitungsvorgänge nur soweit unter Strafdrohung zu stellen, wie eine hinreichende Ähnlichkeit mit dem Betrugstatbestand gewahrt ist. Sofern Strafwürdigkeit und Strafbedürftigkeit gegeben sind,⁶⁵ dürfen auch andersartige Verhaltensmuster vertatbestandlicht und pönalisiert werden. Gesetzestechnisch ungeschickt ist es natürlich, diese ebenfalls der Deliktsbezeichnung „Computerbetrug" unterzuordnen. Jedoch nötigt eine inadäquate Denomination nicht dazu, einen über die Betrugsähnlichkeit hinausreichenden Wortlauttatbestand in das Prokrustesbett der Betrugsähnlichkeit zu zwängen

Vorzugswürdig ist daher die Ansicht, „unbefugt" sei das Handeln des Täters, wenn es dem **Willen desjenigen widerspricht, der das Recht zur Verwendung der Daten**, also die Verfügungsbefugnis bezüglich der Daten und ihrer Verwendung, hat.⁶⁶ Ausgeschlossen wird die Unbefugtheit somit durch eine Einwilligung des Berechtigten, die hier bereits die objektive Tatbestandsmäßigkeit – nicht erst die Rechtswidrigkeit – beseitigt.⁶⁷

Auf der Grundlage dieser Lehre ist die Strafbarkeit des T aus § 263 a I 3. Alt. in allen drei Beispielen (oben Rn. 21) problemlos zu begründen.⁶⁸ T hat sich jeweils über den entgegenstehenden Willen desjenigen hinweggesetzt, der unter den gegebenen Umständen zur Disposition über die Codekartenbenutzung berechtigt war. In **Beispiel 1** war dies der O, weil die Kartenverwendung unmittelbar sein Vermögen berührte. In **Beispiel 2** war es die Y-Bank, weil sie durch die Kartenverwendung in die Gefahr geriet, im Verhältnis zu T keinen Ausgleich des Kontos zu erreichen und damit die 400 DM, die sie der Z-Bank zu erstatten hatte, endgültig zu verlieren. In **Beispiel 3** ist wiederum der Wille des O maßgeblich, da die Kartenbenutzung durch T sein Vermögen betrifft. Zwar ist dem O selbst

---

⁶² *Ranft*, JuS 1997, 19 (21); ders., NJW 1994, 2574; *Gössel*, BT 2, § 22 Rn. 16.
⁶³ *Bühler*, MDR 1987, 448 (450): „Es ist zunächst festzuhalten, daß das Merkmal ‚unbefugt' eine ‚betrugsfremde' Kategorie ist, was natürlich nicht ausschließt, es zur Grundlage eines Tatbestandes der ‚unbefugten Datenverarbeitung' zu machen."
⁶⁴ Dabei könnte es sich allein um Normen von verfassungsrechtlichem Rang handeln.
⁶⁵ Dazu LK-*Tiedemann*, § 263 a Rn. 5.
⁶⁶ *Hilgendorf*, JuS 1997, 130 (132).
⁶⁷ *Lenckner/Winkelbauer*, CR 1986, 654 (657); *Bühler*, MDR 1987, 448 (451).
⁶⁸ Ebenso *Hilgendorf*, JuS 1997, 130 (134) – Fälle 28, 30 und 31.

auf Grund der Vereinbarung mit der X-Bank die Überlassung der Karte an T untersagt. Jedoch wird die Datenverwendung des T nicht aus diesem Grund unbefugt. Denn der Schutzzweck des Befugniserfordernisses in § 263 a I 3. Alt. und der Schutzzweck des bankvertraglichen Kartenüberlassungsverbots sind nicht identisch.

dd) 4. Alternative: Sonstige unbefugte Einwirkung auf den Ablauf

24 Diese Tatbestandsalternative soll als **Auffangtatbestand** alle strafwürdigen Computermanipulationen erfassen, die sich nicht unter die drei vorgehenden Alternativen subsumieren lassen.[69] Die dahingehende gesetzgeberische Intention kommt in dem Wort „sonst" zum Ausdruck, das im übrigen für einige Verwirrung und Auslegungsstreitigkeiten gesorgt hat:[70] Rein sprachlich ließe sich diesem Wort durchaus die Wirkung zuschreiben, die ersten drei Tatbestandsalternativen als leges speciales mit der vierten zu verbinden, mit der Konsequenz, daß diese speziellen Tatbestandsalternativen nur durch Handlungen verwirklicht werden können, die „unbefugte Einwirkungen auf den Ablauf" sind.[71] Eine derartige Deutung des Systems der vier Tatbestandsalternativen ist jedoch nicht zwingend.[72] Die Vokabel „sonst" kann als Bestandteil eines Gesetzestextes auch zur Kennzeichnung eines „Sammelbeckens" dienen, in dem nicht nur unbenannte Erscheinungsformen der in den benannten Fällen konkretisierten Grundstruktur, sondern auch anders strukturierte Fälle zusammengefaßt werden. Mit dieser Funktion wollte der Gesetzgeber die vierte Alternative ausstatten.

25 Nach Ansicht des BGH läßt sich vor allem das „**Leerspielen von Geldspielautomaten**" mit Hilfe der 4. Alternative strafrechtlich erfassen.[73] Nach anderer Ansicht greift bereits die 3. Alternative ein,[74] wiederum andere halten § 263 a für nicht einschlägig.[75]

> **Beispiel:** T verschafft sich auf unerlaubte Weise Kenntnis von einem bestimmten Computerprogramm, das in Geldspielautomaten der Firma O verwendet wird. Auf Grund der erlangten Informationen ist T in der Lage, den Geldspielautomaten so zu bedienen, daß er dabei „programmgemäß" hohe Gewinne erzielt. Insbesondere weiß er, an welcher Stelle des Spielverlaufs die sog. Risikotaste gedrückt werden muß, um dadurch erhöhte Gewinne zu erzielen. An einem Geldspielautomaten in der Gastwirtschaft des G probiert T sein Wissen aus und erspielt sich in kurzer Zeit durch gezieltes Betätigen der Risikotaste einen dreistelligen DM-Betrag.

---

[69] *Arzt/Weber*, BT, § 21 Rn. 32; *Rengier*, BT 1, § 14 Rn. 13; *Wessels/Hillenkamp*, BT 2, Rn. 613; *Lackner/Kühl*, § 263 a Rn. 15; LK-*Tiedemann*, § 263 a Rn. 80; SK-*Günther*, § 263 a Rn. 11, 21; *Schönke/Schröder/Cramer*, § 263 a Rn. 12.
[70] *Lackner*, FS Tröndle, S. 41 (58); *Otto*, Jura 1993, 612 (613).
[71] *Ranft*, wistra 1987, 79 (83).
[72] *Bühler*, Geldspielautomaten, S. 108; LK-*Tiedemann*, § 263 a Rn. 80; SK-*Günther*, § 263 a Rn. 11, 21.
[73] BGHSt 40, 331 (334).
[74] SK-*Günther*, § 263 a Rn. 20; *Hilgendorf*, JuS 1997, 130 (131); vom BGH, aaO ausdrücklich dahingestellt.
[75] *Schlüchter*, NStZ 1988, 52 (59); *Neumann*, JuS 1990, 535 (537); *Maurach/Schroeder/Maiwald*, BT 1, § 41 Rn. 234.

Als Anknüpfungspunkte für die Anwendung des § 263 a I kommen hier die Ingangsetzung des Spiels – also das Drücken der „Start"-Taste – und das Drücken der Risikotaste in Betracht. Da sich das Spielergebnis und damit die Gewinnchance durch das Drücken der Start-Taste nicht beeinflussen läßt und an dieser Stelle insbesondere die Spezialkenntnisse über das zugrundeliegende Programm nicht zur Überwindung des Zufalls eingesetzt werden können – der T diese Taste also wie jeder ahnungslose Spieler betätigt –, kann der Tatbestand des § 263 a I nur durch das Drücken der Risikotaste verwirklicht worden sein. Fraglich ist, ob T durch diese Handlung i.S. des § 263 a I 3. Alt. Daten „verwendet" hat. In einem weiten Sinne kann man dies bejahen. Denn die Informationen, die sich T über das Computerprogramm besorgt hat, betreffen „Daten" und durch die Ausnutzung seines Kenntnisse hat T diese Daten auch eingesetzt, also verwendet.[76] Jedoch handelt es sich bei dieser Art der Verwendung nicht um eine solche, wie § 263 a I 3. Alt. sie voraussetzt. Erforderlich ist vielmehr, daß die Daten in den Datenverarbeitungsvorgang eingeführt werden, damit der Computer sie verarbeiten und aus ihnen das Ergebnis produzieren kann, dessen Beeinflussung durch die Tathandlung ein weiteres Tatbestandsmerkmal des § 263 a I ist.[77] Der BGH hätte seine auf § 263 a I 4. Alt. gestützte Ergebnisbegründung also eindeutiger und entschiedener formulieren können: Strafbarkeit aus § 263 a I 3. Alt. scheidet aus, in Betracht kommt allein die 4. Alternative. Auf dieser Basis ist der Beurteilung des Falles durch den BGH zu folgen.[78] Das Betätigen der Risikotaste bei einem ganz bestimmten Spielstand ist eine Einwirkung auf den Ablauf.[79] Denn hätte T die Risikotaste überhaupt nicht oder zu einem anderen Zeitpunkt gedrückt, wäre der Spielverlauf ein anderer gewesen und das Ergebnis anders ausgefallen: T hätte einen geringeren oder gar keinen Gewinn erzielt. Also wurde durch das Drücken der Risikotaste auch das Ergebnis des Datenverarbeitungsvorgangs beeinflußt.[80] Die Unbefugtheit der Einwirkung auf den Ablauf richtet sich nach dem wirklichen oder mutmaßlichen Willen des Automatenbetreibers.[81] Dieser Wille geht dahin, Personen mit speziellen Kenntnissen über das Programm des Automaten vom Spielbetrieb auszuschließen.[82] Dies braucht nicht ausdrücklich erklärt oder durch bestimmte Vorrichtungen in der technischen Konstruktion des Automaten sichtbar gemacht zu werden.[83] Denn für alle Beteiligten ist offensichtlich, daß der Automatenbetreiber sich nicht auf das Spiel mit solchen Gegnern einlassen will, die dank ihrer besonderen Kenntnisse ihr Verlustrisiko ausschalten und vice versa durch ungewöhnlich hohe Gewinne das Vermögen des Automatenbetreibers empfindlich schmälern können. T hat also unbefugt an dem Automaten gespielt und sich aus § 263 a I 4. Alt. strafbar gemacht.

c) Beeinflussung des Ergebnisses eines Datenverarbeitungsvorgangs

Dieses Merkmal ist das EDV-technische **Gegenstück des „Irrtums"** beim Betrug.[84] Die Täuschungshandlung des Betrügers beeinflußt das Vorstellungsbild

26

---

[76] OLG Celle, NStZ 1989, 367 (368); BayObLG, NStZ 1994, 287 (288); *Hilgendorf*, JuS 1997, 130 (131); Bühler, Geldspielautomaten, S. 104; LK-*Tiedemann*, § 263 a Rn. 61.
[77] *Neumann*, JuS 1990, 535 (536).
[78] BGHSt 40, 331 (334).
[79] *Bühler*, Geldspielautomaten, S. 105.
[80] *Hilgendorf*, JuS 1997, 130 (131).
[81] BGHSt 40, 331 (334); BayObLG, NStZ 1994, 287 (288); *Mitsch*, JZ 1994, 877 (883); a.A. OLG Celle, NStZ 1989, 367 (368); *Neumann*, JuS 1990, 535 (537); LK-*Tiedemann*, § 263 a Rn. 63.
[82] BGHSt 40, 331 (335).
[83] BGHSt 40, 331 (335).
[84] *Lackner/Kühl*, § 263 a Rn. 16; LK-*Tiedemann*, § 263 a Rn. 65; SK-*Günther*, § 263 a Rn. 24.

des Getäuschten, was man daran erkennt, daß dieser sich auf Grund der Täuschung in einem Irrtum befindet. Zwischen Täuschung und Irrtum besteht ein Kausalzusammenhang. Ohne die Täuschung sähe das Vorstellungsbild des Getäuschten anders aus. Die Parallele zum Computerbetrug läßt sich sichtbar machen, wenn man in diesem Satz die personenbezogenen Begriffe gegen computerbezogene Begriffe austauscht: Ohne die Tathandlung – z.B. Verwendung unrichtiger Daten (§ 263 a I Alt. 2) – sähe das Ergebnis des betroffenen Datenverarbeitungsvorgangs anders aus.

27 Nach dem Gesetzestext setzt die Strafbarkeit die **Beeinflussung des Ergebnisses** eines Datenverarbeitungsvorgangs voraus. Vereinzelt wird in der Literatur die Frage aufgeworfen, ob das Merkmal „Beeinflussung" nur bei Einwirkung auf einen bereits in Gang befindlichen Datenverarbeitungsvorgang erfüllt werden kann. Dem liegt offenbar die Fehlvorstellung zugrunde, das Gesetz verlange die „Beeinflussung eines Datenverarbeitungsvorganges".[85] Der Gesetzeswortlaut verlangt dies aber eindeutig nicht. Nicht der Datenverarbeitungsvorgang, sondern sein Ergebnis muß beeinflußt werden. Deshalb ist es gleichgültig, ob der Täter mit seiner Tat auf einen bereits laufenden Datenverarbeitungsvorgang einwirkt oder ob er einen solchen Vorgang durch seine Tat erst in Gang setzt.[86] Entscheidend ist, daß die Tat ein Datenverarbeitungsergebnis erzeugt hat, das ohne die Tat entweder überhaupt nicht oder mit anderem Inhalt entstanden wäre.

d) Vermögensschaden

28 Computerbetrug ist wie der Betrug ein **Erfolgsdelikt**. Die Tat ist erst mit Eintritt dieses Erfolges **vollendet**.[87] Der tatbestandsmäßige Erfolg ist die Schädigung des Vermögens eines anderen. Ohne Vermögensschaden ist die Tat allenfalls als Versuch strafbar. Wie bei § 263 kann aber unter Umständen bereits eine konkrete Vermögensgefährdung der Vermögensschädigung gleichgestellt werden.[88] Auch im übrigen gelten dieselben Grundsätze wie beim Betrug.[89]

2. Subjektiver Tatbestand

29 Der subjektive Tatbestand des Computerbetrugs stimmt strukturell mit dem subjektiven Tatbestand des Betrugs vollkommen überein.[90] Er besteht also aus den beiden Elementen „**Vorsatz**" (§ 15) und „**Bereicherungsabsicht**". Inhaltlich ergeben sich Abweichungen zum subjektiven Tatbestand des Betruges, da die Be-

---

[85] *Schönke/Schröder/Cramer*, § 263 a Rn. 21.
[86] *SK-Günther*, § 263 a Rn. 23.
[87] *Gössel*, BT 2, § 22 Rn. 38; *LK-Tiedemann*, § 263 a Rn. 77; *Schönke/Schröder/Cramer*, § 263 a Rn. 38.
[88] *Schönke/Schröder/Cramer*, § 263 a Rn. 27.
[89] *Maurach/Schroeder/Maiwald*, BT 1, § 41 Rn. 238; *Lackner/Kühl*, § 263 a Rn. 23; *LK-Tiedemann*, § 263 a Rn. 70; ausführlich zum Vermögensschaden beim Betrug Teilband 1, § 7 Rn. 78 ff.
[90] *Gössel*, BT 2, § 22 Rn. 36; *Otto*, BT, § 53 Rn. 48; *Wessels/Hillenkamp*, BT 2, Rn. 604; *SK-Günther*, § 263 a Rn. 28; *Schönke/Schröder/Cramer*, § 263 a Rn. 31.

zugsobjekte des Vorsatzes bei beiden Delikten verschieden sind.[91] Im übrigen kann auf die Darstellung des subjektiven Betrugstatbestandes verwiesen werden.[92]

III. Qualifikationstatbestand § 263 a II i.V.m. § 263 V

1. Allgemeines

Durch die in Absatz 2 des § 263 a enthaltene **Verweisung** auf die Betrugsvorschrift § 263 wird auch deren Absatz 5 in den Bereich des Computerbetrugs einbezogen. § 263 V normiert einen qualifizierten Tatbestand des Betruges. Die in § 263 a II angesprochene entsprechende Geltung dieser Vorschrift bedeutet im Klartext, daß es auch einen qualifizierten Tatbestand des Computerbetrugs gibt, dessen Tatbestandsmerkmale der Vorschrift des § 263 V zu entnehmen und gegebenenfalls computergerecht zu modifizieren sind.

30

2. Objektiver Tatbestand

a) Grunddelikt

Der Qualifikationstatbestand baut auf dem Grundtatbestand auf. Also enthält der objektive Tatbestand der Qualifikation alle objektiven Tatbestandsmerkmale des Grunddelikts, § 263 a I.

31

b) Qualifizierende Merkmale

Der Täter muß Mitglied einer Bande sein und den Computerbetrug in dieser Eigenschaft begangen haben. Die Bande muß sich zur fortgesetzten Begehung von Straftaten nach §§ 263, 263 a, 264 oder §§ 267, 268, 269 verbunden haben. Computerbedingte Besonderheiten ergeben sich nicht. Daher kann auf die Darstellung des qualifizierten Betrugstatbestandes § 263 V verwiesen werden.[93]

32

3. Subjektiver Tatbestand

a) Grunddelikt

Der subjektive Tatbestand des qualifizierten Computerbetrugs umfaßt den subjektiven Tatbestand des Grunddelikts, also den Vorsatz – bezogen auf die objektiven Tatbestandsmerkmale des § 263 a I – und die Bereicherungsabsicht.

33

b) Qualifizierende Merkmale

Komplettiert wird der subjektive Tatbestand des qualifizierten Computerbetrugs durch den Vorsatz bezüglich der qualifizierenden objektiven Tatbestandsmerkmale (oben Rn. 32) und die Gewerbsmäßigkeit. Diese ist ein subjektives Tatbe-

34

---

[91] LK-*Tiedemann*, § 263 a Rn. 72.
[92] Teilband 1, § 7 Rn. 112 ff.
[93] Teilband 1, § 7 Rn. 127.

standsmerkmal, da sie nur die Absicht erfordert, Straftaten nach Art eines Gewerbetreibenden zu begehen.[94] Bei Taten mit mehreren Beteiligten ist § 28 II zu beachten, da die Gewerbsmäßigkeit ein besonderes persönliches Merkmal ist.

IV. Kontrollfragen

1. Wann wurde § 263 a in das StGB eingefügt? (Rn. 5)
2. Warum erfaßt § 263 den Computerbetrug nicht? (Rn. 4)
3. Warum ist die 1. Alternative des § 263 a I ein Unterfall der 2. Alternative? (Rn. 16)
4. Wonach richtet sich die „Unrichtigkeit" der Programmgestaltung (§ 263 a I 1. Alt.)? (Rn. 17)
5. Wann sind Daten „unrichtig" (§ 263 a I 2. Alt.)? (Rn. 19)
6. Wann ist eine Datenverwendung „unbefugt" (§ 263 a I 3. Alt.)? (Rn. 21–23)
7. Welche Funktion hat § 263 a I 4. Alt.? (Rn. 24)
8. Aus welchen Merkmalen setzt sich der subjektive Tatbestand des § 263 a I zusammen? (Rn. 29)
9. Wo findet man die Tatbestandsmerkmale des qualifizierten Computerbetrugs? (Rn. 30)
10. Auf welcher Stufe des Straftataufbaus ist die „Gewerbsmäßigkeit" zu prüfen? (Rn. 34)

V. Literatur

Berghaus, § 263 a StGB und der Codekartenmißbrauch durch den Kontoinhaber selbst, JuS 1990, 981
Bühler, Ein Versuch, Computerkriminellen das Handwerk zu legen: Das Zweite Gesetz zur Bekämpfung der Wirtschaftskriminalität, MDR 1987, 448
Haft, Das Zweite Gesetz zur Bekämpfung der Wirtschaftskriminalität (2. WiKG), NStZ 1987, 6
Hilgendorf, Scheckkartenmissbrauch und Computerbetrug, JuS 1999, 542
Lackner, Zum Stellenwert der Gesetzestechnik, in: Festschrift für Herbert Tröndle, 1989, S. 41
Lenckner/Winkelbauer, Computerkriminalität – Möglichkeiten und Grenzen des 2. WiKG, CR 1986, 483, 654
Löhnig, Unberechtigte Bargeldabhebung mit eurocheque-Karte und Geheimnummer an defektem Geldautomaten, JR 1999, 362
Meier, Strafbarkeit des Bankomatenmißbrauchs, JuS 1992, 1017
Mitsch, Rechtsprechung zum Wirtschaftsstrafrecht nach dem 2. WiKG, JZ 1994, 877
Mitsch, Strafbare Überlistung eines Geldspielautomaten, JuS 1998, 307
Neumann, Unfaires Spielen an Geldspielautomaten, JuS 1990, 535

---

[94] Teilband 1, § 1 Rn. 198 ff.

Otto, Zum Bankautomatenmißbrauch nach Inkrafttreten des 2. WiKG, JR 1987, 221
Otto, Probleme des Computerbetrugs, Jura 1993, 612
Ranft, Der Bankomatenmißbrauch, wistra 1987, 79
Ranft, Zur „betrugsnahen" Auslegung des § 263 a StGB, NJW 1994, 2574
Ranft, „Leerspielen" von Glücksspielautomaten, JuS 1997, 19
Rossa, Missbrauch beim electronic cash, CR 1997, 219
Schlüchter, Zweckentfremdung von Geldspielgeräten durch Computermanipulationen, NStZ 1988, 53

C. Subventionsbetrug, § 264 StGB

Übersicht

	Rn.
I. Allgemeines	35
1. Betrugsähnlichkeit	36
2. Rechtsgut	37
3. Systematik	
a) Innere Systematik des § 264	38–41
b) Verhältnis zu anderen Straftatbeständen	42–44
II. Grundtatbestand	
1. Allgemeines	45
2. Grundbegriffe	
a) Subvention	46
b) Subventionserhebliche Tatsachen	47–48
c) Subventionsverfahren	49
d) Subventionsgeber	50
3. Einzelheiten zu § 264 I Nr. 1, IV	
a) Objektiver Tatbestand	
aa) Übersicht	51
bb) Täter	52
cc) Tathandlung	53–57
b) Subjektiver Tatbestand	
aa) Vorsatz	58–59
bb) Leichtfertigkeit	60–61
4. Einzelheiten zu § 264 I Nr. 2, IV	
a) Objektiver Tatbestand	
aa) Übersicht	62
bb) Verwendungsbeschränkung	63
cc) Tathandlung	64
b) Subjektiver Tatbestand	65
5. Einzelheiten zu § 264 I Nr. 3, IV	
a) Objektiver Tatbestand	
aa) Übersicht	66
bb) Täter	67–68

cc) Unkenntnis des Subventionsgebers 69
dd) Tatbestandsmäßiges Verhalten 70
b) Subjektiver Tatbestand 71
6. Einzelheiten zu § 264 I Nr. 4
a) Objektiver Tatbestand
aa) Übersicht 72
bb) Erlangen und Gebrauchen 73
b) Subjektiver Tatbestand 74
III. Qualifikationstatbestand
1. Allgemeines 75
2. Tatbestandsmerkmale
a) Objektiver Tatbestand 76
b) Subjektiver Tatbestand 77–78
IV. Besonders schwere Fälle 79–80
V. Tätige Reue
1. Allgemeines 81
2. Anwendungsbereich 82
3. Voraussetzungen der Straffreiheit
a) Verhinderung der Subventionsgewährung 83
b) Bemühen um Verhinderung 84

I. Allgemeines

35 Der Tatbestand „Subventionsbetrug" (§ 264) wurde 1976 durch das **Erste Gesetz zur Bekämpfung der Wirtschaftskriminalität** (1. WiKG) in das StGB eingeführt.[95]

1. Betrugsähnlichkeit

36 Der Name „Subventionsbetrug" und die Plazierung in direkter Nachbarschaft des § 263 sind äußere Anzeichen von Betrugsähnlichkeit,[96] die durch einen Blick auf die innere Struktur des Tatbestandes bestätigt wird. Jedenfalls in den Tatbestandsalternativen § 264 I Nr. 1, 2 und 4 besteht die tatbestandsmäßige Handlung in einer **täuschenden, wahrheitswidrigen Äußerung**, die einem anderen gegenüber gemacht wird, der dadurch zu einer Reaktion veranlaßt werden soll, die der Vermögensverfügung des Betrugstatbestandes zumindest ähnelt. Wie sich unten zeigen wird, kann auch die tatbestandsmäßige Handlung des § 264 I Nr. 3 als betrugsähnliche Verletzung einer Pflicht zu wahrheitsgemäßer Informierung charakterisiert werden (s.u. Rn. 66 ff.). Abweichungen von § 263 sind in zweifacher Weise zu konstatieren:[97] Gegenüber dem Betrug verlagert der Subventionsbetrug

---

[95] Dazu informativ *Jung*, JuS 1976, 757 ff.; *Müller-Emmert/Maier*, NJW 1976, 1657 ff.
[96] Dazu eher kritisch *Lackner/Kühl*, § 264 Rn. 2.
[97] *Gössel*, BT 2, § 23 Rn. 33.

die Strafbarkeit vor, da zur Vollendung des Delikts weder eine Irrtumserregung[98] noch eine irrtumsbedingte Vermögensverfügung[99] oder gar ein Vermögensschaden erforderlich ist.[100] Der Subventionsbetrug liegt im Vorfeld des Betruges.[101] Das Delikt ist schon mit der Täuschung vollendet und zwar auch dann, wenn sich der Adressat der wahrheitswidrigen Äußerung nicht irreführen läßt.[102] Es wird daher zutreffend als **abstraktes Gefährdungsdelikt** bezeichnet.[103] Ein weiterer Unterschied zum Betrug ist das Fehlen des subjektiven Tatbestandsmerkmals „Bereicherungsabsicht".

2. Rechtsgut

Subventionen sind „Leistungen aus öffentlichen Mitteln" – vgl. § 264 VII –, also letztlich nichts anders als Geldbeträge und somit Vermögensgüter. Somit ist auch der Subventionsbetrug zunächst einmal ein gegen fremdes Vermögen gerichtetes Delikt, geschütztes Rechtsgut des § 264 ist also das **Vermögen**.[104] Allerdings hat es damit nicht sein Bewenden. Wie sich ebenfalls aus Absatz 7 des § 264 ableiten läßt, betrifft die Tat „öffentliche" Mittel, d.h. Vermögen öffentlicher Körperschaften, den Staatshaushalt. Dessen Volumen ist zwar ebenso wie das Vermögen einer Privatperson oder eines Unternehmens Indikator für materiellen Reichtum und Wohlstand oder auch Armut und Bedürftigkeit einer Person bzw. eines Personenverbands. Aber darin erschöpft sich die Funktion und Bedeutung öffentlichen Vermögens natürlich nicht. Der Staatshaushalt und seine Bestandteile sind wichtige Instrumente der Politik und damit vor allem Mittel zur Gestaltung des Gemeinwesens. Dies gilt nicht zuletzt für staatliche Subventionen, um die es in § 264 geht. Mit dem Instrument der Subvention versucht der Staat in vielen Bereichen Einfluß auf die gesellschaftlichen – vor allem ökonomischen – Realitäten zu nehmen, z.B. durch Förderung bestimmter Regionen oder Wirtschaftszweige. Dieser besonderen marktwirtschaftlichen und sozialen Relevanz der Subvention korrespondiert auch ein strafrechtsdogmatischer Schutz- und Rechtsgutsakzent, der nach allgemeiner Auffassung sogar den Unrechtskern des Delikts Subventionsbetrug besetzt. Die **Funktionsfähigkeit der Subvention als staatliches Lenkungs-**

37

---

[98] *Ranft*, JuS 1986, 445 (449).
[99] *Ranft*, JuS 1986, 445 (450).
[100] *Otto*, Jura 1989, 24 (28); *Tenckhoff*, FS Bemmann, S. 465 (471); *Weigend*, FS Triffterer, S. 695 (697); *Maurach/Schroeder/Maiwald*, BT 1, § 41 Rn. 159.
[101] *Schmidt-Hieber*, NJW 1980, 322; *Ranft*, NJW 1986, 3163; *Arzt/Weber*, BT, § 21 Rn. 56; SK-*Günther*, § 264 Rn. 7; *Tröndle/Fischer*, § 264 Rn. 4.
[102] BGHSt 34, 265 (267); *Blei*, JA 1976, 741 (743); *Rengier*, BT 1, § 17 Rn. 7.
[103] *Otto*, Jura 1989, 24 (28); *Weigend*, FS Triffterer, S. 695 (702); *Arzt/Weber*, BT, § 21 Rn. 58; *Maurach/Schroeder/Maiwald*, BT 1, § 41 Rn. 159; *Otto*, BT, § 61 Rn. 8; *Wessels/Hillenkamp*, BT 2, Rn. 681; *Lackner/Kühl*, § 264 Rn. 2; *Schönke/Schröder/Lenckner*, § 264 Rn. 5; *Tröndle/Fischer*, § 264 Rn. 4; diff. *Ranft*, JuS 1986, 445 (449).
[104] *Ranft*, JuS 1986, 445 (448); *Meine*, wistra 1988, 13 (14); *Wessels/Hillenkamp*, BT 2, Rn. 680; *Lackner/Kühl*, § 264 Rn. 1; *Schönke/Schröder/Lenckner*, § 264 Rn. 4; a.A. OLG Hamburg, NStZ 1984, 218.

und Steuerungsinstrument und indirekt die mit dem Mittel der Subvention staatlich geförderten Gemeinwohlbelange bilden das primäre Schutzgut.[105] Der klassische Betrugstatbestand ist für den Schutz dieses Rechtsguts nur sehr eingeschränkt tauglich, weil er die Strafbarkeit von Voraussetzungen abhängig macht, die bei vielen Fällen der Subventionskriminalität nicht erfüllt sind oder praktisch nicht nachgewiesen werden können.[106] § 264 hat deshalb eine wichtige Ergänzungs- und Lückenschließungsfunktion neben § 263. Der Charakter des Subventionsbetrugs als **Wirtschaftsstraftat** wird schon durch Rechtsgutsbeschreibung und Tatbestandsbild deutlich herausgestellt und läßt sich strafverfahrensrechtlich in § 74 c I Nr. 5 GVG nachvollziehen.

3. Systematik

a) Innere Systematik des § 264

38   Das umfangreiche, unübersichtliche und komplizierte Normgefüge des § 264 systematisch zu durchleuchten, ist eine recht mühevolle Aufgabe, der sich der Studierende aber nicht entziehen sollte. Da der Tatbestand ohnehin an der Peripherie des ausbildungs- und examenswichtigen Strafrechtsstoffes angesiedelt ist,[107] hat der Erwerb eines klaren Blicks auf und durch die grobe Struktur der Vorschrift einen wesentlich größeren Wert als die zeit- und kraftraubende Aneignung von filigranen Detailinformationen über die einzelnen Tatbestandsmerkmale.

39   Die Strafbarkeit wegen Subventionsbetrugs kann sich auf einen stark aufgefächerten **Grundtatbestand** und einen **Qualifikationstatbestand** stützen. Letzterer ist im Text des § 264 nicht auf Anhieb zu entdecken, da er sich hinter der auf § 263 V zielenden Verweisung in Absatz 3 verbirgt. Der Grundtatbestand ist in § 264 I zunächst in vier[108] Varianten zerlegt, deren Zahl durch die Hinzufügung von drei Leichtfertigkeitstatbeständen (Absatz 4) auf insgesamt sieben erhöht wird. Privilegierungstatbestände gibt es nicht.

40   Ausschließlich **Rechtsfolgenerheblichkeit** haben die Absätze 2 und 6. Eine spezielle – der Vollendungsvorverlagerung Rechnung tragende[109] – **Rücktrittsregelung** enthält § 264 V. Tatbestandsergänzende Legaldefinitionen sind schließlich in § 264 VII und VIII aufgestellt.

---

[105] *Lenckner*, 40 Jahre Strafrechtsentwicklung, S. 325 (340); *Göhler/Wilts*, DB 1976, 1609 (1610); *Schmidt-Hieber*, NJW 1980, 322 (324); *Otto*, Jura 1989, 24 (29); *Arzt/Weber*, BT, § 21 Rn. 55; *Wessels/Hillenkamp*, BT 2, Rn. 680; *Otto*, BT, § 61 Rn. 8; *Lackner/Kühl*, § 264 Rn. 1; *LK-Tiedemann*, § 264 Rn. 11; *Schönke/Schröder/Lenckner*, § 264 Rn. 4; a.A. *Gössel*, BT 2, § 23 Rn. 31; *Maurach/Schroeder/Maiwald*, BT 1, § 41 Rn. 165.
[106] *Arzt/Weber*, BT, § 21 Rn. 63–66; *LK-Tiedemann*, § 264 Rn. 5; *SK-Günther*, § 264 Rn. 2–5.
[107] *Rengier*, BT 1, § 17 Rn. 1.
[108] Die vierte Variante – neuer Nr. 2 in Absatz 1 – wurde erst durch das EG-Finanzschutzgesetz vom 10. 9. 1998 eingeführt.
[109] *Arzt/Weber*, BT, § 21 Rn. 60.

Die Schwierigkeit der Arbeit mit dem Gesetz wird noch durch die Tatsache gesteigert, daß § 264 eng verflochten ist mit dem „Gesetz gegen mißbräuchliche Inanspruchnahme von Subventionen", dem sog. **Subventionsgesetz**, das im Rahmen der Strafbarkeitsvoraussetzungen ergänzende und ausfüllende Funktion hat.[110]

41

b) Verhältnis zu anderen Straftatbeständen

Berührungspunkte hat der Subventionsbetrug naturgemäß in erster Linie mit dem **Betrug** nach § 263. Wie oben (Rn. 36) schon erwähnt wurde, schließt der § 264 Lücken, die sich beim Versuch der Anwendung des § 263 auf Subventionserschleichungen bemerkbar machen. Soweit aber ein Fall subventionsspezifischer Vermögensschädigung in concreto – auch – von § 263 erfaßt werden kann, ergibt sich eine Konkurrenzsituation zwischen § 264 und § 263. Überwiegend wird in einem solchen Fall § 264 als vorrangige und § 263 verdrängende **lex specialis** angesehen.[111] Wegen der identischen Strafdrohungen in beiden Vorschriften ist dies akzeptabel. Im übrigen tritt § 263 immer dann in den Vordergrund, wenn die Tat von § 264 nicht voll erfaßt wird,[112] was z.b. der Fall ist, wenn die tatgegenständliche Leistung aus öffentlichen Mitteln keine Subvention i.S. des § 264 ist, weil sie nicht der Wirtschaftsförderung (vgl. § 264 VII 1 Nr. 1 b), sondern anderen Zwecken – z.B. Bildung, Kultur, Gesundheit, Sozialhilfe[113] – dient.[114]

42

Große Ähnlichkeit weist der Subventionsbetrug mit der **Steuerhinterziehung** (§ 370 AO) auf. Der Charakter beider Delikte wird durch unehrliches Verhalten des Täters gegenüber einer staatlichen Stelle geprägt, welches auf die Erlangung einer Vergünstigung zielt, die zu Lasten des Fiskus geht, das Vermögen der öffentlichen Hand also schädigt. Wirtschaftlich besteht zwischen der Minderung der Steuerschuld und der Gewährung einer Subvention kein Unterschied. Das Vermögen des Steuerschuldners bzw. Subventionsempfängers wird vermehrt, das des Steuergläubigers bzw. Subventionsgebers wird verringert. Auch hinsichtlich ihrer Bedeutung und Funktion als Gestaltungsinstrument der Sozial- und Wirtschaftspolitik sind Steuer und Subvention weitgehend austauschbar. Denn ein Förderungseffekt läßt sich durch direkte Subventionierung (z.B. Investitionsbeihilfen)

43

---

[110] Abdruck des vollständigen Gesetzestextes z.B. bei *Tröndle/Fischer*, Anhang 6; SK-*Günther*, § 264 vor Rn. 1; LK-*Tiedemann*, § 264 Rn. 9.

[111] BGHSt 32, 203 (206); *Blei*, JA 1976, 741 (743); *Göhler/Wilts*, DB 1976, 1609 (1615); *Ranft*, JuS 1986, 445 (450); *Tenckhoff*, FS Bemmann, S. 465 (472); *Arzt/Weber*, BT, § 21 Rn. 76; *Blei*, BT, S. 248; *Otto*, BT, § 61 Rn. 27; *Lackner/Kühl*, § 264 Rn. 30; LK-*Tiedemann*, § 264 Rn. 161; *Schönke/Schröder/Lenckner*, § 264 Rn. 5, 87; *Tröndle/Fischer*, § 264 Rn. 5; a.A. (Idealkonkurrenz) *Schmidt-Hieber*, NJW 1980, 322 (325); *Achenbach*, JR 1988, 251 (254); *Maurach/Schroeder/Maiwald*, BT 1, § 41 Rn. 176.

[112] LK-*Tiedemann*, § 264 Rn. 162; *Schönke/Schröder/Lenckner*, § 264 Rn. 87; *Schmidt-Hieber*, NJW 1980, 322 (323).

[113] *Tröndle/Fischer*, § 264 Rn. 10.

[114] Zum – von § 264 nicht erfaßten – Fall der Täuschung über subventionsunerhebliche Tatsachen unten Rn. 48.

ebenso erzielen wie durch Senkung der Steuerlast (z.b. Sonderabschreibungsmöglichkeiten) des zu Fördernden. Daher verwundert es nicht, daß die Abgrenzung von Subventionen und Steuervorteilen mitunter schwierig sein kann. Juristisch notwendig ist sie in jedem Fall, da die Erschleichung steuerlicher Vorteile ausschließlich nach § 370 AO strafbar ist, § 264 also nur in bezug auf Vergünstigungen nichtsteuerlicher Art anwendbar ist (s.u. Rn. 46). Zwischen Subventionsbetrug und Steuerhinterziehung besteht also tatbestandliche Exklusivität.[115]

44 Der auffallendste strukturelle Unterschied zwischen den Delikten Betrug (§ 263) und **Untreue** (§ 266) ist die Stellung des Täters im Verhältnis zu dem von ihm beschädigten Vermögen: Der Betrüger greift das Vermögen „von außen" an, indem er einen in der angegriffenen Vermögenssphäre stehenden – den Inhaber des Vermögens oder eine sonstige dem Vermögen nahestehende Person (Dreiecksbetrug) – durch Täuschung zu einer Vermögensverfügung (z.b. Herausgabe von Geld) veranlaßt. Der Täter der Untreue steht dagegen selbst in der betroffenen Vermögenssphäre und nutzt diese Position und die damit verbundene Zugriffsmöglichkeit zu vermögensschädigenden Aktionen aus. Er schädigt also das Vermögen „von innen".[116] Dieser Strukturunterschied kennzeichnet auch das Verhältnis von Subventionsbetrug und Untreue: Als betrugsähnliches Delikt ist der Subventionsbetrug ein Angriff auf staatliches Vermögen von außen. Dies hat vor allem bei der Bestimmung des tauglichen Täterkreises – insbesondere Einbeziehung von unmittelbar subventionserheblichen Amtsträgern – Bedeutung. Wird das staatliche Vermögen nämlich durch rechtswidrige Vergabe von Subventionen durch behördliches bzw. Amtsträgerfehlverhalten geschädigt, handelt es sich um Schädigung von innen, weshalb prima facie § 266 – und nicht § 264 – einschlägig ist.[117] Es gibt allerdings Fallkonstellationen, in denen ein Amtsträger der Subventionsbehörde Täter des § 264 I sein kann (näher dazu unten Rn. 52). Auf die Orientierungswirkung der groben Leitlinie „Schädigung von außen = § 264, Schädigung von innen = § 266" darf man sich also bei der Beurteilung subventionserheblichen Amtsträgerfehlverhaltens nicht blindlings verlassen.

II. Grundtatbestand

1. Allgemeines

45 Die objektiven Tatbestandsmerkmale des Grundtatbestandes sind in § 264 I zusammengestellt. Jede der vier Nummern beschreibt ein anderes Tatbild, so daß von vier Tatbestandsalternativen auszugehen ist. Einige Merkmale sind aber für das Delikt insgesamt so elementar, daß sie in jeder dieser Alternativen enthalten

---

[115] *Müller-Emmert/Maier*, NJW 1976, 1657 (1658); *Lackner/Kühl*, § 264 Rn. 5; *Schönke/Schröder/Lenckner*, § 264 Rn. 10; SK-*Günther*, § 264 Rn. 30, 100.
[116] Teilband 1, § 7 Rn. 14, § 8 Rn. 9.
[117] *Schünemann*, NStZ 1985, 73; LK-*Tiedemann*, § 264 Rn. 23; LK-*Schünemann*, § 266 Rn. 143.

sind (dazu sogleich 2.). Auf der Ebene des subjektiven Tatbestandes treten gemäß Absatz 4 drei Leichtfertigkeitsalternativen neben die vier Vorsatzalternativen.

2. Grundbegriffe

a) Subvention

Die Subvention ist der zentrale Begriff des gesamten § 264. In jeder Tatbestandsalternative spielt dieser Begriff eine beherrschende Rolle. Die maßgebliche Begriffsbestimmung hat der Gesetzgeber selbst in § 264 VII formuliert („materieller Subventionsbegriff"[118]). Diese Definition ist so weit, daß unter sie auch Leistungen[119] subsumiert werden können, die auf Grund **steuerrechtlicher** Vorschriften gewährt werden. Gleichwohl erstreckt sich § 264 auf den strafwürdigen Mißbrauch solcher Leistungen nicht, da insoweit ausschließlich die steuerstrafrechtlichen Tatbestände – also vor allem § 370 AO – zuständig sind.[120] Die Kehrseite der Beschränkung des strafrechtlichen Schutzes inländischer[121] Subventionen auf **wirtschaftsfördernde** Leistungen (§ 264 VII 1 Nr. 1 b)[122] ist die Abdrängung sonstiger staatlicher Förderungsmaßnahmen in den Schutzbereich des § 263.[123] Erschleicht sich also z.B. ein Student durch unwahre Angaben Leistungen nach dem BAföG, so begeht er dadurch keinen Subventionsbetrug, weil diese staatliche Leistung, die alle Merkmale des § 264 VII 1 Nr. 1 außer dem Merkmal (Förderung der) „Wirtschaft" aufweist, keine Subvention im Sinne dieses Straftatbestandes ist.[124] Strafrechtlicher Schutz der öffentlichen Finanzmittel ist in einem solchen Fall nur über § 263 möglich. Schwierigkeiten bei der Anwendung des § 263 bereitet jedoch die Tatsache, daß der Staat die tatgegenständlichen Leistungen bewußt „ohne marktmäßige Gegenleistung gewährt".[125] Dieser Umstand wird in der Betrugsdogmatik überwiegend als Problem des Vermögensschadens, nach anderer Ansicht schon als Problem der tatbestandsmäßigen Täuschung behandelt.[126] Die h.M. versucht, die Strafbarkeit aus § 263 mit Hilfe der Lehre von der „sozialen Zweckverfehlung" zu begründen.[127] An sich überflüssig, zur Klarstel-

46

---

[118] *Blei*, JA 1976, 741 (742); *Göhler/Wilts*, DB 1976, 1609 (1611); *Maurach/Schroeder/Maiwald*, BT 1, § 41 Rn. 167; LK-*Tiedemann*, § 264 Rn. 26; SK-*Günther*, § 264 Rn. 23, 25.
[119] Zum Merkmal „Leistungen aus öffentlichen Mitteln" vgl. SK-*Günther*, § 264 Rn. 28.
[120] *Müller-Emmert/Maier*, NJW 1976, 1657 (1658); *Gössel*, BT 2, § 23 Rn. 38; *Rengier*, BT 1, § 17 Rn. 4; *Wessels/Hillenkamp*, BT 2, Rn. 687; LK-*Tiedemann*, § 264 Rn. 27; *Lackner/Kühl*, § 264 Rn. 5; SK-*Günther*, § 264 Rn. 30.
[121] Bei EG-Subventionen gilt diese Beschränkung nicht, vgl. § 264 VII 1 Nr. 2.
[122] Zu den mit dieser Beschränkung verbundenen Problemen, die die Anwendung des § 264 selbst betreffen, instruktiv SK-*Günther*, § 264 Rn. 35–37.
[123] *Göhler/Wilts*, DB 1976, 1609 (1610); *Müller-Emmer/Maier*, NJW 1976, 1657 (1659); *Arzt/Weber*, BT, § 21 Rn. 77; *Wessels/Hillenkamp*, BT 2, Rn. 685.
[124] *Maurach/Schroeder/Maiwald*, BT 1, § 41 Rn. 167.
[125] Zu diesem Begriffselement der Subvention vgl. SK-*Günther*, § 264 Rn. 31.
[126] Teilband 1, § 7 Rn. 37.
[127] *Schmidt-Hieber*, NJW 1980, 322 (323); *Ranft*, NJW 1986, 3163 (3165); *Wessels/Hillenkamp*, BT 2, Rn. 550.

lung aber durchaus sinnvoll ist die Erwähnung der „**Betriebe**" und „**Unternehmen**" als Subventionsempfänger. Mittelbare Wirtschaftsförderung durch Kaufkraftstärkung der Konsumenten betreibt der Staat natürlich auch, indem er bestimmte Bevölkerungsschichten steuerlich privilegiert (z.B. Familien mit Kindern) oder mit dem Instrument der Sozialhilfe in minimalem Umfang am Wirtschaftsleben teilhaben läßt.[128] Aber das ist mit „Förderung der Wirtschaft" nicht gemeint, was durch die Nennung der Leistungsempfänger „Betriebe" und „Unternehmen" bekräftigt wird.[129] Auch die Bezüge der Beamten sind keine Subventionen, obwohl das Merkmal „ohne marktmäßige Gegenleistung" hier zweifellos gegeben ist. Im übrigen ist der leistungsempfängerbezogene Teil der Definition auffallend unjuristisch. Denn weder „Betrieb" noch „Unternehmen" haben Rechtssubjektsqualität. Deshalb wird auch die Subventions-"Leistung" rechtstechnisch nicht an Betrieb oder Unternehmen ausgekehrt, sondern an den Inhaber des Betriebs oder des Unternehmens. Das ist entweder eine natürliche Person oder eine juristische Person oder eine Personenhandelsgesellschaft.[130]

b) Subventionserhebliche Tatsachen

47 Dieses Merkmal hat die strafrechtsdogmatische Funktion eines objektiven Tatbestandsmerkmals in den Fällen des § 264 I Nr. 1, Nr. 3 und Nr. 4, sowie in den gem. § 264 IV unter Strafdrohung gestellten Leichtfertigkeitsversionen des § 264 I Nr. 1 und Nr. 3. Es ist in Absatz 8 in einer gemischt formell-materiellen Weise **definiert**.[131] Die nach Nr. 1 dieser Definition ausschlaggebende Bezeichnung als „subventionserheblich" hat ihre gesetzliche Grundlage in § 2 SubvG.[132] Obwohl die Definition den formalen Bezeichnungsakt als einziges Kriterium anzuerkennen scheint, muß insoweit differenziert werden: Befindet sich die Bezeichnung im Gesetz selbst, ist dies für das Strafrecht verbindlich, selbst wenn der Gesetzgeber mit dieser Bezeichnung den Begriff „subventionserheblich" überdehnt haben sollte.[133] Bezeichnet dagegen der Subventionsgeber Tatsachen als subventionserheblich, die es bei materieller Betrachtung nicht sind, kommt es darauf an, ob diese Bezeichnung von dem zugrundeliegenden Gesetz („auf Grund eines Gesetzes") gedeckt ist.[134] Ist das nicht der Fall, z.B. weil die fälschlich als subventionserheblich bezeichnete Tatsache im Hinblick auf die Subventionsvergabe keinerlei Bedeutung hat, fehlt der Bezeichnung die gesetzliche Grundlage. Als Strafbarkeitsvoraussetzung kommt diese Bezeichnung dann nicht in Betracht.[135] Fehlt umgekehrt eine gesetzlich vorgeschriebene Bezeichnung und liegen die

---

[128] LK-*Tiedemann*, § 264 Rn. 38.
[129] SK-*Günther*, § 264 Rn. 38.
[130] SK-*Günther*, § 264 Rn. 38.
[131] Ausführlich dazu SK-*Günther*, § 264 Rn. 40 ff.
[132] *Göhler/Wilts*, DB 1976, 1609 (1614).
[133] SK-*Günther*, § 264 Rn. 44.
[134] *Schönke/Schröder/Lenckner*, § 264 Rn. 34.
[135] *Göhler/Wilts*, DB 1976, 1609 (1614); *Maurach/Schroeder/Maiwald*, BT 1, § 41 Rn. 168; *Schönke/Schröder/Lenckner*, § 264 Rn. 34.

Voraussetzungen des § 264 VIII Nr. 2 nicht vor, ist die betroffene Tatsache auch dann kein tauglicher – strafbarkeitsbegründender – Täuschungsgegenstand, wenn der Täter weiß, daß die Tatsache vom Subventionsgeber hätte als subventionserheblich bezeichnet werden müssen.[136]

Im Verhältnis zu den anderen Bestandteilen des objektiven Tatbestandes hat die subventionserhebliche Tatsache die Stellung des **Täuschungsinhalts** bzw. Täuschungsgegenstandes. Die Strafbarkeit wird auf diese Weise auf Fälle beschränkt, in denen Fehlvorstellungen auf der Opferseite – z.b. bei einem Beamten der zuständigen Bewilligungsbehörde – über subventionserhebliche Tatsachen hervorgerufen, unterhalten oder pflichtwidrig nicht beseitigt werden. Täuschungen oder Irrtümer über sonstige – subventionsirrelevante – Tatsachen, sind also zur Begründung von Strafbarkeit aus § 264 I ungeeignet.

48

Beispiele:

(1) Spielzeugfabrikant T plant die Errichtung einer Produktionsstätte in einer wirtschaftlich schwach entwickelten Region des ostdeutschen Bundeslandes XY. Da er damit 50 neue Arbeitsplätze schafft, unterstützt der Staat sein Vorhaben mit Investitionshilfen. T macht gegenüber der zuständigen Behörde wahrheitsgemäße und vollständige Angaben über die Tatsachen, die nach der Rechtslage für die Subventionsbewilligung bedeutsam sind. Da er jedoch annimmt, der die Sache bearbeitende Beamte B werde ihm trotz Erfüllung aller rechtlichen Voraussetzungen die Beihilfe nicht bewilligen, spiegelt T dem B wahrheitswidrig vor, er – T – beabsichtige, der Ehefrau und den beiden Söhnen des B lukrative Posten in seinem Unternehmen zu verschaffen.

(2) Abwandlung: T erfüllt die Subventionsvoraussetzungen nicht. Seine dahingehenden Angaben gegenüber der Behörde sind richtig und vollständig. Er hofft aber, den B durch das Versprechen, Ehefrau und Söhne mit lukrativen Anstellungen in seinem Unternehmen zu versorgen, zu einer günstigen Entscheidung bewegen zu können. Das Versprechen will er nicht einlösen.

Die Inaussichtstellung einer attraktiven Anstellung für engste Familienangehörige ist trotz Mentalreservation[137] eine strafbare Vorteilsgewährung nach § 333 I (Beispiel 1) bzw. Bestechung nach § 334 I 1 (Beispiel 2), aber kein Subventionsbetrug nach § 264 I. T hat den B zwar getäuscht und dabei den Tatsachen, über die er täuschte, insofern Subventionserheblichkeit zugeschrieben, als er annahm, die vorgespiegelten Tatsachen würden letztlich für die tatsächliche Subventionsgewährung ausschlaggebend sein. Aber dies ist natürlich keine Subventionserheblichkeit im Sinn des § 264 VIII, der in Nr. 2 diese Eigenschaft nur Tatsachen zuerkennt, von denen die Bewilligung der Subvention „gesetzlich" abhängig ist. Andere Tatsachen darf der Beamte in die Entscheidungsfindung über den Subventionsantrag gar nicht einfließen lassen. Anderenfalls würde er „sachfremde Erwägungen" anstellen. Daher kann die Täuschung über solche Tatsachen einen korrekt handelnden Beamten nicht irreführen und nicht zu einer gesetzwidrigen Subventionsentscheidung verleiten. Angenommen, B ist ein vollkommen korrekt und streng nach Gesetz entscheidender Beamter: In **Beispiel 1** würde es an der Kausalität der Täuschung des T für die von B bewilligte Subvention fehlen, da die Entscheidung nicht auf Grund des von T

---

[136] *Maurach/Schroeder/Maiwald*, BT 1, § 41 Rn. 168; *Schönke/Schröder/Lenckner*, § 264 Rn. 34.
[137] SK-*Rudolphi*, § 333 Rn. 11.

gemachten Versprechens, sondern auf Grund der von T erfüllten gesetzlichen Subventionsvoraussetzungen ergehe. In **Beispiel 2** würde es nicht zur Subventionsgewährung kommen, da der pflichtbewußte Beamte wegen Nichterfüllung der gesetzlichen Voraussetzung die Gewährung der Subvention ablehnen würde. Ist der B dagegen ein korrupter Träger seines Amtes, wäre in beiden Beispielen ein Ursachenzusammenhang zwischen der Täuschung des T und der Subventionsbewilligung gegeben. Deshalb könnte T aus § 263 strafbar sein. Da T aber nur über Tatsachen getäuscht hat, die im Subventionsverfahren ohnehin nicht beachtet werden dürfen, ist die Behörde bzw. der durch die Behörde vertretene Staat gegenüber dieser Täuschung nicht schutzbedürftig. Sofern es trotz Irrelevanz der vorgespiegelten Tatsachen doch zu einer behördlichen Fehlentscheidung mit schädlichen Folgen für das Staatsvermögen kommen sollte, liegt der Grund dafür im Fehlverhalten eines Amtsträgers, ist also behördeninterner Natur und daher – im Lichte des § 263 – ein strafbarkeitsausschließendes Opferverschulden. Hier wirkt sich also das „viktimodogmatische Prinzip" aus, daß keinen strafrechtlichen Schutz verdient, wer nur deshalb einen Schaden erleidet, weil er sich nicht in der ihm möglichen und zumutbaren Weise dagegen geschützt hat. Im System der Strafbarkeitsvoraussetzungen des § 263 findet dieser Umstand beim Tatbestandsmerkmal „Täuschung" Berücksichtigung. Allgemein ist der Betrugstatbestand – nach allerdings bestrittener Meinung – auf „vermögensbezogene" Täuschungen beschränkt.[138] Im speziellen Fall der Subventionserschleichung wird der Bereich tatbestandsmäßiger Täuschungsinhalte noch weiter eingeengt, indem die Tatbestandsrelevanz von Täuschungen auf subventionserhebliche Tatsachen reduziert wird. § 263 findet also bei Täuschungen über subventionsunerhebliche Tatsachen ebensowenig Anwendung wie § 264.[139] Konsequenterweise muß diese Restriktion des Betrugstatbestandes auch bei der Erschleichung von Subventionen gelten, die nicht der Wirtschaftsförderung dienen.

c) Subventionsverfahren

49   Ein Subventionsverfahren beginnt in der Regel mit dem Antrag auf Bewilligung der Subvention und endet mit dem Bescheid der Behörde, durch den die Subvention entweder gewährt oder endgültig verweigert wird.[140] Explizite Erwähnung findet dieses Merkmal in den Tatbeständen § 264 I Nr. 1 (i.V. mit § 264 IV) und Nr. 4. Es engt den Deliktsbereich auf Taten ein, deren Vollzug in enger Verbindung mit dem subventions- und verwaltungsrechtlich fundierten Verfahren steht, im Fall des § 264 I Nr. 4 von diesem Verfahren sachlich und zeitlich eingerahmt ist. Wahrheitswidrige Äußerungen, die der Subventionsprätendent im privaten Verkehr gegenüber einer in das Subventionsverfahren eingeschalteten Person macht, werden so aus der ohnehin weit in den Bereich abstrakter Gefährlichkeit vorgezogenen Strafzone herausgehalten. Des weiteren dient die Einbindung in das Subventionsverfahren der Wahrung des Rechtsgutsbezugs. Nur soweit die Tat die Gefahr der Fehlleitung staatlicher Fördermittel erzeugen kann, trifft sie das von § 264 geschützte Rechtsgut. Wenn die Tat keine Berührung mit einem

---

[138] Teilband 1, § 7 Rn. 38.
[139] Anders die h.M., vgl. *Ranft*, NJW 1986, 3163 (3164); *Lackner/Kühl*, § 264 Rn. 31; LK-*Tiedemann*, § 264 Rn. 162; SK-*Günther*, § 264 Rn. 103; *Schönke/Schröder/Lenckner*, § 264 Rn. 87; *Tröndle/Fischer*, § 264 Rn. 39
[140] *Schönke/Schröder/Lenckner*, § 264 Rn. 40; *Tröndle/Fischer*, § 264 Rn. 13.

Subventionsverfahren hat, besteht diese Gefahr nicht. Daher erfüllt der Gebrauch einer durch falsche Angaben erschlichenen Bescheinigung i.S. des § 264 I Nr. 4 außerhalb eines Subventionsverfahrens – z.b. gegenüber privatwirtschaftlichen Unternehmen oder Kreditgebern – nicht den Tatbestand des Subventionsbetrugs.

d) Subventionsgeber

Der Subventionsgeber ist in § 264 I Nr. 1 definiert. Das Merkmal wird ausdrücklich in den Tatbeständen § 264 I Nr. 2 und Nr. 3, implizit auch in Nr. 4[141] erwähnt. Die recht weit gezogene Begriffsbestimmung zeigt, daß zur Begründung der Tatbestandsmäßigkeit auf der Subventionsgeberseite nicht unbedingt eine konkrete natürliche Person als Erklärungsempfänger usw. namhaft gemacht werden muß. Als Adressat von „Angaben" i.S. des § 264 I Nr. 1 kommen auch Behörden oder „Stellen" in Betracht. Letztlich ist es eine Frage der Auslegung von Merkmalen wie „Angabe" (§ 264 I Nr. 1) oder „in Unkenntnis läßt" (§ 264 I Nr. 3), wie eng der Bezug zwischen Tat und einer bestimmten auf Subventionsgeberseite stehenden natürlichen Person sein muß, damit der Tatbestand erfüllt ist. Außerdem läßt sich der Einsatz elektronischer Datenverarbeitungssysteme im Bereich des Subventionsgebers leichter erfassen, wenn die Tat nicht zu einer „Person", sondern zu einer „Behörde" oder „Stelle" in Beziehung gesetzt werden muß. Schließlich ermöglicht die Definition die Ausdehnung des Täterkreises auf Personen, die selbst Angehörige der subventionsrelevanten Behörde oder Stelle sind. Denn eine Person kann zwar keine täuschenden Angaben gegenüber sich selbst machen, wohl aber gegenüber anderen der Behörde oder Stelle angehörenden Personen und damit gegenüber der Behörde oder Stelle – also dem „Subventionsgeber" – selbst.[142]

50

3. Einzelheiten zu § 264 I Nr. 1, IV

a) Objektiver Tatbestand

aa) Übersicht

Der objektive Tatbestand des § 264 I Nr. 1 ähnelt stark dem um die Merkmale Irrtum, Vermögensverfügung und Vermögensschaden reduzierten Tatbestand des § 263 I, obwohl die Texte beider Tatbestände deutlich voneinander abweichen. Die Übersicht läßt aber die Übereinstimmungen in der Grobstruktur erkennen.

51

- Wer
- Subventionsgeber
- subventionserhebliche Tatsachen
- unrichtige oder unvollständige Angaben über die Tatsachen
- für sich oder einen anderen
- Vorteilhaftigkeit für sich oder einen anderen

---

[141] Gebrauch in einem Subventionsverfahren bedeutet Gebrauch gegenüber dem Subventionsgeber, vgl. *Schönke/Schröder/Lenckner*, § 264 Rn. 61.
[142] *Schünemann*, NStZ 1985, 73.

Stark vergröbert und komprimiert läßt sich diese recht kompliziert erscheinende Tatbeschreibung als subventionserhebliche **Täuschung** einer für die Subventionsvergabe zuständigen Behörde oder Person paraphrasieren. Das Merkmal „wer" steht dabei für den **Täter**, dessen Rolle theoretisch von jedermann gespielt werden kann (näher dazu unten Rn. 52). Die Übersicht verdeutlicht die Spezifika des Delikts „Vorverlagerung der Vollendung" und „Erfolgskupiertheit". Mit dem Täuschungsakt ist die Tat vollendet. Auf irgendeine Reaktion der getäuschten Behörde, Stelle oder Person oder gar einen Vermögensschaden nimmt der objektive Tatbestand nicht Bezug.

bb) Täter

52 Täter kann **jedermann** sein.[143] Der Straftatbestand verlangt keine besondere Tätereigenschaft. Insbesondere ergibt sich aus dem zweimal auftauchenden Merkmal „für sich oder einen anderen", daß nicht nur der Subventionsnehmer, sondern auch ein Dritter die Tat begehen kann. Täter kann auch ein **Amtsträger** sein. Das ist für Amtsträger, deren dienstlicher Zuständigkeits- und Tätigkeitsbereich außerhalb des tatgegenständlichen Subventionsverfahrens liegt, unproblematisch.[144] Darüber hinaus erfaßt der Tatbestand aber auch Amtsträger der zuständigen Subventionsbehörde.[145] Allerdings ist beim Subventionsbetrug wie bei jeder Straftat eine Identität von Täter und Opfer ausgeschlossen. „Selbstbetrug" ist strafrechtlich nicht möglich. Da die Opferseite des Subventionsbetrugs primär von Behörden und den bei ihnen tätigen Personen repräsentiert wird, steht der Amtsträger quasi „im Lager" des Opfers. Dies schränkt die Möglichkeit der Tatbegehung durch Amtsträger der Bewilligungsbehörde ein. Nur solche Amtsträger, die nicht selbst zur Entscheidung über den Subventionsantrag befugt sind, können den Tatbestand verwirklichen, indem sie dem entscheidungsbefugten Amtsträger falsche Angaben unterbreiten. Ausreichend ist auch die Bestätigung und Weiterleitung von falschen Angaben, deren Urheber der Subventionsnehmer ist.[146]

cc) Tathandlung

53 Die tatbestandsmäßige Handlung ist eine **Täuschung**,[147] worin sich die Betrugsähnlichkeit des Delikts am deutlichsten niederschlägt. Die Täuschung muß gegenüber einem Subventionsgeber (dazu oben Rn. 50) begangen werden. Da der

---

[143] *Göhler/Wilts*, DB 1976, 1609 (1615); *Gössel*, BT 2, § 23 Rn. 52; *Schönke/Schröder/Lenckner*, § 264 Rn. 70.
[144] *Arzt/Weber*, BT, § 21 Rn. 71; *Gössel*, BT 2, § 23 Rn. 52.
[145] *Schünemann*, NStZ 1985, 73; *Ranft*, NJW 1986, 3163 (3172); a.A. *Arzt/Weber*, BT, § 21 Rn. 71; *Otto*, BT, § 61 Rn. 20; *ders.*, JR 1984, 475 (477); *Gössel*, BT 2, § 23 Rn. 52.
[146] *Maurach/Schroeder/Maiwald*, BT 1, § 41 Rn. 172; *Rengier*, BT 1, § 17 Rn. 6; *Wessels/Hillenkamp*, BT 2, Rn. 688; SK-*Günther*, § 264 Rn. 53; *Schönke/Schröder/Lenckner*, § 264 Rn. 70; *Tröndle/Fischer*, § 264 Rn. 32.
[147] *Wessels/Hillenkamp*, BT 2, Rn. 688.

Täuschungsadressat durch den Täuschungsakt gerade in seiner Funktion als Subventionsgeber berührt werden muß, kommen nur Täuschungshandlungen in einem Subventionsverfahren in Betracht. Die tatbestandsmäßige Handlung ist reine Tätigkeit. Diese dient zwar der Verursachung eines Täuschungserfolgs (Irrtum), dessen Eintritt ist aber keine Strafbarkeitsvoraussetzung. Die Tat ist bereits vollendet, wenn „Angaben gemacht" worden sind. „**Angaben machen**" bedeutet die Kundgabe einer Erklärung über einen bestimmten Gegenstand, hier also über subventionserhebliche Tatsachen (dazu oben Rn. 47).[148] Die Angaben müssen zum Empfang und zur Kenntnisnahme durch den Subventionsgeber bestimmt sein, brauchen aber von diesem nicht tatsächlich wahrgenommen worden zu sein. Zur Vollendung genügt der Zugang der Erklärung beim Subventionsgeber.[149] Dieser Punkt ist erreicht, wenn die Erklärung so in den Machtbereich des Subventionsgebers gelangt ist, daß dieser von ihrem Inhalt Kenntnis nehmen kann. Vorher liegt allenfalls ein strafloser Versuch vor.

Der Täuschungscharakter der Tat ergibt sich aus der **Unrichtigkeit** oder **Unvollständigkeit** der Angaben. Die Rechtsgutsschädlichkeit der Angaben ergibt sich aus der **Vorteilhaftigkeit** der unrichtigen oder unvollständigen Angaben für den Täter oder einen anderen. Unrichtig sind unwahre Angaben, also solche, die mit dem Teil der Wirklichkeit, auf den sie sich beziehen, nicht übereinstimmen.[150] Unvollständig sind Angaben, die einen Teil der subventionserheblichen Tatsachen wahrheitsgemäß zur Kenntnis bringen, den zur Vervollständigung erforderlichen Rest aber unterdrücken. Eine Täuschungsgefahr birgt die Unvollständigkeit aber nur dann, wenn sie als solche nicht erkannt wird, das Fragment vom Empfänger also für das Ganze gehalten werden kann. Das wahre Teilbild muß also als unwahres Gesamtbild ausgegeben werden. Legt der Täter hingegen die Unvollständigkeit und Ergänzungsbedürftigkeit seiner Angaben offen, täuscht er den Subventionsgeber nicht.[151] Diese Unterlassung der Aufklärung kann nur nach § 264 I Nr. 3 tatbestandsmäßig sein. 54

Umstritten ist der Bedeutungsgehalt des Merkmals „**vorteilhaft**". Gewiß ist allerdings, daß damit solche unrichtigen und unvollständigen Angaben aus dem Tatbestand herausgehalten werden, die das Vermögen des Subventionsgebers schonen, weil sie die Chancen des Subventionsnehmers auf Erlangung der Subvention verschlechtern.[152] Wer das Vermögen als allein oder (mit)geschütztes Rechtsgut des § 264 anerkennt, wird darin seine Auffassung bestätigt sehen. Da- 55

---

[148] *Schönke/Schröder/Lenckner*, § 264 Rn. 43.
[149] *Müller-Emmert/Maier*, NJW 1976, 1657 (1660); *Gössel*, BT 2, § 23 Rn. 48; *Rengier*, BT 1, § 17 Rn. 7; *Lackner/Kühl*, § 264 Rn. 16; SK-*Günther*, § 264 Rn. 60; *Schönke/Schröder/Lenckner*, § 264 Rn. 66.
[150] *Gössel*, BT 2, § 23 Rn. 46; *Lackner/Kühl*, § 264 Rn. 17; SK-*Günther*, § 264 Rn. 54; *Schönke/Schröder/Lenckner*, § 264 Rn. 44;.
[151] *Maurach/Schroeder/Maiwald*, BT 1, § 41 Rn. 169; *Schönke/Schröder/Lenckner*, § 264 Rn. 44.
[152] *Gössel*, BT 2, § 23 Rn. 49; *Otto*, BT, § 61 Rn. 19; LK-*Tiedemann*, § 264 Rn. 82; SK-*Günther*, § 264 Rn. 56.

gegen ist es auf der Grundlage einer Rechtsgutsbestimmung, die allein die mit der Subventionierung verfolgten Ziele staatlicher Wirtschaftspolitik für relevant hält, inkonsequent, die täuschungsbedingte Nichtvergabe oder Verkürzung von Subventionen als strafrechtlich unerheblich zu betrachten. Denn ungünstige volkswirtschaftliche Entwicklungen können auch auf fehlender oder zu geringer Subventionierung beruhen.

56 Der Vorteil, den die Angabe zu verschaffen geeignet sein muß, ist die Erlangung, Erhöhung oder Belassung (= Nichtrückforderung) der Subvention. Vorteilhaft ist die Angabe also, wenn sie die Aussicht des Täters oder eines Dritten auf diesen Vorteil verbessert.[153] Fraglich ist die Bewertung unrichtiger oder unvollständiger chancenverbessernder Angaben, wenn der Täter oder Dritte einen Anspruch auf die erstrebte Subvention aus einem anderen Grund hat. Im Ergebnis stellen die falschen Tatsachenbehauptungen den Subventionsempfänger dann nämlich nicht besser als er stünde, wenn er die anspruchsbegründenden Tatsachen wahrheitsgemäß vortragen würde. Da der Begriff „vorteilhaft" den Vergleich zweier Sachverhalte impliziert,[154] dreht sich der Streit letztlich um den maßgeblichen Alternativsachverhalt, der dem realen – die unrichtigen oder unvollständigen Angaben enthaltenden – Sachverhalt gegenüberzustellen ist: Vergleicht man die gemachten Angaben mit dem Fall, daß der Täter gar keine Angaben macht, stellen sich die gemachten Angaben zweifellos als vorteilhaft dar. Denn ohne die Angabe bestimmter subventionserheblicher Tatsachen besteht überhaupt keine Aussicht auf Subventionsgewährung. Vergleicht man die gemachten Angaben dagegen mit dem Fall, daß der Täter andere Angaben – nämlich die wahrheitsgemäßen und den Subventionsanspruch tragenden – macht, ergibt sich im Ergebnis kein Unterschied zwischen den beiden Sachverhalten. Auch die anderen Angaben verschaffen dem Subventionsnehmer eine begründete Aussicht auf Erlangung der Subvention. Folglich stellen die falschen Angaben den Subventionsnehmer nicht besser und sind deshalb nicht vorteilhaft.

> **Beispiel:**[155] T führt ein milchähnliches Produkt nach Polen aus. Gegenüber der zuständigen Behörde deklariert er die ausgeführte Ware wahrheitswidrig als Vollmilchpulver. Die Ausfuhr von Milchpulver mit einem bestimmten Mindestmilchfettgehalt wird mit Ausfuhrsubventionen gefördert. Auf Grund der unrichtigen Angaben erhält T 200 000 DM Ausfuhrerstattung. Für die Ausfuhr des von T tatsächlich ausgeführten milchähnlichen Produkts hätte T Ausfuhrerstattungen in gleicher Höhe beanspruchen können.

T hat in einem Subventionsverfahren gegenüber dem Subventionsgeber unrichtige Angaben gemacht. Da er auf Grund dieser Angaben 200 000 DM Subvention tatsächlich erhalten hat, scheint auch die Vorteilhaftigkeit der gemachten Angaben gegeben zu sein. Denn hätte er keinen Antrag auf Ausfuhrerstattung gestellt – also die unrichtigen Angaben

---

[153] *Maurach/Schroeder/Maiwald*, BT 1, § 41 Rn. 174; *Rengier*, BT 1, § 17 Rn. 5; *Lackner/Kühl*, § 264 Rn. 18; LK-*Tiedemann*, § 264 Rn. 83; *Schönke/Schröder/Lenckner*, § 264 Rn. 47.
[154] Vorteilhaft ist ein Sachverhalt, wenn er ein Ergebnis produziert, das besser ist als das des anderen Sachverhalts.
[155] Nach BGHSt 36, 373.

nicht gemacht –, wäre ihm keine Subvention gewährt worden. Dieser einfachen Argumentation bedient sich der **BGH**, der in Fällen wie diesem die Vorteilhaftigkeit und damit die Erfüllung des objektiven Tatbestandes bejaht. Der Gefahr der Fehlleitung von Subventionen auf Grund falscher Angaben könne wirksam nur dadurch begegnet werden, daß der strafrechtlichen Würdigung allein die tatsächlichen Angaben und ihre tatsächliche Begünstigungswirkung im Subventionsverfahren zugrunde gelegt werden und wahrheitsgemäße Alternativangaben unberücksichtigt bleiben.[156] Die **h.M. in der Literatur** verneint hingegen die Vorteilhaftigkeit falscher Angaben, wenn der Täter durch wahre Angaben denselben Vorteil erreichen könnte. Dann werde das Vermögen des Subventionsgebers nicht ungerechtfertigt in Anspruch genommen, also kein Vermögensschaden verursacht. Die Herbeiführung des Erfolges auf unlautere Weise tangiere nicht das Rechtsgut Vermögen, sondern beeinträchtige allenfalls die prozedurale Korrektheit der Subventionsgewährung. Dies allein sei aber nicht strafwürdig. Auch drohe keine Fehlleitung von Subventionsmitteln, da diese genau dem Subventionsnehmer zufließen und dem Förderungszweck zugute kommen, für den sie bestimmt sind.[157]

Vorzugswürdig ist die h.M. Der Erschleichung einer Subvention, auf die der Subventionsnehmer einen Anspruch hat, entspricht im Bereich des § 263 die Erwirkung einer Vermögensverfügung des Getäuschten, zu der dieser ohnehin rechtlich verpflichtet ist. Viele verneinen unter diesen Voraussetzungen bereits das objektive Tatbestandsmerkmal „Vermögensschaden", zutreffend erscheint hingegen die Ansicht, daß die Erbringung der geschuldeten Leistung zwar einen Schaden am Vermögen des Schuldners verursacht, der Täter aber keinen rechtswidrigen Vermögensvorteil erstrebt.[158] Wegen der Parallelität der Schutzzwecke kann eine solche Tat auch im Licht des § 264 nicht strafbar sein. Es trifft zwar zu, daß § 264 im Verhältnis zu § 263 die rechtlichen Anforderungen an die Vollendungsstrafbarkeit lockert und deshalb ein abstraktes Gefährdungsdelikt normiert. Das Schutzgut „Vermögen" erhält dadurch aber in § 264 keine andere Gestalt als in § 263. Die Erleichterung der strafrechtlichen Reaktion beschränkt sich auf eine rein „zeitliche" Vorverlagerung von Tatvollendung und Strafbarkeit. Deshalb erfaßt sie auch nur Taten, die aus § 263 strafbar wären, wenn die maßgebliche Grenzlinie nicht hinter der Täuschungshandlung („Angaben macht"), sondern – dem Vermögensschaden entsprechend – hinter der vermögensmindernden Subventionsgewährung verlaufen würde.[159] Taten, deren Fortgang über die vorgezogene Vollendungsgrenze hinaus in eine Subventionsentscheidung münden würde, die das Vermögen des Subventionsgebers in dem Subventions-

---

[156] BGHSt, 34, 265 (267 ff.); 36, 373 ff; ebenso *Achenbach*, JR 1988, 251 (253); *Meine*, wistra 1988, 13 (15); *Otto*, BT, § 61 Rn. 19; *Gössel*, BT 2, § 23 Rn. 50.

[157] *Schmidt-Hieber*, NJW 1980, 322 (325); *Ranft*, NJW 1986, 3163 (3167); *Lüderssen*, wistra 1988, 43 (45); *Kindhäuser*, JZ 1991, 492 (495); *Tenckhoff*, FS Bemmann, S. 465 (472); *Maurach/Schroeder/Maiwald*, BT 1, § 41 Rn. 174; *Rengier*, BT 1, § 17 Rn. 5; *Wessels/Hillenkamp*, BT 2, Rn. 689; *Lackner/Kühl*, § 264 Rn. 18; LK-*Tiedemann*, § 264 Rn. 84; *Schönke/Schröder/Lenckner*, § 264 Rn. 47; SK-*Günther*, § 264 Rn. 58.

[158] Teilband 1, § 7 Rn. 122.

[159] *Lüderssen*, wistra 1988, 43 (47).

nehmer rechtlich zustehendem Umfang verringert, wären aus § 263 nicht strafbar. Sie können daher auch nicht aus § 264 strafbar sein.[160]

Daher hat sich T in dem obigen Beispiel nicht aus § 264 I Nr. 1 strafbar gemacht.

57 Der Betrugsstruktur nachempfunden ist die Teilung des Tatbestandes in eine **eigennützige** (egoistische) und eine **fremdnützige** (altruistische) Variante. Da § 264 auf ein subjektives Tatbestandsmerkmal „Bereicherungsabsicht" verzichtet, ist das den Tatbegünstigten bezeichnende Merkmal in den objektiven Tatbestand des Subventionsbetrugs verlagert. Die Parallele zu dem Betrugselement „sich oder einem Dritten" ist in § 264 I Nr. 1 das zweimal erscheinende – auf die Angaben und ihre Vorteilhaftigkeit bezogene – Merkmal „für sich oder einen anderen". Täter des Subventionsbetrugs kann also auch sein, wer durch seine Angaben einem Dritten die Aussicht auf Subventionierung verschafft.

b) Subjektiver Tatbestand

aa) Vorsatz

58 Wie jedes Vermögensdelikt setzt auch der Subventionsbetrug in seinem subjektiven Tatbestand Vorsatz voraus. Da der Text des § 264 I keine von § 15 abweichende und diese allgemeine Vorschrift verdrängende Regelung des Vorsatzerfordernisses enthält, genügt bezüglich sämtlicher objektiver Tatbestandsmerkmale **dolus eventualis**.[161] Damit die Strafbarkeit nicht in vielen Fällen an dem besonders irrtumsträchtigen Vorsatzbezugspunkt „subventionserhebliche Tatsache" scheitert, hat der Gesetzgeber in § 2 SubvG eine Bezeichnungspflicht statuiert, an die auch in § 264 VIII Nr. 1 angeknüpft wird. Durch hinreichend präzise und vollständige Bezeichnung der subventionserheblichen Tatsachen kann die Behörde selbst das Risiko tatbestandsirrtümlicher (§ 16 I 1) – und daher allenfalls über § 264 IV strafrechtlich ahndbarer – Tatbegehung verringern.[162]

59 Der subjektive Tatbestand umfaßt weder einen Schädigungsvorsatz noch eine Bereicherungsabsicht. Somit scheint die Strafbarkeit aus § 264 I Nr. 1 keinerlei subjektive Beziehung des Täters zum geschützten Rechtsgut „Vermögen" vorauszusetzen. Gesetzestechnisch realisierbar wäre die Einrichtung eines solchen Erfordernisses mit dem Mittel der „überschießenden Innentendenz" (z.B.: „um sich oder einem anderen einen ungerechtfertigten Subventionsvorteil zu verschaffen"). Das Fehlen eines Vorsatzbezugs zum – im objektiven Tatbestand nicht erfaßten – Vermögensschaden wäre bedenklich, wenn man das Tatbestandsmerkmal „vorteilhaft" im Sinne der Rechtsprechung weit auslegen würde (dazu oben Rn. 56). Bei Zugrundelegung der von der herrschenden Literaturansicht favorisierten engen Interpretation dieses Merkmals entsteht letztlich doch ein – gegenüber § 263 abgeschwächter – Konnex von Vorsatz und Vermögensbeeinträchtigung. Der Vorsatz bezüglich der Vorteilhaftigkeit der Angaben impli-

---

[160] *Tenckhoff*, FS Bemmann, S. 465 (473); *Schönke/Schröder/Lenckner*, § 264 Rn. 47.
[161] *Gössel*, BT 2, § 23 Rn. 59; *Schönke/Schröder/Lenckner*, § 264 Rn. 62.
[162] *Blei*, JA 1976, 741 (742); *Ranft*, NJW 1986, 3163 (3164); *Arzt/Weber*, BT, § 21 Rn. 69.

ziert unter dieser Prämisse nämlich zugleich die Gefahr, daß auf Grund der gemachten Angaben eine ungerechtfertigte Subventionsentscheidung zum Nachteil des Subventionsgebervermögens getroffen wird.

bb) Leichtfertigkeit

Eine – umstrittene[163]– Ausnahmeerscheinung im vermögensschützenden Strafrecht ist die Pönalisierung leichtfertiger Tatbegehung in § 264 IV.[164] Denn Leichtfertigkeit ist eine spezielle Art von Fahrlässigkeit. Gegen fahrlässige Gefährdung oder Schädigung sind Vermögen, Eigentum und sonstige spezielle Vermögensgüter im deutschen Strafrecht ansonsten nur peripher im Zusammenhang mit Tatbeständen geschützt, in deren Zentrum der Schutz anderer – immaterieller – Rechtsgüter steht, z.b. §§ 306 d, 307 IV, 315 c III. Daher ist die Abweichung von dieser Regel in § 264 IV besonders begründungsbedürftig. Die Behauptung, Subventionsnehmer hätten eine erhöhte Verantwortung dem von ihnen gefährdeten Rechtsgut gegenüber und trügen deshalb eine besonders schwerwiegende Sorgfaltspflicht, deren grobe Vernachlässigung die Strafwürdigkeitsgrenze erreiche,[165] vermag nicht vollkommen zu überzeugen. Träfe dies zu, würde die vorsätzliche Verletzung dieser Pflicht ebenfalls die Strafwürdigkeit sonstiger vorsätzlicher Vermögensbeeinträchtigungen – z.b. solcher, die nur von § 263 erfaßt werden – deutlich übertreffen. Konsequenterweise müßte sich dies im Strafrahmen des § 264 I niederschlagen. Das aber ist nicht der Fall, wie ein Vergleich mit dem Strafrahmen des § 263 I zeigt. Die Gründe, denen die Leichtfertigkeitspönalisierung in § 264 IV ihre Existenz verdankt, sind daher auf kriminalpolitischem Gebiet zu suchen. Zum einen soll dem Täter die Berufung auf Irrtümer abgeschnitten werden,[166] zum anderen sollen Beweisprobleme im subjektiven Bereich vermieden werden.[167] Nicht ganz von der Hand zu weisen sind daher kritische Äußerungen, die dem § 264 IV den Charakter einer „Verdachtsstrafe" attestieren.[168]

Im System der Fahrlässigkeit besetzt die Leichtfertigkeit die Position der „groben Fahrlässigkeit".[169] Leichte Fahrlässigkeit reicht also nicht aus. Praktisch

---

[163] Entschiedene Ablehnung z.b. bei *Maurach/Schroeder/Maiwald*, BT 1, § 41 Rn. 173; SK-*Günther*, § 264 Rn. 16–19.
[164] Nach *Schubarth*, ZStW 92 (1980), 80 (100) hat die Leichtfertigkeitspönalisierung in § 264 IV „eine bisher unbestrittene Bastion ins Wanken" gebracht: „den Grundsatz, daß nur fahrlässig herbeigeführte Vermögensverletzungen niemals die Verhängung von Kriminalstrafe zu rechtfertigen vermögen."
[165] *Göhler/Wilts*, DB 1976, 1609 (1615); *Müller-Emmert/Maier*, NJW 1976, 1657 (1661); *Wabnitz/Janovsky-Dannecker*, Kap. 1 Rn. 57; LK-*Tiedemann*, § 264 Rn. 9.
[166] *Göhler/Wilts*, DB 1976, 1609 (1615).
[167] *Otto*, Jura 1989, 24 (28); *Weigend*, FS Trifferer, S. 695 (699); *Hillenkamp*, FS Wassermann, S. 861 (869); *Wabnitz/Janovsky-Dannecker*, Kap. 1 Rn. 57; *Arzt/Weber*, BT, § 21 Rn. 73; *Wessels/Hillenkamp*, BT 2, Rn. 683.
[168] *Schubarth*, ZStW 92 (1980), 80 (102).
[169] *Gössel*, BT 2, § 23 Rn. 62; SK-*Günther*, § 264 Rn. 91; *Tröndle/Fischer*, § 15 Rn. 20.

wichtige Bezugsgegenstände der Leichtfertigkeit sind vor allem die Unrichtigkeit und Unvollständigkeit der Angaben und die Subventionserheblichkeit der Tatsachen. Der erhöhten Irrtumsanfälligkeit dieser Merkmale korrespondiert eine erhöhte Pflicht des Subventionsnehmers zu rechtzeitiger Information.

4. Einzelheiten zu § 264 I Nr. 2, IV

a) Objektiver Tatbestand

aa) Übersicht

62 Dieser Tatbestand wurde durch Art. 2 des **EG-Finanzschutzgesetzes** vom 10. 9. 1998 eingeführt. Die früheren Nrn. 2 und 3 des § 264 I wurden infolgedessen zu § 264 I Nr. 3 und Nr. 4. An der Tatbestandsstruktur fällt auf, daß hier die generelle Linie der Betrugsähnlichkeit recht deutlich verlassen wird. Denn die Tat folgt der Subventionsgewährung nach und betrifft einen Gegenstand oder eine Geldleistung, der/die bereits in das Vermögen des Subventionsnehmers übergegangen ist. Der Subventionsgeber wird weder getäuscht noch an seinem Vermögen geschädigt.

- Wer
- Gegenstand oder Geldleistung
- Verwendungsbeschränkung auf Grund Rechtsvorschrift oder auf Grund Anordnung des Subventionsgebers im Hinblick auf Subvention
- Verwendung entgegen der Verwendungsbeschränkung

Der Unrechtsgehalt der tatbestandsmäßigen Handlung beruht auf der Mißachtung einer Zweckbindung, mit der die Vergabe des Gegenstands oder der Geldleistung verknüpft wurde. Damit bewirkt die tatbestandsmäßige Handlung in etwa den Erfolg, der in der Betrugsdogmatik das Merkmal „Vermögensschaden" in den Fällen der Verfehlung eines sozialen Zwecks erfüllen soll.

bb) Verwendungsbeschränkung

63 Grundlage der Verwendungsbeschränkung können die Rechtsvorschriften sein, die der Subventionsgewährung zugrunde liegen. Verwendungsbeschränkungen kann aber auch der Subventionsgeber auferlegen. Rechtstechnisch erfolgt dies durch Vertrag oder Verwaltungsakt.

cc) Tathandlung

64 Tatbestandsmäßige Handlung ist eine Verwendung des Gegenstandes oder der Geldleistung, die von der Verwendungsbeschränkung abweicht. Dabei kommt es nicht darauf an, ob der Täter mit der Verwendung zugleich eine Pflicht zur Anzeige der beschränkungswidrigen Verwendung verletzt, vgl. § 3 II SubvG.[170] Die Unterlassung einer gebotenen Unterrichtung des Subventionsgebers ist in § 264 I Nr. 3 erfaßt.

---

[170] *Lackner/Kühl*, § 264 Rn. 20 a.

b) Subjektiver Tatbestand

Die Tat ist **Vorsatzdelikt** (§ 15), gemäß § 264 IV aber auch bei **leichtfertiger** Begehung strafbar. Zu den Sorgfaltspflichten, deren grobe Verletzung die Bewertung als „leichtfertig" begründen kann, gehört die Unterrichtung über Umfang und Inhalt von Verwendungsbeschränkungen. Wer einen Gegenstand verwendet, der ihm zur Förderung eines subventionserheblichen Zwecks überlassen wurde, hat darauf zu achten, daß er die Verwendung am geförderten Zweck ausrichtet.

65

5. Einzelheiten zu § 264 I Nr. 3, IV

a) Objektiver Tatbestand

aa) Übersicht

§ 264 I Nr. 3 normiert ein **echtes Unterlassungsdelikt**.[171] Eine weitere Besonderheit dieser Tatbestandsvariante ist ihre **Sonderdelikts**natur.[172] Täter kann nämlich nur derjenige sein, der nach den zugrundeliegenden Vergabevorschriften zur Mitteilung verpflichtet ist.

66

- Wer
- Aufklärungspflicht aus Subventionsvergabevorschriften
- subventionserhebliche Tatsachen
- Unkenntnis des Subventionsgebers
- Unterlassung der Aufklärung

Diese Tatbestandsmerkmale lassen nur undeutlich erkennen, daß der Täterkreis durch das Merkmal der Aufklärungspflicht eingegrenzt ist (Sonderdelikt). Die dahingehende Beschränkung ergibt sich aus der Textstelle „entgegen den Rechtsvorschriften über die Subventionsvergabe".

bb) Täter

Den Tatbestand kann in täterschaftlicher Manier nur verwirklichen, wer nach den Rechtsvorschriften über die Subventionsvergabe **verpflichtet** ist, den Subventionsgeber über bestimmte subventionserhebliche Tatsachen zu informieren.[173] In diesem Zusammenhang kann die Merkmalszurechnung nach § 14 entscheidende Bedeutung haben.[174] Wer eine solche Pflicht nicht hat, kann aus § 264 I Nr. 3 allenfalls als Anstifter oder Gehilfe strafbar sein.

67

---

[171] *LK-Tiedemann*, § 264 Rn. 88; *Lackner/Kühl*, § 264 Rn. 21; *Schönke/Schröder/Lenckner*, § 264 Rn. 51.
[172] *Göhler/Wilts*, DB 1976, 1609 (1615); *Schönke/Schröder/Lenckner*, § 264 Rn. 70; *Tröndle/Fischer*, § 264 Rn. 21.
[173] *SK-Günther*, § 264 Rn. 69.
[174] *Maurach/Schroeder/Maiwald*, BT 1, § 41 Rn. 170; *LK-Tiedemann*, § 264 Rn. 94.

> **Beispiel:** Subventionsnehmer S verfaßt einen Bericht an die Subventionsvergabebehörde, in dem er bestimmte neu entstandene Tatsachen schildert, die der Weitergewährung der Subvention entgegenstehen. S übergibt den Umschlag mit dem Bericht seinem Mitarbeiter M, damit dieser ihn bei der Behörde abgebe. Dies verhindert jedoch T, der Sohn des S, indem er dem M heimlich den Umschlag mit dem Bericht wegnimmt.

Die Behörde befindet sich weiterhin in Unkenntnis über subventionserhebliche Tatsachen. In dieser Unkenntnis wurde die Behörde an sich von jedem gelassen, der die Möglichkeit gehabt hatte, die Wissenslücken durch Informationsverschaffung zu schließen. Täter kann jedoch nur sein, wer kraft Rechtsvorschrift zur Offenbarung subventionserheblicher Tatsachen verpflichtet ist. Das trifft hier auf den Subventionsnehmer S zu. Dieser hat zwar etwas unternommen, um die Behörde von den subventionserheblichen Tatsachen in Kenntnis zu setzen. Jedoch bewirkte dieses Bemühen nicht, daß die Behörde Kenntnis erlangte. Deshalb hat S die Unkenntnis der Behörde nicht beseitigt und somit den objektiven Tatbestand des § 264 I Nr. 3 erfüllt. Da er aber glaubte, sein schriftlicher Bericht werde der Behörde zugehen und ihren Wissensstand so verbessern, daß das Tatbestandsmerkmal „Unkenntnis" entfällt, hatte S keinen Vorsatz, § 16 I 1. Auch T hat die Behörde in Unkenntnis gelassen, indem er die Unterrichtung durch den schriftlichen Bericht des S unterband. Ohne sein Eingreifen hätte die Behörde Kenntnis von den subventionserheblichen Tatsachen erlangt. T ist aber nicht Subventionsnehmer und deshalb nicht verpflichtet, den Subventionsgeber über subventionserhebliche Tatsachen zu informieren. Daher kann er nicht Täter des § 264 I Nr. 3 sein und zwar auch dann nicht, wenn er – wie hier – den Fortbestand der behördlichen Unkenntnis nicht durch Unterlassen, sondern durch aktives Tun bewirkt. Die Abhängigkeit der Täterschaft von der Aufklärungspflicht steht auch einer Strafbarkeit des T als mittelbarer Täter (§ 25 I 2. Alt.) entgegen.[175] Strafbarkeit wegen Anstiftung zum Subventionsbetrug scheitert am Tatbestandsirrtum des S. Es fehlt also die vorsätzliche Haupttat.

68 **Rechtsvorschriften** in diesem Sinne sind die verschiedenen Spezialgesetze (einschließlich EG-Recht), die der jeweiligen Subventionsvergabe zugrunde liegen, sowie allgemein das Subventionsgesetz, das in § 3 Offenbarungspflichten statuiert.[176] Im Rahmen des § 264 I Nr. 3 irrelevant sind Umstände, die nach der Dogmatik der unechten Unterlassungsdelikte Garantenpflichten entstehen lassen (Ingerenz, Vertrag).[177]

cc) Unkenntnis des Subventionsgebers

69 Die Unkenntnis muß sich auf **subventionserhebliche Tatsachen** beziehen. Obwohl der Gesetzestext es nicht ausdrücklich erwähnt, besteht nur bezüglich solcher Tatsachen eine Aufklärungspflicht, deren Verschweigen für den Täter **vorteilhaft** ist. Umgekehrt bedeutet dies, daß der Täter nur über Tatsachen informieren muß, die für ihn selbst ungünstig sind, weil sie der Subventionsge-

---

[175] *Tröndle/Fischer*, § 264 Rn. 38.
[176] *Göhler/Wilts*, DB 1976, 1609 (1614).
[177] *Gössel*, BT 2, § 23 Rn. 55; SK-*Günther*, § 264 Rn. 69.

währung entgegenstehen bzw. eine Rückforderung der Subvention begründen.[178] Indem das Gesetz auf die Unkenntnis des Subventionsgebers abstellt, bezieht sie den gesamten von der Legaldefinition des § 264 I Nr. 1 umgrenzten Personenkreis ein. Innerhalb der „Behörde" oder „Stelle" wird die Kenntnis von „Personen", die ebenfalls die Eigenschaft des Subventionsgebers haben, zugerechnet. Das bedeutet, daß der Subventionsgeber bereits dann nicht mehr in Unkenntnis ist, wenn auch nur eine Person informiert ist, die nach § 264 I Nr. 1 die Stellung des Subventionsgebers hat.[179]

dd) Tatbestandsmäßiges Verhalten

Die Beschreibung des tatbestandsmäßigen Verhaltens als „in Unkenntnis lassen" deutet vordergründig betrachtet auf ein **Unterlassen** hin.[180] Zweifellos wird durch diese Verhaltensbeschreibung die schlichte Nichtvornahme von Aufklärungsmaßnahmen erfaßt, durch die das Informationsdefizit des Subventionsgebers ausgeglichen würde. Sprachlich deckt das „in Unkenntnis lassen" aber auch aktive Maßnahmen, durch die Kausalverläufe abgebrochen werden, deren weiterer ungestörter Fortgang die Wissenslücke des Subventionsgebers geschlossen hätte.

70

b) Subjektiver Tatbestand

Gemäß § 15 handelt es sich um ein **Vorsatzdelikt**. Da § 264 IV aber auch auf die Nr. 3 des § 264 I verweist, ist auch die **leichtfertige** Begehung der Tat strafbar.

71

6. Einzelheiten zu § 264 I Nr. 4

a) Objektiver Tatbestand

aa) Übersicht

Dieser Tatbestand ähnelt sehr stark der Variante § 264 I Nr.1, mit der er sich in vielen Fällen überschneiden wird. Denn meistens macht der Täter durch den Gebrauch der Bescheinigung unrichtige oder unvollständige Angaben über subventionserhebliche Tatsachen.[181] Auch mit § 264 I Nr. 3 bestehen Berührungspunkte, so daß § 264 I Nr. 4 insgesamt lediglich eine praktisch **geringe Lückenschließungsfunktion** attestiert werden kann.

72

---

[178] LK-*Tiedemann*, § 264 Rn. 95; SK-*Günther*, § 264 Rn. 68; mißverständlich *Gössel*, BT 2, § 23 Rn. 56.
[179] LK-*Tiedemann*, § 264 Rn. 91; Schönke/Schröder/Lenckner, § 264 Rn. 51.
[180] SK-*Günther*, § 264 Rn. 65.
[181] *Gössel*, BT 2, § 23 Rn. 58; LK-*Tiedemann*, § 264 Rn. 97; Schönke/Schröder/Lenckner, § 264 Rn. 57.

- Wer
- Bescheinigung über Subventionsberechtigung oder subventionserhebliche Tatsachen
- Erlangung durch unrichtige oder unvollständige Angaben
- Gebrauch
- in einem Subventionsverfahren

Das Delikt hat eine der **Zweiaktigkeit** ähnliche Struktur, weil allein der Gebrauch von Bescheinigungen, die aus irgendeinem Grund fehlerhaft sind, den Tatbestand nicht erfüllt. Vielmehr ist der Gebrauch der Bescheinigung (2. Akt) nur dann tatbestandsmäßig, wenn der Mangel der Bescheinigung zuvor durch unrichtige oder unvollständige Angaben verursacht worden ist (1. Akt). Allerdings braucht der Gebrauchstäter die unrichtigen oder unvollständigen Angaben gegenüber der die Bescheinigung ausstellenden Behörde nicht selbst gemacht zu haben.[182]

bb) Erlangen und Gebrauchen

73 Tatbestandsmäßige Handlung des § 264 I Nr. 4 ist das Gebrauchen der Bescheinigung, nicht das Erwirken der Bescheinigung durch unrichtige oder unvollständige Angaben. Letzteres muß aber dem Gebrauch vorausgehen. Irgend jemand – der Täter selbst oder ein Dritter[183] – muß den Aussteller der Bescheinigung getäuscht haben. Ob dies vorsätzlich geschah oder nicht, spielt keine Rolle.[184] Wer durch falsche Angaben die Ausstellung einer Bescheinigung an einen Dritten bewirkt, die dieser gutgläubig in einem Subventionsverfahren gebraucht, verwirklicht selbst das Tatbestandsmerkmal „Gebrauch" in mittelbarer Täterschaft (§ 25 I 2. Alt.). Gebrauchmachen ist die Schaffung der Möglichkeit des Subventionsgebers zur Kenntnisnahme vom Inhalt der Bescheinigung. Nicht erforderlich ist, daß der Subventionsgeber tatsächlich Kenntnis vom Inhalt der Bescheinigung nimmt.[185]

b) Subjektiver Tatbestand

74 § 264 I Nr. 4 ist die einzige Tatbestandsalternative, auf die § 264 IV nicht verweist. Leichtfertige Tatbegehung reicht also zur Begründung der Strafbarkeit nicht. Die Tat ist **reines Vorsatzdelikt**, § 15. Da aber der Gebrauch einer durch unrichtige oder unvollständige Angaben erwirkten Bescheinigung häufig zugleich den Tatbestand des § 264 I Nr. 1 oder Nr. 3 erfüllt, erfaßt die Leichtfertigkeitspönalisierung solche Taten letztlich doch in großem Umfang.[186]

---

[182] LK-*Tiedemann*, § 264 Rn. 100.
[183] *Schönke/Schröder/Lenckner*, § 264 Rn. 60.
[184] LK-*Tiedemann*, § 264 Rn. 100; *Tröndle/Fischer*, § 264 Rn. 22.
[185] LK-*Tiedemann*, § 264 Rn. 101.
[186] LK-*Tiedemann*, § 264 Rn. 125; *Schönke/Schröder/Lenckner*, § 264 Rn. 64.

III. Qualifikationstatbestand

1. Allgemeines

Das **6. Strafrechtsreformgesetz** hat nicht nur die Betrugsvorschrift (§ 263) um einen Absatz 5 erweitert und damit dem Grundtatbestand des § 263 I eine Qualifikation hinzugefügt.[187] Dasselbe Gesetz hat diese Qualifikation zugleich per Verweisung in § 264 III in die Regelung des Subventionsbetruges einbezogen. Somit gibt es nunmehr auch einen qualifizierten Tatbestand des Subventionsbetruges, dessen qualifizierenden Tatbestandsmerkmale dem § 263 V zu entnehmen sind. Da die Qualifikation **Verbrechenscharakter** hat (§ 12 I), sind sowohl der Versuch (§ 23 I) als auch die in § 30 beschriebenen Vorbereitungshandlungen mit Strafe bedroht.

75

2. Tatbestandsmerkmale

a) Objektiver Tatbestand

An den qualifizierenden objektiven Tatbestandsmerkmalen erkennt man, daß die Vorschrift auf Fälle organisierter Kriminalität zugeschnitten ist. Der Täter muß **Mitglied** einer **Bande** sein, die sich zur **fortgesetzten Begehung** der in § 263 V genannten Straftaten zusammengeschlossen hat. Zwischen der Tat und der Bandenmitgliedschaft muß ein innerer Zusammenhang bestehen. Daran fehlt es, wenn der Täter zwar Mitglied einer Bande ist, er den Subventionsbetrug aber nicht in seiner Eigenschaft als Bandenmitglied begangen hat. Kein objektives Tatbestandsmerkmal ist die Gewerbsmäßigkeit (dazu unten Rn. 78).

76

b) Subjektiver Tatbestand

Anders als der Grundtatbestand setzt der Qualifikationstatbestand stets **Vorsatz** voraus, § 15. Leichtfertige Verwirklichung der Tatbestände § 264 I Nr. 1 bis 3 reicht zwar gem. § 264 IV zur Strafbarkeit aus. Die Qualifikation des § 264 III i.V. mit § 263 V läßt sich auf einem Leichtfertigkeitstatbestand aber nicht aufbauen. Das deutet schon die systematische Stellung des § 264 III an. Außerdem läßt sich Leichtfertigkeit nicht mit den qualifizierenden Merkmalen des § 263 V vereinbaren: Sowohl der auf fortgesetzte Begehung von Straftaten gerichtete Zusammenschluß als auch die Einbindung der Tat in das kriminelle Treiben der Bande („als Mitglied") implizieren die bewußte und gewollte Begehung solcher Taten und der konkret zu beurteilenden Tat.

77

Der Vorsatz muß die objektiven Tatbestandsmerkmale des Grundtatbestandes (§ 264 I) und die qualifizierenden objektiven Tatbestandsmerkmale des § 263 V umfassen. Hinzukommen muß als weiteres besonderes Qualifikationsmerkmal die **Gewerbsmäßigkeit** der Tat.[188]

78

---

[187] Näher dazu Teilband 1, § 7 Rn. 126.
[188] Dazu Teilband 1, § 1 Rn. 198 ff.

IV. Besonders schwere Fälle

79 § 264 II hebt die Unter- und Obergrenze des Strafrahmens für besonders schwere Fälle an. Die Vorschrift hat **Strafzumessungs**relevanz und normiert keinen Qualifikationstatbestand. In Satz 2 verwendet der Gesetzgeber die **Regelbeipielstechnik**, mit der der Richter stärker als bei unbenannten besonders schweren Fällen (z.B. § 109 e IV) an das Gesetz gebunden wird.[189] Die Regelbeispiele knüpfen an die vorsätzliche Verwirklichung des Grundtatbestandes an.[190] Nach § 264 IV strafbare Leichtfertigkeit reicht als Basis eines besonderes schweren Falles nicht aus. Eine Geringwertigkeitsklausel wie § 243 II oder § 263 IV enthält § 264 II nicht. Das ist zum einen eine Konsequenz der dualistischen Rechtsgutstruktur des Tatbestandes (s.o. Rn. 37) und zum anderen damit zu erklären, daß es in der Praxis keine geringwertigen Subventionen zur Wirtschaftsförderung gibt.[191]

80 Die Ausgestaltung der einzelnen Regelbeispiele zeigt Übereinstimmungen mit und Abweichungen von dem Regelbeispielskatalog des § 263 III. Darin kommen sowohl die Betrugsähnlichkeit als auch die Eigenständigkeit des Subventionsbetruges zum Ausdruck. Vor dem Hintergrund des § 264 III nicht ganz verständlich ist die Nichtübernahme des § 263 III 2 Nr. 1 in den Regelbeispielskatalog des § 264 II 2. Unter den Voraussetzungen des § 263 III 2 Nr. 1 kann aber ein sonstiger besonders schwerer Fall des Subventionsbetruges vorliegen.[192]

V. Tätige Reue

1. Allgemeines

81 Da der Versuch des nichtqualifizierten[193] Subventionsbetruges nicht mit Strafe bedroht ist, kommt § 24 bei § 264 auf der grundtatbestandlichen Ebene nicht zur Anwendung.[194] Materiell betrachtet sind jedoch die Verhaltensweisen, die gem. § 264 I oder § 264 IV als vollendeter Subventionsbetrug strafbar sind, lediglich **versuchte Verletzungen der geschützten Rechtsgüter**.[195] Denn die – ungerechtfertigte – Gewährung der Subvention ist keine Strafbarkeitsvoraussetzung z.B. des § 264 I Nr. 1 (s.o. Rn. 51). Die Vollendungsstrafbarkeit ist also in die materielle Versuchszone vorverlegt. Das notwendige Korrektiv dieser Grenzverschiebung ins Vorfeld der Rechtsgutsverletzung ist die Strafbefreiungsregelung des

---

[189] Ausführlich zur Regelbeispielstechnik (bei § 243) Teilband 1, § 1 Rn. 167 ff.
[190] *Gössel*, BT 2, § 23 Rn. 65; LK-*Tiedemann*, § 264 Rn. 140; *Lackner/Kühl*, § 264 Rn. 25.
[191] Schönke/Schröder/*Lenckner*, § 264 Rn. 72; *Tröndle/Fischer*, § 264 Rn. 34; a.A. SK-*Günther*, § 264 Rn. 20.
[192] *Tröndle/Fischer*, § 264 Rn. 34.
[193] Zur Versuchsstrafbarkeit bei § 264 III i.V.m. § 263 V s.o. Rn. 75.
[194] LK-*Tiedemann*, § 264 Rn. 126.
[195] *Göhler/Wilts*, DB 1976, 1609 (1615).

§ 264 V für den Fall tätiger Reue.[196] Die aus § 264 V resultierende **Straflosigkeit ist obligatorisch**, anders als etwa bei § 46 a oder § 158 hat der Richter kein Ermessen. Im Strafverfahren führt die Anwendung des § 264 V somit zum Freispruch bzw. in den Verfahrensstadien vor der Hauptverhandlung zur Nichterhebung der Anklage (§ 170 II StPO) oder Nichteröffnung des Hauptverfahrens (§ 204 StPO). § 153 b StPO ist nicht einschlägig.

2. Anwendungsbereich

§ 264 V verweist ausdrücklich auf § 264 I und § 264 IV. Tätige Reue ist also auch nach einer **Leichtfertigkeitstat** möglich,[197] was praktisch dann erheblich wird, wenn der Täter nach der Tat erkennt, worüber er während der Tat grob fahrlässig im Irrtum war.[198] Auf § 264 III verweist § 264 V nicht. Begeht der Täter den Subventionsbetrug also unter den **qualifizierenden** Voraussetzungen des § 264 III i.V.m. § 263 V, ist der Rückweg in die Straflosigkeit versperrt. Innerhalb des § 264 I scheiden als Anknüpfungspunkt für § 264 V alle die Taten aus, die erst nach der Gewährung der Subvention vollzogen werden.[199] Das betrifft vor allem § 264 I Nr. 2,[200] ist aber auch bei den drei anderen Alternativen möglich. Sind an der Tat mehrere beteiligt, kann sich jeder **Beteiligte** durch Verhinderung der Subventionsgewährung Straffreiheit verschaffen. Die alleinige Erwähnung des „Täters" in § 264 V S. 2 steht dem nicht entgegen. Vielmehr ist die Strukturgleichheit mit § 24 ausschlaggebend. Dessen Absatz 2 ist deshalb auf den „Rücktritt" des Tatbeteiligten bei § 264 V entsprechend anwendbar.[201]

82

3. Voraussetzungen der Straffreiheit

a) Verhinderung der Subventionsgewährung

Die in § 264 V S. 1 geregelte **kausale** tätige Reue ist dem Rücktritt vom beendeten Versuch gem. § 24 I S.1 2. Alt. nachempfunden.[202] Der Täter hat durch sein tatbestandsmäßiges Verhalten bereits die Gefahr geschaffen, daß die Subvention gewährt wird. Er muß deshalb in der Regel mit aktiven Maßnahmen – z.B. Richtigstellung oder Ergänzung seiner unrichtigen bzw. unvollständigen Angaben – freiwillig dafür sorgen, daß entweder die Subventionsgewährung unterbleibt oder zumindest der Zusammenhang zwischen Tat und Subventionsgewährung („auf

83

---

[196] *Arzt/Weber*, BT, § 21 Rn. 60; *Maurach/Schroeder/Maiwald*, BT 1, § 41 Rn. 177; LK-*Tiedemann*, § 264 Rn. 126; *Schönke/Schröder/Lenckner*, § 264 Rn. 66; *Tröndle/Fischer*, § 264 Rn. 25.
[197] *Arzt/Weber*, BT, § 21 Rn. 61.
[198] LK-*Tiedemann*, § 264 Rn. 128.
[199] *Lackner/Kühl*, § 264 Rn. 28; *Tröndle/Fischer*, § 264 Rn. 26.
[200] *Gössel*, BT 2, § 23 Rn. 67; LK-*Tiedemann*, § 264 Rn. 131.
[201] *Müller-Emmert/Maier*, NJW 1976, 1657 (1661); *Göhler/Wilts*, DB 1976, 1609 (1615); LK-*Tiedemann*, § 264 Rn. 127; *Lackner/Kühl*, § 264 Rn. 28; *Schönke/Schröder/Lenckner*, § 264 Rn. 69; *Tröndle/Fischer*, § 264 Rn. 28.
[202] *Schönke/Schröder/Lenckner*, § 264 Rn. 67.

Grund der Tat") gelöst wird. Gewährt der Subventionsgeber also die Subvention, obwohl ihn der Täter zuvor über den wahren Sachverhalt aufgeklärt hat, erlangt dieser gem. § 264 V S. 1 Straffreiheit. Denn er hat zwar nicht die Subventionsgewährung verhindert; er hat aber verhindert, daß die Subvention „auf Grund der Tat" gewährt wird. Ausnahmsweise kann die bloße Unterlassung weiterer unrichtiger Angaben Rücktrittsqualität haben, wenn die bereits gemachten Angaben für eine positive Subventionsentscheidung noch nicht ausreichen.[203] Allerdings fehlt es dann möglicherweise schon an der Vollendung oder an hinreichender Vorteilhaftigkeit der bisher gemachten Angaben.[204]

b) Bemühen um Verhinderung

84 **Nichtkausale** Verhinderungsbemühungen sind in Anlehnung an § 24 I S. 2 in § 264 V S. 2 ausreichende Bedingungen der Straflosigkeit, sofern sie freiwillig und ernsthaft unternommen werden. Vor allem darf der Zurücktretende nicht wissen, daß die Tat ohnehin nicht die ursprünglich angestrebte Subventionsgewährung bewirkt. Der Nichtgewährung der Subvention steht wie in Satz 1 der Fall gleich, daß die Subvention zwar gewährt wird, jedoch nicht „auf Grund der Tat". Es reicht deshalb auch aus, wenn der Täter sich darum bemüht, daß der Subventionsgeber die Subvention auf der Grundlage richtiger und vollständiger Angaben gewährt.

VI. Kontrollfragen

1. Wann wurde der Straftatbestand „Subventionsbetrug" in das StGB eingefügt? (Rn. 35)
2. Wie unterscheidet sich der Tatbestand des Subventionsbetrugs vom Tatbestand des Betrugs? (Rn. 36)
3. Welches Rechtsgut schützt § 264 StGB? (Rn. 37)
4. Ist die Erschleichung einer Steuervergünstigung Subventionsbetrug? (Rn. 46)
5. Kann ein Amtsträger Täter des Subventionsbetrugs sein? (Rn. 52)
6. Wann sind Angaben „vorteilhaft" i.S.d. § 264 I Nr. 1? (Rn. 55, 56)
7. Warum pönalisiert § 264 IV leichtfertige Taten? (Rn. 60)
8. Wer kann Täter des § 264 I Nr. 3 sein? (Rn. 67)
9. In welcher Vorschrift sind die Tatbestandsmerkmale des qualifizierten Subventionsbetruges normiert? (Rn. 75)
10. Welche Funktion hat § 264 V? (Rn. 81)

---

[203] *Gössel*, BT 2, § 23 Rn. 67.
[204] *Schönke/Schröder/Lenckner*, § 264 Rn. 67.

VII. Literatur

Blei, Das Erste Gesetz zur Bekämpfung der Wirtschaftskriminalität vom 20. Juli 1976, JA 1976, 741
Göhler/Wilts, Das Erste Gesetz zur Bekämpfung der Wirtschaftskriminalität, DB 1976, 1609
Kindhäuser, Zur Auslegung des Merkmals „vorteilhaft" in § 264 Abs. 1 Nr. 1 StGB, JZ 1991, 492
Lüderssen, Das Merkmal „vorteilhaft" in § 264 Abs. 1 Satz 1 StGB, wistra 1988, 43
Meine, Der Vorteilsausgleich beim Subventionsbetrug, wistra 1988, 13
Müller-Emmert/Maier, Das Erste Gesetz zur Bekämpfung der Wirtschaftskriminalität, NJW 1976, 1657
Ranft, Täterschaft beim Subventionsbetrug i.S. des § 264 I Nr. 1 StGB, JuS 1986, 445
Ranft, Die Rechtsprechung zum sog. Subventionsbetrug (§ 264 StGB), NJW 1986, 3163
Schmidt-Hieber, Verfolgung von Subventionserschleichungen nach Einführung des § 264 StGB, NJW 1980, 322
Tenckhoff, Das Merkmal der Vorteilhaftigkeit in § 264 StGB, Festschrift für Günter Bemmann, 1997, S. 465
Weigend, Bewältigung von Beweisschwierigkeiten durch Ausdehnung des materiellen Strafrechts?, Festschrift für Otto Triffterer, 1996, S. 695

D. Kapitalanlagebetrug, § 264 a StGB

Übersicht   Rn.

I. Allgemeines 85
  1. Betrugsähnlichkeit 86
  2. Rechtsgut 87
  3. Systematik 88–89
II. Strafbarkeitsvoraussetzungen
  1. Objektiver Tatbestand
    a) Übersicht 90
      aa) Grobstruktur 91
      bb) Feinstruktur 92
    b) Täter 93
    c) Kapitalanlagebezug
      aa) Anlageform 94
        (1) Wertpapiere 95
        (2) Bezugsrechte 96
        (3) Anteile, die eine Beteiligung an dem Ergebnis eines Unternehmens gewähren sollen 97
        (4) Anteile an Treuhandvermögen 98
      bb) Zusammenhang mit der Täuschung 99
    d) Täuschung 100

aa) Angaben machen 101
bb) Tatsachen verschweigen 102
cc) Inhalt 103
dd) Medium 104
ee) Adressaten 105
2. Subjektiver Tatbestand 106
3. Tätige Reue 107–108

I. Allgemeines

85 Der Straftatbestand Kapitalanlagebetrug (§ 264 a) wurde 1986 durch das **Zweite Gesetz zur Bekämpfung der Wirtschaftskriminalität** (2. WiKG) in das StGB eingeführt.[205] Kapitalanlagebetrug ist also ein typisches **Wirtschaftsdelikt** und fällt deshalb in den sachlichen Zuständigkeitsbereich der Wirtschaftsstrafkammer beim Landgericht, § 74 c I Nr. 5 GVG.

1. Betrugsähnlichkeit

86 Wie der Subventionsbetrug (§ 264) hat auch der Kapitalanlagebetrug die Tatbestandstruktur eines **Betrugsfragments**.[206] Im objektiven Tatbestand sind die Betrugsmerkmale Vermögensschaden, Vermögensverfügung und Irrtum entfernt,[207] übrig geblieben ist eine vermögensbezogene **Täuschung**.[208] Der subjektive Tatbestand ist um die Bereicherungsabsicht reduziert worden. Dennoch ist der Kapitalanlagebetrug ein Derivat des § 263. Denn der Täuschungsakt, mit dem der objektive Tatbestand des § 264 a erfüllt und die Tat vollendet wird, hat ein gewichtiges Vermögensschädigungspotential, das in vielen Fällen tatsächlich zu einem Vermögensschaden des getäuschten Kapitalanlegers führt. Mit anderen Worten: In der Realität ruft diese Täuschung häufig einen Irrtum hervor, der den Irrenden zu einer Vermögensverfügung veranlaßt, die einen Vermögensschaden verursacht. Diese Täuschungsfolgen liegen aber bereits jenseits der Vollendungsgrenze des § 264 a. Daran erkennt man, daß die (Vollendungs-)Strafbarkeit in § 264 a – verglichen mit § 263 – weit vorverlagert ist.[209] Die Täuschung ist auch dann ein strafbarer Kapitalanlagebetrug, wenn die oben skizzierten Folgen nicht eintreten, insbesondere eine Vermögensschädigung ausbleibt.[210] Jedoch ist das

---

[205] Dazu *U. Weber*, NStZ 1986, 481 ff (zu § 264 a S. 485 f.); *Tiedemann*, JZ 1986, 865 ff. (zu § 264 a S. 872 f.); *Frommel*, JuS 1987, 667 f.
[206] *Mutter*, NStZ 1991, 421 (422); *Worms*, wistra 1987, 242 (245); *Cerny*, MDR 1987, 271 (272); *Joecks*, wistra 1986, 142 (143): „kupierter Betrug"; SK-*Günther*, § 264 a Rn. 5.
[207] OLG Köln, NJW 2000, 598 (600); *Gössel*, BT 2, § 23 Rn. 70; *Wessels/Hillenkamp*, BT 2, Rn. 692.
[208] *Arzt/Weber*, BT, § 21 Rn. 56.
[209] *U. Weber*, NStZ 1986, 481 (485); *Tiedemann*, JZ 1986, 865 (872); *Arzt/Weber*, BT, § 21 Rn. 79; *Wessels/Hillenkamp*, BT 2, Rn. 692; *Tröndle/Fischer*, § 264 a Rn. 2.
[210] *Mutter*, NStZ 1991, 421.

für den Getäuschten eher ein atypischer Glücksfall. Häufig gelingt es den Anlagebetrügern, ihre Opfer hereinzulegen und dabei mitunter ganze Existenzen zu vernichten. Kapitalanlagebetrug ist so gefährlich, daß mit dem strafrechtlichen Zugriff nicht gewartet werden darf, bis der Schaden entstanden ist.[211] Deshalb ist der Kapitalanlagebetrug – wie der Subventionsbetrug – ein **abstraktes Gefährdungsdelikt**.[212]

2. Rechtsgut

Der Kapitalanlagebetrug gehört wie der Betrug zu den Vermögensdelikten. Geschütztes Rechtsgut ist deshalb das **Vermögen** von Kapitalanlegern.[213] Darüber hinaus dient die Strafvorschrift aber auch der Sicherung von Lauterkeit, Ehrlichkeit und Fairneß im Kapitalanlageverkehr. Geschützt wird damit nicht allein das Vermögen des einzelnen Kunden, sondern die Institution „Kapitalanlage" als solche. Denn windige Finanzjongleure und skrupellose Abzocker treiben mit ihren betrügerischen Machenschaften nicht nur unzählige gutgläubige Anleger in den wirtschaftlichen Ruin, sondern zerstören damit zugleich Vertrauen und bringen eine volkswirtschaftlich prinzipiell nützliche und daher schützenswerte Branche in Mißkredit. § 264 a soll also auch für Sauberkeit auf dem Kapitalmarkt sorgen und schützt deshalb neben dem Vermögen das **Allgemeininteresse an der Funktionsfähigkeit des Kapitalanlagemarktes**.[214]

87

3. Systematik

Die innere Systematik des § 264 a ist sehr einfach:[215] Der Kapitalanlagebetrug hat nur eine einzige tatbestandliche Erscheinungsform. Die Straftat existiert also nur in der Form eines **grundtatbestandlichen** Delikts. Qualifikationen und Privilegierungen gibt es nicht. Auch im Rechtsfolgenbereich sind keinerlei Modifikationen zu verzeichnen. Besonders schwere Fälle sind weder in unbenannter noch in regelbeispielshafter Gestalt berücksichtigt worden. Den Charakter besonders

88

---

[211] *Otto*, Jura 1989, 24 (31); *Arzt/Weber*, BT, § 21 Rn. 78.
[212] OLG Köln, NJW 2000, 598 (599); *Otto*, Jura 1989, 24 (31); *Cerny*, MDR 1987, 271 (272); *U. Weber*, NStZ 1986, 481 (485); *Gössel*, BT 2, § 23 Rn. 69; *Maurach/Schroeder/Maiwald*, BT 1, § 41 Rn. 180; *Otto*, BT, § 61 Rn. 38; *Rengier*, BT 1, § 17 Rn. 9; *Lackner/Kühl*, § 264 a Rn. 2; *SK-Günther*, § 264 a Rn. 5; *Schönke/Schröder/Cramer*, § 264 a Rn. 1; *Tröndle/Fischer*, § 264 a Rn. 3.
[213] OLG Köln, NJW 2000, 598 (600); *Cerny*, MDR 1987, 271 (272); *Worms*, wistra 1987, 242 (245); *Joecks*, wistra 1986, 142 (143); *Gössel*, BT 2, § 23 Rn. 69; *Otto*, BT, § 61 Rn. 39; *SK-Günther*, § 264 a Rn. 7.
[214] OLG Köln, NJW 2000, 598 (600); *U. Weber*, NStZ 1986, 481 (486); *Mutter*, NStZ 1991, 421 (422); *Otto*, BT, § 61 Rn. 38; *Arzt/Weber*, BT, § 21 Rn. 55; *Rengier*, BT 1, § 17 Rn. 9; *Wessels/Hillenkamp*, BT 2, Rn. 692; *Lackner/Kühl*, § 264 a Rn. 1; *LK-Tiedemann*, § 264 a Rn. 13; *Schönke/Schröder/Cramer*, § 264 a Rn. 1, *Tröndle/Fischer*, § 264 a Rn. 4; a.A. *Joecks*, wistra 1986, 142 (144); *Worms*, wistra 1987, 242 (245); *Gössel*, BT 2, § 23 Rn. 69; *Maurach/Schroeder/Maiwald*, BT 1, § 41 Rn. 166; *SK-Günther*, § 264 a Rn. 7.
[215] *Gössel*, BT 2, § 23 Rn. 71.

schwerer Fälle haben vor allem die Taten, die tatsächlich zu einem Vermögensschaden beim getäuschten Anleger führen. Da der auf diesen Folgen lastende Strafwürdigkeitsgehalt sowohl die tatbestandliche als auch die Rechtsfolgenkapazität des § 264 a überspannt, muß der allgemeine Betrugstatbestand § 263 eingreifen. Für das Verhältnis zwischen § 264 a und § 263 folgt daraus, daß eine Verdrängung des allgemeinen Betrugstatbestandes durch den speziellen Tatbestand des Kapitalanlagebetrugs nicht zur Diskussion steht.[216] Vielmehr konkurrieren § 263 und § 264 a idealiter, § 52.[217]

89 Thematische Berührungspunkte weist der Kapitalanlagebetrug mit den Straftatbeständen des **Börsengesetzes** „Kursbetrug" (§ 88 BörsenG) und „Verleitung zur Börsenspekulation" (§ 89 BörsenG)[218] sowie mit **§ 4 UWG** und mit **§§ 399, 400 AktG** auf.[219] § 264 a und die jetzige Fassung des § 88 BörsenG haben eine einheitliche Entstehungsgeschichte. Mit der Schaffung des § 264 a durch das 2. WiKG wurde auch § 88 BörsenG erheblich umgestaltet.[220] Teile des früheren § 88 BörsenG fanden Eingang in die neue Strafvorschrift § 264 a.

II. Strafbarkeitsvoraussetzungen

1. Objektiver Tatbestand

a) Übersicht

90 Die Tatbestandsstruktur des § 264 a ist außerordentlich kompliziert. Zwar weist – dem Wesen eines abstrakten Gefährdungsdelikts entsprechend – der objektive Tatbestand weder ein Erfolgs- noch ein Opfermerkmal auf; er besteht nur aus dem **Täter-** und dem **Handlungsmerkmal**. Aber die Abbildung der tatbestandsmäßigen Handlung im Gesetzestext ähnelt einem Mosaik aus vielen kleinen Steinchen. Die Bestandteile des objektiven Tatbestandes sind in Absatz 1 und Absatz 2 beschrieben. Dabei entfällt der weitaus größte Anteil des Gesetzestextes auf das Täuschungselement. Zur Erlangung eines Durchblicks sollte man sich zunächst eine Grobstruktur entwerfen, in die dann die Bestandteile der Feinstruktur eingefügt werden können.

---

[216] *Rengier*, BT 1, § 17 Rn. 11; *Schönke/Schröder/Cramer*, § 264 a Rn. 41.
[217] *Otto*, Jura 1989, 24 (31); *U. Weber*, NStZ 1986, 481 (485); *Mutter*, NStZ 1991, 421 (422); *Arzt/Weber*, BT, § 21 Rn. 91; *Maurach/Schroeder/Maiwald*, BT 1, § 41 Rn. 184; LK-*Tiedemann*, § 264 a Rn. 82; a.A. *Gössel*, BT 2, § 23 Rn. 91: Subsidiarität des § 264 a.
[218] *Maurach/Schroeder/Maiwald*, BT 1, § 41 Rn. 185.
[219] Wegen des durch diese Tatbestände gewährleisteten Strafschutzes zweifelt *U. Weber*, NStZ 1986, 481 (486); *Arzt/Weber*, BT, § 21 Rn. 81 die Existenzberechtigung des § 264 a an.
[220] Dazu *Joecks*, wistra 1986, 142 (148 f.).

aa) Grobstruktur

Die objektive tatbestandsmäßige Tat ist eine **Täuschung**, die der **Täter** im Zusammenhang mit **Kapitalanlage** begeht. 91

- Täter
- Kapitalanlagebezug
  - Anlageform
  - Tatzusammenhang
- Täuschung
  - Täuschungsverhalten
  - Täuschungsinhalt
  - Täuschungsmittel
  - Täuschungsadressat

bb) Feinstruktur 92

- Täter „Wer"
- Kapitalanlagebezug
  - Anlageform
    - Wertpapiere
    - Bezugsrechte
    - Anteile, die eine Beteiligung an dem Ergebnis eines Unternehmens gewähren sollen
    - Anteile an einem Vermögen, das ein Unternehmen im eigenen Namen, jedoch für fremde Rechnung verwaltet
  - Zusammenhang
    - Vertrieb der Anlageform
    - Angebot, die Einlage auf Anteile zu erhöhen
- Täuschung
  - Täuschungsverhalten
    - Angaben machen
    - Tatsachen verschweigen
  - Täuschungsinhalt
    - (gemachte) unrichtige vorteilhafte Angaben über den Vermögensstand hinsichtlich der für die Entscheidung über den Erwerb oder die Erhöhung erheblichen Umstände
    - (verschwiegene) nachteilige Tatsachen über den Vermögensstand…
  - Täuschungsmittel
    - Prospekte
    - Darstellungen
    - Übersichten
  - Täuschungsadressat
    - größerer Kreis von Personen

b) Täter

93 Das Gesetz macht die Täterschaft von keinen speziellen Voraussetzungen abhängig, Kapitalanlagebetrug ist daher kein Sonderdelikt. Täter kann somit **jedermann** sein.[221] Diese Aussage bezieht sich jedoch allein auf die personenbezogenen Bedingungen der Strafbarkeit als Täter. Davon zu unterscheiden ist die Frage nach der erforderlichen Beschaffenheit täterschaftlichen Verhaltens, deren Anforderungen nur von einem ausgewählten Täterkreis erfüllt werden (dazu unten Rn. 101 ff.). Denn da die Tat in einem speziellen kapitalanlagerelevanten Bezugsrahmen stehen muß („Zusammenhang"), kommt faktisch doch nur ein spezieller Personenkreis als Täter in Betracht.

c) Kapitalanlagebezug

aa) Anlageform

94 Der Straftatbestand schützt Kapitalanleger nicht umfassend und flächendeckend, sondern nur im Zusammenhang mit **bestimmten Anlageformen**.[222]

Im einzelnen handelt es sich um:

(1) Wertpapiere

95 Wertpapiere sind Urkunden, die mit einem privaten Recht in einer spezifischen und engen Verbindung stehen. Die Urkunde dient nicht lediglich dem Beweis eines außerhalb der Urkunde existenten Rechts, sondern „**verbrieft**" dieses darüber hinaus dergestalt, daß zur Geltendmachung des Rechtes die Innehabung der Urkunde erforderlich ist.[223]

(2) Bezugsrechte

96 Wenig geklärt ist der Begriff der Bezugsrechte. Die überwiegend für maßgeblich gehaltene gesellschaftsrechtliche Definition[224] paßt nicht in den straftatbestandlichen Kontext, da derartige Rechte nicht „vertrieben" werden können. Denn Bezugsrechte im gesellschaftsrechtlichen Sinn sind mit einer Mitgliedschaft (z.B. als Aktionär) untrennbar verbunden.[225] Vorzugswürdig ist daher eine eigenständige strafrechtliche Begriffsbestimmung. Danach handelt es sich um **unverbriefte** Rechte auf den Bezug von Leistungen, die sich aus einem vom Kapitalanleger erworbenen Stammrecht ableiten.[226]

---

[221] *Worms*, wistra 1987, 271 (274); *Gössel*, BT 2, § 23 Rn. 87; *Lackner/Kühl*, § 264 a Rn. 6; LK-*Tiedemann*, § 264 a Rn. 17; *Schönke/Schröder/Cramer*, § 264 a Rn. 38.
[222] *Schönke/Schröder/Cramer*, § 264 a Rn. 4.
[223] *Gössel*, BT 2, § 23 Rn. 74; *Lackner/Kühl*, § 264 a Rn. 3; LK-*Tiedemann*, § 264 a Rn. 19; *Schönke/Schröder/Cramer*, § 264 a Rn. 5; SK-*Günther*, § 264 a Rn. 9; *Tröndle/Fischer*, § 264 a Rn. 5.
[224] SK-*Günther*, § 264 a Rn. 10.
[225] LK-*Tiedemann*, § 264 a Rn. 27.
[226] LK-*Tiedemann*, § 264 a Rn. 27.

(3) Anteile, die eine Beteiligung an dem Ergebnis eines Unternehmens gewähren sollen

Unproblematisch fallen in diese Kategorie Geschäfts- und Gesellschaftsanteile, z.b. Kommanditanteile an einem in der Form der KG geführten Unternehmen.[227] Dasselbe gilt für stille Beteiligungen und Beteiligungen an geschlossenen Immobilienfonds.[228] Im übrigen ist vieles umstritten, z.b. die Einbeziehung sog. partiarischer Darlehen, Mietpools, Bauherren-, Bauträger- und Erwerbermodelle.[229]

97

(4) Anteile an Treuhandvermögen

Strafrechtlich relevant sind auch Anlageformen, bei denen in die Beziehung zwischen dem Anleger und dem Anlageobjekt (Wertpapier, Bezugsrecht, Anteil) ein Treuhänder eingeschaltet ist. § 264 a II ergänzt insofern die Aufzählung in § 264 a I Nr. 1.[230]

98

bb) Zusammenhang mit der Täuschung

Der Täter verbindet die Kapitalanlage mit der Täuschung dadurch, daß er die Tat im unmittelbaren Zusammenhang[231] mit dem **Vertrieb** einer Anlageform (Abs. 1 Nr. 1) oder mit dem **Angebot**, die Einlage auf Anteile zu erhöhen (Abs. 1 Nr. 2), begeht. Unter „Vertrieb" ist die Veräußerung von Wertpapieren usw. zu verstehen. Der Begriff erfaßt aber auch Anbahnungshandlungen im Vorfeld des Geschäfts, also Werbung für bestimmte Anlagemöglichkeiten.[232] Auch das „Angebot" nach Abs. 1 Nr. 2 ist eine Form des Vertriebs. Von den Vertriebs-Fällen der Nr. 1 unterscheidet sich das Angebot der Nr. 2 durch seinen Gegenstand und seinen Adressatenkreis. Während § 264 a I Nr. 1 den Anleger vor dem riskanten Erwerb von Anteilen schützen will, bezieht sich § 264 a I Nr. 2 auf Anleger, die schon Anteile haben und ihre Einlage auf diese Anteile erhöhen.[233]

99

---

[227] *Cerny*, MDR 1987, 271 (273); *Lackner/Kühl*, § 264 a Rn. 3; LK-*Tiedemann*, § 264 a Rn. 28; Schönke/Schröder/Cramer, § 264 a Rn. 9; SK-*Günther*, § 264 a Rn. 12.
[228] *Cerny*, MDR 1987, 271 (273); LK-*Tiedemann*, § 264 a Rn. 29.
[229] *Flanderka/Heydel*, wistra 1990, 256 (258); *Cerny*, MDR 1987, 271 (273); *Worms*, wistra 1987, 242 (247); SK-*Günther*, § 264 a Rn. 13 ff.; LK-*Tiedemann*, § 264 a Rn. 28, 29; *Tröndle/Fischer*, § 264 a Rn. 5.
[230] *Gössel*, BT 2, § 23 Rn. 76; SK-*Günther*, § 264 a Rn. 16; *Tröndle/Fischer*, § 264 a Rn. 14.
[231] Näher dazu *Lackner/Kühl*, § 264 a Rn. 9; LK-*Tiedemann*, § 264 a Rn. 43; *Schönke/Schröder/Cramer*, § 264 a Rn. 16; SK-*Günther*, § 264 a Rn. 22; *Tröndle/Fischer*, § 264 a Rn. 8.
[232] *Lackner/Kühl*, § 264 a Rn. 7; LK-*Tiedemann*, § 264 a Rn. 41; SK-*Günther*, § 264 a Rn. 19; *Schönke/Schröder/Cramer*, § 264 a Rn. 14.
[233] LK-*Tiedemann*, § 264 a Rn. 42; *Schönke/Schröder/Cramer*, § 264 a Rn. 15; *Lackner/Kühl*, § 264 a Rn. 8; *Tröndle/Fischer*, § 264 a Rn. 7.

d) Täuschung

100 Das Täuschungsmerkmal erscheint im Tatbestand in einer **positiven** („Angaben macht") und einer **negativen** („Tatsachen verschweigt") Variante. Dies entspricht der Differenzierung zwischen Vorspiegeln, Entstellen und Unterdrücken von Tatsachen bei § 263.

aa) Angaben machen

101 Diese Art von Täuschung ist bereits aus § 264 I Nr. 1 bekannt (vgl. oben Rn. 53). Zur Vollendung der Tat erforderlich und ausreichend ist die einem größeren Personenkreis eröffnete **Möglichkeit der Kenntnisnahme** von den tatsachenbezogenen Äußerungen mittels der im Gesetzestext bezeichneten Medien (Prospekte usw.).[234] Daß die Angaben tatsächlich von einer größeren Zahl Personen wahrgenommen, verstanden oder gar in Anlageentscheidungen umgesetzt worden sind, ist nicht notwendig.[235] Erst bei der Anwendung des § 264 a III können derartige Auswirkungen der Angaben relevant werden.

bb) Tatsachen verschweigen

102 Da der Entscheidung für eine bestimmte Form der Kapitalanlage in der Regel eine Abwägung von Chancen und Risiken vorausgeht, braucht der Anleger umfassende Informationen über alle entscheidungserheblichen Fakten. Insbesondere muß er auch Kenntnis von solchen Umständen haben, die die Gefahr eines Vermögensverlustes indizieren und deshalb einen besonnenen Menschen von der riskanten Entscheidung abhalten könnten. Aus diesem Grund ist das Verschweigen anlageentscheidungshemmender Tatsachen nicht weniger strafwürdig als das aktive Vorspiegeln unwahrer anlageentscheidungsfördernder Tatsachen. Obwohl das Verschweigen von Tatsachen die ontologische Gestalt einer **Unterlassung** hat,[236] handelt es sich bei dieser Tatbestandsalternative um ein Begehungsdelikt.[237] Dies wird deutlicher, wenn man sich klar macht, daß das Verschweigen negativer Tatsachen stets flankiert wird von „gemachten" Angaben und deshalb nichts anderes ist als das **Machen unvollständiger Angaben**.[238] Denn die unterlassene Aufklärung über bestimmte Tatsachen erlangt ihre tatbestandsmäßige Bedeutung erst auf Grund ihres Zusammenhangs mit positiven Angaben in Prospekten, Darstellungen und Übersichten. So, wie die wahrheitsgemäßen Einzelangaben eines Zeugen durch Auslassungen zu einer unwahren Gesamtaussage, also tatbestandsmäßigen Falschaussage i.S. des § 153 werden,[239] werden auch im

---

[234] OLG Köln, NJW 2000, 598 (600).
[235] *Gössel*, BT 2, § 23 Rn. 84.
[236] *U. Weber*, NStZ 1986, 481 (485); *Arzt/Weber*, BT, § 21 Rn. 87.
[237] SK-*Günther*, § 264 a Rn. 32; a.A. *Möhrenschlager*, wistra 1982, 201 (207); *Worms*, wistra 1987, 271 (272); *Gössel*, BT 2, § 23 Rn. 83; *Lackner/Kühl*, § 264 a Rn. 12; LK-*Tiedemann*, § 264 a Rn. 61; offen gelassen von OLG Köln, NJW 2000, 598 (600).
[238] SK-*Günther*, § 264 a Rn. 50.
[239] *Küpper*, BT 1, Teil II § 2 Rn. 12.

Rahmen des § 264 a I richtige Angaben zu Bestandteilen eines insgesamt verzerrten und daher die Wirklichkeit unrichtig darstellenden Gesamtbildes, wenn bei seiner Herstellung wesentliche Einzelinformationen unterschlagen werden. Die Frage nach der Aufklärungspflicht, deren Verletzung das Schweigen zu tatbestandsmäßigem Verhalten macht, stellt sich daher nicht. Insbesondere spielt § 13 in diesem Zusammenhang keine Rolle. Die Tatbestandsmäßigkeit des Verschweigens ist gewissermaßen ein Reflex des Auftretens als Vertreiber oder Anbieter. Wer sich mit Prospekten, Darstellungen, Übersichten an einen größeren Kreis von Personen wendet, muß richtig und vollständig informieren. Die Pflicht zur Aufdeckung nachteiliger Tatsachen ist Folge der Benutzung dieser Mittel.[240] Umgekehrt braucht derjenige nicht aufzuklären, der überhaupt keine Angaben gemacht hat.[241]

cc) Inhalt

Inhalt des täuschenden Verhaltens sind „Umstände", also **Tatsachen**.[242] Die h.M. meint jedoch aus der sprachlichen Gestaltung des § 264 a I schlußfolgern zu müssen, daß Gegenstand der „Angaben" nicht nur vergangene und gegenwärtige Tatsachen, sondern auch Urteile und Prognosen sein könnten.[243] Dem ist zu widersprechen. Das Wort „Angaben" sagt nichts über Gegenstand und Inhalt der Täuschungshandlung aus, sondern ist nur der Ausdruck für den Kundgabeakt. Es wäre auch unverständlich, wenn der Tatbestand in den beiden Alternativen „Angaben machen" und „Tatsachen verschweigen" den Gegenstand der Täuschungshandlung unterschiedlich definierte. Aus der ausdrücklichen Nennung der „Tatsachen" in der Verschweigens-Alternative ist deshalb zu schließen, daß auch die Angaben-Alternative auf Tatsachen bezogen und beschränkt ist. Die Tatsachen müssen **vorteilhaft** sein, wenn der Täter über sie unrichtige Angaben macht, **nachteilig**, wenn der Täter sie verschweigt. Nachteilig ist die Kehrseite von vorteilhaft: Jeweils geht es um eine von der Realität abweichende, diese in ein günstigeres Licht rückende Präsentation **anlageerheblicher Umstände**. Das Unterdrücken nachteiliger Tatsachen „schönt" das Gesamtbild ebenso wie die Vorspiegelung unrichtiger vorteilhafter Tatsachen.

103

dd) Medium

Die Mittel der Täuschung sind entsprechend ihrer Zweckbestimmung zur Förderung des Vertriebs von Kapitalanlagen **Werbeträger**, mit denen sich sowohl Breiten- als auch Suggesionswirkung erzeugen läßt.[244] **Prospekte** sind Werbe-

104

---

[240] Die von *Arzt/Weber*, BT, § 21 Rn. 87 geäußerten Bedenken erscheinen mir daher als unbegründet.
[241] Näher zum Kreis aufklärungspflichtiger Personen *Maurach/Schroeder/Maiwald*, BT 1, § 41 Rn. 183.
[242] SK-*Günther*, § 264 a Rn. 32.
[243] *Cerny*, MDR 1987, 271 (276); *Worms*, wistra 1987, 271; *Joecks*, wistra 1986, 142 (145); *Lackner/Kühl*, § 264 a Rn. 12.
[244] Schönke/Schröder/*Cramer*, § 264 a Rn. 17.

und Informationsschriften, die dem potentiellen Anleger als Grundlage einer konkreten Entscheidung dienen sollen. Werbematerial, mit dem beim Kunden nur ein erstes Interesse geweckt wird und weitere gezieltere Maßnahmen angebahnt werden, wird nicht erfaßt.[245] **Darstellungen** vom Vermögensstand können im Gegensatz zu Prospekten und Übersichten in beliebiger Form, also auch mündlich oder auf Bild- und Tonträgern, abgefaßt sein.[246] **Übersichten** über den Vermögensstand sind in schriftlicher Form erstellt und enthalten eine Bilanz oder einen Status.[247] Gleich, welches Medium der Täter einsetzt, stets muß er den Eindruck von Vollständigkeit erwecken.[248] Denn ein Adressat, den bereits ein geringerer Grad an Informationsdichte und -fülle zu einer Anlegerentscheidung veranlaßt, vernachlässigt seine Selbstschutzobliegenheit und ist deshalb nicht schutzwürdig.

ee) Adressaten

105 Die Täuschung muß gegenüber einem **größeren Kreis von Personen** begangen werden. Dies gilt sowohl für die Alternative „unrichtige vorteilhafte Angaben macht" als auch für die Alternative „nachteilige Tatsachen verschweigt". Auch im letztgenannten Fall wird der Adressatenkreis aber durch positive Angaben bestimmt und begrenzt, nämlich durch die Angaben, die das Informationsmedium „Prospekt, Darstellung oder Übersicht" konstituieren. Denn eine Darstellung oder Übersicht, die nur aus „verschwiegenen Tatsachen" besteht, ist undenkbar. Welche Mindestanzahl von Personen erforderlich ist, damit es sich um einen „größeren Kreis" handelt, ist gesetzlich nicht festgelegt. Es kommt auch weniger auf die genaue Zahl der potentiellen Adressaten als auf die Art und Weise an, wie das Werbematerial seinen Empfängern zugänglich gemacht wird. Werden die Prospekte usw. öffentlich ausgelegt oder sonst dem Zugriff eines unbestimmten und quantitativ offenen Personenkreises angeboten, ist das Merkmal erfüllt.[249]

2. Subjektiver Tatbestand

106 Erforderlich ist Vorsatz, § 15, ausreichend ist **dolus eventualis**.[250] Zusätzliche subjektive Merkmale – insbesondere eine Bereicherungsabsicht – spielen im subjektiven Tatbestand keine Rolle.[251] Fahrlässigkeit – auch Leichtfertigkeit – reicht für die Strafbarkeit nicht aus.[252]

---

[245] LK-*Tiedemann*, § 264 a Rn. 35; *Schönke/Schröder/Cramer*, § 264 a Rn. 19; SK-*Günther*, § 264 a Rn. 23.
[246] *Tiedemann*, JZ 1986, 865 (873); *Gössel*, BT 2, § 23 Rn. 78; LK-*Tiedemann*, § 264 a Rn. 37; SK-*Günther*, § 264 a Rn. 25; *Tröndle/Fischer*, § 264 a Rn. 9.
[247] SK-*Günther*, § 264 a Rn. 24.
[248] *Gössel*, BT 2, § 23 Rn. 78; *Maurach/Schroeder/Maiwald*, BT 1, § 41 Rn. 182.
[249] LK-*Tiedemann*, § 264 a Rn. 45; *Schönke/Schröder/Cramer*, § 264 a Rn. 33.
[250] *Worms*, wistra 1987, 271 (274); *Gössel*, BT 2, § 23 Rn. 88; *Otto*, BT, § 61 Rn. 61; *Lackner/Kühl*, § 264 a Rn. 15; SK-*Günther*, § 264 a Rn. 54; *Tröndle/Fischer*, § 264 a Rn. 15.
[251] SK-*Günther*, § 264 a Rn. 54.
[252] *Möhrenschlager*, wistra 1982, 201 (207); *Arzt/Weber*, BT, § 21 Rn. 90.

3. Tätige Reue

§ 264 a III ist der notwendige Ausgleich für die weite **Strafbarkeitsvorverlagerung**.[253] Der formell vollendete Kapitalanlagebetrug ist materiell betrachtet nur eine vorbereitete oder versuchte Vermögensschädigung.[254] Die Vollendung schließt aber gleichwohl die Anwendung des § 24 aus, deshalb muß § 264 a III die Funktion des § 24 übernehmen. Wie § 24 ist auch § 264 a III ein **persönlicher Strafaufhebungsgrund**,[255] der die Strafbarkeit ausschließt, vom Gericht obligatorisch anzuwenden ist – also kein Ermessen einräumt – und im Strafprozeß daher zum Freispruch[256] führt. Betrugsähnlichkeit und vermögensschützender Charakter des § 264 a treten in der speziellen Rücktrittsvorschrift des § 264 a III deutlicher zutage, als in der Tatbestandsbeschreibung der beiden ersten Absätze. Denn im Mittelpunkt des § 264 a III steht die „**Leistung**" eines getäuschten Kapitalanlegers.[257] Übertragen in die Begrifflichkeit des § 263 geht es dabei um die „Vermögensverfügung", die der Getäuschte auf Grund des Irrtums vornimmt und die zu einem Vermögensschaden führt. Die freiwillige **Verhinderung** dieser Verfügung (§ 264 a III S. 1) – oder zumindest das ernsthafte **Bemühen** um ihre Verhinderung (§ 264 a III S. 2) – bringt dem Täter (oder Tatbeteiligten[258]) zu einem Zeitpunkt Straflosigkeit, zu dem er bereits alle Strafbarkeitsvoraussetzungen vollendeten Kapitalanlagebetrugs erfüllt hat.

107

Gesetzestechnisch unsauber ist die Verwendung des Singulars in § 264 a III („die Leistung"), da die tatbestandsmäßige Handlung sich an eine Vielzahl von Täuschungsopfern richtet („gegenüber eine größeren Kreis von Personen") und somit auch die Gefahr einer Vielzahl von möglicherweise vermögensschädigenden Leistungen begründet. Naturgemäß erstrebt der Täter mit seiner Tat auch eine große Anzahl von „Leistungen" i.S. des § 264 a III. Straffreiheit verdient sich der Täter daher nicht schon dadurch, daß er nur einen einzigen Adressaten seiner unwahren Angaben von der vermögensschädigenden Leistung abhält. Vielmehr ist § 264 a III so zu verstehen, daß der Täter den gesamten Personenkreis, an den sich die Täuschung richtete, vor Vermögensverlusten bewahren muß. Sobald also auch nur ein einziger Kapitalanleger eine Leistung i.S. des § 264 a III erbringt, ist die Strafbarkeit aus § 264 a I irreversibel. Die tätige Reue zugunsten der anderen Opfer kann dann nur noch in der Strafzumessung zugunsten des Täters berücksichtigt werden.

108

---

[253] *Cerny*, MDR 1987, 271 (278); *Worms*, wistra 1987, 271 (275); *Joecks*, wistra 1986, 142 (148); *U. Weber*, NStZ 1986, 481 (485); *Tiedemann*, JZ 1986, 865 (873); *Arzt/Weber*, BT, § 21 Rn. 60.
[254] Dazu und zu den Konsequenzen für den Beginn der Verjährung (§ 78c) vgl. OLG Köln, NJW 2000, 598 ff.
[255] LK-*Tiedemann*, § 264 a Rn. 70.
[256] Sofern es zu einer Hauptverhandlung kommt, § 260 I StPO. Stellt sich die Straflosigkeit der Tat auf Grund § 264 a III schon vorher heraus, wird entweder keine Anklage erhoben (§ 170 II StPO) oder das Hauptverfahren nicht eröffnet (§ 204 StPO).
[257] *Mutter*, NStZ 1991, 421 (422).
[258] LK-*Tiedemann*, § 264 a Rn. 73.

III. Kontrollfragen

1. Wann wurde § 264 a in das StGB eingefügt? (Rn. 85)
2. Wie unterscheidet sich der Tatbestand des § 264 a vom Tatbestand des § 263? (Rn. 86)
3. Was versteht man unter „Angaben machen"? (Rn. 101)
4. Ist die Tatbestandserfüllung durch Verschweigen von nachteiligen Tatsachen ein Unterlassungsdelikt? (Rn. 102)
5. Was muß der Täter tun, um gem. § 264 a III Straffreiheit zu erlangen? (Rn. 108)

IV. Literatur

Cerny, § 264 a StGB – Kapitalanlagebetrug. Gesetzlicher Anlegerschutz mit Lücken, MDR 1987, 271

Flanderka/Heydel, Strafbarkeit des Vertriebs von Bauherren-, Bauträger- und Erwerbermodellen gem. § 264 a StGB, wistra 1990, 256

Joecks, Anleger- und Verbraucherschutz durch das 2. WiKG, wistra 1986, 142

Mutter, § 264 a StGB: ausgewählte Probleme rund um ein verkanntes Delikt, NStZ 1991, 421

Tiedemann, Die Bekämpfung der Wirtschaftskriminalität durch den Gesetzgeber, JZ 1986, 865

U. Weber, Das Zweite Gesetz zur Bekämpfung der Wirtschaftskriminalität (2. WiKG), NStZ 1986, 481

Worms, § 264 a StGB – ein wirksames Remedium gegen den Anlageschwindel?, wistra 1987, 242 (1. Teil), 271 (2. Teil)

E. Versicherungsmißbrauch, § 265 StGB

Übersicht   Rn.

I. Allgemeines
 1. Entstehungsgeschichte 109
 2. Betrugsähnlichkeit 110
 3. Rechtsgut 111
 4. Systematik 112–113
II. Strafbarkeitsvoraussetzungen
 1. Objektiver Tatbestand
  a) Übersicht 114
  b) Täter 115–116
  c) Tatobjekt
   aa) Sache 117
   bb) Versichert 118

d) Tathandlungen
  aa) Allgemeines 119
  bb) Beschädigung 120
  cc) Zerstören 121
  dd) Beeinträchtigung der Brauchbarkeit.. 122
  ee) Beiseiteschaffen... 123
  ff) Einem anderen überlassen... 124
 2. Subjektiver Tatbestand
  a) Übersicht 125
  b) Vorsatz 126
  c) Leistungsverschaffungsabsicht.. 127–129
III. Versuch 130–131
IV. Subsidiaritätsklausel 132–134

I. Allgemeines

1. Entstehungsgeschichte

Die jetzige Fassung des § 265 wurde durch das am 1. 4. 1998 in Kraft getretene **6. Strafrechtsreformgesetz** geschaffen. Die Gesetzesänderung hat die Vorschrift des § 265 und den in ihr normierten Straftatbestand erheblich umgestaltet. Vorher war § 265 Standort eines Straftatbestandes mit der Bezeichnung „**Versicherungsbetrug**".[259] Dieses Delikt unterschied sich von dem „Versicherungsmißbrauch" des § 265 n.F. in vielfältiger Weise. Die auffallendsten Abweichungen sind die wesentlich engere Tatbestandsfassung sowie die recht drastische Strafdrohung des § 265 a.F.: Der Versicherungsbetrug war mit einer Mindeststrafe von 1 Jahr Freiheitsstrafe bedroht und hatte daher gem. § 12 I Verbrechensqualität.[260] Im übrigen war der Tatbestand aus mehreren Gründen umstritten. Vor allem die überzogen erscheinende Strafdrohung forderte immer wieder Kritik heraus.[261] Das meiste, was zu § 265 a. F, gesagt wurde, ist nun infolge der gravierenden Veränderungen obsolet geworden.[262] Bei der Lektüre älterer Entscheidungen oder Literatur zu § 265 muß dies beachtet werden. Da infolge der Neufassung der Strafvorschrift die meisten Klausurprobleme des ehemaligen „Versicherungs-

109

---

[259] § 265 StGB a.F.: „(1) Wer in betrügerischer Absicht eine gegen Feuergefahr versicherte Sache in Brand setzt oder ein Schiff, welches als solches oder in seiner Ladung oder in seinem Frachtlohn versichert ist, sinken oder stranden macht, wird mit Freiheitsstrafe von einem Jahr bis zu zehn Jahren bestraft.
(2) In minder schweren Fällen ist die Strafe Freiheitsstrafe von sechs Monaten bis zu fünf Jahren."
[260] Mit den Folgen der möglichen Strafbarkeit wegen Versuchs oder Vorbereitung, §§ 23 I, 30.
[261] *Eschenbach*, Jura 1996, 239 (240).
[262] Zu § 263 III 2 Nr. 5, der den Regelungsgehalt von § 265 a.F. teilweise aufgenommen hat, vgl. Teilband 1, § 7 Rn. 133.

betrugs" entfallen sind,[263] hat dieses Material für den Studierenden auch nur noch begrenzten Wert und Reiz. Zu dem neuen § 265 gibt es verständlicherweise bis jetzt noch wenig Rechtsprechung und Schrifttum. Es zeichnet sich aber schon jetzt ab, daß auch die Neufassung nicht auf einhellige Zustimmung stoßen wird.[264] Das verheerende Echo auf das 6. StrRG als gesetzgeberisches Gesamtwerk[265] stützt sich auf eine Vielzahl von Fehlleistungen im Detail. Es grenzte fast an ein Wunder, wäre § 265 davon vollkommen unberührt geblieben.[266]

2. Betrugsähnlichkeit

110 Die Deliktsbezeichnung „Versicherungsmißbrauch" signalisiert zwar nicht mehr dieselbe Nähe zu § 263 wie der Name des früher in § 265 geregelten Delikts.[267] Dennoch ist § 265 nach wie vor eine Vorschrift, die sich auf deliktisches Verhalten mit betrugsähnlichen Zügen bezieht. Äußerlich wird dies am deutlichsten durch die Subsidiaritätsklausel angezeigt, die allein dem § 263 einen Vorrang gegenüber § 265 einräumt. Der Tatbestand selbst ist nicht mehr wie früher auf betrugsvorbereitende Handlungen beschränkt. Die alte Fassung des § 265 erfaßte nur Handlungen, die zwar die versicherte Sache beschädigten oder zerstörten, gleichwohl aber wegen § 61 VVG keinen Versicherunganspruch begründeten. Deshalb wurde der Versicherungsnehmer durch die Tat in die Lage versetzt, der Versicherung einen Versicherungsfall vorzutäuschen, also einen Betrug zu begehen. Im Tatbestand des alten § 265 war dieses betrügerische Verhalten gegenüber der Versicherung antizipiert in dem subjektiven Merkmal „in betrügerischer Absicht". Nunmehr unterfallen dem Tatbestand auch Handlungen, durch die dem Versicherungsnehmer ein Anspruch gegen das Versicherungsunternehmen verschafft wird, weshalb dieser nichts vorzutäuschen braucht, um in den Genuß der Versicherungssumme zu kommen.[268] Wird die Tat nicht vom Versicherungsnehmer, sondern einem Dritten begangen und ist dessen Verhalten dem Versicherungsnehmer auch nicht zuzurechnen, verwirklicht sich genau das Schadensrisiko, dem die Vorsorgefunktion der Versicherung gewidmet ist. In diesem Fall besteht die einzige Parallele zum Betrug in der vermögensschädigenden[269] Wir-

---

[263] *Geppert*, Jura 1998, 382 (386): „Der Student kann sich freuen: Strafrecht ist in diesem Fall einfacher geworden!".

[264] Bezeichnend der Titel des Aufsatzes von *Rönnau* in JR 1998, 441: „Der neue Straftatbestand Versicherungsmißbrauch – eine wenig geglückte Gesetzesregelung".

[265] Man lese nur die Einleitung bei *Dencker/Struensee/Nelles/Stein*, Einführung in das 6. Strafrechtsreformgesetz 1998, S. 1–4 oder das von *Herbert Tröndle* geschriebene Vorwort zur 49. Auflage (1999) des StGB-Kommentars „Tröndle/Fischer".

[266] *Zopfs*, VersR 1999, 265 (271) hält den § 265 für missglückt und einen Straftatbestand „Versicherungsmissbrauch" überhaupt für überflüssig.

[267] Zutreffend stellen *Arzt/Weber*, BT, § 21 Rn. 132; *Wessels/Hillenkamp*, BT 2, Rn. 650 fest, daß die Neufassung die enge Anbindung des Delikts an den Betrug gelöst habe.

[268] *Zopfs*, VersR 1999, 265; *Wessels/Hillenkamp*, BT 2, Rn. 652.

[269] Der Vermögensschaden der Versicherung ist nicht etwa deswegen ausgeschlossen, weil sie mit der Auszahlung der Versicherungssumme als „Gegenwert" Befreiung von einer

kung der Tat. Das, was den Charakter des Betrugs aber am stärksten prägt, die Täuschung,[270] fehlt hingegen. Dennoch erstreckt sich der Tatbestand des § 265 weiterhin auch – wie früher ausschließlich – auf betrügerische Manipulationen am versicherten Objekt, durch die aus versicherungsrechtlichen Gründen kein Versicherungsanspruch begründet wird, weshalb die Versicherungssumme nur durch Vortäuschung nichtexistenter anspruchsbegründender Tatsachen erlangt werden kann.[271] In diesem Fall ist die von vornherein geplante spätere Anmeldung eines Versicherungsfalles also eine Täuschung und deshalb ein Betrugsversuch[272] bzw. – wenn die Versicherung sich täuschen läßt und zahlt – ein vollendeter Betrug.

3. Rechtsgut

§ 265 schützt das **Vermögen** der Versicherungsunternehmen, die auf Grund der durch die Tat erzeugten wirklichen oder vermeintlichen Versicherungsfälle in die Gefahr geraten, von dem Versicherungsnehmer in Anspruch genommen zu werden.[273] Daneben soll die Strafdrohung aber auch die **Leistungsfähigkeit des Versicherungswesens** auf dem Gebiet der Sachversicherung schützen.[274] Diese zweite Rechtsgutskomponente ist durch die Neufassung des § 265 noch stärker akzentuiert worden. Die frühere Beschränkung des Strafrechtsschutzes auf die Versicherungsfälle „Feuer" und „Havarie" war gerade im Lichte der Zweckbestimmung „Schutz einer gesellschaftlich nützlichen und wertvollen Einrichtung" schwer verständlich. Die Rechtsgutsdefinition selbst geriet damit natürlich ins Zwielicht. Nunmehr ist das Tableau der tatbestandlich erfaßten Versicherungsfallgruppen wesentlich breiter, weshalb der Normzweck des Institutsschutzes plausibler geworden ist. Selbstverständlich kein Schutzgut des § 265 I ist das Eigentum an den von der Tat betroffenen versicherten Sachen.

111

4. Systematik

Die Normstruktur des § 265 ist sehr einfach: Es gibt nur ein **grundtatbestandliches** Tatbild, das in Absatz 1 gezeichnet ist und durch die Versuchsstrafdrohung

112

---

gegen sie gerichteten Forderung des Versicherungsnehmers erlangt, vgl. Teilband 1, § 7 Rn. 100. Das wäre allenfalls dann diskutabel, wenn diese Forderung unabhängig von und schon vor der – den Versicherungsfall auslösenden – Tat bestanden hätte; a.A. *Zopfs*, VersR 1999, 265 (271).

[270] *Eschenbach*, Jura 1996, 239 (241).
[271] *Lackner/Kühl*, § 265 Rn. 1; *Wessels/Hillenkamp*, BT 2, Rn. 652.
[272] Die Herbeiführung des Versicherungsfalls ist hingegen erst Betrugsvorbereitung, *Arzt/Weber*, BT, § 21 Rn. 119.
[273] *Zopfs*, VersR 1999, 265 (268); *Geppert*, Jura 1998, 382 (383); *Wessels/Hillenkamp*, BT 2, Rn. 652; *Tröndle/Fischer*, § 265 Rn. 2.
[274] *Zopfs*, VersR 1999, 265 (268); *Wolff*, Neuregelung, S. 50; *Wessels/Hillenkamp*, BT 2, Rn. 652; *Lackner/Kühl*, § 265 Rn. 1; *Tröndle/Fischer*, § 265 Rn. 2; a.A.; *Rönnau*, JR 1998, 441 (442); *Rengier*, BT 1, § 15 Rn. 2.

(vgl. § 23 II Alt. 2 i.V.m. § 12 II) des Absatzes 2 ergänzt wird.[275] Qualifikations- oder Privilegierungstatbestände sieht das Gesetz nicht vor. Der **Rechtsfolgensektor** weist ebenfalls keine Besonderheiten auf. Weder sind Strafrahmenverschiebungen für minder oder besonders schwere Fälle möglich, noch werden spezielle Sanktionsbestimmungen – wie z.B. §§ 43 a, 73 d – für anwendbar erklärt. Letzteres ist deshalb der Erwähnung wert, weil bestimmte Erscheinungsformen des Versicherungsmißbrauchs in die Nähe der Organisierten Kriminalität rücken. Die OK-spezifischen Straftatfolgen können aber über § 263 III 2 Nr. 5, VII zur Anwendung kommen. Ganz besonders vor dem Hintergrund der in diesem Kapitel bereits erörterten Delikte „Subventionsbetrug" und „Kapitalanlagebetrug" erscheint das Fehlen einer §§ 264 V, 264 a III nachgebildeten Privilegierungsvorschrift zugunsten des schadensverhindernden Täters oder Teilnehmers unverständlich.[276]

113 Die markantesten Außenbeziehungen des § 265 im Tatbestandssystem des BT bestehen naheliegenderweise zum **Betrug** des § 263 sowie zu den eigentumsschützenden Tatbeständen, die durch den Zu- oder Angriff auf die versicherte Sache verwirklicht werden, also in erster Linie **Sachbeschädigung** (§ 303) und **Brandstiftung** (§§ 306 ff). Wie das Verhältnis zu § 263 beschaffen ist, wird in der Subsidiaritätsklausel in § 265 I angedeutet und bei einem Vergleich der Tatbestände klar: Versicherungsmißbrauch ist Vorfeldtatbestand, die eigentliche Rechtsgutsverletzung – jedenfalls bezüglich des Rechtsguts „Vermögen" – wird durch den Betrug bewirkt. Daher ist die Nachrangigkeit des § 265 gegenüber § 263 als dogmatische Konsequenz der graduell verschiedenen Beeinträchtigungsintensität verständlich. Wird die gegen das versicherte Objekt gerichtete Tat nicht von oder im Einverständnis[277] mit dem Eigentümer begangen, gefährdet oder verletzt sie das Rechtsgut Eigentum und ist als Sachbeschädigung strafbar. Schon wegen der Unterschiedlichkeit der tangierten Rechtsgüter tritt dann im Verhältnis § 265 – § 303 keiner dieser Tatbestände hinter dem anderen zurück, sondern es besteht Tateinheit, § 52.[278]

---

[275] Krit. Zur Versuchspönalisierung *Arzt/Weber*, BT, § 21 Rn. 135.
[276] *Rönnau*, JR 1998, 441 (446); *Arzt/Weber*, BT, § 21 Rn. 137; *Rengier*, BT 1, § 15 Rn. 4; *Wessels/Hillenkamp*, BT 2, Rn. 656.
[277] Die Sachbeschädigung ist auch dann durch Einwilligung gerechtfertigt, wenn die Tat einen Betrug gegenüber der Versicherung vorbereiten soll. § 228 oder der dahinter stehende Rechtsgedanke sind auf die Einwilligung in eine Sachbeschädigung nicht anwendbar; *Tröndle/Fischer*, § 303 Rn. 11.
[278] *Lackner/Kühl*, § 265 Rn. 6; *Tröndle/Fischer*, § 265 Rn. 12.

II. Strafbarkeitsvoraussetzungen

1. Objektiver Tatbestand

a) Übersicht

Der objektive Tatbestand des Versicherungsmißbrauchs ist recht einfach und übersichtlich strukturiert. Seine tragenden Elemente sind der **Täter**, das **Tatobjekt** und die **Tathandlung**.

114

- Wer
- Tatobjekt
  - Sache
    - versichert gegen (alternativ)
      - Untergang
      - Beschädigung
      - Beeinträchtigung der Brauchbarkeit
      - Verlust
      - Diebstahl
- Tathandlung (alternativ)
  - beschädigt
  - zerstört
  - in ihrer Brauchbarkeit beeinträchtigt
  - beiseite schafft
  - einem anderen überläßt

b) Täter

Die Tatbeschreibung in § 265 I enthält zu den personbezogenen Voraussetzungen der Täterschaft keine über das Wort „wer" hinausgehende Aussage. Demnach kann jedermann die Tat als Täter begehen, Versicherungsmißbrauch ist **kein Sonderdelikt**. Insbesondere ist keine spezielle Beziehung zu dem versicherten Objekt erforderlich. Täter kann der Eigentümer der versicherten und von der Tat betroffenen Sache, ebenso aber jeder Dritte sein. Umgekehrt steht die Eigentümerstellung der Täterschaft und Tatbestandsmäßigkeit auch nicht entgegen, was darauf beruht, daß der Schutzzweck des § 265 I nicht auf das Rechtsgut Eigentum gerichtet ist (s.o. Rn. 111). Die Straflosigkeit des seine eigene Sache beschädigenden Eigentümers aus dem Blickwinkel des Sachbeschädigungstatbestandes[279] darf also nicht zu der Annahme verleiten, die Beschädigung könne auch im Rahmen des § 265 I nicht tatbestandsmäßig sein. Ebenfalls nicht aus dem Kreis tauglicher Täter ausgeschlossen sind Mitarbeiter des Versicherungsunternehmens, bei dem das Tatobjekt versichert ist. Die einzige Besonderheit eines Täters aus diesem Umfeld besteht in der möglicherweise hinzutretenden Strafbarkeit wegen Untreue (§ 266 I) zum Nachteil des Versicherungsvermögens. Da § 265 I aber nur

115

---

[279] Dazu Teilband 1 § 5 Rn. 17.

gegenüber § 263 und nicht auch gegenüber § 266 subsidiär ist, hätte die Strafbarkeit aus § 266 keinen Einfluß auf die Strafbarkeit aus § 265 I.

116 Eine Einschränkung des Täterkreises kann Konsequenz der auf bestimmte Personen zugeschnittenen Formulierung von Handlungsmerkmalen sein. In § 265 I betrifft dies das Merkmal „überlassen". Dieses hat eine deutliche Affinität zum Inhaber der Sache, der in der Regel zugleich Versicherungsnehmer sein dürfte. Ein Dritter kann dieses Tatbestandsmerkmal also nicht erfüllen, es sei denn, er hat die Sache zuvor in seinen Besitz gebracht. Dann hat er aber bereits das Merkmal „beiseite schafft" verwirklicht (näher dazu unten Rn. 123, 124).

c) Tatobjekt

aa) Sache

117 Die Vielfalt versicherbarer Güter und Risiken ist bekanntlich groß. Dementsprechend breit ist das Spektrum möglicher Angriffe auf die Versicherungswirtschaft bzw. auf das Vermögen einzelner Versicherungsunternehmen. Soweit dies durch Vortäuschung anspruchsrelevanter Tatsachen geschieht, ist der Strafrechtsschutz in § 263 umfassend und nicht auf bestimmte Versicherungszweige beschränkt. Wer beispielsweise sich selbst absichtlich einen Gesundheitsschaden zufügt, um (z.B. Kranken-, Berufsunfähigkeits- oder Unfall-)Versicherungsleistungen zu erschleichen, begeht versuchten oder vollendeten Betrug, wenn er gegenüber dem Versicherungsunternehmen wahrheitswidrig den Vorfall als Versicherungsfall darstellt. Solange er aber den Fall noch nicht angemeldet und deshalb die Schwelle des unmittelbaren Ansetzens (§ 22) zum Betrug (§ 263) noch nicht überschritten hat, bleibt er straffrei. Denn der Vorfeldschutz des § 265 I ist gegenständlich begrenzt und erfaßt nur Sachversicherungen.[280] Tatobjekt kann nämlich nur eine **Sache** sein.[281] Die Art der Sache (beweglich, unbeweglich, Gebäude, Fahrzeug usw.) spielt unmittelbar keine Rolle;[282] alles, was versichert werden kann und im konkreten Fall auch tatsächlich versichert ist, ist taugliches Tatobjekt. Unerheblich sind die Eigentumsverhältnisse.[283] Die Tat kann gegen fremde oder eigene Sachen begangen werden (siehe bereits oben Rn. 115).

bb) Versichert

118 Die Sache muß versichert sein gegen Risiken, deren Realisierung den Wert der Sache verringern und dem Versicherungsnehmer den Vermögensschaden zufügen würde, vor dem ihn die Versicherung schützen soll. Die im Text des § 265 I aufgezählten Schadenstypen (Untergang, Beschädigung, Beeinträchtigung der Brauchbarkeit, Verlust, Diebstahl) überschneiden sich teilweise. Was unter

---

[280] Kritisch zu dieser gesetzlichen Ungleichbehandlung *Zopfs*, VersR 1999, 265 (269).
[281] Zu den Strafbarkeitslücken, die von § 265 auch im Bereich der Sachversicherung nicht geschlossen werden, *Zopfs*, VersR 1999, 265 (270).
[282] *Wolff*, Neuregelung, S. 54; *Wessels/Hillenkamp*, BT 2, Rn. 653; *Arzt/Weber*, BT, § 21 Rn. 125; *Lackner/Kühl*, § 265 Rn. 2.
[283] *Geppert*, Jura 1998, 382 (384); *Wessels/Hillenkamp*, BT 2, Rn. 653.

„Untergang usw." genau zu verstehen ist, richtet sich nach dem Versicherungsvertrag und sonstigen Bestimmungen des Versicherungsrechts. Gemessen an der früheren Fassung des § 265 ist der Tatbestand im Bereich dieses Merkmals erheblich ausgedehnt worden. Der Tatbestand des § 265 a.f. erfaßte nur die Versicherung von Sachen gegen Feuersgefahr, sowie die Versicherung von Schiffen, deren Ladung oder Frachtlohn. Die Sache ist versichert, wenn über sie ein förmlicher, rechtsgeschäftlich nicht wieder aufgehobener **Versicherungsvertrag** besteht. Nichtigkeit oder Anfechtbarkeit des Vertrages stehen dem Versichert-Sein der Sache nicht entgegen.[284] Denn auch unter diesen Voraussetzungen besteht die Gefahr, daß das Versicherungsunternehmen an den Versicherungsnehmer zahlt, wenn ihr ein vertraglich erfaßter Fall gemeldet wird.[285]

d) Tathandlungen

aa) Allgemeines

Da die Tat den Zweck hat, das Versicherungsunternehmen zu einer Leistung zu veranlassen, müssen sich die Tathandlung – bzw. ihre Einwirkung auf die versicherte Sache – und das durch die Versicherung gedeckte **Schadensrisiko** (z.B. Diebstahl) in gewisser Weise **entsprechen**.[286] Das Inbrandsetzen einer Sache ist zur Erreichung dieses Zwecks ungeeignet, wenn die Sache gar nicht gegen Feuer versichert ist. Völlige Kongruenz ist allerdings nicht erforderlich. Denn die Tat kann auch mit der Zielsetzung ausgeführt werden, gegenüber dem Versicherungsunternehmen einen vom Versicherungsvertrag erfaßten Fall vorzutäuschen. Deshalb brauchen die Handlungsmerkmale in § 265 I („beschädigt usw.) mit den Merkmalen, die die Risikotypen bezeichnen („Untergang usw.") nicht völlig übereinzustimmen. Alle Handlungsmerkmale können auch durch Unterlassen verwirklicht werden, sofern der Unterlassende eine Garantenstellung hat, § 13.[287]

119

bb) Beschädigung

Dieses Merkmal hat denselben Bedeutungsgehalt wie in § 303.[288] Erforderlich ist eine Einwirkung auf die Sachsubstanz, die den Wert und/oder die Funktionstüchtigkeit der Sache erheblich vermindert.[289]

120

---

[284] *Geppert*, Jura 1998, 382 (384); *Arzt/Weber*, BT, § 21 Rn. 126; *Wessels/Hillenkamp*, BT 2, Rn. 653; *Lackner/Kühl*, § 265 Rn. 2.

[285] Konsequent gegen Tatbestandsmäßigkeit in Fällen evidenter Vertragsnichtigkeit *Wolff*, Neuregelung, S. 77.

[286] *Geppert*, Jura 1998, 382 (384); *Wolff*, Neuregelung, S. 84; *Arzt/Weber*, BT, § 21 Rn. 127; *Wessels/Hillenkamp*, BT 2, Rn. 654.

[287] *Wolff*, Neuregelung, S. 86; *Lackner/Kühl*, § 265 Rn. 3.

[288] *Geppert*, Jura 1998, 382 (384); *Wolff*, Neuregelung, S. 82; *Wessels/Hillenkamp*, BT 2, Rn. 654; *Lackner/Kühl*, § 265 Rn. 3; *Tröndle/Fischer*, § 265 Rn. 5.

[289] Näher dazu Teilband 1, § 5 Rn. 18 ff.

cc) Zerstören

121 Hier gilt dasselbe wie bei der Beschädigung: Das Merkmal entspricht dem gleichnamigen Begriff des Sachbeschädigungs-Tatbestandes. Der Unterschied zur Beschädigung ist quantitativer Natur.[290] Die Zerstörung ist eine Verschlechterung der Sachsubstanz, die den Wert und/oder die Funktionstüchtigkeit der Sache vollkommen aufhebt.

dd) Beeinträchtigung der Brauchbarkeit

122 Soweit die Brauchbarkeit der Sache durch Beschädigung oder Zerstörung bewirkt wird, sind bereits die vorgenannten Handlungsmerkmale verwirklicht. Die Alternative „Brauchbarkeitsbeeinträchtigung" hat also Ergänzungs- und Auffangcharakter. Erfaßt werden Einwirkungen auf die Sache, die deren Brauchbarkeit beeinträchtigen, ohne sie zu beschädigen oder gar zu zerstören. Erforderlich ist aber in jedem Fall, daß die beeinträchtigende Handlung die Sache selbst betrifft. Einwirkungen auf äußere Brauchbarkeitsvoraussetzungen der Sache – z.B. eine bestimmte Beschaffenheit der Umgebung, in der die Sache benutzt wird – sind nicht tatbestandsmäßig.[291] Auch die Entziehung der Sache ist aus diesem Grund keine Brauchbarkeitsbeeinträchtigung. Zudem gehört dieser Fall zu der Alternative „Beiseiteschaffen".

ee) Beiseiteschaffen

123 Solange sich die versicherte Sache an dem Ort befindet, wo der Versicherte sie normalerweise zu benutzen pflegt bzw. sonst die Herrschaft über sie ausübt, ist die Gefahr für die Versicherung gering, daß der Versicherte unter Berufung auf Zerstörung, Verlust usw. der Sache Versicherungsleistungen verlangt. Denn das Nichtvorliegen eines Versicherungsfalles ist unter diesen Umständen zu leicht nachprüfbar. Sobald die Sache aber aus ihrer gewohnten Umgebung entfernt ist und bei dem Versicherten nicht mehr vorgefunden werden kann, ist eine Situation gegeben, in der die Behauptung eines versicherungsvertraglich relevanten Sachverlusts (z.B. Diebstahl) einen gesteigerten Grad an Plausibilität gewinnt. Beiseiteschaffen erfordert deshalb die körperliche Verbringung der Sache an einen anderen Ort, wo sie nicht mehr ohne weiteres mit dem Versicherten in Zusammenhang gebracht wird. Das bloße Verbergen der Sache ohne Ortsveränderung reicht nicht.[292] Eine Beteiligung des Sachbesitzers an dem Verbringungsvorgang ist nicht erforderlich, steht der Tatbestandsmäßigkeit aber auch nicht entgegen. Begeht ein Dritter die Tat, ist unerheblich, ob der Besitzer damit einverstanden ist oder nicht.[293] Das Beiseiteschaffen kann also durchaus ein Dieb-

---

[290] *Geppert*, Jura 1998, 382 (384).
[291] *Tröndle/Fischer*, § 265 Rn. 5.
[292] *Lackner/Kühl*, § 265 Rn. 3; a.A. *Geppert*, Jura 1998, 382 (384) Fn. 22; *Wolff*, Neuregelung, S. 84; *Wessels/Hillenkamp*, BT 2, Rn. 654.
[293] *Wessels/Hillenkamp*, BT 2, Rn. 654; a.A. *Rönnau*, JR 1998, 441 (443).

stahl sein, was schon deswegen einleuchtet, weil § 265 I die Versicherung gegen Diebstahl ausdrücklich nennt.

ff) Einem anderen überlassen

Das Überlassen ist ein spezieller Fall des Beiseiteschaffens. Die dem Versicherungsunternehmen drohende Gefahr der Inanspruchnahme durch den Versicherungsnehmer beruht hier wie beim Beiseiteschaffen auf der Entfernung der Sache aus ihrem normalen lokalen Bereich. Die Besonderheit des Überlassens besteht in der Übertragung der Sachherrschaft auf einen anderen. Daraus folgt, daß dieses Handlungsmerkmal nur durch den bisherigen Besitzer der Sache verwirklicht werden kann. Ausreichend ist allerdings die Duldung der Inbesitznahme durch den Erwerber. 124

2. Subjektiver Tatbestand

a) Übersicht

Der subjektive Tatbestand des Versicherungsmißbrauchs besteht aus zwei Merkmalen. Zum einen ist gemäß § 15 Vorsatz Strafbarkeitsvoraussetzung, zum anderen muß der Täter bei der Tat die Absicht haben, sich oder einem Dritten Leistungen aus der Versicherung zu verschaffen. 125

b) Vorsatz

Der Vorsatz muß die Tatsachen erfassen, die den objektiven Tatbestand erfüllen. Dolus eventualis reicht aus. Unkenntnis bezüglich des Versichert-Seins der Sache ist ein Tatbestandsirrtum gem. § 16 I 1. 126

> **Beispiel:** E ist Eigentümer von vier Pkws. Den wertvollsten davon hat E kaskoversichert, die anderen drei sind nicht versichert. E fordert nun den T auf, einen der drei nicht versicherten Pkws nach Polen zu „verschieben". Er wolle anschließend dem Versicherungsunternehmen vorspiegeln, der kaskoversicherte Pkw sei ihm gestohlen worden. Auf diese Weise will E die Versicherungssumme erlangen, obwohl ihm der einzige versicherte Wagen weiterhin unversehrt zur Verfügung steht. T schreitet zur Tat, verwechselt dabei aber die Fahrzeuge. In der Annahme, einen der unversicherten Wagen vor sich zu haben, erwischt er ausgerechnet das kaskoversicherte Fahrzeug. Dieses verkauft er an einen Geschäftsmann in Polen, der ihm dafür 10 000 DM zahlt.

T hat den gegen Untergang usw. versicherten Pkw des E durch den Verkauf nach Polen beiseite geschafft. Damit hat er den objektiven Tatbestand des Versicherungsmißbrauchs erfüllt. Da er aber annahm, einen nicht kaskoversicherten Wagen nach Polen zu verschieben, fehlte ihm der Vorsatz bezüglich des objektiven Tatbestandsmerkmals „gegen Untergang, usw. versicherte Sache". Gleichwohl hatte er bei der Tatbegehung die Vorstellung, das Fundament für einen späteren Betrug des E gegenüber dem Versicherungsunternehmen zu legen. Vordergründig betrachtet liegt sogar die Einschätzung nahe, diese Art der (geplanten) Schädigung des Versicherungsvermögens sei noch verwerflicher als die von § 265 erfaßte Geltendmachung von Versicherungsleistungen für den – wirklichen oder vorgetäuschten – Verlust einer tatsächlich versicherten Sache. Folglich habe auch die

Vorbereitung eines solchen Versicherungsbetruges durch Einwirkung auf eine nicht versicherte Sache einen höheren Unrechtsgehalt als die Einwirkung auf eine versicherte Sache. Jedoch ist dies ein Trugschluß. Die Zerstörung usw. einer nicht versicherten Sache birgt für das Vermögen des Versicherungsunternehmens eine geringere Gefahr als die Zerstörung einer versicherten Sache. Im erstgenannten Fall muß der Täter die für das Versicherungsunternehmen handelnden Personen noch in den Irrtum versetzen, die zerstörte Sache sei versichert gewesen. War die zerstörte Sache tatsächlich versichert gewesen, kann hingegen die Leistung aus der Versicherung unter Umständen ohne jede Täuschung erwirkt werden. Die Einwirkung auf eine versicherte Sache fördert und erleichtert die anschließende Geltendmachung des Anspruchs auf die Versicherungsleistung wesentlich stärker als die Einwirkung auf eine nicht versicherte Sache. Deshalb ist es auch kein Wertungswiderspruch, daß § 265 nur Taten erfaßt, die den Versicherungsnehmer in die Lage versetzen, bei der Einforderung der Versicherungsleistung wahrheitsgemäß von einer versicherten Sache sprechen zu können.[294] Selbst wenn man insofern einen Wertungswiderspruch annähme, käme man im vorliegenden Fall über das Strafbarkeitshindernis des Tatbestandsirrtums nicht hinweg. Der Gesetzeswortlaut ist eindeutig, ein davon abweichendes Ergebnis wäre nur mittels unzulässiger Analogie erzielbar, Art. 103 II GG.

c) Leistungsverschaffungsabsicht

127 Der Charakter des Versicherungsmißbrauchs als **Vorfeld**-Delikt zeichnet sich am deutlichsten in dem subjektiven Tatbestandsmerkmal „Leistungsverschaffungsabsicht" ab. In diesem Merkmal ist die Rechtsgutsverletzung, deren Verhinderung Zweck der Strafvorschrift ist, gewissermaßen antizipiert. Objektiv liegt die tatbestandsmäßige Handlung noch weit von dieser Rechtsgutsverletzung entfernt. Subjektiv nimmt der Täter den schädigenden Vorgang, der der Tat erst nachfolgen soll, bereits vorweg. Die Leistungsverschaffungsabsicht ist daher eine „**überschießende Innentendenz**".[295] Der Täter muß es bei der Tat auf eine Versicherungsleistung abgesehen haben, vollendet ist seine Tat aber bereits, bevor es zu dieser Leistung kommt.

128 Im System der Vorsatzformen entspricht die Leistungsverschaffungsabsicht dem **direkten Vorsatz ersten Grades**.[296] Bedingter Vorsatz reicht daher nicht aus.

> **Beispiel:** T entwendet einen dem O gehörenden Pkw. Der Wagen ist gegen Diebstahl versichert. T hält es für möglich, daß das Fahrzeug gegen Diebstahl versichert ist. Letztlich ist es ihm aber gleichgültig, ob O für den Verlust des Wagens von irgendeiner Versicherung Ersatz bekommen wird.

T hat den objektiven Tatbestand des § 265 I verwirklicht. Bezüglich des Bestehens einer Versicherung hatte T zwar nur bedingten Vorsatz. Zur Erfüllung des subjektiven Tatbestandsmerkmals „vorsätzlich" (§ 15) reicht dies jedoch aus. Nicht ausreichend ist hingegen die Gleichgültigkeit des T hinsichtlich der von O auf Grund des Versicherungsverhältnisses zu erwartenden Leistung. Wo das Strafgesetz eine erfolgsgerichtete Absicht mit den Worten „um zu" beschreibt, bringt es zum Ausdruck, daß die Aussicht auf den erstrebten Erfolg für den Täter Haupttriebfeder seiner Tat sein muß. Anders ausgedrückt

---

[294] Vgl. dazu auch *Mitsch*, ZStW 111 (1999), 65 (115).
[295] *Rönnau*, JR 1998, 441 (444).
[296] *Rönnau*, JR 1998, 441 (444).

muß es dem Täter darauf ankommen, daß er selbst oder ein Dritter eine Leistung aus der Versicherung erhält. Da T eine so intensive innere Beziehung des T zu der lediglich für möglich gehaltenen Versicherungsleistung zugunsten des O nicht hatte, hat er den subjektiven Tatbestand des Versicherungsmißbrauchs nicht erfüllt.

„Leistung aus der Versicherung" ist die Zahlung eines Geldbetrages, der dem Versicherten nach dem Versicherungsvertrag für einen Schadensfall, wie er durch die Tat herbeigeführt wurde, zusteht. Leistungsempfänger soll die Person sein, die diesen Geldbetrag auf Grund des Versicherungsvertrages beanspruchen kann. Das ist in der Regel der Versicherte. Begeht dieser die Tat, wird er dabei die Absicht haben, die Leistung sich selbst zu verschaffen. Begeht ein Dritter die Tat, wird sich dessen Absicht auf Leistung an einen Dritten richten. Unerheblich ist, ob der zu Begünstigende infolge der Tat einen Anspruch auf die Leistung hat oder nicht. Den Charakter einer rechtswidrigen Bereicherung braucht die Leistung aus der Versicherung nicht zu haben.[297] Die Leistungsverschaffungsabsicht kann eine betrügerische Absicht sein, muß es aber nicht.[298] Denn die Neufassung des § 265 pönalisiert auch Taten, die einen wirklichen Versicherungsfall erzeugen, dem Versicherten also einen Anspruch gegen das Versicherungsunternehmen verschaffen. 129

III. Versuch

Versicherungsmißbrauch ist anders als der Versicherungsbetrug nach § 265 a.f. kein Verbrechen, § 12 I. Daher wurde die Strafbarkeit des Versuchs in § 265 II **ausdrücklich angeordnet**, § 23 II 2. Alt. Da bereits die vollendete Tat im Vorfeld der Rechtsgutsverletzung liegt, wären Strafbarkeit und strafrechtlicher Rechtsgüterschutz auch ohne Versuchspönalisierung erheblich vorverlagert. Dies macht die zusätzliche Ausdehnung der Strafbarkeitszone durch Anordnung der Versuchsstrafbarkeit des Versuchs fragwürdig.[299] Materiell betrachtet wird damit der „Versuch des Versuchs" oder gar der „Versuch der Vorbereitung" unter Strafdrohung gestellt. Den Strafverfolgungsbehörden ermöglicht diese Versuchsstrafbarkeit allerdings die Anwendung der „agent-provocateur-Methode" bei der Bekämpfung vor allem des organisierten Versicherungsmißbrauchs. 130

> **Beispiel:** T steht im Verdacht, systematisch Luxusautos von Privateigentümern billig zu kaufen und sodann an wohlhabende Bürger osteuropäischer Länder teuer zu verkaufen. Seine Ware erwirbt T vorwiegend von Eigentümern, die ihre wertvollen Autos hoch versichert haben und die verkauften Fahrzeuge ihrer Versicherung als gestohlen melden, um die Versicherungssumme zu kassieren. Versicherungsdetektiv V bekommt von dem Versicherungsunternehmen „Brandenburgia" einen Porsche zur Verfügung

---

[297] *Hörnle*, Jura 1998, 169 (176); *Rönnau*, JR 1998, 441 (444).
[298] *Arzt/Weber*, BT, § 21 Rn. 130, 131; *Rengier*, BT 1, § 15 Rn. 3; *Wessels/Hillenkamp*, BT 2, Rn. 654.
[299] *Hörnle*, Jura 1998, 169 (176); *Rönnau*, JR 1998, 441 (445); *Stächelin*, StV 1998, 98 (100); *Arzt/Weber*, BT, § 21 Rn. 135; *Wessels/Hillenkamp*, BT 2, Rn. 657.

gestellt, den er dem T als Lockvogel zum Kauf anbieten soll. Der Porsche ist nicht versichert. V nimmt Kontakt zu T auf, einigt sich mit ihm auf einen Kaufpreis von 10 000 DM und schlägt vor, den Wagen nachts vom Grundstück des V zu entwenden. T begeht die Tat noch in derselben Nacht, wird aber wenig später von der Polizei festgenommen.

Da der Pkw nicht gegen Diebstahl versichert war, konnte T den objektiven Tatbestand des § 265 I nicht erfüllen, also keinen vollendeten Versicherungsmißbrauch begehen. Die irrige Vorstellung des T, der Wagen sei versichert, schafft aber die Grundlage für einen strafbaren untauglichen Versuch des Versicherungsmißbrauchs. Unterstellt, dem T kam es darauf an, dem V zu einer Leistung aus der Diebstahlsversicherung zu verhelfen,[300] liegen alle Strafbarkeitsvoraussetzungen eines versuchten Versicherungsmißbrauchs vor, §§ 265 I, II, 22. V hat den T zu seiner Tat bestimmt und daher den objektiven Tatbestand der Anstiftung zum versuchten Versicherungsmißbrauch erfüllt, §§ 265 I, II, 22, 26. Er handelte auch mit dem Vorsatz, den T zu einer solchen Tat zu bestimmen. Jedoch reicht der Wille zur Veranlassung einer versuchten Tat nicht aus, um Anstifterstrafbarkeit zu begründen. Erforderlich ist vielmehr der Vorsatz, den Täter zur Begehung einer vollendeten Haupttat zu bestimmen. V hatte nur Haupttatversuchsvorsatz und ist deshalb strafloser agent provocateur.[301]

131 Solange der Versicherungsmißbrauch noch im Versuchsstadium ist, kann der Täter gem. § 24 strafbefreiend **zurücktreten**. Keine Strafbefreiung sieht das Gesetz dagegen für den Fall vor, daß der Täter nach formell vollendeter Tat die Versicherungsleistung und damit die Schädigung des Versicherungsvermögens verhindert („tätige Reue"). Akzeptabel ist diese gesetzliche Strenge in bezug auf den Fall, daß ein Dritter die Tat begeht und damit dem Versicherten einen Anspruch gegen das Versicherungsunternehmen verschafft. Denn da das Versicherungsunternehmen dann zur Zahlung an den Versicherten verpflichtet ist, kann der Täter die Leistung gar nicht verhindern. Anders ist es, wenn der Versicherte selbst die Tat begangen hat oder in die Tat des Dritten involviert ist und deshalb keinen Anspruch gegen das Versicherungsunternehmen hat. Die Leistung aus der Versicherung ist dann rechtsgrundlos (i.S. d. § 812 I 1 BGB) und das Versicherungsunternehmen wird sie nur erbringen, wenn der Versicherte zuvor anspruchsbegründende Tatsachen vorgespiegelt hat. In diesem Fall kann die Leistung der Versicherung also durch Aufdeckung des wahren Sachverhalts oder durch schlichte Nichtgeltendmachung eines Anspruchs verhindert werden. Wenn der Täter dies freiwillig und rechtzeitig tut, hat er Strafbefreiung verdient. Zudem läge ein Anreiz zur rechtzeitigen Schadensabwendung auch im Interesse der betroffenen Versicherungsunternehmen.[302] Gleichwohl ist die – verfehlte – gesetzgeberische Entscheidung gegen eine Strafbefreiungsregelung zu respektieren. Eine Analogie z.B. zu § 306 e ist nicht möglich.[303]

---

[300] Zu den dabei auftretenden Problemen instruktiv *Rönnau*, JR 1998, 441 (445).
[301] *Kühl*, AT, § 20 Rn. 201; *Freund*, AT, § 10 Rn. 123; *Gropp*, AT, § 10 Rn. 130.
[302] *Rönnau*, JR 1998, 441 (446); *Mitsch*, ZStW 111 (1999), 65 (119).
[303] *Rönnau*, JR 1998, 441 (446); *Wessels/Hillenkamp*, BT 2, Rn. 656; a.A. *Arzt/Weber*, BT, § 21 Rn. 137.

IV. Subsidiaritätsklausel

Trotz Erfüllung sämtlicher Strafbarkeitsvoraussetzungen des § 265 wird der Täter nicht wegen Versicherungsmißbrauchs bestraft, wenn der Strafwürdigkeitsgehalt seiner Tat durch Bestrafung aus § 263 abgegolten wird. § 265 ist ausdrücklich als subsidiäre Auffangvorschrift in das Vorfeld des § 263 gestellt. Die Subsidiarität ist eine Erscheinungsform der **Gesetzeseinheit**. Entgegen dem insoweit mißverständlichen Gesetzeswortlaut („in § 263 mit Strafe bedroht") wird § 265 nicht bereits dadurch verdrängt, daß die Tat unter § 263 subsumiert werden kann. Erst die tatsächliche **Anwendung des § 263** auf die Tat hat zur Folge, daß § 265 als Bestrafungsgrundlage ausscheidet. Dafür genügt ein Betrugsversuch, sofern dessen Strafbarkeit nicht durch einen Rücktritt nach § 24 aufgehoben worden ist.[304]

132

Der Gesetzeswortlaut ist des weiteren irreführend, soweit er auf „die Tat" abstellt und damit den Eindruck erweckt, § 263 müsse dieselbe Tat erfassen, die auch die Strafbarkeitsvoraussetzungen des § 265 erfüllt. Eine solche **Tatidentität** ist auf Grund der Position des Versicherungsmißbrauchs im Vorfeld des Betruges gar nicht möglich.[305] Versicherungsmißbrauch und anschließender Betrug(sversuch) werden immer verschiedene Taten sein. Die einzige Verzahnung der beiden Delikte bildet die „Leistungsverschaffungsabsicht" im subjektiven Tatbestand des § 265. Richtet sich diese Absicht nämlich auf eine rechtsgrundlose Versicherungsleistung, hat die sie erwirkende und in der Leistungsverschaffungsabsicht antizipierte Vorspiegelung eines Versicherungsfalls die Qualität eines (versuchten) Betrugs. Das verbindet die beiden getrennten Vorgänge aber nicht zu einer einheitlichen Tat. Das gesetzlich statuierte Subsidiaritätsverhältnis besteht also nicht innerhalb einer Tat, sondern zwischen zwei **verschiedenen Taten**. Da die vom Gesetzestext abweichende Anwendung der Subsidiaritätsklausel auf Tatmehrheit den Täter nicht benachteiligt, ist diese Rechtsanwendung praeter legem im Lichte des Art. 103 II GG unbedenklich.[306]

133

Werden der Versicherungsmißbrauch und der anschließende Betrug(sversuch) von verschiedenen Tätern begangen (Beispiel: ein Dritter beschädigt die versicherte Sache, der Versicherte begeht den Betrug gegenüber dem Versicherungsunternehmen), wird § 265 nur unter der Voraussetzung verdrängt, daß der Täter des Versicherungsmißbrauchs auch aus § 263 strafbar ist. Dafür genügt bereits eine Teilnahme am Betrug. In der Regel wird bereits der Versicherungsmißbrauch selbst eine Betrugsbeihilfe sein, wenn der Versicherte – wegen Verstrickung in die Tat – keinen Anspruch gegen das Versicherungsunternehmen erwirbt und dieses deshalb betrügerisch schädigen will. § 265 tritt auch hinter der Strafbarkeit wegen Beihilfe zum versuchten Betrug zurück, §§ 263, 22, 27.[307]

134

---

[304] *Tröndle/Fischer*, § 265 Rn. 11.
[305] *Zopfs*, VersR 1999, 265; *Rönnau*, JR 1998, 441 (442) Fn. 17; *Tröndle/Fischer*, § 265 Rn. 11.
[306] *Mitsch*, ZStW 111 (1999), 65 (118); *Wessels/Hillenkamp*, BT 2, Rn. 663; *Lackner/Kühl*, § 265 Rn. 6.
[307] *Fischer* (in: Tröndle/Fischer, § 265 Rn. 11) sieht darin eine Besserstellung gegenüber dem Täter des § 265, der dem Versicherten durch seine Tat einen Anspruch gegen das Versicherungsunternehmen verschafft.

V. Kontrollfragen

1. Seit wann ist der Straftatbestand „Versicherungsmißbrauch" Bestandteil des StGB-BT? (Rn. 109)
2. Wie unterschied sich der Vorläufer „Versicherungsbetrug" (§ 265 a.F.) von der jetzt geltenden Regelung? (Rn. 109)
3. Inwiefern ist § 265 n.F. weniger eng an § 263 angelehnt als § 265 a.F.? (Rn. 110)
4. Welche Rechtsgüter schützt § 265? (Rn. 111)
5. Kann der Eigentümer der versicherten Sache Täter des § 265 sein? (Rn. 115)
6. Hängt die Erfüllung des Tatbestandsmerkmals „versichert" von der zivilrechtlichen Wirksamkeit des Versicherungsvertrages ab? (Rn. 118)
7. Aus welchen Merkmalen besteht der subjektive Tatbestand des Versicherungsmissbrauchs? (Rn. 125)
8. Ist die „Leistungsverschaffungsabsicht" stets eine „betrügerische Absicht"? (Rn. 129)
9. Befreit „tätige Reue" den Täter von der Strafbarkeit aus § 265? (Rn. 131)
10. Wie ist das Merkmal „die Tat" in der Subsidiaritätsklausel des § 265 zu verstehen? (Rn. 133)

VI. Literatur

Geppert, Versicherungsmißbrauch (§ 265 StGB neue Fassung), Jura 1998, 382
Hörnle, Die wichtigsten Änderungen des Besonderen Teils des StGB durch das 6. Gesetz zur Reform des Strafrechts, Jura 1998, 169
Mitsch, Die Vermögensdelikte im Strafgesetzbuch nach dem 6. Strafrechtsreformgesetz, ZStW 111 (1999), 65
Rönnau, Der neue Straftatbestand des Versicherungsmißbrauchs – eine wenig geglückte Gesetzesregelung, JR 1998, 441
Wolters, Das sechste Gesetz zur Reform des Strafrechts, JZ 1998, 397
Zopfs, Erfordert der Schutz des Versicherers den strafrechtlichen Tatbestand des Versicherungsmissbrauchs?, VersR 1999, 265

F. Erschleichen von Leistungen, § 265 a StGB

Übersicht	Rn.
I. Allgemeines	135
1. Betrugsähnlichkeit	136
2. Rechtsgut	137
3. Systematik	
a) Binnenstruktur des § 265 a	138
b) Verhältnis zu anderen Straftatbeständen	139–140
II. Strafbarkeitsvoraussetzungen	
1. Objektiver Tatbestand	
a) Übersicht	141
b) Tatobjekt	
aa) Allgemeines	142–143
bb) Leistung eines Automaten	
(1) Leistungs- und Warenautomaten	144–147
(2) Entgeltlichkeit	148
cc) Leistung eines öffentlichen Zwecken dienenden Telekommunikationsnetzes	149
dd) Beförderung durch ein Verkehrsmittel	150–152
ee) Zutritt zu einer Veranstaltung oder Einrichtung	153–155
c) Tathandlung	156
aa) Erfolg des Erschleichens	157
bb) Opfer	158
cc) Täuschungskomponente	
(1) Allgemein	159
(2) Erschleichen der Leistung eines Automaten	160
(3) Erschleichen der Leistung eines Telekommunikationsnetzes	161
(4) Erschleichen der Beförderung durch ein Verkehrsmittel	162
(5) Erschleichen des Zutritts zu einer Veranstaltung oder Einrichtung	163
2. Subjektiver Tatbestand	
a) Übersicht	164
b) Vorsatz	165–166
c) Entgelthinterziehungsabsicht	167
III. Subsidiaritätsklausel	168–169

I. Allgemeines

135 Die Leistungserschleichung ist in § 265 a geregelt. Diese Vorschrift wurde 1935 in das Strafgesetzbuch eingefügt und zuletzt im Jahr 1997 – durch das Begleitgesetz zum Telekommunikationsgesetz[308] – geändert. Vom 6. Strafrechtsreformgesetz, das am 1. 4. 1998 in Kraft trat, wurde § 265 a nicht berührt.

1. Betrugsähnlichkeit

136 Das Wort „erschleichen" zeigt an, daß das in § 265 a normierte deliktische Verhalten eine gewichtige **Täuschungskomponente** hat. Der in § 265 a beschriebene Täter praktiziert offenbar eine Vorgehensweise, bei der durch Verheimlichung von Tatsachen oder Verfälschung tatsachenbezogener Aussagen ein Irreführungseffekt erzeugt wird.[309] Damit hat die Leistungserschleichung das deliktstypprägende Täuschungselement mit dem Betrug des § 263 gemein. Eine weitere Parallele zum Betrug läßt sich ebenfalls aus dem Wort „erschleichen" ableiten: Die Silbe „er-" signalisiert – ähnlich wie z.B. in den Verben „erwirken", „erhalten", „erlangen", „erreichen", „erzielen" – eine Erfolgsbezogenheit des Täuschungsaktes. Der Täter verschafft sich etwas durch sein täuschendes Vorgehen, bei plangemäßem Verlauf der Tat erzielt er einen bestimmten Erfolg. Dieser Erschleichungserfolg hat **Vermögensrelevanz**, die Tat verursacht also – wenn sie gelingt – auf der Opferseite einen Vermögensnachteil und auf der Täterseite einen Vermögenszuwachs, eine Bereicherung. Gleichwohl erfüllen Taten, die nach § 265 a strafbar sind, in der Regel nicht sämtliche Strafbarkeitsvoraussetzungen des Betrugs. Das liegt vor allem daran, daß das Erschleichen eine „technifizierte" Täuschung ist, die nicht auf den Bewußtseinsinhalt eines Menschen Einfluß nimmt, sondern in kommunikationsähnlichen Kontakt mit einer Maschine, einem Automaten, tritt. In Ermangelung eines menschlichen Täuschungsadressaten erfüllt die Tat nicht den objektiven Tatbestand des Betruges.[310] Diese Abweichung von § 263 bei im übrigen gegebener betrugsähnlicher Struktur ist bereits vom Computerbetrug (§ 263 a) bekannt. Wie dieser hat auch der Tatbestand „Leistungserschleichung" eine **Auffang- und Ergänzungsfunktion** im Verhältnis zu § 263.[311]

---

[308] BGBl I S. 3108.
[309] Vgl. auch § 330 d Nr. 5 StGB, sowie die Zusammenstellung nebenstrafrechtlicher Vorschriften mit dem Merkmal „Erschleichen" bei *Erbs/Kohlhaas*, Strafrechtliche Nebengesetze Registerband (Stand 1. 11. 1998), S. 24.
[310] Teilband 1, § 7 Rn. 8, 33.
[311] OLG Düsseldorf, StV 2001, 112; OLG Hamburg, NJW 1987, 2688 (2689); OLG Stuttgart, NJW 1990, 924; *P. A. Albrecht*, NStZ 1988, 222 (224); *Schall*, JR 1992, 1 (4); *Arzt/Weber*, BT, § 21 Rn. 6; *Blei*, BT, S. 244; *Gössel*, BT 2, § 22 Rn. 41; *Maurach/Schroeder/Maiwald*, BT 1, § 41 Rn. 207; *Wessels/Hillenkamp*, BT 2, Rn. 666; *Lackner/Kühl*, § 265 a Rn. 1; *Schönke/Schröder/Lenckner*, § 265 a Rn. 1.

2. Rechtsgut

Da die „Leistungen", die der Täter erschleicht, Vermögensgüter sind (näher dazu unten Rn. 143 ff.), bezweckt die Strafvorschrift den Schutz der Inhaber dieser Güter vor einem Vermögensschaden. Dabei ist das schadensbringende Ereignis nicht der Verlust dieser Güter als solcher, sondern die Nichterlangung des Entgelts, für das der Berechtigte die Leistung auf dem Markt anbietet. Dem Anbieter ist es sogar sehr erwünscht, daß ein anderer sich die offerierte Leistung verschafft – und das dafür geforderte Entgelt entrichtet. Erst das Entgehen der Gegenleistung macht den Verlust der Leistung zu einer Vermögenseinbuße.[312] Deshalb spielt die Unterschiedlichkeit der Leistungen oder Objekte, auf die sich § 265 a bezieht, bei der Bestimmung des Rechtsguts keine Rolle. Stets begründet die Unentgeltlichkeit des Leistungserwerbs, die sich der Täter mit seiner Tat erschleicht und die das Opfer schädigt (Entgelthinterziehung), die Rechtsgutsverletzung. Verletzt wird dadurch das Vermögen des Entgeltberechtigten. Da § 265 a der Verhinderung derartiger Verletzungen dient, ist das von § 265 a geschützte Rechtsgut das **Vermögen**.[313]

137

3. Systematik

a) Binnenstruktur des § 265 a

Die innere Systematik des § 265 a ist recht einfach. Die Merkmale des einzigen Tatbestands sind in § 265 a I zusammengestellt. Es gibt also nur einen **Grundtatbestand** und weder Qualifikations- noch Privilegierungstatbestände. Der Tatbestand des § 265 a I fächert sich allerdings in **vier Varianten** auf. Denn vier verschiedene Arten von entgeltlichen Leistungen (Automatenleistung, Telekommunikation, Personenbeförderung, Zutritt zu einer Veranstaltung oder Einrichtung) können Tatobjekt sein. § 265 a II erweitert die Strafbarkeit auf **versuchte** Leistungserschleichung. § 265 a III hat eine **strafverfahrensrechtliche** Bedeutung, die in erster Linie bei Diebstahl und Unterschlagung[314] sowie bei anderen vermögensschützenden Strafvorschriften anzutreffen ist, z.B. § 263 IV.

138

b) Verhältnis zu anderen Straftatbeständen

Ihrer Funktion als Auffangtatbestand entsprechend steht die Strafvorschrift gegen Leistungserschleichung zu zahlreichen anderen Vermögensstraftatbeständen in einem **Subsidiaritätsverhältnis**. Diese Beziehung ist in § 265 a am Ende des Absatzes 1 ausdrücklich festgelegt. Anders als bei § 265 (dazu oben Rn. 132) ist die Subsidiaritätsklausel nicht auf das Verhältnis zu § 263 beschränkt, sondern offen für jeden Straftatbestand, bei dem sich ein Vorrang gegenüber § 265 a

139

---

[312] *Alwart*, JZ 1986, 563 (565).
[313] OLG Koblenz, NJW 2000, 86 (87); OLG Stuttgart, NJW 1990, 924; *Gössel*, BT 2, § 22 Rn. 41; *Rengier*, BT 1, § 16 Rn. 1; *Lackner/Kühl*, § 265 a Rn. 1; *Schönke/Schröder/Lenckner*, § 265 a Rn. 1.
[314] Dazu Teilband 1, § 1 Rn. 270 ff.

sachlich begründen läßt. Gleichlautende unbegrenzte Subsidiaritätsvorschriften sind in diesem Lehrbuch bereits bei § 246[315] und § 248 b (oben § 1 Rn. 35 ff.) dargestellt worden. Die dort behandelten Fragen tauchen bei § 265 a I in weitgehend gleicher Gestalt wieder auf, weshalb auf die früheren Ausführungen verwiesen werden kann. Zu betonen ist hier noch einmal, daß die Subsidiarität trotz des Fehlens einer sprachlich umgesetzten Begrenzung nur im Verhältnis zu Straftatbeständen besteht, die wie § 265 a das Rechtsgut „Vermögen" schützen[316] (näher dazu unten Rn. 169).

140 Die Subsidiaritätsklausel in § 265 a I erzeugt im Themenkreis „Verhältnis des § 265 a zu anderen Straftatbeständen" noch ein weiteres Abgrenzungsproblem. Subsidiarität setzt nämlich voraus, daß die zu beurteilende Tat sämtliche Strafbarkeitsvoraussetzungen des subsidiären (zurücktretenden) Straftatbestandes erfüllt. Soweit also die vorrangige Zuständigkeit eines anderen Straftatbestandes für bestimmte Fälle die Zurückdrängung des § 265 a bereits auf der Tatbestandsebene bewirkt, kommt die Konkurrenzsituation, in der die Subsidiaritätsklausel angewendet werden könnte, gar nicht zustande. Über einen derartigen Fall **tatbestandlicher Exklusivität** wird hier im Zusammenhang mit dem „Automaten"-Begriff zu diskutieren sein (dazu unten Rn. 144).

II. Strafbarkeitsvoraussetzungen

1. Objektiver Tatbestand

141 *a) Übersicht*

- Täter: Wer
- Tatobjekt (*alternativ*)
  - entgeltliche Leistung eines Automaten
  - entgeltliche Leistung eines öffentlichen Zwecken dienenden Telekommunikationsnetzes
  - entgeltliche Beförderung durch ein Verkehrsmittel
  - entgeltlicher Zutritt zu einer Veranstaltung oder Einrichtung
- Tathandlung: Erschleichen (des unentgeltlichen Leistungsgenusses)

Die Übersicht zeigt, daß der objektive Tatbestand den eigentlichen rechtsgutsverletzenden Vorgang – die **Nichtentrichtung des Entgeltes** – nicht berücksichtigt. Dieses vermögensschädigende Moment tritt deliktssystematisch erst auf der Stufe des subjektiven Tatbestandes als „Entgelthinterziehungsabsicht" (dazu unten Rn. 167) in Erscheinung. Aus der Existenz dieses subjektiven Tatbestandsmerkmals ist jedoch rückzuschließen, daß im objektiven Tatbestand allein Lei-

---

[315] Teilband 1, § 2 Rn. 68 ff.
[316] *Arzt/Weber*, BT, § 21 Rn. 25; *Rengier*, BT 1, § 16 Rn. 1; *Wessels/Hillenkamp*, BT 2, Rn. 667; a.A. *Lackner/Kühl*, § 265 a Rn. 8.

stungen, Beförderungen und Zutritte relevant sind, die **gegen Entgelt** angeboten werden.[317] Als ungeschriebenes Tatbestandsmerkmal ist dem objektiven Tatbestand also die Entgeltlichkeit (der Leistung) hinzuzufügen.[318]

b) Tatobjekt

aa) Allgemeines

Betrachtet man die verschiedenen Gegenstände, auf die es der Täter abgesehen haben kann, fällt auf, daß in diesem Zusammenhang das Eigentums- und Vermögensgut „Sache" keine Rolle zu spielen scheint. Vielmehr erweckt die Auflistung der erschleichbaren Objekte den Eindruck, daß der Tatbestand ausschließlich Güter erfaßt, die man im volkswirtschaftlichen Sprachgebrauch als „**Dienstleistungen**" bezeichnen würde, wenn sie nicht von einem Automaten, sondern unmittelbar von einem Menschen erbracht würden. Inwieweit dieser Eindruck strafrechtsdogmatische Bestätigung erfährt, wird sich sogleich bei dem Merkmal „Leistung eines Automaten" erweisen. 142

Abstrakt ausgedrückt ist das erschlichene Tatobjekt in allen vier Alternativen des Tatbestandes ein (Vermögens-) **Vorteil**, den jemand – der Täter oder ein Dritter – erlangt hat oder zumindest erlangen kann. Wie weit der Vorteilszufluß gediehen sein muß, damit die Tat vollendet ist, läßt sich nicht allgemein bestimmen, sondern hängt von der konkreten Beschreibung des Tatobjekts in der jeweiligen Tatbestandsalternative ab.[319] Verallgemeinerungsfähig ist hingegen eine Aussage über die Vorteilsrichtung bzw. den Vorteilsempfänger: In gleicher Weise wie der Betrug des § 263 hat auch der § 265 a neben der **eigennützigen** eine **drittbezogene** Tatbestandsgestalt. 143

> **Beispiele:**
> (1) T wirft in der Gastwirtschaft des O eine Falschmünze in die Musikbox und rückt auf eine Taste. Sogleich ertönt aus dem Gerät sein Lieblingslied „Ganz in weiß" von Roy Black. T ist der einzige Gast in dem Lokal.
>
> (2) Abwandlung von (1): T ist schwerhörig und an musikalischer oder sonstiger akustisch wahrnehmbarer Unterhaltung nicht interessiert. Das Lokal ist gut gefüllt, die Stimmung ist gleichwohl ziemlich gedrückt. Um die Gesellschaft ein wenig aufzuheitern, wirft T eine Falschmünze in die Musikbox und läßt dann durch Tastendruck eine Schallplatte mit Sketchen und Witzen des fränkischen Komikers Herbert Hisel („Jo w'rkli") erklingen. T verläßt sofort die Gastwirtschaft, während die anderen Gäste sich schon nach wenigen Sekunden biegen vor Lachen.

---

[317] Logisch zwingend ist diese Tatbestandseinschränkung allerdings nicht, da mit Entgelthinterziehungsabsicht auch handeln kann, wer eine tatsächlich unentgeltliche Leistung irrig für entgeltlich hält.
[318] *Arzt/Weber*, BT, § 21 Rn. 10; *Gössel*, BT 2, § 22 Rn. 44; *Rengier*, BT 1, § 16 Rn. 2; *Wessels/Hillenkamp*, BT 2, Rn. 668 LK-*Tiedemann*, § 265 a Rn. 17; *Schönke/Schröder/Lenckner*, § 265 a Rn. 2; SK-*Günther*, § 265 a Rn. 3.
[319] Anders LK-*Tiedemann*, § 265 a Rn. 34, nach dem in allen vier Alternativen die „Erlangung der Leistung" zur Erfüllung des Handlungsmerkmals „erschleichen" erforderlich ist.

T hat in **Beispiel 1** durch den Einwurf einer falschen Münze die Leistung eines Automaten erschlichen. Die vom Automaten erbrachte Leistung kommt dem T selbst zugute. Übertragen auf die Tatbestandsstruktur des § 263 hat T in der Absicht gehandelt, sich selbst zu bereichern. Derartiges läßt sich über das Geschehen in **Beispiel 2** nicht ohne weiteres sagen, wenn man als tatbestandlich relevanten Bestandteil der vom Automaten erbrachten Leistung nicht nur die Wiedergabe des auf Tonträger gespeicherten Stücks, sondern auch den Genuß des Hörerlebnisses durch eine Person ansieht. T selbst hat sich die Schallplatte nicht angehört, das Leistungserzeugnis des Automaten nicht in Anspruch genommen. Unabhängig von der Frage, ob eine solche Vorteilserlangung überhaupt zur Erfüllung des Merkmals „Leistung" erforderlich ist, haben jedenfalls die anderen im Lokal anwesenden Gäste die Sketche Herbert Hisels angehört und genossen. Wiederum auf den Betrugstatbestand bezogen würde diese Konstellation das Merkmal „Bereicherungsabsicht" ausfüllen, allerdings in der drittgerichteten („altruistischen") Form: „oder einem Dritten einen rechtswidrigen Vermögensvorteil zu verschaffen". Da § 265 a ein betrugsähnlicher Auffangtatbestand im Verhältnis zu § 263 ist (s.o. Rn. 136), ist die drittbegünstigende Leistungserschleichung auch in § 265 a I als tatbestandsmäßig anzuerkennen.

bb) Leistung eines Automaten

(1) Leistungs- und Warenautomaten

144 Automat ist ein mechanisch oder elektronisch funktionierendes Gerät, das durch Entgeltentrichtung in Betrieb gesetzt wird und daraufhin selbsttätig eine Leistung erbringt.[320] Die Auslegung des Tatbestandsmerkmals „Leistung" ist seit langem umstritten. Eingebürgert hat sich eine Zweiteilung in die beiden Kategorien „Leistungsautomat" und „Warenautomat". Der Streit dreht sich um die Frage, ob § 265 a nur Leistungs- oder auch Warenautomaten erfaßt. **Warenautomaten** sind solche, die dem Benutzer nach Geldeinwurf und Ausführung sonstiger Bedienungshandgriffe eine Ware, also ein sächlich verkörpertes Gut (Zigaretten, Kaugummis, Süßigkeiten, Kondome, Blumen, Getränke, Fahrkarten, Postwertzeichen, Geschenkartikel, Benzin usw.) herausgeben. **Leistungsautomaten** sind demzufolge zunächst negativ dadurch gekennzeichnet, daß das von ihnen automatisch produzierte Ergebnis keine Ware, also auch keine Sache, ist. Die „Leistung" ist eine zeitlich begrenzte Genuß- oder Nutzungsmöglichkeit. Beispiele sind das Anhören eines Musikstücks („Musicbox"), die Teilnahme an einem Glücks- oder Geschicklichkeitsspiel („Flipper", „Tischfußball"), der Blick auf eine Sehenswürdigkeit durch ein Fernrohr.[321]

145 Die h.M. beschränkt den Tatbestand des § 265 a auf Leistungsautomaten im oben beschriebenen Sinn. Manipulationen an Warenautomaten sollen ausschließlich in den tatbestandlichen Zugriffsbereich des Diebstahls (§ 242, u.U. i.V. mit § 243 I 2 Nr. 2) fallen.[322] Dafür spricht der Gesetzeswortlaut, wenn man

---

[320] *Schönke/Schröder/Lenckner*, § 265 a Rn. 4; *Gössel*, BT 2, § 22 Rn. 48.
[321] Weitere Beispiele bei *Lackner/Kühl*, § 265 a Rn. 2; *SK-Günther*, § 265 a Rn. 9; *Schönke/ Schröder/Lenckner*, § 265 a Rn. 4; *Tröndle/Fischer*, § 265 a Rn. 1 a.
[322] *Maurach/Schroeder/Maiwald*, BT 1, § 41 Rn. 214; *Rengier*, BT 1, § 16 Rn. 3; *Lackner/ Kühl*, § 265 a Rn. 2; *Schönke/Schröder/Lenckner*, § 265 a Rn. 4.

F. Erschleichen von Leistungen, § 265 a StGB 225

davon ausgehen muß, daß im allgemeinen Sprachgebrauch die Aushändigung einer Sache bzw. die Ermöglichung des Zugriffs auf eine Sache nicht als „Leistung" bezeichnet wird. Ein gesetzessystematischer Grund für die Ausgrenzung der Warenautomaten war ursprünglich das Fehlen einer dem jetzigen § 265 a III entsprechenden Verweisung auf § 248 a. Hätte man Warenautomaten in den Tatbestand des § 265 a einbezogen, wäre die „Erschleichung" geringwertiger Sachen aus Warenautomaten als Offizialdelikt[323] verfolgbar gewesen, während die Entwendung derselben Sache durch Wegnahme gemäß §§ 242, 248 a grundsätzlich nur auf Strafantrag[324] ein Strafverfahren ausgelöst hätte. Durch eine Verengung des Leistungs-Begriffs, die zum Ausschluß des automatisierten Kaufvorgangs führte, konnte dieser Wertungswiderspruch vermieden werden.

Infolge der Ausdehnung des Geltungsbereichs des § 248 a auf § 265 a ist dieses Argument jedoch weggefallen.[325] Auch der Wortlaut des Gesetzes zwingt zur Ausgrenzung der Warenautomaten nicht.[326] Wie z.B. der zivilrechtliche Begriff „Leistungsstörungen" verdeutlicht, umfaßt die „Leistung" als Oberbegriff sogar in der juristischen Terminologie Vertragsgegenstände aller Art, insbesondere auch die Gegenstände von Kaufverträgen. So wie der Verkäufer mit der Eigentums- und Besitzverschaffung eine vertraglich geschuldete Leistung erbringt (§ 433 I BGB), kann auch der den Verkäufer „vertretende" Warenautomat mit der Freigabe des Warenausgabefachs eine Leistung erbringen.[327] Daher sind Warenautomaten entgegen der h.M. von § 265 a erfaßt.[328]

146

Die hier vertretene, Warenautomaten in den Leistungs-Begriff einbeziehende Auslegung vermeidet Strafbarkeitslücken in Fällen, in denen der Täter durch mißbräuchliche Automatenbenutzung einen vermögensschädigenden Leistungserbringungsvorgang auslöst, ohne sich dadurch aus § 242 oder § 246 strafbar zu machen.[329] Entlockt der Täter nämlich – z.B. durch Einwurf falscher Münzen – dem Automaten seine in der Herausgabe einer Sache bestehende Leistung ohne Zueignungsabsicht, erfüllt er zwar den objektiven, nicht aber den subjektiven Diebstahlstatbestand und ist deshalb nicht aus § 242 strafbar.

147

> **Beispiel:** T wirft in einen Kaffeeautomaten in der Mensa der Universität Potsdam ein falsches Markstück ein. Dann drückt er auf die Taste mit der Aufschrift „Kaffee" und bewirkt damit, daß sich ein Strahl heißen Kaffees in den Schacht unter der Ausgußdüse ergießt. Den Plastikbecher, der von dem Automaten zum Auffangen des Kaffeestromes unter der Düse plaziert worden war, hatte T zuvor entfernt.

T hat zweifellos das Vermögen des Automatenbetreibers geschädigt, indem er den Automaten Kaffee vergeuden ließ, ohne dafür das geschuldete Entgelt von 1 DM entrichtet zu haben. Dies ist eine nach § 265 a I strafbare Leistungserschleichung unter der Vorausset-

---
[323] Zum Begriff vgl. *Lackner/Kühl*, § 77 Rn. 1.
[324] Zur Rechtsnatur vgl. *Lackner/Kühl*, § 77 Rn. 2.
[325] *Gössel*, BT 2, § 22 Rn. 52.
[326] LK-*Tiedemann*, § 265 a Rn. 21.
[327] *Arzt/Weber*, BT, § 21 Rn. 14.
[328] *Wessels/Hillenkamp*, BT 2, Rn. 674; im Ergebnis ebenso SK-*Günther*, § 265 a Rn. 11.
[329] *Mitsch*, JuS 1998, 307 (313).

zung, daß der Kaffeeautomat ein von § 265 a I 1. Alt. erfaßter Automat und das Ausgießen des Kaffees eine von § 265 a I 1. Alt. erfaßte Leistung dieses Automaten ist. Da der Kaffee aber eine Ware und der Automat dementsprechend ein Warenautomat ist, fällt er nach h.M. nicht in die Kategorie der Leistungsautomaten und dementsprechend nicht unter § 265 a I 1. Alt. Die entgegengesetzte Auffassung würde sich von dieser strafrechtlichen Tatbeurteilung im Ergebnis nicht unterscheiden, wenn die Tat als Kaffeediebstahl aus § 242 I strafbar wäre. Dann nämlich würde § 265 a I jedenfalls auf Grund der gesetzlich statuierten Subsidiarität zurücktreten. Jedoch stellen sich hier schon auf der Ebene des objektiven Diebstahlstatbestandes Zweifel an einer – 265 a verdrängenden – Strafbarkeit aus § 242 I ein. Fraglich ist bereits, ob der Kaffee überhaupt noch eine für T fremde Sache war, als er dem Automaten entströmte. Denkbar ist, daß in diesem Moment das Eigentum gemäß § 929 BGB auf T überging. Noch stärkere Zweifel bestehen gegenüber der Annahme, T habe den Kaffee weggenommen. Zwar hat er gewiß den Gewahrsam des Automatenbetreibers an dem Kaffee gebrochen. Die zur Vollendung der Wegnahme erforderliche Begründung neuen Gewahrsams ist hingegen mehr als fraglich. Denn weil er den ausströmenden Kaffee nicht in einem Becher aufgefangen hat, hat er keine Sachherrschaft über diese Menge Kaffee erlangt. Es handelt sich somit um eine bloße Sachentziehung. Selbst wenn man die Auffassung vertritt, T habe dadurch neuen Gewahrsam an dem Kaffee begründet, daß er den freien Zugriff auf den Kaffee erlangte und die Möglichkeit hatte, den Kaffee in einem Gefäß aufzufangen, kommt man nicht an dem Mangel der Zueignungsabsicht vorbei. T wollte den Kaffee weder sich noch einem Dritten zueignen, er wollte lediglich den Automatenbetreiber enteignen. Es fehlt die Aneignungskomponente der Zueignungsabsicht. Somit hat T den subjektiven Tatbestand des § 242 I nicht erfüllt. Die h.M., die den Warenautomaten aus dem Anwendungsbereich des § 265 a I heraushält, muß den T straflos davonkommen lassen. Die hier bevorzugte Auslegung des Leistung-Begriffs in § 265 a I 1. Alt. vermeidet dieses Ergebnis. Der Kaffeeautomat ist Waren- und Leistungsautomat. Die Leistung besteht in der Zurverfügungstellung der Ware „Kaffee" zum käuflichen Erwerb. Diese Leistung hat sich T durch Einwurf einer falschen Münze erschlichen.

(2) Entgeltlichkeit

148 Wie oben dargelegt wurde, strahlt das subjektive Tatbestandsmerkmal „Entgelthinterziehungsabsicht" derart auf den objektiven Tatbestand aus, daß es den Kreis der tatbestandsmäßigen Erschleichungsobjekte um diejenigen reduziert, die unentgeltlich angeboten werden (s.o. Rn. 141). Umgekehrt ausgedrückt erfaßt der objektive Tatbestand nur Objekte, mit deren Veräußerung der Anbieter etwas verdienen will, für die er also ein Entgelt verlangt.[330] Aus dem Anwendungsbereich der Alternative „Automatenmißbrauch" fallen daher alle „Leistungen" heraus, die nicht unmittelbar gegen Entgelt erbracht werden. Dieses „Entgelt" braucht nicht unbedingt die Gestalt von Geld zu haben. **Entgelt** ist jedes Vermögensgut, das mit der Leistung des Automaten in ein Austauschverhältnis („do ut des") eintreten kann, vgl. § 11 I Nr. 9. Entscheidend ist, daß der Automatenbenutzer im Falle regulärer Automatenbenutzung ein Vermögensopfer erbringen muß, um im Gegenzug als Ausgleich für dieses Opfer die Leistung des Automaten erlangen zu können.

---

[330] OLG Koblenz, NJW 2000, 86 (87).

F. Erschleichen von Leistungen, § 265 a StGB

Beispiele:

(1) Vor dem Kaufhaus „Wuhlwörs" in Berlin-Zehlendorf steht ein elektrisches Schaukelschwein für Kleinkinder. Wirft man in den Einwurfschlitz ein Markstück, beginnt das Schwein rhythmisch auf der Stelle vor und zurück und auf und ab zu ruckeln. Auf dem Rücken des Schweins ist eine sattelähnliche Sitzgelegenheit angebracht, auf die man ein Kleinkind setzen und 2 Minuten lang reiten lassen kann. T ist Vater der 3jährigen Nervensäge K und wird von diesem bedrängt, ihn auf dem Schwein reiten zu lassen. Leider hat T kein Markstück dabei. Zufällig befindet sich in seinem Portemonnaie aber ein Hosenknopf, der nicht nur dieselbe Größe und dasselbe Gewicht wie ein Markstück hat, sondern auch aus einem ähnlichen Material hergestellt ist wie ein Markstück. Von einem Markstück unterscheidet er sich im wesentlichen dadurch, daß er einen Wert von lediglich 0, 5 Pfennig hat. Da K sich inzwischen schon laut schreiend auf dem Pflaster wälzt und aufzustehen weigert, steckt T den Knopf in den Geldeinwurfschlitz und setzt seinen Sohn auf das heftig vibrierende Schaukelferkel.

(2) In dem Lebensmittelgeschäft des O ist die Rücknahme von Pfandflaschen automatisiert. Die Kunden können ihre leeren Bier-, Limonaden- und Milchflaschen in einen Leergutcontainer stellen, der für jede in Empfang genommene Flasche den Pfandbetrag automatisch feststellt und die Summe aller Einzelpfandbeträge am Ende des Rücknahmevorgangs dem Kunden auf einem Leergut-Bon ausdruckt. T entnimmt nun dem Fruchtsaftregal eine Flasche Apfelsaft, öffnet den Schraubverschluß und schüttet den Inhalt der Flasche in einen leeren Plastikeimer. Dann geht er mit der leeren Apfelsaftflasche zu dem Leergutcontainer, stellt die Flasche in den für die Rückgabe bestimmten Schacht und läßt sich per Knopfdruck von dem Gerät einen Leergut-Bon über einen Betrag von 0, 30 DM ausdrucken. Diesen Bon legt T der Kassiererin K vor, die die 30 Pfennig von dem Gesamtkaufpreisbetrag der von T gekauften Warten abzieht.

(3) Der 18jährige T ist mit der Höhe des von seinem Vater V gewährten Taschengeldes (100 DM in der Woche) unzufrieden. Taschengelderhöhungsforderungen des T tritt V stets mit dem Argument entgegen, sein Gehalt sei bescheiden und die finanziellen Belastungen, die der Bau eines Einfamilienhauses ausgelöst habe, seien enorm. Da T seinem Vater nicht glaubt, will er sich selbst ein Bild von dessen Einkommensverhältnissen verschaffen. Er entwendet die Eurocheque-Karte des V und läßt sich mit ihrer Hilfe am Kontoauszugdrucker der Sparkasse die neuesten Kontoauszüge ausdrucken. Nachdem er diese gelesen hat, sieht er von weiteren Forderungen auf Taschengelderhöhung ab und sucht sich einen Job als Zeitungsausträger.

In allen drei Beispielen hat T den Betrieb eines Automaten in Gang gesetzt. Die „Leistung" des Automaten ist in Beispiel 1 die Ermöglichung des zweiminütigen Reitvergnügens, in Beispiel 2 die Entgegennahme des Leergutes und die Herausgabe des Leergut-Bons und in Beispiel 3 das Drucken und die Herausgabe des Kontoauszuges. Obwohl die Leistung in den Beispielen 2 und 3 in gewisser Weise verdinglicht ist, weil als Produkt des Automatenbetriebs eine Sache – ein bedrucktes Blatt Papier – ausgehändigt wird, sind diese Geräte auch nach der engeren – reine Warenautomaten ausklammernden – Klassifikation der h.M. Leistungsautomaten i.S. des § 265 a I. Denn im Vordergrund des Leistungserbringungsvorgangs steht nicht die Verschaffung der Sachsubstanz, sondern die Herstellung und Verschaffung eines Beleges (Beispiel 2) bzw. einer Information (Beispiel 3). In **Beispiel 1** stehen die Zahlung von 1 DM und die Gewährung zweiminütigen Schaukelvergnügens in einem Austauschverhältnis wie das für synallagmatische Dienst-, Werk- oder Kaufverträge charakteristisch ist. Die Leistung des Automaten ist also entgeltlich und erfüllt deshalb den objektiven Tatbestand des § 265 a I 1. Alt. Anders ist es in **Beispiel 2**. Zwar ist die Rückgabe der Flasche mit einem Pfandwert von 0, 30 DM ein Vermögensopfer, der auf der Seite des O ein Vermögensvorteil korrespondiert. Jedoch ist die von dem Leergutautomaten erbrachte Leistung ebenso ein kostenloser Service des Lebensmittelhändlers, wie es vor der Einführung der Automatisierung die manuelle Flaschenannahme des Mitarbeiters war, der dem Kunden für das zurückgegebene Leergut einen handschriftlich abgezeichneten Bon zur Einlösung an der Ladenkasse aushändigte. In einem Austauschverhältnis stehen die Rückgabe des Leerguts und die Auszahlung bzw. Anrechnung des Pfandbetrages, dagegen nicht die Leergutrückgabe und die manuellen oder automatischen Vorgänge, die den Empfang des Leergutes und die Aushändigung des Pfandgutscheins bewirken. Mangels Entgeltlichkeit der vom Automaten erbrachten Leistung hat also T in Beispiel 2 den objektiven Tatbestand des § 265 a I 1. Alt. nicht erfüllt. Auch in **Beispiel 3** wurde vom Täter ein Automatenbetrieb ausgelöst, der eine unentgeltliche Leistung zum Gegenstand hatte. Zwar verlangt die Bank von dem Kontoinhaber – hier dem V – eine Kontoführungsgebühr, die ein Entgelt für alle von der Bank erbrachten Dienstleistungen ist.[331] Dazu gehört auch die Eröffnung der Möglichkeit, mithilfe der Scheckkarte selbst Kontoauszüge drucken zu lassen. Jedoch ist weder die Pflicht zur Zahlung dieses Entgelts noch seine Höhe abhängig von der Häufigkeit der Inanspruchnahme dieses Service. Ob der Kontoinhaber überhaupt Kontoauszüge druckt und wie oft er dies tut, hat auf die Höhe der Kontoführungsgebühr keinen Einfluß. Der einzelne Druckvorgang und die Entgeltentrichtung stehen also in keinem unmittelbaren Zusammenhang. Daher ist die Leistung des Druckerautomaten unentgeltlich.[332] T hat den objektiven Tatbestand des § 265 a I 1. Alt. nicht erfüllt.

cc) Leistung eines öffentlichen Zwecken dienenden Telekommunikationsnetzes

149 Unter Telekommunikationsnetzen versteht man vor allem Telefon- und Telexnetze, darüber hinaus aber letztlich alle **Datenübertragungssysteme im Fernmeldebereich**. Deshalb erfaßt der Tatbestand auch Fernseh- und Hörfunkprogramme, die per Breitbandkabelnetz an die Konsumenten verteilt werden.[333] Im Bereich des Fernsprechverkehrs ist umstritten, ob sog. „**Störanrufe**" tatbestandsmäßig sind. Dabei legt es der Täter darauf an, den Angerufenen durch Auslösen des Klingelzeichens zu ärgern und das Zustandekommen der Verbindung durch rechtzeitiges Auflegen des Hörers zu verhindern. Richtiger Ansicht nach ist § 265 a kein geeignetes Mittel zur strafrechtlichen Bekämpfung derartigen „Telefonterrors". Zum einen ist das Ertönen des Rufzeichens beim Anrufempfänger noch keine entgeltpflichtige Leistung.[334] Zum anderen fehlt es auch am „Erschlei-

---

[331] *LK-Tiedemann*, § 265 a Rn. 18.
[332] *Arzt/Weber*, BT, § 21 Rn. 10; *Schönke/Schröder/Lenckner*, § 265 a Rn. 2; SK-*Günther*, § 265 a Rn. 3; a.A. LK-*Tiedemann*, § 265 a Rn. 18, nach dem der erforderliche synallagmatische Zusammenhang zwischen Leistung und Entgelt „nicht zu eng verstanden werden darf".
[333] *Lackner/Kühl*, § 265 a Rn. 3; SK-*Günther*, § 265 a Rn. 13; *Schönke/Schröder/Lenckner*, § 265 a Rn. 5; *Tröndle/Fischer*, § 265 a Rn. 1 b.
[334] *Gössel*, BT 2, § 22 Rn. 63; *Maurach/Schroeder/Maiwald*, BT 1, § 41 Rn. 219; *Lackner/Kühl*, § 265 a Rn. 3; LK-*Tiedemann*, § 265 a Rn. 18; *Schönke/Schröder/Lenckner*, § 265 a Rn. 10; SK-*Günther*, § 265 a Rn. 13; a.A. *Ehmke*, Die Polizei 1981, 247 (248).

chen", da der Täter keine irreguläre Bedienungsmethode anwendet, wenn er seinen Anruf tätigt. Vielmehr bedient er sich der Telekommunikationstechnik in der Weise, wie sie von dem Anbieter jedem Benutzer eröffnet wird.[335]

dd) Beförderung durch ein Verkehrsmittel

Die Beförderungserschleichung ist die strafgesetzliche Umschreibung des im Volksmund „**Schwarzfahren**" genannten Massendelikts, um das eine ähnlich heftige Entkriminalisierungsdebatte geführt wird wie über den Ladendiebstahl oder den Besitz von Betäubungsmitteln.[336] „Verkehrsmittel" sind Fahrzeuge aller Art (Busse, Fähren, Schiffe, Schienenbahnen, Flugzeuge), die dem Transport von Personen oder Sachen dienen. Geschützt ist neben dem Massen- auch der Individualverkehr.[337] Wer sich also als „blinder Passagier" die Beförderung durch ein Taxi erschleicht, ist ebenso strafbar wie wenn er statt dessen in der U-Bahn fährt, ohne einen Fahrschein erworben zu haben. Da Gegenstand der Tat eine nur gegen Entgelt gewährte Beförderungsleistung ist, fällt die durch Täuschung erwirkte Mitnahme in einem privaten Pkw aus dem Anwendungsbereich des Tatbestandes heraus.

150

> **Beispiel:** Heftig mit den Armen gestikulierend steht T am Straßenrand einer Landstraße. Der mit seinem Pkw herannahende O deutet die Bewegungen des T als Aufforderung zum Anhalten. O bremst, kurbelt das Seitenfenster herunter und fragt den T, was denn los sei. T antwortet wahrheitswidrig, er sei gerade überfallen worden. Die Täter hätten ihn zusammengeschlagen und ihm sein Fahrrad weggenommen. Jetzt müsse er dringend in die nächste Stadt zu einem Arzt. O glaubt dem T seine Geschichte, läßt ihn einsteigen und bringt ihn in die nächste Stadt.

T hat den O getäuscht und dadurch veranlaßt, ihn in seinem Pkw mitzunehmen. Die Mitfahrgestattung ist gewiß eine Beförderung durch ein Verkehrsmittel. T hatte dabei auch die Absicht, kein Entgelt zu entrichten. Jedoch ist letzteres deswegen strafrechtlich irrelevant, weil es sich bei der Mitnahme im Pkw des O um eine Gefälligkeit handelt, für die O gar kein Entgelt verlangen würde. T hat den O mit seiner Täuschung nicht dazu gebracht, von ihm kein Entgelt zu verlangen. Vielmehr hat er den O durch die Täuschung dazu veranlaßt, ihn überhaupt mitzunehmen. T hat sich also keine entgeltliche Beförderungsleistung erschlichen und deshalb nicht aus § 265 a I 3. Alt. strafbar gemacht. Eine Strafbarkeit aus § 263 entfällt ebenfalls, weil O auf Grund der Mitnahme des T keinen Vermögensschaden erlitten hat. Strafbar ist T daher allenfalls aus § 145 I Nr. 2.[338]

Die erschlichene Beförderung muß von der Art sein, wie sie einer vertrags- und ordnungsgemäßen **Leistung des Beförderungsunternehmers** entspricht. Tatbestandsmäßig ist also nur eine Beförderung, die so beschaffen ist, daß mit ihr ein Beförderungsvertrag ordnungsgemäß erfüllt und als Gegenleistung das tarif-

151

---

[335] Schönke/Schröder/Lenckner, § 265 a Rn. 10; Tröndle/Fischer, § 265 a Rn. 1b.
[336] Arzt/Weber, BT, § 21 Rn. 21.
[337] Lackner/Kühl, § 265 a Rn. 4; Schönke/Schröder/Lenckner, § 265 a Rn. 10; SK-Günther, § 265 a Rn. 14; a.A. LK-Tiedemann, § 265 a Rn. 30.
[338] Zu § 248 b siehe oben § 1 Rn. 12.

liche Entgelt verlangt werden kann. Verschafft sich der Täter die Möglichkeit eines irregulären atypischen Transports von einem Ort zu einem anderen, liegt zwar eine Beförderung durch ein Verkehrsmittel, jedoch keine entgeltpflichtige Beförderung vor.[339]

> **Beispiel:** Die Jugendlichen A, B und C vertreiben sich die freie Zeit mit einer besonders gefährlichen Form des sog. „S-Bahn-Surfens". Nach Abfahrt des Zuges laufen sie auf dem Bahnsteig neben dem Zug her, bis sie mit beiden Händen die Türgriffe eines Wagens ergreifen und sich daran festhalten können. Zugleich stemmen sie ihre Füße an die Außenwand des Zuges, so daß ihre Körper wie „auf allen vieren" – allerdings vertikal und nicht horizontal – außen an dem fahrenden Zug kleben. Auf diese Weise fahren sie bis zu dem nächsten Bahnhof mit.

A, B und C haben sich eine kostenlose Beförderung durch die S-Bahn verschafft. Für diese Art des Mitgenommenwerdens schuldeten sie dem Beförderungsunternehmen aber von vornherein kein Entgelt. Denn S-Bahn-Surfen ist schlichtweg verboten und nicht etwa eine entgeltpflichtige Inanspruchnahme einer Beförderungsleistung, für die ein „ehrlicher" Kunde einen Fahrschein lösen würde. Dem Beförderungsunternehmen wird daher durch die tollkühne Aktion der Jugendlichen kein Vermögensschaden zugefügt. Sie nehmen zahlungswilligen Kunden keine Plätze weg und sie prellen das Unternehmen nicht um Beförderungsentgelt. Daher haben sie den Tatbestand des § 265 a I 3. Alt. nicht erfüllt.

152 Am tatbestandsmäßigen Erschleichen einer **unentgeltlichen** Beförderung fehlt es auch, wenn der Täter zwar listig eine normative Beförderungsbedingung umgeht, sich dadurch aber nicht die Unentgeltlichkeit der Beförderung verschafft.[340]

> **Beispiel:** T hat für 1100 DM eine Jahreskarte des Berliner Verkehrsunternehmens BVG erworben. Mit dieser Karte darf er 12 Monate lang in einem bestimmten Gebiet Busse, Straßenbahnen, S- und U-Bahnen benutzen. Eines Tages hat er es sehr eilig, mit der U-Bahn von der Station Krumme Lanke zum Wittenbergplatz zu kommen. Erst auf dem Bahnsteig merkt er, daß er seine BVG-Jahreskarte zu Hause liegen gelassen hat. Da er keine Zeit hat, um noch einmal nach Hause zu gehen und die Karte zu holen, setzt er sich ohne Fahrkarte in einen U-Bahn-Wagen. Zu seinem Unglück finden just an diesem Tag auf dieser U-Bahnlinie Fahrscheinkontrollen statt. Zufällig kennt T einen der Fahrkartenkontrolleure. Er erblickt diesen, wie er zusammen mit einem Kollegen und einem großen Schäferhund zielstrebig auf den Wagen zugeht, in dem T bereits sitzt. Gerade noch rechtzeitig vor Abfahrt des Zuges kann T den Wagen verlassen und sich in den benachbarten – zunächst noch kontrolleurfreien – Wagen setzen. Bis zu seiner Endstation Wittenbergplatz wechselt T noch mehrmals den Wagen und schafft es auf diese Weise, sein Fahrtziel zu erreichen, ohne kontrolliert worden zu sein.

Nach den zugrundeliegenden Beförderungsbedingungen durfte T die U-Bahn nicht ohne mitgeführten gültigen Fahrschein benutzen und hätte daher, wenn er bei einer Kontrolle aufgefallen wäre, einen – gewiß über dem regulären Fahrpreis liegenden – Geldbetrag zahlen müssen. Diese Konsequenz wendete T dadurch von sich ab, daß er die Fahrschein-

---

[339] LK-*Tiedemann*, § 265 a Rn. 31.
[340] OLG Koblenz, NJW 2000, 86 (87); AG Lübeck, NJW 1989, 467; *Gössel*, BT 2, § 22 Rn. 72; *Maurach/Schroeder/Maiwald*, BT 1, § 41 Rn. 212; *Wessels/Hillenkamp*, BT 2, Rn. 668; *Schönke/Schröder/Lenckner*, § 265 a Rn. 11.

kontrollen in einer Manier ausmanövrierte, die zweifellos als „Erschleichen" qualifiziert werden kann. Dennoch hat T den objektiven Tatbestand des § 265 a I 3. Alt. nicht erfüllt. Denn für die Beförderung durch die U-Bahn hatte T durch den Erwerb der Jahreskarte ein Entgelt entrichtet. Dieses Entgelt deckt als Gegenleistung jede in dem zeitlichen und örtlichen Rahmen liegende Benutzung der U-Bahn, gleich ob die Jahreskarte dabei ordnungsgemäß mitgeführt wird oder nicht. Der wegen Nichtmitführens eines gültigen Fahrscheins zu zahlende Betrag hat keinen Entgelt-, sondern eine Art Strafcharakter.[341] Seine Einziehung dient nicht der Gewinnerzielung, sondern der Abschreckung von Schwarzfahrern, die kein Entgelt entrichtet haben. Erschlichen hat sich T also die nichtordnungsgemäße Mitfahrt in der U-Bahn, nicht jedoch die Unentgeltlichkeit dieser Fahrt. Der Vermögensschutzzweck des § 265 a ist dadurch nicht tangiert.[342] Daher hat sich T nicht aus § 265 a I 3. Alt. strafbar gemacht.

ee) Zutritt zu einer Veranstaltung oder Einrichtung

Das Einschleichen in ein Kino, einen Konzertsaal, eine Kunstausstellung oder ein Fußballstadion ist auf verschiedenen Wegen möglich: Gelingt es dem Täter, den Kartenkontrolleur zu täuschen – z.B. durch Vorlage eines gefälschten Tickets – und so zur Zutrittsgestattung zu veranlassen, liegt ein Fall des nach § 263 strafbaren (Dreiecks-)Betrugs[343] vor. Eine andere Methode – die praktisch häufig erfolgversprechender sein dürfte – ist die Umgehung der Kontrolle, also z.B. das Betreten des Gebäudes auf einem dafür nicht vorgesehenen Weg. In einem solchen Fall kommt es zu keinem Kontakt, keiner Kommunikation und keinem Austausch von Informationen zwischen dem Täter und dem betroffenen Vermögensinhaber bzw. einer für ihn handelnden Person. Mangels Täuschung wird daher der objektive Tatbestand des Betruges nicht erfüllt. Diese Strafbarkeitslücke wird durch § 265 a I 4. Alt. geschlossen. 153

Veranstaltungen sind kommerziell organisierte Ereignisse kultureller, sportlicher, wissenschaftlicher oder sonstiger freizeitgestalterischer Art (z.B. Zirkus). **Einrichtungen** sind räumlich abgegrenzte Bereiche (Gebäude, Grundstücke), die einem bestimmten kommerziellen Zweck gewidmet sind.[344] Die Grenzen der beiden Begriffe sind fließend, die Begriffsinhalte überschneiden sich teilweise.[345] Entgeltlich ist die Zutrittsgestattung nur dann, wenn der Entgeltforderung ein Gewinnerzielungszweck zugrundeliegt, das Entgelt also wie Kaufpreis, Werklohn oder Dienstleistungshonorar als Gegenleistung für die Gestattung des Zutritts und die mit dem Zutritt eröffneten Nutzungs- oder Genußmöglichkeiten gezahlt wird.[346] Hat die Entgeltforderung dagegen den primären Zweck, den Konsumen- 154

---
[341] LK-*Tiedemann*, § 265 a Rn. 19.
[342] Vgl. aber *Kudlich*, NStZ 2001, 90 (91), der zwischen übertragbarer und unübertragbarer Dauerkarte differenziert.
[343] Dreiecksbetrug deswegen, weil der Kontrolleur nicht über eigenes Vermögen verfügt, sondern über das des Veranstalters; eingehend zum Dreiecksbetrug Teilband 1, § 7 Rn. 70 ff.
[344] BGHSt 31, 1.
[345] LK-*Tiedemann*, § 265 a Rn. 33.
[346] Schönke/Schröder/Lenckner, § 265 a Rn. 7.

ten von einer zeitlich ausgedehnten oder unbegrenzten Nutzung der Einrichtung abzuhalten, wie z.b. bei öffentlichen Parkplätzen, ist der Vermögensschutzzweck des § 265 a nicht tangiert und dementsprechend das Tatbestandsmerkmal „entgeltlich" nicht erfüllt.[347] **Zutritt** bedeutet die Ermöglichung der körperlichen Anwesenheit[348] in dem Raum oder an dem Platz, wo die Veranstaltung stattfindet bzw. die spezifischen Funktionen der Einrichtung wahr- und in Anspruch genommen werden können.

> **Beispiel: A** hat eine 100 DM teure Eintrittskarte zum definitiv vorvorletzten Abschieds-Konzert der „Rolling Stones" erworben. Dem Stones-Fan T ist dieser Eintrittspreis zu hoch. Da er aber dennoch gern das Konzert miterleben möchte, bittet er seinen Freund A, einen Kassettenrecorder mit in die Konzerthalle zu nehmen und per Mikrophon das Konzert aufzunehmen. Die Mitnahme derartiger Geräte in das Konzert ist vom Veranstalter strengstens untersagt. Dieser Hinweis ist auf der von A im Vorverkauf erworbenen Eintrittskarte aufgedruckt. Gleichwohl gelingt es dem A, unter seinem Pullover ein leistungsstarkes Minitonbandgerät in den Konzertraum zu schmuggeln und damit das Konzert aufzunehmen.

A hat sich zwar bei dem Konzertbesuch über die mit dem Konzertveranstalter vertraglich vereinbarten Bedingungen hinweggesetzt. Er hat aber durch seinen insofern vertragswidrigen Besuch des Konzertes nicht den Entgeltanspruch des Veranstalters unterlaufen. Denn den Eintrittspreis hatte er schon beim Erwerb der Karte bezahlt. Sich selbst hat A also nicht den unentgeltlichen Zutritt zu der Veranstaltung erschlichen. Allerdings hat er dem T einen unentgeltlichen Konzertgenuß verschafft, indem er das Konzert aufnahm und anschließend dem T zum Anhören zur Verfügung stellte. Da der Tatbestand des § 265 a ebenso wie der des § 263 nicht auf eigennützige Vorteilsverschaffungsaktionen beschränkt ist, sondern auch drittbegünstigendes Streben nach unentgeltlichem Leistungsgenuß deckt (s.o. Rn. 143), kommt T als Empfänger einer unentgeltlichen Leistung durchaus in Betracht. Jedoch hat T nicht die Leistung erlangt, auf die § 265 a I 4. Alt. abstellt. T war nicht selbst im Konzertsaal anwesend, er hat keinen Zutritt zu dieser Veranstaltung erlangt. Die Verschaffung des illegalen Konzertmitschnitts ist zwar eine nach §§ 108 I Nr. 4, 75 I, II, 16 II, 15 I Nr. 1 UrhG[349] strafbare Urheberrechtsverletzung. Den Tatbestand des § 265 a I 4. Alt. erfüllt die Handlung des A dagegen nicht.

---

[347] *Gössel*, BT 2, § 22 Rn. 79; *Küper*, BT, S. 39; *Lackner/Kühl*, § 265 a Rn. 5; LK-*Tiedemann*, § 265 a Rn. 33; SK-*Günther*, § 265 a Rn. 15; *Schönke/Schröder/Lenckner*, § 265 a Rn. 4; *Tröndle/Fischer*, § 265 a Rn. 2; a.A. zu gebührenpflichtigen öffentlichen Parkplätzen *Gern/Schneider*, NZV 1988, 129 (130).

[348] *Gössel*, BT 2, § 22 Rn. 83; LK-*Tiedemann*, § 265 a Rn. 32; *Schönke/Schröder/Lenckner*, § 265 a Rn. 7.

[349] Unerlaubte Verwertungen von künstlerischen Darbietungen sind nach § 108 I Nr. 4 UrhG strafbar. Gemäß § 75 I UrhG darf die künstlerische Darbietung eines Musikers nur mit dessen Einwilligung aufgenommen werden. Die Aufnahme des Konzerts auf Tonträger ist gem. § 16 II UrhG eine Vervielfältigung (*Schricker/Loewenheim*, Urheberrecht, 2. Aufl. 1999, § 16 Rn. 7), diese wiederum unterfällt dem Begriff der Verwertung, § 15 I Nr. 1 UrhG. Also ist die unbefugte Aufnahme des Konzerts auf Tonträger eine nach § 108 I Nr. 4 UrhG tatbestandsmäßige Verwertung.

Der tatbestandsmäßige Erfolg des § 265 a I 4. Alt. ist erzielt, sobald der Täter 155
seinen Standort innerhalb des räumlichen Bereichs eingenommen hat, der den
Ort der Veranstaltung oder Einrichtung umgrenzt. Nicht erforderlich ist, daß die
Veranstaltung selbst – z.b. ein Konzert – schon begonnen hat.[350] Da das Wesen
des Zutritts also in dem körperlichen Hineingelangen in die entgeltpflichtige Zone liegt, ist fraglich, ob das bloße Verweilen in dieser Zone über die vom gezahlten Entgelt gedeckte Dauer hinaus tatbestandsmäßig ist.

> **Beispiel:** An einem sehr heißen Sommertag erwirbt T eine Eintrittskarte für das städtische Freibad und verbringt dort den ganzen Tag. Eine halbe Stunde vor Schließung des Schwimmbades versteckt sich T hinter einem Busch und wartet, bis alle anderen Schwimmbadbesucher und das Personal das Gelände verlassen haben. Da es auch nachts noch sehr warm ist, verbringt T die Nacht im Freien auf einer Liegewiese. Als am nächsten Tag das Schwimmbad wieder geöffnet wird, versteckt sich T zunächst wieder hinter dem Busch und mischt sich später unter die zahlreichen Badegäste.

Indem sich T am Abend des ersten Tages auf dem Gelände des Schwimmbades verbarg, hat er sich in listiger Weise die Möglichkeit unentgeltlicher Benutzung des Schwimmbades für einen weiteren Tag verschafft. Das Betreten des Geländes am ersten Tag war dagegen ohne Zweifel nicht tatbestandsmäßig, da T zuvor das Entgelt für diesen Tag entrichtet und in unmittelbarem Zusammenhang mit dem Betreten noch keine als „Erschleichen" qualifizierbare weitere Maßnahme getroffen hat, die der Ermöglichung des zweiten – unentgeltlichen – Badetages diente. Von einem „Erschleichen" des kostenlosen Badevergnügens am nächsten Tag kann daher frühestens an dem Punkt gesprochen worden sein, wo T wegen der bevorstehenden Schließung das Schwimmbadgelände hätte verlassen müssen, dies aber nicht tat. Da sich T jedoch zu diesem Zeitpunkt und danach nicht außerhalb des Schwimmbades aufhielt, bedurfte es gar keines „Zutritts" zu dieser Einrichtung mehr, um diese nutzen zu können. Eine Deutung des Nicht-Verlassens als Zutritt würde die Grenzen zulässiger Textauslegung gewiß durchbrechen und wäre daher unzulässige – gegen Art. 103 II GG verstoßende – Analogie. Auch § 13 ändert daran nichts. Denn § 13 ermöglicht zwar möglicherweise die Erfüllung des Tatbestandsmerkmals „erschleichen" durch garantenpflichtwidriges Unterlassen (näher dazu unten Rn. 159). Dagegen kann das Tatbestandsmerkmal „Zutritt" nicht anders erfüllt werden als dadurch, daß jemand von außen in die Zone hineingelangt, innerhalb derer die entgeltpflichtige Teilnahme an der Veranstaltung oder Nutzung der Einrichtung möglich ist. Gleich, ob § 265 a I 4. Alt. durch aktives Tun oder garantenpflichtwidriges Unterlassen verwirklicht wird: „Zutritt" bedeutet „Eintritt" und erfordert stets einen Grenzübertritt, an dem es fehlt, wenn sich der Täter bereits innerhalb des umgrenzten Bereichs befindet, also nicht mehr hineinbegeben muß. T hat sich daher nicht aus § 265 a I 4. Alt. strafbar gemacht.[351]

c) Tathandlung

Tatbestandsmäßige Handlung ist in allen vier Alternativen das **„Erschleichen"** 156
der Leistung, der Beförderung oder des Zutritts.

---

[350] LK-*Tiedemann*, § 265 a Rn. 51.
[351] Strafbarkeit aus § 123 I 2. Alt entfällt, weil T nicht zum Verlassen des Schwimmbades aufgefordert wurde. Zur umstrittenen – abzulehnenden – Strafbarkeit aus §§ 123 I 1. Alt., 13 vgl. *Lackner/Kühl*, § 123 Rn. 5; *Schönke/Schröder/Lenckner*, § 123 Rn. 13.

aa) Erfolg des Erschleichens

157 Erschleichen ist eine Handlung, die nicht nur im Sinne eines Unternehmens (vgl. § 11 I Nr. 6) erfolgsgerichtet (final) ist, sondern die den angestrebten **Erfolg** auch tatsächlich bewirkt hat. Infolge der Erschleichens-Handlung muß der Automat bzw. das Telekommunikationsnetz eine Leistung erbracht haben, muß das Verkehrsmittel eine Person oder Sache befördert haben und muß zu der Veranstaltung oder Einrichtung jemand Zutritt erlangt haben. Da der **Versuch** der Tat gem. § 265 a II mit Strafe bedroht ist, kann die Tat auch ohne Eintritt dieses Erfolges strafbar sein.[352] Für eine **vollendete** Straftat ist aber der Erschleichens-Erfolg ebenso erforderlich wie der Kausal- und Zurechnungszusammenhang zwischen Handlung und Erfolg. Nicht erforderlich ist, daß irgend jemand – der Täter selbst oder ein Dritter – auf Grund des Erschleichens und des dadurch ausgelösten Vorgangs etwas **erlangt** hat.[353] Für die Vollendung allein notwendig ist der Schädigungserfolg beim Tatopfer, also der – in der unentgeltlichen Leistungserbringung liegende – Verlust des Leistungsgegenstands.

> **Beispiel:** T wirft in der Gastwirtschaft des O statt eines Markstücks ein wertloses rundes Metallplättchen in die Musikbox und drückt auf eine Taste, um das Lied „Love me tender" von Elvis Presley zu hören. Die Musikbox – ein altmodisches Modell – läßt sich überlisten und akzeptiert die Metallscheibe als Markstück. Als der erste Ton des Liedes erklingt, wird vor der Gastwirtschaft von Straßenbauarbeitern ein Preßlufthammer in Betrieb genommen, der einen so höllischen Lärm entfaltet, daß in dem Lokal von der Elvis-Ballade nichts zu hören ist.

Mit dem Einwurf eines wertlosen Stücks Metall hat T einen Leistungsautomaten zur Erbringung einer Leistung veranlaßt. Die entgeltpflichtige Leistung eines Musikautomaten beschränkt sich auf die akustisch wahrnehmbare Wiedergabe des gewählten Musikstücks. Als Erzeugnis des Leistungserbringungsvorganges genügt die Ermöglichung eines Hörerlebnisses durch Aussendung von Schallwellen. Kein Bestandteil der geschuldeten Leistung ist dagegen die Aufnahme dieser Wellen durch den Hörer, also die Erzeugung eines Hörerlebnisses oder Hörvergnügens bei dem Täter oder einem Dritten. Die Musikbox erbringt ihre komplette Leistung auch, wenn der Automatenbenutzer schwerhörig ist oder durch Lärm aus anderen Quellen an der Wahrnehmung der Melodie gehindert wird. Es versteht sich von selbst, daß der Automatenaufsteller keinen Einfluß darauf hat, ob dem Kunden das gewählte Musikstück gefällt und sein Bedürfnis nach Unterhaltung befriedigt wird. Folglich kann dieser Erfolg auch nicht als Teil der Leistung angesehen werden, von deren Erbringung das konditionsfeste (§ 812 BGB) Recht des Automatenaufstellers auf Behalten des Entgeltes abhängt. Ebensowenig kann die tatsächliche Wahrnehmung des gespielten Stücks entgeltrelevanter Leistungsbestandteil sein, da anderenfalls Wahrnehmungsstörungen wie Schwerhörigkeit des Kunden oder Geräuschimmissionen aus externen Lärmquellen den Entgeltanspruch gefährden würden. „Leistung" des Automaten ist also nur die Zurverfügungstellung, das Zugänglichmachen eines Objekts, dessen tatsächliche Erlangung – die häufig noch von Zugriffs- oder sonstigen Annahmeakten des Kun-

---

[352] Zur Abgrenzung von Versuch und Vollendung bei § 265 a vgl. *Arzt/Weber*, BT, § 21 Rn. 23; LK-*Tiedemann*, § 265 a Rn. 51; *Schönke/Schröder/Lenckner*, § 265 a Rn. 13.

[353] Anders LK-*Tiedemann*, § 265 a Rn. 34: „Die Tathandlung des Erschleichens setzt unstreitig Erlangung der Leistung voraus ..."

den abhängen wird – ist hingegen schon ein über die erbrachte Leistung hinausgehender Erfolg und keine Voraussetzung der Tatbestandserfüllung. Entsprechend ist die Reichweite des Begriffs „Erschleichen" zu bestimmen: Erschlichen wird nur der „Gebe-Akt" des Automaten. Der zur Einverleibung des Leistungserzeugnisses erforderliche anschließende Aufnahmeakt des Täters oder eines sonstigen Empfängers ist kein Erschleichen mehr, sondern eine Ausnutzung des vorangegangenen Erschleichens. T hat sich also die Leistung des Musikautomaten erschlichen und damit den objektiven Tatbestand des § 265 a I 1. Alt. erfüllt, obwohl er das Produkt seiner Tat nicht in seine Gewalt gebracht hat.

bb) Opfer

Der tatbestandsmäßige Erschleichens-Erfolg wird nicht allein durch die Bereicherungskomponente, sondern auch durch eine Verlustkomponente konstituiert. Nicht die Erbringung der Leistung allein, sondern vor allem ihre **Unentgeltlichkeit** begründet den Vermögensschaden und das spezifische vermögensdeliktische Unrecht der Tat (s.o. Rn. 137). Die Leistungsbewirkung muß also auf Kosten desjenigen geschehen, dem für Leistungen dieser Art ein Entgelt zusteht, um das er vom Täter geprellt wird. Erschleicht der Täter die Leistung, ohne den Berechtigten um sein Entgelt zu bringen, ist der Tatbestand des § 265 a I nicht erfüllt, mag er dabei vielleicht auch einem Dritten einen Vermögensschaden zufügen.

Beispiele:

(1) In einer Gastwirtschaft fordert T den Analphabeten O auf, ein Markstück in die Musikbox zu werfen und dann auf eine bestimmte Taste zu drücken, die T dem O zeigt. T erklärt dem O wahrheitswidrig, nach Betätigung dieser Taste werde aus der Musikbox das Lied „Die Caprifischer" („*Wenn bei Capri die rote Sonne im Meer versinkt...*") von Rudi Schuricke erklingen. O ist ein großer Fan von Schlagerschnulzen aus den 50er Jahren und verabscheut Rockmusik. O wirft ein Markstück in den Münzschlitz und drückt dann die von T gezeigte Taste. Zu O's großer Enttäuschung dröhnt aus der Musikbox nicht Rudi Schuricke, sondern die 70er-Jahre Hardrock-Hymne „Paranoid" von Black Sabbath („*Finished with my woman 'cause she couldn't help me with my mind...*"). Hardrock-Fan T hatte dies bewußt so eingefädelt, indem er O dazu brachte, die – aus der Sicht des O – „falsche" Taste zu drücken.

(2) Unter dem Vorwand, dringend einen Arzt an den Ort eines Verkehrsunfalls herbeirufen zu müssen, verschafft sich T Einlaß in die Wohnung des O und die Erlaubnis zur Benutzung des Telefons des O. Mit der Bitte, ihm ein Glas Wasser zu besorgen, erreicht T, daß sich O vorübergehend aus der Nähe des Telefons entfernt und daher nicht mitbekommt, mit wem T tatsächlich telefoniert. T ruft nämlich keineswegs einen Arzt, sondern seine Ehefrau an, der er mitteilt, daß er erst später als geplant nach Hause kommen werde.

(3) T hat einen Flug von Berlin-Tegel nach Palma de Mallorca gebucht. Er möchte auf Mallorca zwei Wochen Urlaub machen und dabei vor allem viel lesen. Deshalb hat er umfangreichen Lesestoff eingepackt. Weil sein eigenes Gepäck auf Grund der vielen Bücher um 5 kg zu schwer ist, er aber keinen Aufpreis bezahlen möchte, schmuggelt T heimlich 12 Bücher in den auf einem Gepäckwagen stehenden und nur halb gefüllten Koffer des Fluggastes O, der – wie T weiß – auf Mallorca in demselben Hotel wohnt wie T. Nach der Ankunft im Hotel will T sich seine Bücher ebenso heimlich wieder zurückholen, wie er sie vor Reiseantritt in den Koffer des O hineingebracht hat.

(4) O hat sich eine Eintrittskarte für das Champions-League-Fußballspiel Hertha BSC Berlin gegen AC Mailand gekauft. Am Tag vor dem Spiel bricht sich O bei einem Fahrradunfall das rechte Bein. Ein Stadionbesuch ist dadurch unmöglich geworden. Damit die Eintrittskarte nicht verfällt, ruft O seinen Arbeitskollegen A an, dem er die Karte schenken will. A ist darüber sehr erfreut und kündigt dem O an, er werde in etwa einer Stunde vorbeikommen, um sich die Karte abzuholen. Zufällig hat T, der 16jährige Sohn des Nachbarn von A, dieses Telefongespräch mitgehört. Da T gern zu dem Fußballspiel ginge, aber keine Eintrittskarte hat, beschließt er, sich die Karte des O zu besorgen. Er schwingt sich sofort auf sein Fahrrad und radelt zu O. Diesem spiegelt er vor, er sei von A geschickt worden, um die Eintrittskarte abzuholen. A selbst könne nicht selber kommen, da er gerade noch etwas wichtiges zu erledigen habe. O händigt dem T die Eintrittskarte mit besten Grüßen an A aus. T liefert die Karte nicht bei A ab, sondern begibt sich mit ihr zum Olympiastadion, wo er sich das Fußballspiel dank der erschwindelten Eintrittskarte von der Tribüne aus ansehen kann.

In allen vier Beispielen hat T einen Vorgang ausgelöst, der unter den Tatbestand des § 265 a I subsumiert werden kann: Infolge der Handlung des T kam es in **Beispiel 1** zur Leistung eines Automaten, in **Beispiel 2** zur Leistung eines öffentlichen Zwecken dienenden Telekommunikationsnetzes, in **Beispiel 3** zur Beförderung – von Sachen – durch ein Verkehrsmittel und in **Beispiel 4** zum Zutritt zu einer Veranstaltung. Jeweils ging dieser Leistung eine Täuschungshandlung des T voraus. Daher ließe sich das Verhalten des T durchaus als „erschleichen" bezeichnen. In der Tat hat T die Leistungen, die Beförderung und den Zutritt erschlichen. Da er in keinem Fall für den Leistungsgenuß zahlen mußte, hat er die erschlichenen Vorteile auch unentgeltlich erlangt. Also könnte man meinen, T habe unentgeltliche Leistungen erschlichen. Sobald der Gesichtspunkt der Unentgeltlichkeit aber aus der Perspektive des Entgeltberechtigten – Automatenaufsteller, Betreiber des Telekommunikationsnetzes, Luftfahrtunternehmen, Fußballverein – betrachtet wird, ergibt sich ein anderes Bild: Diese Leistungserbringer haben das ihnen zustehende Entgelt bekommen. Ihnen ist kein Vermögensschaden zugefügt worden. Geschädigt wurden jeweils Dritte, in Beispiel 1 der O, weil er 1 DM verloren hat und als „Gegenleistung" ein Musikstück anhören durfte, daß er nicht mochte, in Beispiel 2 der O, der an das Telekommunikationsunternehmen die Gebühr für das von T geführte Telefonat zahlen mußte, in Beispiel 3 der O, der möglicherweise für Übergepäck ein zusätzliches Beförderungsentelt an das Luftfahrtunternehmen zahlen mußte und in Beispiel 4 der A, dem die von T geschenkte Eintrittskarte und damit die Chance auf kostenlosen Besuch des Fußballspiels entging. Alle diese Geschädigten sind aber keine Entgeltberechtigten und gehören daher nicht zu dem von § 265 a geschützten Personenkreis.[354] T hat sich die Leistungen also nicht auf Kosten derjenigen erschlichen, denen das Entgelt zusteht und deren Vermögen durch § 265 a geschützt wird. Folglich hat er sich nicht aus § 265 a I strafbar gemacht.

cc) Täuschungskomponente

(1) Allgemein

159 Erschleichen ist die Handlung, durch die der vorteilserzeugende (zum Begriff „Vorteil" in diesem Zusammenhang oben Rn. 143) Vorgang ausgelöst wird. Die bloße Verursachung des Ergebnisses dieses Vorgangs (Automat oder Telekommunikationsnetz hat eine Leistung erbracht, das Verkehrsmittel hat eine Person

---

[354] LK-*Tiedemann*, § 265 a Rn. 41 (zu Beispiel 2).

oder Sache befördert, einer Person wurde der Zutritt zu einer Veranstaltung oder Einrichtung gestattet) reicht zur Erfüllung des Erschleichens-Merkmals aber ebensowenig wie die unentgeltliche Inanspruchnahme oder Ausnutzung dieses Ergebnisses.[355] Als Träger des betrugsähnlichen Unrechtsakzents ist diesem Tatbestandsmerkmal ein **spezifischer Handlungsunwert** immanent.[356] Die farblose betrugsferne Kausalität vermag die erforderliche Betrugsnähe nicht zu begründen. Die notwendige Einfärbung mit betrugsähnlichen Unwertelementen erhält das Erschleichen erst durch einen **betrügerischen Vollzugsmodus**.[357] Grob skizzieren läßt sich der betrugsähnliche Charakter des Erschleichens durch Komponenten wie Täuschung, Überlistung, Verheimlichung, Fälschung und Umgehung.[358] Im Alltagssprachgebrauch versteht man unter „Schleichen" eine verräterische Geräusche vermeidende, lautlose Art der Fortbewegung. Wer schleicht, tut dies, um von jemand anderem bei der Bewegung nicht gehört und ertappt zu werden. Dieses Handlungsmuster liegt auch dem Erschleichens-Merkmal des § 265 a I zugrunde,[359] wobei in der 4. Alternative (Zutritt erschleichen) sogar eine vollkommene Kongruenz dieses Musters mit dem Tatbestandsmerkmal besteht. Das Betreten eines Veranstaltungs- oder Einrichtungsraumes über einen Schleichweg oder mit schleichenden Bewegungen ist der typische Modus der tatbestandsmäßigen Handlung in dieser Tatbestandsalternative.

(2) Erschleichen der Leistung eines Automaten

Geräuschunterdrückung als Charakteristikum des Schleichens eignet sich auch in den anderen Tatbestandsalternativen als Orientierungsmarke zur Gewinnung einer konkreteren Vorstellung von dem spezifischen Handlungsunwert des Erschleichens. Beim Automatenmißbrauch (§ 265 a I 1. Alt.) wendet der Täter eine **irreguläre Ingangsetzungs- oder Bedienungstechnik** an, bei der – betrugsähnlich[360] – Informationen verfälscht, vorenthalten oder unterdrückt werden. Der Einwurf einer nachgemachten Münze[361] beispielsweise ist nichts anderes als die Vorspiegelung von Echtheit und damit nicht nur eine betrugsähnliche, sondern eine betrügerische Handlung – denkt man sich an die Stelle des mechanisch oder elektronisch arbeitenden Münzprüfers einen Menschen. Am Erschleichen fehlt es umgekehrt, wenn der Täter sich nicht die Mühe macht, den falschen Anschein der Redlichkeit zu erwecken und statt dessen unter Offenlegung seiner Entgelthinterziehungsabsicht vorgeht.[362] Löst der Täter z.B. den Automatenbetrieb

160

---

[355] *Alwart*, JZ 1986, 563 (568); *P. A. Albrecht*, NStZ 1988, 222 (223); *Schall*, JR 1992, 1 (2); *Lackner/Kühl*, § a Rn. 6; *SK-Günther*, § 265 a Rn. 17; a.A. OLG Stuttgart, MDR 1963, 236.
[356] *Alwart*, JZ 1986, 563 (567).
[357] *Schall*, JR 1992, 1 (4); *Arzt/Weber*, BT, § 21 Rn. 17.
[358] *Schall*, JR 1992, 1 (2).
[359] *LK-Tiedemann*, § 265 a Rn. 35.
[360] *Schall*, JR 1992, 1 (4).
[361] Unstreitiger Fall des „Erschleichens", vgl. *Arzt/Weber*, BT, § 21 Rn. 14; *Rengier*, BT 1, § 16 Rn. 3; *Wessels/Hillenkamp*, BT 2, Rn. 670; *LK-Tiedemann*, § 265 a Rn. 37.
[362] BayObLG, NJW 1969, 1042 (1043); *Arzt/Weber*, BT, § 21 Rn. 18; *Gössel*, BT 2, § 22 Rn. 73; *Maurach/Schroeder/Maiwald*, BT 1, § 41 Rn. 211; *SK-Günther*, § 265 a Rn. 17.

durch heftige Schläge gegen das Gehäuse aus, erschleicht er die Automatenleistung nicht, da sein Verhalten keinerlei informationsverfälschenden Gehalt aufweist.[363]

(3) Erschleichen der Leistung eines Telekommunikationsnetzes

161 Mit dem Technologiefortschritt auf dem Gebiet der Telekommunikation wandeln sich auch die Methoden und Techniken der Umgehung von Kontroll- und Sicherungsvorkehrungen, mit denen der Netzbetreiber unbefugten Zugang zum Netz und entgeltvorenthaltende Nutzung zu verhindern sucht. Bei Münzfernsprechern handelt es sich letztlich um dasselbe technische Tatarrangement **wie bei Automaten**, weshalb sich hier die Modi des Erschleichens mit denen der ersten Alternative des § 265 a I decken.[364] Da aber die mißbräuchliche Benutzung von Fernsprechautomaten tatbestandlich bereits von § 265 a I 1. Alt. erfaßt wird, erlangt die 2. Tatbestandsalternative praktische Bedeutung bei **Manipulationen anderer Art**. Zu nennen sind hier vor allem Eingriffe in den Ablauf von Vermittlungs-, Steuerungs- und Übertragungsvorgängen durch Geräte und Methoden, beispielsweise die Wahl bestimmter Zahlenkombinationen oder den illegalen Anschluß des Fernsprechapparates an einem Schaltpunkt des öffentlichen Fernmeldenetzes.[365] Nicht erfaßt ist das bloße unbefugte Telefonieren auf fremde Kosten.[366]

(4) Erschleichen der Beförderung durch ein Verkehrsmittel

162 Unproblematische Anwendungsfälle dieser Alternative sind Umgehungen von Kontrollen,[367] Sperren, Schranken, wenn dies in heimlicher, die Entgelthinterziehungsabsicht verbergender Weise geschieht.[368] Da aber im modernen Massenverkehr Fahrscheinkontrollen weitgehend nicht mehr stattfinden und daher sich jedermann auch ohne Fahrausweise auf dem regulären Weg Zugang zu dem Verkehrsmittel verschaffen kann, sind die Konturen des Tatbestandsmerkmals „Erschleichen" in dieser Alternative unsicher und umstritten geworden. Der früher herrschenden Ansicht, wonach sich die Beförderung erschleicht, wer in das Verkehrsmittel ohne Ticket einsteigt und sich mitnehmen läßt, wird zu Recht entgegengehalten, daß damit in großem Umfang völlig unauffällige und von sozialadäquatem Verhalten nicht unterscheidbare Taten kriminalisiert werden.[369] Den betrugsähnlichen Charakter hat das unentgeltliche Sich-Befördern-Lassen nämlich erst, wenn sich der Täter **wie ein redlicher Fahrgast geriert**, der das Ent-

---

[363] LK-*Tiedemann*, § 265 a Rn. 37.
[364] *Schall*, JR 1992, 1 (4); LK-*Tiedemann*, § 265 a Rn. 42.
[365] *Maurach/Schroeder/Maiwald*, BT 1, § 41 Rn. 218; LK-*Tiedemann*, § 265 a Rn. 43.
[366] *Mahnkopf*, JuS 1982, 885 (887).
[367] Nach *Fischer*, NJW 1988, 1828 (1829) ist die Umgehung von Kontrolleinrichtungen eine unverzichtbare Komponente jeden Erschleichens.
[368] *Schall*, JR 1992, 1 (3); LK-*Tiedemann*, § 265 a Rn. 45.
[369] *Lackner/Kühl*, § 265 a Rn. 6 a; *Tröndle/Fischer*, § 265 a Rn. 3; a.A. OLG Stuttgart, NJW 1990, 924; *Hauf*, DRiZ 1995, 15 (17); *Gössel*, BT 2, § 22 Rn. 75; *Rengier*, BT 1, § 16 Rn. 6.

gelt entrichtet hat und im Besitz eines Fahrscheins ist.[370] Das unkontrollierte Einsteigen in einen Waggon erzeugt einen solchen Schein nicht, sondern ist insofern neutral, weil sich die äußerlichen Erscheinungsbilder des Einsteigens mit Fahrschein und ohne Fahrschein nicht unterscheiden.[371] Wer ohne Fahrschein einsteigt, täuscht nicht vor, im Besitz eines Fahrscheins zu sein.[372] Denn auch der Fahrgast mit Fahrschein bringt mit seinem Verhalten nicht mehr zum Ausdruck als den Willen zur Benutzung des Verkehrsmittels. Über die Berechtigung dazu – insbesondere die Erfüllung der Entgeltzahlungspflicht – macht er damit keine konkludente Aussage. Daher eignet sich der unkontrolliert einsteigende ehrliche Fahrgast nicht als Leitbild für ein Ehrlichkeit vortäuschendes tatbestandsmäßiges Erschleichen. Erschleichens-Unwert hat das Einsteigen erst, wenn zusätzliche Zeichen gesetzt werden, die im Verkehr als typisch für redliche Inanspruchnahme der Beförderungsleistung gedeutet werden.[373] Steckt z.B. der Täter vor der Fahrt mit der U-Bahn ein bereits entwertetes und durch eine frühere Fahrt verbrauchtes Ticket erneut in den Fahrscheinentwerter, täuscht er Entgeltzahlungswillen vor und erschleicht sich daher eine tatsächlich unentgeltliche Beförderung.

(5) Erschleichen des Zutritts zu einer Veranstaltung oder Einrichtung

Ähnlich wie beim Erschleichen einer Beförderungsleistung ist das typische Tatbild dieser Alternative das **heimliche**, Kontrollen oder Schranken umgehende, Einschleichen in ein Gebäude, einen Raum oder ein umfriedetes Gelände.[374] Das krasse Gegenteil des Einschleichens ist die brachiale Überwindung von Hindernissen durch Anwendung physischer Gewalt.

163

2. Subjektiver Tatbestand

a) Übersicht

Der subjektive Tatbestand des § 265 a besteht aus zwei Merkmalen, dem **Vorsatz** (§ 15) und der **Entgelthinterziehungsabsicht**.

164

b) Vorsatz

Der Vorsatz muß sich auf alle zum objektiven Tatbestand gehörenden Tatsachen beziehen, also auch auf die Entgeltlichkeit der Leistung,[375] sowie darauf, daß die „Erschleichens"-Handlung gerade der unentgeltlichen Leistungserlangung dient.

165

---

[370] *Wessels/Hillenkamp*, BT 2, Rn. 672.
[371] *Alwart*, JZ 1986, 563 (568); *Fischer*, NJW 1988, 1828 (1829); *Schall*, JR 1992, 1 (2); *Kudlich*, NStZ 2001, 90; LK-*Tiedemann*, § 265 a Rn. 47; a.A. OLG Düsseldorf, StV 2001, 112; OLG Hamburg, NJW 1987, 2688 (2689).
[372] SK-*Günther*, § 265 a Rn. 18; a.A. *Schall*, JR 1992, 1 (2); *Maurach/Schroeder/Maiwald*, BT 1, § 41 Rn. 223.
[373] *Wessels/Hillenkamp*, BT 2, Rn. 672.
[374] *Schall*, JR 1992, 1 (2); LK-*Tiedemann*, § 265 a Rn. 45.
[375] *Rengier*, BT 1, § 16 Rn. 2; *Wessels/Hillenkamp*, BT 2, Rn. 676; LK-*Tiedemann*, § 265 a Rn. 48.

Beispiel: T fährt am 1. Juni mit der U-Bahn. Seine Monatsfahrkarte für Mai hat er zu Hause vergessen, eine Monatskarte für Juni hat er noch nicht erworben. Irrig stellt er sich vor, das Datum des heutigen Tages sei der 31. Mai. Zugleich hat er aber ein unbehagliches Gefühl, weil er annimmt, sich wegen des Nichtmitführens der Monatskarte als „Schwarzfahrer" strafbar zu machen. Da auf dem Bahnsteig ein mißtrauisch blickender Mitarbeiter des Verkehrsunternehmens alle Fahrgäste kritisch mustert, steckt T vorsichtshalber eine ungültige Kinoeintrittskarte in den Entwerterautomat und setzt sich dann erst in einen Wagen.

T hat den objektiven Tatbestand des § 265 a I 3. Alt. erfüllt. Fraglich ist jedoch, ob er vorsätzlich handelte. Die irrige Annahme, daß der Monat Mai noch nicht vorüber sei, impliziert nämlich die – auf der Basis des Irrtums über das Datum richtige – Vorstellung, für U-Bahnfahrten an diesem Tag noch eine gültige Fahrkarte zu besitzen und folglich für die Fahrt das Entgelt bereits entrichtet zu haben. Also hatte T nicht das Bewußtsein, sich eine unentgeltliche Beförderung zu erschleichen. Dieser vorsatzausschließende Tatbestandsirrtum (§ 16 I 1) wird nicht durch die hinzutretende Fehlvorstellung[376] über die Strafbarkeit des Nichtmitführens des Fahrscheins bei der Benutzung der U-Bahn kompensiert. Denn dieser Irrtum hat keine Vorsatzqualität, sondern ist eine wahndeliktische Vorstellung von einem Straftatbestand, den es im geltenden Strafrecht gar nicht gibt. T hat sich also nicht aus § 265 a I 3. Alt. strafbar gemacht.

166 Nach allgemeinen Regeln genügt **dolus eventualis**.[377] Fraglich ist dies aber in bezug auf das objektive Tatbestandsmerkmal „entgeltlich". Denn da der subjektive Tatbestand neben dem Vorsatz eine „Absicht", das Entgelt nicht zu entrichten, enthält, könnte man annehmen, daß auch die – einer Entgelthinterziehungsabsicht logisch immanente – Vorsatzbeziehung zu der objektiv tatbestandsmäßigen Entgeltzahlungspflicht intensiver sein muß, als dies bei bloßem bedingten Vorsatz der Fall ist. Jedoch ist dem nicht so. Die Entgelthinterziehungsabsicht ist ohne weiteres vereinbar mit dolus eventualis hinsichtlich der Entgeltlichkeit.

Beispiel: T ist zu Besuch in einer fremden Großstadt, in der – wie er gehört hat – mit der Einrichtung eines öffentlichen Personennahverkehrs zum Nulltarif experimentiert wird. Auf einigen Linien ist deshalb die Benutzung der U-Bahn kostenlos. Die Benutzung der meisten Linien ist allerdings weiterhin entgeltpflichtig. T kennt sich nicht genau aus und weiß daher nicht, ob die U-Bahn, in die er einsteigt, um zum Bahnhof zu fahren, zu den kostenlosen gehört. Er hält es für möglich, daß es sich um eine entgeltpflichtige Fahrt handelt. Da er aber auf jeden Fall das Beförderungsentgelt einsparen will, steckt er eine bereits entwertete Fahrkarte in den Entwerterautomat und läßt sie erneut abstempeln, bevor er sich in einen Wagen setzt und zum Bahnhof fährt. Tatsächlich handelt es sich um eine entgeltpflichtige Fahrt.

T hat sich den unentgeltlichen Genuß einer entgeltlichen Beförderung erschlichen und damit den objektiven Tatbestand des § 265 a I 3. Alt. erfüllt. Da er unbedingt die Bezahlung eines Entgelts vermeiden wollte, hatte er die Absicht, ein Entgelt nicht zu entrichten. Daß er überhaupt zur Zahlung eines Entgeltes verpflichtet war, wußte er nicht. Er hielt es

---

[376] Es handelt sich also um eine Konstellation des „Doppelirrtums"; dazu schon oben § 1 Rn. 91.

[377] *Gössel*, BT 2, § 22 Rn. 87; *Schönke/Schröder/Lenckner*, § 265 a Rn. 12.

c) Entgelthinterziehungsabsicht

„Absicht" bedeutet **zielgerichtetes** Wollen.[379] Es muß dem Täter bei seiner Tat darauf ankommen, die Leistung zu erlangen, dafür aber kein Entgelt zu entrichten. Bedingter Vorsatz reicht nicht aus. Die beabsichtigte Nichtentrichtung des Entgelts ist zwar phänomenologisch ein **Unterlassen**, braucht aber die strafrechtsdogmatischen Voraussetzungen tatbestandsmäßigen Unterlassens nicht zu erfüllen. Deshalb kann mit Entgelthinterziehungsabsicht auch der Täter handeln, der zur Entgeltentrichtung gar nicht in der Lage ist, weil er vollkommen mittellos ist. Ein Unterlassen im Sinne der Unterlassungsdelikte wäre die Nichtentrichtung des Entgelts unter diesen Umständen nicht, da die Möglichkeit der Handlung Voraussetzung des Unterlassens ist.[380] Im Kontext des subjektiven Tatbestandsmerkmals „Entgelthinterziehungsabsicht" kommt es aber nicht darauf an, ob der Täter die Nichtvornahme einer möglichen oder einer unmöglichen Entgeltzahlung beabsichtigt. Entscheidend ist, daß er die Leistung erschleichen will, obwohl er das Entgelt nicht entrichten wird bzw. nicht entrichten können wird. Die Möglichkeit, von der Inanspruchnahme der Leistung abzusehen, hat der Täter auch dann, wenn ihm die Zahlung des Entgelts aus Mangel an Geld nicht möglich ist. Nur diese Möglichkeit ist für die Strafbarkeit entscheidend: Wer nicht zahlen kann, darf eben nicht fahren (§ 265 a I 3. Alt.), nicht telefonieren (§ 265 a I 2. Alt.) usw. Möglich ist das immer.

167

III. Subsidiaritätsklausel

Trotz Erfüllung sämtlicher Strafbarkeitsvoraussetzungen des § 265 a wird der Täter nicht aus diesem Tatbestand bestraft, wenn dieselbe Tat Strafbarkeit aus einem anderen Straftatbestand begründet und § 265 a diesem gegenüber subsidiär ist. Die Subsidiarität ist eine Form der **Gesetzeskonkurrenz** (Gesetzeseinheit). Entscheidungserheblich wird dieser Gesichtspunkt nur, wenn die Erfüllung sämtlicher Strafbarkeitsvoraussetzungen des § 265 a feststeht. Wer also z.B. die Überlistung eines Warenautomaten deswegen für nicht aus § 265 a I 1. Alt. strafbar hält, weil dieser Tatbestand nur auf Leistungsautomaten anwendbar und die unbefugte Leerung von Warenautomaten Diebstahl sei, stellt nicht auf Subsidiarität des § 265 a gegenüber § 242 ab, sondern verneint bereits die Erfüllung des objektiven Tatbestandes des § 265 a I 1. Alt. (s.o. Rn. 145).

168

Der Wortlaut der Subsidiaritätsklausel enthält keine Begrenzung der Straftatbestände, denen gegenüber § 265 a subsidiär ist. Wie bei den insofern identi-

169

---

[378] *Alwart*, JZ 1986, 563 (567).
[379] *Gössel*, BT 2, § 22 Rn. 87; *Schönke/Schröder/Lenckner*, § 265 a Rn. 12.
[380] *Baumann/Weber/Mitsch*, § 15 Rn. 15.

schen Subsidiaritätsklauseln der § 246 I[381] und § 248 b I[382] ist aber auch hier eine Verdrängungswirkung nur solchen Tatbeständen zuzuerkennen, die wie § 265 a das **Vermögen** schützen.[383] Dabei handelt es sich in erster Linie um § 263 und § 263 a. Mit Straftatbeständen, die eine andere Schutzrichtung haben, steht § 265 a hingegen auch dann in Tateinheit (§ 52), wenn der andere Tatbestand eine schwerere Strafe vorsieht als § 265 a.

IV. Kontrollfragen

1. Welche Funktion hat § 265 a im Verhältnis zu § 263? (Rn. 136)
2. Welche Art von Automaten berücksichtigt § 265 a I 1. Alt.? (Rn. 144)
3. Welches ungeschriebene Tatbestandsmerkmal ist zur Komplettierung des objektiven Tatbestandes erforderlich? (Rn. 148)
4. Ist „Telefonterror" ein Fall des § 265 a I 2. Alt.? (Rn. 149)
5. Welche Erfolgskomponente weist das Merkmal „Erschleichen" auf? (Rn. 157)
6. Welche Handlungsvollzugsmerkmale sorgen für die Betrugsähnlichkeit des „Erschleichens"? (Rn. 159)
7. Aus welchen Merkmalen besteht der subjektive Tatbestand des § 265 a? (Rn. 164)
8. Kann mit „Absicht, das Entgelt nicht zu entrichten" handeln, wer kein Geld hat und daher gar nicht zahlen kann? (Rn. 167)
9. Welches Konkurrenzverhältnis besteht zwischen Leistungserschleichung und Betrug? (Rn. 168)
10. Welche Straftatbestände verdrängen § 265 a? (Rn. 169)

V. Literatur

Alwart, Über die Hypertrophie eines Unikums (§ 265 a StGB), JZ 1986, 563
Ehmke, Zur rechtlichen Beurteilung von Telefonbelästigungen, Die Polizei 1981, 247
Fischer, „Erschleichen" der Beförderung bei freiem Zugang?, NJW 1988, 1828
Hauf, Schwarzfahren im modernen Massenverkehr – strafbar nach § 265 a StGB?, DRiZ 1995, 15
Gern/Schneider, Die Bedienung von Parkuhren mit ausländischem Geld, NZV 1988, 129
Mahnkopf, Forum: Probleme der unbefugten Telefonbenutzung, JuS 1982, 885
Mitsch, Strafbare Überlistung eines Geldspielautomaten, JuS 1998, 307
Schall, Der Schwarzfahrer auf dem Prüfstand des § 265 a StGB, JR 1992, 1

---

[381] Teilband 1, § 2 Rn. 76.
[382] Oben § 1 Rn. 39.
[383] *Arzt/Weber*, BT, § 21 Rn. 25; *Gössel*, BT 2, § 22 Rn. 92; *Schönke/Schröder/Lenckner*, § 265 a Rn. 14; a.A. *Lackner/Kühl*, § 265 a Rn. 8.

G. Kreditbetrug, § 265 b StGB

Übersicht   Rn.
I. Allgemeines 170
   1. Betrugsähnlichkeit 171–172
   2. Rechtsgut 173
   3. Systematik 174
II. Strafbarkeitsvoraussetzungen
   1. Objektiver Tatbestand
      a) Übersicht 175
      b) Täter 176–177
      c) Kreditbezug 178
         aa) Kredit 179
         bb) Antrag 180
         cc) Zusammenhang mit der Tat 181
      d) Täuschung
         aa) Täuschungsgegenstand 182–183
         bb) Täuschungsverhalten und -mittel 184–187
      e) Täuschungsadressat 188
   2. Subjektiver Tatbestand 189
   3. Tätige Reue
      a) Abgrenzung zu § 24 190
      b) Voraussetzungen 191

I. Allgemeines

Der Straftatbestand Kreditbetrug wurde wie der Straftatbestand Subventionsbetrug im Jahr 1976 durch das **1. WiKG** in das StGB eingeführt.[384] Kreditbetrug wird also dem Bereich der **Wirtschaftskriminalität** zugerechnet, was im übrigen auch in § 74 c I Nr. 5 GVG Niederschlag findet.

170

1. Betrugsähnlichkeit

Der Name des Delikts weckt die Erwartung einer betrugsähnlichen Tatbestandsgestalt. Diese Erwartung wird durch § 265 b I erfüllt, hinter deren komplizierter Umschreibung tatbestandsmäßiger Verhaltensweisen – man beachte die Parallele zu § 264 I[385] – sich letztlich nichts anderes verbirgt als spezielle Erscheinungsformen der **Täuschung**. Dehnt man den Vergleich auf die weiteren Merkmale des

171

---

[384] Gesetz vom 29. 7. 1976, BGBl I S. 2034. Ausführlich zur Entstehungsgeschichte LK-*Tiedemann*, § 265 b Rn. 1 ff.
[385] *Gössel*, BT 2, § 23 Rn. 94.

§ 263 aus, kristallisiert sich allerdings in § 265 b I das bereits mehrmals bei anderen Straftatbeständen kennengelernte Bild eines verkümmerten Betrugstatbestands heraus. Der Kreditbetrug basiert zwar auf einem Täuschungsmerkmal, die in § 263 mit der Täuschung verbundenen objektiven Tatbestandsmerkmale Irrtumserregung, Vermögensverfügung und Vermögensschaden finden sich im objektiven Tatbestandes § 265 b I dagegen nicht wieder.[386] Auch das subjektive Betrugsmerkmal „Bereicherungsabsicht" taucht in § 265 b nicht auf.

172 Dennoch sind alle diese Merkmale des „klassischen" Betrugstatbestandes im Rahmen des Kreditbetruges nicht bedeutungslos. Denn tatsächlich erfüllen Taten, die den Tatbestand des § 265 b I erfüllen, in der Regel auch die genannten weiteren objektiven und subjektiven Tatbestandsmerkmale des Betruges. Allerdings muß das nicht immer so sein und mitunter scheitert die Bestrafung aus § 263 an Beweisschwierigkeiten bezüglich eines Betrugsmerkmals.[387] Deshalb verlegt § 265 b die Strafbarkeit vor, indem die Vollendung der Tat bereits mit dem Täuschungsakt synchronisiert wird und die den Betrugstatbestand komplettierenden Tatbestandsmerkmale in die nicht mehr tatbestandsmäßige „Nachtatphase" verlegt werden.[388] Da mit der vollständigen Erfüllung des Tatbestandes das geschützte Rechtsgut (dazu unten Rn. 173) noch nicht verletzt und auch nicht notwendig konkret gefährdet ist, hat der Kreditbetrug den Charakter eines **abstrakten Gefährdungsdelikts**.[389] Der typische Fortgang des Geschehens nach Vollzug des tatbestandsmäßigen Täuschungsaktes wird in § 265 b II angedeutet, wo die Erbringung einer Leistung durch den getäuschten Kreditgeber als eigentliche Rechtsgutsverletzung, um deren Abwendung durch frühzeitigen Zugriff des Strafrechts es geht, sichtbar wird. Diese Leistung ist nichts anderes als eine irrtumsbedingte Vermögensverfügung, die im Normalfall zugleich mindestens eine konkrete Vermögensgefährdung verursacht. Der Kreditbetrug deckt also – soweit seine objektiven Tatbestandsmerkmale reichen – das **Vorfeld des Betruges** ab.[390] Mit seiner Nachtatphase, der das Strafrecht eine für den Schutz des Rechtsguts so große Bedeutung zumißt, daß es hier dem Täter noch eine Möglichkeit strafbefreienden Rücktritts einräumt, deckt der Kreditbetrug das gesamte Betrugsfeld ab.

---

[386] *Arzt/Weber*, BT, § 21 Rn. 4; *Gössel*, BT 2, § 23 Rn. 93; *LK-Tiedemann*, § 265 b Rn. 12.
[387] *Blei*, JA 1976, 807; *Göhler/Wilts*, DB 1976, 1657; *Arzt/Weber*, BT, § 21 Rn. 92; *Tröndle/Fischer*, § 265 b Rn. 3.
[388] *Maurach/Schroeder/Maiwald*, BT 1, § 41 Rn. 187.
[389] BayObLG, wistra 1990, 237; *Otto*, Jura 1989, 24 (29); *Arzt/Weber*, BT, § 21 Rn. 58; *Gössel*, BT 2, § 23 Rn. 92; *Rengier*, BT 1, § 17 Rn. 12; *Wessels/Hillenkamp*, BT 2, Rn. 695 *Lackner/Kühl*, § 265 b Rn. 1; *SK-Günther*, § 265 b Rn. 1; *Schönke/Schröder/Lenckner*, § 265 b Rn. 4; *Tröndle/Fischer*, § 265 b Rn. 6.
[390] BayObJG, wistra 1990, 237; *Müller-Emmert/Maier*, NJW 1976, 1657 (1661); *Arzt/Weber*, BT, § 21 Rn. 56; *Gössel*, BT 2, § 23 Rn. 92; *Wessels/Hillenkamp*, BT 2, Rn. 694; *Lackner/Kühl*, § 265 b Rn. 1; *Schönke/Schröder/Lenckner*, § 265 b Rn. 3; *Tröndle/Fischer*, § 265 b Rn. 6.

2. Rechtsgut

Der Straftatbestand Kreditbetrug schützt das **Vermögen** von Kreditgebern.[391] Allerdings wird der Strafrechtsschutz nicht jedem kreditgewährenden Vermögensinhaber zuteil. Nur „Betriebe und Unternehmen" (§ 265 b I, III Nr. 1) genießen verstärkten strafrechtlichen Vermögensschutz, nicht aber sonstige Darlehensgeber. Erklärt wird dies von der h.M. mit dem hohen Interesse der Allgemeinheit an der **Funktionstüchtigkeit des volkswirtschaftlich wichtigen Kreditwesens** und dessen ein strafrechtliches Schutzbedürfnis begründender Störanfälligkeit. Dieses Interesse sei deswegen auch zweites Schutzgut des § 265 b neben dem Vermögen.[392] Die herrschende These von der doppelten Schutzrichtung des Tatbestandes ist allerdings zweifelhaft und nicht unumstritten.[393] Gefahren für die Kreditwirtschaft und die mit ihr verbundenen Subsysteme – z.b. Arbeitsplätze der Beschäftigten – drohen zudem in mindestens ebenso großem Maße auch aus dem Binnenbereich des Finanzdienstleistungsgewerbes,[394] wie gigantische Pleiten der jüngsten Geschichte – z.b. die „Schneider-Affäre" – belegen. Da dogmatische Konsequenzen – z.b. hinsichtlich der Möglichkeit einer rechtfertigenden Einwilligung – aus der Prämisse – soweit ersichtlich – allenfalls bei der Frage der Konkurrenz mit § 263 gezogen werden,[395] kann der Streit hier vernachlässigt werden.

173

3. Systematik

Die Straftat Kreditbetrug hat in § 265 b nur eine einzige tatbestandliche Ausformung erfahren, die im Absatz 1 recht kompliziert ausgefallen ist. Es gibt also einen **Grundtatbestand,** aber weder Qualifikations- noch Privilegierungstatbestände. Der Versuch ist nicht mit Strafe bedroht, weil das vollendete Delikt selbst materiell –bezogen auf die tatsächliche Verletzung des Rechtsguts Vermögen – Versuchscharakter hat.[396] Die Funktion des nicht anwendbaren § 24 wird folgerichtig durch die **spezielle Rücktrittsregelung** in § 265 b II wahrgenommen. Im Verhältnis zu § 263 ist § 265 b subsidiär.[397]

174

---

[391] BGHSt 36, 130 (132), *Kindhäuser*, JR 1990, 520 (522); *Gössel*, BT 2, § 23 Rn. 92; SK-*Günther*, § 265 b Rn. 2.
[392] *Blei*, JA 1976, 807; *Lenckner*, 40 Jahre, S. 325 (340); *Arzt/Weber*, BT, § 21 Rn. 55, 93; *Wessels/Hillenkamp*, BT 2, Rn. 695; *Lackner/Kühl*, § 265 b Rn. 1; LK-*Tiedemann*, § 265 b Rn. 9; *Schönke/Schröder/Lenckner*, § 265 b Rn. 3; *Tröndle/Fischer*, § 265 b Rn. 6.
[393] Ablehnend *Schubarth*, ZStW 92 (1980), 80 (92); *Kindhäuser*, JR 1990, 520 (522); *Gössel*, BT 2, § 23 Rn. 92; *Maurach/Schroeder/Maiwald*, BT 1, § 41 Rn. 166; SK-*Günther*, § 265 b Rn. 2.
[394] BGHSt 36, 130 (131); *Schubarth*, ZStW 92 (1980), 80 (91).
[395] BGHSt 36, 130 (132); *Otto*, Jura 1989, 24 (31); *Arzt/Weber*, BT, § 21 Rn. 102.
[396] *Tröndle/Fischer*, § 265 b Rn. 6.
[397] *Gössel* BT 2, § 23 Rn. 113; *Maurach/Schroeder/Maiwald*, BT 1, § 41 Rn. 193; *Lackner/Kühl*, § 265 b Rn. 10; SK-*Günther*, § 265 b Rn. 28; a.A. *Arzt/Weber*, BT, § 21 Rn. 102; *Rengier*, BT 1, § 17 Rn. 13; LK-*Tiedemann*, § 265 b Rn. 14; *Schönke/Schröder/Lenckner*, § 265 b Rn. 51 (Tateinheit).

II. Strafbarkeitsvoraussetzungen

1. Objektiver Tatbestand

a) Übersicht

175 Der objektive Tatbestand des Kreditbetrugs ist an sich einfach strukturiert: Er setzt sich zusammen aus Merkmalen, die den Täter, seine Täuschungshandlung und den Adressaten der Täuschung beschreiben. Allerdings wird diese Grobstruktur durch eine Vielzahl spezieller Merkmale verfeinert und verkompliziert. Diese zusätzlichen Merkmale konkretisieren den thematischen Zusammenhang der Tat (Kreditvergabe) und somit das exklusive Milieu, in dem sich die Tat abspielt. Im einzelnen besteht der objektive Tatbestand aus folgenden Merkmalen:

- Täter: Wer
- Kreditbezug der Tat
  Antrag auf Gewährung, Belassung oder Veränderung der Bedingungen eines Kredits für einen Betrieb oder ein Unternehmen oder einen vorgetäuschten Betrieb oder ein vorgetäuschtes Unternehmen
- Tathandlung Nr. 1
  - Täuschungsgegenstand
    wirtschaftliche Verhältnisse
  - Täuschungshandlung
    Vorlage unrichtiger oder unvollständiger Unterlagen (namentlich Bilanzen, Gewinn- und Verlustrechnungen, Vermögensübersichten, Gutachten)
    schriftliche unrichtige oder unvollständige Angaben, die für den Kreditnehmer vorteilhaft sind und für die Entscheidung über eine Antrag erheblich sind
- Tathandlung Nr. 2
  - Täuschungsgegenstand
    Verschlechterungen der in den Unterlagen oder Angaben dargestellten wirtschaftlichen Verhältnisse, die für die Entscheidung über einen Antrag erheblich sind
  - Täuschungshandlung
    Unterlassung der Mitteilung
- Täuschungsadressat
  Betrieb oder Unternehmen

Die Übersicht verdeutlicht noch einmal, daß der Kreditbetrug **kein Erfolgsdelikt** ist,[398] die Herbeiführung eines Vermögensschadens ebensowenig zum objektiven Tatbestand gehört wie ein Irrtum beim Täuschungsadressaten oder eine irrtumsbedingte Vermögensverfügung. Die Tat ist mit der Täuschung vollendet.[399]

---

[398] LK-*Tiedemann*, § 265 b Rn. 12.
[399] BayObLG, wistra 1990, 237; *Blei*, JA 1976, 807 (809); *Arzt/Weber*, BT, § 21 Rn. 98.

b) Täter

Die gesetzliche Fassung des Tatbestandes stellt an die Person des Täters keine besonderen Anforderungen. Täter kann grundsätzlich **jedermann** sein.[400] Kreditbetrug ist also grundsätzlich kein Sonderdelikt (zum Fall des § 265 b I Nr. 2 vgl. unten Rn. 186).[401] Insbesondere braucht der Täter nicht selbst Antragsteller bezüglich der Gewährung eines Kredits usw. zu sein.[402] Der erforderliche Zusammenhang mit einem solchen Antrag (dazu näher unten Rn. 181) kann auch durch die Tat einer Person hergestellt werden, die selbst nicht Antragsteller bzw. Kreditnehmer ist. Aus demselben Grund ist ebenfalls nicht erforderlich, daß der Täter Inhaber oder Mitarbeiter eines Betriebes oder Unternehmens ist.

176

Fraglich ist, ob ein Mitarbeiter des um Kreditgewährung ersuchten Betriebs oder Unternehmens oder sonst eine auf dessen Seite – oder in dessen „Lager" – stehende Person Täter des Kreditbetrugs sein kann. Da der Täter dann zugleich der Opferseite zugerechnet wird, stellt sich seine Tat oberflächlich betrachtet als eine Selbstgefährdung bzw. Selbstschädigung dar. Dieselbe Thematik ist bereits beim Subventionsbetrug erörtert worden (s.o. Rn. 52) und sie ist hier so zu klären wie dort:[403] Soweit der die Tat begehende oder an ihr beteiligte Mitarbeiter für die Bearbeitung des tatgegenständlichen Antrags nicht zuständig ist, bestehen gegen seine Einbeziehung in den Kreis tauglicher Täter keine Bedenken. Handelt es sich dagegen um den Mitarbeiter, der die krediterheblichen Informationen aufzunehmen, zu verarbeiten und letztlich die Entscheidung über den Antrag zu treffen hat, tritt der untreueähnliche Charakter der Tat so sehr in den Vordergrund, daß eine Bezeichnung als Kredit-"Betrug" nicht mehr angebracht erscheint. Zudem richtet sich das Interesse der Allgemeinheit am Schutz des Kreditwesens auf die von der Kreditnehmerseite ausgehenden Gefahren. Für den strafrechtlichen Schutz des kreditgebenden Unternehmens gegen Angriffe „von innen" reicht der Untreuetatbestand aus.[404]

177

c) Kreditbezug

Die Tathandlung muß „im Zusammenhang mit einem Antrag auf Gewährung, Belassung oder Veränderung der Bedingungen eines Kredits für einen Betrieb oder ein Unternehmen oder eine vorgetäuschten Betrieb oder ein vorgetäuschtes Unternehmen" stehen.

178

---

[400] *Göhler/Wilts*, DB 1976, 1657 (1658); *Müller-Emmert/Maier*, NJW 1976, 1657 (1662); *Arzt/Weber*, BT, § 21 Rn. 96; SK-*Günther*, § 265 b Rn. 9; *Schönke/Schröder/Lenckner*, § 265 b Rn. 50.
[401] LK-*Tiedemann*, § 265 b Rn. 24; *Lackner/Kühl*, § 265 b Rn. 4.
[402] *Tröndle/Fischer*, § 265 b Rn. 17.
[403] LK-*Tiedemann*, § 265 b Rn. 114.
[404] BGH, NStZ 2000, 655.

aa) Kredit

179 Das Tatbestandsmerkmal „Kredit" ist in § 265 b III Nr. 2 definiert.[405] Tatbestandsrelevant ist der Kredit nur, sofern er **für einen Betrieb oder ein Unternehmen** beantragt wird.[406] Nicht erfaßt ist ein Kredit, den der Täter dazu benutzen will, einen noch nicht existenten Betrieb zu gründen.[407] Im übrigen macht es aber keinen Unterschied, ob der Betrieb/das Unternehmen wirklich existiert oder nur vorgetäuscht ist. Die Begriffe „Betrieb" und „Unternehmen" sind in § 265 b III Nr. 1 definiert.[408]

bb) Antrag

180 Der Antrag, der den Bezugspunkt der tatbestandsmäßigen Handlung bildet, muß auf Gewährung oder Belassung eines Kredits bzw. auf Veränderung der Kreditbedingungen gerichtet sein.[409] Der Antrag braucht **nicht in schriftlicher** Form gestellt zu werden.[410] Ausreichend ist jede Erklärung, die den Kreditgeber zu einer ihn bindenden Erklärung veranlassen soll.

cc) Zusammenhang mit der Tat

181 Antragsteller und Täter brauchen nicht identisch zu sein.[411] Ein besonderer persönlicher Zusammenhang zwischen Antrag und Tathandlung ist also nicht erforderlich. Ausreichend ist ein **sachlicher** Zusammenhang, der durch den Inhalt der vorgelegten Unterlagen oder Angaben hergestellt wird.[412] Dieser muß geeignet sein, als Grundlage für die Entscheidung über den Kreditantrag zu dienen. Die falschen Angaben müssen also objektiv einen engen thematischen Bezug zu der beantragten Kreditgewährung, Kreditbelassung oder Bedingungsveränderung haben. Es genügt nicht, daß der Täter sich einen solchen Konnex lediglich vorstellt. Obwohl das im Betrugsvorfeld plazierte Delikt Kreditbetrug materiell Versuchscharakter hat, ist der untaugliche Versuch nicht tatbestandsmäßig.

d) Täuschung

aa) Täuschungsgegenstand

182 Thematischer Bezugspunkt aller Täuschungsvarianten in § 265 b I Nr. 1 a, Nr. 1b und Nr. 2 sind jeweils „wirtschaftliche Verhältnisse". Ebenfalls für alle drei Vari-

---

[405] Zu Einzelheiten vgl. LK-*Tiedemann*, § 265 b Rn. 37–52; *Schönke/Schröder/Lenckner*, § 265 b Rn. 11–21.
[406] Krit. zu dieser Einschränkung des Tatbestandes *Maurach/Schroeder/Maiwald*, BT 1, § 41 Rn. 189.
[407] BayObLG, wistra 1990, 237.
[408] Näher dazu LK-*Tiedemann*, § 265 b Rn. 31–36; *Schönke/Schröder/Lenckner*, § 265 b Rn. 7–10.
[409] Dazu *Schönke/Schröder/Lenckner*, § 265 b Rn. 25.
[410] LK-*Tiedemann*, § 265 b Rn. 54.
[411] *Schönke/Schröder/Lenckner*, § 265 b Rn. 28.
[412] LK-*Tiedemann*, § 265 b Rn. 60.

anten relevant sind die Kriterien „für den Kreditnehmer vorteilhaft" und „für die Entscheidung über den Antrag erheblich".

Die täuschungsgegenständlichen **wirtschaftlichen Verhältnisse** sind in dem tatbestandlichen Bezugsrahmen solche ökonomischen Parameter, die die Kreditwürdigkeit des Kreditnehmers konkretisieren, insbesondere das Risiko, das der Kreditgeber eingeht bzw. – umgekehrt – die Sicherheit, die ihm von seiten des Kreditnehmers geboten werden kann. Neben den wirtschaftlichen Verhältnissen des zu kreditierenden Betriebs oder Unternehmens selbst interessieren auch solche von potentiellen Sicherungsgebern – z.B. Bürgen – und Geschäftspartnern des Kreditnehmers, gegen die dieser Forderungen hat. Auch die zu erwartende wirtschaftliche Entwicklung der gesamten Branche, in der der Kreditnehmer tätig ist, kann von Interesse sein.[413] „**Vorteilhaft**" für den Kreditnehmer sind Tatsachen bzw. die Angaben über sie, wenn sie geeignet sind, dessen Kreditwürdigkeit und somit die Bereitschaft des Kreditgebers zur positiven Bescheidung des Antrags zu erhöhen.[414] Aus dem Tatbestand ausgegrenzt werden damit alle Umstände und Tatsachen, die bei wirtschaftlicher Betrachtung entweder keinen Einfluß auf die Kreditwürdigkeit des Kreditnehmers haben oder dessen Kreditwürdigkeit sogar verschlechtern. Die erforderliche **Entscheidungserheblichkeit** ergibt sich aus der betriebswirtschaftlich plausiblen Verknüpfung der vom Kreditnehmer zu liefernden Informationen mit dem anzubahnenden Kreditgeschäft. Tatbestandsmäßig sind deshalb nur Umstände, die ein vernünftiger kaufmännisch denkender und handelnder – sich also einen ökonomischen Vorteil versprechender – Kreditgeber zur unverzichtbaren Grundlage der Entscheidung über den Kreditantrag machen würde.[415] Der Entscheidungshorizont eines Kreditgebers, der mit der Kreditgewährung soziale, ökologische, karitativ-humanitäre oder kulturelle Ziele verfolgt und daher bewußt wirtschaftlich nachteilige Rahmenbedingungen akzeptiert, ist nicht maßgeblich.

bb) Täuschungsverhalten und -mittel

Die Täuschungshandlung ist in § 265 b I Nr. 1 a, Nr. 1 b und Nr. 2 in verschiedene Begehungsformen aufgefächert. Dabei normiert Nr. 1 Täuschungen durch **aktives Tun** und Nr. 2 eine Täuschung durch **Unterlassen**.

Die aktiven Täuschungsformen bestehen in der **Vorlage unrichtiger oder unvollständiger Unterlagen** (Nr. 1 a) und in **schriftlich formulierten unvollständigen oder unrichtigen Angaben** (Nr. 1 b). Unrichtig ist der Inhalt der Unterlagen bzw. Angaben, wenn er von der Wirklichkeit abweicht, unvollständig, wenn der Inhalt auf Grund der Lücken ein falsches, verzerrtes – also letztlich ebenfalls unrichtiges (von der Wirklichkeit abweichendes) – Gesamtbild gibt.[416] Vorgelegt

---

[413] *Gössel*, BT 2, § 23 Rn. 100.
[414] *Gössel*, BT 2, § 23 Rn. 101; *Lackner/Kühl*, § 265 b Rn. 5; SK-*Günther*, § 265 b Rn. 22.
[415] BGHSt 30, 285 (293); *Maurach/Schroeder/Maiwald*, BT 1, § 41 Rn. 192; SK-*Günther*, § 265 b Rn. 20.
[416] Dazu, daß dadurch keine Urkundenfälschung (§ 267) begangen wird, vgl. *Küpper*, BT 1, Teil II, § 1 Rn. 27.

sind die Unterlagen, sobald sie dem Adressaten zugänglich gemacht worden sind und er in der Lage ist, von ihrem Inhalt Kenntnis zu nehmen. Tatsächliche Kenntnisnahme ist nicht erforderlich, intellektuelles Verstehen oder gar Irrtumserregung erst recht nicht.[417] Für die Variante „Angaben machen" gilt entsprechendes: Die Angaben sind gemacht und die Tat ist vollendet, sobald das Schriftstück dem Empfänger als Auskunftsquelle zur Verfügung steht.

186 Die in der **Nichtmitteilung entscheidungselevanter Verschlechterungen** liegende Täuschung durch Unterlassen (Nr. 2) ist ein echtes Unterlassungsdelikt.[418] Allerdings ist dieses Unterlassen tatbestandlich nur erheblich, wenn und soweit es im Zusammenhang mit der aktiven Vorlage der Unterlagen oder schriftlichen Angaben steht. Täter des Unterlassungsdelikts kann deshalb nur derjenige sein, der die in Bezug genommene Unterlagen oder Angaben vorgelegt hat. Insofern ist der Kreditbetrug ein Sonderdelikt. Da die unterlassene Mitteilung den Zweck hat, den Empfänger über Umstände aufzuklären, die in engem thematischen Zusammenhang mit dem Inhalt dieser Informationsträger stehen, ist fraglich, worin der Unterschied zu den von § 265 b I Nr. 1 erfaßten Täuschungsformen – insbesondere der Vorlage unvollständiger Unterlagen – besteht. Denn wenn der Täter Unterlagen vorlegt oder schriftliche Angaben macht, die zwischenzeitlich – also im Zeitraum zwischen der Erstellung der Unterlagen bzw. schriftlichen Angaben und ihrer Vorlage – eingetretene wirtschaftliche Verschlechterungen nicht verlautbaren, legt er unrichtige oder unvollständige Unterlagen bzw. Angaben vor. Deshalb wird das Verschweigen von Verschlechterungen der wirtschaftlichen Situation häufig schon als konkludente Täuschung von § 265 b I Nr. 1 erfaßt sein.[419] Allerdings setzt das voraus, daß der Täter seinen Angaben bei der Vorlage aktuelle Richtigkeit und Vollständigkeit zuschreibt. Tut er das nicht, bedeutet die Vorlage der die aktuellen Verhältnisse nicht mehr richtig bzw. vollständig darstellenden Unterlagen bzw. Angaben keine aktive Täuschung. Denn unrichtig oder unvollständig sind diese nur, soweit man ihren Inhalt in Beziehung setzt zu der Realität im Zeitpunkt der Vorlage. Diese Realität ist aber gar nicht Verlautbarungsgegenstand der Unterlagen bzw. Angaben. Da die Unterlagen bzw. schriftlichen Angaben nämlich zu einem früheren Zeitpunkt verfaßt worden sind und ihr Inhalt sich somit nur auf die früheren wirtschaftlichen Verhältnisse bezieht, sind sie insofern – also auf den früheren Zeitpunkt bezogen – wahr und vollständig, also nicht unrichtig und unvollständig. Die Unterlagen bzw. Angaben maßen sich also gar nicht an, auch in Hinblick auf die wirtschaftlichen Verhältnisse im Vorlagezeitpunkt noch richtig und vollständig zu sein. Sie sind zwar nicht mehr auf dem neuesten Stand, deswegen aber nicht unwahr. Folglich kann ihre Vorlage nicht als aktive Täuschung über die aktuelle wirtschaftliche Lage qualifiziert werden. Die Tatbestandsvariante Nr. 2 ist deshalb zur Vervollständigung des straf-

---

[417] *Maurach/Schroeder/Maiwald*, BT 1, § 41 Rn. 192; *Lackner/Kühl*, § 265 b Rn. 5; *Schönke/Schröder/Lenckner*, § 265 b Rn. 43.

[418] *Arzt/Weber*, BT, § 21 Rn. 100; *Lackner/Kühl*, § 265 b Rn. 6; *Schönke/Schröder/Lenckner*, § 265 b Rn. 44; a.A. SK-*Günther*, § 265 b Rn. 23: Täuschungshandlung.

[419] *Lackner/Kühl*, § 265 b Rn. 6; *Schönke/Schröder/Lenckner*, § 265 b Rn. 44.

rechtlichen Kreditgeberschutzes vor vermögensgefährdenden Informationslücken erforderlich.

> **Beispiel:** Die Unterlagen, die Küchenhersteller T der um Kreditgewährung ersuchten Bank O vorlegt, enthalten auch einen Auftrag des X über Anfertigung und Einbau einer Küche in das neue Einfamilienhaus des X. Das Auftragsvolumen beträgt 75 000 DM. Nachdem die Küche eingebaut ist, gerät X in Zahlungsschwierigkeiten. Die Rechnung des T bezahlt X nicht. Zwar könnten die Küchenteile wieder ausgebaut werden, hätten dann aber für T keinen Wert mehr, da es sich um eine Spezialanfertigung handelt. T legt der O den von X erteilten Auftrag vor. Die Zahlungsschwierigkeiten des X erwähnt er dabei nicht.

Die von T vorgelegten Unterlagen über den von X erhaltenen Auftrag geben einen Teil der wirtschaftlichen Gesamtsituation des T zutreffend wieder, soweit man die „wirtschaftlichen Verhältnisse" auf eine „Momentaufnahme" im Zeitpunkt der Auftragserteilung beschränkt. Der erteilte Auftrag begründete für T Einnahmeerwartungen in Höhe von 75 000 DM. Diese frühere Situation ist in den Unterlagen auch im Zeitpunkt der Vorlage bei O noch wahrheitsgemäß dargestellt worden, woran die inzwischen eingetretene Zahlungsunfähigkeit des X nichts geändert hat. Allerdings interessiert den O die aktuelle wirtschaftliche Situation des T und deshalb unter anderem die Bonität der gegen X bestehenden Werklohnforderung. Darüber verhalten sich die vorgelegten Unterlagen nicht, so daß ihre schlichte Vorlage nicht als tatbestandsmäßiges Täuschungsverhalten nach § 265 b I Nr. 1 a oder Nr. 1 b bewertet werden kann. Allerdings begründet die Vorlage die Pflicht des T zur Aufklärung des O über die inzwischen eingetretenen Veränderungen. Das Verschweigen der Zahlungsschwierigkeiten des X erfüllt deshalb den Tatbestand des § 265 b I Nr. 2.

In zeitlicher Hinsicht begrenzt § 265 b I Nr. 2 die Mitteilungspflicht auf Verschlechterungen, die **bis zum Zeitpunkt der Vorlage** bereits eingetreten sind. Spätere Ereignisse braucht der Kreditnehmer nicht unaufgefordert mitzuteilen.[420] Darin spiegelt sich eine vernünftige gesetzliche Risikoverteilung wider, die vor allem die Selbstschutzobliegenheiten des Kreditgebers mobilisiert. Der Kreditgeber kann sich die Nachhaltigkeit des strafrechtlichen Schutzes gegenüber späteren Vermögensgefährdungen einfach dadurch sichern, daß er von dem Kreditnehmer in regelmäßigen Abständen die Einreichung aktualisierter Unterlagen über seine wirtschaftlichen Verhältnisse verlangt. Auf diese Weise wird eine fortlaufende tatbestandsrelevante Beziehung zu den sich verändernden wirtschaftlichen Verhältnissen hergestellt. Unterläßt der Kreditgeber diese zumutbare Selbstschutzmaßnahme, verwirkt er seine strafrechtliche Schutzwürdigkeit. Den daraus etwa resultierenden Schaden hat er sich dann selbst zuzuschreiben.[421] Aus diesem Grund kann die Informationszurückhaltung des Kreditnehmers entgegen der h.M.[422] auch nicht als Betrug durch Unterlassen nach §§ 263, 13 erfaßt werden.

187

---

[420] *Arzt/Weber*, BT, § 21 Rn. 100; *Lackner/Kühl*, § 265 b Rn. 6; SK-*Günther*, § 265 b Rn. 24; *Schönke/Schröder/Lenckner*, § 265 b Rn. 47; *Tröndle/Fischer*, § 265 b Rn. 26.
[421] *Arzt/Weber*, BT, § 21 Rn. 57.
[422] *Arzt/Weber*, BT, § 21 Rn. 100 Fn. 116; *Lackner/Kühl*, § 265 b Rn. 6; *Schönke/Schröder/Lenckner*, § 265 b Rn. 47; *Tröndle/Fischer*, § 265 b Rn. 26.

Beispiel: (Abwandlung des obigen Beispiels Rn. 186) Als T der O die Unterlagen vorlegte, sprach noch nichts dafür, daß X die Rechnung nicht würde bezahlen können. Die Zwischen- und Schlußrechnungen der anderen an dem Bau beteiligten Unternehmen hatte X bis dahin anstandslos bezahlt. Nachdem O dem T den beantragten Kredit bewilligt hat, gerät X plötzlich in erhebliche Zahlungsschwierigkeiten. Die Rechnung des T bezahlt er auch nach mehreren Erinnerungen und Mahnungen nicht. T weiß, daß dies die Erfüllung seiner eigenen Zins- und Tilgungspflichten gegenüber O gefährden wird. Dennoch teilt er der O nichts davon mit.

Die von T der O vorgelegten Unterlagen sind weder unrichtig noch unvollständig, eine Strafbarkeit aus § 265 b I Nr. 1 a oder b kommt daher nicht in Betracht. Da sich die kritische Entwicklung der finanziellen Situation des X erst nach Vorlage der Unterlagen anbahnte, konnte T der O auch bei Vorlage seiner Unterlagen keine diesbezüglichen Mitteilungen machen. Also ist auch § 265 b I Nr. 2 nicht erfüllt. Das Verschweigen von kreditentscheidungserheblichen Tatsachen nach Einreichung der Antragsunterlagen wird vom Tatbestand des § 265 b I nicht erfaßt. Die h.M. würde jedoch eine Strafbarkeit wegen versuchten Betrugs durch Unterlassen (§§ 263 II, 22, 13) in Erwägung ziehen, wobei als Grundlage der Garantenstellung die vertragliche Beziehung zwischen T und O angeführt werden könnte. Nach der hier vertretenen Meinung ist das Verhalten des T straflos.

e) Täuschungsadressat

188 Empfänger der tatbestandsmäßigen Unterlagen, Angaben oder Mitteilungen kann nur ein **Betrieb** oder **Unternehmen** sein. Da „Betrieb" und „Unternehmen" keine Bezeichnungen für Personen sind, Täuschungshandlungen aber nur gegenüber Menschen möglich sind,[423] muß als realer Adressat eine natürliche Person auftreten, deren Verhalten im Zusammenhang mit dem krediterheblichen Informationsaustausch dem Betrieb oder Unternehmen zugerechnet wird. Dies hängt nicht von einer bestimmten Position oder Funktion dieser Person in dem Betrieb oder Unternehmen ab, sondern davon, ob die Erklärungsabgabe dieser Person gegenüber zur Folge hat, daß die Informationen in den betriebs- oder unternehmensinternen Entscheidungsprozeß einfließen.

2. Subjektiver Tatbestand

189 Der subjektive Tatbestand setzt **Vorsatz** voraus, § 15, wobei dolus eventualis genügt.[424] Leichtfertigkeit reicht – anders als bei § 264 III – zur Strafbarkeitsbegründung nicht aus.[425] Eine „überschießende" Vermögensschädigungsabsicht ist ebensowenig erforderlich wie eine Bereicherungsabsicht.

3. Tätige Reue

a) Abgrenzung zu § 24

190 Da das **formell vollendete** Delikt bei materieller Betrachtung nur Versuchs- oder Vorbereitungscharakter – bezogen auf den drohenden Schaden am Vermögen

---

[423] Teilband 1, § 7 Rn. 33.
[424] LK-*Tiedemann*, § 265 b Rn. 97.
[425] *Arzt/Weber*, BT, § 21 Rn. 101.

des Kreditgebers – hat, ist der Versuch nicht mit Strafe bedroht. Den „Versuch des Versuchs" unter Strafdrohung zu stellen wäre unverhältnismäßig gewesen.[426] Einen strafbaren Versuch im formellen Sinne gibt es beim Kreditbetrug also nicht. Deshalb kommt auch die auf Versuche i.S. d. §§ 22, 23 bezogene Rücktrittsvorschrift des § 24 nicht zur Anwendung. Jedoch können die rationes legis, die dem § 24 zugeschrieben werden,[427] auch nach formell-tatbestandsmäßiger Vollendung des Kreditbetrugs in Bemühungen Gestalt annehmen, mit denen der Täter den durch die Tat in Gang gesetzten vermögensbedrohenden Geschehensverlauf zu stoppen bzw. umzukehren und so den Eintritt eines Vermögensschadens zu verhindern sucht. In einem solchen Fall wäre es unbefriedigend, wenn die Um- bzw. Rückkehr des Täters zur Legalität nur deswegen nicht privilegierend berücksichtigt werden könnte, weil die gesetzestechnische Vorverlegung der Vollendungsstrafbarkeit den materiellen Versuch zur formellen Vollendung gemacht und somit dem Anwendungsbereich des § 24 entzogen hat. Das teleologisch begründete und daher wünschenswerte Surrogat für den ausscheidenden § 24 ist beim Kreditbetrug die Vorschrift des § 265 b II, die eine rücktrittsähnliche Privilegierung für ein **rücktrittsähnliches Verhalten nach formell vollendeter Tat** ermöglicht.[428] Die Rechtsfolge des § 265 b II ist wie bei § 24 Straflosigkeit, also nicht bloß ins gerichtliche Ermessen gestelltes Absehen von Strafe oder Strafmilderung. Weil somit die Voraussetzungen einer Straftat im Falle des § 265 b II nicht vorliegen, wird der Täter im Strafverfahren nicht schuldig, sondern freigesprochen.[429] Auch die Last der Verfahrenskosten und der verfahrensbedingten Auslagen bleibt dem Täter erspart, vgl. §§ 465 I 2, 467 I StPO. Beinhaltet der formell vollendete Kreditbetrug zugleich einen Betrugsversuch, richtet sich die Aufhebung der Strafbarkeit aus §§ 263 II, 22 nach § 24.[430]

b) Voraussetzungen

Die Vorschrift des § 265 b II S. 1 ist der Regelung des **kausalen**[431] **Rücktritts** vom beendeten Versuch (§ 24 I 1 Alt. 2) nachempfunden. Der Zurücktretende muß durch schadensabwendende Aktivitäten dafür sorgen, daß die beantragte Leistung vom Kreditgeber nicht erbracht wird. Dazu genügt es auch, den durch die Tat angebahnten Zusammenhang zwischen Leistung und Tat zu unterbrechen: Berichtigt oder vervollständigt der Täter nachträglich seine ursprünglich falschen oder unvollständigen Angaben und gibt der Kreditgeber dem Antrag in Kenntnis der neuen Informationen dennoch statt, hat der Täter bewirkt, daß die beantragte Leistung nicht mehr „auf Grund der Tat" erbracht wird.[432] § 265 b II S. 2

191

---

[426] *Arzt/Weber*, BT, § 21 Rn. 60.
[427] Dazu *Kühl*, AT, § 16 Rn. 4 ff.
[428] *Arzt/Weber*, BT, § 21 Rn. 60.
[429] Vorausgesetzt, er wird überhaupt angeklagt (§§ 170 I StPO) und das Hauptverfahren gegen ihn wird eröffnet (§ 203 StPO).
[430] LK-*Tiedemann*, § 265 b Rn. 105; *Tröndle/Fischer*, § 265 b Rn. 28.
[431] Zu dieser Terminologie vgl. *Baumann/Weber/Mitsch*, § 27 Rn. 9.
[432] LK-*Tiedemann*, § 265 b Rn. 104.

normiert die Strafbefreiungsvoraussetzungen des **nichtkausalen Rücktritts** und entspricht somit dem § 24 I 2. Unvollständig und ergänzungsbedürftig ist der Text des § 265 b II insofern, als er sowohl in Satz 1 als auch in Satz 2 nur vom zurücktretenden „Täter" spricht. Straflosigkeit können in entsprechender Anwendung des § 24 II aber auch **Tatbeteiligte** erlangen, wenn sie durch eigenes Handeln die Leistungserbringung verhindern bzw. sich ernsthaft darum bemühen.[433]

III. Kontrollfragen

1. Wann wurde § 265 b in das StGB eingefügt? (Rn. 170)
2. Welches Gericht ist in 1. Instanz für die Verhandlung über eine Tat, die nach der Anklage den Tatbestand des § 265 b erfüllt, sachlich zuständig? (Rn. 170)
3. Welche Tatbestandsmerkmale des § 263 sind auch im Tatbestand des § 265 b I enthalten? (Rn. 171)
4. Ist der Kreditbetrug ein konkretes Vermögensgefährdungsdelikt? (Rn. 172)
5. Welches Rechtsgut bzw. welche Rechtsgüter schützt § 265 b? (Rn. 173)
6. Wer kann Täter des Kreditbetrugs sein? (Rn. 176, 177)
7. Welche Tatbestandsalternative des § 265 b I hat den Charakter eines echten Unterlassungsdelikts? (Rn. 186)
8. Ist es tatbestandsmäßiger Kreditbetrug, wenn der T seinen Arbeitskollegen A durch falsche Informationen über seine Vermögensverhältnisse dazu bringen will, ihm 1000 DM zu „leihen"? (Rn. 188)
9. Welche Rechtsfolge ergibt sich, wenn der Täter die Voraussetzungen des § 265 b II erfüllt? (Rn. 190)
10. Kommt § 265 b II auch einem Anstifter oder Gehilfen zugute? (Rn. 191)

IV. Literatur

Blei, Das Erste Gesetz zur Bekämpfung der Wirtschaftskriminalität vom 20. Juli 1976, JA 1976, 741

Göhler/Wilts, Das Erste Gesetz zur Bekämpfung der Wirtschaftskriminalität (II), DB 1976, 1657

Müller-Emmert/Maier, Das Erste Gesetz zur Bekämpfung der Wirtschaftskriminalität, NJW 1976, 1657

Schubarth, Das Verhältnis von Strafrechtswissenschaft und Gesetzgebung im Wirtschaftsstrafrecht, ZStW 92 (1980), 80

---

[433] *Blei*, JA 1976, 807 (810); LK-*Tiedemann*, § 265 b Rn. 109; *Schönke/Schröder/Lenckner*, § 265 b Rn. 49.

H. Wettbewerbsbeschränkende Absprachen bei Ausschreibungen, § 298 StGB

Übersicht Rn.

I. Allgemeines
  1. Betrugsähnlichkeit und Entstehungsgeschichte 192–194
  2. Rechtsgut 195–196
II. Strafbarkeitsvoraussetzungen
  1. Objektiver Tatbestand
    a) Übersicht 197
    b) Ausschreibung 198–200
    c) Rechtswidrige Absprache 201–206
    d) Täter 207
    e) Abgabe des Angebots 208–210
    f) Zusammenhang von Absprache und Angebot 211
  2. Subjektiver Tatbestand
    a) Vorsatz 212
    b) Ziel der Absprache 213
  3. Tätige Reue 214

I. Allgemeines

1. Betrugsähnlichkeit und Entstehungsgeschichte

Die Themen „Betrugsähnlichkeit" und „Entstehungsgeschichte" sind bei dem in 192 § 298 normierten Straftatbestand eng miteinander verwoben. Lange Zeit herrschte nämlich die Ansicht vor, daß die sog. „**Submissionsabsprachen**", die dem Tatbild des § 298 entsprechen, nicht von § 263 erfaßt werden, weil es am Betrugsmerkmal „Vermögensschaden" fehle.[434] Dies war zunächst auch die Ansicht der Rechtsprechung.[435] Im Jahr 1992 brachte aber eine aufsehenerregende und vielkommentierte Entscheidung des BGH[436] eine Wende. In dieser Entscheidung legte der BGH dar, daß sich die Erfüllung des Tatbestandsmerkmals „Vermögensschaden" sehr wohl begründen lasse und Strafbarkeit wegen Betruges deshalb zu bejahen sei.[437] Danach wäre die Schaffung eines speziellen betrugsähnlichen Straftatbestandes zur Schließung von Strafbarkeitslücken nicht mehr erforderlich gewesen.[438] Die Begründung des BGH vermochte jedoch nicht

---

[434] A. A. aber z.B. *Tiedemann*, in: Immenga/Mestmäcker, GWB, 2. Aufl. 1992, vor § 38 Rn. 60.
[435] BGHSt 16, 367 (373).
[436] BGHSt 38, 186 ff.
[437] Ausführlich zu dem Problem und zu der Entscheidung Wabnitz/Janovsky-*Dannecker*, Kap. 15 Rn. 110 ff.
[438] *Korte*, NStZ 1997, 513 (516): „Auf den ersten Blick überraschend ..."; nach *Arzt/Weber*, BT, § 21 Rn. 107 kam die gesetzgeberische Maßnahme „zu spät".

zu überzeugen und stieß daher in der Literatur überwiegend auf Ablehnung. Zudem scheitert eine Verurteilung aus § 263 trotz der dogmatisch-theoretischen Unbedenklichkeitsbescheinigung des BGH oft an praktischen Nachweis- und Berechnungsschwierigkeiten.[439] Der Gesetzgeber nahm deshalb im Jahr 1997 die Gelegenheit wahr, im Zusammenhang mit einem größeren „Maßnahmenpaket" zur Bekämpfung der Korruption (KorrBG)[440] auch zu dem umstrittenen Thema „Submissionsbetrug" ein klärendes Wort zu sprechen und der Kontroverse um die Anwendbarkeit des § 263 durch Schaffung eines Sondertatbestandes die praktische Relevanz zu nehmen.[441]

193 Tatbestandlich bedeutsame Gemeinsamkeiten mit dem Betrug des § 263 hat das von § 298 erfaßte Verhalten insofern, als das den objektiven Tatbestand erfüllende „Angebot" im typischen Fall die Qualität einer **Täuschung** – über die zugrundeliegende rechtswidrige Absprache[442] – hat,[443] den Angebotsempfänger in einen **Irrtum** versetzt und zu einer als **Vermögensverfügung** qualifizierbaren Handlung – Annahme des Angebots – veranlaßt. Der Grund dafür, daß die Tat letztlich doch nicht von § 263 erfaßt wird oder dies jedenfalls äußerst zweifelhaft ist, liegt in dem objektiven Betrugstatbestandsmerkmal „**Vermögensschaden**".[444] Die Beeinflussung des Angebotspreises durch unerlaubte Absprachen hat zwar zur Folge, daß der Täter die Leistung zu einem höheren Preis anbietet, als dies ohne Absprachen der Fall wäre, der Vertragspartner also durch die Absprache um die Chance eines günstigeren Angebotes und damit eines günstigeren Preis-Leistungs-Verhältnisses gebracht wird. Jedoch muß die Preissteigerung nicht zwangsläufig ein Mißverhältnis von Leistung und Gegenleistung zur Folge haben. Die angebotene Leistung kann trotz eines auf Absprache beruhenden Preisniveaus immer noch diesen Preis wert sein.[445] Das Vermögen des Leistungsempfängers wird deshalb nicht geschädigt, weil er für den gezahlten Preis eine mindestens gleichwertige Gegenleistung erhält.[446] Der Verlust der Aussicht auf einen noch günstigeren Preis ändert daran nichts, weil diese Aussicht selbst in der Regel (noch) kein Vermögensgut und deshalb in die Schadensberechnung nicht einzubeziehen ist.[447] Nach dieser – vom BGH allerdings nicht geteilten[448] (s.o.

---

[439] *Möhrenschlager*, JZ 1996, 822 (829); *Korte*, NStZ 1997, 513 (516).
[440] Kurzer Überblick bei *Korte*, NJW 1997, 2556; *Wabnitz/Janovsky-Dannecker*, Kap. 15 Rn. 121 ff.
[441] Krit. dazu *Otto*, wistra 1999, 41 (46).
[442] Die Verheimlichung oder Unterdrückung der Absprache ist allerdings keine Strafbarkeitsvoraussetzung; *Otto*, wistra 1999, 41; *Wessels/Hillenkamp*, BT 2, Rn. 700. Insoweit ist die Aussage, daß § 298 StGB kein Täuschungselement enthalte (siehe folgende Fn. 443), zutreffend.
[443] *Arzt/Weber*, BT, § 21 Rn. 109; *Schönke/Schröder/Cramer*, § 263 Rn. 16 f.; nach *Wolters*, JuS 1998, 1100 (1102); *Tröndle/Fischer*, § 298 Rn. 1 fehle in § 298 das Täuschungsmoment.
[444] *Bruns*, NStZ 1983, 385 (387); *Jaath*, FS Schäfer, S. 89 (100); *Joecks*, wistra 1992, 247 (251); *Lüderssen*, wistra 1995, 243 (246); *Ranft*, wistra 1994, 41 (43).
[445] *Tröndle/Fischer*, § 298 Rn. 4.
[446] Zu dieser Methode der Schadensermittlung (Saldierung) vgl. Teilband 1, § 7 Rn. 99 ff.
[447] Teilband 1, § 7 Rn. 104; LK-*Lackner*, § 263 Rn. 195; *Schönke/Schröder/Cramer*, § 263 Rn. 137 a.

Rn. 192) – Auffassung, waren Submissionsabsprachen vor dem KorrBG strafrechtlich nicht erfaßt und nur als Ordnungswidrigkeit aus dem früheren § 38 I Nr. 1 und Nr. 8 GWB ahndbar.

Der Gesetzgeber scheint der Betrugsähnlichkeit des Tatbestandes allerdings keine normprägende Wirkung zugemessen zu haben.[449] Dies zeigen die Plazierung in § 298 statt z.b. in unmittelbarer Nachbarschaft des § 263 als § 263 b oder § 264 b, sowie das Fehlen jeglicher Bezugnahme auf § 263 – vgl. §§ 263 a II, 264 III – im Absatzgefüge des § 298.

194

2. Rechtsgut

Der Straftatbestand schützt primär das überindividuelle Interesse an einem freien, fairen und redlichen **Wettbewerb** im Wirtschaftsleben.[450] Das Prinzip des Wettbewerbs ist ein essentielles Element einer marktwirtschaftlichen, leistungsbetonten und gerechten Wirtschaftsordnung. Es mobilisiert das kreative und innovative Potential, das in einer Gesellschaft und ihren Mitgliedern steckt und sichert so ökonomischen, technologischen und – wenn der Krafteinsatz von der Politik in die richtige Richtung gelenkt wird – durchaus auch sozialen, kulturellen und ökologischen Wohlstand, Fortschritt und Stabilität. Das Funktionieren einer solchen Ordnung setzt die Existenz einer Vielzahl von miteinander konkurrierenden Akteuren und ein Gleichgewicht der Anbieter- und Nachfragerseite voraus. Manipulationen auf der Anbieterseite können einerseits zu einer Verdrängung von Mitbewerbern und somit einer Tendenz der Oligopolisierung oder Monopolisierung führen. Marktverdrängung durch gegenseitiges Unterbieten bei der Preisgestaltung bis hin zum ruinösen „Dumping" mag zunächst den Konsumenten erfreuen, weil er Waren und Dienstleistungen zu günstigen Preisen erwerben kann. Diese Freude währt jedoch nur vorübergehend, denn im Anschluß an die Verdrängung der Mitbewerber, denen in der Preisspirale nach unten die Luft ausgegangen ist, entstehen Konzentrationen, die die Machtverhältnisse nicht nur im Anbieterlager selbst, sondern auch zwischen Anbietern und Nachfragern zum Nachteil der letzteren verschieben. Die verbliebenen Anbieter können mangels Konkurrenz die Preise diktieren und nach oben treiben. Wo kein Wettbewerb zwischen Anbietern mehr stattfindet, kann die Seite der Nachfrager preisdämpfende Wirkung allenfalls durch Nachfragereduktion entfalten. Konsumverzicht ist aber nur begrenzt möglich und bei lebenswichtigen Gütern und Leistungen praktisch ausgeschlossen, letztlich also kein Ausweg. Wettbewerbsbeschränkungen und -behinderungen haben also letztlich inflationären Effekt, indem sie die Teuerungsrate steigen lassen und die Kaufkraft der Bürger verringern.

195

---

[448] BGHSt 38, 186 (190 ff.).

[449] Auch nach *Lackner/Kühl*, § 298 Rn. 1 regele die Vorschrift kein betrugsähnliches Vermögensdelikt.

[450] *Otto*, wistra 1999, 41; *ders.*, Jura 1989, 24 (34); *Möhrenschlager*, JZ 1996, 822 (829); *Wabnitz/Janovsky-Dannecker*, Kap. 15 Rn. 125; *Krey*, BT 2, Rn. 534 b; *Wessels/Hillenkamp*, BT 2, Rn. 699; *Joecks*, § 298 Rn. 1; *Lackner/Kühl*, § 298 Rn. 1; *Tröndle/Fischer*, § 298 Rn. 5; krit. *Oldigs*, wistra 1998, 291 (294).

196 Die wettbewerbsbeschränkende Absprache ist somit in erster Linie ein Delikt gegen die **Volkswirtschaft** und somit gemeinschädlich. Die Eigenschaft des Delikts als Wirtschaftsstraftat spiegelt auch die gerichtliche Zuständigkeitsregelung wider: Auf landgerichtlicher Ebene ist die Wirtschaftsstrafkammer sachlich zuständig, § 74 c I Nr. 5 a GVG. Daneben, wenngleich eher im Hintergrund stehend, verdient auch der Aspekt der individuellen **Vermögensschädigung** Beachtung.[451] Zum einen wird die Marktposition der „lauteren" Mitbewerber beeinträchtigt, zum anderen verändert sich in der konkreten Beziehung zwischen Leistungsanbieter und Leistungsempfänger das Preis-Leistungs-Verhältnis zum Nachteil des letzteren. Die Strafvorschrift des § 298 StGB dient also auch dem Schutz vor diesen vermögensmindernden oder vermögensgefährdenden Auswirkungen.[452] Daher ist die Einbeziehung des Tatbestandes in das Gesamtsystem „Vermögensdelikte" rechtsgutstheoretisch gerechtfertigt.

II. Strafbarkeitsvoraussetzungen

1. Objektiver Tatbestand

a) Übersicht

197 Der objektive Tatbestand setzt sich aus folgenden Merkmalen zusammen:

- Täter: Wer
- Tatsituation:
  - Ausschreibung
    - über Waren
    - oder über gewerbliche Leistungen
  - rechtswidrige Absprache
- Tathandlung: Angebotsabgabe
- Beruhens-Zusammenhang zwischen Absprache und Angebot

Die Übersicht macht deutlich, daß der objektive Tatbestand kein Erfolgsmerkmal enthält. Die Vollendung der Tat ist nicht davon abhängig, daß der „Veranstalter" das Angebot annimmt. Erst recht kommt es nicht darauf an, daß die Vermögenslage des Veranstalters durch die Tat bzw. eine Angebotsannahme tatsächlich verschlechtert wird. Zur Tatbestandserfüllung – also für die Vollendung der Tat – ausreichend ist die auf Annahme zielende Abgabe des Angebots.[453] Die

---

[451] *Baumann,* FS Oehler, S. 291 (297).
[452] *Wolters,* JuS 1998, 1100 (1102); *Otto,* Jura 1989, 24 (34); *Arzt/Weber,* BT, § 21 Rn. 109; *Krey,* BT 2, Rn. 534 b; *Otto,* BT, § 61 Rn. 141; *Rengier,* BT 1, § 13 Rn. 101 a; *Wessels/Hillenkamp,* BT 2, Rn. 699; *Lackner/Kühl,* § 298 Rn. 1.
[453] *Oldigs,* wistra 1998, 291 (293); *Lackner/Kühl,* § 298 Rn. 7.

Tat hat daher den Charakter eines **abstrakten Gefährdungsdelikts**.[454] Strafbarkeitserheblich werden die über die Angebotsabgabe hinausreichenden und ihr nachfolgenden Ereignisse (Angebotsannahme, Leistungserbringung) erst unter dem Gesichtspunkt der „tätigen Reue", § 298 III (näher dazu unten Rn. 214).

b) Ausschreibung

Den situativen Rahmen der Tat („bei einer ...) setzt die **Ausschreibung** bzw. der **Teilnahmewettbewerb** (Absatz 2). Die Ausschreibung ist eine formalisierte „invitatio ad offerendum", durch die der „Veranstalter" einen größeren Kreis potentieller Anbieter zur Abgabe von Angeboten auffordert. Als „Veranstalter" kommen primär der Staat bzw. kommunale Selbstverwaltungskörperschaften – die „öffentliche Hand" – in Betracht.[455] Ausschreibungen gehen aber auch häufig der Auftragserteilung durch privatwirtschaftliche Auftraggeber voraus, so daß der Tatbestand auch in diesem Bereich anwendbar ist.[456] Die Geltung der Verdingungsordnung für Bauleistungen (VOB/A), der Verdingungsordnung für Leistungen (VOL/A) oder der Verdingungsordnung für freiberufliche Leistungen (VOF) in dem tatgegenständlichen Vergabeverfahren wird die Regel sein, zwingende Voraussetzung der Tatbestandsmäßigkeit ist das aber nicht. Die Ausgestaltung des Vergabeverfahrens muß aber zumindest dem der VOB/A, VOL /A oder VOF ähneln. Man unterscheidet öffentliche und beschränkte Ausschreibungen. Letztere richten sich an einen von vornherein begrenzten Kreis potentieller Anbieter, die direkt zur Angebotsangabe aufgefordert werden. Der Straftatbestand erfaßt beide Ausschreibungsarten.[457]

198

Gegenstand der Ausschreibung sind Waren oder gewerbliche Leistungen. **Ware** ist jedes dingliche Wirtschaftsgut des wirtschaftlichen Verkehrs. Außer beweglichen Sachen sind auch Immobilien und Rechte aller Art Waren.[458] **Gewerbliche Leistungen** sind Dienstleistungen, die im legalen geschäftlichen Verkehr – also nicht gefälligkeitshalber, im Wege der „Nachbarschaftshilfe" oder als Schwarzarbeit – erbracht werden. Leistungserbringer sind nicht nur Gewerbetreibende, sondern Unternehmen aller Art i.S. des § 1 GWB und damit auch Freiberufler, z.B. Architekten.[459]

199

---

[454] *Otto*, wistra 1999, 41; *Wolters*, JuS 1998, 1100 (1102); *Bangard*, wistra 1997, 161 (167); *Wabnitz/Janovsky-Dannecker*, Kap. 15 Rn. 126; *Krey*, BT 2, Rn. 534 b; *Maurach/Schroeder/Maiwald*, BT 2, § 68 Rn. 2; *Otto*, BT, § 61 Rn. 142; *Wessels/Hillenkamp*, BT 2, Rn. 699; *Joecks*, § 298 Rn. 1; *Lackner/Kühl*, § 298 Rn. 1; *Tröndle/Fischer*, § 298 Rn. 5.
[455] *Lackner/Kühl*, § 298 Rn. 2.
[456] *Möhrenschlager*, JZ 1996, 822 (830); *Kleinmann/Berg*, BB 1998, 277 (279); *Wolters*, JuS 1998, 1100 (1101); *Wabnitz/Janovsky-Dannecker*, Kap. 15 Rn. 128; *Arzt/Weber*, BT, § 21 Rn. 110; *Wessels/Hillenkamp*, BT 2, Rn. 700; *Tröndle/Fischer*, § 298 Rn. 3.
[457] *Möhrenschlager*, JZ 1996, 822 (830); *Kleinmann/Berg*, BB 1998, 277 (279); *Wolters*, JuS 1998, 1100 (1101).
[458] *Lackner/Kühl*, § 298 Rn. 2; *Tröndle/Fischer*, § 298 Rn. 10.
[459] *Kleinmann/Berg*, BB 1998, 277 (279); *Wolters*, JuS 1998, 1100 (1101); *Lackner/Kühl*, § 298 Rn. 2; *Tröndle/Fischer*, § 298 Rn. 10.

200 Der Ausschreibung gleichgestellt ist die **freihändige Vergabe eines Auftrags**, wenn ihr ein Teilnahmewettbewerb vorausgegangen ist, § 298 Abs. 2. Vergabeverfahren ohne vorausgegangenen Teilnahmewettbewerb liegen außerhalb des Tatbestandes. Illegale Praktiken in diesem Bereich können als Ordnungswidrigkeit nach § 81 I Nr. 1 GWB mit Geldbuße ahndbar sein.[460]

c) Rechtswidrige Absprache

201 Tatbestandsmäßige Handlung des Delikts ist nicht die „rechtswidrige Absprache", sondern die Abgabe des Angebots.[461] Dieses muß aber auf einer rechtswidrigen Absprache „beruhen", folgt dieser also zeitlich nach und hängt inhaltlich mit ihr zusammen. Daher ist auch die Absprache selbst Bestandteil des objektiven Tatbestandes. Allerdings ist die Absprache keine Handlungskomponente des Tatbestandes, das Delikt hat also **keine zweiaktige** Struktur. Die Absprache hat im Tatbestand vielmehr eine Funktion und Stellung, die der der „Vortat" bei § 252[462] und bei §§ 257–259[463] ähnelt. Bei der Prüfung des Vorsatzes (dazu unten Rn. 212) ist daher die Willens- und Wissenslage des Täters bei Angebotsabgabe maßgebend.

> **Beispiel:** Bei der mit B und C getroffenen Absprache ist A der Meinung, die Vereinbarung sei rechtmäßig. Später erfährt A von einem Rechtsanwalt, daß die Vereinbarung gegen § 1 GWB verstößt. Nun gibt A sein Angebot ab, wobei er davon ausgeht, daß die Angebotsannahme durch die rechtswidrige Absprache beeinflußt werden wird. Umgekehrt entwickelt sich der Kenntnisstand des B: Bei der Absprache war ihm bewußt, daß ein Verstoß gegen § 1 GWB vorliegt. Später gibt ihm ein Rechtsanwalt die unzutreffende Auskunft, die Absprache sei erlaubt gewesen. In diesem Bewußtsein gibt B sein Angebot ab.

Wäre die Absprache ein Teil der tatbestandsmäßigen Handlung(en), müßte bereits die Beteiligung an der Absprache von einem alle objektiven Tatbestandsmerkmale umfassenden Vorsatz getragen sein. Das ist bei A nicht der Fall, da er die Vereinbarung mit B und C in der Annahme traf, es handele sich um einen rechtskonformen Vorgang. Daß er im Zeitpunkt der Angebotsabgabe über die Rechtswidrigkeit der zugrundeliegenden Absprache informiert war, würde am Fehlen des Vorsatzes in der ersten Tatphase nichts ändern: dolus subsequens non nocet.[464] Da aber die Absprache kein tatbestandsmäßiges Handlungselement ist, richtet sich auch die Bestimmung des Vorsatzes nicht nach dem Wissen und Wollen im Zeitpunkt der Absprache, sondern nach dem Wissen und Wollen im Zeitpunkt der Angebotsabgabe. A hat deshalb während des Tatvollzugs den erforderlichen Tatvorsatz gehabt. Anders ist es bei B. Im maßgeblichen Zeitpunkt der Angebotsabgabe fehlte ihm das Bewußtsein bezüglich des objektiven Tatbestandsmerkmals „rechtswidrige Absprache". Gemäß § 16 I 1 hat er also unvorsätzlich gehandelt und ist straflos. Die frühere Kenntnis von der Kartellrechtswidrigkeit seiner Absprache mit A und C vermag diese Lücke nicht zu schließen: dolus antecedens non nocet.[465]

---

[460] *Lackner/Kühl*, § 298 Rn. 4; *Tröndle/Fischer*, § 298 Rn. 7.
[461] *Achenbach*, WuW 1997, 958 (959); *Wolters*, JuS 1998, 1100 (1102); *Wessels/Hillenkamp*, BT 2, Rn. 700; *Tröndle/Fischer*, § 298 Rn. 10.
[462] Näher dazu Teilband 1, § 4 Rn. 12 ff.
[463] Näher dazu Teilband 1, § 9 Rn. 19 ff. und § 10 Rn. 11 ff.
[464] *Schönke/Schröder/Cramer*, § 15 Rn. 49.
[465] *Schönke/Schröder/Cramer*, § 15 Rn. 49.

Absprache ist die von mehreren – mindestens zwei – Anbietern oder von mindestens einem Anbieter und mindestens einer auf der Seite des Veranstalters stehenden Person getroffene Vereinbarung über die Abgabe – oder Nichtabgabe – von Angeboten in dem Ausschreibungsverfahren. Vertragsqualität braucht diese Vereinbarung nicht zu haben.[466] Ob bloßes abgestimmtes Verhalten i.S.d. § 25 GWB ausreicht, ist umstritten.[467] Inhaltlich muß die Absprache darauf gerichtet sein, die Angebotslage zuungunsten des Veranstalters zu beeinflussen. Denn das Angebot muß – ex post betrachtet – auf der Absprache „beruhen" (näher dazu unten Rn. 211). Dieser Einfluß kann die Preisgestaltung (vgl. § 2 II GWB) oder sonstige Details der durch das Angebot anzubahnenden Leistungsbeziehung betreffen.

202

> **Beispiel:** Die Stadt O schreibt Rohbauarbeiten für ein neues Hallenschwimmbad aus. Die Bauunternehmen A, B, C und D vereinbaren, daß A auf sehr hohem Preisniveau das relativ günstigste Angebot abgeben und von den anderen nicht unterboten werden soll. Außer den Angebotspreisen der vier Unternehmen werden auch die „Ausgleichszahlungen" festgelegt, die A an B, C und D zahlen soll, wenn er den Auftrag erhält.

Inhalt der Absprache kann auch die Zusicherung einzelner Wettbewerber sein, kein Angebot abzugeben.

203

> **Beispiel:** Die Unternehmen A, B, C und D (s.o. Rn. 202) vereinbaren, daß B, der bei der letzten Ausschreibung absprachebedingt und absprachegemäß den Auftrag erhalten hatte, dieses Mal kein Angebot abgibt.

Die **Rechtswidrigkeit** der Absprache ist nicht zu verwechseln mit der Rechtswidrigkeit der – durch Abgabe des Angebots begangenen – Tat. Diese ist allgemeines Straftatmerkmal, jene ist Eigenschaft des objektiven Tatbestandsmerkmals „Absprache" und deshalb selbst Bestandteil des objektiven Tatbestandes.[468] Folglich ist diese Rechtswidrigkeit Vorsatzgegenstand, ein Irrtum des Täters über die Rechtswidrigkeit der Absprache ist vorsatzausschließender Tatbestandsirrtum, § 16 I 1.[469] Inhaltlich richtet sich das Rechtswidrigkeits-Urteil nach kartellrechtlichen Bestimmungen, insbesondere § 1 GWB.[470]

204

Die Absprache muß darauf **abzielen**, den Veranstalter zur Annahme eines bestimmten Angebots zu veranlassen. Es ist nicht ganz leicht, für diese Strafbarkeitsvoraussetzung die passende Position im Straftataufbau zu finden. Die finalistische Formulierung („abziel") legt die Einordnung im subjektiven Tatbestand

205

---

[466] Otto, wistra 1999, 41; Korte, NStZ 1997, 513 (516); Kleinmann/Berg, BB 1998, 277 (279).
[467] Korte, NStZ 1997, 513 (516); Kleinmann/Berg, BB 1998, 277 (279).
[468] Wolters, JuS 1998, 1100 (1102); Otto, BT, § 61 Rn. 145; Joecks, § 298 Rn. 4; Lackner/Kühl, § 298 Rn. 3; a.A. Tröndle/Fischer, § 298 Rn. 12.
[469] Wolters, JuS 1998, 1100 (1102); Wessels/Hillenkamp, BT 2, Rn. 700; Lackner/Kühl, § 298 Rn. 5; a.A. Maurach/Schroeder/Maiwald, BT 2, § 68 Rn. 5; Tröndle/Fischer, § 298 Rn. 17.
[470] § 1 GWB (Kartellverbot) lautet: „Vereinbarungen zwischen miteinander im Wettbewerb stehenden Unternehmen, Beschlüsse von Unternehmensvereinigungen und aufeinander abgestimmte Verhaltensweisen, die eine Verhinderung, Einschränkung oder Verfälschung des Wettbewerbs bezwecken oder bewirken, sind verboten."

nahe.⁴⁷¹ Es drängt sich die Vorstellung einer „überschießenden Innentendenz" auf, da das Ziel – Annahme des Angebots durch den Veranstalter – in der Zukunft liegt, gleich ob man diesen angestrebten Vorgang aus der Position des Absprachezeitpunkts oder des Angebotszeitpunkts betrachtet. Dennoch handelt es sich um ein objektives Tatbestandsmerkmal, da es um eine Eigenschaft der objektiv tatbestandsmäßigen Absprache geht.⁴⁷² Diese Eigenschaft erlangt die Absprache während und infolge ihres Entstehungsprozesses. Dieser geht der tatbestandsverwirklichenden Handlung – Abgabe des Angebots – voraus. Ein subjektives Tatbestandsmerkmal könnte demgegenüber nur synchron zum Vollzug der tatbestandsmäßigen Handlung erfüllt werden. Das würde bei § 298 bedeuten, daß der Absprache ihre Zielorientierung auf Herbeiführung einer Angebotsannahme erst mit Abgabe eines Angebots beigelegt würde. Mit dem Gesetzestext vertrüge sich das aber schon deswegen nicht, weil das abgegebene Angebot auf der Absprache „beruhen" muß und dieser Beruhenszusammenhang auch die annahmefördernde Zweckbestimmung der Absprache umfaßt. Das „Abzielen" ist also nicht als Zielbestimmung von an der Absprache beteiligten Personen im Sinne einer Absicht zu verstehen. Vielmehr geht es um eine der Absprache innewohnende objektive Tendenz, die Annahmemotivation des Veranstalters zu beeinflussen bzw. in eine bestimmte Richtung zu lenken. Ob diese Tendenz vorhanden ist, ist vom Horizont des Angebotsempfängers aus zu beurteilen. Beispielsweise wird eine Absprache, mit der unterschiedlich hohe Angebotspreise für gleiche Leistungen vereinbart werden, eher geeignet sein, den Veranstalter zur Annahme eines bestimmten – nämlich des billigsten – Angebots zu veranlassen, als eine Absprache, mit der sich die Konkurrenten darauf verständigen, völlig gleiche Angebote abzugeben.

206 Das Angebot, auf dessen Annahme die Absprache ausgerichtet ist, braucht nicht das Angebot des Täters zu sein. Die Absprache bezweckt die Annahme nur eines **bestimmten Angebots**. Damit dessen Chancen groß genug sind, müssen andere Angebote in die Absprache einbezogen werden und zwar in der Weise, daß diese Angebote schlechter sind als das auserwählte Angebot und damit dessen Chancen steigern. Strafbar ist also nicht nur der Anbieter, der absprachekonform das günstigste Angebot abgibt und daher die besten Aussichten hat, daß sein Angebot angenommen wird. Auch die anderen Anbieter, deren Angebote absprachegemäß ungünstiger sind und die daher geringe Aussichten haben, angenommen zu werden, erfüllen den Tatbestand.

d) Täter

207 Täter kann **jedermann** sein, § 298 normiert kein Sonderdelikt.⁴⁷³ Da tatbestandsmäßige Handlung die Abgabe eines Angebotes und nicht die Beteiligung an der Absprache ist (s.o. Rn. 201), sind Täter in erster Linie Anbieter. Nach allgemeinen Regeln können aber auch andere Personen Täter des Delikts sein.

---

⁴⁷¹ So offenbar *Lackner/Kühl*, § 298 Rn. 5.
⁴⁷² *Otto*, BT, § 61 Rn. 146; *Tröndle/Fischer*, § 298 Rn. 13.
⁴⁷³ *Otto*, wistra 1999, 41 (42); *ders.*, BT, § 61 Rn. 148; *Joecks*, § 298 Rn. 7; *Lackner/Kühl*, § 298 Rn. 6; *Tröndle/Fischer*, § 298 Rn. 15.

e) Abgabe des Angebots

Tatbestandsmäßige Handlung ist nicht die Absprache bzw. Beteiligung an der Absprache (s.o. Rn. 201), sondern die Abgabe des Angebots.[474] Deshalb sind die dogmatischen Verbindungen zwischen den allgemeinen Strafbarkeitsvoraussetzungen (Vorsatz, Rechtswidrigkeit, Schuld) und dem tatbestandlichen Handlungsmerkmal auf den Akt der Angebotsabgabe zu beziehen. Beispielsweise ist ein Täter, der sich während der in eine Absprache mündenden Verhandlungen im Zustand der Schuldunfähigkeit (§ 20) befand, sehr wohl aus § 298 strafbar, wenn er bei Abgabe des Angebots schuldfähig gewesen ist. Denn § 20 stellt darauf ab, daß der Täter „bei Begehung der Tat" schuldunfähig war. Ein Täter, der zur Zeit der Absprache altersbedingt noch in den Geltungsbereich des JGG gefallen wäre (vgl. § 1 II JGG: „... zur Zeit der Tat ..."; § 8 S. 1 StGB: „... gehandelt hat ..."), ist nach allgemeinem Strafrecht strafbar, wenn er zur Zeit der Angebotsabgabe bereits 21 Jahre alt war bzw. bereits Heranwachsender – also 18 Jahre alt – war, ohne daß die Voraussetzungen des § 105 I JGG erfüllt gewesen wären. 208

Nicht tatbestandsmäßig ist die **Nichtabgabe oder Rücknahme eines Angebotes**, obwohl dieses Verhalten einem Konkurrenten nützen und deshalb durchaus Gegenstand der Absprache sein kann. Der sich zurückhaltende oder zurückziehende Anbieter ist deshalb allenfalls wegen Beteiligung an der tatbestandsmäßigen Angebotsabgabe eines anderen Anbieters strafbar.[475] In diesem Rahmen ist auch eine Tatbestandserfüllung durch **Unterlassen** möglich, sofern eine Garantenpflicht zur Angebotsverhinderung besteht.[476] 209

Mit der Abgabe des Angebots ist die Tat **vollendet**.[477] Abgegeben ist das Angebot, sobald es dem Veranstalter so zugegangen ist, daß es von ihm bei ordnungsgemäßem Ablauf im Ausschreibungsverfahren berücksichtigt werden kann.[478] Zu einer Annahme braucht es nicht zu kommen. In dem Bereich zwischen Angebotsabgabe und Angebotsannahme bzw. Leistungserbringung ist Straffreiheit infolge tätiger Reue möglich, § 298 III (s.u. Rn. 214). 210

f) Zusammenhang von Absprache und Angebot

Das abgegebene Angebot muß auf der rechtswidrigen Absprache **beruhen**. Zwischen Absprache und Angebot muß ein Kausalzusammenhang bestehen.[479] Das ist in der Regel dann der Fall, wenn das Angebot Gegenstand der Absprache war und wenn es absprachekonform abgegeben wurde. Aber auch ein von der Absprache abweichendes Angebot kann in dem tatbestandsmäßigen Beruhenszusammenhang stehen, wenn der Täter seine Kenntnis von der Absprache ausnutzt 211

---

[474] *Otto*, wistra 1999, 41; *Wabnitz/Janovsky-Dannecker*, Kap. 15 Rn. 129.
[475] *Möhrenschlager*, JZ 1996, 822 (830); *Achenbach*, WuW 1997, 958 (959).
[476] *Tröndle/Fischer*, § 298 Rn. 16.
[477] *Kleinmann/Berg*, BB 1998, 277 (281); *Wolters*, JuS 1998, 1100 (1102); *Otto*, BT, § 61 Rn. 149; *Joecks*, § 298 Rn. 3; *Lackner/Kühl*, § 298 Rn. 7.
[478] *Wolters*, JuS 1998, 1100 (1102); *Tröndle/Fischer*, § 298 Rn. 11.
[479] *Achenbach*, WuW 1997, 958 (959); *Lackner/Kühl*, § 298 Rn. 3.

und sein Angebot in einer Weise gestaltet, wie er es ohne diese Kenntnis nicht getan hätte.[480] Daher kann auch ein „Trittbrettfahrer" tatbestandsmäßig handeln, der in die Absprache nicht einbezogen war, von ihr aber Kenntnis erlangt hat und daraufhin sein Angebot inhaltlich in eine bestimmte Beziehung zu der Absprache gesetzt hat.

2. Subjektiver Tatbestand

a) Vorsatz

212 Der subjektive Tatbestand setzt **Vorsatz** voraus, § 15. Dolus eventualis reicht aus.[481] Der Vorsatz muß im Zeitpunkt des Tatvollzugs vorhanden sein, also bei Abgabe des Angebots. Sofern der Täter bereits an der zugrundeliegenden rechtswidrigen Absprache beteiligt gewesen ist, spielt seine damalige kognitive und voluntative Einstellung keine Rolle (s.o. Rn. 201). Der angebotssynchrone Vorsatz muß jedoch die Absprache umfassen, insbesondere deren Rechtswidrigkeit. Ein Irrtum darüber ist Tatbestandsirrtum gem. § 16 I 1.[482]

b) Ziel der Absprache

213 Die im Gesetzestext des § 298 I genannte Zielrichtung der rechtswidrigen Absprache ist nach zutreffender Ansicht kein subjektives Tatbestandsmerkmal (s.o. Rn. 205). Subjektiv tatbestandsmäßig handelt daher der Täter schon dann, wenn er sein Angebot in dem Bewußtsein abgibt, daß es auf Grund seines objektiv gegebenen Zusammenhangs („beruht") mit der rechtswidrigen Absprache bessere Chancen hat, vom Veranstalter angenommen zu werden, als wenn der Zusammenhang mit der rechtswidrigen Absprache nicht bestünde. Daß es ihm selbst darauf ankommt (zielgerichteter Wille),[483] gerade mithilfe der rechtswidrigen Absprache den ausgeschriebenen Auftrag zu erhalten, ist keine Voraussetzung der subjektiven Tatbestandsmäßigkeit. Gibt der Täter sein Angebot nur zum Schein und mit dem inneren Vorbehalt ab, die Annahme durch den Veranstalter bzw. das Erbringen der Leistung rechtzeitig zu verhindern, steht dies der Strafbarkeit ebenfalls nicht entgegen. Eine derartige Einstellung korrespondiert zwar der Ablehnung eines Schadenseintritts und damit einer manifesten Rechtsgutsverletzung. Sie reicht aber nicht aus, um der Tat ihren strafwürdigkeitsbegründenden Charakter als abstrakte Gefährdung zu nehmen. Erst die tätige Verhinderung schließt die Strafbarkeit aus, allerdings nicht auf der Ebene des subjektiven Tatbestandes, sondern als Strafaufhebungsgrund „tätige Reue", § 298 III.

---

[480] *Tröndle/Fischer*, § 298 Rn. 13.
[481] *Lackner/Kühl*, § 298 Rn. 5.
[482] Wabnitz/Janovsky-*Dannecker*, Kap. 15 Rn. 132.
[483] *Lackner/Kühl*, § 15 Rn. 20.

3. Tätige Reue

Da der **Versuch nicht mit Strafe bedroht** ist, kommt § 24 nicht zur Anwendung. 214
Materiell hat die mit Abgabe des Angebots **formell vollendete** Tat aber so lange
noch Versuchscharakter, wie es zu keiner Annahme des Angebots gekommen
ist.[484] Selbst nach Angebotsannahme befindet sich das Geschehen noch im Vorfeld der Rechtsgutsverletzung, wenn der Veranstalter seine Leistung noch nicht
erbracht hat. Aus diesem Grund ist es gerechtfertigt, den Täter, der sich nach der
strafbarkeitsbegründenden Abgabe seines Angebots erfolgreich dafür eingesetzt
hat, daß es nicht zur Annahme des Angebots oder Erbringung der Leistung
kommt, mit Straffreiheit zu belohnen. § 298 III 1 enthält eine entsprechende Regelung, die dem § 24 I 1 Alt. 2 nachgebildet ist.[485] Bleibt die Tat aus anderen
Gründen im materiellen Versuchsstadium stecken, genügt zur Erlangung der
Straffreiheit das freiwillige und ernsthafte Verhinderungsbemühen des Täters,
§ 298 III 2. Vorbild dieser Regelung ist § 24 I 2. In entsprechender Anwendung
des § 24 II ist in beiden Varianten auch die tätige Reue eines Tatbeteiligten strafbefreiend zu berücksichtigen.[486]

III. Kontrollfragen

> 1. Wann wurde § 298 in das StGB eingefügt? (Rn. 192)
> 2. Warum bereitet die Anwendung des § 263 auf „Submissionsabsprachen"
>   Schwierigkeiten? (Rn. 193)
> 3. Welches Rechtsgut schützt § 298? (Rn. 195)
> 4. Normiert § 298 ein konkretes Gefährdungsdelikt? (Rn. 197)
> 5. Welche Stellung hat die „rechtswidrige Absprache" im objektiven Tatbestand des Delikts? (Rn. 201)
> 6. Nach welchen Kriterien richtet sich die Rechtswidrigkeit der Absprache?
>   (Rn. 204)
> 7. Welche Position nimmt das Merkmal „abzielt" im System der Strafbarkeitsvoraussetzungen ein? (Rn. 205)
> 8. Wer kann Täter des § 298 sein? (Rn. 207)
> 9. Was ist zur Vollendung der Tat erforderlich? (Rn. 210)
> 10. Welcher Zusammenhang muß zwischen Absprache und Angebot bestehen?
>   (Rn. 211)
> 11. Welche Funktion hat § 298 III? (Rn. 214)

---

[484] *Achenbach*, WuW 1997, 958 (960).
[485] *Arzt/Weber*, BT, § 21 Rn. 114.
[486] *Lackner/Kühl*, § 298 Rn. 8.

IV. Literatur

Achenbach, Pönalisierung von Ausschreibungsabsprachen und Verselbständigung der Unternehmensgeldbuße durch das Korruptionsbekämpfungsgesetz 1997, WuW 1997, 958

Bangard, Aktuelle Probleme der Sanktionierung von Kartellabsprachen, wistra 1997, 161

Baumann, Zum Ärgernis Submissionsbetrug, Festschrift für Dietrich Oehler, 1985, S. 291

Bruns, Können ordnungswidrige Preisabsprachen bei öffentlichen Ausschreibungen nach geltendem Recht auch als Betrug mit Kriminalstrafe geahndet werden?, NStZ 1983, 385

Dannecker, in: Wabnitz/Janovsky (Hrsg.), Handbuch des Wirtschafts- und Steuerstrafrechts, 2000, Kapitel 15 Rn. 109 bis 139

F. Geerds, Über Änderungen der Bekämpfung krimineller Korruption, JR 1996, 309

Jaath, Empfiehlt sich die Schaffung eines strafrechtlichen Sondertatbestandes zum Ausschreibungsbetrug?, Festschrift für Karl Schäfer, 1979, S. 89

Joecks, Zur Schadensfeststellung beim Submissionsbetrug, wistra 1992, 247

Kleinmann/Berg, Änderungen des Kartellrechts durch das „Gesetz zur Bekämpfung der Korruption" vom 13. 8. 1997, BB 1998, 277

König, Empfehlen sich Änderungen des Straf- und Strafprozessrechts, um der Gefahr von Korruption in Staat, Wirtschaft und Gesellschaft wirksam zu begegnen?, DRiZ 1996, 357

Korte, Bekämpfung der Korruption und Schutz des freien Wettbewerbs mit den Mitteln des Strafrechts, NStZ 1997, 513

Lemke, Ordnungsunrecht oder Kriminalunrecht?, NJ 1996, 632

Lüderssen, Submissionsabsprachen sind nicht eo ipso Betrug, wistra 1995, 243

Möhrenschlager, Strafrechtliche Vorhaben zur Bekämpfung der Korruption auf nationaler und internationaler Ebene, JZ 1996, 822

Oldigs, Die Strafbarkeit von Submissionsabsprachen nach dem neuen § 298 StGB, wistra 1998, 291

Otto, Wettbewerbsbeschränkende Absprachen bei Ausschreibungen, § 298 StGB, wistra 1999, 41

Ranft, Betrug durch Verheimlichung von Submissionsabsprachen – eine Stellungnahme zu BGHSt 38, 186, wistra 1994, 41

Wolters, Die Änderungen des StGB durch das Gesetz zur Bekämpfung der Korruption, JuS 1998, 1100

J. Bestechlichkeit und Bestechung im geschäftlichen Verkehr, §§ 299–302 StGB

Übersicht

Rn.

I. Allgemeines
  1. Betrugsähnlichkeit 215–216
  2. Rechtsgut 217
  3. Systematik 218
II. Strafbarkeitsvoraussetzungen der Bestechlichkeit, § 299 I
  1. Objektiver Tatbestand
     a) Übersicht 219
     b) Täter 220
     c) Tatsituation 221
     d) Tathandlung 222
        aa) Vorteil 223–225
        bb) Fordern 226–227
        cc) Sich versprechen lassen 228–229
        dd) Annehmen 230
        ee) Verhalten des Täters nach der Vorteilsannahme 231–232
     e) Unrechtsvereinbarung 233
        aa) Manifestation des Bevorzugungswillens 234
        bb) Bevorzugung 235
        cc) Wettbewerbssituation 236
        dd) Unlauterkeit 237
        ee) Gegenleistung 238
  2. Subjektiver Tatbestand 239
III. Strafbarkeitsvoraussetzungen der Bestechung, § 299 II
  1. Objektiver Tatbestand
     a) Übersicht 240
     b) Täter 241
     c) Tatsituation 242
     d) Tathandlung 243
        aa) Anbieten 244
        bb) Versprechen 245
        cc) Gewähren 246
     e) Tatpartner 247
     f) Tatgegenstand 248
     g) Unrechtsvereinbarung 249
  2. Subjektiver Tatbestand 250
IV. Besonders schwere Fälle 251

I. Allgemeines

1. Betrugsähnlichkeit

215 Gleichzeitig mit dem Straftatbestand „Wettbewerbsbeschränkende Absprachen bei Ausschreibungen" (§ 298) wurden auch Bestechlichkeit und Bestechung im geschäftlichen Verkehr als neue Straftatbestände in das StGB aufgenommen. Die Regelung ersetzt den früheren § 12 UWG, von dem sie sich wenig unterscheidet.[487] Die in der Literatur zum Teil kritisierte[488] Zusammenfassung mit § 298 im 26. Abschnitt beruht auf dem **rechtstatsächlichen Zusammenhang**, in dem die in § 298 einerseits und die in § 299 andererseits normierten Verhaltensweisen häufig stehen:[489] Bestechung von Mitarbeitern eines Unternehmens dient häufig der Erlangung eines Wettbewerbsvorteils im Kampf um Aufträge und ist daher neben der rechtswidrigen Absprache eine weitere – häufig diese ergänzende – wettbewerbsverzerrende Methode, durch illegale Manipulationen in den Genuß eines Auftrags zu kommen. Die Chancen eines Anbieters, seine Konkurrenten „auszustechen", können nicht nur durch Abgabe besserer Angebote erhöht werden. So sollte es sein. Der Zuschlag für ein schlechteres Angebot kann auch dadurch erwirkt werden, daß ein Mitarbeiter des Auftraggebers „geschmiert" wird, woraufhin dieser seine Stellung im Unternehmen dazu ausnutzt, dem Schmiergeldgeber den Auftrag zu verschaffen. So sollte es nicht sein. Eine Verknüpfung mit der rechtswidrigen Absprache i.S.d. § 298 kann dadurch hergestellt werden, daß die bestochenen bzw. sich bestechen lassenden Mitarbeiter an der Absprache beteiligt sind bzw. ihre Bestechung Gegenstand der Absprache ist.

216 Mehr noch als bei § 298 ist die Charakterisierung des Delikts als „betrugsähnlich" bei § 299 nur bedingt und in vergröbernder Weise möglich. Direkt getäuscht wird bei der Bestechung bzw. Bestechlichkeit niemand und eines Vermögensschadens bedarf es zur Tatbestandserfüllung auch nicht. Zu bedenken ist jedoch, daß der mit der Bestechung erstrebte Erfolg in der Regel nur dann erreichbar ist, wenn die wettbewerbsverzerrenden Manipulationen bestimmten Personen – den Konkurrenten des Schmiergeldgebers sowie Kollegen und Vorge-

---

[487] § 12 UWG (Bestechung von Angestellten) hatte folgenden Wortlaut:
„(1) Wer im geschäftlichen Verkehr zu Zwecken des Wettbewerbs einem Angestellten oder Beauftragten eines geschäftlichen Betriebes einen Vorteil als Gegenleistung dafür anbietet, verspricht oder gewährt, daß er ihn oder einen Dritten bei dem Bezug von Waren oder gewerblichen Leistungen in unlauterer Weise bevorzuge, wird mit Freiheitsstrafe bis zu einem Jahr oder mit Geldstrafe bestraft.
(2) Ebenso wird ein Angestellter oder Beauftragter eines geschäftlichen Betriebes bestraft, der im geschäftlichen Verkehr einen Vorteil als Gegenleistung dafür fordert, sich versprechen läßt oder annimmt, daß er einen anderen bei dem Bezug von Waren oder gewerblichen Leistungen im Wettbewerb in unlauterer Weise bevorzuge."
[488] Als „vertretbar" bewertet *Möhrenschlager*, JZ 1996, 822 (827) die Systematik des Gesetzes.
[489] *Möhrenschlager*, JZ 1996, 822 (823).

setzten des korrupten Mitarbeiters – **verheimlicht** werden.[490] Erfahren Mitbewerber oder erfährt der Auftraggeber von der Bestechung, wird es zu der angestrebten Bevorzugung des Vorteilsgebers wahrscheinlich nicht kommen. Im Normalfall geht die Bestechung/Bestechlichkeit daher mit einer Täuschung einher.

2. Rechtsgut

Im Vordergrund des dem Tatbestand seine Legitimation verleihenden strafrechtlichen Schutzzwecks steht – wie bei § 298 – das Rechtsgut „**Wettbewerb**".[491] Es handelt sich also um eine Wirtschaftsstraftat, was prozessual in einer entsprechenden spezialgerichtlichen Zuständigkeit der Wirtschaftsstrafkammer Niederschlag gefunden hat, § 74 c I Nr. 5 a GVG. Da der Wettbewerb selbst aber der wirtschaftlichen Prosperität leistungsstarker und leistungswilliger Marktteilnehmer dient, wird mittelbar auch das **Vermögen** der benachteiligten Konkurrenten und des hintergangenen Auftraggebers geschützt.[492]

217

3. Systematik

Wie bei den Korruptionstatbeständen der Amtsdelikte (§§ 331–334)[493] gibt es auch bei § 299 eine **Aktiv**- und eine **Passiv**seite:[494] „Bestechlichkeit" ist die Bezeichnung für das deliktische Verhalten des sich bestechen lassenden Vorteilsempfängers (passive Bestechung), „Bestechung" ist die Bezeichnung für das deliktische Verhalten des Vorteilsgebers, der den anderen besticht (aktive Bestechung). § 299 regelt die aktive Bestechung in Absatz 2, die passive Bestechlichkeit in Absatz 1. Diese beiden (Grund-)Tatbestände werden ergänzt durch die Strafzumessungsvorschrift des § 300, deren inhaltliche Gestaltung der **Regelbeispielstechnik**[495] folgt. Qualifikations- oder Privilegierungstatbestände gibt es nicht. § 301 macht die Strafverfolgung von der Stellung eines **Strafantrags** abhängig (relatives Antragsdelikt).[496] Die Vorschrift hat also strafprozessuale Natur. Gem. § 374 I Nr. 5 a StPO sind Bestechlichkeit und Bestechung Privatklagedelikte. § 302 ordnet dem Tatbestand die Gewinnabschöpfungs-Sanktionen **Vermögensstrafe** (§ 43 a) und **Erweiterter Verfall** (§ 73 d) zu, woran man erkennen kann, daß der Gesetzgeber die Korruption im geschäftlichen Verkehr als Erscheinungsform organisierter Kriminalität betrachtet.

218

---

[490] Heimlichkeit gegenüber dem Geschäftsinhaber ist aber keine gesetzliche Voraussetzung der Tatbestandserfüllung, vgl. Wabnitz/Janovsky-*Schubert*, Kap. 12 Rn. 76.
[491] *Arzt/Weber*, BT, § 49 Rn. 51; *Joecks*, § 299 Rn. 1; *Lackner/Kühl*, § 299 Rn. 1.
[492] *Wessels/Hillenkamp*, BT 2, Rn. 702.
[493] §§ 331, 332 regeln die passive Bestechung, §§ 333, 334 die aktive Bestechung; *Maurach/Schroeder/Maiwald*, BT 2, § 79 Rn. 4.
[494] *Arzt/Weber*, BT, § 49 Rn. 58.
[495] Dazu ausführlich Teilband 1, § 1 Rn. 167 ff.
[496] „Verletzter" i.S.d. § 301 II sind benachteiligte Mitbewerber sowie der Geschäftsherr, dessen Angestellter oder Beauftragter bestochen wurde.

II. Strafbarkeitsvoraussetzungen der Bestechlichkeit, § 299 I

1. Objektiver Tatbestand

a) Übersicht

219
- Täter: Angestellter eines geschäftlichen Betriebes *oder* Beauftragter eines geschäftlichen Betriebes
- Tatsituation: im geschäftlichen Verkehr
- Tathandlung
  - fordern *oder*
  - sich versprechen lassen *oder*
  - annehmen
- Tatgegenstand:
  - Vorteil für sich *oder*
  - Vorteil für einen Dritten
- Unrechtsvereinbarung:
  Vorteil als Gegenleistung für die unlautere Bevorzugung eines anderen im Wettbewerb bei dem Bezug von Waren oder gewerblichen Leistungen

Die Merkmalsübersicht enthält **kein Tatererfolgselement**. Denn die Beeinträchtigung des Wettbewerbs durch unlautere Bevorzugung eines Bewerbers, auf die das vorteilsbezogene Interagieren der Beteiligten ausgerichtet ist, gehört nicht zum objektiven Tatbestand. Die Vollendung des Delikts hängt also nicht davon ab, daß es tatsächlich zu einer wettbewerbswidrigen Bevorzugung kommt. Dieser den Deliktstyp stark prägende Unwertakzent ist lediglich als Bestandteil einer Art „Zweckabrede" in den objektiven Tatbestand einbezogen.

b) Täter

220 Bestechlichkeit ist ein **Sonderdelikt**,[497] das eine spezielle Tätereigenschaft voraussetzt. Täter kann nur ein Angestellter oder ein Beauftragter eines geschäftlichen Betriebes sein. Außenstehende scheiden als Täter aus, können aber Teilnehmer (Anstifter, Gehilfe) sein.[498] Dabei ist § 28 I anzuwenden, denn die Stellung als Angestellter oder Beauftragter ist ein besonderes persönliches Merkmal. Der Vorteilsgeber ist zwar konstruktiv ebenfalls Teilnehmer an der passiven Bestechung des Vorteilsnehmers. Die Strafbarkeit seines Verhaltens wird aber von § 299 II abschließend erfaßt (näher dazu unten Rn. 243 ff.). **Angestellter** ist, wer in einem Dienst-, Werks- oder Auftragsverhältnis zu dem Geschäftsinhaber steht und dessen Weisungen unterworfen ist. Im Unterschied dazu ist der **Beauftragte** kein Angestellter des Geschäftsinhabers, aber gleichwohl in einer Position, die ihn berechtigt und verpflichtet, für den Betrieb zu handeln und vor allem auf die betrieblichen Entscheidungen hinsichtlich des Bezugs von Waren oder gewerbli-

---

[497] *Arzt/Weber*, BT, § 49 Rn. 57; *Tröndle/Fischer*, § 299 Rn. 5.
[498] *Otto*, BT, § 61 Rn. 164.

chen Leistungen Einfluß zu nehmen.⁴⁹⁹ Beauftragte und Angestellte, die diese Einflußmöglichkeit nicht haben, können nicht Täter – wohl aber Teilnehmer – sein.⁵⁰⁰ Kein tauglicher Täter ist der Geschäftsinhaber selbst.⁵⁰¹ **Geschäftlicher Betrieb** ist eine wirtschaftliche Organisationseinheit, die dazu bestimmt ist, dauerhaft und regelmäßig durch Leistungsaustausch am Wirtschaftsleben teilzunehmen. Um einen Gewerbebetrieb braucht es sich aber nicht zu handeln, Gewinnerzielungsabsicht ist nicht erforderlich.⁵⁰²

c) Tatsituation

Typisch für das Tatbild der Bestechlichkeit – wie auch der Bestechung – ist eine Austauschbeziehung zwischen Vorteilsgeber und Vorteilsnehmer. Der Täter der Bestechlichkeit muß also dem (potentiellen) Vorteilsgeber begegnen bzw. mit ihm Kontakt aufnehmen. Zur Begrenzung des Tatbestandes schreibt § 299 I vor, daß dieser Kontakt „im geschäftlichen Verkehr" angeknüpft wird. Vorgänge rein privater Natur werden also ausgegrenzt.⁵⁰³ Allerdings sind die Anforderungen an die „Geschäftlichkeit" nicht hoch. In diese Kategorie fallen alle Maßnahmen, die auf die Förderung eines beliebigen Geschäftszwecks gerichtet sind, die in einem Zusammenhang mit der Teilnahme des Betriebs am Wettbewerb stehen.⁵⁰⁴

221

d) Tathandlung

Das tatbestandsmäßige Verhalten des Vorteilsnehmers ist in § 299 I in **drei Varianten** aufgefächert: Fordern, sich versprechen lassen und annehmen, jeweils bezogen auf einen Vorteil, der dem Täter selbst oder einem Dritten zugute kommt oder kommen soll.

222

aa) Vorteil

Der Vorteils-Begriff des § 299 entspricht dem der Amtsträger-Bestechungstatbestände (§§ 331–334).⁵⁰⁵ Danach ist Vorteil jede Besserstellung **materieller** oder **immaterieller** Natur.⁵⁰⁶ Vor allem im Bereich der immateriellen Vorteile bedarf der Tatbestand einer Einschränkung durch Ausgrenzung **sozialadäquater** oder **geringfügiger** Annehmlichkeiten.⁵⁰⁷ Bloße Freundlichkeiten, Komplimente oder „flüchtige Zärtlichkeiten"⁵⁰⁸ sollte ein Angestellter oder Beauftragter auch im Rahmen geschäftlicher Beziehungen ungestraft genießen können. Im Nor-

223

---

⁴⁹⁹ *Wittig*, wistra 1998, 7 (9).
⁵⁰⁰ *Maurach/Schroeder/Maiwald*, BT 2, § 68 Rn. 11.
⁵⁰¹ *Wabnitz/Janovsky-Schubert*, Kap. 12 Rn. 75.
⁵⁰² *Maurach/Schroeder/Maiwald*, BT 2, § 68 Rn. 11.
⁵⁰³ *Tröndle/Fischer*, § 299 Rn. 9.
⁵⁰⁴ *Wabnitz/Janovsky-Schubert*, Kap. 12 Rn. 75; *Lackner/Kühl*, § 299 Rn. 3.
⁵⁰⁵ *Arzt/Weber*, BT, § 49 Rn. 59; *Lackner/Kühl*, § 299 Rn.4.
⁵⁰⁶ *Tröndle/Fischer*, § 299 Rn. 10.
⁵⁰⁷ *Otto*, BT, § 61 Rn. 157.
⁵⁰⁸ *Lackner/Kühl*, § 331 Rn. 5.

malfall wird sich im Geschäftsleben niemand durch solche Kleinigkeiten zu großkalibrigen Gegenleistungen wie der wettbewerbswidrigen unlauteren Bevorzugung eines anderen bewegen lassen.

224 Die **Beseitigung bestehender oder Abwendung bevorstehender Nachteile** läßt sich problemlos in „Vorteil" umdeuten. Verspricht jemand dem Täter, einen bereits gestellten Strafantrag zurückzunehmen bzw. von der ursprünglich beabsichtigten Stellung eines Strafantrages abzusehen, ist das für den Begünstigten ohne Frage eine Verbesserung seiner Lebenssituation, die folglich als Vorteil qualifiziert werden kann. Anders ist es hingegen bei der Ankündigung, ein angedrohtes oder zum Zwecke der Willensbeeinflussung schon erzeugtes Übel nicht eintreten zu lassen. Es bedeutet keine effektive Besserstellung, wenn jemand den anderen zur Erwirkung einer wettbewerbswidrigen Bevorzugung zunächst in eine Not- oder Zwangslage bringt und ihm verspricht, ihn daraus wieder zu befreien, falls er sich durch unlautere Bevorzugung im Wettbewerb erkenntlich zeigt. Dieses Versprechen beinhaltet nur die Wiederherstellung des status quo ante, für den Versprechensempfänger also keine wirkliche Verbesserung seiner Situation.

225 Vorteilsdestinatar kann der **Täter** (Angestellte oder Beauftragte) selbst oder ein beliebiger **Dritter** sein. Im Fall eines Drittvorteils ist es nicht notwendig, daß der Täter selbst davon mittelbar profitiert.[509] Deshalb kommen als Drittvorteilsempfänger nicht nur Angehörige oder sonstige nähere Bezugspersonen des Täters in Betracht. Da der Vorteil aber auf den Täter motivierend wirken soll, muß er irgendeine Art von Anreizeffekt haben. Das wird in der Regel nur dann der Fall sein, wenn der Täter selbst an dem Vorteil partizipiert. Ist der Dritte selbst Angestellter oder Beauftragter des Betriebes, kann er sich durch die bloße Annahme des Vorteils als (Mit-)Täter der Bestechlichkeit strafbar machen.

bb) Fordern

226 Diese Handlungsalternative dehnt die Strafbarkeit **am weitesten in das Vorfeld** der Rechtsgutsverletzung aus, weil sie auf der Seite des Vorteilsgebers noch keinerlei mitwirkende Aktivitäten (anbieten, versprechen, gewähren, vgl. § 299 Abs. 2) voraussetzt.[510] Ausreichend ist eine an den potentiellen Vorteilsgeber gerichtete Erklärung des Täters, daß er eine Bevorzugung im Wettbewerb von einer bestimmten Vorteilsgewährung abhängig zu machen gedenke (zur Frage nach der Relevanz einer Mentalreservation vgl. u. Rn. 239). Die Initiative braucht nicht unbedingt vom Täter (dem potentiellen Vorteilsempfänger) auszugehen, tatbestandsmäßiges Fordern kann auch die Reaktion auf eine zuvor vom Vorteilsgeber signalisierte allgemeine Vorteilsgewährungsbereitschaft sein. Hat der Vorstoß des Vorteilsgebers dagegen schon die Qualität eines Angebots bzw. Versprechens, wird dessen Annahme durch den Täter außer einer Forderung auch ein Sich-Versprechen-lassen sein. Die Forderungserklärung muß dem Vorteilsgeber

---

[509] *Tröndle/Fischer*, § 299 Rn. 10.
[510] *Maurach/Schroeder/Maiwald*, BT 2, § 68 Rn. 15; *Tröndle/Fischer*, § 299 Rn. 11.

zugehen, irgendeine Reaktion des Adressaten ist hingegen nicht erforderlich.[511] Der Tatbestandsmäßigkeit steht es daher auch nicht entgegen, daß die Forderung sofort zurückgewiesen wird.

Da § 299 I Vorteile für Dritte berücksichtigt, ist es naheliegend, daß im Einzelfall auch die darauf zielende Forderung von eben diesem **Dritten** erklärt wird. Für eine täterschaftliche Mitwirkung des Angestellten oder Beauftragten wird dann eine ausdrückliche Bekräftigung oder sonstige verbale Unterstützung dieser Forderung ausreichen, regelmäßig aber auch erforderlich sein. Die bloße Duldung einer vom Dritten erhobenen Forderung durch den Angestellten oder Beauftragten wird dazu nicht ausreichen, es sei denn sie hat nach den Umständen die Qualität einer konkludenten Aneignung der Forderung des Dritten.[512]

227

cc) Sich versprechen lassen

Diese Erscheinungsform tatbestandsmäßigen Verhaltens hat nur auf den ersten Blick den Charakter eines Unterlassungsdelikts. Denn niemand wird allein dadurch zum Täter eines passiven Bestechungsdelikts, daß er als „Angestellter oder Beauftragter" – möglicherweise sogar unfreiwillig – von einem anderen zum Adressaten von Versprechen, Angeboten oder sonstigen Ankündigungen gemacht wird und nicht dagegen aktiv einschreitet. Wer den Brief, in dem ihm 100 000 DM angeboten werden, nach dem Lesen einfach liegen läßt, macht sich ebensowenig aus § 299 I 2. Alt. strafbar, wie derjenige, der den Brief nach dem Lesen in den Papierkorb wirft oder verbrennt oder dem Adressaten energisch erklärt, er werde sich auf Geschäfte der offerierten Art auf keinen Fall einlassen. Das Sich-versprechen-lassen ist deshalb als ein **aktives Sich-Einlassen** auf das vom potentiellen Vorteilsgeber angebotene Geschäft zu verstehen. Der Versprechensempfänger muß dem anderen also signalisieren, daß er das Versprechen akzeptiere. Zum Abschluß einer vertraglichen Vereinbarung braucht es dagegen nicht zu kommen. Auch in dieser Alternative ist es gleichgültig, von wem die Initiative ausgeht. Fordern und Sich-versprechen-lassen können also zusammenfallen.

228

Läßt sich ein **Dritter** ein Versprechen machen, hängt die Strafbarkeit des Angestellten oder Beauftragten davon ab, ob dieser nach der Art eines „Vertrages zugunsten Dritter" (§ 328 BGB) in diesen bilateralen Vorgang zwischen Drittem und Versprechensgeber einbezogen wird.

229

dd) Annehmen

Im Falle des Annehmens ist das Austauschgeschäft zwischen Vorteilsnehmer und Vorteilsgeber **am weitesten fortgeschritten**. Der Täter hat die Vergünstigung tatsächlich empfangen und kann somit die ihr entspringenden Annehmlichkeiten genießen. Sanktionenrechtlich kommt nun neben der Strafe die Anordnung des Verfalls gem. § 73 I in Betracht, und zwar auch in bezug auf drittbegünstigende

230

---

[511] *Lackner/Kühl*, § 331 Rn. 7; *Tröndle/Fischer*, § 299 Rn. 11.
[512] *Tröndle/Fischer*, § 299 Rn. 11.

Vorteile, § 73 III. Meistens wird dem Annahme-Akt bereits ein Austausch von Erklärungen vorausgegangen sein, der als „Fordern" oder „Sich-versprechen-lassen" auf der Seite des Empfängers bzw. als „Anbieten" oder „Versprechen" auf der Seite des Gebers Strafbarkeit begründet. Dem muß aber nicht so sein. Vor allem wenn es sich um einen Drittvorteil handelt und die anbahnende Kommunikation ausschließlich zwischen dem Dritten und dem Vorteilsgeber stattgefunden hat, kann die Vorteilsannahme des Täters für den Dritten der erste und einzige tatbestandsmäßige Akt des Angestellten oder Beauftragten sein. Aber auch bei Vorteilen, die dem Täter selbst zufließen, kann es sein, daß der tatbestandsmäßigen Annahme noch keine den Vorteil betreffenden Erklärungen vorausgegangen sind.

ee) Verhalten des Täters nach der Vorteilsannahme

231 Fraglich ist, inwieweit **Handlungen nach erfolgter Vorteilsannahme** den Tatbestand erfüllen können. Praktisch erheblich ist dies dann, wenn alle Vorgänge und Handlungen bis zur – und einschließlich der – Annahme des Vorteils noch nicht Strafbarkeit begründet haben, die bis dahin fehlende Strafbarkeitsvoraussetzung aber danach erfüllt wird.

> **Beispiele:**
> (1) Als T das Geschenk des B annahm, war er wegen alkoholbedingter Volltrunkenheit (§ 20 StGB) schuldunfähig.
> (2) B macht dem T aus rein privatem Anlaß ein großzügiges Geschenk. T, der das Geschenk für übertrieben hält, vereinbart nachträglich „augenzwinkernd" mit B, daß damit auch gewisse „Unterstützungen" im geschäftlichen Wettbewerb abgegolten werden sollen.
> (3) T bekommt das Geschenk des B, bevor er seine Anstellung in dem Betrieb des O erhält. Auf Grund der mit O geführten Verhandlungen ist jedoch für T und B gewiß, daß T demnächst die Stellung eines Angestellten i.S.d. § 299 I StGB haben wird. Dann soll er seinen Einfluß zugunsten des B geltend machen. Zwei Wochen später tritt T seine Stelle im Betrieb des O an.

In allen drei Beispielen vermag das beschriebene Verhalten des T Strafbarkeit aus § 299 I nicht zu begründen. In **Beispiel 1** steht der Strafbarkeit der Schuldfähigkeitsmangel entgegen. Möglich ist nur eine Strafbarkeit aus § 323 a. In **Beispiel 2** scheitert eine Strafbarkeit des T aus § 299 I am Fehlen einer Verknüpfung von Vorteil und Geschäft. Der rein private Grund des Geschenks schließt es aus, daß T den Vorteil „im geschäftlichen Verkehr" annahm. Die anschließende „Umwidmung" stellt zwar den bis dahin fehlenden geschäftlichen Bezug her. Jedoch erfüllt dieses Verhalten keines der drei tatbestandlichen Handlungsmerkmale. In **Beispiel 3** fehlt im Zeitpunkt der Tathandlung bereits die tatbestandliche Tätereigenschaft. Als diese Lücke später geschlossen wurde, vollzog T keine tatbestandsmäßige Handlung mehr.

232 Da Ausgangssituation einer nach § 299 I tatbestandsmäßigen Handlung in allen drei Ausführungsvarianten ein **noch nicht erfolgter Vorteilszufluß** beim Täter bzw. beim Dritten ist („Zukunftsbezug"),[513] kann eine Tatbestandserfüllung

---

[513] *Wittig*, wistra 1998, 7 (8); Wabnitz/Janovsky-*Schubert*, Kap. 12 Rn. 74.

durch Handlungen nach erfolgter Vorteilserlangung allenfalls damit begründet werden, daß sich die der Vorteilsannahme nachfolgende Handlung auf einen neuen, anderen Vorteil bezieht. Dazu müßte man die erstmalige Erlangung des Vorteils und das darauffolgende Behalten bzw. Behaltendürfen des Vorteils als voneinander trennbare Vorteile definieren. Das dürfte jedoch nur ganz ausnahmsweise unter der Bedingung möglich sein, daß die Gewährung des – ersten – Vorteils von vornherein zeitlich begrenzt und mit einer Rückgewährabrede verbunden ist. Die spätere Einräumung eines verlängerten oder dauerhaften Vorteilsgenusses wäre dann in der Tat ein neuer Vorteil, der Bezugsgegenstand einer neuen Forderung, neuen Versprechen-lassens und neuer Annahme sein könnte.

> **Beispiel:** B ist Inhaber eines Zulieferbetriebs in der Automobilbranche. Er stellt dem bei einem Fahrzeughersteller als leitender Angestellter beschäftigten T seinen neuen Porsche 14 Tage kostenlos für Spazierfahrten durch die Mark Brandenburg zur Verfügung. Nach einer Woche hat T an dem Sportwagen so starken Gefallen gefunden, daß er dem B vorschlägt, er werde ihn bei der nächsten Auftragsvergabe anderen Bewerbern vorziehen, falls er ihm den Porsche schenke.

Da die Fahrzeugleihe ursprünglich nicht bezweckte, den T zu einer unlauteren Bevorzugung des B im Wettbewerb zu motivieren, erfüllte die Annahme des Leihangebotes durch B nicht den Tatbestand des § 299 I. Der Vorschlag des B, gegen endgültige unentgeltliche Überlassung des Fahrzeugs unlautere Bevorzugung im Wettbewerb zu gewähren, könnte aber eine tatbestandsmäßige Vorteils-Forderung sein. Einen Vorteil kann man aber nur fordern, wenn man ihn noch nicht hat. Vordergründig betrachtet trifft dies auf B nicht zu, da er im Zeitpunkt seines Vorschlags bereits im unmittelbaren Besitz des Porsche ist. Bei genauerer rechtlicher Bestimmung dieses Vorteils ergibt sich jedoch, daß es sich nur um eine vorübergehende, zeitlich begrenzte Nutzungsmöglichkeit handelt, T als Vorteilsinhaber also zunächst nur die Position des Fremdbesitzers innehat. Die Gewährung des nunmehr verlangten Vorteils würde ihm dagegen die Position eines Eigenbesitzers verschaffen, und dies auf unbegrenzte Zeit. Dies wäre ein neuer, anderer Vorteil, den der T im Zeitpunkt seiner Forderungserklärung noch nicht erlangt hätte. Daher bezieht sich diese Forderung auf einen künftigen Vorteil und ist somit tatbestandsmäßig.

e) Unrechtsvereinbarung

Der tatgegenständliche Vorteil muß mit einer unlauteren Bevorzugung eines Wettbewerbers beim Bezug von Waren oder gewerblichen Leistungen in einer Beziehung stehen, die ihn als **Gegenleistung** dieser Bevorzugung erscheinen läßt.

aa) Manifestation des Bevorzugungswillens

Fraglich ist die straftatsystematische Position dieses Merkmals. Seine Beschreibung in der Kommentarliteratur legt die Einordnung im subjektiven Tatbestand nahe.[514] Danach würde ausreichend – aber auch erforderlich – sein, daß der Täter

---

[514] *Lackner/Kühl*, § 299 Rn. 5: „Die (*angestrebte*) Unrechtsvereinbarung muß auf eine Bevorzugung abzielen."; *Tröndle/Fischer*, § 299 Rn. 12: „Erforderlich ist daher ein auf eine Unrechtsvereinbarung gerichteter *Wille* des Täters." (Hervorh. v. Verf.).

den erstrebten oder angenommenen Vorteil mit einer Bevorzugung eines anderen in einen Gegenleistungs-Zusammenhang stellen will. Dennoch handelt es sich um ein Merkmal des objektiven Tatbestandes.[515] Es genügt nämlich nicht, daß der Täter eine Verknüpfung von Vorteil und Bevorzugung nach dem Muster einer „Leistung-Gegenleistung-Konstellation" herstellen will. Dieser Wille muß auch **explizit oder konkludent geäußert** worden sein. Erforderlich ist also eine Manifestation des Verknüpfungswillens, die das Vertrauen in die Lauterkeit des wettbewerblichen Handelns der Akteure zu erschüttern geeignet ist. Erfüllt das Verhalten des Täters diese Voraussetzung, kommt es auf seine innere Einstellung dazu nicht an. Deshalb steht eine Mentalreservation, d.h. der Wille, sich von der Vorteilsgewährung nicht zu unlauterer Bevorzugung verleiten zu lassen, der Strafbarkeit nicht entgegen. Die Manifestation ist ein einseitiger Akt des Vorteilsnehmers. Eine zustimmende Reaktion des Vorteilsgebers ist nicht erforderlich, dieser braucht die korruptive Zweckrichtung nicht einmal erkannt zu haben.[516] Insofern ist die gebräuchliche Bezeichnung „Unrechtsvereinbarung" etwas irreführend.

bb) Bevorzugung

235   Die „Leistung", für die der Vorteil eine „Gegenleistung" sein soll, muß die Bevorzugung eines anderen sein. Dieser „andere" braucht nicht der Vorteilsgeber selbst zu sein. Wie auf der Empfängerseite (s.o. Rn. 225) ist auch auf der Geberseite die **Begünstigung Dritter** tatbestandlich erfaßt. Das erkennt man an der Formulierung des „spiegelbildlichen" Tatbestandes der aktiven Bestechung in § 299 Abs. 2: Als zu Bevorzugende sind hier ausdrücklich der Vorteilsgeber („ihn") und sonstige Bewerber („einen anderen") genannt. Die Bevorzugung besteht darin, daß dem Begünstigten im Verhältnis zu Mitbewerbern Wettbewerbsvorteile eingeräumt werden.[517]

cc) Wettbewerbssituation

236   Die intendierte Bevorzugung erfolgt im Rahmen einer Wettbewerbskonstellation, in der der zu Bevorzugende mit anderen Bewerbern konkurriert.[518] Gegenstand des Wettbewerbs ist der **Bezug von Waren oder gewerblichen Leistungen**. Konkret bedeutet dies, daß der Betrieb, für den der Täter als Angestellter oder Beauftragter tätig ist, Waren oder gewerbliche Leistungen nachfragt, die von dem Bevorzugten und seinen Mitbewerbern angeboten werden. Ziel des Wettbewerbes

---

[515] Davon gehen auch *Kühl* und *Fischer* aus, da sie den „Vorsatz" an einer Stelle kommentieren (Lackner/Kühl, § 299 Rn. 8; Tröndle/Fischer, § 299 Rn. 19), die nur den Rückschluß zuläßt, daß die vorstehenden Erläuterungen (in Rn. 5 bzw. Rn. 12) auf objektive Tatbestandsmerkmale bezogen sind; ebenso *Otto*, BT, § 61 Rn. 161.
[516] *Otto*, BT, § 61 Rn. 163.
[517] *Otto*, BT, § 61 Rn. 159; *Tröndle/Fischer*, § 299 Rn. 13.
[518] *Lackner/Kühl*, § 299 Rn. 5.

dd) Unlauterkeit

Die Fassung des Tatbestandes erweckt den Eindruck, als reiche die Verknüpfung von Vorteilsgewährung und Bevorzugung zur Begründung des strafwürdigen Unrechts nicht aus. Denn das Gesetz verlangt ausdrücklich, daß die Bevorzugung „in unlauterer Weise" erfolgt. Dieses Tatbestandsmerkmal wäre überflüssig, wenn es keine über die Leistung-Gegenleistung-Verknüpfung hinausgehenden und von ihr zu unterscheidenden Unwertakzente aufnähme. Jedoch täuscht dieser Eindruck. Unlauter ist eine Bevorzugung immer schon dann, wenn sie **durch die Vorteilsgewährung motiviert** wird.[519] Weitere Unlauterkeitsaspekte sind nicht erforderlich. Das Merkmal hat daher im Tatbestand keine eigenständige Bedeutung.[520]

237

ee) Gegenleistung

Gegenleistungscharakter hat der Vorteil dann, wenn er zur **condicio sine qua non der angestrebten Bevorzugung** erklärt wird. Es muß also eine Art Kausalzusammenhang zwischen der Gewährung des Vorteils und der Besserstellung des anderen – also des Vorteilsgebers bzw. eines vom Vorteilsgeber unterstützten Dritten – gewollt sein. Daran fehlt es, wenn dieser andere schon aus anderen – wettbewerbskonformen – Gründen, also in lauterer Weise, den Vorzug vor seinen Konkurrenten erhalten soll und der Vorteil nur den Zweck hat, Dank und Anerkennung für korrektes Handeln zum Ausdruck zu bringen.[521] Aus diesem Grund beschränkt der Tatbestand die Strafbarkeit auf Bevorzugungen, die im Zeitpunkt der Tat noch bevorstehen („bevorzuge"). Die nachträgliche Belohnung einer bereits erfolgten Bevorzugung wird vom Tatbestand nicht erfaßt.[522] Solange dagegen noch nicht feststeht, daß ein bestimmter Bewerber aus vorteilsunabhängigen Gründen den Vorzug vor den Konkurrenten erhalten soll, wird der Eindruck der Unlauterkeit von Vorteilsforderungen, -versprechen und -annahmen kaum zu vermeiden sein.

238

2. Subjektiver Tatbestand

Der Täter muß **vorsätzlich** handeln, § 15. Vorsatzgegenstand sind die Tatsachen, durch die der objektive Tatbestand erfüllt wird. Dazu gehört auch der Tatsachen-

239

---

[519] *Maurach/Schroeder/Maiwald*, BT 2, § 68 Rn. 13: „Unlauter ist die Bevorzugung, die nicht in sachlichen Erwägungen begründet, sondern durch den angebotenen, versprochenen oder gewährten Vorteil motiviert ist."
[520] *Otto*, BT, § 61 Rn. 159; *Tröndle/Fischer*, § 299 Rn. 13.
[521] *Möhrenschlager*, JZ 1996, 822 (825): „ ... wenn die Zuwendung des Vorteils nicht für eine Diensthandlung, sondern ausschließlich für die Art und Weise ihrer Erbringung (etwa wegen der dabei gezeigten freundlichen und höflichen Art) erfolgt ..."
[522] *Lackner/Kühl*, § 299 Rn. 5; *Tröndle/Fischer*, § 299 Rn. 12.

komplex, der – etwas ungenau (s.o. Rn. 234) üblicherweise als „Unrechtsvereinbarung" bezeichnet wird. Im Falle des Forderns muß der Täter also wissen bzw. es für möglich halten, daß seine Forderung dahingehend verstanden wird, er – der Täter – verlange den Vorteil als Gegenleistung für eine unlautere Bevorzugung im Wettbewerb. Nicht erforderlich ist, daß der Täter tatsächlich bereit ist, nach erfolgter Vorteilsgewährung im Gegenzug eine unlautere Besserstellung im Wettbewerb einzuräumen. Deshalb ist der innere Vorbehalt des Täters, eine derartige Verknüpfung von Vorteil und Bevorzugung keineswegs herstellen zu wollen, unbeachtlich und schließt den Vorsatz nicht aus. Insbesondere enthält der subjektive Tatbestand auch **keine überschießende Innentendenz**, die die vom objektiven Tatbestand nicht mehr erfaßten Vorgänge antizipatorisch erfaßt.[523]

> **Beispiele:**
> (1) T fordert von X einen Vorteil als Gegenleistung für eine unlautere Bevorzugung im Wettbewerb. Für den Fall, daß X auf die Forderung eingeht, will T den angebotenen Vorteil nicht annehmen, sondern den X darüber aufklären, seine Forderung sei nicht ernst gemeint, sondern nur ein „Spaß" gewesen. Erst recht will T den X nicht unlauter bevorzugen.
>
> (2) T läßt sich von X einen Vorteil als Gegenleistung für eine von X erhoffte unlautere Bevorzugung versprechen. Er nimmt sich aber vor, den versprochenen Vorteil nicht anzunehmen und auch den X nicht unlauter zu bevorzugen.
>
> (3) T nimmt von X einen Vorteil als Gegenleistung für eine unlautere Bevorzugung an. Er will den X jedoch ungeachtet des bereits angenommenen Vorteils nicht unlauter bevorzugen. Außerdem hat er die Absicht, den angenommenen Vorteil alsbald zurückzugeben.

In allen drei Beispielen erfüllt das Verhalten des T den objektiven Tatbestand es § 299 I. In **Beispiel 1** fordert T einen Vorteil, in **Beispiel 2** läßt sich T einen Vorteil versprechen und in **Beispiel 3** nimmt T einen Vorteil an. Außerdem erscheint das Verhalten des T jeweils als Manifestation des Willens, dem Vorteil die Funktion einer Gegenleistung für eine unlautere Bevorzugung des X im Wettbewerb zuzuschreiben. Tatsächlich hat T bei Vollzug der tatbestandsmäßigen Handlung einen Willen dieses Inhalts aber nicht gehabt. An der objektiven Tatbestandsmäßigkeit seines Verhaltens ändert dies selbstverständlich nichts. Aber auch die subjektive Tatbestandsmäßigkeit wird dadurch nicht ausgeschlossen. Denn der subjektive Tatbestand setzt lediglich einen auf die objektiv tatbestandsmäßigen Tatumstände bezogenen Vorsatz voraus, und den hat T in allen drei Beispielen gehabt.

---

[523] Anders *Maurach/Schroeder/Maiwald*, BT 2, § 68 Rn. 15; *Lackner/Kühl*, § 299 Rn. 8: Im Falle des Forderns müsse der Täter eine Unrechtsvereinbarung anstreben.

III. Strafbarkeitsvoraussetzungen der Bestechung, § 299 II

1. Objektiver Tatbestand
a) Übersicht

- Täter: „Wer"
- Tatsituation: im geschäftlichen Verkehr
- Tathandlung:
  - Wettbewerbsbezug („zu Zwecken des Wettbewerbs")
  - anbieten *oder*
  - versprechen *oder*
  - gewähren
- Tatpartner:
  - Angestellter eines geschäftlichen Betriebes *oder*
  - Beauftragter eines geschäftlichen Betriebes
- Tatgegenstand:
  - Vorteil für den Tathandlungspartner *oder*
  - Vorteil für einen Dritten
- Unrechtsvereinbarung
  Vorteil als Gegenleistung für eine unlautere Bevorzugung des Täters oder eines Dritten im Wettbewerb bei dem Bezug von Waren oder gewerblichen Leistungen

240

Das Bild des objektiven Tatbestandes zeigt, daß die in Absatz 2 des § 299 normierte Straftat gewissermaßen das **aktive** Gegenstück („aktive Bestechung") zu dem Straftatbestand des § 299 Absatz 1 („passive Bestechung") ist.[524] Am deutlichsten ist das an den Handlungsmerkmalen zu erkennen: Der Täter des § 299 Abs. 1 tritt als Empfänger auf, der Täter des § 299 Abs. 2 ist sein versprechender, gebender Partner. Wie in § 299 Abs. 1 (s.o. Rn. 197, 210) ist auch hier ein über die Vorteilszusage bzw. Vorteilsgewährung hinausgehender Taterfolg nicht erforderlich. Insbesondere hängt die Vollendung des Delikts nicht davon ab, daß es zu der intendierten unlauteren Bevorzugung im Wettbewerb tatsächlich kommt.[525]

b) Täter

Anders als § 299 I setzt § 299 II **keine besondere Täterqualität** voraus. Die aktive Bestechung ist kein Sonderdelikt, Täter kann jeder sein.[526] Nicht einmal die Stellung als Mitbewerber in dem tatgegenständlichen Wettbewerb ist Voraussetzung tatbestandsmäßiger Täterschaft.[527] Denn die vom Täter angestrebte unlautere Bevorzugung kann nach dem Gesetz – statt ihm selbst – auch einem „anderen" (der

241

---
[524] *Otto*, BT, § 61 Rn. 165: „spiegelbildlich".
[525] *Otto*, BT, § 61 Rn. 170.
[526] *Lackner/Kühl*, § 299 Rn. 6.
[527] *Otto*, BT, § 61 Rn. 171.

nicht Täter ist) zugute kommen (s.o. Rn. 235). Angesichts der unterschiedlichen Anforderungen an die Täterstellung leuchtet die Identität der Strafdrohungen („Ebenso wird bestraft ...") in Absatz 1 und Absatz 2 nicht ganz ein. Der Täter des § 299 Abs. 1 trägt mehr Verantwortung für die Integrität des tangierten Rechtsgutes als der Täter des § 299 Abs. 2. Überhaupt nicht zu begründen ist, daß die Teilnahme an einer aktiven Bestechung härter bestraft werden kann als die Teilnahme an einer passiven Bestechung.

> **Beispiele:**
> (1) A hilft dem X, dem Angestellten Y einen Vorteil anzubieten bzw. zu gewähren.
> (2) B hilft dem Angestellten Y, von X einen Vorteil zu fordern bzw. anzunehmen.

Geht man davon aus, daß weder A noch B Angestellte oder Beauftragte des Betriebes sind, für den Y tätig wird, kommt dem B die Strafmilderung des § 28 I zugute, dem A dagegen nicht. A ist aus §§ 299 II, 27 I strafbar, wobei gem. §§ 27 II 2, 49 I Nr. 2 S. 1 die Obergrenze des Strafrahmens bei 2 Jahren und 3 Monaten liegt (¾ von 36 Monaten = 27 Monate). Dem X kommt weder die Milderung aus § 27 II 2 noch die Milderung aus § 28 I zugute. Seine Tat kann also mit 3 Jahren Freiheitsstrafe geahndet werden. B ist aus §§ 299 I, 27 I strafbar. Seine Tat erfüllt zwei Milderungsgründe, den des § 28 I und den des § 27 II 2. Folglich ist der zugrundezulegende Strafrahmen doppelt zu mildern:[528] Die Strafrahmenobergrenze liegt bei 1 Jahr, 8 Monaten und einer Woche (¾ von 36 Monaten = 27 Monate; ¾ von 27 Monaten = 20 ¼ Monate). Obwohl Gehilfe B „im Lager" des Täters steht, der stärkeren Einfluß auf das Wettbewerbsgeschehen hat, wird sein Beitrag zu der Rechtsgutsbeeinträchtigung milder beurteilt als die Beihilfehandlung des A, der im Lager des vorteilsgebenden Täters steht, der selbst im Verhältnis zum vorteilsnehmenden Täter die Position eines Teilnehmers – in der Regel die eines Anstifters – hat.

c) Tatsituation

242 Die aktive Bestechung spielt sich im **geschäftlichen Verkehr** und im Zusammenhang mit einem geschäftlichen **Wettbewerb** ab. Dem rein privaten Umgang der Beteiligten ist also auch hier eine strafrechtsfreie Zone reserviert.

d) Tathandlung

243 Wie auf der Empfängerseite gliedert sich auf der Geberseite das tatbestandsmäßige Handlungsmerkmal in **drei Alternativen.**

aa) Anbieten

244 Das Angebot ist die **Inaussichtstellung** einer künftigen Vorteilsgewährung. Die Erklärung kann als Verbal- oder Realangebot, also explizit oder konkludent – z.B. durch Einleitung des „Gewährens" – abgegeben werden und mit der Vorteilsgewährung zusammenfallen.

---

[528] Das Doppelmilderungsverbot des § 50 greift nicht ein, da § 28 I und § 27 II 2 hier anders als im Fall BGHSt 26, 53 auf unterschiedlichen Tatsachen beruhen.

bb) Versprechen

Sofern man überhaupt einen Unterschied zwischen diesem Merkmal und dem Merkmal „Anbieten" meint erkennen zu können, dann vielleicht den, daß das Anbieten näher am tatsächlichen Gewähren des Vorteils herangerückt ist als das Versprechen.[529] Im Fall eines Realangebots ist dies gewiß zutreffend. Zwingend ist eine solche Differenzierung aber nicht. In der Regel wird deshalb ein **Angebot zugleich ein Versprechen** sein und umgekehrt.

cc) Gewähren

Dieses Merkmal ist das **aktive Gegenstück zum „Annehmen"** des § 299 I. Die Übertragung des Vorteils an den Empfänger – den Angestellten oder Beauftragten – muß also zumindest begonnen haben. Abgeschlossen braucht die Vorteilsverschaffung nicht zu sein.[530] Es genügt, daß der Vorteilsempfänger in die Lage versetzt wird, sich den Vorteil ohne weitere aktive Mitwirkung des Täters zu verschaffen, den Vorteil also für sich auszunutzen.

e) Tatpartner

Die Tathandlung muß gegenüber einem Tatpartner vorgenommen werden, der **tauglicher Täter einer passiven Bestechung** gem. § 299 I sein kann.[531] Dabei macht es keinen Unterschied, ob der Vorteil dem Angestellten oder Beauftragten selbst oder einem Dritten zufließen soll. Auch im Fall des Drittvorteils erfüllt nur eine an den Angestellten oder Beauftragten gerichtete Tathandlung den Tatbestand. Unmittelbare Angebote, Versprechen oder Gewährungen an den Dritten sind tatbestandsmäßig also nur, wenn sie gleichzeitig oder zeitversetzt auch noch eine Person erreichen, die als Angestellter oder Beauftragter des geschäftlichen Betriebes Einfluß auf die vom Täter erstrebte wettbewerbliche Bevorzugung nehmen kann.

f) Tatgegenstand

Gegenstand der Tathandlung ist ein **Vorteil**. Der Begriff hat hier dieselbe Bedeutung wie im objektiven Tatbestand des § 299 I. Ob der angebotene, versprochene oder gewährte Gegenstand im konkreten Fall tatsächlich die Qualität eines „Vorteils" hat, ist aus der Perspektive des Empfängers zu beurteilen. Das Anbieten eines Gegenstandes, der für den Adressaten unattraktiv ist, von dem sich der Täter aber motivierende Wirkung in Richtung einer wettbewerblichen Bevorzugung verspricht, ist ein untauglicher Versuch, der nicht mit Strafe bedroht ist.

---

[529] So *Otto*, BT, § 61 Rn. 165: Anbieten einer gegenwärtigen Leistung und Versprechen einer zukünftigen Leistung.

[530] Anders *Otto*, B, § 61 Rn. 170, nach dem der Vorteilnehmer den Vorteil angenommen haben muß. Ergebnisunterschiede werden dadurch nicht erzeugt werden, da auch nach der engeren Ansicht Ottos eine unabgeschlossene Vorteilsgewährung zumindest als konkludentes Angebot für Tatvollendung ausreichen dürfte.

[531] *Wittig*, wistra 1998, 7 (10).

g) Unrechtsvereinbarung

249 Die Unrechtsvereinbarung ist eine die tatbestandsmäßige Handlung erkennbar begleitende Bedingung oder eine sinngebende **Geschäftsgrundlage** der tatbestandsmäßigen Handlung. Wie auf der Nehmerseite findet auch hier ein innerer Vorbehalt des Täters keine Berücksichtigung. Wer in der Manier eines „agent provocateur" mit seinem Angebot lediglich die Korrumpierbarkeit seines Tatpartners „testen" will, erfüllt also den objektiven Tatbestand auch dann, wenn er von der ihm möglicherweise zufallenden Bevorzugung im Wettbewerb keinen Gebrauch machen will.

2. Subjektiver Tatbestand

250 Der subjektive Tatbestand setzt **Vorsatz** voraus, § 15. Ausreichend ist bezüglich sämtlicher objektiver Tatbestandsmerkmale dolus eventualis. Eine besondere „Wettbewerbsabsicht" ist nicht erforderlich.[532]

IV. Besonders schwere Fälle

251 § 300 sieht für besonders schwere Fälle eine Anhebung der unteren und der oberen Strafrahmengrenze vor. Die **Strafschärfungsvorschrift** gilt sowohl für die passive (§ 299 I) als auch für die aktive Bestechung (§ 299 II). Satz 2 enthält **Regelbeispiele**, die dem Richter im konkreten Fall die Feststellung der besonderen Schwere erleichtern sollen. Die Regelbeispielsmerkmale werden im Besonderen Strafrecht auch an anderer Stelle verwendet, z.B. in § 253 IV 2 und § 263 III 2 Nr. 1 und Nr. 2.

V. Kontrollfragen

1. Wann wurde § 299 in das StGB eingefügt? (Rn. 215)
2. Welche strukturelle Parallele zu §§ 331 – 334 gibt es in § 299? (Rn. 218)
3. Wer kann Täter der Bestechlichkeit (§ 299 I) sein? (Rn. 220)
4. Welche tatbestandliche Handlungsalternative des § 299 I verlegt die Strafbarkeit am weitesten in das Vorfeld der Rechtsgutsverletzung? (Rn. 226)
5. Welche Funktion im Tatbestand der Bestechlichkeit hat die „Unrechtsvereinbarung"? (Rn. 233 ff.)
6. Wie setzt sich der subjektive Tatbestand der Bestechlichkeit zusammen? (Rn. 239)
7. Wer kann Täter der Bestechung (§ 299 II) sein? (Rn. 241)

---

[532] Anders *Otto*, BT, § 61 Rn. 168; *Lackner/Kühl*, § 299 Rn. 8; *Tröndle/Fischer*, § 299 Rn. 16.

> 8. Welche Bedeutung haben die Tätermerkmale des § 299 I im Tatbestand des § 299 II? (Rn. 247)
> 9. Wie setzt sich der subjektive Tatbestand der Bestechung zusammen? (Rn. 250)
> 10. Welche strafrechtsdogmatische Bedeutung hat § 300? (Rn. 251)

VI. Literatur

Schubert, in: Wabnitz/Janovsky (Hrsg.), Handbuch des Wirtschafts- und Steuerstrafrechts, 2000, Kapitel 12 Rn. 72 bis 82

Wittig, § 299 StGB durch Einschaltung von Vermittlerfirmen bei Schmiergeldzahlungen, wistra 1998, 7

§ 4 Untreueähnliche Delikte

A. Einführung

„Untreueähnlich" ist eine Charaktereigenschaft von Vermögensdelikten, bei denen der Täter seinem Opfer nicht durch Eindringen in die Vermögenssphäre „von außen" Schaden zufügt, sondern bei denen der Täter eine eigene vermögensnahe Position dazu ausnutzt, das Vermögen durch Aushöhlung „**von innen**" zu schädigen.[1] Der Täter der Untreue oder eines untreueähnlichen Delikts muß deshalb schon vor seiner Tat einen Standort „**im Lager**" des betroffenen Vermögensinhabers haben, von dem aus er seinen Angriff auf das Vermögen durchführen kann, ohne die Außengrenzen der Vermögenssphäre – z.B. durch Gewahrsamsbruch (§ 242) – überwinden zu müssen.[2]

Auf die in diesem Kapitel zu behandelnden Straftatbestände „**Vorenthalten und Veruntreuen von Arbeitsentgelt**" (§ 266 a) und „**Mißbrauch von Scheck- und Kreditkarten**" (§ 266 b) trifft diese Charakterisierung vielleicht nicht in reiner Form, jedoch zumindest in einer ausreichenden – die Bezeichnung „untreueähnliches Delikt" rechtfertigenden – Weise zu (näher dazu unten Rn. 4).[3] Die Stellung der Vorschriften in unmittelbarer Nachbarschaft des Untreuetatbestandes § 266 ist zudem ein deutliches Signal, daß auch der Gesetzgeber eine entsprechende Betrachtung zugrundegelegt hatte. Beide Straftatbestände beziehen sich auf strafwürdige Verhaltensweisen, die mit § 266 nicht oder nur unter Schwierigkeiten erfaßt werden können: Der Arbeitgeber hat nämlich weder seinem Arbeitnehmer[4] gegenüber noch dem Sozialversicherungsträger gegenüber eine Vermögensbetreuungspflicht.[5] Dasselbe gilt für den Inhaber einer Scheck- oder Kreditkarte im Verhältnis zu dem kartenausgebenden Unternehmen, das durch den Mißbrauch geschädigt wird.[6]

§ 266 a und § 266 b wurden 1986 durch das Zweite Gesetz zur Bekämpfung der Wirtschaftskriminalität (**2. WiKG**) in das Strafgesetzbuch eingefügt. Es handelt sich also um Delikte, die dem Bereich „Wirtschaftskriminalität" zuzurechnen

---

[1] LK-*Schünemann*, § 266 Rn. 1.
[2] Teilband 1, § 8 Rn. 9.
[3] *Tröndle/Fischer*, § 266 a Rn. 2.
[4] Dieser erleidet zudem keinen Vermögensschaden, *Arzt/Weber*, BT, § 23 Rn. 4.
[5] *Martens*, wistra 1986, 154 (155); *Weber*, NStZ 1986, 481 (487); *Arzt/Weber*, BT, § 23 Rn. 4.
[6] *Arzt/Weber*, BT, § 23 Rn. 40.

sind.⁷ Während der Mißbrauch von Scheck- und Kreditkarten als völlig neuer Straftatbestand Strafbarkeitslücken schließen sollte (näher dazu unten Rn. 52), hatten Teile des § 266 a Vorläufer in nebenstrafrechtlichen Vorschriften.⁸ Hier liegt der Schwerpunkt der gesetzgeberischen Intention also in der Rechtsvereinheitlichung und Bewußtseinsschärfung durch Standortverlagerung in das Kernstrafrecht.⁹

B. Vorenthalten und Veruntreuen von Arbeitsentgelt, § 266 a StGB

Übersicht   Rn.
I. Allgemeines
  1. Untreueähnlichkeit.. 4
  2. Rechtsgut... 5
  3. Systematik... 6
II. Strafbarkeitsvoraussetzungen § 266 a Abs. 1
  1. Objektiver Tatbestand
    a) Übersicht 7
    b) Täter
      aa) Sonderdelikt 8
      bb) Anwendbarkeit des § 28 I..................................... 9
      cc) Merkmalsüberwälzung gem. § 14............................ 10
      dd) Arbeitgebergleiche Personen gem. § 266 a IV............. 11
    c) Beiträge 12–15
    d) Einzugsstelle 16
    e) Vorenthalten 17–21
  2. Subjektiver Tatbestand 22
  3. Tätige Reue, § 266 a V
    a) Grund der Straffreiheit.. 23–24
    b) Stellung im Straftataufbau.................................... 25–27
    c) Voraussetzungen § 266 a V Satz 1............................ 28–29
    d) Voraussetzungen § 266 a V Satz 2............................ 30–34
III. Strafbarkeitsvoraussetzungen § 266 a Abs. 2
  1. Objektiver Tatbestand
    a) Übersicht 35
    b) Täter.. 36
    c) Einbehaltene sonstige Teile des Arbeitsentgelts............. 37–40

---

⁷ *Arzt/Weber*, BT, § 23 Rn. 1.
⁸ §§ 529, 1428 RVO, 225 AFG, 150 AVG, 234 RKG; zur Geschichte *Tag*, Vorenthalten, S. 5–32.
⁹ Näher zu den gesetzgeberischen Intentionen *Tag*, Vorenthalten, S. 25 ff.; LK-*Gribbohm*, § 266 a Rn. 8 ff.

d) Tatbestandsmäßiges Verhalten
    aa) Zweiaktigkeit oder Dreiaktigkeit? 41
    bb) Nichtzahlung 42–43
    cc) Nichtunterrichtung 44
  2. Subjektiver Tatbestand 45
IV. Strafbarkeitsvoraussetzungen § 266 a Abs. 3
  1. Objektiver Tatbestand
    a) Übersicht 46
    b) Täter 47
    c) Tatobjekt und Tathandlung 48–49
  2. Subjektiver Tatbestand 50
  3. Tätige Reue 51

I. Allgemeines

1. Untreueähnlichkeit

Da § 266 a mehrere verschiedene Tatbestände enthält (näher s.u. Rn. 6), ist nicht 4
nur die Untreueähnlichkeit unterschiedlich stark ausgeprägt,[10] sondern sogar die
Kategorisierung als „Vermögensdelikt" nicht ganz frei von Bedenken.[11] Aus Gründen
der Einfachheit und Übersichtlichkeit soll gleichwohl der komplette § 266 a
hier im Zusammenhang behandelt werden. Allen Tatbeständen des § 266 a ist
gemeinsam, daß Täter nicht jedermann sein kann, sondern nur Inhaber einer besonderen
sozialen Stellung sein können. Es handelt sich also um Sonderdelikte,[12]
was bekanntlich ja auch eine Eigenschaft der Untreue ist.[13] Einen spezifisch untreueähnlichen
Akzent erlangt die Täterstellung aber erst durch die ihr immanente
Möglichkeit zur Verfügung über Geldbeträge, die wirtschaftlich einem anderen
Vermögensinhaber zuzurechnen sind.[14] Das strafwürdige Verhalten
besteht nämlich darin, daß der Inhaber dieser Stellung über die Geldbeträge
nicht so verfügt, wie es dem zugrundeliegenden Pflichtenreglement entspräche.
Dem Berechtigten wird dadurch ein Vermögensnachteil zugefügt.

---

[10] Vgl. SK-*Günther*, § 266 a Rn. 3, der § 266 a II als betrugsähnlichen Tatbestand charakterisiert.
[11] Nach *Otto*, BT, § 54 Rn. 56 enthält nur § 266 a II einen untreueähnlichen Straftatbestand, während es sich bei § 266 a I und § 266 a III um „Delikte gegen die Wirtschaftsordnung" (vgl. *Otto*, BT, Abschnitts-Überschrift vor § 60; § 61 Rn. 68) handele.
[12] *Wegner*, wistra 1998, 283 (284); *Arzt/Weber*, BT, § 23 Rn. 27; *Tröndle/Fischer*, § 266 a Rn. 4.
[13] Teilband 1, § 8 Rn. 16.
[14] *Maurach/Schroeder/Maiwald*, BT 1, § 45 Rn. 64; *Schönke/Schröder/Lenckner*, § 266 a Rn. 2.

2. Rechtsgut

5 Hinsichtlich des geschützten Rechtsgutes ist zwischen den in Absatz 1, Absatz 2 und Absatz 3 normierten Tatbeständen zu differenzieren:[15] Einen Deliktstyp mit dominanter Vermögensverletzungskomponente enthält nur § 266 a II. Geschützt ist dort das **Vermögensinteresse** des von der Tat betroffenen Arbeitnehmers.[16] Dagegen steht bei den in § 266 a I und § 266a III geregelten Tatbeständen das Interesse der Solidargemeinschaft der Versicherten an der Gewährleistung des **Mittelaufkommens für die Sozialversicherung** – und damit deren Funktionsfähigkeit – im Vordergrund.[17] Dies schließt jedoch die Annahme nicht aus, daß Vermögensschutzinteressen mitberücksichtigt sein können.[18]

3. Systematik

6 Auf die fünf Absätze des § 266 a verteilen sich **drei verschiedene Tatbestände** (§ 266a I–III). § 266 a IV hat tatbestandsergänzende Funktion – enthält also keinen eigenen Tatbestand – und erweitert den Anwendungsbereich der Tatbestände in § 266 a I–III. Eine Privilegierungsvorschrift mit Bezug zu einer deliktsspezifisch rücktrittsähnlichen Situation ist § 266 a V. Diese Vorschrift steht im Zusammenhang mit § 266 a I und III, mit § 266 a II besteht keine Verbindung.

II. Strafbarkeitsvoraussetzungen § 266 a Abs. 1

1. Objektiver Tatbestand

a) Übersicht

7 Die Merkmale des objektiven Tatbestandes ergeben sich aus § 266 a I, sowie ergänzend aus § 266 a IV. § 266a V ist für die Zusammensetzung des objektiven Tatbestandes bedeutungslos.

---

[15] Ausführlich dazu *Tag*, Vorenthalten, S. 33 ff.
[16] *Bittmann*, wistra 1999, 441 (446); *Stapelfeldt*, BB 1991, 1501 (1505); *Arzt/Weber*, BT, § 23 Rn. 8; *Lackner/Kühl*, § 266 a Rn. 1; SK-*Günther*, § 266 a Rn. 3.
[17] OLG Celle, wistra 1996, 114; JR 1997, 478 (479); *Martens*, wistra 1986, 154 (155); *Bente*, wistra 1992, 177 (178); *Tag*, BB 1997, 1115; *Ursula Stein*, DStR 1998, 1055 (1056); *Heger*, JuS 1998, 1090 (1091); *Wegner*, NStZ 2000, 261; *Arzt/Weber*, BT, § 23 Rn. 7; *Maurach/Schroeder/Maiwald*, BT 1, § 45 Rn. 63; *Wessels/Hillenkamp*, BT 2, Rn. 785; *Joecks*, § 266 a Rn. 1; *Lackner/Kühl*, § 266 a Rn. 1; *Schönke/Schröder/Lenckner*, § 266 a Rn. 2; *Tröndle/Fischer*, § 266 a Rn. 2; a.A. *Gössel*, BT 2, § 26 Rn. 1, der das Vermögen als primäres Schutzgut bezeichnet.
[18] So in bezug auf § 266 a I *Tiedemann*, JZ 1986, 865 (874); LK-*Gribbohm*, § 266 a Rn. 5; SK-*Günther*, § 266 a Rn. 4.

- Täter
  - Arbeitgeber *oder*
  - Auftraggeber eines Heimarbeiters usw. *oder*
  - Zwischenmeister
- Tatgegenstand
  - Beiträge des Arbeitnehmers zur Sozialversicherung *oder*
  - Beiträge des Arbeitnehmers zur Bundesanstalt für Arbeit
- Tathandlung
  - Vorenthalten gegenüber der Einzugsstelle

Der objektive Tatbestand enthält kein Merkmal, das einen über die Nichterlangung des vorenthaltenen Beitrages hinausgehenden Schädigungserfolg repräsentierte. Der Eintritt eines solchen Schadens ist also keine Vollendungsvoraussetzung.[19] Deshalb steht selbst eine unverzügliche Nachentrichtung der vorenthaltenen Beiträge der objektiven Tatbestandsmäßigkeit nicht entgegen, § 266 a V.[20]

b) Täter

aa) Sonderdelikt

Wie die Untreue ist auch das Vorenthalten von Arbeitnehmerbeiträgen ein **Sonderdelikt**.[21] Täter kann nur ein Arbeitgeber oder eine ihm gemäß § 266 a IV gleichgestellte Person sein. Kein Arbeitgeber im strafrechtlichen Sinne ist der Auftraggeber eines „Scheinselbständigen".[22] **Arbeitgeber** ist, wer auf arbeitsvertraglicher Grundlage (§§ 611 ff. BGB) von einem ihm gegenüber weisungsgebundenen und der Sozialversicherungspflicht unterliegenden Arbeitnehmer die Erbringung von Dienstleistungen gegen Entgelt verlangen kann.[23] Nichtqualifizierte Tatbeteiligte können Teilnehmer, nicht aber Mittäter (§ 25 II) oder mittelbare Täter (§ 25 I 2. Alt.) sein. Theoretisch existieren daher – praktisch wahrscheinlich bedeutungslose – Strafbarkeitslücken in bezug auf Fälle, in denen ein Arbeitgeber von einem Nichtqualifizierten in eine Rechtfertigungssituation (z.B. Nötigungsnotstand) oder in einen vorsatzausschließenden Tatbestandsirrtum versetzt wird. Mittelbare Täterschaft (§ 25 I 2. Alt.), deren Struktur solche Fälle an sich haben, scheidet aus. Strafbarkeit wegen Anstiftung zum Vorenthalten von Arbeitsentgelt scheitert am Fehlen einer rechtswidrigen bzw. vorsätzlichen Haupttat. Sollte diese Strafbarkeitslücke einmal als unerträglich empfunden werden, müßte sie

---

[19] *Tag*, Vorenthalten, S. 102 zu der Frage, ob das „Vorenthalten" die Struktur eines abstrakten oder eines konkreten Gefährdungsdelikts hat.
[20] BGH, wistra 1990, 353; *Wegner*, wistra 1998, 283 (291).
[21] *Weber*, NStZ 1986, 481 (487); *Tag*, BB 1997, 1115 (1116); *Wegner*, NStZ 2000, 261; *Arzt/Weber*, BT, § 23 Rn. 27; *Gössel*, BT 2, § 26 Rn. 8; *Maurach/Schroeder/Maiwald*, BT 1, § 45 Rn. 66; *Wessels/Hillenkamp*, BT 2, Rn. 786; *Lackner/Kühl*, § 266 a Rn. 2; SK-*Günther*, § 266 a Rn. 6; *Schönke/Schröder/Lenckner*, § 266 a Rn. 11; *Tröndle/Fischer*, § 266 a Rn. 2.
[22] *Jacobi/Reufels*, BB 2000, 771.
[23] *Wegner*, wistra 1998, 283 (284).

durch Schaffung eines Sondertatbestandes geschlossen werden, der dem Muster der §§ 160, 271 nachzubilden wäre.

bb) Anwendbarkeit des § 28 I

9   Die Arbeitgebereigenschaft ist ein **besonderes persönliches Merkmal**. Dieser Begriff taucht im Allgemeinen Strafrecht sowohl in § 14 als auch in § 28 auf. Da diese beiden Vorschriften aber ganz unterschiedliche Regelungsaufgaben haben, ist es möglich, daß ein besonderes persönliches Merkmal zwar von § 14, nicht aber zugleich auch von § 28 erfaßt ist. So verhält es sich nach h.M. mit dem Begriff des Arbeitgebers. Dieser Begriff unterfällt unbestrittenermaßen dem § 14.[24] Dagegen soll § 28 auf ihn nicht anwendbar sein. Denn die Arbeitgebereigenschaft verleihe der Tat keinen über die Rechtsgutverletzung hinausgehenden besonderen personalen Unrechtsakzent, sondern sei lediglich eine Bedingung dafür, daß die Tat überhaupt die Qualität einer strafwürdigen Rechtsgutsverletzung hat.[25] Wer als Anstifter oder Gehilfe ohne Arbeitgebereigenschaft zur Entstehung eines Sachverhalts mit dieser strafrechtlichen Qualität beiträgt, verwirklicht also kein anderes – und im Fall der Anstiftung auch nicht weniger – Unrecht als der Täter/Arbeitgeber. Dem kann man jedoch die unterschiedliche Behandlung von Arbeitgeber- und Arbeitnehmerbeiträgen entgegenhalten. Strafbar ist nur die Vorenthaltung der vom Arbeitnehmer zu entrichtenden Beiträge zur Sozial- oder Arbeitslosenversicherung (s.u. Rn. 12). Die Nichtzahlung der Arbeitgeberbeiträge ist nicht strafbar. Das geschützte Rechtsgut bietet für diese Differenzierung keine Erklärung.[26] Denn das Mittelaufkommen der Sozial- und Arbeitslosenversicherung wird durch Vorenthaltung der Arbeitgeberbeiträge nicht weniger gefährdet als durch Vorenthaltung der Arbeitnehmerbeiträge. Deren strafrechtliche Hervorhebung muß also auf einem das Gesamtunrecht steigernden Gesichtspunkt beruhen, der in der **besonderen Beziehung des Arbeitgebers zu seinem Arbeitnehmer** wurzelt. Soweit es um die Zahlung der Versicherungsbeiträge geht, beinhaltet diese Beziehung eine Art Treuhänderfunktion des Arbeitgebers gegenüber dem Arbeitnehmer.[27] Die daraus resultierende Treuepflicht des Arbeitgebers ist der zusätzliche Unrechtsaspekt, der die strafrechtliche Aufwertung der Arbeitnehmeranteile erklärt. Aus diesem Grund ist die Arbeitgebereigenschaft im Rahmen des § 266 a I ein besonderes persönliches Merkmal i.S.d. § 28 I.[28]

---

[24] *Maurach/Schroeder/Maiwald*, BT 1, § 45 Rn. 66; *Lackner/Kühl*, § 266 a Rn. 4.
[25] *Maurach/Schroeder/Maiwald*, BT 1, § 45 Rn. 66; *Lackner/Kühl*, § 266 a Rn. 2; *Schönke/Schröder/Lenckner*, § 266 a Rn. 20.
[26] *Ursula Stein*, DStR 1998, 1055 (1057); *Bittmann*, wistra 1999, 441 (448).
[27] *Bittmann*, wistra 1999, 441 (445).
[28] Im Ergebnis ebenso – mit anderer Begründung – *Tag*, Vorenthalten, S. 190; *Gössel*, BT 2, § 26 Rn. 8, sowie – ohne Begründung – *Joecks*, § 266 a Rn. 2; SK-*Günther*, § 266 a Rn. 57; LK-*Gribbohm*, § 266 a Rn. 85; a.A. *Arzt/Weber*, BT, § 23 Rn. 29.

cc) Merkmalsüberwälzung gem. § 14

Die Stellung als Arbeitgeber wird durch den Abschluß eines Arbeitsvertrages[29] mit dem Arbeitnehmer begründet (s.o. Rn. 8). Partner eines solchen Vertrages können auf der Arbeitgeberseite nicht nur natürliche Personen, sondern auch juristische Personen und Personenhandelsgesellschaften (OHG, KG) sein. Also können juristische Personen und Personenhandelsgesellschaften Arbeitgeber und zur Abführung der Arbeitnehmerbeiträge zur Sozial- und Arbeitslosenversicherung verpflichtet sein. Straftaten können aber nach deutschem Strafrecht nur von natürlichen Personen begangen werden. Durch Nichtzahlung der Arbeitnehmerbeiträge zur Sozial- oder Arbeitslosenversicherung kann sich eine juristische Person oder Personenhandelsgesellschaft aus § 266 a I auch dann nicht strafbar machen, wenn sie Arbeitgeberin ist.[30] Allerdings ist für die Nichtzahlung irgendein Mitarbeiter der juristischen Person oder Personenhandelsgesellschaft verantwortlich und dieser ist als natürliche Person zu straftatbestandsmäßigem Verhalten fähig. Die Strafbarkeit dieses Mitarbeiters aus § 266 a I scheint jedoch am Fehlen der täterschaftsbegründenden Arbeitgebereigenschaft zu scheitern. Arbeitgeber ist die juristische Person bzw. Personenhandelsgesellschaft, nicht der Mitarbeiter. Das dieser Situation entsprechende Resultat, daß überhaupt niemand wegen Vorenthaltung der Beiträge strafrechtlich zur Verantwortung gezogen werden kann, wäre gewiß unbefriedigend. Vermieden wird es durch die in § 14 angeordnete **Eigenschaftszurechnung**, die den für den zivilrechtlichen Arbeitgeber handelnden Mitarbeiter zwar nicht zum Arbeitgeber macht, diesen Mitarbeiter im Rahmen des § 266 a I jedoch so stellt, als sei er selbst der Arbeitgeber.[31] Auf Grund dieser Regelung erfüllt beispielsweise der Geschäftsführer einer GmbH (§ 14 I Nr. 1 i.V.m. § 35 I GmbHG), der es pflichtwidrig unterläßt, die von der GmbH zu zahlenden Versicherungsbeiträge ihrer Arbeitnehmer an die Einzugsstelle abzuführen, den objektiven Tatbestand des § 266 a I, obwohl nicht er, sondern die GmbH Arbeitgeberin ist.[32] Mittelbar begründet § 14 I Nr. 1 zudem eine zivilrechtliche Schadensersatzpflicht des Geschäftsführers gegenüber dem Sozialversicherungsträger, da § 266 a nach h.M. ein „Schutzgesetz" i.S.d. § 823 II BGB ist.[33]

10

---

[29] Ein „faktisches" Arbeitsverhältnis kann ebenfalls ausreichen, vgl. LK-*Gribbohm*, § 266 a Rn. 15.

[30] *Wegner*, wistra 1998, 283 (284).

[31] *Wegner*, wistra 1998, 283 (284); *Tröndle/Fischer*, § 266 a Rn. 6; ausführlich *Tag*, Vorenthalten, S. 55 ff.

[32] BGH, JR 1998, 60 (62); OLG Celle, JR 1997, 478; LG Nürnberg-Fürth, NJW 1988, 1856; *Stapelfeldt*, BB 1991, 1501 (1505); *Hellmann*, JZ 1997, 1005; *Tag*, BB 1997, 1115 (1116); *Jacobi/Reufels*, BB 2000, 771; *Arzt/Weber*, BT, § 23 Rn. 28; *Gössel*, BT 2, § 26 Rn. 8; *Wessels/Hillenkamp*, BT 2, Rn. 787.

[33] BGH, JR 1998, 60 ff.; LG Nürnberg-Fürth, NJW 1988, 1856; *Heger*, JuS 1998, 1090 (1091); *Jacobi/Reufels*, BB 2000, 771 (773); zu Recht kritisch *Ursula Stein*, DStR 1998, 1055 (1056 ff.).

dd) Arbeitgebergleiche Personen gem. § 266 a IV

11 Dem sozialversicherungsrechtlichen Kontext des Straftatbestandes § 266 a entspricht eine Erstreckung der Täterposition auf andere Beschäftigungsgeber, die wie der Arbeitgeber zur Zahlung von Sozial- oder Arbeitslosenversicherungsbeiträgen der bei ihnen Beschäftigten – arbeitnehmerähnlichen Personen – verpflichtet sind. Das trifft auf die in § 266 a IV genannten Personen zu. Die Definitionen der Begriffe „Auftraggeber", „Heimarbeiter", „Hausgewerbetreibender" „diesen gleichgestellte Person" und „Zwischenmeister" findet man in § 12 SGB IV sowie in §§ 1 II, 2 I, II, III HeimArbG.[34]

c) Beiträge

12 Tatgegenstand sind Beiträge des **Arbeitnehmers** zur Sozialversicherung und zur Bundesanstalt für Arbeit. Das Mittelaufkommen dieser sozialstaatlichen Einrichtungen entspringt den Beiträgen der Arbeitgeber und der Arbeitnehmer. Tatbestandlich relevant sind jedoch nur die Arbeitnehmerbeiträge bzw. die Beiträge der Heimarbeiter, Hausgewerbetreibenden und der Personen, „die im Sinne des Heimarbeitsgesetzes diesen gleichgestellt" sind, § 266 a IV.[35] Die Beiträge der Arbeitgeber, die diese selbst zu zahlen haben,[36] sind nicht erfaßt, ihre Vorenthaltung erfüllt den Tatbestand des § 266 a I nicht und ist nach geltendem Recht auch keine Ordnungswidrigkeit mehr.[37] Dies stimmt mit einer generellen Zurückhaltung des Strafrechts gegenüber der Verletzung von Schuldnerpflichten überein. Grundsätzlich ist nämlich die Nichterbringung einer aus Vertrag oder einem sonstigen Schuldverhältnis geschuldeten Leistung allein nicht strafbar.[38] Erst wenn die Pflichtverletzung zu einem darüber hinausgehenden Rechtsgutsschaden geführt hat,[39] greift das Strafrecht ein. In § 266 a I reicht das in der Nichterfüllung der Beitragszahlungspflicht liegende Unrecht ebenfalls zur Begründung hinreichender Strafwürdigkeit nicht aus. Hinzukommen muß die Verletzung der Pflicht zur ordnungsgemäßen Wahrnehmung der Treuhänderfunktion im Verhältnis zu dem Arbeitnehmer[40] (s.o. Rn. 9).

13 Beiträge sind tauglicher Tatgegenstand, soweit der Täter zu ihrer Entrichtung verpflichtet ist. Die **Beitragspflicht** richtet sich nach den einschlägigen sozial-

---

[34] Näheres dazu bei LK-*Gribbohm*, § 266 a Rn. 19–25.
[35] Zu den Konsequenzen für die Sozialversicherungsbeiträge der sog. „Geringverdiener" vgl. *Jacobi/Reufels*, BB 2000, 771 (772).
[36] Zu den Problemen, die entstehen, wenn der Arbeitgeber nur einen Teilbetrag entrichtet, der nicht ausreicht, um seine Arbeitgeberanteile und die Arbeitnehmeranteile vollständig zu bedienen (Anrechnung auf den Arbeitgeberanteil oder auf den Arbeitnehmeranteil?) unten bei Rn. 21.
[37] BayObLG, wistra 1988, 238 (239); *Lackner/Kühl*, § 266 a Rn. 7; SK-*Günther*, § 266 a Rn. 13.
[38] *Martens*, wistra 1986, 154 (155); *Bente*, wistra 1992, 177 (178); *Gribbohm*, JR 1997, 479 (481); *Bittmann*, wistra 1999, 441 (448); SK-*Günther*, § 266 a Rn. 21.
[39] Beispiel: Der Gesundheitszustand eines Patienten verschlechtert sich, weil sein Arzt sich nicht um ihn kümmert, §§ 223, 13.
[40] *Ursula Stein*, DStR 1998, 1055 (1059).

B. Vorenthalten und Veruntreuen von Arbeitsentgelt, § 266 a StGB

rechtlichen Vorschriften.[41] Vereinbarungen zwischen Arbeitgeber und Arbeitnehmer haben auf die Beitragspflicht keinen Einfluß, eine Einwilligung des Arbeitnehmers in die Nichtzahlung schließt die Tatbestandsmäßigkeit nicht aus und wirkt auch nicht als Rechtfertigungsgrund.[42] Anders verhält es sich mit Erklärungen der zuständigen Einzugsstelle, mit denen dem Arbeitgeber Zahlungserleichterungen gewährt werden: Beispielsweise kann eine Stundung oder Fristverlängerung bewirken, daß die Nichtzahlung zum ansonsten maßgeblichen Fälligkeitszeitpunkt[43] kein tatbestandsmäßiges „Vorenthalten" ist.[44]

Die Höhe der Beiträge richtet sich nach der Höhe des Arbeitsentgelts. Sie sind Bestandteile des **Bruttolohns**. Da allein der Arbeitgeber für die vollständige und rechtzeitige Zahlung dieser Beiträge an die Einzugsstelle haftet, ist er dem Arbeitnehmer gegenüber berechtigt, die Beiträge vom Lohn abzuziehen. Der Arbeitnehmer erhält deshalb einen von vornherein um diese Beiträge – sowie um ebenfalls einbehaltene Lohnsteuer – verminderten (Netto-) Lohn ausgezahlt. Haben Arbeitgeber und Arbeitnehmer vereinbart, daß der Arbeitgeber die Beitragspflicht des Arbeitnehmers übernimmt und der vereinbarte Lohn deshalb Nettolohn ist („Nettolohnabrede"), ist gleichwohl im Außenverhältnis zum Sozialversicherungsträger ein Teil der Sozialversicherungsbeiträge ein von § 266 a I erfaßter Arbeitnehmerbeitrag.[45]

Umstritten ist, ob und inwieweit die Tatbestandserfüllung von der tatsächlichen **Lohnzahlung** des Arbeitgebers an den Arbeitnehmer abhängt.[46] Im Normalfall errechnet der Arbeitgeber auf der Grundlage des Bruttolohns die Höhe der Beiträge, zieht diese vom Bruttolohn ab und zahlt dem Arbeitnehmer die Differenz, also den Nettolohnbetrag. Der für die Beitragzahlung benötigte Betrag wird also von vornherein „einbehalten", um dann an die Einzugsstelle abgeführt zu werden. Der vom Bruttolohn subtrahierte Betrag ist der Beitrag, dessen Vorenthaltung den Tatbestand erfüllt. Zahlt nun aber der Arbeitgeber dem Arbeitnehmer überhaupt keinen Lohn aus, existiert an sich auch kein Abzugsbetrag (keine Differenz zwischen brutto und netto), mit dem der abzuführende Beitrag – also der Tatgegenstand – identifiziert werden könnte. Die Vorläufertatbestände des § 266 a I (dazu oben Rn. 3 Fn. 8) hatten eine Textfassung, der eine relativ deutliche Absage an die Strafbarkeit im Falle unterbliebener Lohnzahlung entnommen werden konnte. Sie stellten darauf ab, daß der Arbeitgeber die abzuführenden Beiträge „einbehielt". Einbehalten kann man aber dem Sinn dieses Be-

---

[41] LK-*Gribbohm*, § 266 a Rn. 28.
[42] LK-*Gribbohm*, § 266 a Rn. 53; Schönke/Schröder/Lenckner, § 266 a Rn. 18.
[43] Das ist grundsätzlich der 15. des Monats, der dem Beschäftigungsmonat folgt, § 23 SGB IV.
[44] *Jacobi/Reufels*, BB 2000, 771 (772); LK-*Gribbohm*, § 266 a Rn. 51; Schönke/Schröder/Lenckner, § 266 a Rn. 7, 18.
[45] *Lackner/Kühl*, § 266 a Rn. 8; Schönke/Schröder/Lenckner, § 266 a Rn. 4.
[46] Außer Frage steht, daß die Entstehung und die Fälligkeit der Beitragszahlungspflicht von der tatsächlichen Lohnzahlung des Arbeitgebers an den Arbeitnehmer nicht abhängig ist, BGH, NStZ 2001, 91 (92); OLG Celle, JR 1997, 478 (479); *Bente*, wistra 1992, 177.

griffes entsprechend nur einen Teil von einem tatsächlich gezahlten Betrag.[47] Zahlt der Arbeitgeber tatsächlich nicht, so existiert auch keine Masse, von der etwas abgezweigt und einbehalten werden könnte. Da § 266 a I ein Merkmal „einbehalten" nicht mehr enthält, ist zumindest mit dem Wortlaut des neuen Tatbestandes eine vom früheren Recht abweichende Auffassung vereinbar.[48] Dies entspräche allerdings nicht dem Willen des Gesetzgebers, der eine Strafbarkeitsausdehnung in dieser Richtung mit der tatbestandlichen Neufassung nicht bezweckte.[49] Auch die überwiegende Meinung im Schrifttum nimmt diesen Standpunkt ein und verneint daher Tatbestandsmäßigkeit, wenn der Arbeitgeber an den Arbeitnehmer keinen Lohn und an die Einzugsstelle keine Arbeitnehmerbeiträge zahlt.[50] Es fehle nämlich die untreueähnliche Unrechtskomponente, wenn der Arbeitgeber das ihm in fremdem Interesse eingeräumte Lohnabzugsrecht nicht mißbrauche, weil er es überhaupt nicht ausübe.[51] Die bloße Nichtzahlung an die Einzugsstelle entbehre ebenso des erforderlichen Strafwürdigkeitsgehalts wie die Nichtzahlung der Arbeitgeberanteile. Jedoch ist die argumentative Tragfähigkeit des Vergleichs mit der Nichtzahlung von Arbeitgeberbeiträgen schwach. Die Nichtzahlung der Arbeitgeberanteile unterscheidet sich von der Nichtzahlung der Arbeitnehmeranteile dadurch, daß hinsichtlich letzterer die Einzugsstelle sich nicht an den eigentlichen Schuldner – den Arbeitnehmer – halten kann. Da der Arbeitgeber für die Zahlung der Arbeitnehmeranteile allein haftet, kann der Arbeitnehmer auch dann nicht ersatzweise zur Zahlung herangezogen werden, wenn bei dem Arbeitgeber „nichts zu holen" ist. Zudem verschlechtert sich die Position der Einzugsstelle gegenüber dem zahlungspflichtigen Arbeitgeber zusätzlich, wenn dieser dem Arbeitnehmer pflichtwidrig keinen Lohn gezahlt hat. Dann konkurriert die Einzugsstelle als Gläubiger des Arbeitgebers mit dessen Arbeitnehmer, der seinen Lohnanspruch durchzusetzen versucht. Der Arbeitgeber verletzt seine Treuhänderpflicht bezüglich des Arbeitnehmeranteils unabhängig davon, ob er seinem Arbeitnehmer Lohn zahlt oder nicht. Zur Beitragsentrichtung ist er auch im Falle der Nichtzahlung von Arbeitslohn verpflichtet. Folglich erfüllt er auch unter dieser Voraussetzung den Tatbestand, wenn er keine Arbeitnehmerbeiträge an die Einzugsstelle abführt.[52]

---

[47] BGH, NStZ 2001, 91 893); *Bittmann*, wistra 1999, 441; *Tag*, Vorenthalten, S. 104; LK-*Gribbohm*, § 266 a Rn. 30.

[48] BGH, NStZ 2001, 91 (93); *Tag*, Vorenthalten, S. 106; *Arzt/Weber*, BT, § 23 Rn. 11; *Tröndle/Fischer*, § 266 a Rn. 11.

[49] Ausführlich dazu LK-*Gribbohm*, § 266 a Rn. 31-34.

[50] *Bente*, wistra 1996, 115; *Gribbohm*, JR 1997, 479 (480); *Ursula Stein*, DStR 1998, 1055 (1059); *Bittmann*, wistra 1999, 441 ff.; *ders.*, NStZ 2001, 95 ff.; *Otto*, BT, § 61 Rn. 71; *Lackner/Kühl*, § 266 a Rn. 8 a; LK-*Gribbohm*, § 266 a Rn. 31; *Schönke/Schröder/Lenckner*, § 266 a Rn. 9; *Tröndle/Fischer*, § 266 a Rn. 11 b.

[51] *Maurach/Schroeder/Maiwald*, BT 1, § 45 Rn. 68; LK-*Gribbohm*, § 266 a Rn. 35; *Schönke/Schröder/Lenckner*, § 266 a Rn. 9; a.A. *Tag*, Vorenthalten, S. 109.

[52] BGH, NStZ 2001, 91 (93); AG Berlin-Tiergarten, wistra 1989, 317; KG, wistra 1991, 188; OLG Celle, JR 1997, 478 (479); *Mitsch*, JZ 1994, 877 (888); *Rönnau*, wistra 1997, 13 (16); *Tag*, BB 1997, 1115 (1116); *Wegner*, wistra 1998, 283 (286); *ders.*, NStZ 2000, 261 (262); *Arzt/Weber*, BT, § 23 Rn. 11; SK-*Günther*, § 266 a Rn. 20.

B. Vorenthalten und Veruntreuen von Arbeitsentgelt, § 266 a StGB

d) Einzugsstelle

Die Opferseite des Delikts wird durch die Einzugsstellen repräsentiert, denen gegenüber der Arbeitgeber zur Beitragszahlung verpflichtet ist. Folglich entscheidet der Nichteingang, bzw. unvollständige oder verspätete Eingang der zu zahlenden Beträge bei diesen Stellen darüber, ob das Delikt vollendet ist. Zahlung an eine unzuständige Stelle steht der objektiven Tatbestandsmäßigkeit nicht entgegen, kann aber im konkreten Fall den Vorsatz ausschließen, wenn der Arbeitgeber irrtümlich den Zahlungsempfänger für die zuständige Einzugsstelle hielt. Einzugsstelle für alle in § 266 a I relevanten Beitragsarten sind die **Krankenkassen**. Das gilt auch für die Beiträge zur Arbeitslosenversicherung.[53]

16

e) Vorenthalten

Tatbestandsmäßiges Verhalten ist allein das Vorenthalten gegenüber der Einzugsstelle. Darauf, daß die vorenthaltenen Beträge im Verhältnis zum Arbeitnehmer – zu dessen Bruttolohn sie zu rechnen sind – „einbehalten" worden sind, kommt es – abweichend vom früheren Recht – nicht an (s.o. Rn. 15).[54] Vorenthalten ist die Nichtzahlung der Beiträge zum Fälligkeitszeitpunkt. Es handelt sich somit um ein **Unterlassen**.[55] Die in § 266 a I normierte Tat ist also ein echtes Unterlassungsdelikt.[56] Da § 266 a I und § 266 a IV die Inhaber der Zahlungspflicht und damit die zu tatbestandsmäßigem Vorenthalten allein befähigten Täter selbst bestimmen, spielt § 13 hier keine Rolle.

17

Das Verhaltensmerkmal „Vorenthalten" impliziert keinen Unrechtsakzent der „Beitragsunehrlichkeit" (angelehnt an das ungeschriebene Tatbestandsmerkmal „Steuerunehrlichkeit" in der früheren Fassung des Straftatbestandes „Steuerhinterziehung")[57]. Der vorenthaltende Beitragsschuldner braucht also seine Nichtzahlung nicht mit Täuschungs-, Verschleierungs- oder Verfälschungsaktivitäten zu verbinden. Es spielt deshalb keine Rolle, ob der Täter der Einzugsstelle vorzuspiegeln versucht, er habe die geschuldeten Beiträge vollständig und fristgerecht gezahlt. Umgekehrt schließt Kenntnis oder gar kollusive Mitwirkung des für die Einzugsstelle handelnden Bediensteten die Tatbestandsmäßigkeit der Vorenthaltung nicht aus.

18

Tatbestandsmäßiges Unterlassen setzt allgemein[58] und ebenso im speziellen Fall des § 266 a I die tatsächliche und rechtliche[59] **Möglichkeit** zu pflicht- bzw. ge-

19

---

[53] *Schönke/Schröder/Lenckner*, § 266 a Rn. 8.
[54] *Lackner/Kühl*, § 266 a Rn. 8 a.
[55] Zur damit zusammenhängenden Frage des Verjährungsbeginns (§ 78 a) vgl. BGH, wistra 1992, 23.
[56] OLG Celle, JR 1997, 478 (479); *Winkelbauer*, wistra 1988, 16 (17); *Wegner*, wistra 1998, 283 (288); *Arzt/Weber*, BT, § 23 Rn. 13; *Maurach/Schroeder/Maiwald*, BT 1, § 45 Rn. 67; *Lackner/Kühl*, § 266 a Rn. 8; SK-*Günther*, § 266 a Rn. 23.
[57] Dazu ausführlich *Hoff*, Das Handlungsunrecht der Steuerhinterziehung, 1999, S. 57 ff.
[58] *Haft*, AT, S. 180; *Köhler*, AT, S. 215; *Kühl*, AT, § 18 Rn. 30.
[59] Dazu instruktiv *Rönnau*, wistra 1997, 13 (14 ff.); *Wegner*, wistra 1998, 283 (290); *Ursula Stein*, DStR 1998, 1055 (1062); sowie beiläufig OLG Celle, JR 1997, 478 (479).

botserfüllendem Handeln voraus.[60] Teilweise wird auch die Zumutbarkeit gebotsmäßigen Handelns zur Voraussetzung tatbestandsmäßigen Unterlassens erklärt.[61] Die Nichtzahlung ist deshalb kein tatbestandsmäßiges Vorenthalten, wenn dem Arbeitgeber[62] die rechtzeitige und vollständige Zahlung nicht möglich – bzw. unzumutbar – ist.[63] Unmöglichkeit kann auf Gründen beruhen, die die rechtzeitige Durchführung der zur Zahlung erforderlichen Maßnahmen behindert, z.B. Krankheit. Aber auch das Fehlen ausreichender finanzieller Mittel (Zahlungsunfähigkeit) ist grundsätzlich ein Unmöglichkeits-Fall. Allerdings ist hier besonderes Augenmerk auf die Umstände zu legen, die der Zahlungsunfähigkeit zugrunde liegen und ihrem Eintritt vorausgegangen sind. Da der Zeitpunkt der Fälligkeit ausschlaggebend für die Tatbestandsmäßigkeit der Nichtzahlung ist, scheint es allein darauf anzukommen, ob der Arbeitgeber gerade zu diesem Zeitpunkt zahlungsfähig ist.[64] Ist er es zu diesem Zeitpunkt nicht, spricht dies zunächst für Unmöglichkeit und damit gegen tatbestandsmäßiges Vorenthalten. Dieses vorläufige Urteil bedarf jedoch gegebenenfalls der Korrektur, falls sich herausstellt, daß der Arbeitgeber die Zahlungsunfähigkeit hätte vermeiden können oder sie gar aktiv herbeigeführt hat. Nach den Grundsätzen über die „omissio libera in causa"[65] ist das Vorverhalten des Arbeitgebers in die strafrechtliche Beurteilung miteinzubeziehen.[66] Die Beitragszahlungspflicht entsteht nicht erst am Tage der Fälligkeit, sondern schon vorher. Dem Arbeitgeber sind die Höhe der zu zahlenden Beiträge und der Zeitpunkt ihrer Fälligkeit früh genug bekannt, um rechtzeitig dafür Sorge tragen zu können, daß die Zahlung fristgemäß erfolgen kann.[67] Dazu ist der Arbeitgeber verpflichtet einschließlich der Vorkehrungen, die zur Sicherstellung der Zahlungsfähigkeit notwendig sind. Auf Unmöglichkeit wegen Zahlungsunfähigkeit kann sich der Arbeitgeber deshalb nicht berufen, wenn er zuvor seine Pflicht zur Erhaltung oder (Wieder-)Her-

---

[60] KG, wistra 1991, 188 (189); OLG Celle, wistra 1996, 114; *Weber*, NStZ 1986, 481 (488); *Winkelbauer*, wistra 1988, 16 (17); *Tag*, BB 1997, 1115 (1116); *Hellmann*, JZ 1997, 1005; *Ursula Stein*, DStR 1998, 1055 (1060); *Wegner*, wistra 1998, 283 (288), *ders.*, NStZ 2001, 261 (262); *Bittmann*, wistra 1999, 441 (448); *Jacobi/Reufels*, BB 2000, 771 (772); *Arzt/Weber*, BT, § 23 Rn. 14.

[61] *Heger*, JuS 1998, 1090 (1094); *Ursula Stein*, DStR 1998, 1055 (1062); *Wegner*, wistra 1998, 283 (288); *Haft*, AT, S. 180; *Tröndle/Fischer*, § 13 Rn. 16; *Schönke/Schröder/Stree*, vor § 13 Rn. 155; nach a.A. ist Unzumutbarkeit ein Entschuldigungsgrund, vgl. z.B. LK-*Jescheck*, vor § 13 Rn. 98.

[62] Nicht dem nach § 14 I Nr. 1 für ihn handelnden Organ, *Hellmann*, JZ 1997, 1005.

[63] *Tag*, Vorenthalten, S. 115; *dies.*, BB 1997, 1115 (1117); *Schönke/Schröder/Lenckner*, § 266 a Rn. 10; *Lackner/Kühl*, § 266 a Rn. 10; SK-*Günther*, § 266 a Rn. 26.

[64] *Tag*, Vorenthalten, S. 115; SK-*Günther*, § 266 a Rn. 26.

[65] *Kühl*, AT, § 18 Rn. 22.

[66] BGH, JR 1998, 60 (61); *Bente*, wistra 1992, 177 (179); *ders.*, wistra 1996, 115 (116); *Tag*, BB 1997, 1115 (1116); *Gribbohm*, JR 1997, 479 (482); *Rönnau*, wistra 1997, 13; *Bittmann*, wistra 1999, 441 (450); *Arzt/Weber*, BT, § 23 Rn. 14; *Maurach/Schroeder/Maiwald*, BT 1, § 45 Rn. 67; krit. *Frister*, JR 1998, 63 (64).

[67] *Hellmann*, JZ 1997, 1005 (1006); *Heger*, JuS 1998, 1090 (1093); *Tag*, Vorenthalten, S. 116.

stellung seiner Zahlungsfähigkeit verletzt hat.[68] Keine Verletzung der Pflicht zur Erhaltung der Zahlungsfähigkeit ist jedoch die Zahlung auf andere Forderungen, z.b. Vergütungsansprüche der Arbeitnehmer.[69]

Nur scheinbar steht § 266 a V S. 1 Nr. 2 der Berücksichtigung strafbarkeitsausschließenden Unvermögens entgegen (näher dazu s.u. Rn. 28 ff.). Diese Vorschrift setzt Strafbarkeit gem. § 266 a I voraus, also insbesondere eine als „Vorenthalten" tatbestandsmäßige Nichtzahlung. Ihrem Wortlaut nach muß diese Voraussetzung auch erfüllbar sein, wenn „fristgemäße Zahlung nicht möglich ist". Die allgemeingültige strafrechtsdogmatische Regel, daß es tatbestandsmäßiges Unterlassen ohne Handlungsvermögen nicht gibt, vermag diese Vorschrift gleichwohl nicht zu entkräften.[70] Daher kann § 266 a V nur auf solche Taten anwendbar sein, bei denen die Zahlung im Fälligkeitszeitpunkt zwar nicht möglich ist, der Täter sich auf diese Unmöglichkeit jedoch nicht berufen kann, weil er nach den Grundsätzen der „omissio libera in causa" (s.o. Rn. 19) für die Unmöglichkeit verantwortlich ist.[71] Da § 266 a V S. 1 Nr. 2 zudem voraussetzt, daß der Täter sich „darum" – also um fristgemäße Zahlung – „ernsthaft bemüht hat", verkleinert sich der Kreis erfaßter Taten noch mehr. Letztlich beschränkt sich der Anwendungsbereich des § 266 a V auf Taten, bei denen der Täter die Unmöglichkeit der Zahlung in strafbarkeitsbegründender Weise herbeigeführt hat und es ihm danach trotz ernsthaften Bemühens nicht mehr gelungen ist, die fristgemäße Beitragszahlung doch noch möglich zu machen, seine Zahlungsfähigkeit also wiederherzustellen. 20

Da der Arbeitgeber an die Einzugsstelle sowohl die Arbeitnehmerbeiträge als auch die selbst geschuldeten Arbeitgeberbeiträge abzuführen hat, liegt der zu zahlende Gesamtbetrag höher als der, dessen Vorenthaltung den Tatbestand des § 266 a I erfüllt. Tatbestandsmäßig ist ja nur die Nichtzahlung des Arbeitnehmerbeitrags (s.o. Rn. 12). Fraglich ist die Tatbestandsmäßigkeit deshalb dann, wenn der Arbeitgeber von dem insgesamt zu zahlenden Betrag nur einen **Teil** entrichtet, der hoch genug ist, um den Arbeitnehmeranteil abzudecken. Die Frage ist also, ob dieser Teilbetrag auf den Arbeitgeberanteil oder auf den Arbeitnehmeranteil anzurechnen ist, wenn der Zahlende keine ausdrückliche Tilgungsbestimmung trifft. Wäre er auf den Arbeitgeberanteil anzurechnen, bliebe der Arbeitnehmeranteil ungezahlt, also „vorenthalten". Die teilweise Nichtzahlung wäre somit strafbar. Durch Anrechnung auf den Arbeitnehmeranteil wird die Strafbarkeit aus § 266 a I vermieden, übrig bliebe früher eine Ordnungswidrigkeit wegen der Nichtzahlung des Arbeitgeberbeitrages. Nach geltendem Recht ist die 21

---

[68] *Wegner*, wistra 1998, 283 (289), *Bittmann*, wistra 1999, 441 (449); *Otto*, BT, § 61 Rn. 72; *Lackner/Kühl*, § 266 a Rn. 10; LK-*Gribbohm*, § 266 a Rn. 56; *Schönke/Schröder/Lenckner*, § 266 a Rn. 10; *Tröndle/Fischer*, § 266 a Rn. 12.
[69] SK-*Günther*, § 266 a Rn. 31.
[70] Zu Recht kritisiert *Tag*, Vorenthalten, S. 200 die Vorschrift daher als „mißverständlich oder gar unverständlich"; ebenso SK-*Günther*, § 266 a Rn. 40.
[71] *Tag*, Vorenthalten, S. 200; *dies.*, BB 1997, 1115 (1117); *Schönke/Schröder/Lenckner*, § 266 a Rn. 23.

Vorenthaltung des Arbeitgeberanteils nicht einmal mehr als Ordnungswidrigkeit ahndbar. Die Anrechnung auf den Arbeitnehmeranteil ist für den Arbeitgeber daher die günstigere Alternative. Deshalb ist im Regelfall von einer mutmaßlichen Tilgungsbestimmung i.S.d. § 366 I BGB zugunsten des Arbeitnehmeranteils auszugehen. Der gezahlte Teilbetrag ist also auf den Arbeitnehmeranteil anzurechnen, der somit nicht vorenthalten ist.[72]

2. Subjektiver Tatbestand

22 Der subjektive Tatbestand erfordert **Vorsatz**, § 15. Dolus eventualis reicht aus.[73] Über das objektiv tatbestandsmäßige Geschehen – die Nichtzahlung im Fälligkeitszeitpunkt – hinausgreifende Willensbezüge – etwa auf Schadenszufügung oder Bereicherung – sind nicht erforderlich. Der subjektive Tatbestand enthält also keine „überschießende Innentendenz". Aus diesem Grund vermag die von vornherein vorhandene Bereitschaft, die vorenthaltenen Beiträge unverzüglich oder innerhalb einer angemessenen Frist nach Verstreichen des Zahlungstermins nachzuentrichten, die subjektive Tatbestandsmäßigkeit nicht auszuschließen. Anderenfalls liefe § 266 a V weitgehend ins Leere.

3. Tätige Reue, § 266 a V

a) Grund der Straffreiheit

23 Eine „**goldene Brücke**"[74] baut § 266 a V dem Täter – also dem Arbeitgeber oder dem gem. § 14 I strafrechtlich haftenden Organ[75] – einer von § 266 a I oder III erfaßten Tat.[76] Der Strafanspruch des Staates wird hier dem Interesse der Allgemeinheit an möglichst ungeschmälertem Beitragsaufkommen der sozialen Sicherungssysteme geopfert.[77] Denn ein Arbeitgeber, der verspätet zahlt, bewahrt die Träger der Sozial- und Arbeitslosenversicherung nicht nur vor finanziellen Einbußen, sondern erspart der ansonsten mit der Beitreibungs- und Vollstreckungsaufgabe befaßten und belasteten Verwaltung auch viel Arbeit. Dafür kann er mit Straflosigkeit belohnt werden, zumal diese Konsequenz auch noch der Strafrechtspflege viel Arbeit erspart. Dennoch handelt es sich nicht um ein allein auf fiskalischen und pragmatischen Erwägungen ruhendes Täterprivileg. Daneben haben auch Schuldminderungsaspekte Berücksichtigung gefunden. In dieser

---

[72] BayObLG, wistra 1988, 238 (239); BGH, wistra 1990, 353; 1991, 266 (267); *Stahlschmidt*, JR 1988, 479; *Mitsch*, JZ 1994, 877 (888); *Jacobi/Reufels*, BB 2000, 771 (772); SK-*Günther*, § 266 a Rn. 13 a; *Schönke/Schröder/Lenckner*, § 266 a Rn. 10 a.
[73] *Gössel*, BT 2, § 26 Rn. 10; SK-*Günther*, § 266 a Rn. 56.
[74] Zur Brücken-Metapher bei § 24 vgl. z.B. LK-*Vogler*, § 24 Rn. 8.
[75] *Heger*, JuS 1998, 1090 (1095).
[76] *Tag*, Vorenthalten, S. 192; *Arzt/Weber*, BT, § 23 Rn. 31; *Lackner/Kühl*, § 266 a Rn. 17; *Schönke/Schröder/Lenckner*, § 266 a Rn. 21.
[77] *Winkelbauer*, wistra 1988, 16 (17); *Tag*, Vorenthalten, S. 193; *Arzt/Weber*, BT, § 23 Rn. 33.

Hinsicht unterscheidet sich die Regelung deutlich von dem ansonsten verwandten § 371 AO.[78]

Ein Konkurrenzproblem hat die Einführung des **Täter-Opfer-Ausgleichs** in § 46 a durch das Verbrechensbekämpfungsgesetz im Jahr 1994 geschaffen. Da die Voraussetzungen des § 46 a Nr. 1 anders formuliert sind als die des § 266 a V 1, liegt die Überlegung nahe, daß der Täter sich die Chance auf Nichtbestrafung – Absehen von Bestrafung – auch noch auf andere Weise sichern kann als durch Erfüllung der Voraussetzungen des § 266 a V 1. Bei genauerer Betrachtung stellt sich jedoch heraus, daß das Verhältnis zwischen den beiden Vorschriften in die Kategorie „Spezialität" fällt. § 46 a 1 Nr. 1 beschreibt die „tätige Reue" allgemeiner als § 266 a V 1. Die Leistungen, die § 266 a V 1 von dem Arbeitgeber verlangt, sind spezielle Erscheinungsformen des „Bemühens" und des „Wiedergutmachungsstrebens" i.S.d. § 46 a 1 Nr. 1. Soweit es um die strafrechtliche Behandlung honorierungswürdigen Nachtatverhaltens bei Straftaten des § 266 a I, III geht, kommt deshalb § 266 a V ausschließlich zur Anwendung. Ein Rückgriff auf § 46 a scheidet aus.

24

b) Stellung im Straftataufbau

Hinsichtlich der straftatsystematischen Funktion des § 266 a V muß zwischen den Regelungen in Satz 1 und Satz 2 differenziert werden. Die privilegierende Wirkung des § 266 a V 2 ist stärker als die des § 266 a V 1.

25

§ 266 a V S. 1 eröffnet dem Täter nur die Aussicht auf eine **Ermessensentscheidung** („kann") des Gerichts,[79] mit der das Vorliegen einer strafbaren Tat nicht in Abrede gestellt, sondern ein Verzicht auf Ahndung dieser Tat erklärt wird. Das fakultative Absehen von Bestrafung betrifft also nicht die Strafbarkeitsvoraussetzungen, sondern ist eine im **Straftatfolgen**bereich angesiedelte Maßnahme. Die ihr adäquate prozessuale Entscheidungsform ist daher nicht der Freispruch, sondern – sofern die Entscheidung in der Hauptverhandlung ergeht (§ 260 I StPO)[80] – ein Schuldspruch, also eine Verurteilung mit der Kostenfolge des § 465 I 2 StPO. Zur beschleunigten Verfahrenserledigung ermöglicht § 153 b I StPO (Opportunitätsprinzip)[81] eine Anwendung des § 266 a V S. 1 bereits im Stadium des Ermittlungsverfahrens.

26

Demgegenüber enthält § 266 a V S. 2 die Anordnung einer **obligatorischen Strafbefreiung**.[82] Die Erfüllung der hier normierten Voraussetzungen führt also zwingend zur Straflosigkeit, ein Ermessensspielraum besteht für den Rechtsanwender (Staatsanwaltschaft, Gericht) nicht. Die Tat ist unter den Voraussetzungen des § 266 a V S. 2 nicht – mehr – strafbar. Tatbestandsmäßigkeit, Rechtswid-

27

---

[78] *Winkelbauer*, wistra 1988, 16 (17); *Tag*, BB 1997, 1115 (1117); *Schönke/Schröder/Lenckner*, § 266 a Rn. 21.
[79] *Schönke/Schröder/Lenckner*, § 266 a Rn. 25; *LK-Gribbohm*, § 266 a Rn. 98.
[80] Im Zwischenverfahren oder im Hauptverfahren bis zum Beginn der Hauptverhandlung entscheidet das Gericht durch Beschluß, § 153 b II StPO.
[81] *Hellmann*, Strafprozeßrecht, Teil II § 8 Rn. 37.
[82] *Arzt/Weber*, BT, § 23 Rn. 31; *Lackner/Kühl*, § 266 a Rn. 19.

rigkeit und Schuld werden allerdings nicht beseitigt.[83] Es handelt sich daher um einen – dem Rücktritt vom Versuch i.S.d. § 24 vergleichbaren[84] – besonderen persönlichen **Strafaufhebungsgrund**.[85] Im Strafverfahren ist der Täter, der die Voraussetzungen des § 266 a V S. 2 erfüllt, freizusprechen. Schon vorher stellt die Staatsanwaltschaft das Verfahren nach § 170 II StPO (Legalitätsprinzip)[86] – also nicht nach § 153 b I StPO (!) – ein, wenn ihre Ermittlungen die Erwartung begründen, daß eine Anklage wegen § 266 a V S. 2 nicht zu einer Verurteilung des Beschuldigten führen würde.

c) Voraussetzungen § 266 a V Satz 1

28 Die Aussicht auf Straffreistellung durch gerichtliche oder staatsanwaltschaftliche Ermessensentscheidung kann sich der Täter – bzw. Teilnehmer[87] – durch mehrere kumulativ zu erbringende **Leistungen** verdienen. Zunächst muß er sich vor dem Fälligkeitszeitpunkt ernsthaft – im Ergebnis aber vergeblich – darum bemüht haben, die fristgemäße Zahlung zu ermöglichen, § 266 a V S. 1 Nr. 2. Des weiteren muß er – möglichst schon vor dem Fälligkeitszeitpunkt, spätestens aber unverzüglich[88] danach – der Einzugsstelle in schriftlicher Form[89] drei Mitteilungen machen: Angezeigt werden müssen – erstens – die Höhe der Beiträge, die nicht rechtzeitig gezahlt werden oder gezahlt worden sind (§ 266 a V S. 1 Nr. 1), – zweitens – der Grund für die Unmöglichkeit rechtzeitiger Zahlung und – drittens – das ernsthafte Bemühen um Ermöglichung fristgemäßer Zahlung.

29 Der Gesetzestext ist in mehrfacher Hinsicht **mißverständlich** und korrekturbedürftig.[90] Wortlautgemäß käme in den Genuß der Regelung auch der Täter, der wahrheitswidrig einen Unmöglichkeitsgrund an- und ernsthaftes vergebliches Bemühen vorgibt, dem tatsächlich aber die Zahlung gar nicht unmöglich ist oder der sich tatsächlich nicht ernsthaft um Ermöglichung der Zahlung bemüht hat. Unter diesen Umständen wäre eine Belohnung mit Straffreiheit aber nicht legitim. Deshalb ist der Anwendungsbereich des § 266 a V S. 1 Nr. 2 per Auslegung auf die Fälle zu reduzieren, in denen die Darlegungen des Täters den wirklichen Gegebenheiten entsprechen.[91] Auf der anderen Seite kann es nach dem eindeutigen Gesetzeswortlaut nicht ausreichen, daß die fristgemäße Zahlung tatsächlich unmöglich ist und der Täter sich tatsächlich ernsthaft darum bemüht hat, diese

---

[83] BGH, JR 1998, 60 (62); *Tag*, Vorenthalten, S. 209.
[84] Zur – umstrittenen – Rechtsnatur des Rücktritts vgl. z.B. *Lackner/Kühl*, § 24 Rn. 1; *Schönke/Schröder/Eser*, § 24 Rn. 4; LK-*Vogler*, § 24 Rn. 21.
[85] LK-*Gribbohm*, § 266 a Rn. 99; *Schönke/Schröder/Lenckner*, § 266 a Rn. 21.
[86] *Hellmann*, Strafprozeßrecht, Teil II § 8 Rn. 10.
[87] *Winkelbauer*, wistra 1988, 16 (18).
[88] „Unverzüglich" bedeutet wie in § 121 I BGB „ohne schuldhaftes Zögern", *Winkelbauer*, wistra 1988, 16 (18); *Otto*, BT, § 61 Rn. 76.
[89] Kritisch zum Schriftformerfordernis *Winkelbauer*, wistra 1988, 16 (18).
[90] *Winkelbauer*, wistra 1988, 16 (17).
[91] *Winkelbauer*, wistra 1988, 16 (17); LK-*Gribbohm*, § 266 a Rn. 97; *Schönke/Schröder/ Lenckner*, § 266 a Rn. 22.

Unmöglichkeit abzuwenden.⁹² Die rechtzeitige schriftliche Mitteilung dieser Tatsachen und der Höhe nicht entrichteter Beiträge an die Einzugsstelle ist in der Regel unentbehrlich, damit die Einzugsstelle sofort die geeigneten Maßnahmen zur Schadensverhütung treffen kann. Darauf kann allenfalls dann verzichtet werden, wenn die Einzugsstelle schon aus anderer Quelle zuverlässig und umfassend über den rechtserheblichen Sachverhalt informiert und dem Täter dies bekannt ist. Dann wäre es ein sachlich nicht zu rechtfertigender Formalismus, die Ermessensentscheidung mit der Erwägung zu verweigern, der Arbeitgeber habe seine Darlegungsobliegenheit nicht richtig erfüllt. Mehr als eine mündliche Mitteilung kann von ihm unter diesen Umständen jedenfalls nicht verlangt werden.⁹³

d) Voraussetzungen § 266 a V Satz 2

Es ist verständlich, daß die – verglichen mit § 266 a V 1 – weitergehende Privilegierung, die § 266 a V 2 dem Täter gewährt (zu dem Unterschied s.o. Rn. 27), von strengeren Voraussetzungen abhängig sein muß. Der Täter muß die Voraussetzungen des § 266 a V 1 erfüllen und darüber hinaus die Beiträge innerhalb der von der Einzugsstelle bestimmten angemessenen Frist **nachentrichten**. Solange die Frist läuft, ist der zuvor begründete staatliche Strafanspruch „auflösend bedingt".⁹⁴ Auch hier stellt der Gesetzestext den Rechtsanwender vor einige schwer zu beantwortende Fragen. 30

Welche **Frist** „angemessen" ist, kann allgemein nicht definiert werden, sondern hängt von den konkreten Fallumständen⁹⁵ – insbesondere der Höhe der vorenthaltenen Beiträge, der finanziellen Situation des Arbeitgebers und seiner Bereitschaft, mit der Einzugsstelle zu kooperieren – ab. Der Einzugsstelle steht bei der Bestimmung der Frist ein Beurteilungsspielraum offen, dessen Ausschöpfung dogmatisch zwar gerichtlicher Überprüfung nicht entzogen ist,⁹⁶ faktisch aber nur bei evidenter Unvertretbarkeit oder Mißbrauch erfolgreich beanstandet werden kann. 31

Schwierig wird die Anwendung des § 266 a V 2, wenn die von der Einzugsstelle festgesetzte Frist **unangemessen kurz** ist und der Arbeitgeber die Beiträge nach Fristablauf, aber noch innerhalb der als „angemessen" zu bewertenden Zeitspanne nachentrichtet. Bei der Lösung des Problems ist wie folgt zu differenzieren: Sofern der Arbeitgeber für die zu knappe Bemessung der Nachfrist (mit)verantwortlich ist – was z.B. der Fall wäre, wenn er der Einzugsstelle kurzfristige Nachzahlung glaubhaft angekündigt hat –, ist die gesetzte Frist für ihn verbindlich. Die Fristüberschreitung schließt also die Strafbefreiung aus, obwohl die Frist zu kurz bemessen war. Kann die Unangemessenheit der Befristung dem Arbeitgeber dagegen nicht vorgeworfen werden, muß ihm die Chance auf Erlangung von Straffreiheit bis zu dem Punkt erhalten bleiben, an dem die zeitliche Angemessenheit 32

---

⁹² LK-*Gribbohm*, § 266 a Rn. 96; *Schönke/Schröder/Lenckner*, § 266 a Rn. 24.
⁹³ *Winkelbauer*, wistra 1988, 16 (18).
⁹⁴ *Winkelbauer*, wistra 1988, 16 (18).
⁹⁵ *Tag*, Vorenthalten, S. 211, LK-*Gribbohm*, § 266 a Rn. 101.
⁹⁶ *Tag*, Vorenthalten, S. 211.

erreicht ist. Die von der Einzugsstelle gesetzte Frist ist deshalb bei der strafrechtlichen Würdigung der Tat – also im Strafverfahren durch Staatsanwaltschaft bzw. Gericht – auf das Minimum der Zeitspanne zu verlängern, die noch angemessen wäre. Liegt die Nachentrichtung innerhalb dieser Zeitspanne, kommt § 266 a V 2 zur Anwendung.[97] In gleicher Weise ist zu verfahren, wenn die Einzugsstelle überhaupt **keine Nachfrist** setzt, der Arbeitgeber die vorenthaltenen Beiträge aber innerhalb eines angemessenen Zeitraums nachzahlt. War die von der Einzugsstelle gesetzte Frist **unangemessen lang**, kommt dies dem Arbeitgeber zugute. Er kann dann die volle Frist ausnutzen, selbst wenn seine formell fristgemäße Nachzahlung die materielle Angemessenheit überzieht.[98]

33 Obwohl § 266 a V 2 von „**nachträglicher**" Entrichtung spricht, muß selbstverständlich auch die vor dem Fälligkeitszeitpunkt erfolgte Veranlassung der Beitragszahlung nach § 266 a V 2 privilegiert werden, wenn die Beiträge erst nach dem Fälligkeitstermin bei der Einzugsstelle eingehen. Zwar wird es in diesem Fall zu keiner Fristsetzung durch die Einzugsstelle mehr kommen, da von dem Arbeitgeber ja keine nochmalige Zahlung verlangt werden kann. Daß dieser aber deswegen nicht schlechter stehen kann, als er im Falle späterer Zahlung stünde, liegt auf der Hand. Zumindest eine entsprechende Anwendung des § 266 a V 2 muß deshalb zur Vermeidung widersinniger Ergebnisse zulässig sein. Auf die Erfüllung der Mitteilungs- und Darlegungsobliegenheit (§ 266 a V 1) kann allerdings nicht verzichtet werden.[99]

34 Nach dem Gesetzeswortlaut ist unklar, ob der Täter Straffreiheit auch im Falle der Nachentrichtung durch einen **Dritten** erlangt. Denn der Gesetzestext stellt nur darauf ab, daß die Beiträge nachträglich entrichtet werden. Es wird nicht ausdrücklich verlangt, daß „der Täter" die Beiträge nachträglich entrichtet. Vorausgesetzt wird allerdings ein Zusammenhang zwischen der Erfüllung der Voraussetzungen des § 266 a V 1 und der Entrichtung („dann"). Dem liegt die Vorstellung zugrunde, daß die Einzugsstelle dem Arbeitgeber, der seine Mitteilungs- (§ 266 a V 1 Nr. 1) und Darlegungsobliegenheit (§ 266 a V 1 Nr. 2) erfüllt hat, die Möglichkeit des § 266 a V 2 vor Augen führt und ihn auf diese Weise zur Nachzahlung motiviert. Allerdings kann damit nicht die Forderung verbunden sein, daß der Arbeitgeber selbst und aus eigenen Mitteln die Nachentrichtungspflicht erfüllt.[100] Zwar wird es in der Regel so sein. Findet der Arbeitgeber aber einen zahlungsfähigen Gönner, der ihm den der Einzugsstelle geschuldeten Betrag überlässt, ist die Strafbefreiung sachlich nicht weniger begründet als im Falle einer plötzlichen Erbschaft, die den Arbeitgeber wieder liquide werden läßt. Dann kann es aber auch keinen Unterschied machen, ob der Dritte dem Arbeitgeber das Geld zum Zwecke der Nachentrichtung schenkungsweise oder als Darlehen zur Verfügung stellt oder den Betrag selbst der Einzugsstelle direkt überweist,

---

[97] LK-*Gribbohm*, § 266 a Rn. 106; *Schönke/Schröder/Lenckner*, § 266 a Rn. 26.
[98] LK-*Gribbohm*, § 266 a Rn. 106.
[99] *Schönke/Schröder/Lenckner*, § 266 a Rn. 26.
[100] LK-*Gribbohm*, § 266 a Rn. 103.

um den Arbeitgeber freizustellen.[101] Erforderlich und ausreichend ist allein, daß die Zahlung dem Arbeitgeber zuzurechnen ist und er deshalb die Straffreiheit verdient.

III. Strafbarkeitsvoraussetzungen § 266 a Abs. 2

1. Objektiver Tatbestand

a) Übersicht

- Täter:
  - Arbeitgeber *oder*
  - gem. Abs. 4 gleichgestellte Person
- Tatobjekt:
  Einbehaltene Teile des Arbeitsentgelts, die für den Arbeitnehmer an einen anderen zu zahlen sind
- Tathandlung:
  - Nichtzahlung an den anderen
  - Unterlassung rechtzeitiger Unterrichtung des Arbeitnehmers von der Nichtzahlung

35

Auch der in § 266 a II normierte Straftatbestand enthält kein Erfolgsmerkmal. Obwohl das skizzierte tatbestandsmäßige Verhalten das Potential einer Schädigung sowohl des Empfängervermögens (das Vermögen des „anderen", an den der Täter für den Arbeitnehmer zu zahlen hat) als auch des Schuldnervermögens (das Vermögen des Arbeitnehmers, für den der Täter an den anderen zu zahlen hat) aufweist,[102] macht das Gesetz die Tatvollendung und damit die Strafbarkeit von einem solchen Schädigungserfolg nicht abhängig.

b) Täter

Der Täterkreis ist im wesentlichen derselbe wie der des § 266 a I. Zur täterschaftlichen Tatbestandserfüllung sind **Arbeitgeber** und die in § 266 a IV dem Arbeitgeber gleichgestellten Personen fähig.[103] „Als" Arbeitgeber agiert der Täter, wenn und soweit die durch Nichtzahlung verletzte Pflicht, einbehaltene Teile des Arbeitsentgeltes an den anderen zu zahlen in innerem funktionellen Zusammenhang mit seiner Arbeitgeberposition steht. Ein Arbeitgeber, der ohne Bezug zu dem Arbeitsverhältnis den Auftrag übernommen hat, eine Zahlungsverpflichtung des Arbeitnehmers mit dessen Geld zu erfüllen, bewegt sich außerhalb des Tatbestandes. Daraus folgt, daß der im konkreten Fall berührte Täterkreis weiter ein-

36

---

[101] *Winkelbauer*, wistra 1988, 16 (18); *Schönke/Schröder/Lenckner*, § 266 a Rn. 26.
[102] *Bittmann*, wistra 1999, 441 (446).
[103] Zu den Besonderheiten des Straftatbestandes im Hinblick auf § 266 a IV vgl. LK-*Gribbohm*, § 266 a Rn. 26.

geengt wird dadurch, daß ein Arbeitgeber nur in Relation zu „seinem" Arbeitnehmer tatbestandsmäßig handeln kann, da Arbeitsentgeltanteile nur von dem Arbeitsentgelt „einbehalten" werden können, das der Arbeitgeber auf Grund des Arbeitsvertrages mit seinem Arbeitnehmer schuldet. Ein Arbeitgeber, der Arbeitsentgeltanteile eines „fremden" Arbeitnehmers veruntreut, der mit einem anderen Arbeitgeber in einem Arbeitsverhältnis steht, erfüllt den Tatbestand des § 266 a II nicht.

c) Einbehaltene sonstige Teile des Arbeitsentgelts

37 Das Wort „sonst" stellt die Verbindung der von § 266 a II erfaßten Entgeltbestandteile mit den bereits von § 266a I erfaßten her.[104] Natürlich sind die „Beiträge des Arbeitnehmers" i.S.d. § 266a I auch „Teile des Arbeitsentgelts" (zur Frage, ob das auch zutrifft, wenn der Arbeitgeber dem Arbeitnehmer überhaupt keinen Lohn zahlt, oben Rn. 15). Da ihre Nichtabführung an die Einzugsstelle aber schon in § 266 a I unter Strafdrohung gestellt ist, spielen sie im Tatbestand des § 266 a II keine Rolle mehr. Ebenfalls aus dem Tatbestand ausgegrenzt sind die Teile des Arbeitsentgeltes, die der Arbeitgeber einbehalten darf, um die von seinem Arbeitnehmer geschuldete Lohnsteuer an das Finanzamt abzuführen, § 266 a II 2. Die strafrechtliche Relevanz von Taten, die sich auf solche Teile des Arbeitsentgeltes beziehen, richtet sich nach § 370 AO.[105]

38 **Teile des Arbeitsentgeltes** sind die tatgegenständlichen Geldbeträge dann, wenn sie dem Arbeitnehmer auf Grund des Arbeitsvertrages zustehen, auf Grund eines anderen rechtlich erheblichen Vorganges jedoch ihm nicht auszuzahlen, sondern vom Arbeitgeber zum Zwecke der Weiterleitung an einen Gläubiger einzubehalten sind. Der Arbeitgeber muß zur Einbehaltung und Zahlung an den anderen befugt und verpflichtet sein („... zu zahlen hat."). Nur rechtmäßig einbehaltene Entgeltteile sind taugliche Tatobjekte.[106] Behält der Arbeitgeber Teile des Arbeitsentgeltes eigenmächtig ein, um einen Gläubiger des Arbeitnehmers zu befriedigen, ohne dazu berechtigt sein, behält er etwas ein, was er nicht für den Arbeitnehmer an einen anderen zu zahlen hat.

> **Beispiel:** Arbeitgeber A weiß, daß sein Arbeitnehmer N es immer wieder versäumt, seiner geschiedenen Ehefrau E den ihr zustehenden Unterhalt von 800 DM monatlich zu zahlen. Aus Mitleid mit der E und den beiden von E versorgten Kindern überweist A dem N nur einen um 800 DM gekürzten Lohn. Die einbehaltenen 800 DM will A der E überweisen, was er dann aber doch nicht tut.

A hat zwar Teile des dem N zustehenden Arbeitsentgeltes einbehalten, indem er dem N 800 DM weniger auszahlte, als diesem zustand. Das Unrecht dieses Verhaltens beschränkt sich aber zunächst auf eine bloße Vertragspflichtverletzung, was generell den für Strafwürdigkeit erforderlichen Mindestgrad nicht erreicht und schon gar nicht als untreueähnliche Vermögensbeeinträchtigung qualifiziert werden kann. Straftatqualität erlangte

---

[104] LK-*Gribbohm*, § 266 a Rn. 71.
[105] *Arzt/Weber*, BT, § 23 Rn. 20.
[106] LK-*Gribbohm*, § 266 a Rn. 68.

das Verhalten erst, wenn ein zusätzlicher Unrechtsakzent hinzukäme, der über die bloße Lohnvorenthaltung hinausreicht. Im Tatbestand des § 266a II ist diese zusätzliche Unrechtskomponente die Enttäuschung des Vertrauens, das der Arbeitnehmer seinem Arbeitgeber im Hinblick auf die von letzterem übernommene Aufgabe der Gläubigerbefriedigung entgegenbringt. In der Annahme, daß der Arbeitgeber den einbehaltenen Lohnbestandteil einem Gläubiger des Arbeitnehmers mit schuldbefreiender Wirkung zugunsten des Arbeitnehmers auszahlen wird, wird der Arbeitnehmer zum einen zunächst davon absehen, den einbehaltenen Entgeltanteil vom Arbeitgeber einzufordern und zum anderen auch nichts unternehmen, um die Schuld gegenüber dem Gläubiger abzulösen. Es wäre nur verständlich, wenn der Arbeitnehmer keine Rücklagen bilden würde, um den vom Arbeitgeber enttäuschten Gläubiger selbst zu befriedigen, da einerseits das ausgezahlte Teilentgelt dafür nicht ausreicht und des weiteren dafür auch keine Veranlassung besteht, da ja der Arbeitgeber für die Schuldbegleichung gegenüber dem Dritten zu sorgen hat. Die spezifische Gefahr, in der der Arbeitnehmer im Fall des § 266 a II schwebt, setzt sich zusammen aus dem möglicherweise endgültigen Verlust des noch ausstehenden Lohnrestes (z.B. bei Insolvenz des Arbeitgebers) und der Inanspruchnahme durch den Gläubiger, die wegen der umständebedingten Verzögerung durch aufgelaufene Verzugszinsen sogar den ursprünglichen Forderungsbetrag übersteigen kann. Als weiterer tatspezifischer Nachteil des Arbeitnehmers ist sein Verlust an Kreditwürdigkeit zu nennen. Bei der Einschätzung der Kreditwürdigkeit des Arbeitnehmers als Schuldner wird sich der Gläubiger nicht die Mühe machen, die interne Verantwortlichkeit seines Schuldners oder dessen Arbeitgebers aufzudecken. Für ihn wird allein maßgeblich sein, daß sein Schuldner – der Arbeitnehmer – nicht rechtzeitig gezahlt hat. Auf diesen wird im Falle der Nichtzahlung der Makel der Unzuverlässigkeit und Säumigkeit fallen. Alle diese Überlegungen zum strafwürdigen Unrecht des in § 266 a II normierten Verhaltens treffen nur zu, wenn der Arbeitnehmer wirklich berechtigten Grund hat, auf die Schuldbegleichung durch den Arbeitgeber zu vertrauen. Das ist nicht der Fall, wenn für eine derartige Erfüllungsübernahme durch den Arbeitgeber keine rechtliche Grundlage existiert. Dann erschöpft sich der Fehlverhaltensunwert in der Nichtzahlung des Lohnrestes an den Arbeitnehmer. Dies ist aber ebenso wenig strafwürdig wie z.B. die Nichtzahlung des aus § 433 II BGB geschuldeten Kaufpreises oder die Nichtrückzahlung eines Darlehens. Im vorliegenden Fall war A weder berechtigt noch verpflichtet, anstelle des N den Unterhaltsbetrag an E zu zahlen. Daher hat er den objektiven Tatbestand des § 266 a II nicht erfüllt. Eine nachträgliche Genehmigung der von A angemaßten Gläubigerbefriedigung durch N könnte daran nichts ändern, da eine rückwirkende Strafbarkeitsbegründung nicht möglich ist.

Mit dem Merkmal „**einbehält**" statuiert das Gesetz kein – neben die Nichtzahlung und Nichtunterrichtung tretendes – Handlungsmerkmal.[107] Vielmehr handelt es sich um ein Merkmal, das die tauglichen Tatobjekte bestimmt und eingrenzt. Vergleichbar ist das Einbehalten daher mit dem Vortatverhalten, durch das jemand den Status eines tauglichen Täters der veruntreuenden Unterschlagung (§ 246 II) erlangt. Die Entgegennahme der anvertrauten Sache ist noch keine tatbestandsverwirklichende Unterschlagungshandlung, also keine Zueignung, sondern schafft erst die Voraussetzung dafür, daß durch eine anschließen-

39

---

[107] So aber *Tag*, Vorenthalten, S. 178; *Lackner/Kühl*, § 266 a Rn. 12; *Tröndle/Fischer*, § 266 a Rn. 14.

de Zueignungshandlung in bezug auf diese Sache der Tatbestand der veruntreuenden Unterschlagung verwirklicht werden kann. Eine ähnliche Funktion wie das „Sich-Anvertrauen-Lassen" in § 246 II hat das „Einbehalten" in § 266 a II. Tatbestandsmäßiges Nichtzahlen ist danach nur in bezug auf einbehaltene Teile des Arbeitsentgeltes möglich, nicht hingegen in bezug auf Arbeitsentgelt, das der Arbeitgeber nicht einbehalten, sondern dem Arbeitnehmer ausgezahlt und von diesem anschließend – teilweise – mit dem Auftrag zurückbekommen hat, eine gegen den Arbeitnehmer bestehende Forderung eines Dritten damit zu bedienen. Einbehalten ist der Teil des Arbeitsentgeltes, wenn er von dem Gesamtentgelt, das dem Arbeitnehmer zusteht, abgezogen wurde und dem Arbeitnehmer nur die Differenz ausgezahlt worden ist.[108] Zahlt der Arbeitgeber dem Arbeitnehmer überhaupt kein Entgelt, liegt auch kein Einbehalten vor.

40 Der einbehaltene Teil des Arbeitsentgelts ist taugliches Tatobjekt unter der Voraussetzung, daß und nur solange wie der **Anspruch des anderen auf Zahlung besteht**. Das ergibt sich schon daraus, daß § 266 a II die „Fälligkeit" der Forderung zur zeitlichen Richtmarke für die Pflicht zur unverzüglichen Unterrichtung des Arbeitnehmers erklärt. Eine Forderung, die nicht mehr existiert, kann aber nicht mehr fällig sein. Erlischt also der Anspruch des „anderen" gegen den Arbeitnehmer, nachdem der Arbeitgeber von dem gezahlten Lohn einen dem Anspruch entsprechenden Teil einbehalten hat, kann die Nichtzahlung nicht mehr als rechtswidriges Verhalten bewertet werden. Folglich kann auch die Nichtunterrichtung des Arbeitnehmers durch den Arbeitgeber kein Unrecht sein.

> **Beispiel:** Arbeitnehmer A schuldet dem D die Rückzahlung eines Darlehens in Höhe von 1000 DM. Zum Zwecke der Begleichung dieser Schuld tritt A dem D einen Teil seines Lohnanspruchs gegen den Arbeitgeber G ab und informiert den G darüber. G überweist dem A deshalb einen um 1000 DM gekürzten Monatslohn. Einen Tag danach zahlt V, der Vater des A, 1000 DM an D zur Erfüllung der Darlehensrückzahlungsschuld seines Sohnes. D akzeptiert die Zahlung des V und tritt dem A die gegen G gerichtete Lohnforderung wieder zurück ab.
>
> G hat an sich alle Handlungen bzw. Unterlassungen begangen, die im Text des § 266 a II erwähnt werden: Er hat Teile des dem A zustehenden Arbeitsentgeltes einbehalten, er hat dieses Geld nicht an D gezahlt und er hat auch den A nicht unverzüglich davon unterrichtet, daß er nicht an D gezahlt hat. Dennoch kann keine dieser drei Verhaltensweisen als rechtswidriges Verhalten verurteilt werden. Das Einbehalten war korrekt, weil A den Anspruch auf den einbehaltenen Teilbetrag ja an D abgetreten hatte und G an D zahlen wollte. Die Nichtzahlung war korrekt, weil die Forderung, aus der eine Pflicht des G zur Zahlung abgeleitet werden könnte, nicht mehr bestand. Die Nichtunterrichtung des A war korrekt, weil das Gesetz nur die Unterrichtung über eine pflichtwidrige Nichtzahlung verlangt, hier die Nichtzahlung aber rechtlich einwandfrei war. Daran sieht man, daß die Erfüllung des objektiven Tatbestandes bereits am Fehlen der Voraussetzung „die er für den Arbeitnehmer an einen anderen zu zahlen hat" scheitert.

---

[108] *Schönke/Schröder/Lenckner*, § 266 a Rn. 13.

d) Tatbestandsmäßiges Verhalten

aa) Zweiaktigkeit oder Dreiaktigkeit?

Die Frage nach der Zweiaktigkeit oder Dreiaktigkeit der Tatbestandsstruktur stellt 41
sich, da der Text des § 266a II drei Begriffe enthält, die jeweils als Verhaltensmerkmale gedeutet werden könnten: Das „Einbehalten", das „Nichtzahlen" und die „Unterlassung der Unterrichtung". Dreiaktig wäre der Tatbestand, wenn das Einbehalten Teil des tatbestandsmäßigen Verhaltens wäre, zweiaktig – oder vielleicht sogar nur einaktig – wäre der Tatbestand hingegen, wenn das nicht der Fall wäre. Zutreffend ist die Auffassung von der Zweiaktigkeit des Tatbestandes.[109] Denn zu den tatbestandsverwirklichenden Vollzugsakten gehört die Einbehaltung nicht. Sie geht der Tatbestandserfüllung vielmehr voraus und trägt dazu bei, daß zur Tatbestandserfüllung taugliche Tatobjekte – einbehaltene Teile des Arbeitsentgelts – vorhanden sind (s.o. Rn. 39). Gehörte die Einbehaltung bereits zu dem tatbestandserfüllenden Verhalten, müßte sie Träger von Handlungsunrecht sein, also schon per se rechtswidrig und von einem vollzugssynchronen Tatvorsatz getragen sein. Außerdem müßte der Täter die Einbehaltung schuldhaft begehen. Durch diese dogmatisch nicht zu vermeidenden Anforderungen würde die Strafbarkeit in ungerechtfertigter Weise eingeengt.

> **Beispiel:** Arbeitgeber T behält Teile des dem Arbeitnehmer A zustehenden Lohnes ein, um den Betrag dem D, der gegen A einen Pfändungs- und Überweisungsbeschluß erwirkt hat, zu zahlen. Kurz danach fasst T den Entschluß, das einbehaltene Geld nicht dem D auszuzahlen, sondern es für eigene Zwecke zu verbrauchen. So verfährt T dann auch. Den A informiert er über die Geldverwendung nicht. Später stellt sich noch heraus, daß T im Zeitpunkt der Einbehaltung infolge übermäßigen Genusses alkoholischer Getränke vorübergehend schuldunfähig (§ 20) war.

T hat den objektiven Tatbestand des § 266a II erfüllt. Der Pfändungsgläubiger D ist ein „anderer", an den der T als „Drittschuldner" zu zahlen hat, weil durch den Überweisungsbeschluß die Forderung des A gegen T insoweit auf D zur Einziehung oder an Zahlungs Statt übergegangen ist, § 835 ZPO.[110] T hat den an D zu zahlenden Betrag vom Arbeitsentgelt des A einbehalten, nicht an D gezahlt und den A davon auch nicht unterrichtet. Den Vorsatz zur Erfüllung des objektiven Tatbestandes hatte T, als er die Zahlung an D unterließ und als er die Pflicht zur Unterrichtung des A verletzte. Diese Verhaltensweisen des T waren auch rechtswidrig und wurden im Zustand voller strafrechtlicher Verantwortlichkeit realisiert. Wenn jedoch der Akt des Einbehaltens bereits die Eigenschaft beginnenden tatbestandsmäßigen Verhaltens mit einem bereits partiellen materiellen Unrechtsgehalt haben müßte, könnte T im vorliegenden Fall nicht aus § 266a II bestraft werden. Denn das Einbehalten mit dem Willen, den Geldbetrag ordnungsgemäß an den Berechtigten auszuzahlen, ist kein Unrecht und daher nicht rechtswidrig. Zudem hat T diesen Akt nicht in schuldfähigem Zustand vollzogen und könnte deshalb auch aus diesem Grund nicht bestraft werden. Da aber – wie dargelegt – das Einbehalten kein Teil des tatbestanderfüllen-

---
[109] *Arzt/Weber*, BT, § 23 Rn. 23; *LK-Gribbohm*, § 266 a Rn. 72; nach *SK-Günther*, § 266 a Rn. 37 handelt es sich sogar um ein einaktiges Delikt: Tatbestandsmäßiges Verhalten sei nur die Unterlassung der gebotenen Mitteilung.
[110] *Schönke/Schröder/Lenckner*, § 266 a Rn. 13.

den Täterverhaltens ist, wirken sich weder das Fehlen von Vorsatz noch die Schuldunfähigkeit im Zeitpunkt des Einbehaltens auf die Strafbarkeit aus. T hat sich also aus § 266a II strafbar gemacht.

bb) Nichtzahlung

42 Der erste Teilakt des tatbestandsmäßigen Verhaltens ist ein (echtes) Unterlassen:[111] Die Nichtzahlung an den Gläubiger. Ungeschriebene Voraussetzung tatbestandsmäßigen Unterlassens ist der Fortbestand der Zahlungspflicht, d.h. der Fortbestand des dem anderen gegen den Arbeitnehmer zustehenden Anspruchs (s.o. Rn. 40). Ist der Anspruch des anderen vor dem für die Tatbestandsmäßigkeit der Nichtzahlung bzw. der Nichtunterrichtung maßgeblichen Zeitpunkt bereits erloschen – z.B. auf Grund einer Zahlung des Arbeitnehmers oder eines Dritten – besteht kein Grund mehr, vom Arbeitgeber noch Zahlung an den anderen zu fordern und die Nichtzahlung als Unrecht zu bewerten. Fraglich ist, ab wann von einer vollendeten Nichtzahlung gesprochen werden kann, wenn trotz – zunächst – unterbliebener Zahlung nicht ausgeschlossen ist, daß der Arbeitgeber doch noch – mit Verzögerung – an den Gläubiger zahlen wird. Da der Versuch nicht mit Strafe bedroht ist und § 266 a V keine Anwendung findet, hängt von dieser Grenzziehung die Strafbarkeit ab. Das Gesetz selbst stellt mit der Markierung des für die Tatbestandsmäßigkeit der Nichtunterrichtung ausschlaggebenden Fälligkeitszeitpunkts klar, daß (Noch-)Nichtzahlung spätestens im Fälligkeitszeitpunkt tatbestandsmäßig, also vollendet ist. Allerdings läßt der Gesetzestext („spätestens") auch erkennen, daß eine frühere Unterrichtung, möglichst noch vor der Fälligkeit, wünschenswert wäre. Daraus ist zu schließen, daß auch die Nichtzahlung bereits vor dem Fälligkeitszeitpunkt tatbestandsmäßige Qualität haben kann. Unter Berücksichtigung des Schutzzwecks, dem § 266 a II dient, ist die Vorverlagerung des Vollendungszeitpunkts in den Zeitraum vor Fälligkeit durchaus begründet. Denn es geht nicht um die Abwendung eines dem Gläubiger drohenden Vermögensverlusts, sondern um die Abwendung eines dem Arbeitnehmer drohenden Vermögensverlusts.[112] Letztlich braucht der genaue Zeitpunkt der Vollendung des Teilaktes „Nichtzahlung" aber deshalb nicht bestimmt zu werden, weil Tatbestandserfüllung, Tatvollendung und Strafbarkeit durch Nichtzahlung allein nicht begründet werden. Erst durch die Verletzung der Pflicht zur unverzüglichen Unterrichtung des Arbeitnehmers erfüllt der Arbeitgeber den objektiven Tatbestand. Deren zeitliche Position im Tatverlauf hat § 266 a II mit der Anbindung an den Fälligkeitszeitpunkt relativ präzise fixiert. Für die Tatbestandsmäßigkeit der Nichtzahlung folgt daraus, daß sie jedenfalls dann gegeben ist, wenn der Arbeitgeber bis zu dem Zeitpunkt nicht gezahlt hat, bis zu dem er seine Pflicht zur Unterrichtung des Arbeitnehmers über die Nichtzahlung noch strafbarkeitsvermeidend erfüllen kann: Unverzüglich nach Fälligkeit der Forderung.

---

[111] *Tag*, Vorenthalten, S. 183; *Arzt/Weber*, BT, § 23 Rn. 23; *Lackner/Kühl*, § 266 a Rn. 12.
[112] *Arzt/Weber*, BT, § 23 Rn. 21.

B. Vorenthalten und Veruntreuen von Arbeitsentgelt, § 266 a StGB

Beispiel: Arbeitgeber G hat für seinen Arbeitnehmer A einen Betrag von 1000 DM an D zu zahlen, den A dem D aus einem Darlehen schuldet. G zieht dem A deshalb bei der nächsten Gehaltszahlung 1000 DM ab. Die Forderung des D ist am 1. 6. fällig. G zahlt die 1000 DM am 2. 6. an D.

Geht man davon aus, daß der Zeitraum von 0 bis 24 Uhr am 2. 6. sich noch dem Zeitbegriff „unverzüglich" zuordnen läßt, hätte G also Strafbarkeit aus § 266 a II dadurch abwenden können, daß er den A spätestens am 2. 6. um 24 Uhr darüber informiert, daß er dem D die einbehaltenen 1000 DM nicht gezahlt hat. Das wäre im vorliegenden Fall aber sinnlos gewesen, da G ja die 1000 DM – zwar nach Fälligkeit, aber noch vor Ablauf der Frist für eine strafbarkeitsabwendende Unterrichtung – an D gezahlt hat. Die Zahlung hat die Pflicht zur Unterrichtung des Arbeitnehmers beseitigt. Folglich kann der Tatbestand durch die Unterlassung einer Unterrichtung nicht mehr erfüllt werden.

Wie bei jedem Unterlassungsdelikt ist auch hier die **Handlungsmöglichkeit** 43
Voraussetzung tatbestandsmäßigen Unterlassens (s.o. Rn. 19). Allerdings dürfte Zahlungsunfähigkeit in diesem Kontext keine Rolle spielen, da der Arbeitgeber durch die Einbehaltung genau über die Zahlungsmittel verfügt, die zur Befriedigung des Gläubigers benötigt werden.

cc) Nichtunterrichtung

Kern des Verhaltensunrechts ist die Gefährdung des Arbeitnehmervermögens 44
durch Vorenthaltung der Informationen über die Verwendung des einbehaltenen Arbeitsentgelts.[113] Indem der Arbeitgeber dem Arbeitnehmer pflichtwidrig nicht mitteilt, unterdrückt er Tatsachen, auf deren Kenntnis der Arbeitnehmer angewiesen ist, um Vermögensverluste abzuwenden. Der Tatbestand hat hier also einen unübersehbaren **betrugsähnlichen** Akzent.[114]

2. Subjektiver Tatbestand

Der subjektive Tatbestand besteht aus dem **Vorsatz**. Dolus eventualis reicht 45
aus.[115] Eine asynchrone auf spätere Nichtzahlung und Nichtunterrichtung gerichtete Innentendenz im Zeitpunkt der Einbehaltung ist zur Erfüllung des subjektiven Tatbestandes nicht notwendig, da das Einbehalten kein Bestandteil des objektiv tatbestandsmäßigen Verhaltens ist (s.o. Rn. 39). Umgekehrt vermag ein solcher antizipierender Vorsatz einen im Zeitpunkt der Nichtzahlung bzw. Nichtunterrichtung eingetretenen Vorsatzmangel nicht zu kompensieren.

---

[113] *Tag*, Vorenthalten, S. 183.
[114] *Arzt/Weber*, BT, § 23 Rn. 22.
[115] LK-*Gribbohm*, § 266 a Rn. 81; *Schönke/Schröder/Lenckner*, § 266 a Rn. 17.

IV. Strafbarkeitsvoraussetzungen § 266 a Abs. 3

1. Objektiver Tatbestand

a) Übersicht

46
- Täter:
  - Arbeitnehmer
  - Mitglied einer Ersatzkasse
- Tatobjekt:
  - Beiträge zur Sozialversicherung oder
  - Beiträge zur Bundesanstalt für Arbeit
  - vom Arbeitgeber erhalten
- Tathandlung:
  - Vorenthalten
  - gegenüber der Einzugsstelle

b) Täter

47 In dem – heute praktisch fast bedeutungslosen[116] – Tatbestand des § 266 a III wird die Täterposition nicht – wie in den Fällen der §§ 266 a I und § 266 a II – vom Arbeitgeber oder von arbeitgeberähnlichen Personen (§ 266 a IV), sondern vom **Arbeitnehmer** besetzt.[117] Der Arbeitnehmer muß **Ersatzkassenmitglied** sein. Unter dieser Voraussetzung wurde früher der Arbeitgeberanteil an den tatbestandlich erfaßten Sozialabgaben nicht vom Arbeitgeber direkt an die Einzugsstelle gezahlt. Der Arbeitnehmer zahlte vielmehr diesen Beitrag selbst und erhielt dafür von seinem Arbeitgeber den Arbeitgeberanteil zusammen mit dem Arbeitslohn ausbezahlt. Auf Grund verschiedener sozialrechtlicher Gesetzesänderungen ist nunmehr der Arbeitgeber auch den Ersatzkassen gegenüber unmittelbar zur Abführung seines Anteils an den Sozialversicherungsbeiträgen seines Arbeitnehmers verpflichtet. Die Sachverhaltskonstellation, auf die § 266 a III Bezug nimmt, ist daher nur noch ausnahmsweise möglich.[118]

c) Tatobjekt und Tathandlung

48 Gegenstand der Tat sind – wie in § 266 a I – die **Arbeitnehmeranteile** der Beiträge zur Sozialversicherung und zur Bundesanstalt für Arbeit. Die Arbeitgeberanteile sind nicht erfaßt. Das Ersatzkassenmitglied muß vom Arbeitgeber die an die Einzugsstelle abzuführenden Beträge mit der Lohnzahlung erhalten haben. Derartiges kann auf der Grundlage des geltenden Rechts allenfalls bei einer irrtümlichen Zahlung des Arbeitgebers geschehen, da bei regulärem Vorgehen der Arbeitgeber

---

[116] *Martens*, wistra 1986, 154 (158): „Dieser Straftatbestand ist überflüssig".
[117] LK-*Gribbohm*, § 266 a Rn. 74; SK-*Günther*, § 266 a Rn. 35.
[118] LK-*Gribbohm*, § 266 a Rn. 76; *Schönke/Schröder/Lenckner*, § 266 a Rn. 16.

die Beitragsanteile des Arbeitnehmers nicht diesem zahlt, sondern direkt an die Einzugsstelle abführt (s.o. Rn. 47).[119]

Tatbestandsmäßiges Verhalten ist das **Vorenthalten** gegenüber der Einzugsstelle. Dieses Merkmal hat in § 266 a II dieselbe Bedeutung wie in § 266 a I.

2. Subjektiver Tatbestand

Der subjektive Tatbestand besteht aus dem **Vorsatz**, § 15.

3. Tätige Reue

Aus § 266 a V 3 ergibt sich, daß die Strafbarkeit aus § 266 a III in gleicher Weise durch tätige Reue wieder beseitigt werden kann wie eine Strafbarkeit aus § 266 a I. Auf die Ausführungen unter II 3 kann daher verwiesen werden.

V. Kontrollfragen

1. Wo war die Strafbarkeit der Vorenthaltung von Sozialversicherungsbeiträgen vor dem 2. WiKG geregelt? (Rn. 3)
2. Welches Rechtsgut schützt § 266 a? (Rn. 5)
3. Wer kann Täter des in § 266 a I normierten Delikts sein? (Rn. 8)
4. Welche Bedeutung hat § 14 im Zusammenhang mit § 266 a I? (Rn. 10)
5. Erfüllt die Vorenthaltung des Arbeitgeberanteils der Sozialversicherungsbeiträge den Tatbestand des § 266 a I? (Rn. 12)
6. Kann der Tatbestand des § 266 a I erfüllt werden, wenn der Arbeitgeber dem Arbeitnehmer überhaupt kein Arbeitsentgelt auszahlt? (Rn. 15)
7. Kann der Täter das Tatbestandsmerkmal „vorenthalten" auch dann erfüllen, wenn er selbst gar kein Geld hat? (Rn. 19)
8. Welche Rechtsfolge hat § 266 a V 1 und § 266 a V 2? (Rn. 26, 27)
9. Wer kann Täter des in § 266 a II normierten Delikts sein? (Rn. 36)
10. Welche Funktion hat das Merkmal „einbehält" in § 266 a II? (Rn. 39)
11. Welche Struktur hat das Verhaltensmerkmal des § 266 a II? (Rn. 41)
12. Warum hat § 266 a III nur geringe praktische Bedeutung? (Rn. 46)

VI. Literatur

Bente, Strafbarkeit des Arbeitgebers gem. § 266 a StGB auch bei unterbliebener Lohnauszahlung?, wistra 1992, 177
Bittmann, Keine Strafbarkeit nach § 266 a Abs. 1 StGB ohne Lohnzahlung, wistra 1999, 441
Heger, § 266 a StGB: Strafrecht im Gewand zivilrechtlicher Judikatur, JuS 1998, 1090
Jacobi/Reufels, Die strafrechtliche Haftung des Arbeitgebers für den Arbeitnehmeranteil an den Sozialversicherungsbeiträgen, BB 2000, 771

---

[119] *Schönke/Schröder/Lenckner*, § 266 a Rn. 16.

Martens, Das neue Beitragsstrafrecht der Sozialversicherung (§ 266 a StGB), wistra 1986, 154
Rönnau, Die Strafbarkeit des Arbeitgebers gemäß § 266 a I StGB in der Krise des Unternehmens, wistra 1997, 13
Stapelfeldt, Zum Schutzgesetzcharakter der §§ 266, 266 a StGB in bezug auf Untreuedelikte der GmbH-Geschäftsführer, BB, 1991, 1501
Ursula Stein, GmbH-Geschäftsführer: Goldesel für leere Sozialkassen?, DStR 1998, 1055
Wegner, Neue Fragen bei § 266 a Abs. 1 StGB – eine systematische Übersicht, wistra 1998, 293
Winkelbauer, Die strafbefreiende Selbstanzeige im Beitragsstrafrecht (§ 266 a Abs. 5 StGB), wistra 1988, 16

C. Mißbrauch von Scheck- und Kreditkarten, § 266 b StGB

Übersicht Rn.

I. Allgemeines
  1. Entstehungsgeschichte 52–55
  2. Untreueähnlichkeit 56
  3. Rechtsgut 57
  4. Systematik 58–59
II. Strafbarkeitsvoraussetzungen des Scheckkartenmißbrauchs
  1. Objektiver Tatbestand
    a) Übersicht 60
    b) Täter 61–62
    c) Scheckkarte 63
    d) Mißbrauch 64–65
    e) Schaden 66
  2. Subjektiver Tatbestand 67
III. Strafbarkeitsvoraussetzungen des Kreditkartenmißbrauchs
  1. Objektiver Tatbestand
    a) Übersicht 68
    b) Gemeinsamkeiten mit und Abweichungen
       vom Scheckkartenmißbrauch 69
    c) Kreditkarte 70
    d) Mißbrauch 71
  2. Subjektiver Tatbestand 72

I. Allgemeines

1. Entstehungsgeschichte

Die Strafvorschrift § 266 b wurde durch das 2. **WiKG** in den Besonderen Teil des StGB eingefügt. Dieser gesetzgeberischen Maßnahme vorausgegangen war ein jahrelanger Streit über die Subsumierbarkeit der in Rede stehenden Tatbilder unter die Tatbestände der **Untreue** und des **Betrugs**.[120]

52

In der **Literatur** hatte sich allmählich sowohl zum Scheckkartenmißbrauch als auch zum Kreditkartenmißbrauch eine klar herrschende Ansicht herausgebildet, die beide Verhaltensweisen als straflos ansah, da sie weder von § 263 noch von § 266 zu erfassen seien. Betrug scheide schon deswegen aus, weil der unbefugte Gebrauch einer Scheck- oder Kreditkarte keine Täuschung sei, jedenfalls kein Irrtum bei der Person erregt werde, der die Karte vorgelegt wird. Der Täter erkläre mit dem Gebrauch der Karte nicht, daß er zu diesem Gebrauch im Verhältnis zum kartenausgebenden Unternehmen berechtigt sei.[121] Selbst wenn man seinem Handeln einen derartigen Erklärungscharakter zuschreiben wolle, korrespondiere der Täuschung kein Irrtum des Adressaten. Da dieser nämlich auch im Falle unberechtigten Gebrauchs der Karte seine Ansprüche im Verhältnis zum kartenausgebenden Unternehmen habe, brauche er sich über die Berechtigung des Karteninhabers keine Gedanken zu machen.[122] Der Tatbestand der Untreue sei nicht erfüllt, weil der Inhaber der Scheck- oder Kreditkarte keine Vermögensbetreuungspflicht gegenüber dem Unternehmen habe, das ihm diese Karte überlassen hat. Das Fehlen dieser Pflicht stehe nicht nur der Erfüllung des Treubruchstatbestandes (§ 266 I 2. Alt.), sondern auch der Erfüllung des Mißbrauchstatbestandes (§ 266 I 1. Alt.) entgegen.[123] Zum Teil wurde in der Literatur bereits die Strafbedürftigkeit des Scheckkarten- und Kreditkartenmißbrauchs bestritten.[124]

53

Die **Rechtsprechung** vertrat einen von der h.L. teilweise abweichenden Standpunkt. Zwar lehnte der BGH ebenfalls bei Scheckkarten- und bei Kreditkartenmißbrauch die Anwendbarkeit des § 266 ab.[125] Hinsichtlich der Möglichkeit einer Bestrafung aus § 263 beurteilte der BGH die Fälle hingegen differenziert. Während er eine Strafbarkeit des Kreditkartenmißbrauchs auch aus diesem Straftatbestand verneinte,[126] hielt er eine Strafbarkeit des Scheckkartenmißbrauchs aus § 263 für begründbar.[127]

54

---

[120] Informativ *Ranft*, JuS 1988, 673 f.; *Otto*, wistra 1986, 150 (151).
[121] *Ranft*, JuS 1988, 673 (674); *Arzt/Weber*, BT, § 20 Rn. 59, 60; *Wessels/Hillenkamp*, BT 2, Rn. 790; LK-*Tiedemann*, § 263 Rn. 43.
[122] *Rengier*, BT 1, § 13 Rn. 19; LK-*Tiedemann*, § 263 Rn. 89; *Schönke/Schröder/Cramer*, § 263 Rn. 29 a, 50.
[123] *Rengier*, BT 1, § 18 Rn. 8; *Wessels/Hillenkamp*, BT 2, Rn. 790; *Schönke/Schröder/Lenckner*, § 266 Rn. 12; a.A. LK-*Schünemann*, § 266 Rn. 128.
[124] *Schubarth*, ZStW 92 (1980), 80 (97 ff.).
[125] BGHSt 24, 386 (387) – Scheckkarte –; 33, 244 (250) – Kreditkarte –.
[126] BGHSt 33, 244 (249).
[127] BGHSt 24, 386 (389).

55 Die Einführung des § 266 b ist die Reaktion des Gesetzgebers auf die andauernde Rechtsunsicherheit.[128] Klargestellt ist jetzt, daß Scheckkartenmißbrauch und Kreditkartenmißbrauch nicht straflos sind. Der Streit um die Anwendbarkeit der §§ 263, 266 ist hingegen nicht abschließend entschieden und kann von denjenigen, die diese Straftatbestände für anwendbar erachten, auf der Konkurrenzebene fortgeführt werden. Im Ergebnis verschafft sich aber auch dann die gesetzgeberische Entscheidung, mit § 266 b eine Spezialvorschrift für die strafrechtliche Erfassung des Scheckkartenmißbrauchs und des Kreditkartenmißbrauchs zu schaffen, Geltung. Die §§ 263, 266 werden von § 266 b verdrängt.[129]

2. Untreueähnlichkeit

56 Die oben skizzierte Entstehungsgeschichte und die Plazierung des § 266 b in der unmittelbaren Nähe des § 266 sind äußere Indizien einer sachlich-strukturellen Affinität zur Untreue. Bei abstrahierend-vergröbernder Betrachtung der die Untreue kennzeichnenden Deliktsstruktur läßt sich tatsächlich eine Kongruenz mit dem Scheck- und Kreditkartenmißbrauch erkennen.[130] Wie bei der Untreue macht sich auch beim Scheck- und Kreditkartenmißbrauch der Täter eine vom betroffenen Vermögensinhaber abgeleitete – also nicht illegal angemaßte – Möglichkeit des Zugriffs auf fremdes Vermögen zunutze. Die Überlassung der Scheck- oder Kreditkarte ist die Einräumung einer Position, die ihren Inhaber zum Vollzug von Handlungen befähigt, die sich letztlich vermögensschädigend zu Lasten desjenigen auswirken, der ihm die Karte gegeben hat. Der Täter dringt nicht von außen in die fremde Vermögenssphäre ein, sondern er erlangt seine Position auf Grund eines rechtlich einwandfreien Geschäfts mit dem Partner, den er erst durch die Ausübung der legal erworbenen Handlungsmöglichkeiten schädigt. Wie bei der Untreue schädigt der Täter auch beim Scheck- und Kreditkartenmißbrauch fremdes Vermögen „von innen heraus".[131]

3. Rechtsgut

57 Scheck- und Kreditkartenmißbrauch sind Vermögensdelikte. Geschützt ist das **Vermögen** des kartenausgebenden Unternehmens, das auf Grund der Garantiefunktion, die der Karte eigen ist, bei mißbräuchlicher Kartenbenutzung geschädigt wird.[132] Daß die Delikte auch eine den bargeldlosen Zahlungsverkehr erheb-

---

[128] Teilband 1, § 8 Rn. 8.
[129] KG, JR 1987, 257; *Otto*, wistra 1986, 150 (153); *Geppert*, Jura 1987, 162 (165); LK-*Schünemann*, § 266 Rn. 128; *Schönke/Schröder/Lenckner*, § 266 b Rn. 14.
[130] *Ranft*, JuS 1988, 673 (675).
[131] Zu diesem Charakteristikum der Untreue treffend *Nelles*, Untreue, S. 5: „Das Opfer oder für es ein Dritter (Gesetz, Behörde) muß dem Täter den Zugang zur Sphäre des Vermögens eröffnet haben, das dieser dann erst sozusagen von innen aushöhlt."
[132] *Ranft*, JuS 1988, 673 (675); *Otto*, wistra 1986, 150 (152); *Arzt/Weber*, BT, § 23 Rn. 42; *Wessels/Hillenkamp*, BT 2, Rn. 792; LK-*Gribbohm*, § 266 b Rn. 2; *Schönke/Schröder/Lenckner*, § 266 b Rn. 1.

lich erleichternde Einrichtung des Wirtschaftslebens in Mißkredit bringen können, ist ein Nebeneffekt,[133] der die Strafvorschrift allein aber nicht tragen würde.[134] Vielfach wird dieses überindividuelle Interesse aber als zweites von § 266 b geschütztes Rechtsgut anerkannt.[135]

4. Systematik

Die Strafvorschrift ist sehr einfach aufgebaut. § 266 b I enthält die **grundtatbe-** 58
standliche Tatbeschreibung, die in die beiden Varianten „Scheckkartenmißbrauch" und „Kreditkartenmißbrauch" zerfällt. Qualifikations- oder Privilegierungstatbestände gibt es nicht. Der Versuch ist nicht mit Strafe bedroht, Strafrahmenmodifikationen für besonders oder minder schwere Fälle sind nicht vorgesehen. Taten mit geringem Schadensquantum sind gem. § 266 b II relative Antragsdelikte.

Verhältnisse zu **anderen Straftatbeständen** entstehen dann, wenn die tatbe- 59
standsmäßigen Verhaltensweisen noch von weiteren Akten eingerahmt oder begleitet sind, die über den Tatbestand des § 266 b hinausreichen und andere Straftatbestände berühren. Beispielsweise kann die betrügerische Veranlassung der „Überlassung" einer Scheck- oder Kreditkarte als Betrug strafbar sein.[136] Der anschließende Mißbrauch der erschlichenen Scheck- oder Kreditkarte tritt dann in Konkurrenz zu dem Betrug.[137]

II. Strafbarkeitsvoraussetzungen des Scheckkartenmißbrauchs

1. Objektiver Tatbestand

a) Übersicht

- Täter 60
  - Inhaber der Möglichkeit, den Aussteller zu einer Zahlung zu veranlassen
  - auf Grund der Überlassung einer Scheckkarte
- Tathandlung: Mißbrauch
- Tatopfer: Aussteller
- Taterfolg: Schädigung des Ausstellers

---

[133] *Wessels/Hillenkamp*, BT 2, Rn. 792: „lediglich ein Reflex".
[134] *Ranft*, JuS 1988, 673 (675); *Schönke/Schröder/Lenckner*, § 266 b Rn. 1.
[135] *Arzt/Weber*, BT, § 23 Rn. 42; *Rengier*, BT 1, § 19 Rn. 1; *Lackner/Kühl*, § 266 b Rn. 1.
[136] *LK-Gribbohm*, § 266 b Rn. 52.
[137] Zu der umstrittenen Frage, ob § 266 b und § 263 zueinander in Tatein- oder Tatmehrheit stehen oder ob § 266 b als mitbestrafte Nachtat hinter § 263 oder umgekehrt § 263 als mitbestrafte Vortat hinter § 266 b zurücktritt, vgl. *Arzt/Weber*, BT, § 23 Rn. 54; *Rengier*, BT 1, § 19 Rn. 9; *LK-Gribbohm*, § 266 b Rn. 52 ff.; *Schönke/Schröder/Lenckner*, § 266 b Rn. 14.

Hauptträger der Untreueähnlichkeit des Tatbestandes ist das Merkmal „Möglichkeit, den Aussteller zu einer Zahlung zu veranlassen". Es entspricht funktionell dem Merkmal „Befugnis, einen anderen zu verpflichten" im Mißbrauchstatbestand des § 266 I.

b) Täter

61 Täter werden kann theoretisch jedermann, Täter sein kann hingegen nur, wem durch die Überlassung einer Scheckkarte die Möglichkeit eingeräumt wurde, den Aussteller der Karte zu einer Zahlung zu veranlassen. Die Tat ist deshalb – wie die Untreue[138] – ein **Sonderdelikt**.[139] Tatbeteiligte ohne eine durch Überlassung begründete Karteninhaberschaft können nur als Teilnehmer strafbar sein,[140] was eine teilnahmetaugliche Haupttat voraussetzt. Auch Mittäter und mittelbarer Täter kann nur ein berechtigter Karteninhaber sein. Wer den Inhaber einer Scheckkarte, der diese vom Aussteller überlassen bekommen hat, durch Täuschung oder Nötigung zu einem tatbestandsmäßigen Mißbrauch bewegt, handelt zwar wie ein mittelbarer Täter, ist aber mangels Täterqualifikation nicht als mittelbarer Täter strafbar.

> **Beispiele:**
> (1) I ist Kunde der X-Bank und Inhaber einer von dieser Bank ausgestellten Euroscheckkarte. Er darf sein Konto um 1000 DM überziehen. F, die Freundin des I, wünscht sich von I zum Geburtstag einen Ring, der 350 DM kostet. Das Konto des I ist zur Zeit mit 1500 DM im Soll. Zahlungseingänge, die den Kontostand aufbessern könnten, sind in nächster Zeit nicht zu erwarten. Bargeld hat I nur noch 100 DM. Damit I ihr den ersehnten Ring dennoch kauft, spiegelt F dem I mit einem gefälschten Schreiben vor, die X-Bank habe den Überziehungsrahmen auf 2000 DM erhöht. I hält das Schreiben für echt und kauft den Ring beim Juwelier J. Die 350 DM bezahlt er mit der Scheckkarte.
>
> (2) Abwandlung von (1) F stiftet ihren Bruder B an, dem I schwere Mißhandlungen für den Fall anzudrohen, daß I sich weigert, den Ring zu kaufen. B geht daraufhin zu I, bedroht ihn mit einer Pistole und begleitet den sich fügenden dann zum Juwelier. I bezahlt den Ring in Kenntnis der Tatsache, daß er angesichts seines Kontostandes dazu gar nicht mehr berechtigt ist.

In beiden Beispielen hat I den objektiven Tatbestand des § 266 b I erfüllt. Die Überlassung der Scheckkarte durch die X-Bank hat ihn zum tauglichen Täter gemacht. Die Benutzung der Karte als Zahlungsmittel trotz vertragswidriger Kontoüberziehung ist ein Mißbrauch der im Außenverhältnis zu J bestehenden Möglichkeit, die X-Bank zu einer Zahlung an J zu veranlassen. Der X-Bank ist dadurch ein Vermögensschaden zugefügt worden. In **Beispiel 1** ist I gleichwohl nicht aus § 266 b I strafbar, weil er ohne den gem. § 15 erforderlichen Vorsatz handelte. Da er annahm, sein Kontostand liege inzwischen unter der Höchst-

---

[138] Teilband 1, § 8 Rn. 16, 52.
[139] *Hilgendorf*, JuS 1999, 542 (544); *Arzt/Weber*, BT, § 23 Rn. 51; *Wessels/Hillenkamp*, BT 2, Rn. 792; *Lackner/Kühl*, § 266 b Rn. 2; LK-*Gribbohm*, § 266 b Rn. 4, 46; *Tröndle/Fischer*, § 266 b Rn. 3.
[140] Mit der Konsequenz der Strafmilderung gem. § 28 I, vgl. *Arzt/Weber*, BT, § 23 Rn. 51; *Wessels/Hillenkamp*, BT 2, Rn. 792; *Lackner/Kühl*, § 266 b Rn. 2.

marke einer von der X-Bank gestatteten Überziehung, hielt er die Kartenbenutzung nicht für einen „Mißbrauch". Er befand sich also in einem Tatbestandsirrtum, § 16 I 1, der die subjektive Tatbestandsmäßigkeit ausschließt. In **Beispiel 2** handelte I zwar vorsätzlich, aber letztlich gleichwohl nicht strafbar. Durch die Gewaltandrohung des B war sein Leben – zumindest seine körperliche Unversehrtheit – in gegenwärtiger, nicht anders abwendbarer Gefahr. Vertritt man entgegen einer verbreiteten Auffassung die Meinung, daß auch in der Situation des „Nötigungsnotstandes" eine Rechtfertigung durch Notstand nach § 34 möglich ist,[141] kommt man hier zum Ausschluß der Rechtswidrigkeit, da das Interesse an der Abwendung der Gefahr das Interesse an der Bewahrung der X-Bank vor dem Verlust von 350 DM wesentlich überwiegt. Auch nach der Gegenmeinung kommt man zur Straflosigkeit des I, allerdings nicht über § 34, sondern über den entschuldigenden Notstand nach § 35.[142] In beiden Beispielen wurde nicht nur die Tat des I, sondern auch der Grund für die Straflosigkeit des I durch zielgerichtetes Verhalten der F bzw. des B herbeigeführt. Eine Strafbarkeit der F wegen Anstiftung zum Scheckkartenmißbrauch (§§ 266 b I, 26) scheitert im ersten Beispiel am Fehlen einer vorsätzlichen Haupttat.[143] Im zweiten Beispiel ist eine Strafbarkeit des B und der F wegen Anstiftung zum Scheckkartenmißbrauch – in bezug auf F handelt es sich um eine Kettenanstiftung – möglich, wenn man die Notstandstat des I nur für gem. § 35 entschuldigt erachtet. Sofern man den I auf Grund des Notstandes für gerechtfertigt hält (§ 34), kommt eine Strafbarkeit des B und der F aus §§ 266 b I, 26 mangels rechtswidriger Haupttat nicht in Betracht. Eine Strafbarkeitslücke ließe sich also nur durch Bestrafung von F und B als mittelbare Täter eines Scheckkartenmißbrauchs vermeiden. Die Erregung eines vorsatzausschließenden Tatbestandsirrtums (Beispiel 1) und die Erzeugung rechtfertigenden oder entschuldigenden Nötigungsdrucks sind zwar klassische Beispiele für ein Verhalten, welches die Herrschaft über das tatbestandsmäßige Geschehen vom „Vordermann" auf den „Hintermann" verlagert.[144] Dennoch scheidet hier eine Strafbarkeit der F und des B als mittelbare Täter aus, da beide nicht durch Überlassung der Scheckkarte die Position eines tauglichen Täters erlangt haben.

Die Stellung als tauglicher Täter wird durch die **Überlassung** der Scheckkarte begründet. Gemeint ist damit nur die Ausgabe der Karte durch das Kreditinstitut an den Kontoinhaber. Nur der auf diese Weise legitimierte Karteninhaber kann den Tatbestand täterschaftlich verwirklichen.[145] Gibt der Karteninhaber die ihm überlassene Karte an einen Dritten weiter,[146] wird dieser dadurch nicht zum tauglichen Täter.[147] Denn die „Möglichkeit", von der in § 266 b I die Rede ist, wird nur dem Kontoinhaber eingeräumt. Die Übertragung der Möglichkeit auf einen Dritten scheitert schon daran, daß der Veranlassung des Ausstellers zu einer Zahlung eine

62

---

[141] *Lackner/Kühl*, § 34 Rn. 2.
[142] *Wessels/Beulke*, AT, Rn. 443.
[143] Zur Rechtslage bei Erregung eines Erlaubnistatbestandsirrtums vgl. das Beispiel in Teilband 1, § 8 Rn. 52.
[144] *Wessels/Beulke*, AT, Rn. 537.
[145] *Otto*, wistra 1986, 150 (152); *Rengier*, BT 1, § 19 Rn. 3; *Lackner/Kühl*, § 266 b Rn. 2; *Schönke/Schröder/Lenckner*, § 266 b Rn. 7, 13.
[146] Dies ist auch dann kein tatbestandsmäßiger „Mißbrauch", wenn dem Karteninhaber die Weitergabe der Karte an Dritte untersagt ist, *Arzt/Weber*, BT, § 23 Rn. 45; *Wessels/Hillenkamp*, BT 2, Rn. 798; *Lackner/Kühl*, § 266 b Rn. 5.
[147] *Wessels/Hillenkamp*, BT 2, Rn. 798; LK-*Gribbohm*, § 266 b Rn. 5.

Unterschrift des Kartenbenutzers vorausgeht und diese mit der Unterschrift des Karteninhabers auf der Rückseite der Scheckkarte übereinstimmen muß. Der Dritte könnte diese Übereinstimmung nur im Wege einer Urkundenfälschung herstellen. Überlassung setzt außer der rechtsgeschäftlichen Vereinbarung lediglich die tatsächliche Besitzübertragung durch das Kreditinstitut voraus. Die rechtliche Wirksamkeit des diesem Vorgang zugrundeliegenden Rechtsgeschäfts ist ebenso irrelevant wie etwaige Willensmängel bei der für das Kreditinstitut agierenden Person.[148] Tauglicher Täter eines Scheckkartenmißbrauchs kann also auch der Karteninhaber sein, der das Kreditinstitut durch Täuschung – z.b. über seine Kreditwürdigkeit – zur Überlassung der Scheckkarte verleitet hat.[149]

c) Scheckkarte

63 Die Scheckkarte – in der Praxis ist gegenwärtig nur der Typ „eurocheque" gebräuchlich[150] – ist eine Art Ausweis, mit dem der Inhaber seine Berechtigung zur Teilnahme am bargeldlosen Zahlungsverkehr mittels Euroscheck nachweisen und ausüben kann. Bei ordnungsgemäßer Handhabung der Scheckkarte entsteht eine **Garantiehaftung** des kartenausstellenden Kreditinstituts gegenüber dem Schecknehmer.[151] Diese Garantie ist die Grundlage der „Möglichkeit, den Aussteller zu einer Zahlung zu veranlassen" und zugleich die „Achillesferse" des die Karte ausgebenden Kreditinstituts. Da die Garantiehaftung auch bei mißbräuchlicher Kartenbenutzung wirksam wird, kann ein unredlicher Karteninhaber dem Kreditinstitut beträchtlichen Schaden zufügen.

d) Mißbrauch

64 Die tatbestandsmäßige Handlung, die das Gesetz „Mißbrauch" nennt, ist wie beim Mißbrauchstatbestand der Untreue in eine **Dreiecksbeziehung** eingebettet: Der Karteninhaber macht – z.B. als Käufer einer Ware[152] – von der Scheckkarte gegenüber dem Schecknehmer – z.B. dem Verkäufer Gebrauch und begründet damit die auf der Scheckkartengarantie (s.o. Rn. 63) beruhende Zahlungspflicht eines Dritten – des Ausstellers – gegenüber dem Schecknehmer. Wie bei § 266 I 1. Alt. gibt es auch hier also ein Innenverhältnis und ein Außenverhältnis.[153] Das **Innenverhältnis** ist die Beziehung zwischen Karteninhaber/Täter und Kreditinstitut („Aussteller"). Das **Außenverhältnis** ist die Beziehung zwischen dem Kreditinstitut und dem Schecknehmer, in das der Karteninhaber mit einer stellvertreterähnlichen Funktion im Verhältnis zum Kreditinstitut einbezogen ist. Die rechtliche Wirksamkeit der Scheckkartenbenutzung im Außenverhältnis richtet

---

[148] *Arzt/Weber*, BT, § 23 Rn. 44; *Schönke/Schröder/Lenckner*, § 266 b Rn. 8.
[149] *Ranft*, JuS 1988, 673 (677); LK-*Gribbohm*, § 266 b Rn. 5.
[150] *Otto*, wistra 1986, 150 (152); *Lackner/Kühl*, § 266 b Rn. 3; *Schönke/Schröder/Lenckner*, § 266 b Rn. 4.
[151] *Wessels/Hillenkamp*, BT 2, Rn. 793; LK-*Gribbohm*, § 266 b Rn. 8; *Schönke/Schröder/Lenckner*, § 266 b Rn. 4.
[152] Vgl. *Rengier*, BT 1, § 19 Fall 1.
[153] Teilband 1, § 8 Rn. 25.

sich nach dem rechtlichen „**Können**", die gegenüber dem Kreditinstitut im Innenverhältnis bestehende Berechtigung zur Entfaltung dieser Rechtswirkung ist Essenz des rechtlichen „**Dürfens**". Der Mißbrauch zeichnet sich dadurch aus, daß der Täter im Außenverhältnis im Rahmen seines rechtlichen Könnens bleibt, dabei aber im Innenverhältnis den Rahmen seines rechtlichen Dürfens durchbricht.[154] Das ist der Fall, wenn die Karte benutzt wird, obwohl das Konto des Karteninhabers keine genügende Deckung aufweist. Im Außenverhältnis muß die Scheckkartenbenutzung „wirksam" sein und eine Zahlungspflicht des Ausstellers gegenüber dem Schecknehmer begründen. Werden bei dem Scheckbegebungsvorgang zwischen dem Karteninhaber und dem Schecknehmer Bedingungen nicht erfüllt, von denen die Auslösung der Garantiehaftung des Ausstellers dem Schecknehmer gegenüber abhängt, liegt kein Mißbrauch vor.[155] Denn der Aussteller ist dann nicht zu einer Zahlung an den Schecknehmer veranlaßt worden. Auch dies ist eine Parallele zum Mißbrauchstatbestand der Untreue.[156]

Umstritten ist, ob ein tatbestandsmäßiger Mißbrauch der Scheckkarte auch durch ihre Benutzung zum Zwecke der Bargeldbeschaffung aus einem **Geldautomaten** begangen werden kann. Überwiegend wird dies verneint, da in diesem Fall nicht die spezifische Garantiewirkung der Scheckkarte aktiviert werde, sondern eine zufällig mit ihr verbundene andersartige Funktion als Codekarte.[157] Dem ist gewiß zuzustimmen in bezug auf die Konstellation, daß der Täter die Karte an einem Geldautomaten des Kreditinstituts benutzt, das ihm die Karte überlassen hat. Denn dann fehlt es schon an dem untreuetypischen Drei-Personen-Verhältnis.[158] Der Automat – und damit das Kreditinstitut – wird zwar zu einer Zahlung – an den Karteninhaber – veranlaßt. Jedoch hat in diesem Veranlassungsvorgang die Scheckkartengarantie keine Funktion. Da dieser Aspekt ebenfalls bei der Benutzung eines ausstellerfremden Geldautomaten durchschlägt,[159] wird man auch diesen Fall – trotz Drei-Personen-Konstellation – aus dem Tatbestand des § 266 b ausgrenzen müssen.[160]

65

e) Schaden

Obwohl der Text des § 266 b nur das allgemeine – z. B auch Ruf- oder „Image"-Schäden umfassende – Wort „schädigt" verwendet, ist nach dem gesetzgeberi-

66

---

[154] *Otto*, wistra 1986, 150 (152); *Rengier*, BT 1, § 19 Rn. 3; *Wessels/Hillenkamp*, BT 2, Rn. 794; *Lackner/Kühl*, § 266 b Rn. 5; *Schönke/Schröder/Lenckner*, § 266 b Rn. 9.
[155] *Schönke/Schröder/Lenckner*, § 266 b Rn. 9.
[156] Teilband 1, § 8 Rn. 24.
[157] *Rengier*, BT 1, § 19 Rn. 3; *Wessels/Hillenkamp*, BT 2, Rn. 795; *Lackner/Kühl*, § 266 b Rn. 3; LK-*Gribbohm*, § 266 b Rn. 10; *Schönke/Schröder/Lenckner*, § 266 b Rn. 8; *Tröndle/Fischer*, § 266 b Rn.1; im Ergebnis ebenso – mit anderer Begründung – *Otto*, wistra 1986, 150 (153; a.A. *Arzt/Weber*, BT, § 23 Rn. 49.
[158] *Wessels/Hillenkamp*, BT 2, Rn. 797.
[159] *Wessels/Hillenkamp*, BT 2, Rn. 795; LK-*Gribbohm*, § 266 b Rn. 11; a.A. OLG Stuttgart, MDR 1988, 602.
[160] Anders die vom *Verfasser* in JZ 1994, 877 (881) vertretene Auffassung, an der hier nicht mehr festgehalten wird.

schen Willen, der systematischen Stellung der Vorschrift und ihrer Zweckbestimmung unstreitig, daß nur der Eintritt eines **Vermögensschadens** die Vollendung der Tat bewirken kann.[161] Auch bei § 266 I besteht trotz ungenauer Wortwahl („Nachteil") kein Zweifel daran, daß nichts anderes als ein Vermögensnachteil gemeint sein kann.[162] Der Vermögensschaden muß bei dem Aussteller („diesen") eintreten und durch den Mißbrauch der spezifischen Scheckkartenfunktion verursacht worden sein.[163] Eingetreten ist dieser Schaden nicht erst, wenn der Aussteller an den Schecknehmer gezahlt hat, sondern schon mit Entstehung der zugrundeliegenden Zahlungspflicht.[164] An einem Schaden fehlt es, wenn der Täter im Zeitpunkt der Tat willens und nach den objektiven Gegebenheiten in der Lage ist, die Deckungslücke auf seinem Konto alsbald zu schließen.[165] Ansonsten vermag ein nachträglicher Ausgleich des Kontos an der zuvor begründeten Strafbarkeit nichts mehr zu ändern.[166]

2. Subjektiver Tatbestand

67 Der subjektive Tatbestand setzt **Vorsatz** voraus, § 15. Ausreichend ist dolus eventualis.[167] Eine Bereicherungsabsicht ist – wie bei § 266[168] – nicht erforderlich, ebenso wenig eine Nachteilszufügungsabsicht.

III. Strafbarkeitsvoraussetzungen des Kreditkartenmißbrauchs

1. Objektiver Tatbestand

a) Übersicht

68
- Täter
  - Inhaber der Möglichkeit, den Aussteller zu einer Zahlung zu veranlassen
  - auf Grund der Überlassung einer Kreditkarte
- Tathandlung: Mißbrauch
- Tatopfer: Aussteller
- Taterfolg: Schädigung des Ausstellers

---

[161] *Arzt/Weber*, BT, § 23 Rn. 50; *Wessels/Hillenkamp*, BT 2, Rn. 796; LK-*Gribbohm*, § 266 b Rn. 35; *Schönke/Schröder/Lenckner*, § 266 b Rn. 10, 12.
[162] Teilband 1, § 8 Rn. 1.
[163] *Lackner/Kühl*, § 266 b Rn. 6.
[164] *Schönke/Schröder/Lenckner*, § 266 b Rn. 10.
[165] *Otto*, wistra 1986, 150 (152); *Lackner/Kühl*, § 266 b Rn. 6; LK-*Gribbohm*, § 266 b Rn. 35; *Schönke/Schröder/Lenckner*, § 266 b Rn. 10.
[166] LK-*Gribbohm*, § 266 b Rn. 38.
[167] LK-*Gribbohm*, § 266 b Rn. 44; *Schönke/Schröder/Lenckner*, § 266 b Rn. 11.
[168] Teilband 1, § 8 Rn. 49.

C. Mißbrauch von Scheck- und Kreditkarten, § 266 b StGB

b) Gemeinsamkeiten mit und Abweichungen vom Scheckkartenmißbrauch

Die angenehm „schlanke" Fassung der Tatbeschreibung in § 266 b I ist trotz der Umspannung zweier Tatbestände möglich, weil diese beiden Tatbestände nur geringfügig voneinander abweichen. Die **Struktur** beider objektiver Tatbestände ist vollkommen **kongruent**. Auch hinsichtlich der Strukturbestandteile besteht fast vollständige Übereinstimmung. Beispielsweise ist der Kreditkartenmißbrauch wie der Scheckkartenmißbrauch ein Sonderdelikt, das täterschaftlich nur von einem berechtigten Karteninhaber begangen werden kann.[169] Verschieden sind allein die **Tatobjekte**: Beim Scheckkartenmißbrauch wird die Tat durch den Mißbrauch einer Scheckkarte, beim Kreditkartenmißbrauch durch den Mißbrauch einer Kreditkarte begangen.

69

c) Kreditkarte

Selbst bei dem abweichenden Tatbestandsmerkmal „Kreditkarte" fällt sofort eine wesentliche Ähnlichkeit mit der Scheckkarte ins Auge: Auch die Überlassung einer Kreditkarte verschafft dem Empfänger die „Möglichkeit, den Aussteller zu einer Zahlung zu veranlassen". Was das konkret bedeutet, erkennt man bei Betrachtung der Situation, in der von einer Kreditkarte Gebrauch gemacht wird. Die Kreditkarte setzt den Inhaber in die Lage, Waren oder Dienstleistungen von einem Anbieter zu beziehen, ohne diese selbst bar bezahlen zu müssen. Bei Einsatz der Kreditkarte wird eine Zahlungspflicht des kartenausgebenden Unternehmens – des „Ausstellers" – dem Gläubiger gegenüber begründet. Der Aussteller bezahlt für den Karteninhaber, die Erstattung dieser Aufwendungen ist Angelegenheit der Vereinbarung zwischen Kartenaussteller und Karteninhaber.[170] Das Kreditkartensystem basiert also ebenfalls auf der für Mißbrauchsuntreue und Scheckkartenmißbrauch charakteristischen **Drei-Parteien-Konstellation**.[171] Tatbestandlich nicht erfaßt werden die sog. „Kundenkarten", die häufig zwar auch als „Kreditkarte" bezeichnet werden, sachlich aber eine andere Funktion haben. Bei ihnen sind nämlich das kartenausgebende Unternehmen und das waren- oder dienstleistungsliefernde Unternehmen identisch, es handelt sich also um ein Zwei-Parteien-System. Der Kunde benutzt die Karte z.B. beim Einkauf und bezahlt statt mit Bargeld durch Vorlage dieser Karte. Zu einer „Zahlung veranlaßt" wird der Aussteller dadurch nicht.[172] Vielmehr wird er dadurch veranlaßt, dem Kunden den Kaufpreis zu stunden, also Kredit zu gewähren.[173]

70

---

[169] *Ranft*, JuS 1988, 673 (677).
[170] *Ranft*, JuS 1988, 673 (676).
[171] *Wessels/Hillenkamp*, BT 2, Rn. 795; LK-*Gribbohm*, § 266 b Rn. 14.
[172] BGHSt 38, 281 (282); *Mitsch*, JZ 1994, 877 (885); *Wessels/Hillenkamp*, BT 2, Rn. 795; *Lackner/Kühl*, § 266 b Rn. 4; LK-*Gribbohm*, § 266 b Rn. 18; *Schönke/Schröder/Lenckner*, § 266 b Rn. 5; *Tröndle/Fischer*, § 266 b Rn. 5; a.A. *Ranft*, JuS 1988, 673 (680); *Arzt/Weber*, BT, § 23 Rn. 48.
[173] BGHSt 38, 281 (283).

d) Mißbrauch

71 Für den Mißbrauch der Kreditkarte gilt das zum Mißbrauch der Scheckkarte Ausgeführte entsprechend. **Rechtliches Können im Außenverhältnis** und **rechtliches Dürfen im Innenverhältnis** sind die Parameter zur Bestimmung der Mißbräuchlichkeit.[174] Der Täter mißbraucht die Kreditkarte, wenn er von dem ihr immanenten rechtlichen Können im Waren- und Dienstleistungsverkehr mit Dritten Gebrauch macht, obwohl er zum Kontenausgleich im Verhältnis zum Kreditkartenunternehmen nicht in der Lage ist und ihm deshalb die Eingehung weiterer Verbindlichkeiten vertraglich untersagt ist.[175] Dem Warenlieferanten gegenüber wird das Kreditkartenunternehmen zur Zahlung verpflichtet, obwohl der Karteninhaber ein im Innenverhältnis verankertes Verbot der Kartenbenutzung übertreten hat.

2. Subjektiver Tatbestand

72 Der subjektive Tatbestand des Kreditkartenmißbrauchs stimmt mit dem des Scheckkartenmißbrauchs überein. Erforderlich ist **Vorsatz**, § 15, ausreichend ist dolus eventualis.

IV. Kontrollfragen

1. Wann wurde § 266 b in das StGB eingeführt? (Rn. 52)
2. Warum können die von § 266 b erfaßten Taten nicht als Betrug oder Untreue bestraft werden? (Rn. 53)
3. Wer kann Täter eines Scheckkartenmißbrauchs sein? (Rn. 61, 62)
4. Warum ist die mißbräuchliche Benutzung einer Scheckkarte für das Vermögen des Ausstellers gefährlich? (Rn. 63)
5. Was bedeutet „Mißbrauch"? (Rn. 64)
6. Ist die mißbräuchliche Benutzung der Scheckkarte an einem Geldautomaten ein tatbestandsmäßiger Scheckkartenmißbrauch? (Rn. 65)
7. Welcher Erfolg ist Voraussetzung für die Vollendung des Scheckkartenmißbrauchs? (Rn. 66)
8. Wie unterscheidet sich der objektive Tatbestand des Kreditkartenmißbrauchs vom objektiven Tatbestand des Scheckkartenmißbrauchs? (Rn. 68, 69)
9. Wer kann Täter des Kreditkartenmißbrauchs sein? (Rn. 69)
10. Ist die mißbräuchliche Verwendung einer „Kundenkreditkarte" ein Kreditkartenmißbrauch? (Rn. 70)
11. Wie setzt sich der subjektive Tatbestand des Scheckkarten- und des Kreditkartenmißbrauchs zusammen? (Rn. 67, 72)

---

[174] *Ranft*, JuS 1988, 673 (677).
[175] *Wessels/Hillenkamp*, BT 2, Rn. 795; *Lackner/Kühl*, § 266 b Rn. 5.

V. Literatur

Bühler, Zum Konkurrenzverhältnis zwischen § 263 a und § 266 b beim Scheck- und Kreditkartenmißbrauch, MDR 1989, 22

Geppert, Ein heikles Problem zum neuen § 266 b StGB, Jura 1987, 162

Otto, Mißbrauch von Scheck- und Kreditkarten sowie Fälschung von Vordrucken für Euroschecks und Euroscheckkarten, wistra 1986, 150

Ranft, Der Kreditkartenmißbrauch (§ 266 b Alt. 2 StGB), JuS 1988, 673

Weber, Probleme der strafrechtlichen Erfassung des Euroscheck- und Euroscheckkartenmißbrauchs nach Inkrafttreten des 2. WiKG, JZ 1987, 215

§ 5 Sonstige Delikte

A. Geldwäsche, § 261 StGB

Übersicht   Rn.
I. Allgemeines
   1. Zweck und Entstehungsgeschichte 1–2
   2. Rechtsgut 3–4
   3. Systematik
      a) Normstruktur des § 261 5–7
      b) Verhältnis zu anderen Straftatbeständen 8
II. Strafbarkeitsvoraussetzungen nach § 261 I
   1. Objektiver Tatbestand
      a) Übersicht 9
      b) Täter 10
      c) Vortat
         aa) Allgemeines 11–12
         bb) Verbrechen 13
         cc) Vergehen 14–15
      d) Tatobjekt
         aa) Gegenstand 16
         bb) Herrühren 17–19
      e) Tathandlung 20–21
   2. Subjektiver Tatbestand 22
      a) Vorsatz 23
      b) Leichtfertigkeit 24–25
   3. Strafaufhebungsgrund 26–30
III. Strafbarkeitsvoraussetzungen nach § 261 II
   1. Objektiver Tatbestand
      a) Gemeinsamkeiten mit § 261 I 31
      b) Abweichungen von § 261 I
         aa) Tathandlungen 32–33
         bb) Tatbestandseinschränkungen 34–36
   2. Subjektiver Tatbestand
      a) Gemeinsamkeiten mit § 261 I 37
      b) Abweichungen von § 261 I 38
   3. Strafaufhebungsgrund 39
IV. Straflosigkeit von Vortatbeteiligten 40–45
V. Rechtsfolgen 46–47

I. Allgemeines

1. Zweck und Entstehungsgeschichte

1   Die Praxis des „Geldwaschens" ist eine Methode des Umgangs mit deliktisch erzielten Gewinnen, die für die mafiöse „**organisierte Kriminalität**" - z.B. in den Bereichen Drogen, Waffen, Falschgeld, Prostitution - typisch und charakteristisch ist. Dabei geht es darum, die durch die Begehung von Straftaten erworbenen und mit dieser Herkunft bemakelten Gegenstände - nicht nur Geld[1] - in den legalen Finanz- und Wirtschaftskreislauf der Waren und Dienstleistungen einzuschleusen, um sie in „saubere", also vom Makel der illegalen Erlangung unberührte („reingewaschene") Güter zu verwandeln.[2] Geldwäsche ist strafwürdiges Verhalten, weil sie den Zugriff des Staates auf die vom Straftäter erzielten Gewinne, und damit die Strafrechtspflege bei ihrem Kampf gegen das organisierte Verbrecherunwesen behindert.[3] Gegen Unrecht dieser Art richtet sich auch die Schutzintention von Straftatbeständen wie Begünstigung, Strafvereitelung und Hehlerei.[4] Indessen lassen diese Tatbestände Lücken,[5] die die Wirksamkeit der Kriminalitätsbekämpfung beeinträchtigen und daher durch den Geldwäschetatbestand geschlossen werden sollen.[6]

2   Da kriminelle Organisationen typischerweise weltweit, global, grenzüberschreitend operieren,[7] ist ihre Bekämpfung ein Problem der Staatengemeinschaft und somit eine Aufgabe, die durch grenzüberschreitende Zusammenarbeit auf inter- und supranationaler Ebene bewältigt werden muß.[8] In der Entstehungsgeschichte des Geldwäschetatbestandes spiegelt sich dieser „Globalisierungs"-Aspekt wider: § 261 wurde durch das **Gesetz zur Bekämpfung des illegalen Rauschgifthandels und anderer Erscheinungsformen der Organisierten Kriminalität (OrgKG)** vom 15. 7. 1992 eingeführt.[9] Dieses Gesetz stellt ein Maßnahmepaket zur Erweiterung und Verbesserung des strafrechtlichen Instrumentariums dar, mit dem eine Effizienzsteigerung der staatlichen Kriminalitätsbekämpfung erreicht werden sollte. Die Einführung des Geldwäschetatbestandes war dabei nur ein Mosaikstein unter

---

[1] Da die ursprüngliche amtliche Bezeichnung des Straftatbestandes als „Geldwäsche" zu eng war (vgl. *Knorz*, Der Unrechtsgehalt des § 261 StGB, 1996, S. 31), wurde die Überschrift 1994 durch das Verbrechensbekämpfungsgesetz um die Bezeichnung „Verschleierung unrechtmäßig erlangter Vermögenswerte" ergänzt.

[2] *Maiwald*, FS Hirsch, S. 631 (633); *Tröndle/Fischer*, § 261 Rn. 3 a.

[3] Instruktives einfaches Fallbeispiel bei *Knorz*, Unrechtsgehalt, S. 30.

[4] Zur Schutzzweck- und Rechtsgutsbestimmung bei § 257 und § 259 vgl. Teilband 1, § 9 Rn. 1-4 und § 10 Rn. 1-4.

[5] Dazu ausführlich *Arzt*, NStZ 1990, 1 (2 ff.); *Lampe*, JZ 1994, 123; *Leip*, Der Straftatbestand der Geldwäsche, 1995, S. 9 ff.; *Knorz*, Unrechtsgehalt, S. 75 ff.; kurzer Überblick bei *Otto*, Jura 1993, 329.

[6] *Rengier*, BT 1, § 23 Rn. 3; *Wessels/Hillenkamp*, BT 2, Rn. 894.

[7] Als Anschauungsmaterial diene die Sachverhaltsschilderung in BGHSt 43, 158 (159 ff.).

[8] *Lackner/Kühl*, § 261 Rn. 2.

[9] BGBl I 1302.

vielen.¹⁰ Mit der Ergänzung des StGB durch den neuen Tatbestand erfüllte der Gesetzgeber eine völkerrechtliche Verpflichtung der Bundesrepublik zur Inkriminierung der Geldwäsche im nationalen Strafrecht.¹¹ Seit ihrem Inkrafttreten wurde die Vorschrift des § 261 mehrfach geändert und ergänzt.¹²

2. Rechtsgut

Hinsichtlich der geschützten Rechtsgüter herrscht in der Literatur erhebliche Unsicherheit.¹³ Die zum Teil vernichtende Kritik der Wissenschaft an der Fassung des § 261 bemängelt unter anderem das Fehlen eines „sinnvoll eingrenzbaren Rechtsguts", weshalb es sich um einen Tatbestand „ohne Herz und Hirn" handele.¹⁴ Weitgehende Einigkeit besteht dahingehend, daß bei der Rechtsgutsbestimmung zwischen den beiden Tatbeständen in Absatz 1 und Absatz 2 zu unterscheiden ist. § 261 I beschreibt Verhaltensweisen, mit denen die Organe der Rechtspflege dabei behindert oder daran gehindert werden, Zugriff auf die aus straftatbestandsmäßigen Taten herrührenden Gegenstände zu nehmen. Beeinträchtigt wird also eine Tätigkeit, die auf Beseitigung der Wirkungen von Straftaten bzw. rechtswidrigen straftatbestandsmäßigen Taten zielt und letztlich zur Eindämmung derartiger Taten beitragen soll. Unmittelbar geschütztes Rechtsgut in § 261 I ist daher die **Rechtspflege**,¹⁵ mittelbar dient die Strafvorschrift aber – teilweise – auch dem Schutz der Rechtsgüter, die durch die jeweiligen Vortaten beeinträchtigt werden. Die letztgenannte sekundäre Schutzzweckbestimmung tritt in dem Tatbestand des § 261 II stärker in den Vordergrund: Der Schutz der **durch die Vortat verletzten Rechtsgüter** wird dadurch verstärkt, daß praktisch jede Verfügung über den aus der Vortat stammenden Gegenstand unter Strafdrohung gestellt, der Gegenstand damit verkehrsunfähig gemacht und der Vortäter isoliert wird.¹⁶ Dadurch soll die Begehung der Vortat unattraktiv gemacht werden. § 261 II schützt deshalb neben der Rechtspflege auch das Rechtsgut, welches unter dem Schutz des Straftatbestandes steht, der durch die Vortat verwirklicht wird.¹⁷

3

---

¹⁰ Schnellübersicht der eingeführten bzw. geänderten StGB-Vorschriften bei *Lackner/Kühl*, LXVII, lfd. Nr. 139, Sp. 5.
¹¹ *Maiwald*, FS Hirsch, S. 631; *Lampe*, JZ 1994, 123 (125); *Hetzer*, NJW 1993, 3298; *Lackner/Kühl*, § 261 Rn. 2; *Tröndle/Fischer*, § 261 Rn. 3.
¹² *Arzt/Weber*, BT, § 29 Rn. 15 („Nachoperationen"); *Maurach/Schroeder/Maiwald*, BT 2, § 101 Rn. 16; *Wessels/Hillenkamp*, BT 2, Rn. 893; *Tröndle/Fischer*, § 261 Rn. 1; *Lackner/Kühl*, § 261 vor Rn. 1.
¹³ *Bernsmann*, StV 2000, 40 (42): „Die Meinungsvielfalt ist kaum zu überbieten."
¹⁴ *Arzt/Weber*, BT, § 29 Rn. 6.
¹⁵ *Lampe*, JZ 1994, 123 (125); *Otto*, BT, § 96 Rn. 28; *Wessels/Hillenkamp*, BT 2, Rn. 894; *Lackner/Kühl*, § 261 Rn. 1; *Schönke/Schröder/Stree*, § 261 Rn. 1.
¹⁶ *Arzt/Weber*, BT, § 29 Rn. 24.
¹⁷ *Hetzer*, NJW 19993, 3298 (3299); *Arzt/Weber*, BT, § 29 Rn. 8; *Krey*, BT 2, Rn. 605 a; *Rengier*, BT 1, § 23 Rn. 4; *Wessels/Hillenkamp*, BT 2, Rn. 894; *Joecks*, § 261 Rn. 1; *Schönke/Schröder/Stree*, § 261 Rn. 1.

4   Angesichts dieser Rechtsgutsbestimmung ist die Einbeziehung der Geldwäsche in ein Lehrbuch über „Vermögensdelikte" erklärungsbedürftig.[18] Strenggenommen müßte die Darstellung des § 261 in einen engeren Zusammenhang mit Rechtspflegedelikten gestellt werden.[19] Die Plazierung in dem vorliegenden Lehrbuch[20] läßt sich aber wohl damit rechtfertigen, daß die Vortaten der Geldwäsche sehr häufig fremdes Vermögen verletzen, daß die tatbestandliche Struktur und der Schutzzweck des § 261 Parallelen zu §§ 257, 259 aufweist und daß somit zahlreiche Überschneidungen mit Begünstigung und Hehlerei auftreten. Zumindest die Hehlerei ist eindeutig ein Vermögensdelikt.

3. Systematik

a) Normstruktur des § 261

5   Das Gefüge des aus zehn – teilweise in sich kompliziert und verschachtelt aufgebauten – Absätzen bestehenden § 261 ist schwer zu durchschauen.[21] Die Vorschrift macht auf den ersten Blick einen aufgeblähten und fast chaotischen Eindruck. Demzufolge ist auch die intellektuelle Erfassung und Verarbeitung des Norminhalts alles andere als einfach, zumal die Hemmschwelle, die mit dem Entschluß zur Aneignung von Wissen über diesen Straftatbestand überwunden werden muß, extrem hoch ist.[22] Daher soll hier zunächst einmal versucht werden, die Fülle des gesetzlichen Materials nach dogmatischen Gesichtspunkten zu ordnen und zu systematisieren.

6   Die Geldwäsche zerfällt in so viele tatbestandliche Verästelungen und Varianten, daß es unmöglich ist, sämtliche objektiven und subjektiven Tatbestandsmerkmale in einem einzigen Absatz zu beschreiben. Hinter der verwirrenden Menge an Text und Absätzen in § 261 verbergen sich aber letztlich nur **zwei Tatbestände**, die beide auf **grundtatbestandlicher** Ebene ruhen und unterschiedliche Schutzzwecke verfolgen (dazu oben Rn. 3). Darauf aufbauende bzw. davon abgeleitete Qualifikations- oder Privilegierungstatbestände gibt es nicht. Insbesondere enthält § 261 IV keine tatbestandliche Qualifikation, sondern eine **Strafrahmenregelung** nach dem von § 243 her bekannten Muster der Regelbeispielstechnik.[23] Das tatbestandliche Grundgerüst der Geldwäsche ist in den Absätzen 1 und 2 errichtet. Die dort enthaltene Zusammenstellung objektiver und subjektiver Tatbestandsmerkmale wird ergänzt durch die Absätze 5, 6 und 8. Die Prüfung

---

[18] Ähnliches gilt für § 257, vgl. Teilband 1, § 9 Rn. 1–4.
[19] So die Einordnung bei *Otto*, BT, § 96.
[20] Ebenso *Rengier*, BT 1, § 23; *Wessels/Hillenkamp*, BT 2, § 20 VIII; anders – konsequent – *Maurach/Schroeder/Maiwald*, BT 2, § 101 III.
[21] Treffend *Arzt*, JZ 1993, 913: „Regelungsgestrüpp des § 261 StGB"; vgl. auch *Arzt/Weber*, BT, § 29 Rn. 6.
[22] Nach *Joecks*, § 261 Rn. 3 steht der „Aufwand, der mit einer eingehenden Erläuterung der Bestimmung verbunden wäre, in keinem Verhältnis zur Examensrelevanz"; ähnlich die Einschätzung bei *Arzt/Weber*, BT, § 29 Rn. 4.
[23] Allgemein dazu Teilband 1, § 1 Rn. 167–183.

des objektiven und des subjektiven Tatbestandes berührt also die Absätze 1, 2, 5, 6 und 8. Die Regelungsgegenstände der Absätze 3, 4, 7, 9 und 10 haben eine andere strafrechtsdogmatische Bedeutung.

Weitere **materiellrechtliche Strafbarkeitsvoraussetzungen** sind in Absatz 9 angesprochen. Deren Standort im Aufbau der Straftat ist aber weder der (objektive oder subjektive) Tatbestand, noch die Rechtswidrigkeit oder die Schuld. Es handelt sich um einen dem Rücktritt ähnelnden besonderen Strafbefreiungsgrund (näher dazu unten Rn. 26).[24] **Straftatfolgenrelevanz** haben die Regelungen in Absatz 4, Absatz 7 und Absatz 10. Die letztgenannte Vorschrift unterscheidet sich von Absatz 9 trotz Ähnlichkeit der Voraussetzungen in ihrer dogmatischen Funktion recht erheblich. Absatz 3 schließlich enthält die gem. § 23 I notwendige – Geldwäsche ist Vergehen (§ 12 II) – Anordnung der **Versuchsstrafbarkeit**.

7

b) Verhältnis zu anderen Straftatbeständen

Die Einfügung des Geldwäschetatbestandes in den mit „Begünstigung und Hehlerei" überschriebenen 21. Abschnitt des StGB-BT hat einen sachlichen Grund, der mit den Aspekten Schutzzweck und Deliktsstruktur zusammenhängt. Die Geldwäsche ist nämlich ähnlich wie **Begünstigung, Strafvereitelung** und **Hehlerei** ein Anschlußdelikt, dem eine andere Straftat bzw. rechtswidrige Tat (i.S.d. § 11 I Nr. 5) vorausgeht, das also eine „Vortat" voraussetzt und ihr – als „auxilium post factum"[25] – nachfolgt.[26] Deswegen besteht auch eine Korrespondenz zwischen den Schutzzwecken des Geldwäschetatbestandes und des Tatbestandes, der durch die Vortat erfüllt wird (s.o. Rn. 3). Systemprägende Berührungspunkte im „Außenverhältnis" der Geldwäsche sind deshalb vor allem in §§ 257 bis 260 a zu vermuten. Gemeinsamkeiten und Unterschiede, die im Verhältnis zwischen diesen Delikten und der Geldwäsche bestehen, werden bei der Erörterung der Tatbestandsmerkmale angesprochen.

8

II. Strafbarkeitsvoraussetzungen nach § 261 I

1. Objektiver Tatbestand

a) Übersicht

Die Bestandteile des objektiven Tatbestandes sind in Absatz 1 und in Absatz 8 beschrieben.

9

---

[24] *Maurach/Schroeder/Maiwald*, BT 2, § 101 Rn. 40; allgemein dazu *Roxin*, AT 1, § 23; *Jescheck/Weigend*, AT, § 52.
[25] *Lampe*, JZ 1994, 123 (126).
[26] *Knorz*, Unrechtsgehalt, S. 87; *Maurach/Schroeder/Maiwald*, BT 2, § 101 Rn. 18.

- Täter: Wer
- Vortat
  - Verbrechen *oder*
  - Vergehen gem. Abs. 1 S. 2 Nr. 2–5
- Tatobjekt
  - Gegenstand, der aus der Vortat herrührt *oder*
  - Gegenstand, hinsichtlich dessen durch eine Vortat gem. Abs. 1 S. 2 Nr. 3 Abgaben hinterzogen worden sind, Abs. 1 S. 3
- Tathandlung (jeweils bezogen auf den „Gegenstand")
  - Verbergen *oder*
  - Verschleiern der Herkunft *oder*
  - Vereitelung oder Gefährdung
    - der Ermittlung der Herkunft *oder*
    - des Auffindens *oder*
    - des Verfalls *oder*
    - der Einziehung *oder*
    - der Sicherstellung

b) Täter

10 Täter der Geldwäsche kann **jedermann** sein, Geldwäsche ist also kein Sonderdelikt. Wie bei jedem Anschlußdelikt stellt sich hier jedoch die Frage, welcher Zusammenhang zwischen der Täterstellung des § 261 I und einer etwaigen **Beteiligung an der Vortat** besteht.[27] Bei Begünstigung, Strafvereitelung und Hehlerei besteht zwischen Täter der Vortat und Täter des Anschlußdelikts ein Ausschlußverhältnis: Wer Täter der Vortat ist, kann nicht Täter des Anschlußdelikts sein.[28] Ursprünglich war auch der Tatbestand der Geldwäsche so konstruiert. „Wer einen Gegenstand, der aus einem Verbrechen eines anderen usw." lautete die betreffende Passage in Absatz 1 der 1992 eingeführten Strafvorschrift § 261. Täter der Vortat schieden aus dem Kreis tauglicher Geldwäsche-Täter aus.[29] Das Gesetz zur Verbesserung der Bekämpfung der Organisierten Kriminalität (OrgKVerbessG) vom 4. 5. 1998 beseitigte diese Einschränkung durch Streichung der Worte „eines anderen".[30] Nunmehr kann der Geldwäschetatbestand täterschaftlich auch vom Täter[31] der Vortat verwirklicht werden. Der Vortäter kann also sein

---

[27] Bezüglich Begünstigung und Hehlerei vgl. dazu Teilband 1, § 9 Rn. 14–17; § 10 Rn. 66.
[28] *Lackner/Kühl*, § 257 Rn. 8; § 258 Rn. 6; § 259 Rn. 18.
[29] BGHSt, 43, 158 (164); *Schittenhelm*, FS Lenckner, 519 (536); *Otto*, Jura 1993, 329 (330); *Lackner/Kühl*, § 261 Rn. 10.
[30] *Kreß*, wistra 1998, 121 (125); *Meyer/Hetzer*, NJW 1998, 1017 (1020); *Rengier*, BT 1, § 23 Rn. 18; *Tröndle/Fischer*, § 261 Rn. 8 b; krit. dazu *Arzt/Weber*, BT, § 29 Rn. 6.
[31] Vortatteilnehmer (Anstifter, Gehilfen) konnten schon nach der alten Gesetzesfassung Täter der Geldwäsche sein; *Kreß*, wistra 1998, 121 (125); *Schönke/Schröder/Stree*, § 261 Rn. 21.

eigener Geldwäscher sein.[32] Allerdings ist dann § 261 IX 2 zu beachten: Wer wegen Beteiligung an der Vortat strafbar ist, wird nicht aus § 261 bestraft (näher dazu unten Rn. 40 ff.).

c) Vortat

aa) Allgemeines

Die Vortat wird im Gesetzestext nicht als „Straftat", sondern – wie in § 257 I, § 258 I und in § 259 I – als „**rechtswidrige Tat**" bezeichnet. Strafbarkeit der Vortat ist also keine Strafbarkeitsvoraussetzung der Geldwäsche. Es genügen Tatbestandsmäßigkeit und Rechtswidrigkeit der Vortat, Schuld ist nicht erforderlich.[33] Erst recht spielt die prozeßrechtliche Verfolgbarkeit der Vortat keine Rolle. Hinsichtlich der vortattauglichen Tatbestände nennt § 261 I 2 pauschal Verbrechen (§ 261 I 2 Nr. 1), sowie eine Reihe ausgewählter Vergehenstatbestände (§ 261 I 2 Nr. 2–5). Da der Vortaten-Katalog nicht auf Vermögensdelikte beschränkt ist, geht er weit über den von § 259 abgedeckten Bereich hinaus. Hier erkennt man, warum die Hehlereitatbestände nicht ausreichen, um Geldwäschetaten lückenlos zu erfassen. Beispielsweise ist der Erlös aus Rauschgiftgeschäften (§ 261 I 2 Nr. 2 b) schon deswegen hehlereiuntauglich, weil eine den § 29 I BtMG erfüllende Tat nicht „gegen fremdes Vermögen gerichtet" ist.[34] Die strafrechtliche Beurteilung der Vortat richtet sich allein nach deutschem Strafrecht. Sofern es sich um eine Auslandstat handelt, muß deshalb gem. §§ 5 ff. das deutsche Strafrecht überhaupt anwendbar sein. Eine Ausnahme von diesem Grundsatz macht § 261 VIII: Danach reicht eine am Tatort strafbare Auslandstat auch dann, wenn das deutsche Strafrecht diese Auslandstat ansonsten nicht erfaßt.

Im übrigen zeigt der Vortaten-Katalog, daß der Geldwäschetatbestand in seiner jetzigen Form weit über den Bereich der Drogenkriminalität und der organisierten Kriminalität hinausgreift.[35] Zudem ist anzunehmen, daß die gegenwärtige Gesetzeslage noch nicht den Endpunkt der legislativen Entwicklung markiert.[36]

bb) Verbrechen

Die Einordnung in die Deliktskategorie „Verbrechen" richtet sich nach § 12 I. Die Klassifizierungsfunktion dieser Vorschrift ist auch dann maßgeblich, wenn es sich bei der Vortat um eine Auslandstat handelt (§ 261 VIII) und das am Tatort geltende Strafrecht die Tat nicht als Verbrechen klassifiziert bzw. diese Klassifizierung gar nicht kennt.

---

[32] *Arzt/Weber*, BT, § 29 Rn. 6.
[33] *Leip*, Geldwäsche, S. 57.
[34] *Otto*, Jura 1993, 329; *Lampe*, JZ 1994, 123; *Leip*, Geldwäsche, S. 11; *Arzt/Weber*, BT, § 29 Rn. 4.
[35] *Maiwald*, FS Hirsch, S. 631 (634); *Bernsmann*, StV 2000, 40 (42); *Arzt/Weber*, BT, § 29 Rn. 11.
[36] *Bernsmann*, StV 2000, 40 (41) Fn. 11.

cc) Vergehen

14 Der ursprüngliche Katalog der erfaßten Vergehen[37] ist durch das Verbrechensbekämpfungsgesetz vom 28. 10. 1994 und das OrgKVerbessG erheblich erweitert worden.[38] Folgende Vergehenstatbestände bilden gegenwärtig den Vortaten-Katalog:[39]

- Nr. 2 a: Bestechlichkeit (§ 332 I)[40] und Bestechung (§ 334)
- Nr. 2 b: Unerlaubter Anbau usw. von Betäubungsmitteln (§ 29 I 1 Nr. 1 BtMG) und unerlaubte Herstellung usw. von Grundstoffen (§ 29 I Nr. GÜG)
- Nr. 3: Gewerbsmäßiger, gewaltsamer und bandenmäßiger Schmuggel (§ 373 AO) und gewerbsmäßige Steuerhehlerei (§ 374 AO)
- Nr. 4 a: gewerbsmäßig oder bandenmäßig begangener Menschenhandel, (§ 180 b), Zuhälterei (§ 181 a), Diebstahl (§ 242), Unterschlagung (§ 246), Erpressung (§ 253), Hehlerei (§ 259), Betrug (§ 263), Computerbetrug (§ 263 a), Subventionsbetrug (§ 264), Untreue (§ 266), Urkundenfälschung (§ 267), Fälschung beweiserheblicher Daten (§ 269), Unerlaubte Veranstaltung eines Glücksspiels (§ 284), Unerlaubter Umgang mit gefährlichen Abfällen (§ 326, I, II, IV) und Unerlaubter Umgang mit radioaktiven Stoffen und anderen gefährlichen Stoffen und Gütern (§ 328 I, II, IV)
- Nr. 4 b: gewerbsmäßiges oder bandenmäßiges Einschleusen von Ausländern (§ 92 a AuslG) und gewerbsmäßige oder bandenmäßige Verleitung zur mißbräuchlichen Asylantragstellung (§ 84 AsylVfG)
- Nr. 5: jegliches Vergehen, das von einem Mitglied einer kriminellen Vereinigung (§ 129) begangen worden ist.

15 Erstaunlicherweise nicht in dem Vortatenkatalog des § 261 I 2 enthalten ist die Geldwäsche (§ 261) selbst. Das ist wohl damit zu erklären, daß eine Vortat „Geldwäsche" ja stets auf eine „Vor-Vortat" folgt, die im Katalog des § 261 I 2 enthalten ist. Diese „Vor-Vortat" vermag aber auch die Strafbarkeit der – auf die „Vortat" Geldwäsche folgenden – „zweiten" Geldwäsche zu begründen, da die „zwischengeschaltete" (erste) Geldwäsche den „Herrührens"-Zusammenhang, der zwischen dem Tatgegenstand der (zweiten) Geldwäsche und der (Vor-)Vortat bestehen muß, nicht unterbricht (näher dazu unten Rn. 17 ff.).[41] Nur so ist auch die Funktion des § 261 VI zu erklären (dazu unten Rn. 34 ff.).

---

[37] Dieser erfaßte nur § 29 I 1 Nr. 1 BtMG (§ 261 I 2 Nr. 2 b n.F.) und Vergehen, die von einem Mitglied einer kriminellen Vereinigung (§ 129) begangen wurden (§ 261 I 2 Nr. 5 n.F.); dazu krit. *Hetzer*, NJW 1993, 3298 (3299).
[38] *Kreß*, wistra 1998, 121 (123); *Tröndle/Fischer*, § 261 Rn. 1.
[39] Vgl. auch *Tröndle/Fischer*, § 261 Rn. 7–8 a.
[40] Die Bestechlichkeit des Richters oder Schiedsrichters (§ 332 II) ist schon von Nr. 1 (Verbrechen!) erfaßt.
[41] *Arzt/Weber*, BT, § 29 Rn. 18.

d) Tatobjekt

aa) Gegenstand

Der weite Begriff „Gegenstand" umfaßt alle **Rechtsobjekte, die einen Vermögenswert haben**.[42] Kein „Gegenstand" im Sinne dieses Tatbestandes ist der Mensch, obwohl zu den Vortaten der Geldwäsche auch Delikte gehören, bei deren Begehung Menschen wie Sklaven behandelt werden, für die Täter und ihre Geschäftspartner also eine Art Handelsware und ein – freilich illegales – Vermögensgut sind (z.B. § 181). Wie der Name des Delikts andeutet, bezieht sich Geldwäsche in erster Linie auf Geld, gleich in welcher Form (Bargeld, Buch- und Giralgeld). Daneben kommen in Betracht Wertpapiere, Immobilien, Edelmetalle, Diamanten und Edelsteine, Kunstgegenstände, Beteiligungen an Gesellschaften und Anteile an Gemeinschaftsvermögen.[43] Auch hier erweist sich der Hehlerei-Tatbestand als enger. Hehlereitauglich sind nur Sachen, nicht dagegen Rechte.

16

bb) Herrühren

Zwischen dem Gegenstand, der Objekt der Geldwäsche-Tat ist und der Vortat, an die sich die Geldwäsche anschließt, muß ein **Ableitungszusammenhang** bestehen. Das diesen Zusammenhang sprachlich hervorhebende Merkmal „herrührt" ist weiter als das vergleichbare Merkmal „erlangt" in § 259 I. Insbesondere werden damit nicht nur die unmittelbar aus der Vortat stammenden Gegenstände in den Geldwäschetatbestand einbezogen, sondern auch Surrogate, die mit der Vortat nur noch in einem mittelbaren Zusammenhang stehen.[44] Damit wollte der Gesetzgeber den strafrechtlichen Zugriff auf Geldwäsche-Ketten ermöglichen.[45] Handlungen mit Bezug auf Vortat-Tatobjekt-Konstellationen, die im Rahmen des § 259 nicht-tatbestandsmäßige – also straflose – „Ersatzhehlerei" wären, können somit als Geldwäsche tatbestandsmäßig und strafbar sein.[46]

17

Entsprechend der semantischen Weite und Unbestimmtheit des Begriffs „herrühren"[47] ist die Funktion der Vortat als Quelle des Gegenstandes vielfältig: Durch die Vortat kann entweder ein noch nicht existierender Gegenstand **erzeugt** werden (z.B. Herstellen von Falschgeld, § 146 I Nr. 1 Alt, 1, Anbau von Betäubungsmitteln, § 29 I Nr. 1 Alt. 1 BtMG) oder ein bereits existierender Gegenstand **erworben** werden (z.B. Verschaffen von Falschgeld, § 146 I Nr. 2). Der Vorgang,

18

---

[42] *Otto*, Jura 1993, 329 (330); *Arzt/Weber*, BT, § 29 Rn. 12; *Maurach/Schroeder/Maiwald*, BT 2, § 101 Rn. 26; *Rengier*, BT 1, § 23 Rn. 5; *Wessels/Hillenkamp*, BT 2, Rn. 895; LK-*Ruß*, § 261 Rn. 7.
[43] *Hetzer*, NJW 1993, 3298 (3299); *Otto*, BT, § 96 Rn. 30; *Tröndle/Fischer*, § 261 Rn. 4.
[44] *Arzt/Weber*, BT, § 29 Rn. 4; *Rengier*, BT 1, § 23 Rn. 6; *Lackner/Kühl*, § 261 Rn. 5.
[45] *Arzt/Weber*, BT, § 29 Rn. 14: „Perpetuum mobile".
[46] *Maiwald*, FS Hirsch, S. 631 (636); *Maurach/Schroeder/Maiwald*, BT 2, § 101 Rn. 27; kritisch dazu *Lampe*, JZ 1994, 123 (127).
[47] Nach der zutreffenden Ansicht von *Maiwald*, FS Hirsch, S. 631 (636) ist deshalb die exakte Inhaltsbestimmung des Merkmals „herrühren" eines der „Kardinalprobleme" des Geldwäsche-Tatbestandes; ebenso *Arzt*, JZ 1993, 913 (914): „zentrales Problem".

durch den der Vortäter den Gegenstand erwirbt, kann Vollzug der tatbestandsmäßigen Handlung (z.b. Annahme von Bestechungsgeld, § 332 I S. 1 Alt. 3) oder eine außertatbestandliche Handlung sein (z.b. Empfangen von Lösegeld bei Erpressung, §§ 239 a, 253, Annahme des Lohns für einen auftragsgemäß begangenen Mord). Diese Differenzierung entspricht den im Recht von Verfall und Einziehung relevanten Erwerbstatbeständen „für die Tat" (§ 73 I 1 Alt. 1), „aus der Tat" (§ 73 I 1 Alt. 2) und „durch die Tat hervorgebracht" (§ 74 I Alt. 1).[48]

19 Ist der Gegenstand, der Tatobjekt der Geldwäsche-Tat ist, mit dem Gegenstand, der mit der Vortat in einem unmittelbaren Herrührens-Zusammenhang stand, nicht identisch, muß wie folgt differenziert werden: Geldwäschetauglich ist der mittelbar aus der Vortat herrührende Gegenstand dann, wenn er ohne wesentliche Wertänderung an die Stelle des ursprünglichen Vortatgegenstandes getreten ist und ihm die „Vortatbemakelung" ebenso anhaftet wie jenem. Daran fehlt es, wenn die Entstehung oder der Erwerb des Ersatzgegenstandes überwiegend auf einer eigenständigen – von der Vortat unabhängigen – Leistung beruht.[49] Ein makelbeseitigender Zwischenerwerb eines gutgläubigen Dritten beseitigt die Geldwäschetauglichkeit ebenfalls endgültig, d. h. auch für den Fall, daß der Gegenstand später wieder in die Hände eines Geldwäschers gerät.[50]

e) Tathandlung

20 Das Handlungsmerkmal des § 261 I ist in eine Vielzahl von Varianten aufgefächert, die sich vielfach überschneiden.[51] Allen tatbestandsmäßigen Aktionen gemeinsam ist ihre **rechtspflegefeindliche Zielrichtung**.[52] Das ist bei den Merkmalen Verfall(svereitelung oder -gefährdung) und Einziehung(svereitelung oder -gefährdung) offensichtlich, gilt aber ebenso für alle anderen Handlungsmerkmale. So geht es etwa beim Merkmal „Verbergen" nicht darum, den Gegenstand gegen den unbefugten Zugriff von Dieben oder Räubern abzuschirmen, sondern rechtmäßige Strafverfolgungsmaßnahmen (Durchsuchung, Sicherstellung, Beschlagnahme) der Polizei, Steuer- und Zollfahndung oder Staatsanwaltschaft ins Leere laufen zu lassen.[53] „Herkunftverschleierung" ist nicht die bewunderungsheischende unwahre Angabe im Freundeskreis, der in Wirklichkeit auf einem Raubüberfall beruhende plötzliche Reichtum sei das Resultat besonderer Cleverneß und Geschicklichkeit im Geschäftsverkehr. Werden solche Angaben aber gegenüber Ermittlungsbehörden gemacht, ist das Tatbestandsmerkmal erfüllt. „Vereiteln" ist eine zum Scheitern der behinderten Verfolgungsmaßnahme (Herkunftsermittlung usw.) führende Handlung, „Gefährdung" ist eine Handlung, die die konkrete Gefahr des Scheiterns begründet.[54]

---

[48] *Lackner/Kühl*, § 261 Rn. 5.
[49] *Rengier*, BT 1, § 23 Rn. 7; *Wessels/Hillenkamp*, BT 2, Rn. 896.
[50] *Rengier*, BT 1, § 23 Rn. 15.
[51] *Tröndle/Fischer*, § 261 Rn. 10.
[52] *Otto*, Jura 1993, 329 (331); *ders.*, BT, § 96 Rn. 33; *Wessels/Hillenkamp*, BT 2, Rn. 898.
[53] *Lackner/Kühl*, § 261 Rn. 7.
[54] *Lackner/Kühl*, § 261 Rn. 7.

Der Vollzug der Handlungen, die nicht in der „Vereitelung" bestimmter Maß- 21
nahmen (Verfall usw.) bestehen, begründet Vollendungsstrafbarkeit unabhängig
davon, ob die Tätigkeit der Strafrechtspflegeorgane effektiv behindert wird oder
nicht.[55] Insofern hat die formell vollendete Tat materiell Versuchscharakter, was die
Existenz einer Vorschrift über „tätige Reue" nach vollendeter Tat erklärt, § 261 IX.
Vor allem auf Grund der ausdrücklichen Versuchspönalisierung in § 261 III verlagert die tatbestandliche Gestaltung die Strafbarkeit außerordentlich weit vor.[56]

2. Subjektiver Tatbestand

Hinsichtlich der Zusammensetzung des subjektiven Tatbestandes ist die Geldwä- 22
sche entweder ein reines Vorsatzdelikt (§ 15) oder eine Mischung aus Vorsatz- und
Fahrlässigkeitsdelikt (§ 261 V). Weitere subjektive Tatbestandsmerkmale – z.B. eine
Vorteilssicherungsabsicht oder eine Bereicherungsabsicht – gibt es nicht.

a) Vorsatz

Genaue Kenntnis von der Art der Vortat braucht der Täter nicht zu haben. Nach 23
Art einer „Parallelwertung in der Laiensphäre" muß der Täter aber „in groben
Zügen" das Bewußtsein von einer Vortat haben, die im gesetzlichen Vortatenkatalog des § 261 I enthalten ist.[57] Eine juristisch exakte Zuordnung zu dem objektiv
betroffenen Tatbestand ist nicht erforderlich.[58]

b) Leichtfertigkeit

§ 261 V lockert das Vorsatzerfordernis des § 15 in bezug auf die objektiven Tat- 24
bestandsmerkmale „Herrühren" und „Vortat" und „Geldwäschetauglichkeit" der
Vortat.[59] Ausreichend ist insofern Leichtfertigkeit, also **grobe Fahrlässigkeit**. Diese ist gegeben, „wenn sich die Herkunft des Gegenstands aus einer Katalogtat
nach der Sachlage geradezu aufdrängt und der Täter gleichwohl handelt, weil er
dies aus besonderer Gleichgültigkeit oder großer Unachtsamkeit außer acht
läßt."[60] Nach dem Subventionsbetrug (§ 264 IV) ist die Geldwäsche der zweite
Straftatbestand, der mit dem ansonsten geltenden Grundsatz[61] bricht, daß eine
Fahrlässigkeitsstrafbarkeit im Bereich der Vermögensdelikte[62] ausgeschlossen

---

[55] *Leip*, Geldwäsche, S. 128.
[56] *Lampe*, JZ 1994, 123 (131); *Tröndle/Fischer*, § 261 Rn. 18.
[57] BGHSt 43, 158 (165); *Leip*, Geldwäsche, S. 156.
[58] *Lackner/Kühl*, § 261 Rn. 9; *Tröndle/Fischer*, § 261 Rn. 16.
[59] *Arzt*, JZ 1993, 913 (915).
[60] So wörtlich BGHSt 43, 158 (168).
[61] Nach *Leip*, Geldwäsche, S. 147 ist mit der Einführung des § 264 III der Grundsatz als solcher aufgehoben worden.
[62] Ein Einwand gegen § 261 V ergibt sich aus dieser Erwägung aber schon deswegen nicht, weil Geldwäsche kein – jedenfalls kein „reines" – Vermögensdelikt ist, *Knorz*, Unrechtsgehalt, S. 189.

ist.[63] Leichte Fahrlässigkeit genügt nicht. Hinsichtlich der anderen objektiven Tatbestandsmerkmale (Tatobjekt, Tathandlung) ist Vorsatz erforderlich.[64] Den geringeren Unrechtsgehalt der Leichtfertigkeit hat das Gesetz in eine niedrigere Strafdrohung umgesetzt. Außerdem ist der Versuch im Fall des § 261 V nicht mit Strafe bedroht.

Beispiele:

(1) T hat Vorsatz in bezug auf die Vortat. Daß der Gegenstand, den er verbirgt, aus dieser Vortat herrührt, erkennt er grob fahrlässig nicht.

(2) T hat Vorsatz bezüglich einer Vortat, verkennt jedoch grob fahrlässig ihren geldwäschetauglichen Charakter. Hinsichtlich des Herrührens des Tatgegenstandes hat T Vorsatz.

(3) T verkennt grob fahrlässig sowohl die Geldwäschetauglichkeit der Vortat als auch die Herkunft des Tatobjekts aus dieser Vortat. Hinsichtlich des Verbergens hat er Vorsatz.

In allen drei Beispielen handelt der Täter mit einem Vorsatz, der nur einen Teil der objektiv-tatbestandsmäßigen Tatsachen erfaßt. Strafbarkeit aus § 261 I i.V.m.. § 15 ist deshalb gem. § 16 I 1 nicht begründet. In Betracht kommt jedoch eine Strafbarkeit aus § 261 I i.V.m. V, wenn hinsichtlich der nicht von Vorsatz erfaßten Tatsachen Leichtfertigkeit gegeben ist und es sich um Tatsachen handelt, hinsichtlich derer § 261 V Leichtfertigkeit ausreichen läßt. In **Beispiel 1** fehlt dem T der Vorsatz bezüglich des „Herrührens".[65] Er handelte aber insoweit leichtfertig, was gem. § 261 V für eine Strafbarkeit ausreicht. In **Beispiel 2** hat T Vorsatz in bezug auf das Herrühren des Gegenstands aus einer vorangegangenen Tat. Da er aber nicht den tatbestandlich relevanten Vortatcharakter der Tat erkennt, fehlt ihm der Vorsatz hinsichtlich des Tatbestandsmerkmals „Geldwäschetauglichkeit".[66] Jedoch läßt § 261 V auch diesbezüglich Leichtfertigkeit ausreichen. In **Beispiel 3** erkennt T zwar, daß seiner eigenen Tat eine andere Tat – die Vortat – vorausgegangen ist. Verborgen bleibt ihm aber zum einen die für die Geldwäsche relevante straftatbestandliche Qualität dieser Vortat und zum anderen der Herrührens-Zusammenhang zwischen dem Tatgegenstand und dieser Vortat. Strafbar ist T gleichwohl, da wiederum gem. § 261 V die Leichtfertigkeit bezüglich dieser vom Vorsatz nicht erfaßten Tatsachen für eine Strafbarkeit ausreicht.

25   Die Aussage, daß § 261 V bei den anderen objektiven Tatbestandsmerkmalen ein Abrücken vom Vorsatzerfordernis nicht gestattet, wirft allerdings die Frage auf, welcher Anwendungsbereich sich dem Leichtfertigkeits-Tatbestand unter dieser Voraussetzung überhaupt eröffnet. Denn ohne das Bewußtsein der „Kontamination" des Tatgegenstandes – also des Herrührens aus einer geldwäsche-

---

[63] *Hetzer*, NJW 1993, 3298 (3299); *Tröndle/Fischer*, § 261 Rn. 17; für die Vereinbarkeit der Leichtfertigkeitspönalisierung mit Schuldprinzip und Verfassungsrecht BGHSt 43, 158 (167); *Arzt/Weber*, BT, § 29 Rn. 37; dagegen *Leip*, Geldwäsche, S. 147 ff., der für eine Herabstufung der leichtfertigen Geldwäsche zur Ordnungswidrigkeit eintritt, a.a.O., S. 150.
[64] *Arzt/Weber*, BT, § 29 Rn. 37; *Lackner/Kühl*, § 261 Rn. 13; *Tröndle/Fischer*, § 261 Rn. 17.
[65] Dazu *Leip*, Geldwäsche, S. 153.
[66] Dazu *Leip*, Geldwäsche, S. 155 ff.

tauglichen Vortat – wird der Täter nicht das Bewußtsein haben, eine Handlung zu vollziehen, die den von § 261 I vorausgesetzten rechtspflegefeindlichen Sinngehalt hat.[67] Er mag zwar seine Handlung in einem natürlichen Sinn als „Verbergen", „Herkunftsverschleierung" oder „Ermittlungsvereitelung" begreifen. Daß er damit den Gegenstand gegen Maßnahmen der Strafrechtspflege abschirmt, deren Legalität gerade auf der Verbindung von geldwäschetauglicher Vortat und Gegenstand beruht, kann er hingegen nicht erkennen. Noch deutlicher ist das bei Handlungsalternativen wie „Vereitelung des Verfalls" oder „Vereitelung der Einziehung": Einen diesbezüglichen Vorsatz kann der Täter nur haben, wenn er auch die Umstände kennt, aus denen sich die Zulässigkeit des Verfalls oder der Einziehung ergeben. Der damit drohenden Gefahr, daß § 261 V im Bereich des § 261 I leer läuft, weil der erforderliche Vorsatz bezüglich der anderen objektiven Tatbestandsmerkmale nicht möglich ist, kann wohl nur dadurch begegnet werden, daß als „Leichtfertigkeit" ausschließlich Fahrlässigkeits-Fälle anerkannt werden, die der Kategorie „bewußte Fahrlässigkeit" unterfallen.[68]

3. Strafaufhebungsgrund

Jenseits von Tatbestandsmäßigkeit, Rechtswidrigkeit und Schuld normiert § 261 IX 1 negative Strafbarkeitsvoraussetzungen, die einer Bestrafung wegen Geldwäsche entgegenstehen. Positive Strafbarkeitsvoraussetzung ist also, daß diese Norm nicht eingreift. Die Rechtsfolge der Straflosigkeit ist obligatorisch, dem Gericht ist – anders als in den Fällen des § 261 X – kein Ermessen eingeräumt.[69] Angesichts der recht ähnlichen Voraussetzungen ist außerdem zu bemerken, daß sich § 261 X von § 261 IX 1 des weiteren hinsichtlich des Grades der tätergünstigen Folgen unterscheidet: Nur wenn der Richter von Strafe absieht, bleibt die Tat für den Täter in etwa so folgenlos, wie im Fall des § 261 IX 1. Der Richter kann aber statt dessen auch Strafe verhängen und diese nach seinem Ermessen mildern (§ 49 II) oder den Normalstrafrahmen anwenden.

26

Der Sache nach handelt es sich bei dem in § 261 IX 1 mit Strafbefreiung honorierten Verhalten um rücktrittsähnliche **tätige Reue**.[70] Die Vorschrift kommt zur Anwendung, wenn der Täter – oder Teilnehmer – nach formell vollendeter Geldwäsche Rücktrittsleistungen erbringt.[71] Entgegen der mißverständlichen – § 261 III umfassenden – Formulierung „Nach den Absätzen 1 bis 5" richtet sich der Rücktritt vom – gemäß § 261 III strafbaren – Versuch nach allgemeinen Regeln,

27

---

[67] *Leip*, Geldwäsche, S. 151; *Maurach/Schroeder/Maiwald*, BT 2, § 101 Rn. 34.
[68] Anders *Leip*, Geldwäsche, S. 151, der stets dolus eventualis verlangt
[69] Im Strafverfahren äußert sich dieser Unterschied darin, daß ein Ermittlungsverfahren im Fall des § 261 IX 1 gem. § 170 II StPO eingestellt werden *muß*, im Fall des § 261 X hingegen gem. § 153 b I StPO nur eingestellt werden *kann*.
[70] *Maurach/Schroeder/Maiwald*, BT 2, § 101 Rn. 40; *Joecks*, § 261 Rn. 14; LK-*Ruß*, § 261 Rn. 23; *Schönke/Schröder/Stree*, § 261 Rn. 24; *Tröndle/Fischer*, § 261 Rn. 22.
[71] *Maiwald*, FS Hirsch, S. 631 (646).

also nach § 24.⁷² Das ist praktisch wichtig, weil § 261 IX 1 die Strafbefreiung von strengeren Voraussetzungen abhängig macht als § 24.⁷³

28   Liegt dem „Rücktritt" eine **vorsätzliche** Geldwäsche zugrunde, ist die objektive Rücktrittsleistung zweiaktig: Der Täter oder Teilnehmer muß – erstens – eine Anzeige der Geldwäsche-Tat bei der gem. § 158 I 1 StPO zuständigen Behörde erstatten bzw. veranlassen (§ 261 IX 1 Nr. 1) und – zweitens – die behördliche Sicherstellung des Tatgegenstandes bewirken (§ 261 IX 1 Nr. 2). Beide Leistungen müssen freiwillig erbracht werden. Ist die Tat im Zeitpunkt des „Rücktritts" schon entdeckt, steht dies der Strafbefreiung entgegen, es sei denn, der Täter hatte davon keine Kenntnis und auch bei verständiger Würdigung der Sachlage keinen Grund, mit der Entdeckung der Tat zu rechnen.

29   Im Falle einer **vorsätzlich-leichtfertigen** Geldwäsche gem. § 261 V sind die Anforderungen an das strafbefreiende Verhalten geringer. Erforderlich ist nur die Anzeige der Tat (§ 261 IX 1 Nr. 1), die Bewirkung der Sicherstellung (§ 261 IX 1 Nr. 2) wird nicht verlangt.

30   Die geforderten Rücktrittsleistungen müssen den Anzeigeerfolg und Sicherstellungserfolg tatsächlich verursachen. Bloßes ernsthaftes Bemühen reicht nicht aus. § 24 I 2 und § 24 II 2 haben also in § 261 IX 2 keine Parallelen. § 261 IX 1 honoriert somit nur den „kausalen" Rücktritt, der „nichtkausale" Rücktritt läßt die Strafbarkeit unberührt. In einem solchen Fall kommt nicht einmal § 261 X zur Anwendung, da die Wissensoffenbarung nicht wesentlich zur Tataufdeckung beigetragen hat, wenn sie für diesen Erfolg nicht einmal mitursächlich gewesen ist.

III. Strafbarkeitsvoraussetzungen nach § 261 II

1. Objektiver Tatbestand

a) Gemeinsamkeiten mit § 261 I

31   Im objektiven Tatbestand besteht zwischen § 261 I und § 261 II Übereinstimmung hinsichtlich der Merkmale „Täter",⁷⁴ „Vortat" und „Tatobjekt". Die Abweichungen betreffen also die Tathandlung, sowie den Tatbestandsausschluß nach § 261 VI.

b) Abweichungen von § 261 I

aa) Tathandlungen

32   Die Handlungsmerkmale des § 261 II unterscheiden sich von denen des § 261 I vor allem durch die **schwächere Ausprägung der rechtspflegefeindlichen Komponente**. Während „Verbergen", „Herkunftverschleierung" usw. Aktionen sind,

---

⁷² *Maiwald*, FS Hirsch, S. 631 (648).
⁷³ *Maiwald*, FS Hirsch, S. 631 (647).
⁷⁴ Anders als bei § 261 I wird bei § 261 II der Vortäter in der Regel nicht als Täter der Geldwäsche in Betracht kommen.

die den Kampf der staatlichen Behörden gegen die Kriminalität behindern, ist dies bei „Verschaffen", „Verwahren" und „Verwenden" nicht zwangsläufig der Fall.[75] Dennoch steht auch hinter der Strafdrohung in § 261 II die Überlegung, daß die Bekämpfung der geldwäschebezüglichen Vortat-Kriminalität erfolgversprechender ist, wenn die Mobilität der aus der Vortat herrührenden Gegenstände beschnitten und der Verkehr mit ihnen unterbunden oder zumindest erschwert wird. Durch Strafdrohung soll verhindert werden, daß die Gegenstände in andere Hände geraten und die zum Vortäter und zur Vortat führende Spur verwischt wird. Ziel der gegen den Geldwäsche-Täter gerichteten Strafdrohung ist es, den Vortäter zu isolieren,[76] ihm die Wege abzuscheiden, über die er seine „schmutzigen" Vermögensgüter in den „Waschvorgang" einschleust. Wenn dieses Ziel erreicht ist, wachsen die Zugriffschancen der Verfolgungsbehörden und zugleich die Risiken der Kriminellen. Letztlich wird die Begehung der betroffenen Straftaten unattraktiv gemacht.

Sieht man einmal davon ab, daß sich das Handlungsmerkmal „verschaffen" im Rahmen des § 261 II Nr. 1 nicht nur auf Sachen, sondern auch auf andere Vermögensgüter bezieht, hat es im wesentlichen den gleichen Bedeutungsgehalt wie das gleichnamige Merkmal des Hehlereitatbestandes.[77] Umstritten ist nur, ob – von § 259 abweichend – auch Verschaffungsakte ohne Einverständnis des Vortäters bzw. Vorbesitzers tatbestandsmäßig sind. Da der Isolierungszweck, der die ratio des § 261 II bildet, unabhängig davon beeinträchtigt wird, ob die Verschaffung des Gegenstandes mit Einverständnis bzw. im Interesse des Vortäters erfolgte oder nicht, kann auf diesen einschränkenden Aspekt im Rahmen des § 261 II verzichtet werden.[78] Unter „verwahren" (§ 261 II Nr. 2 Alt. 1) versteht man die Inobhutnahme des Gegenstandes, mit der seine spätere Verwendung durch den Täter oder einen Dritten sichergestellt werden soll. „Verwenden" (§ 261 II Nr. 2 Alt. 2) ist der bestimmungsgemäße Gebrauch des Gegenstandes. 33

bb) Tatbestandseinschränkungen

Der Tatbestand des § 261 II setzt nicht voraus, daß sich die Tathandlung unmittelbar an die Vortat anschließt. Zwischen der Vortat und der Geldwäsche können also beliebig viele Übertragungsakte („Zwischen-Taten") liegen, die den Gegenstand durch eine Vielzahl von „Händen" gehen lassen, bis er bei dem Täter des § 261 II ankommt. Damit aber die **Geldwäsche-Kette** nicht uferlos wächst, hat § 261 VI eine Sperre eingebaut, die den nachfolgenden Verschaffungs-Akten usw. ihre tatbestandsmäßige Qualität nimmt.[79] Wer eine an sich unter § 261 II Nr. 1 34

---

[75] *Knorz*, Unrechtsgehalt, S. 140.
[76] Der Tatbestand des § 261 II wird deshalb auch als „Isolierungstatbestand" bezeichnet, vgl. *Rengier*, BT 1, § 23 Rn. 10.
[77] *Arzt/Weber*, BT, § 29 Rn. 26; *Rengier*, BT 1, § 23 Rn. 10; *Wessels/Hillenkamp*, BT 2, Rn. 898; *Lackner/Kühl*, § 261 Rn. 8; *Tröndle/Fischer*, § 261 Rn. 14.
[78] *Otto*, BT, § 96 Rn. 35; *Lackner/Kühl*, § 261 Rn. 8; a.A. *Leip*, Geldwäsche, S. 140; *Wessels/Hillenkamp*, BT 2, Rn. 898.
[79] *Arzt/Weber*, BT, § 29 Rn. 14.

oder Nr. 2 subsumierbare Handlung an einem Gegenstand vollzieht, der zuvor von einem Dritten auf nicht strafbare Weise erworben worden ist, erfüllt den Tatbestand des § 261 II nicht.

35 Die sprachliche Fassung der Vorschrift wirft eine Reihe von Fragen auf, die noch ungeklärt sind, über die zum Teil noch keine Diskussion in Gang gekommen ist. Problematisch ist insbesondere, ob der **Anwendungsbereich des § 261 VI** – von seinem Wortlaut abweichend – nicht auch auf § 261 I ausgedehnt werden muß. Anderenfalls könnte die Tatbestandseinschränkung weitgehend leer laufen. Denn viele „Verschaffungs-", „Verwahrungs-" und „Verwendungs"-Akte werden zugleich ein Handlungsmerkmal des § 261 I erfüllen (z.B. Gefährdung des Auffindens).[80] Der Ausschluß der Strafbarkeit aus § 261 II nützt dem Täter dann so gut wie nichts, wenn die Strafbarkeit aus § 261 I von § 261 VI unberührt bleibt. Angesichts des eindeutigen Gesetzeswortlauts wird man dies als Konsequenz gesetzgeberischer Entscheidung aber hinzunehmen haben.[81] Unklar ist des weiteren, was unter **„Straftat"** i.S.d. § 261 VI zu verstehen ist. Da der Gesetzgeber mit dem Tatbestandsausschluß auf Fälle Bedacht nahm, in denen der Zwischenerwerber kraft guten Glaubens (§§ 932, 935 II BGB) Rechtsinhaber bezüglich des Gegenstandes geworden ist,[82] wird man nicht jeden straflosen Zwischenerwerb ausreichen lassen können. Begeht der Dritte bei seinem Erwerb eine straftatbestandsmäßige Tat, die nur wegen Schuldunfähigkeit (§ 20) nicht strafbar ist, profitiert der bösgläubige Täter, der sich den Gegenstand von dem Dritten verschafft hat, von dessen Straflosigkeit nicht. Für die Straflosigkeit des Täters genügt es auch nicht, daß ein Dritter bei seinem – z.B. aus § 242 strafbaren – Zwischenerwerb keine strafbare Geldwäsche begangen hat.[83] Der Zwischenerwerb des Dritten darf aus keinem straftatbestandlichen Gesichtspunkt strafbar sein. Jedenfalls darf der Straftatbestand, aus dem sich der Dritte strafbar gemacht hat, nicht in dem Vortaten-Katalog des § 261 I 2 enthalten sein.

36 Die strafbarkeitsausschließende Wirkung des § 261 VI ist also recht schwach, von der großen Reichweite des § 261 II – und erst recht des § 261 I – nimmt § 261 VI wenig zurück. Daher wird gegenwärtig in Rechtsprechung und Literatur über eine generelle Einschränkung der tatbestandlichen Handlungsmerkmale in Anlehnung an den Gedanken der **Sozialadäquanz** diskutiert, ohne daß bereits Konsens über hinreichend konturenscharfe Abgrenzungen zu verzeichnen wären.[84] Als praktisch bedeutsames Beispiel wird der Strafverteidiger genannt, der sich

---

[80] *Maiwald*, FS Hirsch, S. 631 (642); *Lampe*, JZ 1994, 123 (128); *Knorz*, Unrechtsgehalt, S. 144.
[81] *Lüderssen*, StV 2000, 205 (208); *Bernsmann*, StV 2000, 40 (42); *Lackner/Kühl*, § 261 Rn. 6; LK-*Ruß*, § 261 Rn. 15; *Schönke/Schröder/Stree*, § 261 Rn. 14; *Tröndle/Fischer*, § 261 Rn. 15; a.A. *Maiwald*, FS Hirsch, S. 631 (645); *Arzt/Weber*, BT, § 29 Rn. 14; *Rengier*, BT 1, § 23 Rn. 14; *Wessels/Hillenkamp*, BT 2, Rn. 901.
[82] *Tröndle/Fischer*, § 261 Rn. 15.
[83] A.A. *Maiwald*, FS Hirsch, S. 631 (646); *Wessels/Hillenkamp*, BT 2, Rn. 901; *Lackner/Kühl*, § 261 Rn. 6; *Schönke/Schröder/Stree*, § 261 Rn. 14.
[84] *Lüderssen*, StV 2000, 205 (206): „... für die Begründung bleibt noch viel zu tun."

sein Honorar mit Geld auszahlen läßt, das aus einer geldwäscherelevanten Vortat stammt.[85] Ein Bedürfnis für einen straffreien Raum, in den dieses Beispiel und andere Fälle eingeordnet werden können, läßt sich nicht bestreiten.[86] Eine befriedigende strafrechtsdogmatische Fundierung des erwünschten Ergebnisses dürfte ohne Eingreifen des Gesetzgebers aber nur schwer zu erzielen sein.[87]

2. Subjektiver Tatbestand

a) Gemeinsamkeiten mit § 261 I

Das in § 261 II normierte Delikt ist wie das des § 261 I eine **Vorsatztat** (§ 15). § 261 V dehnt jedoch auch hier die Strafbarkeit auf **leichtfertige** Unkenntnis bezüglich des „Herrührens" aus.

37

b) Abweichungen von § 261 I

Eine den subjektiven Tatbestand betreffende Abweichung von § 261 I ist in den Fällen des § 261 II Nr. 2 (Verwahren, Verwenden) zu beachten: Fallen das Erlangen und das tatbestandsmäßige Verwahren bzw. Verwenden zeitlich auseinander, reicht für die Erfüllung des subjektiven Tatbestandes nicht der beim Vollzug des – dem Erlangen nachfolgenden – Verwahrens oder Verwendens vorhandene Tatvorsatz. Insbesondere reicht es nicht, daß der Täter während des Verwahrens oder Verwendens Kenntnis von der inkriminierten Herkunft des Gegenstandes hat. Vielmehr muß diese Kenntnis bereits bei Erlangung des Gegenstandes vorgelegen haben. Spätere Kenntniserlangung begründet die Strafbarkeit nicht.[88] Jedoch wird auch diese[89] Einschränkung der Tatbestandsmäßigkeit oft wegen der Überlagerung des § 261 II durch § 261 I nicht zur Geltung kommen: Erfüllt die Verwahrung oder Verwendung zugleich ein Handlungsmerkmal des § 261 I (z.B. Gefährdung des Auffindens), bewahrt die ursprüngliche – d. h. bei Erlangung des Gegenstandes noch vorhandene – Gutgläubigkeit bezüglich der Herkunft des Gegenstandes den bösgläubig gewordenen Täter nicht vor Strafbarkeit aus § 261 I.

38

3. Strafaufhebungsgrund

§ 261 IX 1 verweist ohne Einschränkung auf § 261 II, honoriert die tätige Reue eines aus diesem Tatbestand strafbaren Täters (oder Tatbeteiligten) also unter denselben Voraussetzungen mit Aufhebung der Strafbarkeit wie die tätige Reue eines aus § 261 I strafbaren Täters (näher dazu oben Rn. 26 ff.).

39

---

[85] Für eine – den Verteidiger straffrei stellende – „verfassungskonforme Auslegung" des § 261 II Nr. 1 OLG Hamburg, NStZ 2000, 311ff; abl. *Reichert*, NStZ 2000, 316 ff.; *Grüner/Wasserburg*, GA 2000, 430 (438); *Arzt/Weber*, BT, § 29 Rn. 49.
[86] Anschaulich zu den Gründen dieses Bedürfnisses im Strafverteidiger-Fall *Bernsmann*, StV 2000, 40 (41).
[87] *Reichert*, NStZ 2000, 316 (317).
[88] *Otto*, BT, § 96 Rn. 37; LK-*Ruß*, § 261 Rn. 14.
[89] Zu der auf demselben Grund beruhenden Lähmung des § 261 VI vgl. oben Rn. 35.

IV. Straflosigkeit von Vortatbeteiligten

40 Dem Rechtsgedanken der **mitabgegoltenen Nachtat**[90] folgend stellt § 261 IX 2 denjenigen von Strafbarkeit aus § 261 I frei, der bereits „wegen Beteiligung an der Vortat strafbar" ist. Es handelt sich um eine positivgesetzliche Regelung der **Gesetzeskonkurrenz.** Obwohl alle Strafbarkeitsvoraussetzungen der Geldwäsche oder der Teilnahme an Geldwäsche erfüllt sind, kommt es zu keiner Verurteilung und Bestrafung aus § 261, weil die Geldwäsche von der Vortatbeteiligung „verdrängt" wird. Die Vorschrift des § 261 IX 2 stimmt mit § 257 III 1 überein, leidet aber gerade wegen dieser sprachlichen Kongruenz an einem redaktionellen Gestaltungsfehler: § 257 III 1 steht im Kontext einer Tatbestandsvorschrift, die den lediglich sich selbst begünstigenden Vortäter aus dem objektiven Tatbestand ausschließt. Wer Täter der Vortat gewesen ist, erfüllt bereits nicht den objektiven Tatbestand des § 257 I und ist aus diesem Grund nicht wegen Begünstigung strafbar.[91] Deswegen geht § 257 III 1 in einem solchen Fall ins Leere. Auch semantisch kann § 257 III 1 den Täter nicht erfassen, der die Vortat allein begangen hat. „Beteiligung" setzt mindestens zwei an der Tat als Täter oder Teilnehmer mitwirkende Personen voraus (vgl. §§ 24 II 1, 28 II). Wer eine Tat allein ausführt, „beteiligt sich" nicht an seiner Tat, sondern er „begeht" sie, § 25 I. Die Strafausschlußvorschrift § 257 III 1 bezieht sich also nur auf Personen, die als Mittäter oder Teilnehmer an der Vortat beteiligt gewesen sind und anschließend den Tatbestand der Begünstigung oder der Teilnahme an der Begünstigung dadurch erfüllt haben, daß sie zugunsten eines der anderen Vortatbeteiligten Hilfe leisteten bzw. daran teilnahmen.[92]

41 Würde man an § 261 IX 2 die gleiche restriktive Interpretation herantragen, fiele eine Konstellation aus dem Geltungsbereich des Strafbefreiungsgrundes heraus, die mit der tatbestandlichen Strukturdifferenz zwischen § 257 I und § 261 I zusammenhängt: Während bei der Begünstigung die reine Selbstbegünstigung nach geltendem Recht weiterhin aus dem objektiven Tatbestand ausgegrenzt ist, erfaßt der objektive Tatbestand des § 261 I seit seiner Erweiterung durch das OrgKVerbessG auch den Geldwäschetäter, der zuvor die Vortat als Alleintäter begangen hat (s.o. Rn. 10). § 261 IX 2 wurde aber gerade anläßlich dieser Ausdehnung des objektiven Tatbestandes eingeführt.[93] Offenbar nahm man dabei an, der Wortlaut des § 261 IX 2 erfasse auch die vom alleinigen Vortäter begangene selbstbegünstigende Geldwäsche.[94] Dieser Ansicht wird man sich zur Vermeidung von Wertungswidersprüchen (die schwächere Beihilfe zur Vortat

---

[90] *Otto*, BT, § 96 Rn. 29, 44.
[91] Teilband 1, § 9 Rn. 14.
[92] Teilband 1, § 9 Rn. 16, 58.
[93] *Kreß*, wistra 1998, 121 (125).
[94] In der Literatur werden Bedenken gegen die Anwendbarkeit des § 261 IX 2 auf diesen Fall nicht geäußert, vgl. z.B. *Kreß*, wistra 1998, 121 (126); *Arzt/Weber*, BT, § 29 Rn. 31; *Wessels/Hillenkamp*, BT 2, Rn. 897; *Lackner/Kühl*, § 261 Rn. 10; *Tröndle/Fischer*, § 261 Rn. 24 a.

schließt Strafbarkeit aus § 261 aus, die stärkere alleintäterschaftliche Vortatbegehung dagegen nicht) anschließen müssen. „Beteiligung an der Vortat" ist demnach auch die Begehung der Vortat als **Alleintäter**. Wünschenswert ist freilich gleichwohl eine Regelung, die dies zweifelsfrei zum Ausdruck bringt, etwa durch die Worte „wegen Begehung der Vortat oder Beteiligung an ihr" (vgl. z.B. § 60 Nr. 2 StPO).

Unter „**Beteiligung**" ist im übrigen nur die Mitwirkung an der Vortat in einer der Täter- oder Teilnehmerrollen der §§ 25–27 zu verstehen. Begünstigung, Strafvereitelung und Hehlerei sind keine Beteiligung und stehen der Strafbarkeit aus § 261 deshalb nicht entgegen, wenn sie sich auf dieselbe Vortat beziehen wie die Geldwäsche.[95] Dasselbe gilt für die bloße Mitgliedschaft in einer kriminellen Vereinigung gem. § 129 I, wenn ein von einem anderen Mitglied derselben Vereinigung begangenes Vergehen Vortat der Geldwäsche ist, § 261 I 2 Nr. 5.

42

Im übrigen ist die Verdrängung der Strafbarkeit aus § 261 durch eine strafbare **Teilnahme an der Vortat** (Anstiftung, Beihilfe) angesichts des partiellen Strafrahmengefälles zwischen Vortat und Geldwäsche wenig überzeugend.[96] Beispielsweise bringt dem Täter einer Geldwäsche seine Teilnahme an der Vortat „Unterschlagung" als Gehilfe eine Reduzierung der Strafrahmenobergrenze um 2 Jahre und 9 Monate ein (§ 261 I: 5 Jahre; §§ 246 I, 27 II 2, 49 I Nr. 2: 2 Jahre und 3 Monate). Zwar gilt hier wie generell in Fällen der Gesetzeskonkurrenz, daß der Richter in seiner Strafzumessungsentscheidung eine höhere Mindeststrafe des verdrängten Strafgesetzes (§ 261 I: 3 Monate) nicht unterschreiten darf.[97] Für eine höhere Strafrahmenobergrenze des verdrängten Strafgesetzes läßt sich jedoch eine entsprechende Bindung verständlicherweise nicht postulieren.[98] Verurteilt das Gericht nur wegen Beihilfe zur Unterschlagung, dann bleibt ihm der Bereich zwischen 2 Jahren und 3 Monaten und 5 Jahren Freiheitsstrafe verschlossen.

43

Wie bei dem gleichlautenden § 257 III 1 hat man sich auch bei § 261 IX 2 zu fragen, was genau unter „**strafbar**" zu verstehen ist. Bedeutet dies lediglich die Erfüllung sämtlicher materiellstrafrechtlicher Strafbarkeitsvoraussetzungen (Tatbestand, Rechtswidrigkeit, Schuld) oder darüber hinaus die tatsächliche Bestrafung wegen der Vortatbeteiligung? In Konsequenz der erstgenannten Alternative entginge der Täter der Strafbarkeit aus § 261 auch dann, wenn er von einer Bestrafung als Vortatbeteiligter – z.B. wegen eines Verfahrenshindernisses – verschont bliebe. Der mit der Tatbestandserweiterung des § 261 bezweckten Strafbarkeitsausdehnung würde es jedoch kraß zuwiderlaufen, wenn § 261 IX 2 eine Geldwäschestrafbarkeit schon unter der Voraussetzung blockieren würde, daß die materiellstrafrechtliche Würdigung der über die Vortat gewonnenen Erkenntnisse eine strafbare Vortatbeteiligung des Geldwäschetäters ergibt bzw. als

44

---

[95] Von möglicher Tateinheit (§ 52) zwischen §§ 257–260a und § 261 geht deshalb auch die Literatur einhellig aus, *Rengier*, BT 1, § 23 Rn. 19; *Lackner/Kühl*, § 261 Rn. 19; *Schönke/Schröder/Stree*, § 261 Rn. 27; *Tröndle/Fischer*, § 261 Rn. 25.
[96] *Kreß*, wistra 1998, 121 (126).
[97] BGHSt 1, 152 (155).
[98] BGHSt 30, 166 (167).

möglich erscheinen läßt, ohne daß es auch tatsächlich zu einer Verurteilung und Bestrafung wegen Vortatbeteiligung käme. Auch dem zugrundeliegenden Gedanken der „mitabgegoltenen Nachtat" widerspräche eine Regelung, die es zuläßt, daß ein – möglicherweise – in beide Taten (Vortat und Anschlußtat) verwickelter Täter oder Teilnehmer aus keinem der berührten Straftatbestände bestraft werden kann. Ausgeschlossen werden soll lediglich die übermäßige Bestrafung aus beiden Straftatbeständen („Doppelbestrafung").[99] Die Bestrafung aus einem Tatbestand soll hingegen ohne weiteres möglich sein. Daher ist § 261 IX 2 so zu lesen, daß er die Bestrafung wegen Geldwäsche nur dann ausschließt, wenn entweder bereits eine Bestrafung wegen Beteiligung an der Vortat erfolgt ist oder in dem anhängigen Strafverfahren Geldwäsche und Vortatbeteiligung miteinander konkurrieren.[100]

45 § 261 IX 2 wirkt sich nicht auf die Strafbarkeit von Geldwäsche-Beteiligten aus, die an der Vortat nicht beteiligt waren oder deren Vortat-Beteiligung nicht strafbar ist. Die strafbare Vortat-Beteiligung des Geldwäschetäters steht dessen Strafbarkeit aus § 261 entgegen, nicht aber der Strafbarkeit des Geldwäsche-Gehilfen aus §§ 261, 27, der an der Vortat nicht beteiligt war.

V. Rechtsfolgen

46 Das Rechtsfolgenspektrum der Geldwäsche ist recht vielfältig. Neben die – im Mindestmaß erhöhte (vgl. § 38 II)[101] – Strafdrohung aus dem **Normalstrafrahmen** (3 Monate bis 5 Jahre) tritt eine Strafrahmenanhebung für **„besonders schwere Fälle"**, § 261 IV. Vergleicht man diese Strafrahmen mit denen, die in den betreffenden Vorschriften für Vortaten festgesetzt sind, fallen Diskrepanzen auf. Teilweise ist das Strafniveau der Vortaten niedriger als das des § 261 (z.B. bei § 246). In solchen Konstellationen leuchtet nicht ein, daß das milder pönalisierte Delikt gem. § 261 IX 2 die Bestrafung aus dem schärferen Geldwäsche-Tatbestand ausschließen können soll.[102] Kohärent wäre diese Regelung nur, wenn sie – wie in §§ 257 II, 258 III – mit einer an den Vortat-Strafrahmen gekoppelten Straflimitierung verbunden wäre.

47 Als weitere – die Strafe flankierende – Sanktionen der Geldwäsche sieht § 261 VII die **Einziehung** (§§ 74 ff.), den **Verfall** (§§ 73 ff.) und die **Vermögensstrafe** (§ 43 a) vor. Schließlich gehört die Geldwäsche gem. § 262 zu den Delikten, in deren Folge gem. § 68 I **Führungsaufsicht** angeordnet werden kann.

---

[99] *Schittenhelm*, FS Lenckner, S. 519 (537).
[100] Ebenso zu § 257 III 1 Teilband 1, § 9 Rn. 61; allgemein zur Anwendbarkeit des an sich „verdrängten" Strafgesetzes im Falle der Nichtanwendbarkeit des „verdrängenden" Strafgesetzes *Lackner/Kühl*, vor § 52 Rn. 32; *Tröndle/Fischer*, vor § 52 Rn. 24.
[101] Praktische Relevanz hat dies bei § 153 I 2 StPO.
[102] Für die Anwendung der Rechtsfigur „mitbestrafte Nachtat" ist dies jedoch unerheblich, vgl. *Schönke/Schröder/Stree*, vor § 52 Rn. 115; § 261 Rn. 21

VI. Kontrollfragen

1. Wann wurde § 261 in das StGB eingefügt? (Rn. 2)
2. Welcher Schutzzweck liegt § 261 zugrunde? (Rn. 3)
3. In welcher Hinsicht gleichen die Tatbestandsstrukturen der Geldwäsche einerseits und der Begünstigung, Strafvereitelung und Hehlerei andererseits? (Rn. 8)
4. Kann der Täter der „Vortat" zugleich Täter der Geldwäsche sein? (Rn. 10)
5. Ist die Strafbarkeit der Vortat eine Strafbarkeitsvoraussetzung der Geldwäsche? (Rn. 11)
6. Welche Bedeutung hat ein Vorgang, der im Rahmen des § 259 „Ersatzhehlerei" wäre, im Rahmen des § 261? (Rn. 17)
7. Wie setzt sich der subjektive Tatbestand der Geldwäsche nach § 261 I zusammen? (Rn. 22)
8. Welche Folge hat die Erfüllung der Voraussetzungen des § 261 IX 1? (Rn. 26)
9. Welche spezifischen Probleme erzeugt die Fassung des § 261 VI? (Rn. 35)
10. Welcher Rechtsgedanke steht hinter der Regelung des § 261 IX 2? (Rn. 40)

VII. Literatur

Arzt, Geldwäscherei – Eine neue Masche zwischen Hehlerei, Strafvereitelung und Begünstigung, NStZ 1990, 1 ff.
Arzt, Geldwäsche und rechtsstaatlicher Verfall, JZ 1993, 913 ff.
Barton, Das Tatobjekt der Geldwäsche: Wann rührt ein Gegenstand aus einer der im Katalog des § 261 I Nr. 1 – 3 StGB bezeichneten Straftaten her?, NStZ 1993, 159 ff.
Bernsmann, Das Grundrecht auf Strafverteidigung und die Geldwäsche – Vorüberlegungen zu einem besonderen Rechtfertigungsgrund, StV 2000, 40
Grüner/Wasserburg, Geldwäsche durch Annahme des Verteidigerhonorars?, GA 2000, 430
Hetzer, Der Geruch des Geldes – Ziel, Inhalt und Wirkung der Gesetze gegen Geldwäsche, NJW 1993, 3298
Kreß, Das neue Recht der Geldwäschebekämpfung, wistra 1998, 121
Lampe, Der neue Tatbestand der Geldwäsche (§ 261 StGB), JZ 1994, 123 ff.
Maiwald, Auslegungsprobleme im Tatbestand der Geldwäsche, FS für H. J. Hirsch, 1999, S. 631 ff.
Otto, Geldwäsche, § 261 StGB, Jura 1993, 329 ff.
Schittenhelm, Alte und neue Probleme der Anschlußdelikte im Lichte der Geldwäsche, FS für Theodor Lenckner, 1998, 519 ff.

B. Wucher, § 291 StGB

Übersicht   Rn.

I. Allgemeines
  1. Entstehungsgeschichte 48
  2. Rechtsgut 49
  3. Systematik 50–52
II. Strafbarkeitsvoraussetzungen
  1. Objektiver Tatbestand
     a) Übersicht 53
     b) Täter 54
     c) Opfer
        aa) Natürliche und juristische Personen 55
        bb) Unterlegenheit 56
        cc) Zwangslage 57–59
        dd) Unerfahrenheit 60
        ee) Mangel an Urteilsvermögen 61
        ff) Erhebliche Willensschwäche 62
     d) Vermögensvorteil
        aa) Vermögens- und sonstige Vorteile 63–64
        bb) Vermögensinhaber 65
     e) Tathandlung
        aa) Struktur des Handlungsmerkmals 66
        bb) Versprechenlassen 67
        cc) Gewährenlassen 68
        dd) Ausbeuten 69–70
     f) Leistungen 71
     g) Auffälliges Mißverhältnis 72–74
  2. Subjektiver Tatbestand 75
III. Täterschaft und Teilnahme
  1. Beteiligung und Additionsklausel
     a) Mittäterschaft 76
     b) Additionsklausel, § 291 I 2 77–78
  2. Mitwirkung des Bewucherten 79–80
IV. Besonders schwere Fälle
  1. Allgemeines 81
  2. Regelbeispiele
     a) § 291 II 2 Nr. 1 82
     b) § 291 II 2 Nr. 2 83
     c) § 291 II 2 Nr. 3 84

I. Allgemeines

1. Entstehungsgeschichte

Wie ein flüchtiger Blick auf den Text des § 291 I zeigt, ist der Wuchertatbestand nach Art der vom Wucherer angebotenen „Leistungen" in mehrere Tatbestandsalternativen aufgefächert. Dementsprechend kann man zwischen den Formen des Mietwuchers, Kreditwuchers und sonstigen allgemeinen Leistungswuchers differenzieren. § 291 faßt alle diese Wuchertypen in einer Vorschrift zusammen. Angesichts der phänomenologischen Vielfalt des Wuchers ist eine solche Gesetzestechnik jedoch nicht zwangsläufig. Denkbar wäre auch eine Verteilung auf mehrere Paragraphen. So stellte sich das gesetzliche Bild des Wuchers ursprünglich dar: Bis 1976 waren die Wuchertatbestände in den § 302 a bis § 302 f StGB a.F. normiert. Daß diese Vorschriften nicht von Anfang an – also seit 1871 – Bestandteil des Strafgesetzbuches waren,[103] erkennt man schon an der Zahl 302 beigefügten Kleinbuchstaben.[104] Erst 1880 fanden Strafdrohungen gegen den (Kredit-)Wucher Eingang in den Besonderen Teil des StGB.[105] Das **Erste Gesetz zur Bekämpfung der Wirtschaftskriminalität** (1. WiKG) vom 29. 7. 1976 faßte die seit 1880 entstandenen Wuchertatbestände dann in einer einzigen Vorschrift – dem § 302 a – zusammen.[106] Diese Vorschrift überstand das 2. WiKG vom 15. 5. 1986 ohne inhaltliche oder redaktionelle Veränderung. Seinen jetzigen Standort § 291 erhielt der Straftatbestand ohne inhaltliche Abweichung von § 302 a durch das **Gesetz zur Bekämpfung der Korruption** vom 13. 8. 1997. Literatur und Rechtsprechung zu § 302 a in der seit dem 1. WiKG geltenden Fassung können also ohne weiteres beim Studium des § 291 herangezogen werden.

48

2. Rechtsgut

Tatobjekt des Wuchers sind „Vermögensvorteile", die der Wucherer sich oder einem Dritten versprechen oder gewähren läßt. Auf der Seite des Bewucherten – also des Tatopfers – haben diese Vermögensvorteile in der Regel den Charakter von Vermögensnachteilen.[107] Zweck der Strafvorschrift ist es, den Bewucherten vor diesen Vermögensnachteilen – also dem Verlust der Vermögensvorteile – zu bewahren. Schutzgut des § 291 ist somit das **Vermögen**.[108] Wucher ist deshalb ein

49

---

[103] *Arzt/Weber*, BT, § 24 Rn. 5.
[104] *Scheffler*, GA 1992, 1.
[105] Zur wechselvollen Geschichte der §§ 302 a ff. *Sturm*, JZ 1977, 84 (85); *Blei*, BT, S. 262; *Maurach/Schroeder/Maiwald*, BT 1, § 43 Rn. 2–4; LK-*Schäfer/Wolff*, § 302 a vor Rn. 1.
[106] Eingehend dazu *Sturm*, JZ 1977, 84 ff.; *Arzt/Weber*, BT, § 24 Rn. 6.
[107] Unter außergewöhnlichen Umständen kann das wucherische Geschäft auch für den Bewucherten vorteilhaft sein, *Kindhäuser*, NStZ 1994, 105 (106); vgl. auch *Bernsmann*, JZ 1998, 629 (633).
[108] *Scheffler*, GA 1992, 1 (13); *Arzt/Weber*, BT, § 24 Rn. 2; *Gössel*, BT 2, § 32 Rn. 2; *Maurach/Schroeder/Maiwald*, BT 1, § 43 Rn. 7; *Joecks*, § 291 Rn. 1; *Lackner/Kühl*, § 291 Rn. 1; *Schönke/Schröder/Stree*, § 302 a Rn. 2; SK-*Hoyer*, § 291 Rn. 3; a.A. *Kindhäuser*, NStZ 1994, 105.

Vermögensdelikt.[109] Darüber hinaus bezieht der Wucher eine spezifische Strafwürdigkeit aber auch aus seiner **wirtschaftsschädigenden** Wirkung. Ausbeuterisches Verhalten ist ein Verstoß gegen die „guten Sitten" im Wirtschaftsverkehr, der schnell Nachahmung und Verbreitung finden kann. Da sich der Wucherer Vorteile verschafft, die sein redlich agierender Konkurrent nicht erlangt, kann der im Wirtschaftsleben typische „Sogeffekt"[110] zu einem allgemeinen Verfall der Sitten führen.[111] Wucher bringt daher das marktwirtschaftliche Wirtschaftssystem in Verruf.[112] Hinzu kommt, daß das Opfer der Tat – der Bewucherte – eine eigenartig ambivalente Rolle spielt: Er wirkt an der Tat aktiv mit, läßt sich auf das Geschäft ein und bewirkt damit als „Preistreiber" – letztendlich zum Schaden anderer Konsumenten und damit zum Schaden der gesamten Volkswirtschaft –, daß die „Preise verdorben" werden und eine Preisspirale in Gang kommt. Dies erklärt, warum beim Wucher keine rechtfertigende Einwilligung möglich ist.[113] Gerichtsverfassungsrechtlich spiegelt sich die wirtschaftsstrafrechtliche Relevanz des Wuchers in der Zuständigkeitsregelung des § 74 c I Nr. 6 GVG.[114]

3. Systematik

50 Der Wuchertatbestand gliedert sich horizontal – also auf **grundtatbestandlicher Ebene** – in die Varianten des § 291 I Nr. 1–4 auf. Vertikale tatbestandliche Derivate in Gestalt von Privilegierungs- und/oder Qualifikationstatbeständen gibt es nicht. Die benannten „besonders schweren Fälle" des § 291 II 2 Nr. 1–3 sind keine tatbestandlichen Qualifikationen, sondern **Strafzumessungsregelbeispiele**. Der Versuch ist nicht mit Strafe bedroht, vgl. § 23 I 2. Alt.

51 Nach außen ist § 291 insbesondere von den Tatbeständen des sog. „**Sozialwuchers**" abzugrenzen. Terminologisch akzentuiert wird diese Abgrenzung durch die Bezeichnung des in § 291 erfaßten Wuchers als „**Individualwucher**".[115] Während der Täter des Individualwuchers eine individuelle Schwächesituation des Bewucherten ausnutzt,[116] macht sich der Sozialwucherer eine allgemeine Mangellage zunutze. Die Tatbestände des Sozialwuchers sind in den §§ 3–5

---

[109] *Tröndle/Fischer*, § 291 Rn. 3.
[110] *Arzt/Weber*, BT, § 19 Rn. 13.
[111] *Kindhäuser*, NStZ 1994, 105 (106), der in der „Vertragsfreiheit" als wesentlichem Strukturelement der Wirtschaftsordnung das alleinige Schutzgut des Wuchertatbestandes sieht; ebenso *D. Sternberg-Lieben*, Einwilligung, S. 166.
[112] Nach *Otto*, BT, § 61 Rn. 124 soll deshalb auch das „ordnungsgemäße Funktionieren der Wirtschaft" Schutzgut des § 291 sein.
[113] *Kindhäuser*, NStZ 1994, 105 (107); zu Konsequenzen im Bereich „Teilnahme" unten Rn. 79.
[114] Zu den Gründen der geringen Bedeutung des Wuchers in der Strafverfolgungspraxis vgl. *Arzt/Weber*, BT, § 24 Rn. 8.
[115] *Arzt/Weber*, BT, § 24 Rn. 1; *Gössel*, BT 2, § 32 Rn. 1; *Maurach/Schroeder/Maiwald*, BT 1, § 43 Rn. 6; *Joecks*, § 291 Rn. 1; *Lackner/Kühl*, § 291 Rn. 1; *Schönke/Schröder/Stree*, § 302 a Rn. 2; *Tröndle/Fischer*, § 291 Rn. 3.
[116] *Kindhäuser*, NStZ 1994, 105.

WiStG zusammengefaßt und mit Geldbuße bewehrt. Sozialwucher ist also keine Straftat, sondern eine Ordnungswidrigkeit. Überschneidungen mit § 291 sind möglich,[117] die Konkurrenz zwischen Straftat und Ordnungswidrigkeit richtet sich nach § 21 OWiG.[118]

Berührungspunkte weist der Wucher des weiteren mit den Vermögensdelikten **Betrug** und **Erpressung** auf.[119] Insbesondere die selbstschädigende Mitwirkung eines unterlegenen Opfers ist ein Deliktscharakteristikum, das diese drei Tatbestände einander annähert.[120] Das „Versprechen" oder „Gewähren" entspricht insofern der „Vermögensverfügung" der §§ 253, 263; „Zwangslage", „Unerfahrenheit" und „Mangel an Urteilsvermögen" entsprechen dem Genötigt-sein bzw. dem Irrtum in § 253 und § 263. Der wesentliche Unterschied zwischen Betrug und Erpressung einerseits und Wucher andererseits besteht darin, daß Betrüger und Erpresser die deliktsfördernde Unterlegenheit ihres Opfers – durch Nötigung oder Täuschung – im typischen Fall (Nötigung durch Gewalt oder Drohung mit einer übelbewirkenden Aktivität, aktive Täuschung)[121] herbeiführen, während der Wucherer eine bereits existierende Schwächesituation seines Opfers lediglich ausnutzt.[122] Außerdem enthält § 291 nicht das Betrugs- bzw. Erpressungsmerkmal „Vermögensschaden".[123]

II. Strafbarkeitsvoraussetzungen

1. Objektiver Tatbestand

a) Übersicht

- Täter: Wer
- Opfer: anderer, der
  - sich in einer Zwangslage befindet *oder*
  - unerfahren ist *oder*
  - an mangelndem Urteilsvermögen leidet *oder*
  - an erheblicher Willensschwäche leidet

---

[117] *Scheffler*, GA 1992, 1 (12); die Möglichkeit einer „trennscharfen Grenze" zwischen Individual- und Sozialwucher bezweifelt *Bernsmann*, GA 1981, 141 (143).
[118] *Lackner/Kühl*, § 291 Rn. 12; SK-*Hoyer*, § 291 Rn. 68.
[119] *Scheffler*, GA 1992, 1 (7, 11); *Arzt/Weber*, BT, § 24 Rn. 3; *Gössel*, BT 2, § 32 Rn. 2.
[120] *Gössel*, BT 2, § 32 Rn. 4.
[121] Bei der Androhung der Nichtbeseitigung eines bereits bestehenden Übels bzw. bei der Unterlassungs-Täuschung durch Nichtaufklärung versagt dieses Unterscheidungsmerkmal allerdings, *Arzt*, FS Lackner, S. 641 (651).
[122] Teilband 1, § 6 Rn. 8; *Kindhäuser*, NStZ 1994, 105 (106); *Arzt/Weber*, BT, § 24 Rn. 3; *Maurach/Schroeder/Maiwald*, BT 1, § 43 Rn. 7; vgl. aber *Scheffler*, GA 1992, 1 (7), der zutreffend darauf hinweist, daß Wucherer auch sein kann, wer selbst die Zwangslage des Bewucherten geschaffen hat.
[123] *Arzt/Weber*, BT, § 24 Rn. 2.

> - Tatobjekt: Vermögensvorteil
> - Tathandlung
>   - ausbeuten durch
>   - sich oder einem Dritten Versprechen lassen *oder*
>   - sich oder einem Dritten gewähren lassen
> - Ausbeuterischer Zusammenhang zwischen Tathandlung und Tatobjekt:
>   - auffälliges Mißverhältnis zwischen Vermögensvorteil und
>   - Vermietung von Räumen zum Wohnen oder damit verbundene Nebenleistungen *oder*
>   - Gewährung eines Kredits *oder*
>   - sonstige Leistung *oder*
>   - Vermittlung einer der vorbezeichneten Leistungen

Die Übersicht verdeutlicht, daß der Wucher kein Erfolgsdelikt ist. Denn insbesondere in der Variante „Versprechen lassen" ist die Tat bereits vollendet, bevor es zu einem Verlust auf der Seite des Bewucherten gekommen ist.[124] Der Eintritt eines Vermögensschadens ist also keine Vollendungs- und Strafbarkeitsvoraussetzung,[125] schadensabwendende „tätige Reue" beseitigt die Strafbarkeit nicht.[126] Wucher ist deshalb ein **Vermögensgefährdungsdelikt**.[127] Das Fehlen einer Versuchsstrafdrohung hat hier seine Erklärung.

b) Täter

54   Täter eines Wuchers kann **jedermann** sein, Wucher ist kein Sonderdelikt.[128] Insbesondere ist die Fähigkeit zur täterschaftlichen Verwirklichung des Wuchertatbestandes nicht mit dem Auftreten als Anbieter der in § 291 I Nr. 1 bis Nr. 4 aufgezählten „Leistungen" verknüpft.[129] Wucherer kann auch sein, wer selbst keine Wohnräume vermietet, Kredite gewährt, sonstige Leistungen erbringt oder Leistungen vermittelt.[130] Leistungsanbieter und Wucherer können verschiedene Personen sein, ohne daß dadurch der Leistungsanbieter zwangsläufig zum Tatbeteiligten wird, vgl. § 291 I 2.

---

[124] *Gössel*, BT 2, § 32 Rn. 16; *Maurach/Schroeder/Maiwald*, BT 1, § 43 Rn. 12; LK-*Schäfer/Wolff*, § 302 a Rn. 60; *Tröndle/Fischer*, § 291 Rn. 4.
[125] *Kindhäuser*, NStZ 1994, 105 (106); LK-*Schäfer/Wolff*, § 302 a Rn. 3.
[126] LK-*Schäfer/Wolff*, § 302 a Rn. 60.
[127] *Arzt/Weber*, BT, § 24 Rn. 2; *Schönke/Schröder/Stree*, § 302 a Rn. 2; *Tröndle/Fischer*, § 291 Rn. 3; a.A. *Gössel*, BT 2, § 32 Rn. 2; *Maurach/Schroeder/Maiwald*, BT 1, § 43 Rn. 10 ; SK-*Hoyer*, § 291 Rn. 3: „Vermögensverletzungsdelikt".
[128] *Gössel*, BT 2, § 32 Rn. 27.
[129] *Gössel*, BT 2, § 32 Rn. 19; *Maurach/Schroeder/Maiwald*, BT 1, § 43 Rn. 24,
[130] *Tröndle/Fischer*, § 291 Rn. 4.

c) Opfer

aa) Natürliche und juristische Personen

Bei der Bestimmung des „Opfers" der Tat ist zunächst zu klären, welche Art der Tatbetroffenheit dafür ausschlaggebend sein soll. Denn da Wucher ein Vermögensdelikt ist, könnte man geneigt sein, ausschließlich auf den Inhaber des von der Tat berührten Vermögens abstellen. Zu der Vermögensgefährdung kommt es aber nur, weil der Täter jemandes Zwangslage, Unerfahrenheit usw. ausnutzt. Diese Person – die ja nicht unbedingt mit dem betroffenen Vermögensinhaber identisch sein muß (näher dazu unten Rn.65) – könnte deshalb ebenfalls als Opfer der Tat qualifiziert werden. Dabei ist fraglich, ob diese Opferposition nur von **natürlichen Personen** eingenommen werden kann oder ob dafür auch **juristische Personen** und sonstige Personenmehrheiten in Frage kommen. Für letzteres spricht zunächst, daß wucherische Geschäfte zivilrechtlich mit natürlichen wie mit juristischen Personen abgeschlossen werden können. Demzufolge kann der aus einem solchen Geschäft resultierende Vermögensverlust ohne weiteres eine juristische Person treffen. Hingegen scheinen der Einbeziehung von juristischen Personen in den Straftatbestand die den Bewucherten charakterisierenden Schwächemerkmale entgegenzustehen. „Unerfahrenheit", „Mangel an Urteilsvermögen" und „Willensschwäche" sind zweifellos individualpsychische Defizite, die nur bei einem Menschen diagnostiziert werden können. Insofern scheiden kollektive Rechtssubjekte als Tatopfer aus. Die Opfersituation „Zwangslage" ist dagegen durchaus auch in Verbindung mit einer juristischen Person oder Gesellschaft vorstellbar.[131] Festzuhalten ist somit: Auf der Opferseite des Wuchers sind zwei Positionen zu unterscheiden, die des gefährdeten Vermögensinhabers und die des wegen Zwangslage usw. dem wucherischen Ansinnen widerstandsunfähig Ausgesetzten. Beide Positionen können, müssen aber nicht unbedingt von derselben Person besetzt sein. Beide Positionen können sowohl von natürlichen als auch von juristischen Personen besetzt sein.[132]

55

bb) Unterlegenheit

Der Wucher ist durch ein schon vor der Tat existierendes **Machtgefälle** zwischen zwei Personen gekennzeichnet: Der eine ist dem anderen überlegen, dieser ist jenem unterlegen.[133] Dabei befindet sich der unterlegene Teil – der „andere" i.S.d. § 291 I – in einer Situation, die seine Fähigkeit zu einer die Angemessenheit von Leistung und Gegenleistung wahrenden Entscheidung, konkret die Fähigkeit zur Nichteinlassung auf das wucherische Geschäft, erheblich beschränkt. Entweder ist der Entscheidungsspielraum des Bewucherten auf Grund einer Zwangslage eingeengt oder es fehlt an Erfahrung, Urteilsvermögen oder Willensstärke und damit an intellektuellen oder psychologischen Voraussetzungen richtigen, wirt-

56

---

[131] *Arzt/Weber*, BT, § 24 Rn. 12: „geschäftliche Schwächesituation des Opfers".
[132] *Schönke/Schröder/Stree*, § 302 a Rn. 28.
[133] *Sowada*, Notwendige Teilnahme, S. 47.

schaftlich vernünftigen Entscheidens.¹³⁴ Auf welchen Ursachen die Unterlegenheits-Situation des anderen beruht, ist gleichgültig. Mitverantwortung des Täters für sie ist nicht erforderlich, steht der Tatbestandsmäßigkeit aber auch nicht entgegen. Eigenverschulden des Bewucherten ist ebenfalls unschädlich.¹³⁵

cc) Zwangslage

57 Das Merkmal der Zwangslage ist weiter als der in früheren Fassungen des Wuchertatbestandes verwendete Begriff „Notlage".¹³⁶ Er umfaßt auch leichtere **Bedrängnissituationen**. Die Gefahr der Existenzvernichtung, des wirtschaftlichen Ruins ist nicht erforderlich.¹³⁷ Auf der anderen Seite genügt es für die Annahme einer Zwangslage nicht, daß die Verwirklichung marottenhafter Lebenspläne im Falle der Nichterlangung der Leistung zum Scheitern verurteilt wäre. Denn die bewußte Einlassung auf das wucherische Austauschgeschäft muß in der Einschätzung eines besonnenen Beobachters als „vernünftige" Entscheidung für das kleinere von zwei Übeln erscheinen.¹³⁸

> **Beispiel:** O ist ein glühender Bewunderer der berühmten Tennisspielerin Steffi Herzog. Sein größter Wunsch ist es, in der Nähe der verehrten Person leben zu können. Zufällig bietet der Makler M eine Mietwohnung in einem Haus an, das unmittelbar neben dem Anwesen der Familie Herzog liegt. Der erfahrene M erkennt sehr schnell, welche Motive den Mietinteressenten O in sein Büro getrieben haben. Er überredet daher den Vermieter V, die Miete zu verdreifachen und bietet dann die Wohnung dem O an. Dieser geht nicht nur sofort auf die wucherische Mietzinsforderung ein, sondern akzeptiert auch noch die Forderung des M nach einer Courtage von acht Monatsmieten.

Der Zwang zum Verzicht auf Bedürfnisbefriedigung ist eine „Zwangslage" nur unter der Voraussetzung, daß das Bedürfnis sich auf Bedingungen einer lebenswürdigen Existenz auf durchschnittlichem Niveau richtet. Es muß sich also um „Grundbedürfnisse" handeln. „Luxusbedürfnisse" taugen zur Begründung einer Zwangslage auch dann nicht, wenn der Mensch sich in unnatürlich übersteigerter Weise in die Idee verrennt, ohne diesen Luxus nicht mehr leben zu können.¹³⁹ Die fanatische Anhänglichkeit des O gegenüber der Tennisspielerin ist daher vielleicht Ursache einer „erheblichen Willensschwäche", begründet aber keine „Zwangslage" des O.

58 Der die Zwangslage kennzeichnende Druck, der auf dem Opfer lastet, steht in einer **funktionalen Beziehung zu der wucherisch angebotenen Leistung**.¹⁴⁰ Die Bedrängnis muß so beschaffen sein, daß zu ihrer Behebung oder Linderung gerade die Leistung des Wucherers geeignet und erforderlich erscheint. Typisch ist

---

¹³⁴ *D. Sternberg-Lieben*, Einwilligung, S. 165 Fn. 504.
¹³⁵ *Gössel*, BT 2, § 32 Rn. 8; *Schönke/Schröder/Stree*, § 302 a Rn. 24; SK-*Hoyer*, § 291 Rn. 13; *Tröndle/Fischer*, § 291 Rn. 9.
¹³⁶ BGHSt 11, 182 (185); *Arzt/Weber*, BT, § 24 Rn. 10 ff.
¹³⁷ *Lackner/Kühl*, § 291 Rn. 8; *Schönke/Schröder/Stree*, § 302 a Rn. 23; *Tröndle/Fischer*, § 291 Rn. 10.
¹³⁸ *Scheffler*, GA 1992, 1 (7).
¹³⁹ *Arzt*, FS Lackner, S. 641 (652).
¹⁴⁰ SK-*Hoyer*, § 291 Rn. 11.

die Situation, daß der Bewucherte auf die Leistung dringend angewiesen ist und sie nicht von einem anderen Anbieter zu vertretbaren Bedingungen erhalten kann.

> **Beispiele:**
> (1) O leidet an einer schweren Krankheit und benötigt deshalb eine ganz spezielle Heilnahrung. Der Apotheker T verkauft ihm die Heilnahrung zu einem weit überhöhten Preis.
> (2) Abwandlung: Obwohl O in einer billigen Mietwohnung lebt und ihm keine Kündigung droht, sucht er eine neue Wohnung. Da er mit seinem baldigen Tod rechnet und keine Angehörigen hat, denen er etwas vererben könnte, läßt er sich von V eine schöne Wohnung mit herrlichem Seeblick zu einem extrem überhöhten Preis vermieten.

In beiden Beispielsfällen befindet sich O in derselben Situation und in beiden Fällen läßt er sich auf ein Geschäft zu wucherischen Bedingungen ein. Dennoch liegt nur in **Beispiel 1** ein Zwangslagen-Wucher vor: Den Charakter einer wuchertauglichen Zwangslage hat die Krankheit des O nämlich nur, weil der Wunsch nach Genesung – also Befreiung von dem Zwang – ihn besonders anfällig macht für Geschäfte, von denen er sich Erfüllung dieses Wunsches versprechen kann. In **Beispiel 2** besteht dieser Zusammenhang der Krankheit mit der Wohnungsvermietung nicht. In Relation zu diesem Wuchergeschäft hat die Krankheit nicht den Charakter einer Zwangslage.[141] Möglich ist allerdings, daß das krankheitsbedingte Desinteresse des O an sparsamem Umgang mit dem eigenen Vermögen die Qualität einer „erheblichen Willensschwäche" hat und ihn so in die Lage eines tauglichen Wucher-Opfers versetzt.[142]

Umstritten ist, ob eine lediglich **eingebildete** – nicht wirklich existierende – Bedrängnissituation „Zwangslage" i.S.d. § 291 I sein kann.[143] Dafür spricht, daß auch bei wirklich bestehender Bedrängnis erst die subjektive Wahrnehmung der Gegebenheiten durch das Opfer dieses dem Wucherer in die Arme treibt.[144] Allerdings würde die Öffnung des Tatbestandes für imaginäre Zwangslagen das strafbarkeitslimitierende Prinzip der Opferselbstverantwortung unterlaufen. Strafbarer Wucherer wäre dann nicht nur, wer die Zwangslage, Unerfahrenheit, Urteils- und Willensschwäche eines anderen ausbeutet, sondern auch, wer aus Leichtsinn, Bequemlichkeit und Dummheit anderer Nutzen zieht. Der Strafrechtsschutz würde also auf Opfer ausgedehnt, die keines strafrechtlichen Schutzes bedürfen bzw. seiner nicht würdig sind. Deshalb sollte man die irrtümlich angenommene Zwangslage nur berücksichtigen, wenn der Irrtum auf „Unerfahrenheit" oder „Mangel an Urteilsvermögen" beruht.[145]

59

---

[141] Etwaige Unzufriedenheit mit den bisherigen Wohnverhältnissen begründete ebenfalls noch keine Zwangslage, *Scheffler*, GA 1992, 1 (12); *Schönke/Schröder/Stree*, § 302 a Rn. 23.
[142] Treffend *Scheffler*, GA 1992, 1 (9): „Nicht die Zwangslage an sich wird ausgebeutet, sondern der Umstand, daß der Bewucherte infolge seiner Lage nicht imstande ist, das wucherische Angebot auszuschlagen."
[143] Dagegen RGSt 28, 288 (290).
[144] *Schönke/Schröder/Stree*, § 302 a Rn. 24.
[145] *Lackner/Kühl*, § 291 Rn. 8; SK-*Hoyer*, § 291 Rn. 11.

dd) Unerfahrenheit

60 Mangel an Erfahrung ist die auf **fehlender Lebenspraxis** beruhende Unfähigkeit, bestimmte Situationen zu erkennen, zu durchschauen und zu meistern.[146] Damit der Täter die Unerfahrenheit des Opfers ausnutzen kann, muß sie sich gerade auf dem Gebiet bemerkbar machen und auswirken, auf dem sich Wucherer und Bewucherter zum Zwecke der Geschäftsanbahnung begegnen.

ee) Mangel an Urteilsvermögen

61 Urteilsvermögen setzt außer Kenntnissen die **intellektuelle** Fähigkeit voraus, Gegenstände zueinander in Beziehung zu setzen, den Wert von Leistungen einzuschätzen und die wirtschaftlichen und sozialen Konsequenzen von Geschäften gedanklich zu antizipieren.[147] Ein Mensch, bei dem diese Fähigkeit unterdurchschnittlich entwickelt ist und der sich deshalb nicht von vernünftigen Beweggründen leiten lassen kann,[148] ist taugliches Wucheropfer.

ff) Erhebliche Willensschwäche

62 Unterentwickelte **psychische Widerstandskraft** gegenüber Reizen, Verlockungen und Verführungen kann nicht nur auf Mangel an Wissen beruhen, sondern auch in bestimmten charakterlichen Defiziten oder krankhaften Zuständen wie Alkohol- oder Drogenabhängigkeit ihre Ursache haben.[149] Erheblich ist die Willensschwäche, wenn die psychischen Abwehrkräfte deutlich unter denen des Durchschnittsmenschen liegen.

d) Vermögensvorteil

aa) Vermögens- und sonstige Vorteile

63 Der Charakter des Vermögensdelikts wird durch die Beschränkung des Tatbestandes auf wucherisches Streben nach Vermögensvorteilen akzentuiert. Vermögensvorteil ist jede **Verbesserung der Vermögenslage.**[150] Obwohl dies wie bei § 253 und bei § 263 im Wege einer Gesamtsaldierung aller mit dem Geschäft unmittelbar verbundenen Wertzu- und -abflüsse zu ermitteln ist,[151] vermag die vom Wucherer zu erbringende Leistung einen vorteilhaften Saldo nie zu verhindern. Denn das tatbestandsmäßige „auffällige Mißverhältnis" besteht nur, wenn der Wucherer wesentlich mehr erhält als er seinerseits gibt.

---

[146] *Schönke/Schröder/Stree*, § 302 a Rn. 25; *Tröndle/Fischer*, § 291 Rn. 11.
[147] *Schönke/Schröder/Stree*, § 302 a Rn. 26; SK-*Hoyer*, § 291 Rn. 16; *Tröndle/Fischer*, § 291 Rn. 12.
[148] *Arzt/Weber*, BT, § 24 Rn. 14.
[149] *Schönke/Schröder/Stree*, § 302 a Rn. 27; *Tröndle/Fischer*, § 291 Rn. 13.
[150] *Gössel*, BT 2, § 32 Rn. 16; *Schönke/Schröder/Stree*, § 302 a Rn. 10.
[151] Dazu Teilband 1, § 6 Rn. § 7 Rn.

Leistungsobjekte **immateriellen** Charakters sind keine Vermögensvorteile und unterfallen daher dem Wuchertatbestand nicht.[152] Das hat beispielsweise zur Folge, daß der „Sexual-Wucher" nicht von § 291 erfaßt wird.[153] Ein Vermieter, der einer Interessentin eine Wohnung zu einem gerade noch angemessenen Preis überläßt, weil diese sich zu gelegentlichem Geschlechtsverkehr bereit erklärt, macht sich also nicht aus § 291 I 1 Nr. 1 strafbar. Eine unerträgliche Strafbarkeitslücke besteht deswegen jedoch nicht. Viele Fälle dieser Art werden sich § 179, § 240, § 239 b, §§ 332, 334 oder § 323 c zuordnen lassen. Im übrigen ist ohnehin fraglich, ob man das Opfer vor der Einlassung auf wucherische Angebote strafrechtlich schützen muß. Häufig ist das zu verneinen und die Zurückhaltung des Strafrechts daher akzeptabel.

64

bb) Vermögensinhaber

Der Inhaber des betroffenen Vermögens braucht nicht mit der Person identisch zu sein, deren Zwangslage, Unerfahrenheit, Mangel an Urteilsvermögen oder erhebliche Willensschwäche vom Wucherer ausgebeutet wird.[154] Analog zum „Dreiecks-Betrug"[155] und zur „Dreiecks-Erpressung"[156] kann man also Fälle des **„Dreiecks-Wuchers"** bilden.[157] Schließt ein an erheblicher Willensschwäche leidender Bevollmächtigter im Namen eines anderen einen Mietvertrag zu wucherischen Bedingungen, wird die Willensschwäche des Vertreters ausgebeutet, den Vermögensschaden erleidet dagegen der Vertretene.[158]

65

e) Tathandlung

aa) Struktur des Handlungsmerkmals

Das tatbestandsmäßige Verhalten des Wucherers ist ein komplexer Vorgang, den auch der Gesetzgeber nicht mit einem einzigen Verb zu beschreiben vermochte. Handlungsmerkmale sind zum einen die **„Ausbeutung"**, zum anderen das **„Versprechenlassen"** oder **„Gewährenlassen"**. Außerdem gehört hierher das Anbieten der Leistung (Vermietung, Kreditgewährung usw.), für die der Bewucherte Vermögensvorteile zu versprechen oder zu gewähren bereit ist. Die gedankliche Erfassung des Handlungsmerkmals wird zusätzlich dadurch erschwert, daß das „Ausbeuten" nicht als eigenständige Handlung, sondern als ausbeuterischer Effekt („dadurch ... daß") des Versprechenlassens bzw. Gewährenlassens erscheint. Schließlich bereitet noch die Verwendung des Wortes „läßt" in Verbindung mit „versprechen" und „gewähren" Verständnisschwierigkeiten: Wird damit doch der Eindruck erweckt, es handele sich beim Wucher um ein Unterlas-

66

---

[152] *Maurach/Schroeder/Maiwald*, BT 1, § 43 Rn. 15.
[153] *Arzt/Weber*, BT, § 24 Rn. 31; *Maurach/Schroeder/Maiwald*, BT 1, § 43 Rn. 15.
[154] *Tröndle/Fischer*, § 291 Rn. 15.
[155] Dazu Teilband 1, § 7 Rn. 70 ff.
[156] Dazu Teilband 1, § 6 Rn. 41 ff.
[157] SK-*Hoyer*, § 291 Rn. 24.
[158] *Schönke/Schröder/Stree*, § 302 a Rn. 28.

sungsdelikt. Davon kann jedoch keine Rede sein.[159] Das „Lassen" im Zusammenhang mit „versprechen" und „gewähren" ist nicht als passiv duldendes „Zulassen", sondern als – aktives (!) – „Veranlassen" zu verstehen.

bb) Versprechenlassen

67 Dem Wucher liegt ein zweiseitiges **Rechtsgeschäft** zwischen Wucherer und Bewuchertem zugrunde.[160] Dieses kommt durch Willenserklärungen – Angebot und Annahme – zustande. Das „Versprechen" ist die **Willenserklärung des Bewucherten**, die zusammen mit der korrespondierenden Erklärung des Wucherers zum Vertragsschluß führt. Inhalt des Versprechens ist die Erbringung der vertraglichen Gegenleistung, also der „Vermögensvorteile", die zu der Leistung (Wohnungsvermietung usw.) in einem „auffälligen Mißverhältnis" steht. Ausersehener Empfänger des Vermögensvorteils kann der Wucherer selbst („sich") oder ein „Dritter" – also z.B. ein Vertretener oder beim Vertrag zugunsten Dritter (§ 328 BGB) der Begünstigte – sein. Als Vorstufe zum „Gewähren" bewirkt das Versprechen noch keinen unmittelbaren Vermögensverlust, hat allerdings die Qualität einer Vermögensgefährdung. Da das Versprechen eine Handlung des Bewucherten ist, der Tatbestand aber durch eine Handlung des Wucherers erfüllt wird, liegt der Schwerpunkt des tatbestandlichen Täterverhaltens auf dem Wort „Lassen". Dies ist – wie gesehen – kein Unterlassen, sondern ein **Veranlassen des Versprechens**. Nicht ausreichend ist die schlichte „Entgegennahme" der Erklärung des Bewucherten.[161] Konkret äußert sich dieses „Lassen" in der dem Versprechen korrespondierenden Willenserklärung des Wucherers, die zusammen mit der Versprechens-Erklärung des Bewucherten den Vertrag – unbeschadet seiner Nichtigkeit gem. § 138 II BGB[162] – zustandebringt. Der geheime Vorbehalt des Wucherers, den versprochenen Vermögensvorteil nicht anzunehmen, steht der Tatbestandsmäßigkeit seiner Erklärung nicht entgegen.[163] Dasselbe gilt für die spätere Nichtannahme des vom Bewucherten tatsächlich zum Zwecke der Vertragserfüllung angebotenen Vermögensvorteils.[164] Die Verwendung des Wortes „Lassen" – statt „Veranlassen" – im Gesetzestext signalisiert, daß die Reihenfolge der Willenserklärungen unerheblich ist. Von wem die Initiative zum Vertragsschluß ausgegangen ist, wer das Angebot abgegeben hat, das dann von dem anderen angenommen wurde, ist gleichgültig. Tatbestandsmäßig kann also auch die Annahme eines vom Bewucherten abgegebenen Angebotes sein. Hat der Bewucherte den ersten rechtsgeschäftlichen Schritt (Angebot) getan, besteht das

---

[159] *Kindhäuser*, NStZ 1994, 105 (107): „reines Begehungsdelikt".
[160] *Gössel*, BT 2, § 32 Rn. 14; *Otto*, BT, § 61 Rn. 127; *Lackner/Kühl*, § 291 Rn. 2.
[161] *Gössel*, BT 2, § 32 Rn. 18; a.A. *Tröndle/Fischer*, § 291 Rn. 15.
[162] RGSt 15, 333 (334); 35, 111 (113); *Arzt/Weber*, BT, § 24 Rn. 16; *Gössel*, BT 2, § 32 Rn. 17; *Maurach/Schroeder/Maiwald*, BT 1, § 43 Rn. 12.
[163] Anders RGSt 15, 333 (334); *Schönke/Schröder/Stree*, § 302 a Rn. 19: Annahme der Verpflichtung zur Gegenleistung mit dem Willen, sich das Versprochene tatsächlich gewähren zu lassen.
[164] *Schönke/Schröder/Stree*, § 302 a Rn. 37.

tatbestandsmäßige Verhalten des Wucherers darin, daß er durch seine korrespondierende Willenserklärung (Annahme) den Vertrag zustande kommen und damit das Versprechen des Bewucherten rechtsverbindlich werden „läßt".

cc) Gewährenlassen

Das Gewähren des Vermögensvorteils ist die Erfüllung des „Versprechens", die aus der Vermögensgefährdung eine **Vermögensverletzung** macht. Da in der Regel bereits das vorangegangene Versprechenlassen strafbar ist,[165] hat das anschließende Gewährenlassen wenig eigenständige rechtliche Bedeutung.[166] Mit dem Versprechenlassen ist die Tat vollendet, das folgende Gewährenlassen ist allein für die Beendigung der Tat relevant.[167] Wie beim Versprechenlassen erschöpft sich auch hier die „Lassens-Komponente" nicht in einem schlichten Unterlassen. Tatbestandsmäßiges Verhalten ist vielmehr die aktive Entgegennahme des gewährten Vermögensvorteils bzw. die aktive Veranlassung der Vorteilsgewährung an den Dritten.

68

> **Beispiel:** In einer Universitätsstadt herrscht kurz vor Beginn des Wintersemesters ein dramatischer Mangel an Wohnraum für Studenten. Dem Erstsemester O ist es mit viel Glück gelungen, in einem dem V gehörenden Haus ein 20 m² großes Zimmer für 250 DM Monatsmiete zu ergattern. Noch vor seinem Einzug wird O durch das Gerücht in Panik versetzt, der V wolle sich von dem rechtsgültigen Vertrag mit O sofort wieder lösen, weil er die Chance habe, das Zimmer für 500 DM monatlich an einen anderen Interessenten zu vermieten. Aus Furcht vor dem Verlust des Zimmers überweist O für den ersten Monat nicht wie vertraglich vereinbart 250 DM, sondern 550 DM auf das Konto des V. Dies erfährt V erst einige Tage später, als er sich bei seiner Bank einen Kontoauszug abholt.

O hat dem V einen Vermögensvorteil gewährt, der vermutlich auch zu der von V erbrachten Leistung in einem „auffälligen Mißverhältnis" steht. Der Vermögensvorteil ist mit der Gutschrift durch die Bank im Vermögen des V „angekommen", hat den Vermögensgesamtwert erhöht. Daß O dem V den Vermögensvorteil „gewährt" hat und das Vermögen des V dadurch vermehrt wurde, bedeutet jedoch noch nicht zwangsläufig, daß V sich diesen Vermögensvorteil hat gewähren „lassen". Denn bislang hat V aktiv nichts getan, was sich unter dieses Tatbestandsmerkmal subsumieren ließe. Da im Mietvertrag nur 250 DM monatlicher Mietzins vereinbart wurden, erfolgte der Zufluß des überhöhten Geldbetrages in das Vermögen des V ohne dessen aktive Mitwirkung. Der einzige Anknüpfungspunkt für die Prüfung des Gewährenlassens ist also die Nichtrückzahlung der zuviel überwiesenen 300 DM. Die Unterlassung der Rückzahlung, zu der V aus § 817 BGB verpflichtet sein könnte, ist aber kein aktives Gewährenlassen und kann ihm auch nicht über § 13 I gleichgestellt werden. Denn auch in der Unterlassungsvariante setzt das Gewährenlassen den Erwerb eines Vermögensvorteils voraus, den der Täter bis dahin noch nicht hatte. Die Nichtrückgewähr eines bereits erlangten Vermögensvorteils basiert also

---

[165] Das anschließende Gewährenlassen wird konsumiert, RGSt 32, 143 (146).
[166] Beginn der Verjährung, § 78 a; Möglichkeit strafbarer Sukzessiv-Beteiligung; RGSt 32, 143 (146); *Schönke/Schröder/Stree*, § 302 a Rn. 37.
[167] RGSt 15, 333 (334); 32, 143 (146).

auf einer anderen Ausgangsposition und diese steht außerhalb des Tatbestandes. Daher hat sich V die 300 DM nicht gewähren lassen.

dd) Ausbeuten

69 Das Versprechen- und Gewährenlassen muß ausbeuterischen Charakter haben. Ausgebeutet wird die **Schwächesituation** des Bewucherten. Das Versprechen oder Gewähren der Vermögensvorteile muß sich also als Opferverhalten darstellen, in dem sich Zwangslage, Unerfahrenheit, Urteilsunvermögen oder Willensschwäche unmittelbar als Motivationsfaktoren niederschlagen. Daran fehlt es, wenn der Wucherer mit einem „starken" Partner kontrahiert, der z.B. aus Mitleid mit einem „Schwachen" auf die wucherischen Bedingungen eingeht. Besteht hingegen zwischen dem „Starken" und dem „Schwachen" eine besondere Beziehung, kraft derer die „Schwäche" des einen auf den anderen „ausstrahlt", kann der Vertragsschluß mit dem „Starken" eine Ausbeutung der Schwäche sein.

> **Beispiel:** Abiturient A aus Köln will im Wintersemester sein Jurastudium an der Universität Potsdam aufnehmen. Der Studienplatz wurde ihm von der ZVS zugeteilt. Seinem Wunsch nach einem heimatnahen Studienort (Köln, Bonn, Düsseldorf, Bochum) konnte nicht entsprochen werden. Die Vorlesungen an der Universität Potsdam beginnen am 11. Oktober. Am 8. Oktober hat A immer noch keine Unterkunft in Potsdam oder Umgebung gefunden. Am 9. Oktober schließt O – der Vater des O – mit V einen Mietvertrag zugunsten seines Sohnes A. Danach vermietet V dem A ein 8 m² kleines Zimmer mit winziger Naßzelle für 400 DM monatliche Kaltmiete. Die Miete wird von O bezahlt.

Zweifellos befand sich A in einer Zwangslage und zweifellos hat sich V für die Vermietung von Wohnraum von O Vermögensvorteile versprechen lassen, die in einem auffälligen Mißverhältnis zu der Leistung des V stehen. Fraglich ist nur, ob V dabei die Zwangslage eines anderen „ausgebeutet" hat. Denn O selbst befand sich nicht unmittelbar in der Zwangslage und A, der sich in der Zwangslage befand, hat dem V die mietvertraglich vereinbarten Vermögensvorteile weder versprochen noch gewährt. Wie oben schon dargelegt wurde, können auf der Opferseite aber mehrere Personen stehen (Rn. 55). Der Versprechende bzw. Gewährende muß nicht unbedingt auch in der tatbestandlich relevanten Bedrängnis sein. Da aber die Ausbeutung eine Wirkung des Versprechen- bzw. Gewährenlassens ist, muß der Versprechende bzw. Gewährende auch selbst ausbeuterisch betroffen sein. Das ist nicht schon dann der Fall, wenn die Zwangslage des anderen der Grund dafür ist, daß ein Dritter sich auf das wucherische Geschäft einläßt. Denn solange die Eingehung des Geschäfts die Qualität einer freiwilligen und eigenverantwortlichen Entscheidung hat, besteht für Strafrechtsschutz kein Anlaß. Obliegt dem Dritten aber auf Grund einer Beziehung zu dem Bedrängten die Pflicht zur Befreiung aus der Zwangslage, erstreckt diese sich auf den Dritten, so daß dieser auch Opfer einer Ausbeutung werden kann. O ist seinem Sohn A zur Leistung von Unterhalt zur Ausbildung verpflichtet. Dazu gehört auch die Verschaffung einer Unterkunft in zumutbarer Entfernung vom Ausbildungsort. Selbstverständlich könnte A sein Studium an der Universität Potsdam nicht vernünftig betreiben, wenn er weiterhin bei seinen Eltern in Köln wohnen müßte. Daher war O verpflichtet, seinem Sohn eine Wohnung im Raum Potsdam zu besorgen. Die Zwangslage des A war somit auch eine Zwangslage des O. Diese hat V ausgebeutet.

Aus § 291 I 2 a.E. ergibt sich zum einen, daß das Ausbeuten eine Art des Ausnutzens ist, zum anderen jedoch auch, daß es sich um eine **qualifizierte Form des Ausnutzens** handeln muß.[168] Als schlichtes Ausnutzen kann jeder Abschluß eines Rechtsgeschäfts mit einer Person bewertet werden, deren Unterlegenheit es dem anderen leicht macht, die Vereinbarung wucherischer Geschäftsbedingungen durchzusetzen.[169] Ausbeuten muß sich davon durch einen erhöhten Grad an Anstößigkeit abheben.[170] „Bewußte Ausnutzung" reicht dafür nicht,[171] da das Ausnutzungsbewußtsein Vorsatzinhalt und deshalb gem. § 15 auch bei schlichter Ausnutzung notwendige Strafbarkeitsvoraussetzung ist. Ausbeutung ist ein besonders rücksichtsloses und niederträchtiges Vorgehen.[172] Die erforderliche objektiv gesteigerte Verwerflichkeit wird man z.b. annehmen können, wenn der Täter sich unter einer Mehrzahl von Interessenten gezielt einen Unerfahrenen aussucht, weil er von ihm keinen oder nur geringen Widerstand gegen die Forderung wucherischen Entgelts erwartet. Ebenfalls ein Fall von Ausbeutung liegt vor, wenn der Täter an der Zwangslage seines Opfers mitschuldig und daher in erhöhtem Maße verpflichtet ist, diese Lage nicht zur Erzielung wucherischer Gewinne auszunutzen.[173]

70

f) Leistungen

Die Gelegenheit zu wucherischer Ausbeutung anderer ergibt sich für den Täter nur, weil er selbst – oder ein Dritter, in dessen Geschäftsbereich er tätig wird – Leistungen anbietet, die potentielle Opfer dann zu wucherischen Bedingungen in Anspruch zu nehmen bereit sind. Die Neufassung des Wuchertatbestandes durch das 1. WiKG hat unter anderem dieses Leistungstableau neu ausgestaltet. Der **generalklauselartige** § 291 I 1 Nr. 3 ermöglicht die Einbeziehung jedweder Leistung in den Tatbestand.[174] Eine gewisse Einschränkung wird allerdings durch das Erfordernis eines „auffälligen Mißverhältnisses" bewirkt. Die Erfüllung dieses Tatbestandsmerkmals kann nämlich bei Leistungen, für die sich ein angemessener Preis nicht ermitteln läßt, jedenfalls prozessual nicht festgestellt werden. Deshalb fallen Leistungen dieser Art faktisch aus dem Tatbestand heraus. Im übrigen degradiert § 291 I 1 Nr. 3 die wegen ihrer kriminalpolitischen Bedeutsamkeit besonders hervorgehobenen Fälle des **Mietwuchers**[175] (§ 291 I 1 Nr. 1) und des **Kreditwuchers**[176]

71

---

[168] *Schönke/Schröder/Stree*, § 302 a Rn. 29.
[169] *Tröndle/Fischer*, § 291 Rn. 14.
[170] *Lackner/Kühl*, § 291 Rn. 8.
[171] So aber BGHSt 11, 182 (187); *Otto*, NJW 1982, 2745 (2749); *ders.*, BT, § 61 Rn. 133.
[172] *Scheu*, JR 1982, 474 (475).
[173] Weitere Beispiele bei *Schönke/Schröder/Stree*, § 302 a Rn. 29.
[174] *Arzt/Weber*, BT, § 24 Rn. 16; *Schönke/Schröder/Stree*, § 302 a Rn. 7.
[175] Näher dazu *Schönke/Schröder/Stree*, § 302 a Rn. 4; *Tröndle/Fischer*, § 291 Rn. 5.
[176] Einzelheiten dazu bei *Schönke/Schröder/Stree*, § 302 a Rn. 6; *Tröndle/Fischer*, § 291 Rn. 6.

(§ 291 I 1 Nr. 2) zu bloßen Regelbeispielen des **allgemeinen Leistungswuchers**.[177] Dies trifft auch auf die wucherische **Leistungsvermittlung** (§ 291 I 1 Nr. 4) zu.[178]

g) Auffälliges Mißverhältnis

72 Die größten praktischen Probleme des Wuchertatbestandes stellen sich bei der Bestimmung des auffälligen Mißverhältnisses zwischen Leistung und Gegenleistung.[179] Recht einfach ist diese Aufgabe, wenn die betreffende Leistung einen **Marktwert** hat.[180] Hat die Abweichung von dieser Marke nach oben das Niveau einer ins Auge springenden krassen Unverhältnismäßigkeit erreicht, ist das auffällige Mißverhältnis gegeben.[181] Bei Leistungen, für die es keinen Markt gibt, bietet sich als Orientierungsmarke der „**gerechte Preis**", dessen Bezifferung naturgemäß äußerst schwierig, vage und oft unmöglich ist. Die Berechnungsschwierigkeiten, die durch **verbotene** und **sittenwidrige** Leistungen erzeugt werden, sollten durch generelle Ausgrenzung solcher Fälle aus dem Schutz- und Tatbestandsbereich des § 291 behoben werden.[182]

73 Beim **Mietwucher** (§ 291 I 1 Nr. 1) ist als Beurteilungsmaßstab die ortsübliche Vergleichsmiete – nicht die „Kostenmiete"[183] – zugrunde zu legen. Eine Überschreitung dieser Marke um 50 % ist in der Regel ein auffälliges Mißverhältnis.[184] Außergewöhnliche Lasten oder Risiken des Vermieters (z.B. besonders starke Abnutzung durch Wohngemeinschaft) können diese Marke zugunsten des Vermieters nach oben verschieben. Wesentlich komplexer ist das Kriteriengefüge, das zur Fixierung der Wuchergrenze bei **Kreditgewährung** (§ 291 I 1 Nr. 2) heranzuziehen ist. Im Rahmen einer stets erforderlichen Gesamtbetrachtung spielen bei Ratenkrediten der effektive Jahreszins und der Schwerpunktzins, bei Krediten anderer Art der übliche Zinsfuß eine dominierende Rolle.[185]

74 Aus den entgegengesetzten Perspektiven der Beteiligten kann sich das Preis-Leistungs-Verhältnis unterschiedlich darstellen. Nach h.M. ist stets von der **Position des Gläubigers** – also des Wucherers – auszugehen.[186] Keine Rolle spielt demnach, ob der Bewucherte den Wucherpreis leicht oder schwer verkraften kann. Auch ein Milliardär kann Opfer eines Wuchers sein. Erkennt man jedoch an, daß § 291 das Vermögen des Bewucherten schützen soll, spricht einiges dafür, die Perspektive des Opfers für maßgeblich zu erklären. Stehen sich mehrere Teil-

---

[177] *Lackner/Kühl*, § 291 Rn. 2; *Tröndle/Fischer*, § 291 Rn. 4.
[178] *Lackner/Kühl*, § 291 Rn. 2; *Schönke/Schröder/Stree*, § 302 a Rn. 8; *Tröndle/Fischer*, § 291 Rn. 8.
[179] *Arzt/Weber*, BT, § 24 Rn. 17: „wegen seiner Unbestimmtheit die crux des § 291".
[180] *Lackner/Kühl*, § 291 Rn. 3; *Schönke/Schröder/Stree*, § 302 a Rn. 18.
[181] *Lenckner*, JR 1980, 161; *Otto*, NJW 1982, 2745 (2746); JR 1985, 169; *Schönke/Schröder/Stree*, § 302 a Rn. 12.
[182] *Kindhäuser*, NStZ 1994, 105 (110); a.A. *Gössel*, BT 2, § 32 Rn. 25.
[183] LG Darmstadt, NJW 1975, 549 (550).
[184] OLG Köln, NJW 1976, 119 (120); *Gössel*, BT 2, § 32 Rn. 22; *Lackner/Kühl*, § 291 Rn. 4.
[185] *Lackner/Kühl*, § 291 Rn. 5.
[186] RGSt 39, 126 (129); *Schönke/Schröder/Stree*, § 302 a Rn. 11.

Leistungen und mehrere Leistende bzw. Leistungsempfänger gegenüber, ist die sog. „**Additionsklausel**" (§ 291 I 2) zu beachten (näher dazu unten Rn. 77).

2. Subjektiver Tatbestand

Der subjektive Tatbestand setzt **Vorsatz** voraus, § 15. Dolus eventualis reicht bezüglich aller Tatbestandsmerkmale aus.[187] Bereicherungs- oder Nachteilszufügungsabsicht ist nicht erforderlich und darf somit – wenn sie im konkreten Fall vorliegt – ohne Verstoß gegen das Doppelverwertungsverbot (§ 46 III) bei der Strafzumessung berücksichtigt werden. Außerdem ermöglicht eine den Wucher begleitende Bereicherungsabsicht die Anwendung des § 41.

75

III. Täterschaft und Teilnahme

1. Beteiligung und Additionsklausel

a) Mittäterschaft

Täterschaft und Teilnahme richten sich beim Wucher nach den **allgemeinen Regeln**, also nach §§ 25 ff.[188] Die Möglichkeit mittäterschaftlicher Tatbeteiligung ist nicht davon abhängig, daß der Mittäter einen eigenen Vorteil anstrebt, da der Tatbestand neben dem eigennützigen („sich") Versprechen- und Gewährenlassen auch die drittnützige Vorgehensweise erfaßt. Wirken mehrere Personen bei der Erbringung einer teilbaren Gesamtleistung mittäterschaftlich zusammen und steht der einem Mittäter versprochene oder gewährte Vermögensvorteil in einem „auffälligen Mißverhältnis" zu dessen Teil-Leistung, bedarf es keiner Addition der ihnen jeweils versprochenen oder gewährten Vermögensvorteile, um Strafbarkeit auch des Mittäters zu begründen, dessen Teil-Leistung in keinem auffälligen Mißverhältnis zu seinem Teil-Vorteil steht.[189] Insbesondere entfällt die Strafbarkeit nicht etwa dadurch, daß die Summe der Vorteile zur Summe der Leistungen in einem akzeptablen Verhältnis steht.

76

> **Beispiel:** Architekt A und Bauingenieur B betreiben gemeinsam ein Ingenieurbüro. Von dem Bauherrn O sind sie mit der Planung und Errichtung eines Einfamilienhauses beauftragt worden. A soll die Bauplanung, B die Bauleitung übernehmen. A schließt mit dem fachlich unerfahrenen O einen Architektenvertrag, B schließt mit O einen Bauleitervertrag. Die Verhandlungen und Besprechungen mit O führen A und B jeweils gemeinsam. Bei der Vertragsgestaltung sprechen sich A und B intern ab, bevor sie mit O in Verhandlungen eintreten. Aus steuerlichen Gründen wird in dem Architektenvertrag des A eine außergewöhnlich niedrige, in dem Bauleitervertrag des B hingegen eine weit überhöhte Honorarforderung festgelegt. Die Summe beider Honorar-

---

[187] *Maurach/Schroeder/Maiwald*, BT 1, § 43 Rn. 23; SK-*Hoyer*, § 291 Rn. 61; a.A. *Gössel*, BT 2, § 32 Rn. 31, der bezüglich des „Ausnutzens" dolus directus verlangt.
[188] *Arzt/Weber*, BT, § 24 Rn. 27.
[189] LK-*Schäfer/Wolff*, § 302 a Rn. 37; *Tröndle/Fischer*, § 291 Rn. 21.

forderungen steht zur Summe der von A und B geschuldeten Leistungen in einem gerade noch vertretbaren Verhältnis.

Wäre das Verhalten des A und des B jeweils isoliert zu beurteilen, ergäbe sich für B ein auffälliges Mißverhältnis und damit Strafbarkeit aus § 291 I 1 Nr. 3, für A hingegen kein auffälliges Mißverhältnis und damit auch keine Strafbarkeit aus § 291 I 1 Nr. 3. Wäre bei der Bestimmung der Strafbarkeitsvoraussetzung „auffälliges Mißverhältnis" die Summe der Honorarforderungen der Summe aller von A und B geschuldeten Leistungen gegenüberzustellen, ergäbe sich weder für A noch für B Strafbarkeit aus § 291 I 1 Nr. 3. Da A und B aber als Mittäter zusammengewirkt haben und es für die Strafbarkeit als Täter ausreicht, daß jemand einem Dritten kraß unverhältnismäßige Vermögensvorteile versprechen oder gewähren läßt, bewahrt die eigene bescheidene Honorarforderung den A nicht vor Bestrafung aus § 291 I 1 Nr. 3 i.V.m. § 25 II. Eine strafbarkeitsausschließende Addition sämtlicher Teilbeträge auf der Gläubiger- und der Schuldnerseite ist weder nach allgemeinen beteiligungsdogmatischen Regeln noch nach der „Additionsklausel" des § 291 I 2 veranlaßt. Deren Zweck besteht in einer Strafbarkeitsausdehnung, nicht in einer Strafbarkeitseinschränkung.[190]

b) Additionsklausel, § 291 I 2

77   Die strafbarkeitsausdehnende Additionsklausel soll Fälle erfassen, in denen dem Bewucherten mehrere Gläubiger gegenüberstehen, die an dem einheitlichen Geschäftsvorgang in unterschiedlicher Weise beteiligt sind und an ihm meistens auch quantitativ unterschiedlich partizipieren. Vor allem Nebenleistungen, die zu der Hauptleistung hinzutreten, können das Gesamtvolumen der vom Schuldner aufzubringenden Vermögensvorteile so weit erhöhen, daß sich die Relation zu der Gläubiger-Leistung als „auffälliges Mißverhältnis" darstellt. Handeln die Gläubiger in **mittäterschaftlicher** Manier „gemeinschaftlich" (§ 25 II), bedarf es der Additionsklausel nicht, da die Addition der Teilbeträge bereits auf Grund der wechselseitigen Handlungszurechnung erfolgt.[191]

> **Beispiel:** Der aus Hamburg kommende frischgebackene Volljurist O will am 1. Oktober in einer süddeutschen Großstadt seine erste Stelle in einer Rechtsanwaltskanzlei antreten. Da der Wohnungsmarkt so gut wie leergefegt ist, muß er nehmen, was er bekommen kann. Der Vermieter V bietet eine 75 m² große 2-Zimmerwohnung für „2400 DM kalt" an. Das ist zwar außergewöhnlich teuer, kann aber nicht als in „auffälligem Mißverhältnis" stehend qualifiziert werden. Zur Zeit wird die Wohnung noch von dem Mieter M bewohnt. M möchte jedoch ausziehen und sucht einen Nachmieter, der ihm für einige Einrichtungsgegenstände, die er in seiner neuen Wohnung nicht gebrauchen kann (Küchenzeile, Eßtisch, Teppich, Lampe usw.), eine möglichst hohe Ablöse zahlt. Mit V hat M vereinbart, daß M bestimmen darf, welcher Mietinteressent die Wohnung bekommen soll. M hat dem V nämlich 50%ige Beteiligung an der erhofften hohen Ablösesumme versprochen. Daher muß sich O mit M über die Ablösesumme geeinigt haben, bevor er mit V Kontakt aufnehmen und den Mietvertrag abschließen kann. M

---

[190] *Gössel*, BT 2, § 32 Rn. 5, 28; *Tröndle/Fischer*, § 291 Rn. 22: „Erst durch die Mitwirkung der mehreren Personen ergibt sich ein auffälliges Mißverhältnis".
[191] *Arzt/Weber*, BT, § 24 Rn. 28; *Otto*, BT, § 61 Rn. 132; *Schönke/Schröder/Stree*, § 302 a Rn. 30.

verlangt für die Einrichtungsgegenstände, die insgesamt einen Verkehrswert von 4800 DM haben, einen Kaufpreis von 9500 DM. Dies liegt knapp unter der Grenze des „auffälligen Mißverhältnisses". Die Summe aus der Mietzinsforderung des V und der Ablöseforderung des M steht zu den Leistungen, die O dafür von V und von M erhalten soll, in einem auffälligen Mißverhältnis. Der unter Zeitdruck stehende O geht auf die Bedingungen ein und schließt mit M einen Kaufvertrag und mit V einen Mietvertrag.

Die Strafbarkeit des V und des M aus § 291 I Nr. 1 bzw. Nr. 3 hängt von der Erfüllung des objektiven Tatbestandsmerkmals „auffälliges Mißverhältnis" ab. Die dafür maßgebliche Relation besteht zwischen der Wohnraumüberlassung und der Mietzinszahlung (§ 535 BGB) einerseits und der Übereignung der Einrichtungsgegenstände und der Kaufpreiszahlung (§ 433 BGB) andererseits. In beiden Relationen wird die Marke des „auffälligen Mißverhältnisses" knapp unterschritten. Da die zivilrechtlich getrennten Geschäfte aber auf Grund der zwischen V und M getroffenen Abrede zu einer wirtschaftlichen Einheit verschmolzen wurden und die Mitwirkung des V und des M an dieser Geschäftseinheit die Voraussetzungen der Mittäterschaft erfüllt, werden die Handlungen des V und des M wechselseitig zugerechnet. Das hat zur Folge, daß V sich bzw. einem Dritten (dem M) nicht nur die 2400 Mietzins, sondern auch die 9500 DM Kaufpreis und M sich bzw. einem Dritten (dem V) nicht nur die 9500 DM Kaufpreis, sondern auch noch die 2400 DM Mietzins versprechen und gewähren läßt. Bei der Errechnung des auffälligen Mißverhältnisses ist der Vergleich von Leistung und Gegenleistung nicht nach Miet- und Kaufvertrag getrennt, sondern kumulativ – Miet- und Kaufvertrag zusammenfassend – durchzuführen. Somit ergibt sich, daß sowohl V als auch M mit seiner Tatbeteiligung zur Entstehung eines auffälligen Mißverhältnisses beiträgt. Beide sind aus §§ 291 I 1 Nr. 1, 3, 25 II strafbar. § 291 I 2 braucht zur Begründung dieses Ergebnisses nicht herangezogen zu werden.

Das Beispiel zeigt, daß die praktische Relevanz der Additionsklausel sich auf die Fälle beschränkt, in denen erst die Addition der Einzelbeträge das auffällige Mißverhältnis erzeugt, die Tatbeteiligten aber, auf deren Verhalten diese Einzelbeträge beruhen, **nicht als Mittäter** zusammenwirken. In beteiligungsdogmatischen Kategorien ausgedrückt hat das Verhalten der Mitwirkenden beihilfeähnlichen[192] oder nebentäterschaftsähnlichen[193] Charakter.

78

Beispiel: (Abwandlung des Beispiels Rn. 77)
M annonciert auf eigene Faust ohne vorherige Absprache mit V geeignete Nachmieter. Wegen der großen Nachfrage kann er dem V nach kurzer Zeit den O, den P und den R präsentieren. Zuvor hat M mit O, P und R jeweils einen Kaufvertrag geschlossen, der unter der aufschiebenden Bedingung steht, daß der Käufer mit V einen Wohnungsmietvertrag schließt. Da alle drei Interessenten nach den einschlägigen mietrechtlichen Kriterien für V akzeptabel sind, hat V kein Ablehnungsrecht mehr. V, der von den Kaufverträgen des M Kenntnis hat, schließt den Mietvertrag mit O.

Da Leistung und Gegenleistung weder in dem Mietvertrag noch in dem Kaufvertrag in einem auffälligen Mißverhältnis zueinander stehen, erfüllt weder das Verhalten des M noch

---

[192] SK-*Hoyer*, § 291 Rn. 56.
[193] LK-*Schäfer/Wolff*, § 302 a Rn. 46; *Tröndle/Fischer*, § 291 Rn. 21.

das Verhalten des V den objektiven Tatbestand des Wuchers.[194] Eine Addition der Beträge als integraler Bestandteil mittäterschaftlicher Verhaltenszurechnung (oben Rn. 77) scheidet hier aus, da sich V und M nicht als Mittäter zusammengeschlossen haben. Die Beziehung zwischen den beiden Geschäftsvorgängen entspricht eher dem Muster der „Nebentäterschaft". Dennoch läßt sich die Erfüllung des Tatbestandsmerkmals „auffälliges Mißverhältnis" im Wege einer Addition begründen, wenn die Voraussetzungen der „Additionsklausel" (§ 291 I 2) gegeben sind. V und M haben jeweils als „Leistende" – V als Vermieter, M als Verkäufer – „mitgewirkt". Die Frage, „woran" sie mitgewirkt haben müssen, um in den Wirkungsbereich der Additionsklausel zu geraten, beantwortet der Gesetzestext nicht.[195] Gemeint ist wohl ein „Zusammenwirken", woraus sich als Bezugspunkt des Mitwirkens das jeweilige Tun des anderen Mitwirkenden ergibt.[196] M hat bei der Wohnungsvermietung des V mitgewirkt, indem er dem V Mietinteressenten zugeführt hat. V hat an dem Verkauf des M mitgewirkt, indem er durch Abschluß eines Mietvertrages mit O den Eintritt der aufschiebenden Bedingung und damit das Wirksamwerden des Kaufvertrages herbeigeführt hat. Durch das Zusammenwirken hat sich ein auffälliges Mißverhältnis zwischen der Summe aus Mietzins und Kaufpreis und der Summe aus den Ansprüchen des O als Mieter und Käufer ergeben. Mathematisch scheint es zwar implausibel zu sein, daß die Addition zweier Beträge, die zu zwei Gegenbeträgen jeweils in keinem auffälligen Mißverhältnis stehen, ein auffälliges Mißverhältnis zwischen den beiden durch Addition errechneten Summen erzeugen kann:[197] Angenommen, die untere Grenze des „auffälligen Mißverhältnisses" liegt bei 5: 2. Diese Grenze würde durch die Addition zweier Geschäfte mit den Relationswerten 2, 5: 1,1 und 7,5: 3, 1 nicht erreicht werden.[198] Da hier aber keine mathematische, sondern eine juristische Bewertung zugrundezulegen ist, löst sich der scheinbare Widerspruch auf. Das Verhältnis zwischen Vor- und Nachteilen kann sich durch die Vergrößerung der Volumina verschlechtern, aus der Belastungskumulation kann eine Belastungsprogression werden. Denn entsprechend dem aus der Betrugsdogmatik entlehnten Gedanken des „persönlichen Schadenseinschlags" ist es auch beim Wucher möglich, daß die Konzentration aller geschäftsbedingten Nachteile auf ein Opfer ein Verhältnis zur Summe aller geschäftsbedingten Vorteile begründet, das ungünstiger ist als die Verhältnisse zwischen Vor- und Nachteilen bei Verteilung derselben auf zwei Opfer. Dies erklärt auch, warum § 291 I 2 auf der Täterseite nur die „Ausnutzung" der Opfersituation zur Erzielung eines „übermäßigen"[199] Vermögensvorteils und nicht – wie § 291 I 1 – eine „Ausbeutung" verlangt.[200] Aus der Perspektive des Täters, der vielleicht nur den ihm zufließenden Teil-Vorteil im Auge hat, stellt sich

---

[194] Da mangels Haupttat auch eine Beihilfe ausscheidet, kann die Funktion der Additionsklausel durchaus als „Vertäterschaftlichung einer qualifizierten Form der Beihilfe zum Wucher" (so SK-*Hoyer*, § 291 Rn. 56) – vergleichbar der Funktion des Merkmals „Absatzhilfe" in § 259 I – beschrieben werden.

[195] *Kindhäuser*, NStZ 1994, 105 (108): „Schon grammatikalisch ist die Gesetzesformulierung ein Rätsel".

[196] SK-*Hoyer*, § 291 Rn. 58: Wirtschaftlicher Zusammenhang zwischen Teilgeschäften.

[197] *Lenckner*, JR 1980, 161 (163); *Maurach/Schroeder/Maiwald*, BT 1, § 43 Rn. 20; LK-*Schäfer/Wolff*, § 302 a Rn. 47; *Schönke/Schröder/Stree*, § 302 a Rn. 32; SK-*Hoyer*, § 291 Rn. 57.

[198] *Lenckner*, JR 1980, 161 (164).

[199] SK-*Hoyer*, § 291 Rn. 60: „Übermäßig" bedeutet nicht unwesentliches Übersteigen.

[200] SK-*Hoyer*, § 291 Rn. 60.

die Relation zu den Leistungen, die das Opfer erhält, als nicht so kraß unerträglich dar, wie aus der Perspektive des Opfers. Das Niveau erhöhter Anstößigkeit, die das „ausbeuten" vom bloßen „ausnutzen" unterscheidet (s.o. Rn. 69), wird auf dieser Grundlage nicht erreicht.

2. Mitwirkung des Bewucherten

Eine besondere Eigenart des Delikts Wucher ist die recht intensive aktive Mitwirkung des Opfers, die in den Tatbestandsmerkmalen „Versprechenlassen" und „Gewährenlassen" deutlich verankert ist. Diese Aktivität kann im Einzelfall so weit gehen, daß der Bewucherte als die „treibende Kraft" des Tathergangs, als „Zentralgestalt" des Geschehens erscheint und der Wucherer fast in eine Nebenrolle abgedrängt wird. Daß dennoch der **Bewucherte nicht Täter** – auch nicht Mittäter – sein kann, liegt allerdings klar auf der Hand. Denn soweit der Tatbestand durch Ausbeutung seiner Zwangslage usw. erfüllt wird, handelt es sich für ihn nicht um die Zwangslage eines „anderen".[201] Umgekehrt schließt die Dominanz des Bewucherten die Täterschaft des Wucherers nicht aus. Wird ein Wohnungsvermieter von einer Menge sich gegenseitig mit Angeboten übertrumpfender Wohnungssuchender zum Abschluß eines wucherischen Mietvertrages gedrängt, so ist er gleichwohl Täter. Allenfalls innerhalb des Interpretationsspielraums des Tatbestandsmerkmals „ausbeuten" läßt sich unter extremen Umständen ein Weg aus der Tatbestandsmäßigkeit finden.

79

Weniger eindeutig läßt sich die Frage nach einer strafbaren **Teilnahme** (Anstiftung, Beihilfe) des tatveranlassenden oder tatfördernden Bewucherten beantworten.

80

> **Beispiel:** O sucht dringend eine Wohnung. Nach mehrtägiger frustrierender Suche entschließt er sich, den Vermieter V, der eine Zweizimmerwohnung zu dem moderaten Preis von 1000 DM anbietet, mit dem Angebot einer Monatsmiete von 2000 DM zu „bestechen" und zum Abschluß eines Mietvertrages zu veranlassen. Dem O ist bewußt, daß dieser Betrag wucherisch ist. V läßt sich überreden und schließt den Mietvertrag zu den von diesem vorgeschlagenen Bedingungen.

V hat alle Tatbestandsmerkmale des § 291 I 1 Nr. 1 erfüllt. Seine Tat war auch rechtswidrig. Zwar weist die aktive Mitwirkung des O alle äußeren Merkmale einer Einwilligung auf. Diese ist im vorliegenden Kontext jedoch unbeachtlich. Dabei kann dahingestellt bleiben, ob dies nach allgemeinen Regeln Folge der Zwangslage ist. Vielmehr ist – ähnlich wie bei § 216 – der Tatbestandsfassung des § 291 I 1 selbst zu entnehmen, daß die aktive Mitwirkung des Opfers keine strafbarkeitsausschließende Wirkung haben soll. Eine weitere dogmatische Erklärung für die Unbeachtlichkeit der Einwilligung ist die eigenartige doppelspurige Rechtsgutsstruktur, die dem Wuchertatbestand zugrunde liegt (s.o. Rn. 49). O hat den Entschluß des V zur Tatbegehung hervorgerufen, ihn also zu der Tat „bestimmt". Deshalb könnte er wegen Anstiftung zum Wucher (§§ 291 I 1 Nr. 1, 26) strafbar sein. In der Literatur wird dies überwiegend ohne nähere Begründung durch schlichten Hinweis

---

[201] Anders ist es eventuell, wenn der Täter mehrere Opfer bewuchert und eines der Opfer zum Schaden der anderen besondere tatfördernde Aktivitäten entfaltet.

auf die Rechtsfigur „notwendige Teilnahme" abgelehnt.[202] Mehr dogmatische Substanz hat die auf das gleiche Ergebnis hinauslaufende Ansicht, die den Wucher als reines Vermögensdelikt und die Mitwirkung des Bewucherten einem strafrechtlichen Fundamentalprinzip folgend als reine straflose Selbstverletzung betrachtet.[203] Dem ist im wesentlichen zu folgen. Zwar ist die eindimensionale, auf den Vermögensschutz beschränkte Rechtsgutsbetrachtung nicht haltbar (s.o. Rn. 49). Dennoch ist der Vermögensgefährdung als Teil des Unrechts und der diesem Teil korrespondierenden Selbstverletzungskomponente der Einfluß auf die strafrechtliche Bewertung der Opfermitwirkung nicht zu versagen: Ähnlich wie bei anderen Straftatbeständen mit dualer Rechtsgutsstruktur – z.B. §§ 164, 315 c – ist auch beim Wucher die Mitwirkung des individuell betroffenen Vermögensinhabers straflos. O hat sich daher nicht aus §§ 291 I 1 Nr. 1, 26 strafbar gemacht.

IV. Besonders schwere Fälle

1. Allgemeines

81 Wucher ist auf der Normalstrafrahmenebene mit relativ geringer Strafe bedroht. Die Höchststrafe ist auf drei Jahre festgesetzt und liegt daher zwei Jahre unter dem Niveau von z.B. Diebstahl (§ 242 I), Erpressung (§ 253 I), Hehlerei (§ 259 I), Betrug (§ 263 I) und Untreue (§ 266 I). Auf der Ebene des Sonderstrafrahmens zieht der Wucher mit einigen dieser Delikte nicht nur gleich, sondern er überholt sie zum Teil sogar im Mindeststrafbereich. Während bei § 243 die Untergrenze auf 3 Monate steigt, sieht § 291 II – wie §§ 263 III, 266 II – sechs Jahre Mindeststrafe vor. Zur Konkretisierung des „besonders schweren Falls" bedient sich § 291 II 2 der **Regelbeispielsmethode**.

2. Regelbeispiele

a) § 291 II 2 Nr. 1

82 Unter „**wirtschaftlicher Not**" versteht man eine Situation, die durch existenzbedrohlichen Mangel an finanziellen Mitteln geprägt ist. Die Unfähigkeit zum Bestreiten des Lebensunterhalts aus eigener Kraft oder der bevorstehende Zusammenbruch eines Geschäfts, das die einzige Existenzgrundlage bildet, sind typische Indikatoren einer wirtschaftlichen Notlage.[204] Da die Notlage „durch die Tat" verursacht worden sein muß, ist das Regelbeispiel nicht erfüllt, wenn das Opfer sich schon vor der Tat in Not befand und diese Situation durch die Tat verschärft worden ist.[205]

---

[202] *Arzt/Weber*, BT, § 24 Rn. 25; *Maurach/Schroeder/Maiwald*, BT 1, § 43 Rn. 24; LK-*Schäfer/Wolff*, § 302 a Rn. 59; NK-*Kindhäuser*, § 291 Rn. 62; *Schönke/Schröder/Stree*, § 302 a Rn. 41; *Tröndle/Fischer*, § 291 Rn. 25.

[203] *Gropp*, Sonderbeteiligung, S. 190; *Herzberg*, Täterschaft, S. 134.

[204] *Schönke/Schröder/Stree*, § 302 a Rn. 44; SK-*Hoyer*, § 291 Rn. 64; *Tröndle/Fischer*, § 291 Rn. 27.

[205] *Arzt/Weber*, BT, § 24 Rn. 22; *Schönke/Schröder/Stree*, § 302 a Rn. 44; SK-*Hoyer*, § 291 Rn. 64; *Tröndle/Fischer*, § 291 Rn. 27.

b) § 291 II 2 Nr. 2

Gewerbsmäßigkeit bedeutet auch hier – wie z.B. in §§ 243 I 2 Nr. 3, 263 III 2 Nr. 1 oder 284 III Nr. 1 – die Absicht, durch wiederholte Tatbegehung eine dauerhafte und ergiebige Einkunftsquelle zu schaffen, zu erhalten und auszuschöpfen.[206] Bei Taten mit mehreren Beteiligten ist das Merkmal wegen seines engen Bezugs zur Person nichtakzessorisch zu behandeln, § 28 II.[207]

83

c) § 291 II 2 Nr. 3

Dem Versprechen von Vermögensvorteilen durch **Wechsel** attestiert das Gesetz deswegen gesteigerte Strafwürdigkeit, weil diese Art der Gegenleistungserbringung für das Opfer besonders gefährlich ist.[208] Vereinbaren die Parteien Geldzahlung, kann sich der Bewucherte dem Wucherer gegenüber auf die Nichtigkeit des Rechtsgeschäfts berufen und die Zahlung verweigern bzw. den gezahlten Betrag von ihm zurückfordern. Begibt er dagegen einen Wechsel, kann dieser vom Gläubiger leicht an einen gutgläubigen Dritten weitergegeben werden, dem gegenüber sich der Bewucherte nicht auf die wucherische Qualität des zugrundeliegenden Rechtsgeschäfts berufen kann. Der Dritte kann dann unbeschadet der Nichtigkeit dieses Rechtsgeschäfts aus dem Wechsel gegen ihn vorgehen, ohne daß er dagegen Einwendungen aus dem Geschäft mit dem Wucherer geltend machen könnte, Art. 17 WG.[209]

84

V. Kontrollfragen

1. In welchem Paragraphen war der Wuchertatbestand bis 1997 geregelt? (Rn. 48)
2. Welches Rechtsgut schützt § 291? (Rn. 49)
3. Was bedeuten die Begriffen „Individualwucher" und „Sozialwucher" (Rn. 51)
4. Wer kann Täter des Wuchers sein? (Rn. 54)
5. Was ist der Unterschied zwischen „Notlage" und Zwangslage"? (Rn. 57)
6. Was bedeutet „ausbeuten"? (Rn. 69, 70)
7. Wonach richtet sich das „auffällige Mißverhältnis"? (Rn. 72)
8. Welche Funktion hat die „Additionsklausel"? (Rn. 77)
9. Ist der Bewucherte als Teilnehmer am Wucher strafbar? (Rn. 80)
10. Welche Funktion hat § 291 II? (Rn. 81)

---

[206] SK-*Hoyer*, § 291 Rn. 65.
[207] *Schönke/Schröder/Stree*, § 302 a Rn. 49.
[208] *Schönke/Schröder/Stree*, § 302 a Rn. 47.
[209] *Arzt/Weber*, BT, § 24 Rn. 24; SK-*Hoyer*, § 291 Rn. 67.

VI. Literatur

Arzt, Zwischen Nötigung und Wucher, Festschrift für Karl Lackner, 1987, 641 ff.
Bernsmann, Zur Problematik der Mißverhältnisklausel beim Sachwucher – eine Untersuchung zu einem „dogmatischen Dunkelfeld", GA 1981, 140 ff.
Kindhäuser, Zur Struktur des Wuchertatbestand, NStZ 1994, 105 ff.
Otto, Neue Tendenzen in der Interpretation der Tatbestandsmerkmale des Wuchers beim Kreditwucher, NJW 1982, 2745
Scheffler, Zum Verständnis des Wuchers gem. § 302 a StGB, GA 1992, 1 ff.

C. Vereiteln der Zwangsvollstreckung, § 288 StGB

Übersicht   Rn.

I. Allgemeines
   1. Rechtsgut 85
   2. Systematik 86–87
II. Strafbarkeitsvoraussetzungen
   1. Objektiver Tatbestand
      a) Übersicht 88
      b) Täter 89–91
      c) Drohende Zwangsvollstreckung 92
      d) Anspruch 93–95
      e) Vermögensbestandteile 96
      f) Tathandlungen
         aa) Allgemeines 97
         bb) Beiseiteschaffen 98
         cc) Veräußern 99
         dd) Versuch und Vollendung 100
   2. Subjektiver Tatbestand 101
      a) Vorsatz 102
      b) Vereitelungsabsicht 103
III. Täterschaft und Teilnahme
   1. Allgemeines 104
   2. Mittelbare Täterschaft und Mittäterschaft 105–109
   3. Teilnahme 110–111

I. Allgemeines

1. Rechtsgut

Schutzgut des Straftatbestandes ist nicht die Funktionsfähigkeit des staatlichen Vollstreckungsapparats[210] und damit die Zivilrechtspflege,[211] sondern die Chance des Gläubigers auf zwangsweise Durchsetzung seines Anspruchs.[212] Da der Tatbestand auf Vollstreckungsaufträge begrenzt ist, die sich gegen das Vermögen des Vollstreckungsschuldners richten, dient die Vorschrift letztlich dem Schutz des **Gläubigervermögens**.[213] Daher ist die Vereitelung der Zwangsvollstreckung ein Vermögensdelikt.[214]

85

2. Systematik

Die positivgesetzliche Systematik dieses Delikts ist sehr einfach. Es gibt nur einen **Grundtatbestand** ohne tatbestandliche Abwandlungen (Qualifikations- oder Privilegierungstatbestände). Der Versuch ist nicht mit Strafe bedroht, vgl. § 23 I. Die Rechtsfolgenseite ist nachgerade spartanisch ausgestaltet: Das Gesetz kennt weder minder noch besonders schwere Fälle und demzufolge auch keine Regelbeispiele. Das typischerweise geringe öffentliche Interesse an der Verfolgung von Straftaten dieses Typs manifestiert sich in Absatz 2: Die Tat ist absolutes Antragsdelikt (aber kein Privatklagedelikt, vgl. § 374 I StPO).

86

Berührungspunkte mit anderen Straftatbeständen existieren vor allem im Verhältnis zur **Pfandkehr** (§ 289 StGB) sowie zu den **Insolvenzdeliktstatbeständen** (§§ 283 ff. StGB). Bei allen diesen Delikten nimmt der Täter typischerweise Zugriff auf eigene Vermögensgüter und beeinträchtigt damit Befriedigungs- und Sicherungsinteressen von Gläubigern, denen das Tatobjekt als Sicherheit oder Haftungssubstrat dient.

87

---

[210] Insoweit können §§ 113, 136, 156, 267 ff. StGB relevant werden.
[211] Mit einer derartigen Rechtsgutsbestimmung wäre der gesetzliche Antragsvorbehalt (§ 288 II StGB) nicht zu vereinbaren.
[212] BGH, NJW 1991, 2420; *H. Bruns*, ZStW 53 (1933), 457 (467); *Maurach/Schroeder/Maiwald*, BT 1, § 47 Rn. 3; *Wessels/Hillenkamp*, BT 2, Rn. 446; *Joecks*, § 288 Rn. 1; *Lackner/Kühl*, § 288 Rn. 1; *Schönke/Schröder/Eser*, § 288 Rn. 24; *Tröndle/Fischer*, § 288 Rn. 1.
[213] *H. Bruns*, ZStW 53 (1933), 457 (488); *Lüke*, FS Arth. Kaufmann, S. 565 (576); *Geppert*, Jura 1987, 427; *Gössel*, BT 2, § 28 Rn. 69; *Otto*, BT, § 50 Rn. 12; *Welzel*, S. 365; LK-*Schäfer*, § 288 Rn. 2.
[214] *Arzt/Weber*, BT, § 16 Rn. 32; *Rengier*, BT 1, § 27 Rn. 1; SK-*Hoyer*, § 288 Rn. 1.

II. Strafbarkeitsvoraussetzungen

1. Objektiver Tatbestand

a) Übersicht

88
- Täter: Vollstreckungsschuldner
- Tatsituation: Drohen der Zwangsvollstreckung
- Tatobjekt: Bestandteile seines Vermögens
- Tathandlung:
  - veräußern *oder*
  - beiseiteschaffen

Die Übersicht verdeutlicht, daß in § 288 I kein Erfolgsdelikt normiert ist. Für die Vollendung und Strafbarkeit der Tat ist es unerheblich, ob die Befriedigung des Gläubigers tatsächlich vereitelt wurde oder nicht.[215] Aus materiellrechtsgutsorientierter Perspektive ist die Vollstreckungsvereitelung nur der Versuch einer Befriedigungsvereitelung, der das geschützte Rechtsgut nicht einmal konkret zu gefährden braucht. Es handelt sich daher um ein **abstraktes Gefährdungsdelikt**.[216]

b) Täter

89 Die Tat hat **Sonderdeliktscharakter**,[217] da nicht jedermann, sondern nur der Gegner der drohenden Zwangsvollstreckung und Inhaber des von der drohenden Zwangsvollstreckung betroffenen Vermögens Täter sein kann.[218] Diese dogmatische Eigenart schafft einige komplizierte Probleme im Bereich von Täterschaft und Teilnahme, deren – geringe – praktische Bedeutung in umgekehrt proportionalem Verhältnis zur Häufigkeit ihrer Verwendung in Klausuren und Hausarbeiten und zum Reiz wissenschaftlich-theoretischer Beschäftigung mit ihnen stehen dürfte (näher dazu unten Rn. 106 ff.).

90 Der Täter muß nach dem Gesetzestext kumulativ zwei außerstrafrechtlich begründete Eigenschaften haben: Er muß Zielsubjekt der drohenden Zwangsvollstreckung sein (**Vollstreckungsschuldner**) und er muß Inhaber des Vermögens sein, gegen das sich die Zwangsvollstreckung richtet (**Vermögensinhaber**). Eine dritte – ungeschriebene – Eigenschaft kommt hinzu: Der Täter muß **Schuldner des materiellrechtlichen Anspruchs** sein, zu dessen Durchsetzung die Zwangs-

---

[215] *H. Bruns*, ZStW 53 (1933), 457 (467); *Lüke*, FS Arth. Kaufmann, S. 565 (578); *Arzt/Weber*, BT, § 16 Rn. 43; *Wessels/Hillenkamp*, BT 2, Rn. 446; *LK-Schäfer*, § 288 Rn. 31; *SK-Hoyer*, § 288 Rn. 2; *Schönke/Schröder/Eser*, § 288 Rn. 23.
[216] *H. Bruns*, ZStW 53 (1933), 457 (468); *Gössel*, BT 2, § 28 Rn. 70.
[217] *H. Bruns*, ZStW 53 (1933), 457 (479); *Arzt/Weber*, BT, § 16 Rn. 39; *Maurach/Schroeder/Maiwald*, BT 1, § 47 Rn. 1; *Rengier*, BT 1, § 27 Rn. 2; *LK-Schäfer*, § 288 Rn. 27.
[218] *H. Bruns*, ZStW 53 (1933), 457 (469); *Gössel*, BT 2, § 28 Rn. 74; *Joecks*, § 288 Rn. 7; *Lackner/Kühl*, § 288 Rn. 7; *Tröndle/Fischer*, § 288 Rn. 5.

C. Vereiteln der Zwangsvollstreckung, § 288 StGB

vollstreckung betrieben wird.[219] Die Vereitelung einer Zwangsvollstreckung, der die materiellrechtliche Deckung fehlt, mag zwar als Mißachtung der Institution „Zwangsvollstreckung" Unrecht sein. Im Licht des hinter § 288 stehenden Schutzgutes ist eine solche Tat aber nicht strafwürdig, da dem Vermögen des Gläubigers kein Schaden zugefügt wird.[220] Dem Schuldner des Anspruchs gleichgestellt ist, wer mit seinem Vermögen für die Erfüllung des Anspruchs **haftet**, ohne selbst Schuldner zu sein.[221]

> **Beispiele:**
>
> (1) G hat gegen T ein rechtskräftiges Urteil auf Rückzahlung eines Darlehens in Höhe von 5000 DM erstritten. Da T nicht zahlt, beauftragt G den Gerichtsvollzieher V mit der Zwangsvollstreckung. Der einzige für einen Vollstreckungszugriff in Betracht kommende Gegenstand – der Pkw des T – wird von T beiseitegeschafft.
>
> (2) Abwandlung von (1): T hat das Darlehen bereits an G zurückgezahlt. Da er dies aber nicht beweisen kann, wird er zur Zahlung verurteilt.
>
> (3) Abwandlung von (1): Nachdem das Urteil rechtskräftig geworden ist, zahlt T dem G 5000 DM.
>
> (4) Abwandlung von (1): Der beiseitegeschaffte Pkw gehörte nicht dem T, sondern dem E, der ihn dem T geliehen hat.
>
> (5) Abwandlung von (1): Ohne Wissen des T schafft dessen Freund F den Pkw beiseite.

In **Beispiel 1** erfüllt T alle täterbezogenen Tatbestandsmerkmale und somit letztlich den objektiven Tatbestand insgesamt. Die Zwangsvollstreckung droht ihm, er ist Eigentümer des von der Zwangsvollstreckung bedrohten Tatgegenstands und er ist Schuldner des materiellrechtlichen Zahlungsanspruchs, dessen Durchsetzung die Zwangsvollstreckung dient. In **Beispiel 2** und in **Beispiel 3** fehlt es jeweils an der erforderlichen dritten Tätereigenschaft. Zwar droht dem T die Zwangsvollstreckung, indessen materiellrechtlich zu Unrecht. T schuldet dem Gläubiger nichts mehr. Seine Vollstreckungsvereitelung ist deshalb keine Anspruchsvereitelung und berührt deshalb den Schutzzweck des § 288 nicht. Daß T in Beispiel 3 noch die Möglichkeit der Vollstreckungsabwehrklage (§ 767 ZPO) hat, ist in diesem Zusammenhang unerheblich. Im Fall des **Beispiels 4** droht die Zwangsvollstreckung zwar dem materiellrechtlichen Schuldner T. Jedoch verdient der Gläubiger gegen dessen Vereitelungshandlung keinen strafrechtlichen Schutz, weil die Befriedigung aus einer schuldnerfremden Sache nicht der letztlich erwünschte Zwangsvollstreckungserfolg ist. E könnte nämlich gegen die Pfändung seines Pkw mit der Drittwiderspruchsklage (§ 771 ZPO) vorgehen und damit den auf seine Kosten gehenden Befriedigungserfolg mit legalen Mitteln verhindern. In **Beispiel 5** fehlen dem F alle drei Tätereigenschaften: Er ist weder Vollstreckungs- noch Anspruchsschuldner und auch nicht Inhaber des von der Vollstreckung bedrohten Vermögensgutes.

Das Beispiel 5 zeigt, dass eine **Strafbarkeitslücke** entstehen kann, wenn eine Person zwar alle drei Tätereigenschaften aufweist (Intraneus), die tatbestandsmäßige Handlung aber nicht von ihr selbst, sondern einem anderen, dem diese

---

[219] *H. Bruns*, ZStW 53 (1933), 457 (484); *Arzt/Weber*, BT, § 16 Rn. 34; *Blei*, BT, S. 268; *Gössel*, BT 2, § 28 Rn. 72; *Wessels/Hillenkamp*, BT 2, Rn. 446; *Lackner/Kühl*, § 288 Rn. 2.
[220] SK-*Hoyer*, § 288 Rn. 3; *Schönke/Schröder/Eser*, § 288 Rn. 7.
[221] *Wessels/Hillenkamp*, BT 2, Rn. 452.

Eigenschaften fehlen (Extraneus), vollzogen wird. Eine Strafbarkeit des unmittelbar handelnden Extraneus als Gehilfe[222] würde voraussetzen, dass der Intraneus als mittelbarer Täter zur Verantwortung gezogen werden kann – was sehr fraglich ist (näher dazu unten Rn. 108). Täterstrafbarkeit des unmittelbar handelnden Nichtschuldners ist grundsätzlich ausgeschlossen, es sei denn, eine **Eigenschaftszurechnung nach § 14 ist möglich.**[223]

> **Beispiele:**
> (1) G hat gegen die S-GmbH einen Vollstreckungstitel über eine Forderung von 10 000 DM. Bevor der Gerichtsvollzieher in den Geschäftsräumen der S-GmbH zur Pfändung schreiten kann, hat der Geschäftsführer der GmbH F alle vollstreckungstauglichen Gegenstände beiseitegeschafft.
>
> (2) Abwandlung von (1): Schuldner ist der Kaufmann K, beiseitegeschafft werden die Sachen des K durch seinen Prokuristen P. K hatte den P zuvor zu dieser Tat aufgefordert.

F hat in **Beispiel 1** tatbestandsmäßig gehandelt, ist aber kein tauglicher Täter, da er weder Anspruchsschuldner noch Vollstreckungsschuldner noch Eigentümer der beiseitegeschafften Sachen ist. Alle diese tatbestandlich erheblichen Beziehungen liegen dagegen bei der S-GmbH vor. Diese kann als juristische Person jedoch nicht tatbestandsmäßig handeln. Zwar wird ihr in zivilrechtlichen Zusammenhängen das Handeln des Geschäftsführers F zugerechnet; zu einer strafrechtlichen Haftung der GmbH führt dies – von § 30 OWiG abgesehen – aber nicht. Als strafrechtlich erfaßbares Subjekt bleibt somit allein der F im Gespräch. Das Manko der tatbestandsmäßigen Tätermerkmale kann durch eine Merkmalsüberwälzung nach § 14 ausgeglichen werden. Die S-GmbH ist eine juristische Person, F ist als Geschäftsführer ihr vertretungsberechtigtes Organ. Bei der Beiseiteschaffung der Sachen hat F als Organ der GmbH agiert. Damit sind die Voraussetzungen des § 14 I Nr. 1 erfüllt. Rechtsfolge der Norm ist die Zurechnung strafbarkeitsbegründender besonderer persönlicher Merkmale der S-GmbH. Die Stellung als Anspruchsschuldner, Vollstreckungsschuldner und Eigentümer der vollstreckungsbedrohten Sachen ist ein besonderes persönliches Merkmal. F wird auf Grund des § 14 I Nr. 1 so gestellt, als nehme er selbst diese Stellung ein. Damit kann er als Täter den objektiven Tatbestand des § 288 erfüllen. In **Beispiel 2** liegt die gleiche Verteilung der objektiven Tatbestandsmerkmale auf zwei verschiedene Personen vor. K erfüllt die besonderen Tätermerkmale des § 288, vollzieht aber keine tatbestandsmäßige Handlung; P erfüllt das tatbestandsmäßige Handlungsmerkmal, weist aber die tatbestandsmäßigen Tätereigenschaften nicht auf. Wenn K nicht mittelbarer Täter ist (dazu unten Rn. 108), bleiben er und P straflos. Daran vermag auch § 14 nichts zu ändern, da dessen Voraussetzungen nicht erfüllt sind. P hat als Prokurist zwar eine Stellvertreterposition im Verhältnis zu K. Er ist aber nicht gesetzlicher Vertreter, § 14 I Nr. 3 greift also nicht ein.

---

[222] Wegen Anstiftung oder Beihilfe zu einem echten Sonderdelikt kann strafbar auch sein, wer die täterschaftsbegründende Sondereigenschaft nicht hat.
[223] *Geppert*, Jura 1987, 427 (431); *Arzt/Weber*, BT, § 16 Rn. 48; *Gössel*, BT 2, § 28 Rn. 74; *Maurach/Schroeder/Maiwald*, BT 1, § 47 Rn. 11; *Welzel*, S. 365; *Joecks*, § 288 Rn. 7; LK-*Schäfer*, § 288 Rn. 28 SK-*Hoyer*, § 288 Rn. 11.

c) Drohende Zwangsvollstreckung

Zwangsvollstreckung ist das förmliche Verfahren zwangsweiser Anspruchsdurchsetzung unter Zuhilfenahme staatlicher Vollstreckungsorgane und Vollstreckungsinstrumente.[224] Nicht geschützt ist also die der Anspruchssicherung dienende private Selbsthilfe, zu der der Gläubiger auf der Grundlage von z.B. §§ 229, 561 oder 704 S. 2 BGB befugt sein kann. Allerdings kann die Ausübung eines solchen Selbsthilferechts Indiz für das „Drohen" einer alsbaldigen Vollstreckungsmaßnahme sein. Ebenfalls außerhalb des Tatbestandes steht die Gesamtvollstreckung im Falle der Insolvenz. § 288 bezieht sich nur auf die Einzelvollstreckung, strafwürdige Angriffe auf die gerechte Gläubigerbefriedigung im Insolvenzverfahren werden von §§ 283 ff. erfaßt.[225] Die Zwangsvollstreckung braucht im Zeitpunkt der Tat noch nicht begonnen zu haben, muß aber „drohen", also in greifbarer Nähe bevorstehen. Dazu ist ausreichend, aber auch erforderlich, daß sich der Wille des Gläubigers, den Anspruch demnächst mit Vollstreckungsmaßnahmen durchsetzen zu lassen, bereits in sichtbaren und aussagekräftigen Tatsachen manifestiert hat.[226] Der Wille des Schuldners, die Forderung des Gläubigers vor der Einleitung von Vollstreckungsakten zu erfüllen, beseitigt das Tatbestandsmerkmal „Drohen" nicht, schließt aber die Absicht, die Befriedigung des Gläubigers zu vereiteln (dazu unten Rn. 103), aus. Erfüllungsbereitschaft eines Dritten sollte hingegen bereits die objektive Tatbestandsmäßigkeit ausschließen, weil anderenfalls die Straflosigkeit des Versuchs unterlaufen werden könnte. 92

> **Beispiel:** A, B und C schulden dem G auf Grund eines gemeinsam verursachten Unfalls als Gesamtschuldner Schadensersatz. Da zunächst keiner der drei Schuldner Anstalten macht, die Forderung des G zu erfüllen, kündigt dieser an, er werde notfalls gerichtliche Hilfe in Anspruch nehmen. Daraufhin schafft A alle Vermögensgüter, auf die G zwangsvollstreckend Zugriff nehmen könnte, beiseite. Dabei wußte A nicht, daß B bereits seine Bank angewiesen hatte, dem G den gesamten Anspruchsbetrag zu überweisen.

Das „Drohen" einer Zwangsvollstreckung ist die sprachlich verkürzte Beschreibung einer Ansammlung von Fakten, die eine stabile Basis für die Prognose bilden, daß der Gläubiger ernsthaft gewillt ist, demnächst Zwangsvollstreckungsmaßnahmen einzuleiten. Die Prognose ist von der Warte eines objektiven und alle relevanten Tatsachen kennenden Betrachters der Lage zu stellen. Nicht maßgeblich ist die – vielleicht beschränkte und irrtumsbehaftete – Vorstellung des Schuldners.[227] Aus diesem Grund ist hier auch die – dem A unbekannte – Anweisung des B mit in die Prognosebasis einzubeziehen. Da die Zahlung des Gesamtschuldners B auch die anderen Gesamtschuldner von ihrer Verpflichtung gegenüber G befreit, macht diese Tatsache eine Zwangsvollstreckung des G so unwahr-

---

[224] *Schönke/Schröder/Eser*, § 288 Rn. 5.
[225] *Geppert*, Jura 1987, 427.
[226] *Geppert*, Jura 1987, 427 (428); *Arzt/Weber*, BT, § 16 Rn. 36; *Gössel*, BT 2, § 28 Rn. 73; *Maurach/Schroeder/Maiwald*, BT 1, § 47 Rn. 7; *Otto*, BT, § 50 Rn. 13; *Rengier*, BT 1, § 27 Rn. 5; *Wessels/Hillenkamp*, BT 2, Rn. 448; *Joecks*, § 288 Rn. 2; *LK-Schäfer*, § 288 Rn. 12; *Lackner/Kühl*, § 288 Rn. 2; *Schönke/Schröder/Eser*, § 288 Rn. 10.
[227] *LK-Schäfer*, § 288 Rn. 12.

scheinlich, daß von einem objektiven Drohen nicht mehr gesprochen werden kann. Daß A sich gleichwohl von einer bevorstehenden Zwangsvollstreckung bedroht fühlt, vermag daran nichts zu ändern. Konstruktiv ist die Tat des A ein untauglicher Versuch der Vollstreckungsvereitelung. Dieser ist aber nicht mit Strafe bedroht, §§ 23 I, 12 II.

d) Anspruch

93 Eine Zwangsvollstreckung bezweckt die Befriedigung eines Anspruchs. Im Normalfall liegt der Zwangsvollstreckung auch tatsächlich ein Anspruch zugrunde. Die Zulässigkeit der Zwangsvollstreckung ist vom Bestehen eines Anspruchs aber nicht abhängig. Eine Zwangsvollstreckung ist also nicht deswegen rechtswidrig, weil der Anspruch, auf dessen Durchsetzung sie gerichtet ist, nicht oder nicht mehr besteht. Die Rechtmäßigkeitsvoraussetzungen der Zwangsvollstreckung sind formalisiert. Das Zwangsvollstreckungsorgan braucht die materiellrechtliche Berechtigung der Zwangsvollstreckung nicht zu prüfen. Ausreichend und erforderlich ist ein Vollstreckungstitel. Auf die Valutierung des Titels kommt es nicht an. Demzufolge kann eine Zwangsvollstreckung auch vereitelt werden, wenn dem Vollstreckungsgläubiger ein Anspruch gegen den Vollstreckungsschuldner gar nicht zusteht. Der Wortlaut des § 288 I scheint einen solchen Fall sogar zu erfassen, da dort nicht explizit von Vereitelung eines Anspruchs des Gläubigers die Rede ist. Allerdings setzt § 288 I voraus, daß der Täter in der Absicht handelt, die „Befriedigung" des Gläubigers zu vereiteln. Der Begriff „Befriedigung" bezieht sich im juristischen Sprachgebrauch auf eine Forderung, einen Anspruch, eine materiellrechtliche Position, kraft derer ihr Inhaber berechtigt ist, von dem Gegner eine Leistung zu verlangen. Somit wird in § 288 I vorausgesetzt, daß der Gläubiger ein Recht hat, um dessen Befriedigung es bei der Zwangsvollstreckung geht.[228] Dieses Recht ist nicht die formale Position des Titelinhabers, sondern die materielle Position des Anspruchsinhabers. Zudem wäre der Schutzzweck des § 288 I nicht erreichbar, wenn der Gläubiger keinen Anspruch gegen den Schuldner hätte.[229] Der Tatbestand schützt den Gläubiger vor Vermögensschäden durch Anspruchsvereitelung. Hat der Vollstreckungsgläubiger keinen Anspruch, verursacht die Vereitelungshandlung bei ihm keine Vermögensminderung.

94 Der Anspruch muß im Zeitpunkt der Tat bereits **entstanden** sein. Ausnahmsweise reicht ein noch nicht existenter Anspruch aus, sofern er gegenwärtig bereits konkretisiert und seine künftige Entstehung sicher ist.[230] Außerdem muß der Anspruch **durchsetzbar** ein, d.h. es dürfen ihm keine Einwendungen oder Einreden entgegenstehen, die seine Geltendmachung hindern könnten.[231]

---

[228] *H. Bruns*, ZStW 53 (1933), 457 (481); anders mit beachtlichen Argumenten SK-*Hoyer*, § 288 Rn. 5 ff.
[229] *Lüke*, FS Arth. Kaufmann, S. 565 (576); *Geppert*, Jura 1987, 427 (428); *Maurach/Schroeder/Maiwald*, BT 1, § 47 Rn. 4; *Otto*, BT, § 50 Rn. 14; LK-*Schäfer*, § 288 Rn. 6, 10 *Schönke/Schröder/Eser*, § 288 Rn. 7.
[230] *Schönke/Schröder/Eser*, § 288 Rn. 8.
[231] *Rengier*, BT 1, § 27 Rn. 3; *Wessels/Hillenkamp*, BT 2, Rn. 446; LK-*Schäfer*, § 288 Rn. 7; *Schönke/Schröder/Eser*, § 288 Rn. 9..

Der **Anspruchsgegenstand** muß so beschaffen sein, daß die Anspruchsbefriedigung durch Beiseiteschaffung des tatgegenständlichen Vermögensgutes vereitelt werden könnte. Daher kommen nur Ansprüche auf Zahlung eines Geldbetrages oder auf Übertragung des Vermögensgutes – z.b. Herausgabe einer Sache – in Betracht. Der rechtliche Grund der Geldforderung ist dabei ebenso gleichgültig wie der Zweck, der mit der Zahlungspflicht verfolgt wird. Die Forderung kann privatrechtlicher oder öffentlichrechtlicher Natur sein. Entgegen der h.M. sind auch Geldforderungen mit punitivem Hintergrund – Geldstrafe, Geldbuße, Wertersatzeinziehung, Verfall – geschützt.[232]

95

e) Vermögensbestandteile

Tatobjekte sind nur Bestandteile des dem Täter gehörenden Vermögens. Außer beweglichen und unbeweglichen Sachen sind das auch Forderungen und sonstige Rechte.[233] Täterfremde Vermögensgüter sind zur Erfüllung des Tatbestandes grundsätzlich untauglich.[234] Als eigenes Vermögen des Täters gilt aber das Vermögen eines Schuldners, zu dem der Täter in einem von § 14 erfaßten Verhältnis steht (s.o. Rn. 91). Seiner Art nach muß der Gegenstand der Zwangsvollstreckung unterliegen; es gilt ein **vollstreckungsrechtlicher Vermögensbegriff**.[235] Ausgeklammert sind also z.B. Sachen, die gem. § 811 ZPO – im Rahmen einer Vollstreckung von Geldforderungen[236] – unpfändbar sind.[237]

96

f) Tathandlungen

aa) Allgemeines

Die beiden Handlungsmerkmale des § 288 I stehen zueinander im Verhältnis von Ober- und Unterbegriff. Das „Veräußern" ist ein Spezial- und Unterfall des „Beiseiteschaffens". Daraus ergibt sich, daß eine Handlung das Merkmal „Veräußern" nur unter Umständen erfüllen kann, die sie zugleich als „Beiseiteschaffen" erscheinen lassen. Beide Handlungsmerkmale können in **mittelbarer Täterschaft** oder durch garantenpflichtwidriges (§ 13 I) **Unterlassen** erfüllt werden.

97

---

[232] Ebenso *Gössel*, BT 2, § 28 Rn. 72; a.A. LG Bielefeld, NStZ 1992, 284; *H. Bruns*, ZStW 53 (1933), 457 (480); *Arzt/Weber*, BT, § 16 Rn. 32; *Maurach/Schroeder/Maiwald*, BT 1, § 47 Rn. 7; *Rengier*, BT 1, § 27 Rn. 4; LK-*Schäfer*, § 288 Rn. 8; SK-*Hoyer*, § 288 Rn. 8; *Schönke/Schröder/Eser*, § 288 Rn. 5.
[233] *Schönke/Schröder/Eser*, § 288 Rn. 14.
[234] *H. Bruns*, ZStW 53 (1933), 457 (486); *Lüke*, FS Arth. Kaufmann, S. 565 (577); LK-*Schäfer*, § 288 Rn. 20.
[235] LK-*Schäfer*, § 288 Rn. 15.
[236] Etwas anderes gilt selbstverständlich, wenn wegen eines Anspruchs auf Herausgabe oder Verschaffung der Sache selbst vollstreckt wird.
[237] *H. Bruns*, ZStW 53 (1933), 457 (485); *Geppert*, Jura 1987, 427 (429), *Arzt/Weber*, BT, § 16 Rn. 33; *Gössel*, BT 2, § 28 Rn. 75; *Maurach/Schroeder/Maiwald*, BT 1, § 47 Rn. 8; *Otto*, BT, § 50 Rn. 15; *Wessels/Hillenkamp*, BT 2, Rn. 449; *Lackner/Kühl*, § 288 Rn. 3; LK-*Schäfer*, § 288 Rn. 16; SK-*Hoyer*, § 288 Rn. 12.

bb) Beiseiteschaffen

98 **Beiseiteschaffen** bedeutet die tatsächliche Verlagerung des Gegenstandes aus dem Zugriffsbereich der drohenden Vollstreckung.[238] Eine Übertragung des Rechts an dem Gegenstand auf einen neuen Inhaber – also z.b. eine Übereignung nach § 929 BGB – braucht damit nicht verbunden zu sein. Worauf es ankommt, ist, daß Vollstreckungsversuche infolge des Beiseiteschaffens ins Leere gehen. Dies trifft an sich auch auf die Zerstörung einer Sache zu. Es wäre aber eine Überdehnung des dem Terminus „Beiseiteschaffen" immanenten Wortsinns und damit ein Verstoß gegen Art. 103 II GG, wollte man die Sachzerstörung diesem Tatbestandsmerkmal unterordnen. Beiseiteschaffen eines Gegenstandes impliziert die Bewahrung des Gegenstandes in seiner stofflichen Existenz. Entgegen der h.M. ist deshalb die **Zerstörung** des Gegenstandes nicht als tatbestandsmäßiges Beiseiteschaffen anzuerkennen.[239] Auch die wertmindernde und damit die Befriedigungschancen schmälernde **Beschädigung** der Sache kann nicht unter das Merkmal „Beseitigung" subsumiert werden.[240] Richtig ist zwar, daß Zerstörung und Beschädigung den Schutzzweck des § 288 in gleicher Weise tangieren wie die Beseitigung der Sache durch Fortschaffen oder Verstecken. Solche teleologischen Überlegungen können jedoch nur in den Grenzen des natürlichen Wortsinns Berücksichtigung finden.[241] Diese Grenzen werden aber durch eine Gleichsetzung sachsubstanzvernichtender, -verschlechternder oder -vermindernder Einwirkungen mit „Beseitigung" durchbrochen. Das StGB bringt zudem an vielen Stellen durch eine zwischen „Beseitigen" und „Zerstören" – bzw. Synonyma dieser Vokabeln – differenzierende Textgestaltung zum Ausdruck, daß es die hinter diesen Worten stehenden Begriffe nicht als identisch ansieht (z.B. §§ 104 I, 109 e I, 133 I, 134, 145 II, 274 I, 303 b Nr. 2). Am deutlichsten schlägt sich dies in § 283 I Nr. 1 nieder, der sich wegen seines ähnlichen Schutzzwecks als Basis für einen auf § 288 gerichteten Umkehrschluß am besten eignet.

cc) Veräußern

99 **Veräußern** ist die rechtsgeschäftliche Verfügung über den Gegenstand, die den Übergang auf einen neuen Inhaber und damit zugleich das Ausscheiden aus dem der Zwangsvollstreckung unterliegenden Vermögen zur Folge hat.[242] Die An-

---

[238] *Geppert*, Jura 1987, 427 (430); *Arzt/Weber*, BT, § 16 Rn. 40; *Gössel*, BT 2, § 28 Rn. 78; LK-*Schäfer*, § 288 Rn. 25; *Schönke/Schröder/Eser*, § 288 Rn. 17.

[239] *Gössel*, BT 2, § 28 Rn. 79; SK-*Hoyer*, § 288 Rn. 15; *Schönke/Schröder/Eser*, § 288 Rn. 17; a.A. H. *Bruns*, ZStW 53 (1933), 457 (485); *Arzt/Weber*, BT, § 16 Rn. 42; *Maurach/Schroeder/Maiwald*, BT 1, § 47 Rn. 9; *Otto*, BT, § 50 Rn. 19; *Welzel*, S. 365; *Wessels/Hillenkamp*, BT 2, Rn. 451; LK-*Schäfer*, § 288 Rn. 25.

[240] *Welzel*, S. 365; *Wessels/Hillenkamp*, BT 2, Rn. 451; LK-*Schäfer*, § 288 Rn. 26; *Schönke/Schröder/Eser*, § 288 Rn. 17; *Tröndle/Fischer*, § 288 Rn. 10; a.A. *Lüke*, FS Arth. Kaufmann, S. 565 (578).

[241] *Lackner/Kühl*, § 1 Rn. 6; *Schönke/Schröder/Eser*, § 1 Rn. 55; *Tröndle/Fischer*, § 1 Rn. 10 a.

[242] *Lüke*, FS Arth. Kaufmann, S. 565 (577); *Geppert*, Jura 1987, 427 (429), *Arzt/Weber*, BT, § 16 Rn. 40; *Gössel*, BT 2, § 28 Rn. 77; *Otto*, BT, § 50 Rn. 16; *Wessels/Hillenkamp*, BT 2, Rn. 450; LK-*Schäfer*, § 288 Rn. 22; *Schönke/Schröder/Eser*, § 288 Rn. 15.

fechtbarkeit des Verfügungsgeschäftes nach dem Anfechtungsgesetz steht der Tatbestandsmäßigkeit nicht entgegen.[243] Der Abschluß eines auf dingliche Übertragung gerichteten schuldrechtlichen Verpflichtungsgeschäftes – z.b. eines Kaufvertrages – ist noch keine Veräußerung.[244] Denn solange das dingliche Recht noch beim Schuldner verbleibt, ist die Zwangsvollstreckung in diesen Gegenstand nicht beeinträchtigt. Da eine Auflassungsvormerkung jedoch den künftigen Erwerber bereits vor Vollstreckungsmaßnahmen von Gläubigern des Veräußerers schützt, obwohl sie die Eigentumsverhältnisse nicht verändert (§ 883 II 2 BGB), ist ihre Bestellung eine Veräußerung.[245] Aus rechtsgutstheoretischen Gründen ist keine Veräußerung eine Verfügung, die zu keiner Schmälerung der dem Gläubigerzugriff zur Verfügung stehenden Haftungsmasse führt. Erwirbt der Täter also als Gegenleistung für den veräußerten Gegenstand ein gleichwertiges und zur Befriedigung in gleicher Weise geeignetes Gut, ist seine Veräußerung kein tatbestandsmäßiges Verhalten.[246] Entsprechendes gilt, wenn die Veräußerung zum Zwecke der Anspruchsbefriedigung erfolgt und das Erlöschen des Anspruchs zur Folge hat. Zahlt der Schuldner z.B. den Forderungsbetrag an einen von mehreren Gesamtgläubigern, so hat dies Erfüllungswirkung auch den anderen Gesamtgläubigern gegenüber, § 428 S. 1 BGB. Deren Ansprüche gehen also ebenso unter wie der des Zahlungsempfängers. Da somit etwaigen Vollstreckungsmaßnahmen dieser Gläubiger die materiellrechtliche Grundlage entzogen ist, hat die Veräußerung keine vollstreckungsbeeinträchtigende Wirkung. Folglich kann sie keine tatbestandserfüllende Veräußerung sein. Die kongruente Befriedigung eines anderen Gläubigers ist darüber hinaus in der Regel auch dann keine tatbestandsmäßige Veräußerung, wenn zwischen dem befriedigten und dem unbefriedigten Gläubiger kein Gesamtgläubigerverhältnis besteht.[247] Daß die vorrangige Befriedigung des einen Gläubigers die Befriedigungschancen des anderen Gläubigers wesentlich verschlechtern kann, hat im Lichte der tatbestandlichen Schutzzwecke allenfalls für §§ 283 ff., nicht aber für § 288 Bedeutung.[248]

dd) Versuch und Vollendung

Da die objektive Tatbestandsmäßigkeit nicht vom Eintritt eines Vereitelungserfolges abhängig ist, hat die formell vollendete Tat die **materielle Struktur eines Versuchs.**[249] Der Täter kann deshalb durch Rückgängigmachung seiner Tathandlung, also durch Herbeischaffung des beiseitegeschafften oder durch Rückerwerb des veräußerten Gegenstandes den Eintritt des Vereitelungserfolges ver-

---

[243] *Lüke*, FS Arth. Kaufmann, S. 565 (577).
[244] *Welzel*, S. 365; LK-*Schäfer*, § 288 Rn. 24; SK-*Hoyer*, § 288 Rn. 13.
[245] *H. Bruns*, ZStW 53 (1933), 457 (485); LK-*Schäfer*, § 288 Rn. 23; Schönke/Schröder/Eser, § 288 Rn. 15.
[246] SK-*Hoyer*, § 288 Rn. 14.
[247] *Lüke*, FS Arth. Kaufmann, S. 565 (578); Schönke/Schröder/Eser, § 288 Rn. 16.
[248] *Geppert*, Jura 1987, 427 (429); LK-*Schäfer*, § 288 Rn. 24; nach *H. Bruns*, ZStW 53 (1933), 457 (490) fehlt es in diesem Fall an der Vereitelungsabsicht.
[249] *Welzel*, S. 188, 364; LK-*Schäfer*, § 288 Rn. 31.

hindern. Weitere Methoden der Erfolgsabwendung sind die Beschaffung neuer vollstreckungstauglicher Vermögensgüter oder schlicht die Erfüllung der Forderung des Gläubigers. Obwohl alle diese Aktionen den Charakter einer „tätigen Reue" haben, also rücktrittsähnliche Verhaltensweisen sind, kommt § 24 nicht zur Anwendung. Dem steht die formelle Vollendung des Delikts entgegen.[250] Eine Sondervorschrift über tätige Reue nach Tatvollendung enthält § 288 nicht. Die entsprechende Anwendung von Vorschriften wie z.B. § 158 I erscheint zwar vertretbar, ist aber praktisch entbehrlich, da über § 153 StPO im Ergebnis derselbe Effekt erzielt werden kann.

2. Subjektiver Tatbestand

101 Der subjektive Tatbestand besteht aus zwei Merkmalen: **Tatvorsatz** (§ 15) und **Befriedigungsvereitelungsabsicht**.

a) Vorsatz

102 Der Vorsatz – **dolus eventualis** genügt[251] – muß im Zeitpunkt des Tathandlungsvollzugs alle objektiv tatbestandsmäßigen Tatsachen umfassen. In bezug auf das Merkmal „drohende Zwangsvollstreckung" muß der Täter also Tatsachen vor Augen haben, die den Willen des Gläubigers indizieren, seinen Anspruch gegebenenfalls mit Vollstreckungsmitteln durchzusetzen. Anders als bei dem in Nötigungstatbeständen enthaltenen Tatbestandsmerkmal „Drohung" (z.B. §§ 240, 249, 253)[252] wirkt die Vorstellung der „bedrohten" Person – das „Bedrohungserlebnis" – nicht an der Erfüllung des objektiven Tatbestandsmerkmals mit.[253]

> **Beispiel:** Gläubiger G erklärt seinem Schuldner S, wenn dieser nicht bald die geschuldeten 20 000 DM zahle, werde er – G – wohl „den Gerichtsvollzieher vorbeischicken" müssen. G machte diese Äußerung im Scherz, da er keineswegs vorhat, Zwangsvollstreckungsmaßnahmen gegen S einzuleiten. S nimmt die Äußerung des G aber ernst und veräußert schleunigst alle Gegenstände, die als Vollstreckungsobjekte in Betracht kämen.

S hat sich nicht aus § 288 I strafbar gemacht, da bereits der objektive Tatbestand nicht erfüllt ist. Die Tat des S ist nur ein strafloser Versuch der Vollstreckungsvereitelung. Mangels tatsächlicher Vollstreckungsabsicht des G „droht" dem S keine Zwangsvollstreckung. Wäre der Sachverhalt im Lichte des § 240 I zu würdigen, ließe sich hingegen die Erfüllung des objektiven Tatbestandsmerkmals „Drohung mit einem empfindlichen Übel" bejahen. Denn in diesem Kontext kommt es nur darauf an, ob der Äußerungsadressat ernsthaft damit rechnet, daß der Täter das in Aussicht gestellte empfindliche Übel realisieren werde. Im Rahmen des Tatbestandes „Vereiteln der Zwangsvollstreckung" ist aber entscheidend, daß eine Zwangsvollstreckung wirklich bevorsteht.

---

[250] LK-*Schäfer*, § 288 Rn. 32; *Eckels*, NJW 1955, 1827 (zu § 46 StGB a.F.); a.A. (ebenfalls zu § 46 StGB a.F.) *Ottow*, NJW 1955, 1546.
[251] *Arzt/Weber*, BT, § 16 Rn. 44; *Gössel*, BT 2, § 28 Rn. 81; LK-*Schäfer*, § 288 Rn. 34.
[252] Dazu Teilband 1, § 3 Rn. 31; *Küpper*, BT 1, Teil I § 3 Rn. 48.
[253] LK-*Schäfer*, § 288 Rn. 12.

b) Vereitelungsabsicht

Ein objektiver Vereitelungserfolg ist keine Strafbarkeitsvoraussetzung des § 288 I. Eine vollendete Straftat kann also auch dann vorliegen, wenn es dem Gläubiger gelingt, die Befriedigung seines Anspruchs zu erreichen, z.b. durch Vollstreckung in andere Gegenstände, die beim Schuldner noch vorhanden sind. Dennoch ist die Vereitelung der Anspruchsbefriedigung für die Strafbarkeit aus § 288 nicht völlig bedeutungslos; sie ist als Absichtsinhalt auf die subjektive Tatbestandsebene verlagert. Da die Absicht des Täters somit auf einen Rechtsgutsverletzungserfolg gerichtet ist, der nicht mehr zum objektiv tatbestandsmäßigen Geschehen gehört, sondern gewissermaßen dessen subjektiv antizipierte Verlängerung ist, handelt es sich um eine sog. „überschießende Innentendenz".[254] § 288 normiert also ein sog. „kupiertes Erfolgsdelikt".[255] Mit dem Merkmal „Absicht" ist die schwächste Vorsatzform, der dolus eventualis, ausgegrenzt. Der Täter muß bei seiner Tat mit **direktem Vorsatz**, also in der sicheren Erwartung der Befriedigungsvereitelung handeln.[256] „Absicht" im engeren Sinne[257] – zielgerichtetes Wollen – ist hingegen nicht erforderlich.

103

III. Täterschaft und Teilnahme

1. Allgemeines

Der **Sonderdeliktscharakter** der Vollstreckungsvereitelung (s.o. Rn. 89) erzeugt einige Probleme in Fällen mit mehreren Tatbeteiligten. Zwar gelten die allgemeinen Regeln; jedoch produziert deren Anwendung Strafbarkeitslücken, die entweder überhaupt nicht oder nur mit besonderen – teilweise fragwürdigen – Konstruktionen geschlossen werden können.

104

2. Mittelbare Täterschaft und Mittäterschaft

Täter kann nur sein, wer selbst alle objektiven Tatbestandsmerkmale verwirklicht. In bezug auf Verhaltensmerkmale ist diese Regel zwar aufgelockert, weil in den Konstellationen der mittelbaren Täterschaft und der Mittäterschaft die Verwirklichung von Verhaltensmerkmalen im Wege der Zurechnung fremden Verhaltens möglich ist. Für **täterpersonbezogene** Merkmale gilt dies jedoch nicht. Solche Merkmale muß der Täter stets in eigener Person verwirklichen, egal ob er

105

---

[254] *Geppert*, Jura 1987, 427.
[255] *Arzt/Weber*, BT, § 16 Rn. 43; SK-*Hoyer*, § 288 Rn. 2; *Roxin*, AT 1, § 10 Rn. 84; *Jescheck/Weigend*, AT, § 26 II 5.
[256] *Arzt/Weber*, BT, § 16 Rn. 44; *Gössel*, BT 2, § 28 Rn. 82; *Maurach/Schroeder/Maiwald*, BT 1, § 47 Rn. 10; *Welzel*, S. 78, 365; LK-*Schäfer*, § 288 Rn. 36; allgemein dazu *Roxin*, AT 1, § 12 Rn. 18; *Jescheck/Weigend*, AT, § 29 III 2.
[257] Dazu *Roxin*, AT 1, § 12 Rn. 7 ff.; *Jescheck/Weigend*, AT, § 29 III 1; *Kühl*, AT, § 5 Rn. 33 ff.

die Tat als unmittelbarer, mittelbarer oder als Mittäter begeht.[258] Anderenfalls ist er nicht Täter und kann allenfalls als Teilnehmer bestraft werden. Im Rahmen des § 288 trifft dies auf die Eigenschaft als Anspruchs- und Vollstreckungsschuldner zu. Täter der Vollstreckungsvereitelung kann nur der Schuldner sein.[259]

106 Aus diesem Grund ist der Bereich der **mittelbaren Täterschaft** bei § 288 kleiner als bei sonstigen Delikten: Veranlaßt ein „Extraneus" – also eine Person, der die täterschaftsbegründende Schuldnereigenschaft fehlt – einen Schuldner durch Täuschung oder Nötigung zu einer tatbestandsmäßigen Handlung, so macht er sich dadurch nicht als mittelbarer Täter strafbar.

Beispiele:
Schuldner S veräußert vollstreckungstaugliche Bestandteile seines Vermögens, weil
(1) A ihm vorgespiegelt hat, sein Gläubiger G verzichte auf die zwangsweise Durchsetzung seines Anspruchs.
(2) A ihm vorgespiegelt hat, der dem S verbleibende Rest an Vermögensgütern reiche zur Befriedigung des G aus.
(3) A ihm vorgespiegelt hat, der Betrieb des S und mit ihm 20 Arbeitsplätze würden durch die drohende Zwangsvollstreckung vernichtet werden, wenn er nicht sein Vermögen in Sicherheit bringt.
(4) A ihn mit Todesdrohung dazu gezwungen hat.
Jeweils handelte A in Kenntnis der Tatsache, daß G's Vollstreckungsversuche infolge der Handlung des S scheitern werden.

In allen vier Beispielen verschafft sich A Herrschaft über das Handeln des S in einer Manier, die im „Normalfall" mittelbare Täterschaft begründen würde. In **Beispiel 1** versetzt A den S in einen vorsatzausschließenden Tatbestandsirrtum (§ 16 I 1) bezüglich des Tatbestandsmerkmals „drohende Zwangsvollstreckung", in **Beispiel 2** bewirkt er, daß S ohne Vereitelungsvorsatz handelt,[260] in **Beispiel 3** erregt er einen – auf rechtfertigenden Notstand (§ 34) gerichteten – Erlaubnistatbestandsirrtum und in **Beispiel 4** drängt er den S in eine rechtfertigende (Nötigungs-)Notstandssituation (§ 34).[261] Dennoch kann A nicht als mittelbarer Täter zur Verantwortung gezogen werden, da ihm jeweils die Tätereigenschaft „Schuldner" fehlt. Strafbarkeit wegen Anstiftung zur Vereitelung der Zwangsvollstreckung scheitert in den Beispielen 1, 2 und 4 am Fehlen einer subjektiv tatbestandsmäßigen (Beispiel 1, 2) bzw. rechtswidrigen (Beispiel 4) Haupttat. In Beispiel 3 läßt sich eine Strafbarkeit des A wegen Anstiftung begründen, sofern man dem Erlaubnistatbestandsirrtum nicht vorsatzausschließende Wirkung zuschreibt.[262]

---

[258] *Schönke/Schröder/Cramer*, § 25 Rn. 44.
[259] LK-*Schäfer*, § 288 Rn. 27.
[260] Es handelt sich um einen Fall des „absichtslosen dolosen Werkzeugs", vgl. *Schönke/Schröder/Cramer*, § 25 Rn. 19.
[261] Zur umstrittenen Frage, ob Nötigungsnotstand ein Fall des § 34 oder nur ein Fall des § 35 sein kann, vgl. z.B. *Lackner/Kühl*, § 34 Rn. 2 einerseits und *Schönke/Schröder/Lenckner*, § 34 Rn. 41 b andererseits.
[262] Zu diesem umstrittenen Problem vgl. *Kühl*, AT, § 20 Rn. 141.

Sind die Rollen vertauscht – der Schuldner benutzt einen Extraneus zur Tatbegehung – ist mittelbare Täterschaft nach allgemeinen Regeln ohne weiteres möglich.

107

> **Beispiel:** Schuldner S spiegelt dem W vor, eine auf seinem Grundstück stehende Luxuslimousine gehöre seinem Bekannten B, der ihm das Fahrzeug für die Dauer seines Auslandsaufenthalts geliehen habe. Tatsächlich gehört der Wagen dem S. S rechnet stündlich mit dem Eintreffen des Gerichtsvollziehers, nachdem sein Gläubiger G ihm das unmittelbare Bevorstehen von Vollstreckungsmaßnahmen angekündigt hatte. S bittet den W, den Wagen fortzuschaffen, damit sich der Gerichtsvollzieher nicht an dem „fremden Fahrzeug vergreifen" könne.

Ob W ein „Werkzeug" des S bereits auf Grund der Tatsache ist, daß ihm die täterschaftsbegründende Schuldnereigenschaft fehlt, kann hier dahingestellt bleiben (näher dazu unten Rn. 108). Denn S hat den W in einen vorsatzausschließenden Tatbestandsirrtum (§ 16 I 1) bezüglich des Tatbestandsmerkmals „Bestandteile seines [= des Schuldners] Vermögens" versetzt und damit zu seinem Werkzeug gemacht. S hat daher den Tatbestand des § 288 I als mittelbarer Täter verwirklicht.

Schwierig wird die strafrechtliche Beurteilung, wenn der einzige „Defekt" des Vordermannes, der ihn zum „Werkzeug" eines mittelbaren Täters machen könnte, das **Fehlen der Tätereigenschaft „Schuldner"** ist.

108

> **Beispiel:** Schuldner S ist durch das ständige Drängen seines Gläubigers G so entnervt, daß er sich fluchtartig in die Karibik absetzt. Dort halbwegs zur Besinnung gekommen, ruft er seinen Bruder B in Deutschland an und bittet ihn, aus seiner – des S – Wohnung alle wertvollen Gegenstände abzuholen und „in Sicherheit" zu bringen, damit sie nicht „dem Geier G in die Hände fallen". B führt den Auftrag sofort aus.

Eine Strafbarkeit von B und S aus § 288 als Täter bzw. Anstifter (§ 26) scheitert am Fehlen einer objektiv-tatbestandsmäßigen Haupttat des B. Da B nicht Schuldner ist und nicht Bestandteile „seines" Vermögens beiseitegeschafft hat, erfüllt sein Verhalten nicht den objektiven Tatbestand des § 288 I.[263] Daraus folgt, daß das Verhalten des S nicht den objektiven Tatbestand der Anstiftung zur Vollstreckungsvereitelung erfüllt. Einer Strafbarkeit des S aus § 288 I als mittelbarer Täter scheint die uneingeschränkte Willens- und Handlungsherrschaft des B entgegenzustehen. B befand sich weder in einem Irrtum noch stand er unter Druck, er entschied sich freiwillig und in Kenntnis aller strafrechtlich relevanten Fakten für seine Tat, deren Ausführung er allein und ohne fremden Einfluß steuerte. Dennoch wird von einer durchaus beachtlichen Gruppierung in der strafrechtlichen Literatur das Vorliegen einer mittelbaren Täterschaft bejaht. Die Überlegenheit des S über B – also die „Tatherrschaft" des S – ergebe sich aus dem Umstand, daß S die von § 288 geforderte Tätereigenschaft hat und B nicht. S habe deshalb anders als B die Macht, einen den Tatbestand des § 288 erfüllenden Tatsachverhalt zu erzeugen. B sei das „qualifikationslose dolose Werkzeug" des S.[264] Mit der Anerkennung dieser Fallgruppe wird jedoch das an sich sehr treffende Bild vom „menschlichen Werkzeug" verwässert und entwertet.[265] Die Gleichstellung der mittelbaren mit der unmittelbaren Täterschaft bezieht ihre Überzeu-

---

[263] *Krey*, BT 2, Rn. 291.
[264] *Jescheck/Weigend*, AT, § 62 II 7; LK-*Schäfer*, § 288 Rn. 29.
[265] *Geppert*, Jura 1987, 427 (430); *Herzberg*, Täterschaft, S. 32.

gungskraft aus der Unfähigkeit des Vordermannes, dem beherrschenden Einfluß des Hintermannes Widerstand entgegenzusetzen und die Entscheidung für oder gegen das Unrecht autonom zu treffen. Zu einer in diesem Sinne freien Entscheidung ist jemand aber nicht schon deshalb außerstande, weil er nicht Schuldner des Anspruchs und der Vollstreckung ist. B steht dem S nicht wie ein „Werkzeug" dem mittelbaren Täter sondern wie ein Angestifteter dem Anstifter gegenüber. Die Konstruktion des „qualifikationslosen dolosen Werkzeugs" ist daher abzulehnen.[266] Ein anderer Vorschlag zur Begründung einer Strafbarkeit des S stützt sich auf die Rechtsfigur „Pflichtdelikt". Diese im Zusammenhang mit anderen Straftatbeständen – z.B. Untreue (§ 266) – durchaus breite Anerkennung genießende – Lehre ersetzt bei bestimmten Straftatbeständen das Tatherrschaftskriterium durch das Kriterium der außerstrafrechtlichen Sonderpflicht. Nicht die Beherrschung des Tatvollzugs zeichne den Täter aus, sondern die Innehabung einer besonderen Pflichtenstellung. Zum Täter werde der Pflichtinhaber durch die Verletzung der Pflicht. Dafür genüge eine Aktivität, die nach allgemeinen – an der Tatherrschaft orientierten – Abgrenzungsgesichtspunkten nur Beihilfe oder Anstiftung begründen würde. Die Übertragung der Pflichtdelikts-Doktrin auf § 288[267] ist erheblichen Bedenken ausgesetzt. Es trifft nämlich nicht zu, daß der Schuldner gegenüber seinem Gläubiger eine – zivilrechtliche – Sonderpflicht hat, die Anspruchsbefriedigung zu sichern und befriedigungsgefährdende Gefährdungen seines eigenen Vermögens im Interesse des Gläubigers abzuwenden.[268] Der Schuldner steht nicht „im Lager" des Gläubigers. Wäre es anders, müßte man ernsthaft die Frage stellen, ob er sich gegen eine Klage des Gläubigers überhaupt wehren dürfte, ob er nicht vielmehr dem Gläubiger durch ein Anerkenntnis schnell zu einem obsiegenden Urteil verhelfen müßte. Da die Pflichtdelikts-Konstruktion ebenfalls nicht trägt, bleiben im Ergebnis beide Beteiligte straflos.[269]

109 Was zur mittelbaren Täterschaft gesagt wurde, gilt für die **Mittäterschaft** (§ 25 II) entsprechend: Mittäter kann nur sein, wer selbst von der drohenden Zwangsvollstreckung als Schuldner berührt ist.

3. Teilnahme

110 Anstiftung und Beihilfe sind nach allgemeinen Regeln möglich. Die Teilnehmerrolle können auch Nichtschuldner spielen. Das Fehlen der besonderen Tätereigenschaft steht nicht nur der Teilnehmerstrafbarkeit nicht entgegen, es hat auch keine Auswirkungen auf die Strafzumessung. Denn die Stellung als Vollstreckungsschuldner ist **kein besonderes persönliches Merkmal** i.S.d. § 28 I.[270] Zur unbestrittenen Anwendbarkeit des § 14 setzt sich diese Aussage nicht in Widerspruch. Denn der Begriff „besonderes persönliches Merkmal" hat im Kontext des § 28 eine andere Bedeutung als im Kontext des § 14. Es ist deshalb ohne weiteres

---

[266] *Krey*, BT 2, Rn. 292, *Wessels/Hillenkamp*, BT 2, Rn. 452.
[267] Befürwortend *Roxin*, Täterschaft und Tatherrschaft, S. 385.
[268] *Geppert*, Jura 1987, 427 (431); *Herzberg*, Täterschaft, S. 34; *Wessels/Hillenkamp*, BT 2, Rn. 452.
[269] *Herzberg*, Täterschaft, S. 34.
[270] *Geppert*, Jura 1987, 427 (431); *Herzberg*, Täterschaft, S. 127; *Arzt/Weber*, BT, § 16 Rn. 47; *Gössel*, BT 2, § 28 Rn. 74; *Otto*, BT, § 50 Rn. 21; *Wessels/Hillenkamp*, BT 2, Rn. 452; LK-*Schäfer*, § 288 Rn. 30.

möglich, daß ein Merkmal zwar besonderes persönliches Merkmal i.S.d. § 14 ist, zugleich aber nicht besonderes persönliches Merkmal i.S.d. § 28 ist.

Der subjektive Tatbestand des Anstifter- bzw. Gehilfendelikts muß sich auf eine vollendete Haupttat beziehen. Will der Teilnehmer nur eine versuchte Haupttat, ist er strafloser „agent provocateur". Bei der Vereitelung der Zwangsvollstreckung hat diese Konstellation schon deshalb keine Bedeutung, weil der Versuch nicht mit Strafe bedroht ist. Allerdings könnte man die Figur des straflosen **agent provocateur** auf den Fall projizieren, in dem ein Teilnehmer den Schuldner zu einer vollendeten Tat bestimmt – bzw. ihm bei der Tat Hilfe leistet – und dabei zugleich in der Erwartung handelt, daß die Befriedigung des Gläubigers nicht vereitelt werde.[271]

111

> **Beispiel:** A warnt den S vor einer bevorstehenden Vollstreckung des Gläubigers G und empfiehlt ihm, seine wertvollsten Vermögensstücke umgehend vor dem Gerichtsvollzieher in Sicherheit zu bringen. A weiß, daß dadurch die Befriedigung des G letztlich nicht gefährdet werden kann, weil dessen Ansprüche in dem „Rest-Vermögen" des S volle Deckung haben. S hingegen stellt sich vor, die Befriedigung des G werde mit Sicherheit vereitelt werden, wenn er die wertvollsten Gegenstände dem Vollstreckungszugriff entzieht. S hat nämlich weder über sein Vermögen noch über den Umfang der gegen ihn gerichteten Ansprüche des G einen klaren Überblick.

S hat sich als Täter aus § 288 I strafbar gemacht. Da der Eintritt eines Vereitelungserfolges keine Strafbarkeitsvoraussetzung ist, steht der Umstand, daß das Vermögen des S auch nach der Tat für eine Befriedigung des G noch ausreicht, der Strafbarkeit nicht entgegen. Da A den Tatentschluß des S hervorgerufen hat, hat er den objektiven Tatbestand der Anstiftung zur Vollstreckungsvereitelung erfüllt. Auch der Anstiftervorsatz scheint vorzuliegen, da A den S zur Begehung einer vollendeten Tat bestimmen wollte. Dennoch läßt sich die Auffassung vertreten, daß A keinen ausreichenden Anstiftervorsatz hatte und deshalb wie ein agent provocateur straflos bleibt. Die Tatvollendung, die der Vorsatz des A umfaßte, ist nämlich nur formelle Tatbestandserfüllung, aber noch keine materielle Rechtsgutverletzung. Materiell betrachtet ist die Tat, zu deren Begehung A den S bestimmen wollte, nur ein Versuch. Eine Beeinträchtigung des von § 288 geschützten Gläubigerrechts – also eine materielle Deliktsvollendung – wollte A gerade nicht herbeiführen. Daher wäre eine Bestrafung als Anstifter vom Strafgrund der Teilnahme nicht gedeckt.

IV. Kontrollfragen

> 1. Ist die Vollstreckungsvereitelung ein Erfolgsdelikt? (Rn. 88)
> 2. Wer kann Täter der Vollstreckungsvereitelung sein? (Rn. 89, 90)
> 3. Wer kann Täter des § 288 sein, wenn Schuldner eine GmbH ist? (Rn. 91)
> 4. Wann „droht" eine Zwangsvollstreckung? (Rn. 92)
> 5. Hängt die Strafbarkeit aus § 288 von einem gegen den Täter gerichteten Anspruch ab? (Rn. 93)

---

[271] *Stratenwerth*, AT, § 12 Rn. 150.

> 6. Welche Bestandteile des Schuldnervermögens werden vom Tatbestand des § 288 nicht erfaßt? (Rn. 96)
> 7. Ist die Zerstörung einer zum Schuldnervermögen gehörenden Sache ein tatbestandsmäßiges Verhalten? (Rn. 98)
> 8. Kann der Täter von seiner Tat strafbefreiend „zurücktreten"? (Rn. 100)
> 9. Woraus besteht der subjektive Tatbestand der Vollstreckungsvereitelung? (Rn. 101)
> 10. Kann der Tatbestand des § 288 in mittelbarer Täterschaft verwirklicht werden? (Rn. 106-108)
> 11. Wie wird ein Anstifter bestraft, der selbst nicht Schuldner ist? (Rn. 110)

V. Literatur

Hermann Bruns, Gläubigerschutz gegen Vollstreckungsvereitelung, ZStW 53 (1933), S. 457 ff.
Eckels, Tätige Reue bei Vollstreckungsvereitelung !, NJW 1955, 1827
Geppert, Vollstreckungsvereitelung (§ 288 StGB) und Pfandkehr (§ 289 StGB), Jura 1987, 427
G. Lüke, Die Bedeutung vollstreckungsrechtlicher Erkenntnisse für das Strafrecht, Festschrift für Arthur Kaufmann, 1993, S. 565 ff.
Ottow, Zur Frage des strafbefreienden Rücktritts vom beendeten Versuch bei Vollstreckungsvereitelung, NJW 1955, 1546

D. Pfandkehr, § 289 StGB

Übersicht   **Rn.**

I. Allgemeines
    1. Rechtsgut 112–113
    2. Systematik 114
II. Strafbarkeitsvoraussetzungen
    1. Objektiver Tatbestand
        a) Übersicht 115
        b) Täter 116
        c) Tatobjekte
            aa) Bewegliche Sachen 117
            bb) Eigentum 118
        d) Geschützte Rechte 119–123
        e) Tatopfer 124
        f) Tathandlung 125–127
    2. Subjektiver Tatbestand
        a) Struktur 128
        b) Vorsatz 129
        c) Rechtswidrige Absicht 130–131
        d) Zugunsten des Eigentümers 132–133

I. Allgemeines

1. Rechtsgut

Güter wie Geld, wertvolle bewegliche und unbewegliche Sachen, Forderungen usw. vermehren das Vermögen eines Menschen nicht nur dann, wenn er ihr vollberechtigter Inhaber (Eigentümer, Forderungsgläubiger) ist, sondern unter Umständen schon dann, wenn der Vermögensinhaber eine mindere, beschränkte Rechtsposition an solchen Gegenständen hat. Beispielsweise hat ein Recht, das seinem Inhaber die Befugnis verleiht, eine fremde Sache über einen bestimmten Zeitraum zu benutzen, ebenso einen – zwar quantitativ geringeren – wirtschaftlichen Wert wie das Eigentum an dieser Sache. Da der Gesamtwert des Vermögens durch Verluste – insbesondere die Nichtdurchsetzbarkeit von Forderungen – negativ beeinflußt werden kann, haben Rechtspositionen, die derartige Verluste verhindern oder kompensieren, ihrerseits einen positiven Vermögenswert. Sie erhalten den Vermögenswert, indem sie Vermögensverluste abwenden. Folglich sind sie Vermögensbestandteile und als solche taugliche Schutzobjekte von Vermögensstraftatbeständen. Das Strafrecht schützt sie pauschal im Rahmen von Straftatbeständen, die Straftaten gegen das Vermögen als ganzes pönalisieren, also vor allem Erpressung, Betrug und Untreue. Einen stärker auf ihre Eigenart zugeschnittenen speziellen Strafrechtsschutz genießen die Objekte, um die es hier geht, im Rahmen des Straftatbestandes Pfandkehr. § 289 schützt also das Vermögen, Pfandkehr ist deshalb ein **Vermögensdelikt**. 112

In der **Praxis der Strafgerichte** hat § 289 nur eine geringe Bedeutung.[272] Im Jahr 1998 kam es nur zu 117 Verurteilungen aus § 289 oder 288.[273] Da eine Verurteilung des Täters die Chancen des Gläubigers auf Befriedigung seines Anspruchs nicht unbedingt erhöhen wird,[274] auf der anderen Seite das Strafantragsrecht (§§ 288 II, 289 III) ein geeignetes Instrument ist, um legalen[275] Druck auf den Täter/Schuldner auszuüben, kann man sich vorstellen, daß manche Verurteilung deshalb ausgeblieben ist, weil der Gläubiger seinen Strafantrag nicht gestellt oder wieder zurückgenommen hat, nachdem die Schuld vom Täter oder einem Dritten beglichen worden ist. 113

---

[272] *Bohnert*, JuS 1982, 256 (259).
[273] Quelle: Statistisches Bundesamt, Fachserie 10: Rechtspflege, Reihe 3: Strafverfolgung, 1998, S. 29.
[274] Die Geldstrafe, zu der der Täter verurteilt wird, fließt nicht dem Geschädigten, sondern dem Staat zu. Besser steht der Verletzte, wenn das Verfahren nach § 153 a I 1 Nr. 1 StPO eingestellt wird.
[275] Dazu, daß die Drohung mit der Stellung bzw. Nichtrücknahme des Strafantrags in diesem Fall keine strafbare Nötigung ist, vgl. z.B. *Küpper*, BT 1, Teil I § 3 Rn. 61; *Wessels/ Hettinger*, BT 1, Rn. 430.

2. Systematik

114 Das Delikt tritt nur in einer (grund-)tatbestandlichen Gestalt in Erscheinung, Qualifikationen oder Privilegierungstatbestände gibt es nicht. Anders als bei § 288 ist hier jedoch der Versuch mit Strafe bedroht, § 289 II. Dies und das etwas höhere Strafrahmenniveau belegen, daß das Gesetz die Position des Forderungsgläubigers, der im Verhältnis zu seinem Schuldner durch ein eigenes Sicherungsrecht geschützt ist, höher bewertet als die Position eines Gläubigers, der nur auf die Zahlungsfähigkeit, Zahlungsbereitschaft oder auf Umfang und Bestand des vollstreckungsfähigen Vermögens seines Schuldners hoffen kann. Dennoch ist letztlich auch der Strafwürdigkeitsgehalt der Pfandkehr relativ gering, weshalb die Ausgestaltung als absolutes Antragsdelikt (§ 289 III) verständlich ist.

II. Strafbarkeitsvoraussetzungen

1. Objektiver Tatbestand

a) Übersicht

115
- Täter
  - Eigentümer *oder*
  - zugunsten des Eigentümers handelnder Nichteigentümer
- Tatobjekt
  - bewegliche Sache
  - die dem Täter gehört *oder*
  - die dem vom fremdnützig handelnden Täter begünstigten Dritten gehört
  - an der bzw. bezüglich derer ein
    - Nießbrauch *oder*
    - Pfandrecht *oder*
    - Gebrauchsrecht *oder*
    - Zurückbehaltungsrecht

  besteht
- Tathandlung
  - Wegnahme
- Tatopfer
  - Nutznießer *oder*
  - Pfandgläubiger *oder*
  - Inhaber eines Gebrauchsrechts *oder*
  - Inhaber eines Zurückbehaltungsrechts

b) Täter

Pfandkehr ist kein Sonderdelikt, Täter kann grundsätzlich jeder sein.[276] Typisch für das Delikt ist zwar, daß der **Eigentümer** der mit dem geschützten Recht belasteten Sache die Tat begeht. Deshalb stellt der Gesetzestext den Eigentümer als Täter („seine eigene bewegliche Sache") besonders heraus.[277] Wesentlich für die Täterrolle ist aber nicht die Identität von Täter und Eigentümer, sondern der Gleichklang des vom Täter verfolgten Interesses mit dem Interesse des Eigentümers der betroffenen Sache. Handelt der Täter zur Förderung des Eigentümerinteresses („zugunsten des Eigentümers"), so kann er als **Nichteigentümer** ebenso Täter der Pfandkehr sein wie ein Eigentümer, der sich selbst die Sache durch Wegnahme verschafft. Es gibt also eine eigennützige Pfandkehr (Täter Eigentümer) und eine fremdnützige Pfandkehr (Täter Nichteigentümer). Insofern kann § 289 sogar als positivgesetzliches Argument gegen eine auf das Tatinteresse abstellende subjektive Täterlehre (Täter ist, wer ein eigenes Interesse an der Tat hat)[278] verwendet werden.

116

c) Tatobjekte

aa) Bewegliche Sachen

Als Tatobjekte kommen nur **bewegliche Sachen** in Betracht. Dies und die Bezeichnung des tatbestandsmäßigen Verhaltens als „Wegnahme" (näher dazu unten Rn. 125) verleihen dem Delikt eine diebstahlsähnliche äußere Gestalt. Zum Merkmal „Sache" kann deshalb ebenso wie zum Merkmal „beweglich" auf die Erläuterungen im Kapitel „Diebstahl" verwiesen werden.[279] Für den strafrechtlichen Schutz von Besitz-, Nutzungs- und Sicherungsrechten an Grundstücken (Dienstbarkeiten, Hypotheken) ist § 289 nur insoweit zuständig, als diese Rechte sich auch auf bewegliche Sachen – insbesondere Zubehör (vgl. z.B. § 1031 BGB) – erstrecken. Die Rechtsstellung am Grundstück selbst wird – außer durch die allgemeinen Vermögensstraftatbestände wie §§ 253, 263 – durch § 123 geschützt.

117

bb) Eigentum

Die Sache muß im Fall eigennütziger Pfandkehr (dazu oben Rn. 116) im **Eigentum des Täters** („eigene bewegliche Sache") stehen, im Fall fremdnütziger Pfandkehr muß die Sache Eigentum desjenigen sein, in dessen Interesse der Täter („fremde bewegliche Sache zugunsten des Eigentümers") handelt. Gehört die Sache dem von der Tat Verletzten, fällt die Tat in den Tatbestandsbereich des § 242 oder des § 246. Steht die Sache im Miteigentum des Täters und eines Dritten, hängt es von der subjektiven Zielrichtung der Tat ab, ob § 289 oder § 242 oder beide Tatbestände erfüllt sind. Dabei kann es zu der eigenartigen Konstellation

118

---

[276] *Gössel*, BT 2, § 18 Rn. 101.
[277] *Herzberg*, Täterschaft, S. 126 (zu § 288).
[278] Vgl. z.B. BGHSt 37, 289 (293): „Dabei handelte er aus eigenem Interesse am Taterfolg".
[279] Teilband 1, § 1 Rn. 11 ff.

kommen, daß die Sache für den Täter zugleich eine „eigene" – im Verhältnis zum Inhaber des von § 289 geschützten Rechts – und eine „fremde" – im Verhältnis zum Miteigentümer – ist.

Beispiele:

A und B sind Miteigentümer eines Pkw. Gemeinsam beauftragen sie den W mit der Reparatur des defekten Fahrzeugs.

(1) Gemeinsam nehmen A und B dem W den Wagen weg, weil sie die Rechnung nicht bezahlen wollen und W die Herausgabe unter Berufung auf sein Werkunternehmerpfandrecht (§ 647 BGB) verweigert.

(2) A nimmt dem W den Wagen weg. Er hat nicht vor, die Rechnung des W zu bezahlen. Über den Pkw will A künftig unter Ausschluß des B allein verfügen.

(3) Nachdem A das Überweisungsformular, mit dem er seine Sparkasse beauftragt, den Rechungsbetrag von seinem Konto abzubuchen und dem Konto des W gutzuschreiben, in den Briefkasten der Sparkasse geworfen hat, nimmt er dem W den Pkw weg. Er will künftig über den Wagen unter Ausschluß des B allein verfügen.

In **Beispiel 1** haben sich A und B mittäterschaftlicher Pfandkehr (§§ 289 I, 25 II) schuldig gemacht. Hinsichtlich der Eigentumsverhältnisse an dem Pkw (eigene oder fremde Sache?) sind zwei Deutungen möglich: Da sowohl A als auch B Miteigentümer sind, kann man sagen, daß sich jeder Mittäterbeitrag auf eine „eigene" Sache bezieht. Legt man dagegen den Akzent auf den jeweiligen Miteigentumsanteil des anderen, bezieht sich der Mittäterbeitrag auch auf eine „fremde" Sache. Weil aber keiner von beiden zum Nachteil des anderen an der ursprünglichen Miteigentümerkonstellation etwas ändern wollte, handelten beide nicht nur im eigenen Interesse, sondern zugleich „zugunsten" des anderen Miteigentümers. Deshalb bleibt die Tat auch in bezug auf den anderen Miteigentumsanteil im tatbestandlichen Bereich des § 289. Diebstahl liegt dagegen nicht vor, da keiner den anderen enteignen wollte und es deshalb an der Zueignungsabsicht fehlt. Anders liegen die Dinge in **Beispiel 2:** A hat sich wiederum wegen Pfandkehr strafbar gemacht, weil er mit der Entziehung des den Werklohnanspruch sichernden Pfandobjekts zugleich die Befriedigung des W vereiteln wollte. Obwohl er nicht der alleinige Eigentümer des Pkw war, ist dieser im Verhältnis zu W eine „eigene Sache". Daher kommt es nicht darauf an, ob A mit der Wegnahme „zugunsten des (Mit-)Eigentümers" B handelte. Für die Begründung der Strafbarkeit aus § 289 unschädlich ist somit der Umstand, daß A gerade nicht zugunsten des B handelte, sondern diesen vielmehr aus seiner Miteigentümerposition verdrängen wollte. Dies hat jedoch zur Folge, daß A zusätzlich zu den Strafbarkeitsvoraussetzungen der Pfandkehr auch noch die des Diebstahls erfüllt hat. Da er nicht Alleineigentümer des Pkw war, war dieser für ihn im Verhältnis zu B eine fremde Sache.[280] Die im subjektiven Tatbestand des § 242 erforderliche Zueignungsabsicht ist gegeben. Denn A wollte den Miteigentümer B dauernd enteignen und sich selbst den Anteil des B aneignen. In **Beispiel 3** hat sich A nur aus § 242 strafbar gemacht. Pfandkehr scheidet aus, da A nicht „in rechtswidriger Absicht" (näher dazu unten Rn. 130) handelte. Zwar war das akzessorische Pfandrecht des W im Zeitpunkt der Wegnahme noch nicht erloschen, da die Forderung des W erst mit der Gutschrift des Rechnungsbetrages auf dessen Konto durch Erfüllung untergegangen ist. Deshalb kann man durchaus behaupten, A habe mit der Absicht gehandelt, das noch bestehende Pfandrecht des W zu beeinträchtigen. Jedoch kann dies eine

---

[280] Teilband 1, § 1 Rn. 22.

Strafbarkeit aus § 289 nicht tragen. Da das Pfandrecht nur eine sichernde Funktion in bezug auf den Werklohnanspruch hat, darf die innere Einstellung des A zu den Aussichten des W auf Durchsetzung seines Anspruchs nicht unberücksichtigt bleiben. A stellte sich vor, W werde in den nächsten Tagen „sein Geld" bekommen. Er hatte also nicht die Absicht, die Rechtsstellung des W als Gläubiger und Pfandrechtsinhaber zu beeinträchtigen.

c) Geschützte Rechte

Die Sache muß mit einem Recht belastet sein, welches dem Opfer eine rechtliche Position verschafft, die es ihm gestattet, entweder die Sache unter Ausschluß ihres Eigentümers zu besitzen – teilweise sogar sie zu benutzen – oder zumindest die **Fortschaffung durch den Eigentümer zu untersagen**. Im einzelnen berücksichtigt § 289 I Nutznießungsrechte, Pfandrechte, Gebrauchs- und Zurückbehaltungsrechte. Nicht erfaßt ist das Sicherungseigentum, das eine ähnliche Funktion hat wie das Pfandrecht, bei dem der Besitz an der Sache aber in der Regel beim Sicherungsgeber verbleibt. Das Sicherungseigentum wird strafrechtlich wie „Volleigentum" behandelt. Beeinträchtigungen durch den Sicherungsgeber oder Dritte erfüllen deshalb in erster Linie den Tatbestand der Unterschlagung (§ 246).[281] Umgekehrt ist der Sicherungsgeber als Inhaber eines Gebrauchsrechts in den Schutzbereich des § 289 einbezogen.[282]

119

Mit der Erwähnung des „**Nutznießers**" bezieht sich § 289 auf das Nießbrauchsrecht der §§ 1030 ff. BGB und das Nutzungsrecht der Eltern am Vermögen ihrer minderjährigen Kinder gem. § 1649 II BGB.

120

Die von § 289 erfaßten **Pfandrechte** können durch Rechtsgeschäft (§ 1205 BGB) oder gesetzlich entstanden sein.[283] Zur zweiten Kategorie gehören insbesondere das Vermieterpfandrecht (§ 559 BGB), das Pfandrecht des Verpächters (§ 581 II BGB), das Werkunternehmerpfandrecht (§ 647 BGB) und das Pfandrecht des Gastwirts (§ 704 BGB). Das Pfandrecht sichert eine Forderung und ist als akzessorisches Sicherungsrecht von ihrem Bestand abhängig, § 1252 BGB. Zu beachten ist aber, daß die Verjährung des gesicherten Anspruchs das Recht des Gläubigers, Anspruchsbefriedigung aus der verpfändeten Sache zu suchen, nicht hindert, § 223 I BGB. Dementsprechend entfällt der strafrechtliche Schutz des § 289 zwar mit Erlöschen des gesicherten Anspruchs, nicht aber mit dem Eintritt seiner Verjährung. Davon zu unterscheiden sind Einreden, die sich gegen das Pfandrecht selbst richten, § 1254 BGB. Der dann entstehende Rückgabeanspruch des Verpfänders bzw. Eigentümers schließt jedenfalls die subjektive Tatbestandsmäßigkeit einer eigenmächtigen Wegnahme aus (näher dazu unten Rn. 131).

121

Das im Zuge einer Zwangsvollstreckung durch Pfändung entstehende **Pfändungspfandrecht** (§ 804 ZPO) genießt als Begleiterscheinung der öffentlichrechtlichen Verstrickung der Sache strafrechtlichen Schutz bereits nach § 136 I (Verstrickungsbruch).[284] Ob es daneben auch dem Tatbestand der Pfandkehr unter-

122

---

[281] Teilband 1, § 2 Rn. 16.
[282] *Gössel*, BT 2, § 18 Rn. 108; LK-*Schäfer*, § 289 Rn. 5.
[283] *Gössel*, BT 2, § 18 Rn. 106; *Rengier*, BT 1, § 28 Rn. 3.
[284] *Arzt/Weber*, BT, § 16 Rn. 26; *Gössel*, BT 2, § 18 Rn. 107; *Krey*, BT 2, Rn. 286.

fällt,[285] hängt davon ab, welche vollstreckungsrechtliche Konstruktion ihm zugrundegelegt wird.[286] In der Diskussion um die „Rechtsnatur des Pfändungspfandrechts" stehen eine privatrechtliche, eine öffentlichrechtliche und eine gemischt privat-öffentlichrechtliche Theorie.[287] Für die – heute überholte – privatrechtliche Theorie ist die Betonung der Akzessorietät des Pfandrechts kennzeichnend. Danach kann ein Pfändungspfandrecht nur zur Entstehung kommen, wenn der Anspruch, dessentwegen die Zwangsvollstreckung erfolgt, tatsächlich existiert.[288] Nach der öffentlichrechtlichen Theorie ist das Pfändungspfandrecht Folge der Verstrickung der gepfändeten Sache. Diese ist unabhängig vom Bestehen eines materiellrechtlichen Anspruchs. Folglich setzt danach auch das Pfändungspfandrecht keinen wirklich bestehenden Anspruch voraus.[289] Die (herrschende)[290] gemischt privatrechtlich-öffentlichrechtliche Theorie differenziert zwischen den Entstehungsbedingungen der – für die Rechtmäßigkeit der Verwertung allein maßgeblichen – Verstrickung und des Pfändungspfandrechts. Letzteres setzt außer einer wirksamen Verstrickung der Sache auch das Bestehen eines materiellrechtlichen Anspruchs voraus.[291] Die strafrechtliche Relevanz dieser Theorien zum Pfändungspfandrecht ist folgende: Da § 289 nicht allein die formale Rechtsposition des Pfandrechtsinhabers, sondern den durch das Pfandrecht gesicherten – und den Wert des Gesamtvermögens letztlich beeinflussenden – materiellrechtlichen Anspruch schützt,[292] korrespondiert die Einbeziehung des Pfändungspfandrechts in den Tatbestand des § 289 dem zugrundeliegenden Schutzzweck nur, wenn im konkreten Fall dieser Anspruch besteht. Da dies aber nach der öffentlichrechtlichen Theorie keine Entstehungsvoraussetzung des Pfändungspfandrechts ist, müssen Anhänger dieser Theorie bei der Anwendung des § 289 differenzieren: Auf der Grundlage dieser Theorie gibt es sowohl Pfändungspfandrechte, die dem Tatbestand des § 289 unterfallen, als auch solche, die dem Tatbestand des § 289 nicht unterfallen. Letztere sind diejenigen, bei denen es an einer Forderung des Vollstreckungsgläubigers fehlt.[293]

---

[285] Bejahendenfalls in Idealkonkurrenz (§ 52) mit § 136; *Gössel*, BT 2, § 18 Rn. 107; *Krey*, BT 2, Rn. 287.
[286] *Lüke*, FS Arth. Kaufmann, S. 565 (578); *Rengier*, BT 1, § 28 Rn. 5; pauschal gegen die Einbeziehung des Pfändungspfandrechts *Lackner/Kühl*, § 289 Rn. 1; ohne Differenzierung für die Einbeziehung des Pfändungspfandrechts *Geppert*, Jura 1987, 427 (433); *Gössel*, BT 2, § 18 Rn. 107; *Haft*, BT, S. 257; *Kindhäuser*, BT II/1, § 10 Rn. 4; *Krey*, BT 2, Rn. 287; *Maurach/Schroeder/Maiwald*, § 37 Rn. 15; *Otto*, BT, § 50 Rn. 2; *Wessels/Hillenkamp*, BT 2, Rn. 440; LK-*Schäfer*, § 289 Rn. 4; *Tröndle/Fischer*, § 289 Rn. 1.
[287] *Paulus*, Zivilprozeßrecht, Rn. 560 ff.; *Brox/Walker*, Zwangsvollstreckungsrecht, Rn. 379 ff.; *V. Lipp*, JuS 1988, 119 ff.
[288] *Paulus*, Zivilprozeßrecht, Rn. 563; *Brox/Walker*, Zwangsvollstreckungsrecht, Rn. 380.
[289] *Paulus*, Zivilprozeßrecht, Rn. 564; *Brox/Walker*, Zwangsvollstreckungsrecht, Rn. 381.
[290] *Brox/Walker*, Zwangsvollstreckungsrecht, Rn. 393.
[291] *Paulus*, Zivilprozeßrecht, Rn. 566; *Brox/Walker*, Zwangsvollstreckungsrecht, Rn. 383.
[292] *Lüke*, Arth. Kaufmann, S. 565 (578); SK-*Hoyer*, § 289 Rn. 5.
[293] *Schönke/Schröder/Eser*, § 289 Rn. 4; unklar SK-*Hoyer*, § 289 Rn. 5.

Gebrauchsrechte können privatrechtlicher oder öffentlichrechtlicher, dinglicher oder schuldrechtlicher Natur sein, auf Rechtsgeschäft oder Gesetz beruhen. Dasselbe gilt für **Zurückbehaltungsrechte** (z.B. §§ 273, 972 BGB).

123

d) Tatopfer

Die Person des Tatopfers[294] korrespondiert dem tatbestandlich geschützten Recht. Der von der Tat Betroffene muß also **Nutznießer, Pfandgläubiger, Gebrauchs-** oder **Zurückbehaltungsrechtsinhaber** sein. Darüber hinaus muß er **Wegnahmebetroffener** sein, also in bezug auf die tatgegenständliche Sache eine tatsächliche Herrschaftsposition haben, die Voraussetzung einer gegen ihn gerichteten Wegnahme ist (näher dazu unten Rn. 125).

124

> **Beispiel:** E hat zur Sicherung einer Darlehensrückzahlungsforderung seinen Pkw dem Darlehensgeber G verpfändet. Da E das Darlehen nicht zurückzahlen kann, er aber seinen Pkw zurückhaben möchte, bittet der den T, dem G das Fahrzeug wegzunehmen. T erfüllt dem E die Bitte und stellt den Wagen zunächst in seine Garage. Als E den Wagen von T herausfordert, erklärt dieser, er habe beschlossen, das Fahrzeug zu behalten. Daraufhin bricht E nachts die Garage des T auf und holt sich seinen Wagen zurück.

T hat sich aus § 289 I strafbar gemacht, als er dem G den Pkw wegnahm. Da T den Auftrag des E ausführen wollte, handelte er zugunsten des Eigentümers. G war im Zeitpunkt der Tat nicht nur Pfandgläubiger, sondern auch Besitzer bzw. Gewahrsamsinhaber. Folglich war er taugliches Opfer der Tat des T. E hat sich wegen Anstiftung zur Pfandkehr (§§ 289 I, 26) strafbar gemacht, indem er den T um die Wegnahme des Wagens bat. Mit der eigenmächtigen Verschaffung des in der Garage des T stehenden Pkw hat sich E hingegen nicht aus § 289 strafbar gemacht. Zwar war G immer noch Pfandrechtsinhaber, da der unfreiwillige Besitzverlust nicht zum Erlöschen des Pfandrechts führte (vgl. § 1253 BGB). Da er aber keinen Besitz und/oder Gewahrsam mehr an dem Fahrzeug hatte, richtete sich die Wegnahmehandlung des E nicht gegen ihn, sondern allein gegen T. Dieser wiederum ist nicht Pfandgläubiger.

e) Tathandlung

Das tatbestandsmäßige Verhalten trägt in § 289 I die Bezeichnung (substantiviert) „**Wegnahme**" und stimmt somit jedenfalls sprachlich mit dem Handlungsmerkmal des Diebstahls- und Raubtatbestandes (§§ 242 I, 249 I)[295] überein. In der Sache besteht auch kein Zweifel daran, daß eine Tat, die alle Voraussetzungen einer Wegnahme i.S.d. § 242 I erfüllt, also Bruch fremden und Begründung neuen Gewahrsams ist,[296] das Handlungsmerkmal der Pfandkehr erfüllt.[297] Dies ist jedoch nur in Fällen möglich, in denen der betroffene Rechtsinhaber – Pfandgläubiger usw. – Gewahrsam an der Sache hat. Andere Arten der Beein-

125

---

[294] Mit der die Antragsbefugnis verbunden ist, §§ 77, 289 III.
[295] Außerdem: §§ 168 I, 274 I Nr. 3.
[296] Teilband 1, § 1 Rn. 37.
[297] *Otto*, Jura 1992, 666 (667); *Arzt/Weber*, BT, § 16 Rn. 25; *Rengier*, BT 1, § 28 Rn. 6.

trächtigung des Gläubigerrechts – z.B. durch Zerstörung oder Beschädigung der Sache – sind nicht tatbestandsmäßig.[298]

126 Fraglich ist die Möglichkeit einer tatbestandsmäßigen Wegnahme deshalb in Fällen, in denen mit dem Erwerb des Rechts von vornherein kein Erwerb des Besitzes und/oder Gewahrsams verbunden ist, dem Rechtsinhaber die Stellung des Gewahrsamsinhabers im Zeitpunkt der Tat nicht – wie im obigen Beispiel (Rn. 124) – auf Grund späteren Verlusts, sondern auf Grund der rechtlichen Struktur seines Rechts fehlt. Dies betrifft insbesondere die **besitzlosen Pfandrechte**, in erster Linie das Pfandrecht des Grundstücks- oder Wohnraumvermieters (Vermieterpfandrecht), §§ 559, 580 BGB.[299] Denn den Besitz und Gewahrsam an den in die gemietete(n) Räumlichkeit(en) eingebrachten – und infolgedessen dem Vermieterpfandrecht unterliegenden – beweglichen Sachen behält der Mieter. Der Vermieter erwirbt zwar ein Pfandrecht an diesen Sachen, Besitzer wird er hingegen damit noch nicht.[300] Er hat nämlich über die vermietete(n) Räumlichkeit(en) keine Sachgewalt. Betritt der Vermieter die vermieteten Räume ohne Erlaubnis des Mieters, begeht er Hausfriedensbruch (§ 123).[301] Schafft der Mieter – oder mit seinem Einverständnis ein Dritter – diese Sachen aus der gemieteten Wohnung heraus, bricht er keinen fremden Gewahrsam und erfüllt somit nicht die Voraussetzungen des in § 242 I enthaltenen Wegnahmebegriffs. Allerdings zwingt die Verwendung ein und desselben Wortes in verschiedenen Straftatbeständen nicht zur Annahme vollkommen identischer Begriffselemente. Da der Kontext, von dem ein Begriff eingerahmt ist, Einfluß auf den Begriffsinhalt haben kann, erscheint es durchaus plausibel, daß der Begriff „Wegnahme" im Zusammenhang mit § 289 einen anderen Bedeutungsgehalt hat als im Zusammenhang mit § 242.[302] Einheit und Widerspruchsfreiheit der Rechtsordnung werden dadurch nicht erschüttert. Methodologisch nennt man dies „Relativität der Rechtsbegriffe".[303] Vor allem die unterschiedlichen Schutzgüter der Straftatbestände bieten sich als Anknüpfungspunkte für eine differenzierte Auslegung des Merkmals „Wegnahme" an. Diebstahl ist ein Angriff auf das Rechtsgut „Eigentum", also die vollkommenste und umfassendste dingliche Herrschaft über eine Sache (§ 903 BGB). Ihre adäquate faktische Manifestation findet diese Rechtsmacht in der Stellung als Gewahrsamsinhaber. Der einschneidendste Eingriff in das Eigentum ist deshalb die Entziehung dieser Herrschaftsstellung. Die sachbezogene Rechtsstellung des Pfandgläubigers ist dagegen auf den Sicherungszweck be-

---

[298] *Laubenthal*, JA 1990, 38 (40).
[299] Außerdem die Pfandrechte der §§ 592, 704 BGB; *Bohnert*, JuS 1982, 256 (259) Fn. 40; *Joerden*, JuS 1985, 20 (23).
[300] Anders, wenn er von seinem Selbsthilferecht (§ 561 BGB) Gebrauch macht, *Bohnert*, JuS 1982, 256 (259).
[301] *Küpper*, BT 1, Teil I § 5 Rn. 10; *Otto*, BT, § 35 Rn. 2; *Joecks*, § 123 Rn. 25; *Lackner/Kühl*, § 123 Rn. 2.
[302] *Laubenthal*, JA 1990, 38 (41); LK-*Schäfer*, § 289 Rn. 8.
[303] *Vogel*, Juristische Methodik, S. 58 Fn. 24; ausführlich zum Wegnahme-Begriff des § 289 *Demko*, Zur „Relativität der Rechtsbegriffe" in strafrechtlichen Tatbeständen, Diss. Potsdam, 2000, B II 2 (S. 255 ff.).

schränkt. Befugnisse, deren Ausübung den alleinigen Gewahrsam an der Sache voraussetzt, gewährt das Pfandrecht nicht. Als tatsächliches Fundament des Pfandrechts reicht deshalb eine Beziehung zu der Sache, die lockerer und schwächer ist als die Beziehung des Gewahrsams. Folglich genügt als tatbestandsmäßige pfandrechtsverletzende Handlung eine Aufhebung dieser Beziehung. Eines Gewahrsamsbruchs bedarf es dazu nicht.[304] Die h.M. zieht daraus zutreffend die Konsequenz, als „Wegnahme" i.S.d. § 289 I jede Entfernung der Sache aus dem Machtbereich des Pfandrechtsinhabers anzuerkennen.[305] Für diese Ansicht spricht zudem, daß sie eine Ausgrenzung der besitzlosen Pfandrechte aus dem Tatbestand der Pfandkehr vermeidet. Die Gegenmeinung, die „Wegnahme" in § 289 I wie in § 242 I als Bruch fremden und Begründung neuen Gewahrsams versteht, beruft sich auf die Strafrahmendifferenz zwischen § 289 und § 288 und erklärt die höhere Strafe des § 289 mit dem Erfordernis eines Eingriffs in fremden Gewahrsam.[306]

> **Beispiel:** V hat dem Studenten M in seinem Haus ein Zimmer vermietet. In der ersten Woche der Semesterferien zieht M unter Mitnahme sämtlicher Sachen heimlich aus, ohne dem V Bescheid zu sagen. M hat die letzten drei Monatsmieten noch nicht bezahlt. Einen wertvollen Fotoapparat hatte sich V vorsichtshalber aus dem Zimmer des M geholt, als dieser in einer Vorlesung saß. Auch diesen Fotoapparat, den V in seinem Wohnzimmerschrank aufbewahrte, nahm M bei seinem Auszug mit.

M hat sich durch die Mitnahme des Fotoapparats aus § 289 I strafbar gemacht. Der Streit um die Auslegung des Tatbestandsmerkmals „Wegnahme" ist hier unerheblich, da V im Zeitpunkt der Tat Gewahrsam an dem Apparat hatte und M folglich auch nach der engeren Auffassung eine Wegnahme begangen hat.[307] Die Fortschaffung der anderen vom Vermieterpfandrecht des V erfaßten Sachen ist zumindest als Vereitelung der Zwangsvollstreckung aus § 288 strafbar, sofern mit einer zwangsweisen Durchsetzung der Mietzinsforderungen durch V zu rechnen war. Strafbarkeit als Pfandkehr ist bezüglich dieser Gegenstände nach h.M. ebenfalls begründet, obwohl M insofern keinen Gewahrsam des V gebrochen hat. Die von der h.M. vertretene weitere Auslegung des Wegnahmebegriffs trägt dieses Ergebnis. Nach der Mindermeinung hat M hingegen dem V außer dem Fotoapparat nichts weggenommen und deshalb bezüglich der anderen Sachen keine Pfandkehr begangen.

Erinnert sei in diesem Zusammenhang daran, daß § 289 einen engen Bezug zu einem „klassischen" Problem aus dem Bereich von **Raub** und (räuberischer) **Erpressung** aufweist: Die umstrittene Frage, ob der objektive Tatbestand der Er-

127

---

[304] *Kindhäuser,* BT II/1, § 10 Rn. 8.
[305] *Gössel,* BT 2, § 18 Rn. 113; *Haft,* BT, S. 258; *Rengier,* BT 1, § 28 Rn. 7; *Welzel,* S. 367; *Wessels/Hillenkamp,* BT 2, Rn. 442; *Lackner/Kühl,* § 289 Rn. 3; LK-*Schäfer,* § 289 Rn. 12; *Tröndle/Fischer,* § 289 Rn. 2; unentschieden *Blei,* BT, S. 269; *Krey,* BT 2, Rn. 284.
[306] *Joerden,* JuS 1985, 20 (23); *Otto,* Jura 1992, 666 (667); *Laubenthal,* JA 1990, 38 (42); *Arzt/Weber,* BT, § 16 Rn. 29; *Maurach/Schroeder/Maiwald,* BT 1, § 37 Rn. 16; *Otto,* BT, § 50 Rn. 7; *Joecks,* § 289 Rn. 3; SK-*Hoyer,* § 289 Rn. 1, 10; *Schönke/Schröder/Eser,* § 289 Rn. 8; im Ergebnis ebenso – mit anderer Begründung – *Bohnert,* JuS 1982, 256 (260).
[307] *Bohnert,* JuS 1982, 256 (257).

pressung das (ungeschriebene) Merkmal „Vermögensverfügung" enthält, erlangt eine gewisse praktische Bedeutung unter anderem in Fällen, in denen der Eigentümer eine bewegliche Sache dem Inhaber eines von § 289 geschützten Rechts wegnimmt und dabei die Nötigungsmittel „Gewalt gegen die Person"[308] oder „Drohung mit gegenwärtiger Gefahr für Leib oder Leben"[309] anwendet.[310]

> **Beispiel** (Abwandlung von oben Rn. 126): M wird von V dabei überrascht, wie er den von V „sichergestellten" Fotoapparat aus dem Wohnzimmerschrank nehmen will. Nachdem er den V mit einem wuchtigen Faustschlag ins Gesicht zu Boden gestreckt hat, verläßt M unter Mitnahme des Fotoapparats das Haus.

M hat sich unzweifelhaft wegen Hausfriedensbruch (§ 123), Körperverletzung (§ 223), Nötigung (§ 240) und Pfandkehr (§ 289) strafbar gemacht. Eine Verbindung der Nötigung mit der Wegnahme des Fotoapparats zur Begründung der Strafbarkeit aus einem weiteren Straftatbestand stößt auf Probleme: Eindeutig nicht erfüllt ist der objektive Tatbestand des Raubes (§ 249 I), da M keine fremde, sondern eine eigene Sache weggenommen hat. Derselbe Grund stünde übrigens einer Strafbarkeit aus § 252 entgegen, wenn M den V nicht vor, sondern nach der Wegnahme des Fotoapparats niedergeschlagen hätte. Denkbar ist jedoch Strafbarkeit wegen räuberischer Erpressung aus §§ 253, 255. Denn M hat durch Anwendung von Gewalt gegen die Person des V diesen zur Duldung der Wegnahme des Fotoapparats genötigt und dem Vermögen des V dadurch einen Schaden zugefügt. Ob allerdings die dieser Subsumtion zugrundeliegende Interpretation des Tatbestandsmerkmals „Duldung" (§ 253 I) trägt, ist bekanntlich heftig umstritten. Die Rechtsprechung und ein Teil der Literatur[311] negieren ein den Erpressungstatbestand einschränkendes Merkmal „Vermögensverfügung" und kommen so konsequent zur Anwendung der §§ 253, 255 in unserem Fall. Die überwiegende Ansicht in der Literatur[312] tendiert in die Gegenrichtung und verlangt eine Vermögensverfügung des Genötigten, an der es jedenfalls dann fehle, wenn sich der Täter ohne Mitwirkung des Tatopfers die Sache durch Wegnahme verschafft.[313]

2. Subjektiver Tatbestand

a) Struktur

128 Der subjektive Tatbestand setzt sich entweder aus zwei oder aus drei Merkmalen zusammen, je nachdem, ob es sich um eigennützige oder fremdnützige Pfandkehr (dazu oben Rn. 116) handelt. Beide Erscheinungsformen des Delikts erfordern im subjektiven Tatbestand **Vorsatz** (§ 15) und **rechtswidrige Absicht**. Bei der fremdnützigen Pfandkehr muß der Täter zusätzlich **„zugunsten des Eigentümers"** handeln. Da dies keine im äußeren Tathergang abgebildete – also objek-

---

[308] Teilband 1, § 3 Rn. 17 ff.
[309] Teilband 1, § 3 Rn. 28 ff.
[310] Instruktiv dazu *Joerden*, JuS 1985, 20 (24); zu weiteren Fällen vgl. Teilband 1, § 6 Rn. 37, 75.
[311] Teilband 1, § 6 Rn. 40; *Arzt/Weber*, BT, § 18 Rn. 14.
[312] *Krey*, BT 2, Rn. 304 ff.; *Wessels/Hillenkamp*, BT 2, Rn. 711.
[313] *Gössel*, BT 2, § 31 Rn. 12.

tive – Handlungsrichtung, sondern eine innere Zielsetzung des Täters ist, gehört sie straftatsystematisch zum subjektiven Tatbestand.[314]

b) Vorsatz

Der Täter muß vorsätzlich handeln. Ausreichend ist dolus eventualis. Der Vorsatz muß alle objektiv tatbestandsmäßigen Sachverhaltsdetails umfassen, also bei der eigennützigen Pfandkehr unter anderem die Tatsache, daß die Sache dem Täter selbst („eigene") gehört. Hält der Täter die weggenommene Sache für fremd, obwohl es sich um seine eigene handelt, liegt ein vorsatzausschließender Tatbestandsirrtum (§ 16 I 1) vor. Hat der Täter bei einer solchen Tat die Absicht rechtswidriger Zueignung, begeht er versuchten Diebstahl.[315] Ähnlich wie bei entsprechenden Irrtumsfällen im Bereich der Jagdwilderei[316] wäre aber zusätzlich zu erwägen, ob der auf Verletzung fremden Eigentums gerichtete Vorsatz als ein „wesensgleiches Plus" im Verhältnis zum Vorsatz der Pfandrechtsverletzung bewertet werden und daraus die Konsequenz der Bestrafung wegen vollendeter Pfandkehr gezogen werden könnte.

129

> **Beispiel:** T bricht nachts in das Haus des O ein und entwendet mit Zueignungsabsicht unter anderem einen Fotoapparat. In der Dunkelheit erkennt T nicht, daß es sich um einen Apparat handelt, der ihm selbst gehört. Ohne Wissen des T hatte S, der 19-jährige Sohn des T, dem O den Fotoapparat zur Sicherung einer Darlehensrückzahlungsforderung verpfändet. O hatte das Pfandrecht von S, dem der T die Benutzung des Fotoapparates gestattet hatte, kraft guten Glaubens erworben.

T hat bezüglich des Fotoapparates keinen vollendeten Diebstahl begangen, da er keine fremde Sache weggenommen hat. Auf Grund seiner irrigen Annahme, der Fotoapparat stehe im Eigentum des O, beging er aber einen strafbaren (untauglichen) Diebstahlsversuch, §§ 242 II, 22. Außerdem hat T den objektiven Tatbestand der Pfandkehr erfüllt. § 289 schützt auch durch redlichen Erwerb vom Nichtberechtigten (§§ 1207, 932 ff. BGB) entstandene Pfandrechte. Allerdings hatte T nicht den Vorsatz, dem O eine eigene Sache wegzunehmen. T wollte dem O keine Pfandrechtsverletzung, sondern eine Eigentumsverletzung zufügen. Der Schädigungswille des T reichte also sogar noch weiter, als der subjektive Tatbestand des § 289 erfordert. Auch in qualitativer Hinsicht läßt sich eine hinreichende Ähnlichkeit von Eigentum und Pfandrecht durchaus behaupten. Die Regelung des zivilrechtlichen Pfandrechtsschutzes – insbesondere § 1227 BGB – spricht für ein Plus-Minus-Verhältnis zwischen Eigentum und Pfandrecht, welches zu der Schlußfolgerung einer Implikation zwischen Diebstahls- und Pfandkehrvorsatz berechtigt.[317]

---

[314] *Gössel*, BT 2, § 18 Rn. 119; *Kindhäuser*, BT II/1, § 10 Rn. 12; *Welzel*, S. 367; *Wessels/Hillenkamp*, BT 2, Rn. 443; *Joecks*, § 289 Rn. 4; LK-*Schäfer*, § 289 Rn. 18; *Schönke/Schröder/Eser*, § 289 Rn. 10; a.A. SK-*Hoyer*, § 289 Rn. 11; *Tröndle/Fischer*, § 289 Rn. 3; unklar *Lackner/Kühl*, § 289 Rn. 2.
[315] Im umgekehrten Fall – der mit Pfandkehrvorsatz handelnde Täter nimmt irrtümlich eine fremde Sache weg – liegt nur versuchte Pfandkehr vor, §§ 289 II, 22.
[316] *Lackner/Kühl*, § 292 Rn. 5.
[317] Dagegen *Maurach/Schroeder/Maiwald*, BT 1, § 37 Rn. 17.

c) Rechtswidrige Absicht

130 Der Ausdruck „rechtswidrige Absicht" ist nicht sehr glücklich gewählt, da Absichten als solche niemals rechtswidrig sind. Rechtswidrig ist vielmehr der Vorgang, auf den die Absicht gerichtet ist. Deshalb spricht man bei Diebstahl, Erpressung und Betrug nicht von „rechtswidriger Zueignungsabsicht" oder „rechtswidriger Bereicherungsabsicht", sondern von „Absicht rechtswidriger Zueignung" und „Absicht rechtswidriger Bereicherung". Auch im subjektiven Tatbestand der Pfandkehr geht es nicht darum, die Rechtswidrigkeit einer Absicht, sondern einen rechtswidrigen, d.h. im Widerspruch zur Rechtsordnung stehenden Absichtsinhalt festzustellen. Das, was der Täter mit seiner Tat beabsichtigt, muß ein rechtlich mißbilligter Vorgang, Zustand oder Erfolg sein. Dieser Erfolg ist die **Vereitelung des Rechts**, dessen Ausübung durch die Wegnahme beeinträchtigt wird.[318] Die voluntative Komponente der Absicht ist der zielgerichtete Wille. Dolus eventualis reicht also nicht.[319] Hinsichtlich der Rechtswidrigkeit der beabsichtigten Rechtsvereitelung genügt allerdings bedingter Vorsatz.

131 Stellt sich der Täter Umstände vor, unter denen die Entziehung der Sache gerechtfertigt wäre, handelt er ohne Vorsatz bezüglich der Rechtswidrigkeit.

> **Beispiele:**
>
> (1) E hat dem O ein Fahrrad vermietet. In der irrigen Annahme, O benutze das Rad laufend in grob vertragswidriger Weise und sei deswegen von E wiederholt abgemahnt worden, nimmt T dem O das Rad weg. Er will es dem E zurückgeben, von dem er annimmt, daß er das Mietverhältnis fristlos kündigen werde.
>
> (2) Abwandlung von (1) O benutzt das Fahrrad in vertragswidriger Weise und ist von E deswegen mehrfach abgemahnt worden. E beabsichtigt, demnächst von seinem Kündigungsrecht aus § 553 BGB Gebrauch zu machen. T weiß von diesen Vorgängen nichts. Er nimmt dem O das Rad weg, um es dem E zurückzugeben.

T hat in beiden Beispielen dem O eine fremde bewegliche Sache weggenommen, an der O ein mietvertragliches Gebrauchsrecht hatte. Dieses Recht war nicht auf Grund des vertragswidrigen Gebrauchs und der Abmahnungen des E (Beispiel 2) erloschen, da erst eine auf § 553 BGB gestützte Kündigung die Rechtsstellung des Mieters beseitigt. Auf der Ebene des subjektiven Tatbestandes ist indessen die – freilich irrige – Vorstellung des T relevant, E werde das Mietrecht des O alsbald durch eine von § 553 BGB gedeckte fristlose Kündigung vernichten (Beispiel 1). Unter dieser Voraussetzung wäre die von T gewollte Rückführung des Fahrrads zu seinem Eigentümer E kein der Zivilrechtsordnung widersprechender Zustand.[320] Folglich hatte T nicht das Bewußtsein, eine rechtswidrige Besitzlage anzubahnen. In **Beispiel 1** hat T deshalb ohne „rechtswidrige Absicht" gehandelt. Anders ist es in **Beispiel 2**: Nicht die objektiven Gegebenheiten, sondern der Inhalt der Tätervorstellung ist Bezugspunkt des strafbarkeitserheblichen Rechtswidrigkeits-Urteils. Daß die von T auf Kosten des O angestrebte Wiedervereinigung von Eigentum und Besitz

---

[318] *Rengier*, BT 1, § 28 Rn. 8; *Lackner/Kühl*, § 289 Rn. 4; SK-*Hoyer*, § 289 Rn. 14.
[319] *Gössel*, BT 2, § 18 Rn. 118; LK-*Schäfer*, § 289 Rn. 22; SK-*Hoyer*, § 289 Rn. 13.
[320] Zur parallelen Situation bei der „Absicht rechtswidriger Zueignung" (§ 242 I) vgl. Teilband 1, § 1 Rn. 149 ff.

in der Person des E im Lichte des § 553 BGB durchaus rechtskonform wäre, steht der Strafbarkeit aus § 289 nicht entgegen.

d) Zugunsten des Eigentümers

Wird die Tat nicht vom Eigentümer der Sache, sondern von einem Dritten begangen („fremdnützige Pfandkehr"), stellt sich das äußere Tatgeschehen als „Wegnahme einer fremden beweglichen Sache" dar. Die Tat könnte deshalb durchaus Diebstahl gem. § 242 und – wendet der Täter qualifizierte[321] Nötigungsmittel an – Raub gem. § 249 sein. Als tatbestandsmäßige Pfandkehr entpuppt sich das Verhalten des Täters erst, nachdem man seine mit der Wegnahme verfolgte Zielsetzung aufgedeckt hat: Der Täter begeht Pfandkehr, wenn er „zugunsten des Eigentümers" handelt. Dieses Merkmal steht also in einem Spannungsverhältnis mit der „Zueignungsabsicht" der §§ 242, 249. Geht es dem Täter um das **Interesse des Eigentümers** an Rückerlangung seiner Sache und tatsächlicher Befreiung von dem darauf lastenden Recht des Nutznießers usw., handelt er nicht mit Zueignungsabsicht, sondern zugunsten des Eigentümers.[322] Will der Täter hingegen die Sache dem eigenen Vermögen einverleiben oder einem Dritten die Möglichkeit verschaffen, dies zu tun,[323] ist seine innere Einstellung „Zueignungsabsicht" und seine Tat deshalb Diebstahl.[324]

132

Abgrenzungsprobleme zwischen fremdnütziger Pfandkehr und Diebstahl kann es geben, wenn die Sache im Miteigentum mehrerer Personen steht.

133

> **Beispiele:**[325]
> A und B haben dem O zur Sicherung einer Darlehensrückzahlungsforderung einen Pkw verpfändet, an dem A und B je zur Hälfte Miteigentum haben.
> (1) T nimmt dem O den Pkw weg, um ihn an A und B zurückzugeben. T will A und B in die Lage versetzen, ihren Pkw künftig – von O ungestört – so benutzen zu können, wie vor der Pfandrechtsbestellung.
> (2) T nimmt dem O den Wagen weg, um ihn an A allein zurückzugeben. Im Einvernehmen mit A bezweckt T mit der Tat, den B aus der Miteigentümerposition zu verdrängen.

In **Beispiel 1** hat T dem O eine fremde bewegliche Sache weggenommen und dabei zugunsten beider Miteigentümer gehandelt. Also hat sich T aus § 289 I strafbar gemacht. Diebstahl hat T nicht begangen, da er keine (Dritt-)Zueignungsabsicht hatte. Er wollte weder den A noch den B enteignen und folglich auch weder dem A noch dem B die Möglichkeit einer Aneignung auf Kosten des anderen Miteigentümers verschaffen. Auch in **Beispiel 2**

---

[321] Zum Unterschied der Nötigungsmittel in § 240 einerseits und in § 249 andererseits vgl. Teilband 1, § 3 Rn. 17, 33.
[322] *Schönke/Schröder/Eser*, § 289 Rn. 10.
[323] Zur durch das 6. Strafrechtsreformgesetz in §§ 242, 249 eingeführten „Drittzueignungsabsicht" vgl. Teilband 1, § 1 Rn. 126.
[324] *Tröndle/Fischer*, § 289 Rn. 3.
[325] Zur Problematik des Miteigentums im Zusammenhang mit den Alternativen „eigene" und „fremde" Sache vgl. die Beispiele oben Rn. 118.

hat T die Strafbarkeitsvoraussetzungen der Pfandkehr erfüllt. Seine fremdnützige Wegnahme erfolgte zwar nicht zugunsten aller (Mit-)Eigentümer, sondern nur zugunsten des einen Miteigentümers A. Das steht der Strafbarkeit aus § 289 jedoch nicht entgegen. Entscheidend und ausreichend ist, daß sich der pfandrechtsbeeinträchtigende Effekt der Tat auf der Eigentümerseite als Vorteil niederschlagen sollte. Der Begünstigungsabsicht in bezug auf A korrespondiert jedoch noch eine Benachteiligungsabsicht in bezug auf B. Dieser Aspekt verleiht der Tat eine weitere tatbestandliche Qualität. Die faktische Verdrängung des B aus seiner Miteigentümerstellung ist eine „Enteignung" im Sinne des § 242 zugrundeliegenden Zueignungsbegriffs. Die mit dieser Enteignung bezweckte Erweiterung der tatsächlichen Verfügungsmacht des A über den Pkw ist eine „Aneignung" des dem B zustehenden Anteils. Damit ist auch die zweite Zueignungskomponente gegeben. T handelte also in der Absicht, den Pkw dem A rechtswidrig zuzueignen. Deshalb hat er sich nicht nur wegen Pfandkehr, sondern zugleich auch wegen Diebstahls strafbar gemacht.

III. Kontrollfragen

1. Welches Rechtsgut schützt § 289? (Rn. 112)
2. Inwiefern unterscheidet sich § 289 von § 242? (Rn. 118, 126, 132)
3. Wer kann Täter des § 289 sein? (Rn. 116)
4. Kann die Wegnahme einer der hypothekarischen Haftung unterliegenden Sache Pfandkehr sein? (Rn. 117)
5. Schützt § 289 das Pfändungspfandrecht? (Rn. 122)
6. Schützt § 289 das Vermieterpfandrecht? (Rn. 126)
7. Wie ist der Begriff „Wegnahme" in §289 I zu verstehen? (Rn. 125, 126)
8. Mit welchem Tatbestandsproblem der Erpressung hängt § 289 zusammen? (Rn. 127)
9. Aus welchen Merkmalen setzt sich der subjektive Tatbestand des § 289 I zusammen? (Rn. 128)
10. Was bedeutet „rechtswidrige Absicht"? (Rn. 130)

IV. Literatur

Bohnert, Die Auslegung des Wegnahmebegriffs bei der Pfandkehr (§ 289 StGB), JuS 1982, 256

Geppert, Vollstreckungsvereitelung (§ 288 StGB) und Pfandkehr (§ 289 StGB), Jura 1987, 427

Laubenthal, Einheitlicher Wegnahmebegriff im Strafrecht?, JA 1990, 38

Otto, Der Wegnahmebegriff in §§ 242, 289, 168, 274 Abs. 1 Nr. 3 StGB, § 17 Abs. 2 Nr. 1 c UWG, Jura 1992, 666

E. Insolvenzdelikte, §§ 283 ff. StGB

Übersicht   Rn.
I. Allgemeines
   1. Geschichtliche Entwicklung und Terminologie 134
   2. Dimensionen strafrechtlicher Insolvenzreglementierung 135–138
   3. Rechtsgut 139
   4. Systematik 140
   5. Allgemeines zu den Strafbarkeitsvoraussetzungen
      a) Täter 141–142
      b) Objektive Strafbarkeitsbedingung 143
II. Bankrott, § 283
   1. Allgemeines 144
   2. Strafbarkeitsvoraussetzungen
      a) Objektiver Tatbestand 145–146
      b) Sonstige Strafbarkeitsvoraussetzungen 147
III. Verletzung der Buchführungspflicht, § 283 b
   1. Allgemeines 148
   2. Strafbarkeitsvoraussetzungen
      a) Objektiver Tatbestand 149–150
      b) Sonstige Strafbarkeitsvoraussetzungen 151
IV. Gläubigerbegünstigung, § 283 c
   1. Allgemeines 152
   2. Strafbarkeitsvoraussetzungen
      a) Objektiver Tatbestand 153–155
      b) Sonstige Strafbarkeitsvoraussetzungen 156
V. Schuldnerbegünstigung, § 283 d
   1. Allgemeines 157
   2. Strafbarkeitsvoraussetzungen
      a) Objektiver Tatbestand 158–162
      b) Sonstige Strafbarkeitsvoraussetzungen 163

I. Allgemeines

1. Geschichtliche Entwicklung und Terminologie

Der Ausdruck „Insolvenzdelikte" hat infolge der grundlegenden Neugestaltung des Insolvenzrechts die frühere Bezeichnung „Konkursdelikte" ersetzt.[326] Die Konkursordnung von 1877 ist durch die gem. Art. 110 EGInsO am 1. 1. 1999 in Kraft getretene **„Insolvenzordnung"** abgelöst worden, Art. 2 Nr. 4 EGInsO. Entsprechend wurde die strafrechtliche Terminologie angepaßt. Inwieweit damit 134

---

[326] *Arzt/Weber*, BT, § 16 Rn. 50; *Lackner/Kühl*, vor § 283 Rn. 1; *Tröndle/Fischer*, vor § 283 Rn. 1.

auch inhaltliche Änderungen des stark insolvenzrechtsakzessorischen[327] Insolvenzstrafrechts verbunden sind,[328] ist im einzelnen noch nicht abschließend geklärt.[329] Der gesetzliche Standort der „Konkursdelikte" hatte im Laufe der Strafrechtsgeschichte seit 1871 mehrfach gewechselt:[330] Im Reichsstrafgesetzbuch von 1871 besetzten sie zunächst die §§ 281 - 283. Nach Inkrafttreten der Konkursordnung (KO) im Jahr 1877 wurden diese Straftatbestände aus dem StGB herausgenommen und in §§ 239 bis 244 KO verlagert. Erst das 1. WiKG von 1976 brachte die Rückführung in das StGB, wo sie noch heute in §§ 283 bis 283 d ihren Platz haben.

2. Dimensionen strafrechtlicher Insolvenzreglementierung

135 Ein Konkurs ist ein Ereignis, das für eine Vielzahl von Menschen – gelinde ausgedrückt – unerfreulich ist.[331] Mitunter hat der **wirtschaftliche Zusammenbruch** des „Gemeinschuldners" üble – ja katastrophale – **Folgen** für die wirtschaftliche und soziale Existenz zahlreicher anderer Personen, die mit dem Gemeinschuldner in wirtschaftlichen, gesellschaftlichen oder persönlichen Beziehungen stehen. Neben seinen Familienangehörigen, Mitarbeitern und Arbeitnehmern sind es in erster Linie **Geschäftspartner**, deren eigenes ökonomisches Überleben mitunter in verhängnisvoller Abhängigkeit mit dem insolventen Unternehmen verknüpft ist und die von ihm mit in den Abgrund gerissen werden.[332] Nicht zuletzt ist es für die gesamte **Volkswirtschaft** schädlich, wenn ein Unternehmen kollabiert und damit gegebenenfalls viele **Arbeitsplätze** vernichtet werden.[333] Ein solcher Zusammenbruch kann eine wahre dominosteinartige Kettenreaktion wirtschaftlicher Einbrüche zur Folge haben. Wenn arbeitslos gewordene Menschen und ihre Familien „weniger im Portemonnaie" haben, spüren dies natürlich auch die Gewerbetreibenden der betroffenen Region, deren Umsätze mit der schwindenden Kaufkraft ihrer Kunden zurückgehen.

136 Das komplexe Szenarium aus menschlichen Tragödien und wirtschaftlichen Verlusten wirft die grundsätzliche Frage auf, inwieweit und in welcher Beziehung und Richtung das **Strafrecht** eingesetzt werden kann bzw. soll, um derartiges zu vermeiden oder wenigstens die Folgen zu lindern. Auf den ersten Blick am einfachsten und wirkungsvollsten erschiene eine strafrechtliche Radikallösung, bei der in einem möglichst frühen Stadium gegen jeden mit strafbewehrten Verhaltensanweisungen vorgegangen wird, dessen ökonomisch bedenkliches Verhalten das Risiko einer späteren Insolvenz beinhaltet. Insbesondere der spätere Ge-

---

[327] *Wabnitz/Janovsky-Beck*, Kap. 2 Rn. 68.
[328] *Uhlenbruck*, wistra 1996, 1 (2); *Wabnitz/Janovsky-Beck*, Kap. 2 Rn. 65: „Die Insolvenzrechtsreform hat das Insolvenzstrafrecht eher stiefmütterlich behandelt."
[329] *Wessels/Hillenkamp*, BT 2, Rn. 457.
[330] *Arzt/Weber*, BT, § 16 Rn. 50; ausführliche Darstellung der geschichtlichen Entwicklung bei LK-*Tiedemann*, vor § 283 Rn. 32 ff.; *Maurach/Schroeder/Maiwald*, BT 1, § 48 Rn. 1–4.
[331] *Wessels/Hillenkamp*, BT 2, Rn. 458.
[332] *Wabnitz/Janovsky-Beck*, Kap. 2 Rn. 3.
[333] *Wabnitz/Janovsky-Beck*, Kap. 2 Rn. 1–4; *Lackner/Kühl*, § 283 Rn. 1.

meinschuldner selbst könnte auf diese Weise zu Vorsicht, Sparsamkeit und Risikovermeidung bei seinem Wirtschaften und Haushalten angehalten werden. Indessen würde damit die Dynamik des marktwirtschaftlichen Geschehens in leistungshemmender Weise gebremst.[334] Die Bereitschaft und der Mut zum Risiko gehören bis zu einem gewissen Grade zu einer leistungs- und erfolgsorientierten Unternehmensführung.[335] Strafrechtliche Reglementierung ist Sand im Getriebe eines gesellschaftlichen Prozesses, bei dem individuelles Profitstreben und Gemeinwohl durch ein ausbalanciertes System aus Elementen liberalistischen laissez-faire und gemeinwohlorientierter Verantwortung optimal zur Entfaltung gebracht werden sollen.

Dementsprechend hält sich das Strafrecht mit seinem Zugriff auf insolvenzverstrickte Vorgänge zurück. Erfaßt werden grundsätzlich nur **grobe Verstöße gegen die Regeln einer ordentlichen Wirtschaftsführung**.[336] Zudem wird die Strafzone in der Regel erst durch Handlungen bei bereits eingetretener oder nahe bevorstehender **Krisensituation** erreicht. Ein Strafbedürfnis wird schließlich erst im Falle der Zahlungseinstellung, Insolvenzverfahrenseröffnung oder Ablehnung des Eröffnungsantrags mangels Masse gesehen, vgl. § 283 VI. In persönlicher Hinsicht nimmt das Strafrecht primär den Gemeinschuldner bzw. diesem gem. § 14 gleichgestellte Personen (dazu unten Rn. 142) in die Pflicht. Strafbarkeit Außenstehender kommt insoweit nur nach §§ 26, 27 in Betracht. Lediglich in § 283 d wird die Täterrolle von einer Person besetzt, die nicht Gemeinschuldner ist (näher dazu unten Rn. 159). Die restriktive Gestaltung des insolvenzstrafrechtlichen Anwendungsbereichs erklärt sich deshalb auch aus dem Umstand, daß die strafrechtlich relevanten Verhaltensweisen überwiegend den **Umgang mit eigenem Vermögen** betreffen und daher unmittelbar den Charakter von Selbstschädigungen haben.[337] Daß das Strafrecht sich dennoch mit ihnen befaßt, beruht auf den mit dieser primären Selbstschädigung eng verbundenen fremdschädigenden Folgewirkungen. 137

Soweit die Insolvenz eines Wirtschaftssubjekts durch **kriminelle Machenschaften von externen Personen** – die nicht selbst Gemeinschuldner oder diesem gleichgestellt sind – verursacht wird, ist der Anwendungsbereich der §§ 283 ff. nicht berührt. Strafrechtlichen Schutz bieten dann eventuell die allgemeinen Vermögensstraftatbestände, also vor allem § 263 oder § 266. 138

3. Rechtsgut

Trotz der Vielfalt der durch eine Insolvenz verursachten Verluste und Schäden (s.o. Rn. 135) beschränkt sich das Insolvenzstrafrecht auf den Schutz der **Gläubigervermögen**, die durch einen Konkurs in Mitleidenschaft gezogen werden.[338] Das volkswirtschaftliche Interesse an einem ordnungsgemäßen – insbesondere 139

---

[334] *Arzt/Weber*, BT, § 16 Rn. 51.
[335] *Arzt/Weber*, BT, § 16 Rn. 51.
[336] Repräsentativ dafür die Generalklausel des § 283 I Nr. 8.
[337] *Arzt/Weber*, BT, § 16 Rn. 51.
[338] *Gössel*, BT 2, § 28 Rn. 2; *Maurach/Schroeder/Maiwald*, BT 1, § 48 Rn. 8; *Lackner/Kühl*, § 283 Rn. 1; SK-*Samson*, vor § 283 Rn. 3.

verlustminimierenden – Insolvenzmanagement ist von sekundärer Bedeutung. Die wirtschaftlichen Interessen des Gemeinschuldners sind kein Schutzgut der Insolvenzstraftatbestände. Soweit sich die wirtschaftliche Situation des Gemeinschuldners durch sein eigenes tatbestandsmäßiges Verhalten weiter verschlechtert, handelt es sich um strafrechtlich irrelevante Selbstschädigung (s.o. Rn. 137).

4. Systematik

140 Die §§ 283 bis 283 d bilden ein weitverzweigtes und stark ausdifferenziertes Netz von Verhaltensregeln, deren Verletzung Strafe nach sich ziehen kann. Insbesondere die Handlungskomponente des § 283 I stellt sich als Multiplikator dar, der die Zahl der möglichen Tatbestandsvarianten in kaum überschaubare Dimensionen treibt. Straftatbestandsqualität haben die §§ 283, 283 b, 283 c und 283 d. In § 283 a ist eine auf die Tatbestände des § 283 bezogene **Strafzumessungsvorschrift** enthalten, die nach dem Muster der Regelbeispielstechnik besonders schwere Fälle des Bankrotts einer erhöhten Strafdrohung unterstellt. Dieselbe strafzumessungsrelevante Funktion hat bei der Schuldnerbegünstigung § 283 d III. **Qualifikations- und Privilegierungstatbestände** gibt es nicht, wenn man von der privilegierenden Funktion des Tatbestandes „Gläubigerbegünstigung" (§ 283 c) im Verhältnis zum Bankrott (§ 283) absieht (dazu unten Rn. 152). § 283 b hat im Verhältnis zu § 283 I Nr. 5, 6, 7 nur scheinbar die Stellung eines Privilegierungstatbestandes. Tatsächlich besteht eine solche systematische Beziehung zwischen diesen beiden Straftatbeständen aber nicht,[339] weil § 283 b den Tatbegehungszeitpunkt ins Vorfeld der für § 283 relevanten Krisensituation („bei Überschuldung oder bei drohender oder eingetretener Zahlungsunfähigkeit") verlagert.[340] Im Binnenbereich der Paragraphen werden Vorsatz- und Fahrlässigkeitsvarianten der jeweiligen Tatbestände unterschieden. **Fahrlässigkeitskomponenten** sind in §§ 283 IV, V und 283 b II enthalten. Der **Versuch** ist in §§ 283 III, 283 c und 283 d II mit Strafe bedroht.

5. Allgemeines zu den Strafbarkeitsvoraussetzungen

Angesichts des verwirrenden und detailreichen Normenkomplexes empfiehlt es sich, einige verallgemeinerungsfähige Gesichtspunkte „vor die Klammer zu ziehen" und der Erläuterung der einzelnen Tatbestände voranzustellen.

a) Täter

141 Mit Ausnahme der Schuldnerbegünstigung (§ 283 d – dazu näher unten Rn. 159) haben die Konkursdelikte den Charakter von **Sonderdelikten**, können also nicht von jedermann täterschaftlich begangen werden.[341] Täter des Bankrotts (§ 283)

---

[339] *Wessels/Hillenkamp*, BT 2, Rn. 473: subsidiärer Vorfeld- und Auffangtatbestand.
[340] *Lackner/Kühl*, § 283 b Rn. 1.
[341] *Weber*, StV 1988, 16; *Winkelbauer*, JR 1988, 33; *Tiedemann*, NJW 1977, 777 (779); *Arzt/Weber*, BT, § 16 Rn. 67; *Gössel*, BT 2, § 28 Rn. 15; *Maurach/Schroeder/Maiwald*, BT 1, § 48 Rn. 19; LK-*Tiedemann*, vor § 283 Rn. 59; *Tröndle/Fischer*, vor § 283 Rn. 18.

und der Gläubigerbegünstigung (§ 283 c) kann nur der Schuldner sein, also derjenige, der „seine Zahlungen eingestellt hat" oder über dessen „Vermögen das Insolvenzverfahren eröffnet" oder mangels Masse nicht eröffnet worden ist, § 283 VI.[342] In diese Situation kann allerdings theoretisch jeder geraten, so daß letztendlich auch die Täterrolle nicht von vornherein Personen mit speziellen Eigenschaften – z.b. Kaufleuten oder Unternehmern – vorbehalten ist.[343] Aus handelsrechtlichen Gründen ist der Kreis tauglicher Täter allerdings bei den Tatbeständen § 283 I Nr. 5, 7, § 283 b auf Kaufleute beschränkt (s.u. Rn. 150).[344]

Zu beachten ist, daß das Fehlen des speziellen Tätermerkmals bei der tatbestandsmäßig handelnden Person unter den Voraussetzungen des § 14 durch **Merkmalszurechnung** kompensiert werden kann.[345] Auf diese Weise kommen beispielsweise als Täter des Bankrotts auch Personen in Betracht, die selbst nicht Inhaber des insolvenzbefangenen Vermögens sind. Das ist wichtig vor allem für Insolvenzen von Vermögensinhabern, denen die Fähigkeit zur Begehung strafbarer Handlungen fehlt, also z.b. juristischen Personen.[346]

142

> **Beispiele:**
>
> (1) Die G-GmbH ist überschuldet und zahlungsunfähig. T ist Geschäftsführer der G-GmbH. Nach Eröffnung des Insolvenzverfahrens schafft T die gesamte im Eigentum der G-GmbH stehende Einrichtung seines Büros ins Ausland und verkauft die einzelnen Teile im eigenen Namen. Den erzielten Verkaufserlös verwendet er zur Befriedigung eigener Konsumbedürfnisse.
>
> (2) Abwandlung von 1: T schafft die Büroeinrichtungsgegenstände nicht aus eigennützigen Motiven beiseite, sondern um sie dem Insolvenzverfahren zu entziehen und für den Fall eines späteren Neuaufbaus des Unternehmens aufzubewahren.

In **Beispiel 1** hat sich T durch die eigenmächtige Verfügung über die Sachen der G-GmbH wegen Unterschlagung (§ 246) strafbar gemacht. An den Eigentumsverhältnissen bezüglich der Sachen hat sich durch die Eröffnung des Insolvenzverfahrens nichts geändert. Die Sachen sind für T weiterhin deswegen „fremd", weil sie der G-GmbH gehören. Daß die G-GmbH mit Eröffnung des Insolvenzverfahrens die Verfügungsbefugnis über ihr Eigentum und Vermögen verloren hat, steht der Erfüllung des Unterschlagungstatbestandes ebenfalls nicht entgegen. Ob sich T auch wegen Untreue (§ 266) strafbar gemacht hat, ist hingegen aus mehreren Gründen fraglich. Die Eröffnung des Insolvenzverfahrens hat nicht nur die im Verhältnis zur GmbH bestehende Verfügungs- und Verpflichtungsbefugnis des Geschäftsführers aufgehoben, sondern möglicherweise auch seine Vermögensbetreuungspflicht gegenüber dem Gesellschaftsvermögen. Außerdem tritt der aus der Tat des T resultierende Vermögensschaden nicht bei der GmbH, sondern bei deren Gläubigern ein, deren Befriedigungschancen durch die Beiseiteschaffung der Sachen geschmälert worden

---

[342] *Tröndle/Fischer*, vor § 283 Rn. 20.
[343] *Arzt/Weber*, BT, § 16 Rn. 51.
[344] *Tröndle/Fischer*, vor § 283 Rn. 19.
[345] *Weber*, StV 1988, 16; *Arzt/Weber*, BT, § 16 Rn. 68; *Gössel*, BT, § 28 Rn. 17; *Maurach/Schroeder/Maiwald*, BT 1, § 48 Rn. 19; *Otto*, BT, § 61 Rn. 90; *Wessels/Hillenkamp*, BT 2, Rn. 470; LK-*Tiedemann*, vor § 283 Rn. 61.
[346] Zur großen praktischen Bedeutung von GmbH-Insolvenzen vgl. Wabnitz/Janovsky-*Beck*, Kap. 2 Rn. 62.

sind.³⁴⁷ Den Gläubigern gegenüber hat T aber weder vor noch nach Eröffnung des Insolvenzverfahrens eine Vermögensbetreuungspflicht. Die Abwendung der Beeinträchtigung von Gläubigerinteressen in der Insolvenz ist zwar eine ratio legis, die den §§ 283 ff zugrunde liegt. Dennoch hat sich T auch aus § 283 I Nr. 1 nicht strafbar gemacht. Evident ist, daß T nicht Bestandteile „seines" Vermögens beiseite geschafft hat und auch nicht über „sein" Vermögen das Insolvenzverfahren eröffnet worden ist (§ 283 VI). Vielmehr trifft dies jeweils auf die G-GmbH zu, die als juristische Person aber nicht straftatfähig ist. Straftatfähig ist zwar T, dieser wird hier jedoch trotz seiner Position als Geschäftsführer der GmbH nicht so behandelt, als sei er Inhaber des betroffenen Vermögens. Als Geschäftsführer der G-GmbH würde ihm diese Stellung zwar gemäß § 14 I Nr. 1 zugerechnet, wenn er seine Tat „als" vertretungsberechtigtes Organ der GmbH begangen hätte. Diese Voraussetzung ist bei rein eigennützigem Handeln zum Nachteil der GmbH aber nicht erfüllt.³⁴⁸ In dieser Hinsicht anders liegen die Dinge in **Beispiel 2**. T hat ausschließlich wirtschaftliche Interessen der GmbH wahrgenommen, deren Geschäftsführer er ist. Damit ist der für § 14 I Nr. 1 erforderliche innere Zusammenhang zwischen Tatausführung und Organstellung gegeben.³⁴⁹ T wird so gestellt, als sei er Schuldner im Verhältnis zu den Gläubigern der GmbH. Daher hat er sich aus § 283 I Nr. 1 strafbar gemacht.³⁵⁰

b) Objektive Strafbarkeitsbedingung

143   Bei sämtlichen Delikten ist die Strafbarkeit davon abhängig, daß der betroffene Schuldner entweder seine Zahlungen eingestellt hat oder über sein Vermögen das Insolvenzverfahren eröffnet ist oder der Eröffnungsantrag mangels Masse abgewiesen worden ist, vgl. § 26 I 1 InsO. Diese in § 283 VI ausformulierte Strafbarkeitsvoraussetzung wird in §§ 283 b III und 283 c III jeweils durch Verweisung aufgenommen und in § 283 d IV sprachlich der veränderten Rollenbesetzung – Täter ist ein anderer als der Schuldner – angepaßt (statt „Täter" heißt es konsequent „der andere"). Bereits die Plazierung im Gesamtgefüge der jeweiligen Strafvorschrift deutet an, daß die hier beschriebenen Umstände nicht zum Tatbestand „gehören" (§ 16 I 1), also auch nicht Bezugsgegenstand des Vorsatzes – und demzufolge auch nicht Bezugsgegenstand der Fahrlässigkeit – sind.³⁵¹ Sie sind also nicht Bestandteile des objektiven Tatbestandes, sondern **objektive Strafbarkeitsbedingungen**.³⁵² Ein Irrtum über ihr Vorliegen schließt weder gem. § 16 I 1 den Vorsatz noch die Strafbarkeit insgesamt aus. Umgekehrt begründet die irrtümliche Annahme ihres Vorliegens keine Strafbarkeit wegen untauglichen Versuchs.³⁵³ In Fällen, in denen der Täter nicht selbst Inhaber des betroffenen

---

³⁴⁷ Zum entsprechenden Schutzzweck des § 64 II GmbHG vgl. *Karsten Schmidt*, JZ 1978, 661 (662).
³⁴⁸ BGHSt 30, 127 (129).
³⁴⁹ BGHSt 34, 221 (223).
³⁵⁰ *Tröndle/Fischer*, vor § 283 Rn. 21.
³⁵¹ *Lackner/Kühl*, § 283 Rn. 30; LK-*Tiedemann*, vor § 283 Rn. 89; SK-*Samson*, vor § 283 Rn. 11.
³⁵² BGHSt 28, 231 (234); *Arzt/Weber*, BT, § 16 Rn. 53; *Gössel*, BT 2, § 28 Rn. 11; *Maurach/Schroeder/Maiwald*, BT 1, § 48 Rn. 7; *Wessels/Hillenkamp*, BT 2, Rn. 468; *Lackner/Kühl*, § 283 Rn. 26; SK-*Samson*, vor § 283 Rn. 5; *Tröndle/Fischer*, vor § 283 Rn. 12.
³⁵³ *Arzt/Weber*, BT, § 16 Rn. 53.

Vermögens, sondern diesem gem. § 14 gleichgestellt ist, muß auch § 283 VI korrigierend so ausgelegt werden, daß die Krise des Vermögensinhabers und nicht eine Krise des Täters maßgeblich ist.[354]

II. Bankrott, § 283

1. Allgemeines

Der Bankrott ist zusammen mit der Schuldnerbegünstigung (§ 283 d) das **schwerste Insolvenzdelikt**. Die Strafrahmenobergrenze liegt bei fünf Jahren, in besonders schweren Fällen reicht der Strafrahmen von sechs Monaten bis zehn Jahren, § 283 a S. 1. Das Sanktionsniveau ist also dasselbe wie z.b. beim Betrug und bei der Untreue (vgl. §§ 263 I, III, 266 I, II). Die Tat richtet sich gegen die Gesamtheit der Gläubiger[355] und ist für deren Vermögen deswegen gefährlich, weil ihre Befriedigungschancen durch Schmälerung oder Verschleierung der Haftungsmasse des Schuldners verschlechtert werden. Hinsichtlich der Zeitstruktur des Delikts, unterscheidet § 283 zwei Tatbestände: Im Fall des § 283 I ist im Zeitpunkt der Tat die Krisensituation bereits eingetreten, im Fall des § 283 II führt der Täter – der Schuldner – die Krise durch seine Tat herbei. Die Handlungsbeschreibungen in Absatz 1 sind auch für die Tatbestandsmäßigkeit der Handlung nach § 283 II maßgeblich. Die Absätze 4 und 5 lockern die Anforderungen an die subjektive Tatseite, indem sie das Vorsatzerfordernis des § 15 für einzelne Tatbestandsmerkmale aufheben und insoweit Fahrlässigkeit zur ausreichenden Strafbarkeitsvoraussetzung erklären.

144

2. Strafbarkeitsvoraussetzungen

a) Objektiver Tatbestand

Die Grobstruktur des objektiven Tatbestandes besteht aus einem **Täter-** und einem **Handlungselement** sowie aus dem Merkmal, welches die der Tat zugrundeliegende **Krisensituation** beschreibt. Ein **Erfolgsmerkmal** enthält der objektive Tatbestand nicht, wenn man einmal davon absieht, daß in § 283 II die Krise Folge der Bankrotthandlung ist.[356] Der Eintritt eines Vermögensschadens bzw. die Ursächlichkeit der Tat für einen Vermögensschaden bei einem Gläubiger bzw. bei den Gläubigern ist keine Tatvollendungsvoraussetzung.[357] Die Tat ist deshalb **abstraktes Gefährdungsdelikt**.[358]

145

---

[354] *Otto*, BT, § 61 Rn. 102; *Lackner/Kühl*, § 283 Rn. 26.
[355] *Lackner/Kühl*, § 283 Rn. 1.
[356] *Gössel*, BT 2, § 28 Rn. 44.
[357] *LK-Tiedemann*, § 283 Rn. 220.
[358] *Gössel*, BT 2, § 28 Rn. 3; *Maurach/Schroeder/Maiwald*, BT 1, § 48 Rn. 9; *Otto*, BT, § 61 Rn. 81; *Wessels/Hillenkamp*, BT 2, Rn. 459; *Lackner/Kühl*, § 283 Rn. 1.

146 Tauglicher **Täter** des Bankrotts kann – wie oben (Rn. 141) schon angedeutet – nur der **Schuldner** sein.[359] Auch Nichtkaufleute sind grundsätzlich in den Kreis möglicher Täter einbezogen.[360] Zu beachten ist allerdings, daß die Handlungsbeschreibungen in Absatz 1 Nr. 5 und Nr. 7 insofern das Reservoir potentieller Täter verkleinern. Eine rechtspolitisch bedenkliche Folge der Insolvenzrechtsreform ist die Ausdehnung des Straftatbestandes auf Verbraucherinsolvenzen.[361] Nach § 283 I wird die Tat bei bereits bestehender Überschuldung oder drohender oder eingetretener Zahlungsunfähigkeit begangen, nach § 283 II ist es die Tat selbst, die Überschuldung oder Zahlungsunfähigkeit herbeiführt. **Überschuldung** bedeutet die fehlende Deckung der Verbindlichkeiten des Schuldners durch sein Vermögen, also das Überwiegen der Passiva gegenüber den Aktiva, vgl. § 19 II 1 InsO.[362] **Zahlungsunfähigkeit** ist das auf Mangel an verfügbaren Zahlungsmitteln beruhende Unvermögen des Schuldners zur Erfüllung der fälligen Zahlungspflichten, vgl. § 17 II 1 InsO.[363] Eine solche Krise kann also auch eintreten, wenn und obwohl der Wert des Vermögens an sich den Gesamtbetrag der Verbindlichkeiten übersteigt und somit keine Überschuldung vorliegt. Durch das Merkmal „drohende" wird der Tatbegehungszeitpunkt vor den Eintritt der Fälligkeit der relevanten Verbindlichkeiten vorverlagert. Drohende ist voraussichtliche Zahlungsunfähigkeit im noch bevorstehenden Zeitpunkt der Fälligkeit, vgl. § 18 II 1 InsO.[364] Die Details[365] des umfang- und merkmalsreichen Katalogs der **Handlungsbeschreibungen** in § 283 I Nr. 1 bis Nr. 7 lassen sich vergröbernd auf wenige Vermögensgefährdungsaspekte zurückführen, die in dem generalklauselartigen Auffangtatbestand der Nr. 8 zusammengefaßt sind:[366] Der Angriff auf die Gläubigerinteressen besteht darin, daß entweder das Schuldnervermögen und damit die der Gläubigerbefriedigung dienende Substanz tatsächlich „verringert" wird – so in den Fällen der Nr. 1, 2 und 3 – oder durch Desinformation („verheimlicht oder verschleiert") der gläubigerbefriedigende Zugriff auf das tatsächlich vorhandene Schuldnervermögen zumindest teilweise vereitelt wird – so in den Fällen der Nr. 4 bis 7.

b) Sonstige Strafbarkeitsvoraussetzungen

147 Der **subjektive Tatbestand** setzt bezüglich sämtlicher objektiv-tatbestandsmäßiger Tatsachen **Vorsatz** voraus, § 15.[367] **Fahrlässigkeit** bzw. **Leichtfertigkeit** (grobe Fahrlässigkeit) bezüglich der Überschuldung oder Zahlungsunfähigkeit

---

[359] *Gössel*, BT 2, § 61 Rn. 15; *Otto*, BT, § 61 Rn. 89; *Lackner/Kühl*, § 283 Rn. 2; SK-*Samson*, § 283 Rn. 28.
[360] *Arzt/Weber*, BT, § 16 Rn. 51.
[361] *Bieneck*, StV 1999, 43; *Wabnitz/Janovsky-Beck*, Kap. 2 Rn. 70; *Lackner/Kühl*, § 283 Rn. 2.
[362] *Gössel*, BT 2, § 28 Rn. 13; *Lackner/Kühl*, § 283 Rn. 6; SK-*Samson*, vor § 283 Rn. 7.
[363] *Gössel*, BT 2, § 28 Rn. 14; *Lackner/Kühl*, § 283 Rn. 7; SK-*Samson*, vor § 283 Rn. 9.
[364] *Gössel*, BT 2, § 28 Rn. 14; *Lackner/Kühl*, § 283 Rn. 8; SK-*Samson*, vor § 283 Rn. 10.
[365] Zu ihnen vgl. z.B. *Gössel*, BT 2, § 28 Rn. 24–39; *Lackner/Kühl*, § 283 Rn. 9–20; LK-*Tiedemann*, § 283 Rn. 14–154; NK-*Kindhäuser*, § 283 Rn. 8–88.
[366] *Gössel*, BT 2, § 28 Rn. 8; *Maurach/Schroeder/Maiwald*, BT 1, § 48 Rn. 29; SK-*Samson*, § 283 Rn. 21.
[367] *Wessels/Hillenkamp*, BT 2, Rn. 467; *Lackner/Kühl*, § 283 Rn. 23.

reicht als Strafbarkeitsvoraussetzung gem. § 283 IV Nr. 1 und Nr. 2. Fahrlässigkeit reicht gem. § 283 V des weiteren in bezug auf die Handlungsmerkmale der Nr. 2, 5 und 7 des Absatzes 1. Die Strafdrohung ist jeweils entsprechend abgemildert (Freiheitsstrafe bis zu zwei Jahre). Eine **Rechtfertigung** der Tat durch Einwilligung aller betroffenen Gläubiger ist dogmatisch möglich, da die Gläubiger Inhaber des zu ihrer Disposition stehenden Rechtsgutes sind. Praktisch dürfte dies aber unwahrscheinlich sein.[368] Strafbar ist der Bankrott gem. § 283 VI in jedem Fall nur unter der **Bedingung**, daß der Täter – bzw. im Fall einer auf § 14 gestützten Täterbestimmung der Schuldner – seine Zahlungen eingestellt hat oder über sein Vermögen das Insolvenzverfahren eröffnet oder der Eröffnungsantrag mangels Masse – nicht aus sonstigen Gründen – abgewiesen worden ist (s.o. Rn. 143). Zwischen diesen Ereignissen und dem tatbestandsmäßigen Verhalten muß ein äußerer Zusammenhang bestehen.[369]

III. Verletzung der Buchführungspflicht, § 283 b

1. Allgemeines

Dieser Straftatbestand mit deutlich **geringerer Strafdrohung** ähnelt auf Grund seiner Handlungsbeschreibungen stark den Bankrott-Tatbeständen § 283 I Nr. 5, 6 und 7, die im Falle tatbestandlichen Zusammentreffens Verdrängungswirkung entfalten.[370] Das verglichen mit § 283 I niedrigere Sanktionsniveau erklärt sich aus der Tatsache, daß § 283 b Handlungen erfaßt, die nicht in einer schon eingetretenen oder unmittelbar bevorstehenden Krisensituation (Überschuldung, Zahlungsunfähigkeit), sondern früher begangen werden.[371] Ist das betroffene Unternehmen im Zeitpunkt der Tat noch „gesund", ist der Unrechtsgehalt der Tat entsprechend geringer. Strafbar ist die Tat letztendlich aber auch erst dann, wenn die Krise eingetreten und sich in der von § 283 VI beschriebenen Weise zugespitzt hat, § 283 b III. Ein weiterer Unterschied zu § 283 I Nr. 5 – 7 besteht darin, daß § 283 b nur buchführungspflichtige Schuldner erfaßt, was bei § 283 I Nr. 6 („zu deren Aufbewahrung ein Kaufmann" – nicht unbedingt der Täter) nicht der Fall ist.[372] Die Verletzung der Buchführungspflicht ist das einzige Insolvenzdelikt, bei dem der Versuch nicht mit Strafe bedroht ist.

148

---

[368] NK-*Kindhäuser*, vor § 283 Rn. 115.
[369] *Arzt/Weber*, BT, § 16 Rn. 58; *Otto*, BT, § 61 Rn. 104; *Lackner/Kühl*, § 283 Rn. 2.
[370] *Wessels/Hillenkamp*, BT 2, Rn. 473; *Lackner/Kühl*, § 283 b Rn. 4.
[371] *Gössel*, BT 2, § 28 Rn. 54; *Maurach/Schroeder/Maiwald*, BT 1, § 48 Rn. 35; *Lackner/Kühl*, § 283 b Rn. 1; NK-*Kindhäuser*, § 283 b Rn. 1; SK-*Samson*, § 283 b Rn. 1.
[372] *Lackner/Kühl*, § 283 Rn. 19; NK-*Kindhäuser*, § 283 b Rn. 2.

2. Strafbarkeitsvoraussetzungen

a) Objektiver Tatbestand

149 Der objektive Tatbestand setzt sich aus dem **Tätermerkmal, Tatobjektsmerkmalen** und mehreren alternativ anwendbaren **Handlungsmerkmalen** zusammen. Ein vermögensschadensbezogenes Erfolgsmerkmal enthält der objektive Tatbestand nicht. Die mehrfach relevante „Erschwerung der Übersicht über den Vermögensstand" ist zwar eine Folge des tatbestandsmäßigen Handlungsvollzugs – z.B. des Veränderns von Handelsbüchern (§ 283 b I Nr. 1) – und insofern durchaus als Taterfolg qualifizierbar. Da die Übersichtserschwerung aber noch keine konkrete Vermögensgefährdung bewirkt, hat die Tat die Struktur eines **abstrakten Gefährdungsdelikts**.[373]

150 **Täter** kann nur ein Vollkaufmann sein, der zur Führung (§ 283 b I Nr. 1) und Aufbewahrung (§ 283 b I Nr. 2) von Handelsbüchern bzw. zur Aufstellung von Bilanzen (§ 283 b I Nr. 3) gesetzlich verpflichtet ist. Die Tat ist deshalb ein Sonderdelikt, an der sich Nichtqualifizierte nur als Anstifter oder Gehilfe strafbar beteiligen können.[374] Organhaftung auf Grund Merkmalsüberwälzung gem. § 14 ist hier möglich.[375] **Tatobjekte** sind Handelsbücher[376] und sonstige Unterlagen,[377] deren Aufbewahrung handelsrechtlich vorgeschrieben ist. Während die Nr. 1 und 2 des Tatbestandes auf die Dokumente abstellen, in denen sich bei ordnungsgemäßer Führung wichtige Informationen zum Vermögensstand finden, knüpft Nr. 3 mit der Objektsbezeichnung „Bilanzen" unmittelbar an den Inhalt der Buchführung an.[378] Sämtliche **Handlungsmerkmale** befassen sich mit informationsbezogenen Manipulationen, durch die die Erlangung von Kenntnissen vereitelt oder erschwert wird. Da der Täterkreis auf Personen beschränkt ist, die zur aktiven Informationsermöglichung gesetzlich verpflichtet sind, beinhaltet die Verhaltenskomponente des Tatbestandes konsequenterweise auch Unterlassungen (§ 283 b I Nr. 1, Nr. 3 b).

b) Sonstige Strafbarkeitsvoraussetzungen

151 Der **subjektive Tatbestand** setzt nach § 283 b I i.V.m. § 15 Vorsatz voraus.[379] § 283 b II pönalisiert fahrlässiges Fehlverhalten mit entsprechend niedrigerer Strafdrohung. Die **objektive Strafbarkeitsbedingung** des § 283 VI ist gem. § 283 b III materiellrechtliche Strafbarkeitsvoraussetzung (s.o. Rn. 143). Zwischen der tatbestandsmäßigen Handlung und den Vorgängen, die die objektive Strafbarkeitsbedingung erfüllen, muß ein tatsächlicher Zusammenhang bestehen.[380]

---

[373] *Arzt/Weber*, BT, § 16 Rn. 60; *Lackner/Kühl*, § 283 b Rn. 1.
[374] *NK-Kindhäuser*, § 283 b Rn. 2.
[375] *Wessels/Hillenkamp*, BT 2, Rn. 475.
[376] *NK-Kindhäuser*, § 283 Rn. 55.
[377] *NK-Kindhäuser*, § 283 Rn. 66.
[378] *NK-Kindhäuser*, § 283 Rn. 75.
[379] *Lackner/Kühl*, § 283 b Rn. 2.
[380] *Wessels/Hillenkamp*, BT 2, Rn. 474; *Lackner/Kühl*, § 283 b Rn. 3; *NK-Kindhäuser*, § 283 b Rn. 8.

IV. Gläubigerbegünstigung, § 283 c

1. Allgemeines

Auch die Gläubigerbegünstigung ist ein Insolvenzdelikt mit niedriger Strafdrohung. Wie bei § 283 b I beträgt die Höchststrafe zwei Jahre Freiheitsstrafe. Daß das deliktische Verhalten trotz der diametralen Bezeichnung eine Gläubigerschädigung ist, beruht auf der Tatsache, daß von der Insolvenz eines Schuldners in der Regel mehrere oder viele Gläubiger betroffen sind. Der Fall, daß der Schuldner alle diese Gläubiger in der von § 283 c I erfaßten Weise begünstigt, ist selbstverständlich nicht möglich, da dazu die finanziellen Mittel des Schuldners nicht ausreichen. Also begünstigt der Schuldner, der den Tatbestand des § 283 c I erfüllt, nur einen Gläubiger oder nur einen Teil seiner Gläubiger. Die anderen Gläubiger werden dadurch benachteiligt, weil die für ihre Befriedigung zur Verfügung stehende Vermögensmasse infolge der Gläubigerbegünstigung verringert ist.[381] Sie erhalten also weniger als es bei korrektem Schuldnerverhalten der Fall wäre. Der diese Gläubiger treffende Effekt ist derselbe wie bei einer Bankrotthandlung nach § 283. Deshalb kann man die Gläubigerbegünstigung als einen gesetzlich **privilegierten Fall des Bankrotts** charakterisieren.[382] Der Unrechtsgehalt ist geringer als beim Bankrott, da der Schuldner das Tatobjekt nicht gänzlich seinen Gläubigern vorenthält, sondern nur die gerechte Verteilung unter den Gläubigern stört.[383]

152

2. Strafbarkeitsvoraussetzungen

a) Objektiver Tatbestand

Der Aufbau des objektiven Tatbestandes ist etwas komplizierter als bei den übrigen Insolvenzdelikten. Insbesondere läßt die sprachliche Gestaltung der Vorschrift nicht bei allen objektiven Tatbestandsmerkmalen sofort erkennen, daß es sich um Bestandteile des objektiven Tatbestandes handelt.[384] Neben einem **Tätermerkmal** enthält der objektive Tatbestand ein **Handlungsmerkmal** und ein **Erfolgsmerkmal**. Außerdem gehört zum objektiven Tatbestand die Kennzeichnung der **Krisensituation**. Das Handlungs- und das Erfolgsmerkmal ist jeweils mit einem **Gläubigermerkmal** verbunden, wobei der Gläubiger in der einen Beziehung die Rolle des Begünstigten und in der anderen Beziehung die Rolle des Opfers spielt.

153

---

[381] *Gössel*, BT 2, § 28 Rn. 56.
[382] *Vormbaum*, GA 1981, 101 (106); *Wabnitz/Janovsky-Köhler*, Kap. 2 Rn. 351; *Gössel*, BT 2, § 28 Rn. 62; *Maurach/Schroeder/Maiwald*, BT 1, § 48 Rn. 37; *Otto*, BT, § 61 Rn. 111; *Lackner/Kühl*, § 283 c Rn. 1; *LK-Tiedemann*, § 283 c Rn. 1; *NK-Kindhäuser*, § 283 c Rn. 1; *SK-Samson*, § 283 c Rn. 1.
[383] BGHSt 8, 55 (56); 34, 221 (225); 35, 357 (359); Sowada, GA 1995, 60 (71); *Arzt/Weber*, BT, § 16 Rn. 61; *Wessels/Hillenkamp*, BT 2, Rn. 477; *LK-Tiedemann*, § 283 c Rn. 1; *NK-Kindhäuser*, § 283 c Rn. 1.
[384] *LK-Tiedemann*, § 283 c Rn. 1.

154   **Täter** kann nur der Schuldner sein, wie sich aus dem Merkmal „seine Zahlungsunfähigkeit" unschwer erschließen läßt. Gläubigerbegünstigung ist also ein Sonderdelikt.[385] Tatbestandsmäßige **Handlung** ist die Gewährung einer Sicherheit oder Befriedigung. Empfänger dieser Sicherheit oder Befriedigung muß ein **Gläubiger** sein. Obwohl Täter nur eine Person mit Schuldnereigenschaft sein kann, ist es möglich, daß Täter und Schuldner verschiedene Personen sind. So verhält es sich, wenn der Täter nur gem. § 14 dem Schuldner gleichgestellt wird, ohne es tatsächlich zu sein. In einem solchen Fall kann der Täter selbst Forderungen gegen den Schuldner haben, also dessen Gläubiger sein. Verschafft sich der Täter in dieser Lage selbst die Sicherheit oder Befriedigung, erfüllt er den Tatbestand der Gläubigerbegünstigung. Allerdings ist fraglich, ob ihm die in der Bestrafung aus § 283 c liegende Privilegierung zugute kommen soll oder ob er aus der strengeren Strafvorschrift des § 283 zu bestrafen ist. Der BGH hat letzteres angenommen, weil er den Privilegierungsgrund nur im Fall uneigennütziger Gläubigerbegünstigung zu erkennen vermag, während nach seiner Ansicht jegliches eigennützige Handeln die härtere Ahndung durch § 283 verdiene.[386] Diese Restriktion des § 283 c überzeugt nur zum Teil. Zuzustimmen ist der Aussonderung der Gesellschafter aus dem Kreis privilegierter Täter im Konkurs ihrer Gesellschaft.[387] Dagegen besteht kein zwingender Grund, Vertreter und Organe, die gem. § 14 strafrechtlich die Schuldnereigenschaft zugeschrieben bekommen, wegen ihrer Ansprüche – z.B. auf Geschäftsführergehalt – konkursstrafrechtlich als Gläubiger zweiter Klasse zu behandeln und ihre „Selbstbedienung" strenger zu bewerten als die Begünstigung externer Gläubiger.[388] Die Annahme der Begünstigung durch den Gläubiger ist im übrigen als **„notwendige Teilnahme"** straflos.[389] Begnügt sich der Gläubiger aber nicht mit dem bloßen Sichbegünstigenlassen, wirkt er an der Tat als „treibende Kraft" mit und ruft er in dem Täter den Tatentschluß hervor, macht er sich als Teilnehmer (Anstifter) strafbar.[390]

155   Tatbestandsmäßig ist die Gewährung einer Sicherheit oder Befriedigung nur, wenn sie **„inkongruent"** ist, d.h. wenn der Gläubiger sie nicht oder nicht in der

---

[385] *Arzt/Weber*, BT, § 16 Rn. 61; *Lackner/Kühl*, § 283 c Rn. 2; LK-*Tiedemann*, § 283 c Rn. 3; NK-*Kindhäuser*, § 283 c Rn. 2.
[386] BGHSt 34, 221 (226); zust. *Gössel*, BT 2, § 28 Rn. 59.
[387] LK-*Tiedemann*, § 283 c Rn. 10; NK-*Kindhäuser*, § 283 c Rn. 3.
[388] *Renkl*, JuS 1973, 611 (613); *Weber*, StV 1988, 16 (17); *Winkelbauer*, JR 1988, 33 (35); *Arzt/Weber*, BT, § 16 Rn. 61; *Lackner/Kühl*, § 283 c Rn. 2; NK-*Kindhäuser*, § 283 c Rn. 3; a.A. *Gössel*, BT 2, § 28 Rn. 59; *Wessels/Hillenkamp*, BT 2, Rn. 477; LK-*Tiedemann*, § 283 c Rn. 11.
[389] BGH, MDR 1993, 563; *Vormbaum*, GA 1981, 101 (131); *Arzt/Weber*, BT, § 16 Rn. 61; *Maurach/Schroeder/Maiwald*, BT 1, § 48 Rn. 39; *Otto*, BT, § 61 Rn. 115; *Lackner/Kühl*, § 283 c Rn. 8; LK-*Tiedemann*, § 283 c Rn. 38; NK-*Kindhäuser*, § 283 c Rn. 21; a.A. *Sowada*, GA 1995, 60 (71).
[390] BGH, MDR 1993, 563; *Vormbaum*, GA 1981, 101 (132); *Arzt/Weber*, BT, § 16 Rn. 61; *Maurach/Schroeder/Maiwald*, BT 1, § 48 Rn. 39; *Otto*, BT, § 61 Rn. 115; *Wessels/Hillenkamp*, BT 2, Rn. 483; LK-*Tiedemann*, § 283 c Rn. 38; NK-*Kindhäuser*, § 283 c Rn. 21.

Art oder nicht zu der Zeit beanspruchen kann.³⁹¹ Die Gewährung einer kongruenten Sicherung oder Befriedigung erfüllt den Tatbestand nicht und kann erst recht nicht als Bankrott aus § 283 strafbar sein.³⁹² Als tatbestandsrelevante Krisensituation berücksichtigt § 283 c I nur die bereits eingetretene **Zahlungsunfähigkeit**. Da der Gesetzestext „Kenntnis" des Täters von seiner Zahlungsunfähigkeit zur Strafbarkeitsvoraussetzung erklärt, muß die Zahlungsunfähigkeit objektiv vorliegen.³⁹³ Irrtümliche Annahme von Zahlungsunfähigkeit begründet allenfalls Strafbarkeit wegen eines (untauglichen) Versuchs, § 283 c II.³⁹⁴ „Drohende" Zahlungsunfähigkeit und Überschuldung reichen – anders als in § 283 – nicht aus.³⁹⁵ Begeht der Täter eine Gläubigerbegünstigung im Zeitpunkt bevorstehender, aber noch nicht eingetretener Zahlungsunfähigkeit, ist er auch nicht aus § 283 strafbar. Es wäre widersinnig, eine Tat, deren Strafwürdigkeitsgehalt noch hinter den von § 283 c erfaßten Delikten zurücksteht, aus dem schärferen Bankrott-Tatbestand zu bestrafen. Wenn die Tat nicht aus § 283 c strafbar ist, dann kann sie erst recht nicht aus § 283 strafbar sein. Daher entfaltet § 283 c eine Sperrwirkung gegenüber § 283.³⁹⁶ Als **Tatererfolg** setzt § 283 c I die Begünstigung des Gläubigers „vor den übrigen Gläubigern" voraus. Der Erfolg ist also „januskopfig":³⁹⁷ Der Besserstellung des begünstigten Gläubigers korrespondiert die Benachteiligung der anderen Gläubiger.³⁹⁸

b) Sonstige Strafbarkeitsvoraussetzungen

Der subjektive Tatbestand setzt gem. § 15 **Vorsatz** voraus. Fahrlässigkeitskomponenten wie § 283 IV, V kennt der Tatbestand der Gläubigerbegünstigung nicht. Die Straflosigkeit der fahrlässigen Gläubigerbegünstigung darf nicht durch Rückgriff auf § 283 IV oder V unterlaufen werden. Auch hier entfaltet § 283 c eine Sperrwirkung.³⁹⁹ Hinsichtlich der Zahlungsunfähigkeit ist sicheres Wissen, hinsichtlich der Benachteiligung der anderen Gläubiger sicheres Wissen oder Absicht erforderlich. Im übrigen – hinsichtlich der „inkongruenten Deckung" – reicht dolus eventualis.⁴⁰⁰ Wie bei allen anderen Insolvenzstraftatbeständen hängt auch bei der Gläubigerbegünstigung die Strafbarkeit vom Eintritt der **objektiven Strafbarkeitsbedingung** ab, § 283 c III.⁴⁰¹

156

---

³⁹¹ *Gössel*, BT 2, § 28 Rn. 57; *Wessels/Hillenkamp*, BT 2, Rn. 478; *Lackner/Kühl*, § 283 c Rn. 3; SK-*Samson*, § 283 c Rn. 6.
³⁹² LK-*Tiedemann*, § 283 c Rn. 39; NK-*Kindhäuser*, § 283 c Rn. 12.
³⁹³ LK-*Tiedemann*, § 283 c Rn. 1.
³⁹⁴ *Lackner/Kühl*, § 283 c Rn. 2.
³⁹⁵ NK-*Kindhäuser*, § 283 c Rn. 5.
³⁹⁶ *Wabnitz/Janovsky-Köhler*, Kap. 2 Rn. 363; LK-*Tiedemann*, § 283 c Rn. 5, 39.
³⁹⁷ LK-*Tiedemann*, § 283 c Rn. 27 („Kehrseite").
³⁹⁸ *Lackner/Kühl*, § 283 c Rn. 6.
³⁹⁹ LK-*Tiedemann*, § 283 c Rn. 30, 39; NK-*Kindhäuser*, § 283 c Rn. 19.
⁴⁰⁰ *Wessels/Hillenkamp*, BT 2, Rn. 482; *Lackner/Kühl*, § 283 c Rn. 7; LK-*Tiedemann*, § 283 c Rn. 30; NK-*Kindhäuser*, § 283 c Rn. 17.
⁴⁰¹ LK-*Tiedemann*, § 283 c Rn. 32; NK-*Kindhäuser*, § 283 c Rn. 22.

V. Schuldnerbegünstigung, § 283 d

1. Allgemeines

157 Die Schuldnerbegünstigung ist das einzige Insolvenzdelikt, bei dem die **Täterposition nicht von dem Schuldner besetzt** wird. Täter kann jedermann sein, es handelt sich nicht um ein Sonderdelikt.[402] Dem Bankrott des § 283 ähnelt das Delikt aber dennoch, da der Täter im Interesse des Schuldners handelt, sich also gewissermaßen in dessen Lager positioniert. Faßt man § 283 und § 283 d zusammen, entsteht ein kleines System gläubigerschädigender Verhaltensweisen, das in seiner Grobstruktur starke Ähnlichkeit mit den Tatbestandsalternativen des § 289 I hat. Dabei entspricht die Schuldnerbegünstigung des § 283 d in etwa der Alternative „zugunsten des Eigentümers" in § 289 I (s.o. Rn. 132). Das komplementäre Verhältnis des § 283 und des § 283 d wird auch durch die identischen Beschreibungen der tatbestandsmäßigen Handlungen verdeutlicht: Die in § 283 d I umschriebenen gläubigerbenachteiligenden Handlungen findet man im Text des § 283 I Nr. 1 wieder. Der Unterschied zwischen § 283 I Nr. 1 und § 283 d I besteht allein darin, daß die tatbestandsmäßige Täterhandlung beim Bankrott vom Schuldner, bei der Schuldnerbegünstigung von einem anderen im Interesse oder mit Einwilligung des Schuldners vollzogen wird. Das Sanktionsniveau des § 283 d ist mit dem des § 283 identisch. Selbst die Regelungen der besonders schweren Fälle stimmen vollkommen überein, §§ 283 a, 283 d III.

2. Strafbarkeitsvoraussetzungen

a) Objektiver Tatbestand

158 Die Struktur des objektiven Tatbestandes ähnelt nach dem oben Gesagten erwartungsgemäß der des Bankrotts (s.o. Rn. 145). Der objektive Tatbestand setzt sich aus einem **Tätermerkmal**, einem **Handlungsmerkmal** (einschließlich Handlungsobjektsmerkmal) und einem die **Krisensituation** kennzeichnenden Merkmal zusammen. Da die Vollendung nicht von einem Vermögensschädigungs- oder Vermögensgefährdungserfolg abhängt, enthält der objektive Tatbestand kein entsprechendes **Erfolgsmerkmal**. Schuldnerbegünstigung ist also ein abstraktes Gefährdungsdelikt.[403]

159 Täter der Schuldnerbegünstigung kann jeder sein, der nicht zugleich Schuldner ist.[404] Aus dem Kreis tauglicher Täter scheiden neben dem Schuldner auch die Personen aus, die gem. § 14 dem Schuldner gleichgestellt sind.[405] Begeht der Täter die Tat mit dem Schuldner gemeinschaftlich, ist ersterer aus § 283 d und letzterer als Mittäter (§ 25 II) aus § 283 strafbar.[406] Die „Einwilligung" des

---

[402] Arzt/Weber, BT, § 16 Rn. 67; LK-Tiedemann, § 283 d Rn. 5; NK-Kindhäuser, § 283 d Rn. 1.
[403] LK-Tiedemann, § 283 d Rn. 4.
[404] Gössel, BT 2, § 28 Rn. 64.
[405] LK-Tiedemann, § 283 d Rn. 6; NK-Kindhäuser, § 283 d Rn. 1.
[406] NK-Kindhäuser, § 283 d Rn. 10; Tröndle/Fischer, § 283 d Rn. 1.

Schuldners dürfte dafür allerdings nach allgemeinen Regeln grundsätzlich nicht genügen,[407] zumal eine Unterlassungstäterschaft begründende Garantenstellung des Schuldners abzulehnen ist.[408] Eine Strafbarkeit des Schuldners wegen Beihilfe zur Schuldnerbegünstigung begründet sie aber allemal. Straflosigkeit des Schuldners aus dem Gesichtspunkt der „notwendigen Teilnahme" kommt hier nicht in Betracht.[409] Auch ein Gläubiger kann Täter sein.[410] Verwirklicht dieser allerdings den Tatbestand in einer dem Tatbild der Gläubigerbegünstigung (§ 283 c) entsprechenden eigennützigen Weise, kommt ihm die Privilegierungsfunktion des § 283 c zugute. Er wird dann nicht als Täter einer Schuldnerbegünstigung, sondern nur als Teilnehmer an einer Gläubigerbegünstigung bestraft.[411] Ebenso ist das Verhalten eines Täters zu beurteilen, der selbst nicht Gläubiger ist, mit seiner Tat jedoch die inkongruente Sicherung oder Befriedigung eines Gläubigers bewirkt.[412]

Die Tat muß mit **Einwilligung** des Schuldners oder zugunsten des Schuldners (zu diesem subjektiven Tatbestandsmerkmal unten Rn. 163) begangen werden. Beides wird häufig zusammentreffen. Begeht der Täter die Tat aber nicht zugunsten des Schuldners – z.B. bei Zerstörung von Gegenständen[413] – kommt es auf das Vorliegen einer wirksamen Einwilligung an.[414] Dies zeigt, daß im Falle des Fehlens einer Einwilligung nur bedingt auf die allgemeinen Grundsätze der mutmaßlichen Einwilligung zurückgegriffen werden kann. Zielt die mutmaßliche Willensrichtung des Schuldners nämlich auf eine Täterhandlung, deren Auswirkungen nicht die Bewertung „zugunsten des Schuldners" tragen, ist der Tatbestand nicht erfüllt.[415] Hinsichtlich der Wirksamkeitsvoraussetzungen gelten im wesentlichen die Regeln der rechtfertigenden Einwilligung. Allerdings hat die Einwilligung im Kontext des § 283 d eine andere Funktion als im Rechtfertigungszusammenhang. Deshalb kann es hier nicht auf eine Einwilligungserklärung ankommen. Die innere zustimmende Haltung des Schuldners muß genügen.[416] Eine bloß mutmaßliche Einwilligung reicht allerdings nicht, sondern kann allenfalls tatsächliche Grundlage für die Annahme sein, daß der Täter „zugunsten" des Schuldners gehandelt hat. Der abweichende rechtliche Zusammenhang, in dem die Einwilligung hier steht, hat des weiteren zur Folge, daß die wirksamkeitsschädliche Bedeutung von Willensmängeln hier anders einzuschät-

160

---

[407] So aber LK-*Tiedemann*, § 283 d Rn. 24; Schönke/Schröder/Stree, § 283 d Rn. 12.
[408] LK-*Tiedemann*, § 283 d Rn. 4, 5, § 283 Rn. 37.
[409] *Lackner/Kühl*, § 283 d Rn. 5, LK-*Tiedemann*, § 283 d Rn. 24; NK-*Kindhäuser*, § 283 d Rn. 10.
[410] BGHSt 35, 357 (358).
[411] BGHSt 35, 357 (360); *Gössel*, BT 2, § 28 Rn. 64; *Otto*, BT, § 61 Rn. 117; LK-*Tiedemann*, § 283 d Rn. 5; *Tröndle/Fischer*, § 283 d Rn. 1.
[412] NK-*Kindhäuser*, § 283 d Rn. 5.
[413] *Wabnitz/Janovsky-Köhler*, Kap. 2 Rn. 372.
[414] LK-*Tiedemann*, § 283 d Rn. 13.
[415] Anders LK-*Tiedemann*, § 283 d Rn. 15.
[416] Anders LK-*Tiedemann*, § 283 d Rn. 15, nach dem wenigstens eine konkludente Einwilligungserklärung notwendig ist.

zen als bei der rechtfertigenden Einwilligung.⁴¹⁷ Da die Einwilligung des Schuldners für den Täter eine ähnliche Funktion hat, wie die Annahme eines Erbietens i.S.d. § 30 II 2. Alt., kann von einer wirksamen Einwilligung in solchen Fällen nicht gesprochen werden, in denen sich der Täter nicht an dem wahren Willen des Schuldners orientieren, der Entscheidung des Schuldners insbesondere nicht unterordnen will. Führt der Täter also eine Einwilligung des Schuldners durch Täuschung oder Nötigung herbei, liegt keine wirksame Einwilligung i.S.d. § 283 d I vor.⁴¹⁸

161 Die **Tathandlungsmerkmale** sind mit denen des § 283 I Nr. 1 identisch. Auch in anderen Straftatbeständen werden die Vokabeln, die das tatbestandsmäßige Verhalten im objektiven Tatbestand sprachlich verankern, verwendet, vgl. z.B. §§ 288 I, 303 I, 303 a I und 303 b I. Alle Begehungsvarianten zeichnen sich dadurch aus, daß sie die Befriedigungschancen sämtlicher Gläubiger durch Schmälerung oder Verschleierung der Verteilungsmasse beeinträchtigen. Handlungsobjekte können demzufolge nur Gegenstände sein, die Teile des Schuldnervermögens sind und im Insolvenzverfahren zur Insolvenzmasse gehören.

162 Tatbestandsmäßig ist die Tathandlung nur, wenn sie in einer **Krise** des Schuldners begangen wird. Der frühestmögliche Tatbegehungszeitpunkt ist während einer „drohenden Zahlungsunfähigkeit" (§ 283 d I Nr. 1). Bereits eingetretene Zahlungsunfähigkeit trägt die Tatbestandsmäßigkeit natürlich erst recht, nicht aber drohende oder eingetretene Überschuldung.⁴¹⁹ Handlungen nach Zahlungseinstellung, während eines eröffneten Insolvenzverfahrens und während eines Verfahrens zur Herbeiführung einer Entscheidung über die Eröffnung des Insolvenzverfahrens werden nach § 283 d I Nr. 2 erfaßt. In diesen Fällen ist zugleich die objektive Strafbarkeitsbedingung des § 283 d IV erfüllt.

b) Sonstige Strafbarkeitsvoraussetzungen

163 Der subjektive Tatbestand setzt **Vorsatz** voraus, § 15. Fahrlässigkeit reicht nicht aus. Wird die Tat vor Eintritt der Zahlungsunfähigkeit begangen, ist hinsichtlich des „Drohens" der Zahlungsunfähigkeit sicheres Wissen („in Kenntnis") erforderlich. Im übrigen genügt dolus eventualis.⁴²⁰ Ebenfalls zum subjektiven Tatbestand gehört das einwilligungsersetzende Merkmal **„zugunsten des Schuldners"**.⁴²¹ Dies bezieht sich auf eine der Tat zugrundeliegende Intention des Täters, die – in der Regel wirtschaftlichen – Interessen des Schuldners zum Nachteil der Gläubigergesamtheit zu fördern. Wird die Tat während einer Krisensituation i.S.d. § 283 d I Nr. 1 begangen, hängt die Strafbarkeit von der zusätzlichen Erfüllung der **objektiven Strafbarkeitsbedingung** des § 283 IV ab. Inhaltlich deckt sich § 283 d IV mit § 283 VI. Der sprachliche Unterschied beruht darauf, daß § 283 d IV die Situation aus der Perspektive eines Täters beschreibt, der nicht zugleich Schuldner ist.

---

⁴¹⁷ NK-*Kindhäuser*, § 283 d Rn. 4.
⁴¹⁸ LK-*Tiedemann*, § 283 d Rn. 14; a.A. NK-*Kindhäuser*, § 283 d Rn. 4.
⁴¹⁹ LK-*Tiedemann*, § 283 d Rn. 7.
⁴²⁰ NK-*Kindhäuser*, § 283 d Rn. 8.
⁴²¹ LK-*Tiedemann*, § 283 d Rn. 11; a.A. Wabnitz/Janovsky-*Köhler*, Kap. 2 Rn. 371.

VI. Kontrollfragen

1. Wieso heißen die in §§ 283 ff. StGB normierten Straftaten „Insolvenzdelikte" und nicht „Konkursdelikte"? (Rn. 134)
2. Seit wann sind die Insolvenzstraftatbestände Bestandteile des StGB? (Rn. 134)
3. Welches Rechtsgut schützen die §§ 283 ff. StGB? (Rn. 139)
4. Wer kann Täter eines Insolvenzdeliktes sein? (Rn. 141)
5. Ist im Zusammenhang mit der Insolvenz einer juristischen Person die Begehung von Insolvenzdelikten möglich? (Rn. 142)
6. Welche strafrechtsdogmatische Bedeutung hat § 283 VI StGB? (Rn. 143)
7. Was bedeutet „Krise" im Kontext des Tatbestandes eines Insolvenzdeliktes? (Rn. 146)
8. Wer kann Täter des in § 283 b StGB normierten Delikts sein? (Rn. 150)
9. Welche systematische Beziehung besteht zwischen Bankrott (§ 283) und Gläubigerbegünstigung (§ 283 c)? (Rn. 152)
10. Wie macht sich ein GmbH-Geschäftsführer strafbar, der sich in der Krise der GmbH aus dem Vermögen der GmbH in „inkongruenter" Weise Geschäftsführervergütungen ausbezahlt? (Rn. 154)
11. Wer kann Täter der Schuldnerbegünstigung (§ 283 d) sein? (Rn. 157)
12. Aus welchen Merkmalen besteht der subjektive Tatbestand des § 283 d? (Rn. 163)

VII. Literatur

Bieneck, Strafrechtliche Relevanz der Insolvenzordnung und aktueller Änderungen des Eigenkapitalersatzrechts, StV 1999, 43

Hartwig, Der strafrechtliche Gläubigerbegriff in § 283 c StGB, FS für Günter Bemmann, 1997, S. 311

Sowada, Der begünstigte Gläubiger als strafbarer „notwendiger" Teilnehmer im Rahmen des § 283 c StGB?, GA 1995, 60

Uhlenbruck, Strafrechtliche Aspekte der Insolvenzrechtsreform 1994, wistra 1996, 1

F. Unerlaubtes Glücksspiel, §§ 284, 285, 287 StGB

Übersicht	Rn.
I. Allgemeines
1. Rechtsgut	164
2. Systematik	165
II. Die einzelnen Straftatbestände	166
1. Unerlaubte Veranstaltung eines Glücksspiels, § 284 I
a) Täter	167
b) Glücksspiel	168
c) Öffentlich	169
d) Tathandlungen	170
e) Behördliche Erlaubnis	171
2. Qualifizierte unerlaubte Veranstaltung eines Glücksspiels, § 284 III
a) Allgemeines	172
b) Gewerbsmäßigkeit	173
c) Tatbegehung als Bandenmitglied	174
3. Werbung für ein unerlaubtes Glücksspiel, § 284 IV
a) Werben	175
b) Abgrenzung zu Anstiftung und Beihilfe	176
4. Beteiligung am unerlaubten Glücksspiel, § 285
a) Täter	177–178
b) Tathandlung	179
5. Unerlaubte Veranstaltung einer Lotterie oder einer Ausspielung, § 287 I
a) Lotterie	180
b) Ausspielung	181
c) Tathandlungen	182
6. Werbung für unerlaubte Lotterie oder Ausspielung, § 287 II	183

I. Allgemeines

1. Rechtsgut

164 Zum Wesen von Glücksspiel und Lotterie gehört der Einsatz von Geld bzw. sonstigem Vermögen, mit dem sich der Spieler die Chance auf Gewinn „kauft", gleichzeitig aber auch das Risiko des Verlustes eingeht.[422] Wenn der Staat die Veranstaltung von Glücksspielen und Lotterien unter seine Kontrolle nimmt, verfolgt er damit unter anderem den Zweck, Spieler vor Vermögensverlusten, die bis zur Existenzvernichtung reichen könne, zu bewahren. Stellt also ein Straftat-

---

[422] BGHSt 34, 171 (176).

bestand Verstöße gegen das diese Kontrolle sichernde Reglement unter Strafdrohung, steht als Schutzgut dahinter nicht die staatliche Aufsicht als solche,[423] sondern das **Vermögen** potentieller Spieler.[424] Zwar trifft es zu, daß die Glücksspieltatbestände des StGB gegen eine unkontrollierte „wirtschaftliche Ausbeutung"[425] bzw. „Kommerzialisierung der natürlichen Spielleidenschaft"[426] gerichtet sind. Jedoch bezeichnet diese Schutzzweckdefinition kein Rechtsgut. Die Akzentuierung der „natürlichen Spielleidenschaft" ist kein Hinweis auf das geschützte Rechtsgut, sondern taugt eher zur Erklärung, warum das Strafrecht in §§ 284 ff. – vor allem in § 285 – Spieler vor der Gefährdung ihres Vermögens durch eigenes Handeln schützt.[427] Selbstgefährdendes oder selbstschädigendes Verhalten ist strafrechtlich irrelevant, es sei denn, es findet unter den Bedingungen ausgeschlossener oder erheblich reduzierter „Eigenverantwortlichkeit" statt. Letzteres ist bei Glücksspiel und Lotterie oftmals der Fall.[428] Der Spieler kann in eine Abhängigkeit geraten, die sein Hemmungsvermögen gegenüber den Reizen und Verführungen des Spiels abbaut und ihn letztlich zu einem willenlosen Objekt des Spielbetriebs macht. Wenn er sich dabei selbst ruiniert, tut er dies nicht mehr voll eigenverantwortlich. Daher ist er in dieser Verfassung ein Rechtsgutsinhaber, der des strafrechtlichen Schutzes gegen Taten anderer, die sein selbstschädigendes Verhalten ausnutzen könnten, würdig und bedürftig ist. Gewiß muß „Spielleidenschaft" nicht zwangsläufig den Charakter einer Krankheit oder eines schuldfähigkeitsausschließenden Defekts haben. Nicht jeder Spieler ist dem Spiel „verfallen" und „süchtig". Dennoch ist dem menschlichen Spieltrieb die Anlage zum Abhängigmachen immanent.[429] Deshalb kommt der Strafrechtsschutz auch Spielern zugute, deren Eigenverantwortlichkeit noch nicht nennenswert vermindert ist.

2. Systematik

Das Glücksspielstrafrecht ist in eine Vielzahl von Straftatbeständen zergliedert. § 284 und § 287 pönalisieren die „**Veranstalterseite**", indem die Durchführung von (§ 284 I, § 287 I)[430] und das Werben für (§ 284 IV, § 287 II) öffentliche(n)

165

---

[423] So aber BayObLG, NJW 1993, 2820 (2821); *Hund*, NStZ 1993, 571; dieses „Schutzgut" allein würde jedenfalls einen Straftatbestand nicht legitimieren, wohl aber einen Bußgeldtatbestand; vgl. *Arzt/Weber*, BT, § 24 Rn. 38; *Meurer*, Zufallsspiel und Glücksspiel im Strafrecht, S. 10; *Meurer/Bergmann*, JuS 1983, 668 („Fremdkörper im Kriminalrecht").
[424] *Joecks*, § 284 Rn. 1; LK-*v. Bubnoff*, vor § 284 Rn. 9; SK-*Samson*, § 284 Rn. 1; *Schönke/Schröder/Eser*, § 284 Rn. 2; a.A. *Maurach/Schroeder/Maiwald*, BT 1, § 44 Rn. 2.
[425] BGHSt 11, 209 (210); *Lackner/Kühl*, § 284 Rn. 1.
[426] *Tröndle/Fischer*, § 284 Rn. 1.
[427] *Meurer/Bergmann*, JuS 1983, 668; *R. Schmitt*, FS Maurach, S. 113 (114).
[428] Gegen diesen Erklärungsansatz *Meurer*, Zufallsspiel und Glücksspiel im Strafrecht, S. 9; *D. Sternberg-Lieben*, Einwilligung, S. 167.
[429] *Arzt/Weber*, BT, § 24 Rn. 38 mit dem Hinweis auf das Merkmal „erhebliche Willensschwäche" im Wuchertatbestand.
[430] § 287 ist die durch das 6. StrRG eingeführte Nachfolgevorschrift des früheren § 286.

Glücksspielveranstaltungen, Lotterien und Ausspielungen unter Strafdrohung gestellt wird. § 284 III ist ein 1992 eingeführter Qualifikationstatbestand,[431] der auf dem Grundtatbestand § 284 I aufbaut und die Zugehörigkeit der hier besprochenen Kriminalitätsphänomene zum Milieu der „organisierten Kriminalität" unterstreicht (vgl. auch § 261 I 2 Nr. 4 a). Die „Spielerseite" wird nur beim Glücksspiel von § 285[432] erfaßt; eine entsprechende Kriminalisierung des Spielens bei Lotterie und Ausspielung (§ 287) existiert nicht. § 286 ist eine Straftatfolgenbestimmung, die ebenfalls den Aspekt „organisierte Kriminalität" akzentuiert.

II. Die einzelnen Straftatbestände

166 Da sämtliche Straftatbestände im subjektiven Tatbestand **Vorsatz** voraussetzen (§ 15), kann die folgende Darstellung der Strafbarkeitsvoraussetzungen – außer bei § 284 III Nr. 1 – auf die Merkmale des **objektiven Tatbestandes** beschränkt werden.

1. Unerlaubte Veranstaltung eines Glücksspiels, § 284 I

a) Täter

167 Täter kann **jedermann** sein. Daß die Veranstaltung „öffentlich" sein muß, schränkt den Kreis tätertauglicher Personen nicht ein. Es bedarf daher auch nicht der Anwendung des § 14, wenn Inhaber eines Glücksspielunternehmens eine juristische Person oder Personenhandelsgesellschaft ist.[433] Auch unter diesen Bedingungen ist Täter, wer das Glücksspiel tatsächlich „veranstaltet". Daher können auch andere Mitarbeiter als die in § 14 (Geschäftsführer usw.) erwähnten Täter sein.[434] § 14 ist hier schon deswegen nicht anwendbar, weil „Veranstalten" kein Tätermerkmal, sondern die gesetzliche Bezeichnung der tatbestandsmäßigen Handlung ist.[435]

b) Glücksspiel

168 Unter einem Glücksspiel versteht man ein der Unterhaltung oder Gewinnerzielung dienendes Spiel, das auf ein ungewisses Resultat zielt, dessen Zustandekommen dem Einfluß der Spieler weitgehend entzogen und hauptsächlich vom **Zufall** abhängig ist.[436] Charakteristisch für das Glücksspiel ist also die Ausschal-

---

[431] *Lackner/Kühl*, § 284 Rn. 14.
[432] § 285 ist die durch das 6. StrRG eingeführte neue Standortbezeichnung des früheren wortlautidentischen § 284 a.
[433] *Meurer/Bergmann*, JuS 1983, 668 (673); LK-*v. Bubnoff*, § 284 Rn. 18; NK-*Marxen*, § 14 Rn. 20; a.A. *Lackner/Kühl*, § 14 Rn. 15; *Tröndle/Fischer*, § 284 Rn. 12.
[434] NK-*Marxen*, § 14 Rn. 21.
[435] *Meurer/Bergmann*, JuS 1983, 668 (673).
[436] BGHSt 34, 171 (175); *Lampe*, JuS 1994, 737 (739); *Meurer*, Zufallsspiel und Glücksspiel im Strafrecht, S. 5; *Blei*, BT, S. 368; *Lackner/Kühl*, § 284 Rn. 2; SK-*Samson*, § 284 Rn. 7; *Tröndle/Fischer*, § 284 Rn. 3.

tung von Wissen, Können, Geschicklichkeit, Schnelligkeit Aufmerksamkeit und sonstigen Parametern menschlicher Leistungsfähigkeit. Keine Glücksspiele sind demnach Geschicklichkeitsspiele und Wetten.[437] Ein Geschicklichkeitsspiel kann jedoch seinen Charakter verändern und zum Glücksspiel werden, indem durch Manipulationen die Chancen der Spieler, den Spielausgang zu beeinflussen oder vorherzusehen, ausgeschaltet oder erheblich reduziert werden.[438] Strafwürdig ist ein Glücksspiel nur, wenn sein zufallsabhängiger Ausgang über Gewinn oder Verlust **beträchtlicher Vermögenswerte** der Mitspieler entscheidet.[439] Glücksspiele, die ausschließlich des Vergnügens und Amusements wegen veranstaltet werden und bei denen es allenfalls um geringfügige Gewinne und Verluste geht (Unterhaltungsspiel), sind daher nicht tatbestandsmäßig.[440]

c) Öffentlich

Die private Veranstaltung von Glücksspielen ist grundsätzlich auch dann reine Privatsache, wenn es dabei um Millionenbeträge geht und ganze Familien in den Ruin getrieben werden. Der zivilrechtliche Schutz des § 762 BGB erscheint hier ausreichend. Staatliche Kontrolle und behördliche Genehmigungen gibt es in diesem Bereich nicht. Folglich interessiert sich das Strafrecht für derartige Veranstaltungen nur unter den besonderen Voraussetzungen des § 284 II sowie – generell – dann, wenn durch Falschspiel versuchter oder vollendeter Betrug begangen wird.[441] „Öffentlich" ist ein Glücksspiel, wenn die Beteiligung an ihm **beliebigen Personen** offen steht und dies publik gemacht ist. Der öffentliche oder private Charakter des Spielortes ist unerheblich.[442] § 284 II stellt private Glücksspielveranstaltungen öffentlichen gleich, wenn sie in Vereinen oder geschlossenen Gesellschaften, in denen Glücksspiele gewohnheitsmäßig veranstaltet werden, stattfinden. „Gewohnheitsmäßig" bedeutet, daß die Durchführung von Glücksspielveranstaltungen zur ständigen Übung geworden ist, und die permanente Wiederholung eine Eigendynamik entwickelt hat, die man als „Hang" bezeichnen kann.[443]

169

d) Tathandlungen

Tatbestandsmäßiges Verhalten ist das Veranstalten und Halten eines Glücksspiels sowie die Bereitstellung von Einrichtungen für öffentliche Glücksspielveranstaltungen. Das Spielen selbst wird nicht in § 284, sondern in § 285 unter Strafdrohung gestellt. Die in § 284 I erfaßten Tathandlungen dienen der Ermöglichung

170

---

[437] *Meurer*, Zufallsspiel und Glücksspiel im Strafrecht, S. 6; *Lackner/Kühl*, § 284 Rn. 5, 6; *Tröndle/Fischer*, § 284 Rn. 5, 6.
[438] *Lampe*, JuS 1994, 737 (739).
[439] BGHSt 34, 171 (177).
[440] *Lackner/Kühl*, § 284 Rn. 7; *Tröndle/Fischer*, § 284 Rn. 4.
[441] Zum Betrug durch Falschspiel BayObLG, NJW 1993, 2820; *Lampe*, JuS 1994, 737 (738).
[442] *Lackner/Kühl*, § 284 Rn. 10, *Tröndle/Fischer*, § 284 Rn. 14.
[443] *Lackner/Kühl*, vor § 52 Rn. 20; *SK-Samson*, § 284 Rn. 11.

des Spielens.[444] **Veranstalten** ist die Eröffnung der Spielmöglichkeit einer unbestimmten Zahl von potentiellen Spielern durch Aufstellung eines Spielplans, Schaffung von Gewinnmöglichkeiten und Aufforderung zur Spielbeteiligung.[445] Die Tat kann in dieser Tatbestandsalternative bereits vor Aufnahme des Spielens vollendet sein.[446] **Halten** ist die Leitung des Spiels, die Einleitung, Überwachung, Steuerung und Beendigung des Spielverlaufs.[447] **Bereitstellen von Einrichtungen** bedeutet die Zurverfügungstellung räumlicher und sonstiger sächlicher Spielutensilien, die eine spezifische spielbezogene Eignung oder Bestimmung haben müssen. Diese Vorbereitungshandlung ist unabhängig davon strafbar, ob ein Glücksspiel tatsächlich stattfand bzw. ob dabei die bereitgestellten Einrichtungen verwendet wurden.[448]

e) Behördliche Erlaubnis

171 Die behördliche Erlaubnis ist ein **negatives Tatbestandsmerkmal**, ihre Erteilung schließt die objektive Tatbestandsmäßigkeit aus, ist also kein Rechtfertigungsgrund.[449] Auch ein genehmigtes Glücksspiel kann tatbestandsmäßig sein, wenn nämlich die Spielregeln so verändert werden, daß das Spiel von der Genehmigung nicht mehr gedeckt ist.[450] Verwaltungsrechtlich ist die behördliche Erlaubnis ein begünstigender Verwaltungsakt. Voraussetzungen und Verfahren der Konzessionserteilung richten sich nach verwaltungsrechtlichen Vorschriften.[451] Das Glücksspielstrafrecht ist also ein Beispiel für die heute vor allem im Umweltstrafrecht[452] verbreitete „Verwaltungsakzessorietät".[453] Die tatbestandsausschließende Wirkung hängt nur von der verwaltungsverfahrensrechtlichen Wirksamkeit der Erlaubnis ab. Eine nichtige Erlaubnis ist also auch strafrechtlich unbeachtlich. Dagegen steht wirksamkeitsunschädliche Rechtswidrigkeit der Erlaubnis dem Tatbestandsausschluß nicht entgegen.[454]

2. Qualifizierte unerlaubte Veranstaltung eines Glücksspiels, § 284 III

a) Allgemeines

172 § 284 III normiert Tatbestandsmerkmale, die in Verbindung mit den Tatbestandsmerkmalen des § 284 I einen **Qualifikationstatbestand** bilden.[455] Der Ge-

---

[444] *Lackner/Kühl*, § 284 Rn. 11.
[445] BayObLG, NJW 1993, 2820 (2821); *Lampe*, JuS 1994, 737 (741).
[446] *Lackner/Kühl*, § 284 Rn. 11.
[447] BayObLG, NJW 1993, 2820 (2822).
[448] *Lampe*, JuS 1994, 737 (739).
[449] *Joecks*, § 284 Rn. 5; *Lackner/Kühl*, § 284 Rn. 12; LK-*v. Bubnoff*, § 284 Rn. 22; *Schönke/Schröder/Eser*, § 284 Rn. 18; a.A. *Maurach/Schroeder/Maiwald*, BT 1, § 44 Rn. 9.
[450] BayObLG, NJW 1993, 2820.
[451] BayObLG, NJW 1993, 2820 (2822); LK-*v. Bubnoff*, vor § 284 Rn. 13 ff.; SK-*Samson*, § 284 Rn. 15; *Schönke/Schröder/Eser*, § 284 Rn. 19–22.
[452] Dazu *Küpper*, BT 1, Teil II § 5 Rn. 90 ff.
[453] *Meurer*, Zufallsspiel und Glücksspiel im Strafrecht, S. 4.
[454] *Joecks*, § 284 Rn. 5; *Lackner/Kühl*, § 284 Rn. 12.
[455] *Schönke/Schröder/Eser*, § 284 Rn. 25.

setzgeber hat hier die Qualifikation mit denselben Umständen verknüpft, die in anderen Strafvorschriften ebenfalls strafschärfende Wirkung haben. Von den beiden gesetzestechnischen Gestaltungsalternativen der strafzumessungsrelevanten Regelbeispieltechnik – vgl. z.B. §§ 253 IV 2, 263 III 2 Nr. 1, 267 III 2 Nr. 1 – oder der Schaffung eines Qualifikationstatbestandes – vgl. z.B. § 260 I – hat er hier die zweite gewählt.

b) Gewerbsmäßigkeit

Gewerbsmäßig handelt, wer die Tat in der Absicht begeht, sich durch häufige Wiederholung über einen längeren Zeitraum eine dauernde und ergiebige Einnahmequelle zu verschaffen.[456] Die Gewerbsmäßigkeit ist also ein **subjektives** Tatbestandsmerkmal, da es nicht darauf ankommt, ob dem Täter die Verwirklichung seiner Absicht gelingt. Da dieses Merkmal auf eine besondere Zweckbestimmung abstellt, die der Täter der Tat zuweist, handelt es sich um ein **besonderes persönliches Merkmal** i.S.d. § 28 II.[457] Tatbeteiligte, die selbst nicht gewerbsmäßig handeln, erfüllen also nur den Grundtatbestand § 284 I. Andererseits ist ein gewerbsmäßig handelnder Tatbeteiligter auch dann aus § 284 III strafbar, wenn der Haupttäter, an dessen Tat sie sich beteiligen, nicht gewerbsmäßig handelt und deshalb nur aus § 284 I strafbar ist.[458]

173

c) Tatbegehung als Bandenmitglied

Da illegales Glücksspiel ein Aktionsfeld **organisierter Kriminalität**[459] ist,[460] ist die besondere Hervorhebung der Tatbegehung in einem Bandenmilieu kriminalpolitisch nachvollziehbar. Zur Erläuterung der einzelnen Merkmale kann auf Darstellungen des § 244 I Nr. 2 verwiesen werden.[461]

174

3. Werbung für ein unerlaubtes Glücksspiel, § 284 IV

a) Werben

Werbung ist die mit Propagandamitteln betriebene **Aufforderung zum Mitspielen**. Die Strafdrohung gegen die Werbetätigkeit ist geringer als die gegen die in § 284 I erfaßten Aktivitäten, weil es sich um eine Tat im Vorfeld des eigentlichen illegalen Glücksspielgeschehens handelt.[462]

175

---

[456] *Schönke/Schröder/Stree*, vor § 52 Rn. 95; *Tröndle/Fischer*, vor § 52 Rn. 43.
[457] *Stratenwerth*, AT, § 12 Rn. 189; LK-*v. Bubnoff*, § 284 Rn. 24; *Tröndle/Fischer*, § 284 Rn. 14 a.
[458] Zur Wirkungsweise des § 28 II vgl. *Gropp*, AT, § 10 Rn. 117; *Kühl*, AT, § 20 Rn. 151–153; *Haft*, Fallrepetitorium, Nr. 468–470.
[459] Anschaulich die Übersicht 77 bei *Schwind*, Kriminologie, § 29 Rn. 22.
[460] LK-*v. Bubnoff*, vor § 284 Rn. 6.
[461] Teilband 1, § 1 Rn. 252 ff.
[462] *Lackner/Kühl*, § 284 Rn. 15.

b) Abgrenzung zu Anstiftung und Beihilfe

176 Werbung dient der Förderung und Unterstützung der Glücksspielveranstaltung und der Bestimmung zur Beteiligung am Glücksspiel. Werbung kann deshalb die Bedeutung einer Beihilfe zu einer von § 284 I erfaßten Tat oder einer Anstiftung zu einer von § 285 erfaßten Tat haben. Der Unterschied zu der – mit höherer Strafe bedrohten[463] – Beihilfe zur Veranstaltung (§§ 284 I, 27) besteht darin, daß die **Werbung nicht akzessorisch** ist zu einer beihilfetauglichen Haupttat. Strafbare Werbung ist auch möglich, wenn es zu einer tatbestandsmäßigen Veranstaltung gem. § 284 I letztlich nicht kommt bzw. die Werbetätigkeit sich auf die Glücksspielveranstaltung nicht fördernd und unterstützend auswirkt. Unter diesen Umständen hat die Werbung den Charakter einer versuchten Beihilfe. Auch der Unterschied zu §§ 285, 26 beruht auf dem Akzessorietätserfordernis der Teilnahme. Sofern die Werbetätigkeit keinen Spieler zum illegalen Glücksspielen veranlaßt, fehlt es an der anstiftungstauglichen Haupttat. Tatbestandsmäßige Werbung i.S.d. § 284 IV ist die Tat gleichwohl.

4. Beteiligung am unerlaubten Glücksspiel, § 285

a) Täter

177 Die in § 285 beschriebene Tat ist mit einer sehr geringen Strafe bedroht. Das hat seinen Grund in der Doppelstellung des Täters, der als potentieller Verlierer zugleich **potentielles Opfer** der Tat ist (s.o. Rn. 164). Warum das Strafrecht ihn überhaupt auch in einer Täterrolle sieht und sein potentiell selbstschädigendes Verhalten mit Strafe bedroht, ist in ähnlicher Weise zu erklären wie die Kriminalisierung und Pönalisierung des dem tatsächlich oder potentiell selbstschädigenden Konsum dienenden Rauschgiftbesitzes in § 29 BtMG. Der Spieler trägt auch als Verlierer allein durch seine Teilnahme zur Etablierung und Stabilisierung des illegalen Glücksspielmarktes bei.[464] Der seine Gesundheit ruinierende Rauschgiftkonsum trägt dazu bei, daß Drogenhandel profitabel ist und deshalb sich ein illegaler Drogenmarkt bildet, ausdehnt und verfestigt. In beiden Fällen hat das selbstschädigende deliktische Verhalten begünstigungs- und hehlereiähnliche Qualität.

178 Obwohl der Gesetzestext die tatbestandsmäßige Handlung als „Beteiligung" bezeichnet, richtet sich die Bestimmung des Täters und seine Abgrenzung von Teilnehmern nach allgemeinen Regeln, §§ 25 ff.[465] Insbesondere handelt es sich bei der Tat des § 285 nicht – wie z.B. bei § 120 I („fördert") und § 259 I („absetzen hilft") – um eine formell zur Täterschaft aufgestufte materielle Beihilfe. „Beteiligen" hat also nicht denselben Bedeutungsgehalt wie in § 28 II, sondern bedeutet – wie in § 231 I[466] – **sich als Täter beteiligen.**

---

[463] Die Höchsstrafe beträgt gem. §§ 27 II 2, 49 I Nr. 2 S. 1 eineinhalb Jahre (18 Monate).
[464] Zutreffend BayObLG, NJW 1993, 2820 (2821): „Auch diese Spieler verleiten nämlich weitere Personen zum Mitspielen."
[465] *Schönke/Schröder/Eser*, § 284 a Rn. 5.
[466] *Lackner/Kühl*, § 231 Rn. 3.

b) Tathandlung

Tatbestandsmäßiges Verhalten ist die **Beteiligung am öffentlichen Glücksspiel**. Durch den Klammerzusatz „§ 284" wird klargestellt, daß nur illegale – ungenehmigte genehmigungsbedürftige – Glücksspiele als Bezugspunkt tatbestandsmäßiger Beteiligung in Frage kommen. Ebenfalls nicht erfaßt ist die Beteiligung an ungenehmigter Lotterie oder Ausspielung (§ 287).[467] Beteiligung bedeutet **Spielen als Täter**. Wer nicht selbst mitspielt, kann als Anstifter oder Gehilfe Tatbeteiligter sein (s.o. Rn. 178).[468] Mittelbare Täterschaft ist möglich, da Glücksspielbeteiligung kein eigenhändiges Delikt ist. Welche spielfremden Ziele der Spieler mit seiner Beteiligung verfolgt, ist strafrechtsdogmatisch unerheblich. Deshalb erfüllt auch ein als Spieler auftretender Verdeckter Ermittler, dem es nicht um Spielvergnügen und/oder Gewinn, sondern um staatliche Überwachung und Ermittlung geht, das tatbestandliche Handlungsmerkmal.[469] Dennoch macht er sich nicht strafbar, da seine Beteiligung das geschützte Rechtsgut genauso wenig beeinträchtigt wie die Beteiligung an einem behördlich genehmigten Glücksspiel.[470] Im Wege der Auslegung ist dieses Ergebnis zwar nicht zu begründen.[471] Jedoch ist gegen eine teleologische Reduktion des Tatbestandes nichts einzuwenden.

179

5. Unerlaubte Veranstaltung einer Lotterie oder einer Ausspielung, § 287 I

a) Lotterie

Lotterie ist eine besondere Art des Glücksspiels, also ein **Glücksspiel im weiteren Sinn**.[472] Sie zeichnet sich gegenüber sonstigen Glücksspielen durch die Existenz eines einseitig festgelegten Spielplans aus, der die Bedingungen und Modalitäten des Spielens regelt.[473] Im einzelnen reglementiert der Spielplan den Spielbetrieb, den Einsatz der Spieler und die Gewinne, insbesondere Gewinnermittlung und -verteilung.[474] Der Tatbestand erfaßt nur genehmigungsbedürftige öffentliche Lotterien. Einzelheiten der Genehmigung regeln die Lotteriegesetze der Länder.[475]

180

b) Ausspielung

Die Ausspielung unterscheidet sich von der Lotterie nur dadurch, daß bei der Lotterie der Gewinn stets in Geld besteht, während bei der Ausspielung **sonstige geldwerte Gegenstände** – bewegliche und unbewegliche Sachen – gewonnen werden können.[476]

181

---

[467] *Lackner/Kühl*, § 287 Rn. 6; *Schönke/Schröder/Eser*, § 284 a Rn. 1.
[468] *LK-v. Bubnoff*, § 285 Rn. 7.
[469] *Hund*, NStZ 1993, 571.
[470] *Hund*, NStZ 1993, 571 (572); *Lackner/Kühl*, § 285 Rn. 1; *Schönke/Schröder/Eser*, § 284 a Rn. 3; a.A. *LK-v. Bubnoff*, § 285 Rn. 3.
[471] So aber *Hund*, NStZ 1993, 571 (572).
[472] BGHSt 34, 171 (179); *LK-v. Bubnoff*, § 284 Rn. 4; § 287 Rn. 1.
[473] *LK-v. Bubnoff*, § 287 Rn. 3.
[474] *Lackner/Kühl*, § 287 Rn. 1–3; *Tröndle/Fischer*, § 287 Rn. 4.
[475] *Tröndle/Fischer*, § 287 Rn. 13.
[476] *Lackner/Kühl*, § 287 Rn. 4; *Tröndle/Fischer*, § 287 Rn. 8.

c) Tathandlungen

182 Tatbestandsmäßiges Verhalten ist die **Veranstaltung** der Lotterie oder Ausspielung. Der Gesetzestext stellt klar, daß darunter auch das vom Veranstalter gemachte Angebot zum Abschluß eines Spielvertrages bzw. die Annahme eines an den Veranstalter herangetragenen entsprechenden Angebotes fallen.[477] Da die Beteiligung als Spieler anders als in § 285 nicht als tatbestandsmäßige Handlung unter Strafdrohung gestellt ist,[478] kann das Spielen auch nicht als Beihilfe zur Veranstaltung (§§ 287 I, 27) erfaßt werden.

6. Werbung für unerlaubte Lotterie oder Ausspielung, § 287 II

183 Wie in § 284 IV ist die Werbung für eine illegale Veranstaltung auch in § 287 II mit geringerer Strafe bedroht als die Durchführung der Veranstaltung selbst. Hinsichtlich des Bedeutungsgehaltes des Merkmals „Werbung" und seiner Abgrenzung zur Beihilfe (§§ 287 I, 27) gilt das zu § 284 IV gesagte entsprechend.

III. Kontrollfragen

1. Welches Rechtsgut schützen die §§ 284 ff.? (Rn. 164)
2. Was ist ein „Glücksspiel"? (Rn. 168)
3. Welche straftatsystematische Stellung hat die „behördliche Erlaubnis"? (Rn. 171)
4. Was ist eine „Lotterie"? (Rn. 180)
5. Was ist der Unterschied zwischen „Lotterie" und „Ausspielung"? (Rn. 181)

IV. Literatur

Hund, Beteiligung Verdeckter Ermittler am unerlaubten Glücksspiel, NStZ 1993, 571
Lampe, Falsches Glück, JuS 1994, 737
Meurer, Zufallsspiel und Glücksspiel im Strafrecht, in: Schilling/Meurer (Hrsg.), Automatenspiel und Recht, 1998, Marburg, S. 3 ff.
Meurer/Bergmann, Tatbestandsalternativen beim Glücksspiel, JuS 1983, 668

---

[477] *Lackner/Kühl*, § 287 Rn. 6.
[478] *Lackner/Kühl*, § 287 Rn. 6; LK-*v. Bubnoff*, § 287 Rn. 25.

G. Unbefugter Gebrauch von Pfandsachen, § 290 StGB

Übersicht Rn.
I. Allgemeines 184
II. Strafbarkeitsvoraussetzungen
   1. Objektiver Tatbestand
     a) Übersicht 185
     b) Täter 186
     c) Tatobjekt 187
     d) Tathandlung 188
   2. Subjektiver Tatbestand 189

I. Allgemeines

Der in Praxis[479] und Prüfung[480] bedeutungslose Straftatbestand schützt das **Eigentum** an verpfändeten Sachen gegen unbefugte Benutzung durch den öffentlichen Pfandleiher.[481] Es handelt sich um ein unterschlagungsähnliches Delikt, das sich von § 246 durch das Fehlen einer Zueignung und eines Zueignungswillens unterscheidet. Das deliktische Verhalten erschöpft sich in einem **furtum usus**,[482] eine Enteignung des Eigentümers ist weder im objektiven noch im subjektiven Tatbestand Strafbarkeitsvoraussetzung. Geht die Tat über bloße Gebrauchsanmaßung hinaus, hat sie also die Qualität einer „Zueignung", wird § 290 von § 246 verdrängt.[483]

184

II. Strafbarkeitsvoraussetzungen

1. Objektiver Tatbestand

a) Übersicht

Der objektive Tatbestand setzt sich aus folgenden Merkmalen zusammen:

---

[479] Die Strafverfolgungsstatistik 1998 weist für „Andere Straftaten des strafbaren Eigennutzes", worunter die Tatbestände § 290 und § 297 fallen (vgl. *Arzt/Weber*, BT, § 24 Rn. 40: „Sammelsurium von Strafvorschriften"), nur ein einziges Urteil auf; vgl. auch *Maurach/Schroeder/Maiwald*, BT 1, § 37 Rn. 6.
[480] Vgl. *Joecks*, S. 670: Nur ein „Sternchen"; zur Bedeutung der Sternchen *Joecks*, VIII.
[481] SK-*Hoyer*, § 290 Rn. 1.
[482] *Gössel*, BT 2, § 18 Rn. 123; *Kohlrausch/Lange*, § 290 Anm. I; *Lackner/Kühl*, § 290 Rn. 1; LK-*Schäfer*, § 290 Rn. 1.
[483] *Kindhäuser*, BT II/1, § 9 Rn. 24; *Otto*, BT, § 48 Rn. 17; *Lackner/Kühl*, § 290 Rn. 2; SK-*Hoyer*, § 290 Rn. 7.

185
- Täter: Öffentlicher Pfandleiher
- Tatobjekt: In Pfand genommener Gegenstand
- Tathandlung: Unbefugte Ingebrauchnahme

b) Täter

186 Die Tat hat den Charakter eines **Sonderdelikts**, da sie täterschaftlich nur von öffentlichen Pfandleihern begangen werden kann.[484] **Pfandleiher** ist, wer gewerbsmäßig Darlehen gibt und sich zur Sicherung des Zins- und Rückzahlungsanspruchs bewegliche Sachen verpfänden läßt. „Öffentlich" bedeutet, daß der Pfandleiher einem unbeschränkten Personenkreis von Darlehensprätendenten zum Abschluß von Pfandleihgeschäften zur Verfügung steht. Auf die Innehabung einer gültigen gewerberechtlichen Konzession kommt es nicht an.[485] Private Pfandgläubiger erfaßt der Straftatbestand nicht.[486]

c) Tatobjekt

187 Obwohl der Gesetzestext die Vokabel „Gegenstand" benutzt, kann Tatobjekt nur eine **bewegliche Sache** sein.[487] Zwar können auch Forderungen und sonstige Rechte verpfändet werden (§ 1273 BGB); jedoch ist eine „Ingebrauchnahme" nur bei Sachen möglich. Grundstücke werden nicht „in Pfand genommen", sondern mit Hypothek (§ 1113 BGB) oder Grundschuld (§ 1191 BGB) belastet, wenn sie eine Forderung sichern sollen. Die Sache muß in **fremdem Eigentum** stehen und zum Zwecke der **Pfandrechtsbestellung** in den Besitz des Täters gelangt sein. Unerheblich ist jedoch, ob dieser Vorgang zivilrechtlich wirksam ist und zur Entstehung eines Pfandrechts gem. § 1204 BGB geführt hat.[488]

d) Tathandlung

188 Tatbestandsmäßige Handlung ist die Ingebrauchnahme der verpfändeten Sache. „**Gebrauch**" ist die Nutzung der Gebrauchsmöglichkeiten, die der Besitz der Sache bietet und die weder mit der Zerstörung (dann § 303) noch mit einem sonstigen Verlust der Sache (dann evtl. § 246) verbunden ist.[489] Erfaßt sind nicht nur „natürliche", sondern auch „juristische" Arten des Gebrauchs, wie z.B. die Weiterverpfändung der Sache.[490] „**Unbefugt**" ist der Gebrauch, wenn und soweit er weder von dem Pfandrecht noch einer sonstigen Berechtigung – z.B. einer Einwilligung des Eigentümers[491] – gedeckt ist. Das Pfandrecht gewährt zwar ein

---

[484] *Gössel*, BT 2, § 18 Rn. 124; SK-*Hoyer*, § 290 Rn. 2.
[485] RGSt 8, 269 (270); *Gössel*, BT 2, § 18 Rn. 125; *Schönke/Schröder/Eser*, § 290 Rn. 2.
[486] *Kindhäuser*, BT II/1, § 9 Rn. 19; *Maurach/Schroeder/Maiwald*, BT 1, § 37 Rn. 13.
[487] *Gössel*, BT 2, § 18 Rn. 126.
[488] *Kindhäuser*, BT II/1, § 9 Rn. 20; SK-*Hoyer*, § 290 Rn. 3.
[489] SK-*Hoyer*, § 290 Rn. 4.
[490] RGSt 8, 269 (272); LK-*Schäfer*, § 290 Rn. 5.
[491] *Schönke/Schröder/Eser*, § 290 Rn. 3.

Recht zum Besitz sowie – bei Pfandreife – ein Recht zur Befriedigung aus der verpfändeten Sache. Zu sonstigem Gebrauch der Sache ist der Pfandrechtsinhaber hingegen nicht berechtigt, es sei denn, es wurde ein Nutzungspfandrecht vereinbart, § 1213 BGB. Ein Gebrauch der Sache, der über die pfandrechtsgemäßen Befugnisse hinausgeht, indiziert daher einen Eingriff in die Rechtsstellung des Eigentümers.[492]

2. Subjektiver Tatbestand

Der subjektive Tatbestand setzt Vorsatz voraus, § 15. **Dolus eventualis** genügt.[493] Der Irrtum über die tatsächlichen Voraussetzungen des Merkmals „unbefugt", also die irrige Annahme von tatsächlichen Voraussetzungen einer Befugnis (Annahme, es sei ein Nutzungspfandrecht vereinbart), ist vorsatzausschließender Tatbestandsirrtum i.S.d. § 16 I 1. Der Irrtum über die rechtlichen Grenzen des pfandrechtskonformen Sachgebrauchs (Annahme, jedes Pfandrecht gestatte den Gebrauch der Sache) ist Verbotsirrtum i.S.d. § 17.

189

III. Kontrollfragen

> 1. In welcher Hinsicht ähneln sich § 290 und § 248 b? (Rn. 184)
> 2. Kann jedermann Täter des § 290 sein? (Rn. 186)
> 3. Was bedeutet „in Gebrauch nehmen"? (Rn. 188)

H. Gefährdung von Schiffen, Kraft- und Luftfahrzeugen durch Bannware, § 297 StGB

Übersicht   Rn.

I. Allgemeines... 190
II. Strafbarkeitsvoraussetzungen
   1. Objektiver Tatbestand
      a) Übersicht 191
      b) Täter... 192
      c) Tatobjekte 193
      d) Tathandlung 194
   2. Subjektiver Tatbestand 195

---

[492] SK-*Hoyer*, § 290 Rn. 1.
[493] SK-*Hoyer*, § 290 Rn. 7.

I. Allgemeines

190 Dieser ebenfalls bedeutungsarme Straftatbestand wurde 1998 durch das 6. StrRG erweitert und umgestaltet.[494] Vorher hieß er „Schiffsgefährdung durch Bannware" und beschränkte sich auf den Schutz von Schiffen und ihrer Ladung.[495] Rechtsgutstheoretisch ist der vermögensdeliktische Charakter der Straftat nur ein Teilaspekt.[496] Soweit der Tatbestand auf Sachen bezug nimmt, deren Beförderung für das Schiff, Kraftfahrzeug oder Luftfahrzeug oder seine Ladung die Gefahr einer Beschlagnahme oder Einziehung begründet (§ 297 I Nr. 1, IV), ist Schutzgut das **Eigentum** an Schiff, Kraftfahrzeug, Luftfahrzeug oder Ladung.[497] Daneben steht eine Tatbestandsvariante, die an Sachen anknüpft, deren Beförderung für den Reeder, Schiffsführer, Halter oder Führer des Kraft- oder Luftfahrzeugs die Gefahr einer Bestrafung verursacht (§ 297 I Nr. 2, II, IV). Das Interesse der genannten Personen an Straffreiheit ist das zweite Schutzgut des Straftatbestandes. Darüber hinaus werden der Strafvorschrift Schutzfunktionen zugunsten des Transportwesens, des internationalen Güterverkehrs und der außenpolitischen Beziehungen der Bundesrepublik zugeschrieben.[498]

II. Strafbarkeitsvoraussetzungen

1. Objektiver Tatbestand

a) Übersicht

191 Die Klarheit und Transparenz des objektiven Tatbestandes leidet an der Vielzahl von Varianten und Alternativen. Kompliziert ist insbesondere das Geflecht der Personen, die einerseits als Täter und andererseits als ahnungsloses Opfer berücksichtigt worden sind.

- Täter:
  - Wer (§ 297 I 1. Alt, IV) *oder*
  - Schiffsführer (§ 297 I 2. Alt.) *oder*
  - Reeder (§ 297 II) *oder*
  - Kraftfahrzeugführer (§ 297 I 2. Alt., IV) *oder*
  - Luftfahrzeugführer (§ 297 I 2. Alt., IV) *oder*
  - Kraftfahrzeughalter (§ 297 II, IV) *oder*
  - Luftfahrzeughalter (§ 297 II, IV)

---

[494] Dazu *Mitsch*, ZStW 111 (1999), 65 (119); *Putzke*, in: Schlüchter (Hrsg.), Bochumer Erläuterungen zum 6. Strafrechtsreformgesetz, 1998, S. 100 ff.; SK-*Hoyer*, § 297 Rn. 1.
[495] Zur notwendigen „Modernisierung" des § 297 a.F. bereits *Schroeder*, ZRP 1978, 12 (13).
[496] *Tröndle/Fischer*, § 297 Rn. 2.
[497] *Schroeder*, ZRP 1978, 12; *Maurach/Schroeder/Maiwald*, BT 1, § 32 Rn. 4; *Joecks*, § 297 Rn. 1; *Lackner/Kühl*, § 297 Rn. 1; SK-*Hoyer*, § 297 Rn. 2.
[498] *Otto*, BT, § 55 Rn. 18; *Tröndle/Fischer*, § 297 Rn. 2.

- Tatobjekte:
  - Transportmittel
    - deutsches Schiff, Kraft- oder Luftfahrzeug (§ 297 I, II, IV) *oder*
    - ausländisches Schiff, Kraft- oder Luftfahrzeug, das wenigstens einen Teil seiner Ladung im Inland genommen hat (§ 297 I, II, III, IV)
  - Bannware
    - Sache, deren Beförderung für das Transportmittel oder die Ladung die Gefahr einer Beschlagnahme oder Einziehung verursacht (§ 297 I Nr. 1) *oder*
    - Sache, deren Beförderung für den Reeder, Kraftfahrzeughalter, Luftfahrzeughalter, Schiffsführer, Kraftfahrzeugführer oder Luftfahrzeugführer die Gefahr einer Bestrafung verursacht (§ 297 I Nr. 2, II, IV)
- Tathandlung:
  - Anbordnehmen der Bannware *oder*
  - Anbordbringen der Bannware
  - ohne Wissen des
    - Reeders, Kraftfahrzeughalters, Luftfahrzeughalters, Schiffsführers, Kraftfahrzeugführers, Luftfahrzeugführers (§ 297 I 1. Alt., IV) *oder*
    - Reeders, Kraftfahrzeughalters, Luftfahrzeughalters (§ 297 I 2. Alt., IV) *oder*
    - Schiffsführers, Kraftfahrzeugführers, Luftfahrzeugführers (§ 297 II, IV)

Der objektive Tatbestand enthält **kein Erfolgsmerkmal**. Die Tat ist bereits mit der Plazierung der Konterbande auf dem Transportmittel vollendet.[499] Es braucht weder zu einer Beschlagnahme, Einziehung oder Bestrafung zu kommen[500] noch ist der Eintritt einer dahingehenden konkreten Gefahr erforderlich.[501] Entgegen dem insoweit mißverständlichen Gesetzeswortlaut hängt die Strafbarkeit nicht davon ab, daß eine „Gefahr verursacht" worden ist. Gemeint ist damit vielmehr, daß die beförderte Ware ihrer Art nach geeignet ist, eine Beschlagnahme, Einziehung oder Bestrafung zu veranlassen.[502]

b) Täter

Die Tat kann Allgemein- oder Sonderdelikt sein, je nachdem, welche Tatbestandsvariante man ins Auge fast. **Jedermann** kann Täter sein in den Fällen der § 297 I 1. Alt. und § 297 I 1. Alt., IV.[503] Von der Täterschaft ausgeschlossen ist dabei nur die Person, deren Ahnungslosigkeit („ohne Wissen des") jeweils Strafbarkeitsvoraussetzung ist. Auch der Reeder und der Schiffsführer können also

---

[499] *Tröndle/Fischer*, § 297 Rn. 7; LK-*Schäfer*, § 297 Rn. 6; *Schönke/Schröder/Eser*, § 297 Rn. 7 (zu § 297 a.F.).
[500] SK-*Hoyer*, § 297 Rn. 6.
[501] Anders SK-*Hoyer*, § 297 Rn. 2, 6; *Gössel*, BT 2, § 16 Rn. 1 (zu § 297 a.F.): konkretes Gefährdungsdelikt.
[502] *Tröndle/Fischer*, § 297 Rn. 10.
[503] *Tröndle/Fischer*, § 297 Rn. 5.

Täter sein, soweit die Tat die Gefahr der Bestrafung des jeweils anderen begründen kann und der andere ahnungslos ist, § 297 I Nr.2. Daher sind § 297 I 2. Alt. und § 297 II überflüssig.[504] Um **Sonderdelikte** handelt es sich in den Fällen der § 297 I 2. Alt., § 297 II, § 297 I 2. Alt., IV und § 297 II, IV. Täter der in § 297 I 2. Alt. und § 297 I 2. Alt., IV normierten Taten können nur der Schiffs-, Kraft- und Luftfahrzeugführer sein. Täter der in § 297 II und § 297 II, IV normierten Taten können nur der Reeder, Kraft- und Luftfahrzeughalter sein. Die Reeder- bzw. Haltereigenschaft ist ein persönliches Merkmal i.S.d. § 14.

c) Tatobjekte

193 Bei den Tatobjekten sind zum einen die Transportmittel und zum anderen die gefahrbegründenden Gegenstände zu unterscheiden. Zu den geschützten Transportmitteln zählen nach der Neufassung des Tatbestandes neben deutschen und – im Inland zumindest teilweise beladenen – ausländischen **Schiffen** (§ 297 I, III) auch deutsche und ausländische **Kraftfahrzeuge** und **Luftfahrzeuge** (§ 297 III, IV). Bannware sind **bewegliche Sachen**, die auf Grund deutscher oder ausländischer Vorschriften einem **Einfuhr-, Ausfuhr-** oder **Transportverbot** oder einem **Zoll** unterliegen und deren Beförderung einen Verstoß gegen diese Bestimmungen indiziert. Der auf diese Weise erzeugte Verdacht begründet die Gefahr der Beschlagnahme, Einziehung oder Bestrafung durch die deutsche oder eine ausländische Staatsgewalt.[505]

d) Tathandlung

194 Die der Konterbande immanente Gefahr kann sich erst realisieren, wenn die Sache mit dem Transportmittel räumlich so verbunden ist, daß es zu ihrer folgenauslösenden Beförderung kommen kann. Die Tathandlung besteht deshalb in der Herstellung dieser Verbindung. Dabei beschreibt das „**Anbordnehmen**" den Vorgang aus der Perspektive eines an Bord befindlichen Täters und das „**Anbordbringen**" aus der Perspektive eines sich außerhalb des Transportmittels aufhaltenden Täters.[506] Tatbestandsmäßig ist dieses Verhalten jeweils unter der Voraussetzung, daß die Person, um deren Gefährdung es geht, von der Handlung keine Kenntnis hat.[507]

2. Subjektiver Tatbestand

195 Der subjektive Tatbestand erfordert Vorsatz, § 15. Der Vorsatz braucht sich nur auf die gefahrbegründenden Eigenschaften der Konterbande zu beziehen. Hinsichtlich der – nicht zum objektiven Tatbestand gehörenden (s.o. Rn. 191) – Realisierung der Beschlagnahme-, Einziehungs- oder Bestrafungsgefahr ist eine bestimmte Willensrichtung des Täters nicht erforderlich.[508]

---

[504] *Tröndle/Fischer*, § 297 Rn. 4.
[505] SK-*Hoyer*, § 297 Rn. 7; *Tröndle/Fischer*, § 297 Rn. 6.
[506] SK-*Hoyer*, § 297 Rn. 3; *Tröndle/Fischer*, § 297 Rn. 7.
[507] SK-*Hoyer*, § 297 Rn. 5; *Tröndle/Fischer*, § 297 Rn. 9.
[508] *Tröndle/Fischer*, § 297 Rn. 13.

III. Kontrollfragen

> 1. Wann wurde § 297 zuletzt novelliert? (Rn. 190)
> 2. Welches Rechtsgut schützt § 297? (Rn. 190)
> 3. Wer kann Täter des in § 297 normierten Delikts sein? (Rn. 192)
> 4. Welche Tatobjekte repräsentieren das Schutzgut des § 297? (Rn. 193)
> 5. Wie setzt sich der subjektive Tatbestand des in § 297 normierten Delikts zusammen? (Rn. 195)

IV. Literatur

Schroeder, Das einzige Eigentumsdelikt, ZRP 1978, 12

J. Datenveränderung, Computersabotage, §§ 303 a, 303 b StGB

Übersicht   Rn.
I. Allgemeines
   1. Entstehungsgeschichte 196
   2. Rechtsgut 197–198
   3. Systematik 199–200
II. Datenveränderung, § 303 a
   1. Objektiver Tatbestand
      a) Übersicht 201
      b) Täter 202
      c) Daten
         aa) Legaldefinition 203
         bb) Fremdheit 204
      d) Tathandlungen
         aa) Gebrauchsbehinderung 205
         bb) Löschen 206
         cc) Unterdrücken 207
         dd) Unbrauchbarmachen 208
         ee) Verändern 209
   2. Sonstige Strafbarkeitsvoraussetzungen
      a) Subjektiver Tatbestand 210
      b) Rechtswidrigkeit 211

III. Computersabotage, § 303 b
1. Objektiver Tatbestand
   a) Übersicht 212
   b) Täter 213
   c) Datenverarbeitung 214–216
   d) Datenverarbeitungsanlage 217
   e) Datenträger 218
   f) Tathandlungen 219
   g) Störung 220
2. Sonstige Strafbarkeitsvoraussetzungen
   a) Subjektiver Tatbestand 221
   b) Rechtswidrigkeit 222

I. Allgemeines

1. Entstehungsgeschichte

196 Zusammen mit zahlreichen weiteren Vorschriften – z.B. §§ 263 a, 269 – zur Bekämpfung der „Computerkriminalität" wurden die §§ 303 a, 303 b durch das **Zweite Gesetz zur Bekämpfung der Wirtschaftskriminalität** vom 15. 5. 1986 (2. WiKG) in das StGB eingeführt.[509] Die Schaffung dieser neuen Straftatbestände erschien notwendig, da die Computertechnologie inzwischen neue Medien zur Speicherung von Daten und Informationen entwickelt hatte, die gegen beschädigende oder zerstörende Angriffe geschützt werden müssen, in den Schutzbereich des Sachbeschädigungstatbestandes aber nicht fallen, da entweder dem Angriffsobjekt die Sachqualität fehlt oder die Angriffsrichtung an der Sache vorbeigeht.[510] Sieht man von diesen Abweichungen ab, haben die Rechtsgutsbeeinträchtigungen jedoch sachbeschädigungsähnlichen Charakter,[511] was die Einordnung der Vorschriften im 27. Abschnitt des BT erklärt.

2. Rechtsgut

197 Während der Sachbeschädigungstatbestand (§ 303) zweifelsfrei das Eigentum schützt,[512] kann man derartiges weder von § 303 a noch von § 303 b sagen. Zwar sind in beiden Straftatbeständen die Angriffsobjekte irgendwie mit Sachen (Hardware, Software) verbunden, an denen jemand Eigentum hat. Jedoch ist nicht dieses Eigentum Angriffsziel und Schutzgut, sondern die **Rechtsinhaberstellung** be-

---

[509] *Lenckner/Winkelbauer*, CR 1986, 483; *Arzt/Weber*, BT, § 12 Rn. 41.
[510] *Lenckner/Winkelbauer*, CR 1986, 824 (828); *Arzt/Weber*, BT, § 12 Rn. 42; *Wessels/Hillenkamp*, BT 2, Rn. 49; *Tröndle/Fischer*, § 303 a Rn. 1.
[511] *Welp*, iur 1988, 443 (444); *Arzt/Weber*, BT, § 12 Rn. 44.
[512] Teilband 1, § 5 Rn. 1.

züglich der Daten bzw. Datenverarbeitungsvorgänge.[513] Diese sind keine eigentumsfähigen Gegenstände, haben aber einen Eigenwert, der ihren besonderen Strafrechtsschutz rechtfertigt. Da dieser Wert nicht immer, aber häufig materiellwirtschaftlicher Natur ist,[514] schützen die §§ 303 a, 303 b im Regelfall mittelbar das Vermögen. Die Delikte sind deshalb zu den **Vermögensdelikten** zu zählen.[515]

Es steht außer Zweifel, daß angesichts der Ubiquität elektronisch gestützter Datenverarbeitungssysteme in allen Bereichen des gesellschaftlichen Lebens („Informationsgesellschaft") die Strafwürdigkeit von Angriffen auf Daten nicht auf den Aspekt der Vermögensschädigung beschränkt sein kann.[516] Beispielsweise kann der strafrechtliche Kontext, in den ein § 303 a verwirklichendes Delikt gestellt ist, auch der Schutz der Rechtspflege sein. Entzieht der Täter Daten i.S.d. § 202 a II durch Löschen dem Zugriff der Strafverfolgungsbehörden, stellt sich die Datenvernichtung als spezieller Fall der Strafvereitelung dar. Allerdings wird in Fällen dieser Art § 303 a regelmäßig von dem spezielleren § 274 I Nr. 2 verdrängt.[517]

198

3. Systematik

Bereits der auf die Sachbeschädigungstatbestände §§ 303, 304, 305 und 305 a beschränkte Blick vermittelt den Eindruck von einer recht komplizierten Systematik dieses Bezirks.[518] Diese Tatbestände ordnen sich keineswegs einheitlich nach dem Schema Grundtatbestand-Qualifikationstatbestand einander zu, sind aber andererseits auch nicht einheitlich eigenständige Straftatbestände ohne Ableitungszusammenhang. Vielmehr findet man sowohl Qualifikationstatbestände (§§ 305, 305 a) als auch ein delictum sui generis (§ 304). Bezieht man §§ 303 a 303 b in die Betrachtung ein, wird die Kompliziertheit noch gesteigert. Denn wie man an § 303 b I Nr. 1 erkennt, besteht hier eine Verknüpfung mit § 303 a, die der Relation zwischen **Grundtatbestand** und darauf aufbauendem **Qualifika-**

199

---

[513] *Lackner/Kühl*, § 303 a Rn. 1: Interesse an der unversehrten Verwendbarkeit von Daten; § 303 b Rn. 1: Interesse von Wirtschaft und Verwaltung an der Funktionstüchtigkeit ihrer Datenverarbeitung; ähnlich *Arzt/Weber*, BT, § 12 Rn. 54; *Gössel*, BT 2, § 18 Rn. 56, 80; *Rengier*, BT 1, § 26 Rn. 1,5; NK-*Zaczyk*, § 303 a Rn. 2, § 303 b Rn. 1; Schönke/Schröder/*Stree*, § 303 a Rn. 1; § 303 b Rn. 1; *Tröndle/Fischer*, § 303 a Rn. 2; § 303 b Rn. 2.
[514] NK-*Zaczyk*, § 303 a Rn. 1.
[515] *Haft*, NStZ 1987, 6 (10); *Kindhäuser*, BT II/ 1, § 24 Rn. 2; *Rengier*, BT 1, § 26; *Wessels/Hillenkamp*, BT 2, § 1 IV; ablehnend zu der Ansicht, geschütztes Rechtsgut sei das Vermögen, *Bühler*, MDR 1987, 448 (455); *Gössel*, BT 2, § 18 Rn. 56; *Krey*, BT 2, Rn. 257 a.
[516] *Welp*, iur 1988, 443 (444).
[517] *Arzt/Weber*, BT, § 12 Rn. 52; *Gössel*, BT 2, § 18 Rn. 79; *Kindhäuser*, BT II/1, § 24 Rn. 22; *Lackner/Kühl*, § 274 Rn. 8; LK-*Tolksdorf*, § 303 a Rn. 39; Schönke/Schröder/*Stree*, § 303 a Rn. 11; *Tröndle/Fischer*, § 303 a Rn. 12.
[518] Teilband 1, § 5 Rn. 4.

tionstatbestand entspricht.⁵¹⁹ Zwischen § 303 b I Nr. 2 und § 303 a besteht indessen ein derartiges Einschlußverhältnis nicht, da anderenfalls die Nr. 2 des § 303 b überflüssig wäre. § 303 b I Nr.2 ist deshalb **delictum sui generis**.⁵²⁰ Im Verhältnis zu § 303 besteht ebenfalls keine Grundtatbestands-Qualifikations-Beziehung, da die Angriffsfläche des in § 303 b normierten Delikts kein fremdes Eigentum voraussetzt.⁵²¹ Steht das Angriffsobjekt des § 303 b in fremdem Eigentum, wird § 303 verdrängt.⁵²²

200 Der **Versuch** ist sowohl in § 303 a II als auch in § 303 b II ausdrücklich mit Strafe bedroht, vgl. §§ 23 I Hs. 2, 12 II. Verfahrensrechtlich haben Datenveränderung und Computersabotage den Charakter von **relativen Strafantragsdelikten**, § 303 c.⁵²³

II. Datenveränderung, § 303 a

1. Objektiver Tatbestand

a) Übersicht

201
- Täter: Wer
- Tatobjekt: Daten
- Tathandlung:
  - Löschen *oder*
  - Unterdrücken *oder*
  - Unbrauchbarmachen *oder*
  - Verändern

Die Übersicht enthält **kein Erfolgsmerkmal**, das über die handlungsimmanente Einwirkung auf die Daten (gelöscht, unterdrückt, unbrauchbar gemacht, verändert; dazu unten Rn. 205 ff.) hinausweist. Die Tat ist also vollendet, sobald dieser Einwirkungserfolg eingetreten ist. Eines weiteren Schadens, insbesondere eines Vermögensschadens bedarf es nicht.⁵²⁴ Bezogen auf das Vermögen, dessen Umfang, Zusammensetzung und Wert irgendwie mit der Unversehrtheit der Daten verbunden ist, hat die Datenveränderung also den Charakter eines Vermögensgefährdungsdelikts. Kein Element des objektiven Tatbestandes ist die im

---

⁵¹⁹ *Arzt/Weber*, BT, § 12 Rn. 55; *Gössel*, BT 2, § 18 Rn. 81; *Krey*, BT 2, Rn. 258 b; *Rengier*, BT 1, § 26 Rn. 6; *Joecks*, § 303 b Rn. 1; *Lackner/Kühl*, § 303 b Rn. 1; SK-*Hoyer*, § 303 b Rn. 5.
⁵²⁰ *Gössel*, BT 2, § 18 Rn. 81; *Maurach/Schroeder/Maiwald*, BT 1, § 36 Rn. 40; *Rengier*, BT 1, § 26 Rn. 6; *Joecks*, § 303 b Rn. 1.
⁵²¹ *Arzt/Weber*, BT, § 12 Rn. 55.
⁵²² *Lackner/Kühl*, § 303 b Rn. 8.
⁵²³ Zur Rechtsnatur des Strafantrags (Prozeßvoraussetzung) vgl. *Lackner/Kühl*, § 77 Rn. 2.
⁵²⁴ *Kindhäuser*, BT II/1, § 24 Rn. 2.

Text des § 303 a I – ebenso wie im Text des § 303 I – ausdrücklich erwähnte „Rechtswidrigkeit".[525]

b) Täter

Der Tatbestand kann von **jedermann** täterschaftlich verwirklicht werden. Auch der Eigentümer der Sachen, die als Speichermedium mit den Daten verbunden sind (Hardware, Software), scheidet aus dem Kreis tauglicher Täter nicht aus.[526] Denn Eigentum an diesen Sachen und die Verfügungs- und Nutzungsberechtigung bezüglich der Daten können auf verschiedene Personen verteilt sein. § 303 a schützt das Recht an den Daten, nicht das Eigentum an den Datenträgern.[527] Der Inhaber des geschützten Rechts kann sich nicht wegen Datenveränderung strafbar machen. Sein Verhalten ist eine Selbstschädigung, strafbar sind allgemein – und so auch in § 303 a – nur **Fremdschädigungen**.[528] Da der Gesetzestext aber kein – der „Fremdheit" in § 303 I entsprechendes – Merkmal enthält, welches die Selbstschädigung aus dem objektiven Tatbestand ausgrenzt, ist die straftatsystematische Herleitung der Straflosigkeit unsicher.[529] Mangels anderer Anknüpfungsmöglichkeiten wird man das Ergebnis wohl so begründen müssen, daß der Rechtsinhaber nicht „rechtswidrig" handelt.[530] Diejenigen, die die Rechtswidrigkeit als objektives Tatbestandsmerkmal bezeichnen, gewinnen an dieser Stelle ein beachtliches Argument. Wer an der Einordnung der Rechtswidrigkeit bei der „Rechtswidrigkeit" festhalten will, muß den Begriff „rechtswidrig" in § 303 a I „splitten": Das Fehlen der Rechtswidrigkeit wegen Selbstschädigung führt zum Ausschluß der objektiven Tatbestandsmäßigkeit, das Fehlen der Rechtswidrigkeit wegen des Eingreifens von Rechtfertigungsgründen ist erst auf der allgemeinen Rechtswidrigkeitsebene zu berücksichtigen.[531]

202

---

[525] *Lenckner/Winkelbauer*, CR 1986, 824 (829); *Arzt/Weber*, BT, § 12 Rn. 47; *Gössel*, BT 2, § 18 Rn. 76; *Kindhäuser*, BT II/1, § 24 Rn. 21; *Maurach/Schroeder/Maiwald*, BT 1, § 36 Rn. 38; LK-*Tolksdorf*, § 303 a Rn. 37; Schönke/Schröder/Stree, § 303 a Rn. 6; a.A. *Otto*, BT, § 47 Rn. 30; *Joecks*, § 303 a; SK-*Hoyer*, § 303 a Rn. 2, 12.

[526] *Tröndle/Fischer*, § 303 a Rn. 9.

[527] *Kindhäuser*, BT II/1, § 24 Rn. 10.

[528] *Welp*, iur 1988, 443 (446); *Arzt/Weber*, BT, § 12 Rn. 46; *Gössel*, BT 2, § 18 Rn. 60; *Kindhäuser*, BT II/1, § 24 Rn. 10; *Rengier*, BT 1, § 26 Rn. 3; LK-*Tolksdorf*, § 303 a Rn. 5; NK-*Zaczyk*, § 303 a Rn. 4; Schönke/Schröder/Stree, § 303 a Rn. 3; SK-*Hoyer*, § 303 a Rn. 5.

[529] *Lenckner/Winkelbauer*, CR 1986, 824 (828); für ungeschriebenes Tatbestandsmerkmal *Welp*, iur 1988, 443 (447); *Arzt/Weber*, BT, § 12 Rn. 46; *Kindhäuser*, BT II/1, § 24 Rn. 10; *Maurach/Schroeder/Maiwald*, BT 1, § 36 Rn. 35; für Verfassungswidrigkeit der Vorschrift wegen Unbestimmtheit (Art. 103 II GG) NK-*Zaczyk*, § 303 a Rn. 1.

[530] *Hilgendorf*, JuS 1996, 890 (892); *Otto*, BT, § 47 Rn. 30; *Wessels/Hillenkamp*, BT 2, Rn. 52; *Tröndle/Fischer*, § 303 a Rn. 9; a.A. *Arzt/Weber*, BT, § 12 Rn. 46; *Gössel*, BT 2, § 18 Rn. 61; NK-*Zaczyk*, § 303 a Rn. 4.

[531] *Hilgendorf*, JuS 1996, 890 (894).

c) Daten

aa) Legaldefinition

203 § 303 a I übernimmt den teleologisch **reduzierten Datenbegriff des § 202 a** und die dort in Absatz 2 verankerte Legaldefinition: „Daten" im Sinn des § 303 a sind also nur elektronisch, magnetisch oder sonst nicht unmittelbar wahrnehmbar gespeicherte oder übermittelte Daten. Der Beschränkung auf nicht unmittelbar wahrnehmbare Daten liegt die Überlegung zugrunde, daß strafwürdige Eingriffe in das Integritäts- bzw. Nutzungsinteresse bezüglich unmittelbar wahrnehmbarer Daten stets eine nach § 303 strafbare Sachbeschädigung seien.[532] Hinsichtlich der Handlungsalternative „unterdrücken" trifft dies jedoch nicht zu. Da solche Taten auch nicht vollständig von § 274 erfaßt werden, verursacht die Verwendung des für § 202 a geschaffenen und den dortigen Schutzzwecken angepaßten Datenbegriffs in § 303 a Strafbarkeitslücken. Die Ausgrenzung unmittelbar wahrnehmbarer Daten aus dem Tatbestand des § 303 a widerspricht daher dem Schutzzweck dieser Strafvorschrift.[533]

bb) Fremdheit

204 An den Daten muß ein anderer als der Täter die Verfügungs- und Verwendungsberechtigung haben, deren Beeinträchtigung Legitimitätsgrundlage des Straftatbestandes ist. Denn der Eingriff in „eigene" oder „herrenlose" Daten ist strafrechtlich irrelevant. Die exakte juristische Definition dieser Rechtsposition ist mangels hinreichender Anknüpfungspunkte im Gesetzestext sehr schwierig. Vereinzelt wird aus diesem Grund – Verstoß gegen das Bestimmtheitsgebot (Art. 103 II GG) – die Verfassungswidrigkeit des Straftatbestandes behauptet.[534] Terminologisch könnte man die Lücke gewiß mit dem Wort „**fremd**" füllen.[535] Da dieses im Kontext des StGB-BT – vor allem bei §§ 242, 246, 249, 303 – aber mit dem Begriffsinhalt „fremdes Eigentum" besetzt ist[536] und das Eigentum in § 303 a gerade nicht die Rechtsmacht ist, auf die es ankommt, hilft diese Bezeichnung in der Sache nur bedingt weiter.[537] Die Rechtsstellung hat zwar eigentümerähnlichen Charakter,[538] aber sie ist mit dem Eigentum nicht identisch.[539] Zur ersten Orientierung erweist sich das Eigentum an dem Datenträger als hilfreich. Denn in der Regel wird die Datennutzungsberechtigung mit dem Eigentum verknüpft, der Eigentümer des Datenträgers also zugleich Inhaber der Datennutzungsberechti-

---

[532] *Rengier*, BT 1, § 26 Rn. 1.
[533] *Welp*, iur 1988, 443 (446); NK-*Zaczyk*, § 303 a Rn. 3.
[534] *Welp*, iur 1988, 443 (447); *Arzt/Weber*, BT, § 12 Rn. 48 Fn. 46; LK-*Tolksdorf*, § 303 a Rn. 7; NK-*Zaczyk*, § 303 a Rn. 4; *Gössel*, BT 2, § 18 Rn. 64.
[535] *Rengier*, BT 1, § 26 Rn. 3; NK-*Zaczyk*, § 303 a Rn. 4.
[536] *Lackner/Kühl*, § 303 Rn. 2, § 242 Rn. 4.
[537] *Welp*, iur 1988, 443 (447); *Tröndle/Fischer*, § 303 a Rn. 9.
[538] *Lenckner/Winkelbauer*, CR 1986, 824 (829); *Schönke/Schröder/Stree*, § 303 a Rn. 3.
[539] *Gössel*, BT 2, § 18 Rn. 65.

gung sein.⁵⁴⁰ So wie man aber als Eigentümer an der eigenen Sache anderen Personen ein Nutzungsrecht einräumen kann – z.b. durch Mietvertrag –, so wie man von dem Jagdrecht ein Jagdausübungsrecht abspalten kann und so wie man als Urheber eines Werkes einem anderen ein Verwertungsrecht einräumen kann, so kann auch die Datennutzungsberechtigung einer Person übertragen werden, die nicht Eigentümer des Datenträgers ist und es durch den Übertragungsakt auch nicht wird.⁵⁴¹ Zum Teil wird die Datennutzungsberechtigung demjenigen zugeschrieben, der die Daten hergestellt und als erster gespeichert hat, sog. „Skripturakt".⁵⁴² Soweit dabei eigene Datenträger benutzt werden, ist dies ebenso unproblematisch, wie wenn es mit Zustimmung des Eigentümers geschieht.⁵⁴³ Im übrigen könnte man an eine entsprechende Anwendung des § 950 BGB denken. Mit der strafverfahrensrechtlich begründeten Befugnis zur Sicherstellung und Beschlagnahme des Datenträgers (§ 94 StPO) kann eine Verfügungsberechtigung der Strafverfolgungsbehörden bezüglich der gespeicherten Daten verbunden sein. Allerdings entsteht diese Rechtsstellung erst mit der richterlichen Beschlagnahmeanordnung. Kommt der Täter der Beschlagnahme zuvor und löscht er die beweismittelgeeigneten Daten, begeht er zwar möglicherweise Strafvereitelung, nicht aber Datenveränderung.

d) Tathandlungen

aa) Gebrauchsbehinderung

Der Unrechts-Kern aller tatbestandsmäßigen Handlungsvarianten ist die **Be- oder Verhinderung des bestimmungsgemäßen Gebrauchs** der Daten. In dieser Lage befindet sich der Verfügungsberechtigte nicht erst dann, wenn die Daten nicht mehr – bzw. nicht mehr in der ursprünglichen Fassung – existieren, sondern schon dann, wenn sie ihm – dauernd oder vorübergehend – nicht zur Verfügung stehen. Die Herbeiführung einer solchen Situation ist gemeinsame Erfolgsverursachungskomponente aller Handlungsmerkmale des § 303 a I. Tatbestandsmäßig kann auch die pflichtwidrige Nichtverhinderung dieses Erfolges sein, der Tatbestand kann also durch das Unterlassen eines Garanten i.S.d. § 13 verwirklicht werden.⁵⁴⁴ Möglich ist ebenfalls die Tatbegehung in der Handlungsform der mittelbaren Täterschaft, § 25 I 2. Alt. Wie bei § 303 stehen auch bei § 303 a geringfügige Eingriffe, deren Folgen der Betroffene ohne großen Aufwand

205

---

⁵⁴⁰ *Welp*, iur 1988, 443 (448).
⁵⁴¹ NK-*Zaczyk*, § 303 a Rn. 5.
⁵⁴² *Hilgendorf*, JuS 1996, 890 (893); *Welp*, iur 1988, 443 (447); *Rengier*, BT 1, § 26 Rn. 3, nach dem dies „in erster Linie" in Betracht kommt; ähnlich wohl *Gössel*, BT 2, § 18 Rn. 66, der das Recht demjenigen zuschreibt, „von wem die Speicherung oder Übertragung geistig herrührt".
⁵⁴³ *Welp*, iur 1988, 443 (448); NK-*Zaczyk*, § 303 a Rn. 5.
⁵⁴⁴ *Gössel*, BT 2, § 18 Rn. 68; *Lackner/Kühl*, § 303 a Rn. 3; Schönke/Schröder/*Stree*, § 303 a Rn. 4.

und Zeitverlust rückgängig machen kann, generell außerhalb des Tatbestandes.[545] Im übrigen bestehen zwischen den verschiedenen Varianten vielfältige Überschneidungen.[546]

bb) Löschen

206 **Löschen** entspricht der „Zerstörung" des § 303 I[547] und bedeutet die vollständige und irreversible Vernichtung. Dafür reicht die Entfernung von dem konkreten Speichermedium aus. Existieren daneben noch Kopien oder Datenausdrucke, steht dies der Tatbestandsmäßigkeit nicht entgegen.[548] Sind die gelöschten Daten rekonstruierbar, also nicht endgültig verloren, kann das Tatbestandsmerkmal „unterdrücken" erfüllt sein.

cc) Unterdrücken

207 **Unterdrücken** bedeutet Zugriffsverhinderung durch Entfernen, Verstecken oder Blockieren der Daten. Ausreichend ist eine vorübergehende Datenentziehung, sofern der Zeitraum groß genug ist, um dem Berechtigten ernsthafte Nachteile zuzufügen.[549]

dd) Unbrauchbarmachen

208 **Unbrauchbarmachen** ist jede Störung der Gebrauchstauglichkeit, die in anderer Weise als durch Löschen, Unterdrücken oder Verändern bewirkt wird. Auch hier genügt eine vorübergehende Aufhebung der Benutzbarkeit.

ee) Verändern

209 **Verändern** ist die Einwirkung auf den Inhalt der Daten. Die Qualität der inhaltlichen Änderung oder ihre Thematik ist unerheblich.[550] Auch eine „Verbesserung" des Dateninhalts ist eine Veränderung.[551]

2. Sonstige Strafbarkeitsvoraussetzungen

a) Subjektiver Tatbestand

210 Datenveränderung ist **Vorsatzdelikt**, § 15. Dolus eventualis reicht hinsichtlich sämtlicher objektiver Tatbestandsmerkmale. Entsprechend der „Doppelstellung" des Merkmals „rechtswidrig" (s.o. Rn. 202) ist der Irrtum über die tatsächlichen Voraussetzungen der Rechtswidrigkeit entweder vorsatzausschließender Tatbe-

---

[545] NK-*Zaczyk*, § 303 a Rn. 11.
[546] Informativ *Bühler*, MDR 1987, 448 (455).
[547] *Arzt/Weber*, BT, § 12 Rn. 49; *Gössel*, BT 2, § 18 Rn. 69; *Lackner/Kühl*, § 303 a Rn. 3.
[548] *Lenckner/Winkelbauer*, CR 1986, 824 (829); NK-*Zaczyk*, § 303 a Rn. 7; *Schönke/Schröder/Stree*, § 303 a Rn. 4.
[549] *Gössel*, BT 2, § 18 Rn. 71; NK-*Zaczyk*, § 303 a Rn. 8; *Schönke/Schröder/Stree*, § 303 a Rn. 4.
[550] LK-*Tolksdorf*, § 303 a Rn. 30; NK-*Zaczyk*, § 303 a Rn. 10.
[551] *Arzt/Weber*, BT, § 12 Rn. 49.

standsirrtum (§ 16 I 1)⁵⁵² oder entsprechend § 16 zu behandelnder Erlaubnistatbestandsirrtum.⁵⁵³ Der Wertungsirrtum über die Rechtswidrigkeit ist Verbotsirrtum.⁵⁵⁴

b) Rechtswidrigkeit

Da die Fassung des Gesetzestextes das Erfordernis der Beeinträchtigung fremden Datenverfügungsrechtes nicht hinreichend sichtbar macht, ist auch die systematische Stellung der Rechtswidrigkeit zweifelhaft. Überwiegend wird der Rechtswidrigkeit pauschal die Stellung eines Tatbestandsmerkmals zugeschrieben, vertreten wird aber auch eine „Doppelstellung", sowie die Position als allgemeines Straftatmerkmal. Ausgeschlossen ist die Rechtswidrigkeit außer in den Fällen der Verfügung über eigene Daten (s.o. Rn. 202) unter den Voraussetzungen eines Rechtfertigungsgrundes. Neben der Einwilligung⁵⁵⁵ – sofern man ihr nicht schon tatbestandsausschließende Wirkung zumißt⁵⁵⁶ – kommt auch Notwehr⁵⁵⁷ – z.B. Einsatz einer Programmsperre zur Verhinderung unberechtigter Datennutzung⁵⁵⁸ – oder Selbsthilfe in Betracht.⁵⁵⁹

211

III. Computersabotage, § 303 b

1. Objektiver Tatbestand

a) Übersicht

• Täter: Wer
• Tatobjekte
– Störungsobjekt
– Datenverarbeitung
– von wesentlicher Bedeutung für
– einen fremden Betrieb *oder*
– ein fremdes Unternehmen *oder*
– eine Behörde

212

---

⁵⁵² *Hilgendorf,* JuS 1996, 890 (894); NK-*Zaczyk,* § 303 a Rn. 13; *Schönke/Schröder/Stree,* § 303 a Rn. 5.
⁵⁵³ *Lackner/Kühl,* § 303 a Rn. 5; *Tröndle/Fischer,* § 303 a Rn. 10, § 16 Rn. 27 (Ausschluß der Vorsatzschuld).
⁵⁵⁴ *Tröndle/Fischer,* § 303 a Rn. 10.
⁵⁵⁵ *Arzt/Weber,* BT, § 12 Rn. 47; LK-*Tolksdorf,* § 303 a Rn. 37; *Schönke/Schröder/Stree,* § 303 a Rn. 6.
⁵⁵⁶ So z.B. *Kindhäuser,* BT II/1, § 24 Rn. 13; NK-*Zaczyk,* § 303 a Rn. 11.
⁵⁵⁷ *Hilgendorf,* JuS 1996, 890 (894).
⁵⁵⁸ *Wuermeling,* CR 1994, 585 (592); *Lackner/Kühl,* § 303 a Rn. 4; *Tröndle/Fischer,* § 303 a Rn. 9.
⁵⁵⁹ NK-*Zaczyk,* § 303 a Rn. 14.

> - Handlungsobjekt
>   - Daten (Nr. 1) *oder*
>   - Datenverarbeitungsanlage (Nr. 2) *oder*
>   - Datenträger (Nr. 2)
> - Tathandlung
>   - Löschen, Unterdrücken, Unbrauchbarmachen, Verändern (Nr. 1) *oder*
>   - Zerstören (Nr. 2) *oder*
>   - Beschädigen (Nr. 2) *oder*
>   - Unbrauchbarmachen (Nr. 2) *oder*
>   - Beseitigen (Nr. 2) *oder*
>   - Verändern (Nr. 2)
> - Taterfolg: Störung

Wie man sieht, ist die Struktur des objektiven Tatbestandes recht kompliziert. Hinsichtlich des Tatobjektes muß man unterscheiden den Gegenstand, an dem die Tathandlung unmittelbar vollzogen wird (oben „Handlungsobjekt" genannt) und den Gegenstand, an dem sich der Handlungsvollzug störend auswirkt („Störungsobjekt"). Dementsprechend verschachtelt ist auch die Handlungskomponente des Tatbestandes: Sprachlogisch steht das „Stören" (der Datenverarbeitung) zu den Varianten „Löschen", „Unterdrücken" usw. (der Daten, § 303 b I Nr. 1) bzw. „Zerstören" usw. (der Datenverarbeitungsanlage bzw. des Datenträgers, § 303 b I Nr. 2) im Verhältnis von Oberbegriff zu Unterbegriff. Im Tathergang repräsentieren die Merkmale „Löschen" usw. und „Stören" die Ursache einerseits und deren Wirkung andererseits.

b) Täter

213 Täter des Delikts kann **jedermann** sein. Wie stets scheidet der Inhaber des geschützten Rechtsgutsobjekts aus dem Kreis konkret tauglicher Täter aus. Die Tat muß sich gegen ein fremdes Recht richten. Auf Grund der Duplizität der Tatobjekte (Störungsobjekt, Handlungsobjekt) ist allerdings die Bestimmung des Rechtsinhabers nicht ganz leicht. Unproblematisch ist die rechtliche Beurteilung, wenn das Recht am Störungsobjekt (Betrieb, Unternehmen) und am Handlungsobjekt demselben Inhaber zusteht. Unproblematisch ist auch der Fall, daß der Inhaber des Störungsobjekts eine tatbestandsmäßige Handlung an einem Handlungsobjekt vollzieht, das nicht ihm, sondern einem anderen Inhaber gehört bzw. zusteht. Der Täter mag dann zwar eine Straftat nach § 303 a oder § 303 begehen; aus § 303 b kann er sich hingegen nicht strafbar machen, weil er bezüglich des Objekts, das in § 303 b die Funktion des Schutzguts hat, eine Selbstschädigung begeht.[560] Am schwierigsten zu beurteilen ist der umgekehrte Fall: Der Täter ist Eigentümer bzw. Inhaber des Nutzungsrechts an den tatgegenständlichen Daten (Handlungsobjekt des § 303 b I Nr. 1), an der betroffenen Datenverarbeitungs-

---

[560] *Gössel*, BT 2, § 18 Rn. 87; LK-*Tolksdorf*, § 303 b Rn. 10.

anlage oder an den betroffenen Datenträgern (Handlungsobjekte des § 303 b I Nr. 2), das Recht an der gestörten Datenverarbeitung steht aber einem anderen – dem Inhaber des Betriebs oder Unternehmens, der Behörde – zu. Hier wird es in der Regel so sein, daß der Inhaber des Rechts an der Datenverarbeitung zugleich auch – z.b. auf Grund vertraglicher Vereinbarung – ein Recht an dem Handlungsobjekt hat, was zugleich die Verfügungsbefugnis des Täters über sein eigenes Handlungsobjekt einschränkt.[561] Dieser kann sich dann durch Manipulationen an „eigenen" Objekten aus § 303 b strafbar machen.[562] Hat sich hingegen der Inhaber der gestörten Datenverarbeitung eigenmächtig und ohne rechtliche Deckung „fremder" Daten, Datenträger oder Datenverarbeitungsanlagen bemächtigt, erleidet das Verfügungsrecht des von dieser Eigenmächtigkeit betroffenen Rechtsinhabers keine Einschränkung. Dieser kann dann störende Eingriffe an den eigenen Objekten vornehmen, ohne sich dadurch aus § 303 b strafbar zu machen.[563]

c) Datenverarbeitung

Der Begriff Datenverarbeitung ist derselbe wie in § 263 a. Man versteht darunter die technischen Abläufe, bei denen auf der Grundlage von Programmen Daten aufgenommen und miteinander verknüpft werden und als Ergebnis dieses Vorganges neue Daten hergestellt und ausgegeben werden.[564] Im Kontext des § 303 b ist der Begriff weit auszulegen. Außer den eigentlichen Datenverarbeitungsvorgängen werden auch der weitere Umgang mit und die Verwendung von Daten erfaßt.[565] 214

Die Datenverarbeitung muß für einen fremden Betrieb, ein fremdes Unternehmen oder eine Behörde von wesentlicher Bedeutung sein. Durch die Attribute **„fremd"** wird auf die Straflosigkeit von Selbstschädigungen aufmerksam gemacht. Der Täter handelt also nicht tatbestandsmäßig, wenn der betroffene Betrieb oder das betroffene Unternehmen ihm selbst gehört (s.o. Rn. 213).[566] Bei dem Merkmal „Behörde" ist dieses Attribut überflüssig, weil „Inhaber" der Behörde – wenn überhaupt – die „Allgemeinheit" ist, hier also Selbstschädigungen gar nicht möglich sind. **Betrieb** ist eine auf Dauer angelegte Organisationseinheit, bestehend aus Personal, sachlichen Mitteln und Know how, deren Existenz und Tätigkeit dem Zweck dient, Güter oder Leistungen zu erzeugen oder zur Verfügung zu stellen.[567] Zwischen den Begriffen „Betrieb" und **„Unternehmen"** ist kaum ein Unterschied zu erkennen. Ein Unternehmen ohne Betrieb ist ebenso- 215

---

[561] LK-*Tolksdorf*, § 303 b Rn. 28; SK-*Hoyer*, § 303 b Rn. 4.
[562] *Arzt/Weber*, BT, § 12 Rn. 55; *Kindhäuser*, BT II/1, § 25 Rn. 13; *Lackner/Kühl*, § 303 b Rn. 5; *Schönke/Schröder/Stree*, § 303 b Rn. 14; SK-*Hoyer*, § 303 b Rn. 3.
[563] LK-*Tolksdorf*, § 303 b Rn. 28.
[564] *Lackner/Kühl*, § 263 a Rn. 4.
[565] *Gössel*, BT 2, § 18 Rn. 85; *Lackner/Kühl*, § 303 b Rn. 2; *Schönke/Schröder/Stree*, § 303 b Rn. 3; SK-*Hoyer*, § 303 b Rn. 8.
[566] *Gössel*, BT 2, § 18 Rn. 87; *Schönke/Schröder/Stree*, § 303 b Rn. 6.
[567] *Lackner/Kühl*, § 11 Rn. 15; *Schönke/Schröder/Lenckner*, § 14 Rn. 28.

wenig denkbar wie ein Betrieb, der nicht Teil eines Unternehmens ist. **Behörde** ist ein Organ der Staatsgewalt, das von der Person seines Trägers unabhängig und dazu berufen ist, unter öffentlicher Autorität für die Erreichung der Zwecke des Staates tätig zu sein.[568]

216 Eine für den Richter bestimmte Anweisung zu restriktiver Auslegung des Tatbestandes ist die Klausel „**von wesentlicher Bedeutung**".[569]Eine abstrakt-generelle Explikation dieses Merkmals, das eine schulmäßige Subsumtion jedes Einzelfalles ermöglichen könnte, ist nicht möglich. Wichtiges Wesentlichkeits-Kriterium ist die Bedeutung der betroffenen Daten für die Funktionsfähigkeit des gesamten Betriebes. Wesentlich sind nur zentrale Informationen, deren Ausfall den Betrieb vorübergehend oder dauernd lahmlegen würde.[570] Die Störung peripherer Bereiche reicht nicht.

d) Datenverarbeitungsanlage

217 Datenverarbeitungsanlage ist Handlungsobjekt des § 303 b I Nr. 2. Darunter versteht man eine aus technischen Geräten bestehende Funktionseinheit, die die Verarbeitung elektronisch, magnetisch oder sonst nicht unmittelbar wahrnehmbar gespeicherter Daten ermöglicht.[571]

e) Datenträger

218 Datenträger ist ebenfalls Handlungsobjekt des § 303 b I Nr. 2. Es sind dies Magnetbänder, Mikrofilme, Festplatten, Disketten usw.

f) Tathandlungen

219 Die Tathandlungen des § 303 b I Nr. 1 sind dieselben wie die des § 303 a I, also das Löschen, Unterdrücken, Unbrauchbarmachen und Verändern von Daten. Die Tathandlungen des § 303 b I Nr. 2 haben der Beschaffenheit des Tatobjekts entsprechend den Charakter der Einwirkung auf die körperliche Substanz von Sachen. „**Zerstören**" und „**Beschädigen**" haben denselben Bedeutungsgehalt wie in § 303, mit der Einschränkung, daß nur eine Beschädigung, die bei der betroffenen Datenverarbeitung einen Störungseffekt auslöst, tatbestandsmäßig ist. „**Unbrauchbarmachen**" ist das Herbeiführen einer Funktionsbeeinträchtigung auf andere Weise als durch Beschädigung oder Zerstörung, z.B. durch Unterbrechung der Stromzufuhr.[572] „**Beseitigen**" ist jede Form der Entwendung oder Entziehung. „**Verändern**" ist das Schaffen eines anderen Zustandes oder einer anderen Beschaffenheit des Objekts.[573]

---

[568] *Gössel*, BT 2, § 18 Rn. 86; *Lackner/Kühl*, § 11 Rn. 20.
[569] *Lackner/Kühl*, § 303 b Rn. 2.
[570] *Gössel*, BT 2, § 18 Rn. 88; *Schönke/Schröder/Stree*, § 303 b Rn. 7.
[571] *Gössel*, BT 2, § 18 Rn. 93; *Schönke/Schröder/Stree*, § 303 b Rn. 13.
[572] SK-*Hoyer*, § 303 b Rn. 7.
[573] *Gössel*, BT 2, § 18 Rn. 95.

J. Datenveränderung, Computersabotage, §§ 303 a, 303 b StGB

g) Störung

Der Vollzug der Tathandlung muß als **Taterfolg** eine Störung der Datenverarbeitung bewirken.[574] Diese Situation ist gegeben, wenn in erheblichem Maße der reibungslose Ablauf der Datenverarbeitung nicht mehr gewährleistet ist und dies nicht oder nur mit großem Aufwand und Zeitverlust wieder behoben werden kann.[575] Die konkrete Gefahr, daß es zu einer solchen Störung kommen könnte, reicht nicht aus.[576]

220

2. Sonstige Strafbarkeitsvoraussetzungen

a) Subjektiver Tatbestand

Der subjektive Tatbestand setzt sowohl in § 303 b I Nr. 1 als auch in § 303 b I Nr. 2 **Vorsatz** voraus, § 15.[577] Die Variante § 303 b I Nr. 1 ist also kein erfolgsqualifiziertes Delikt i.S.d. § 18,[578] obwohl der Störungserfolg im Verhältnis zu der Datenveränderung (§ 303 a I) durchaus die Funktion einer „schweren Folge" hat.[579]

221

b) Rechtswidrigkeit

Die Rechtswidrigkeit ist **allgemeines Deliktsmerkmal**. Ausgeschlossen ist sie, wenn ein Rechtfertigungsgrund – z.B. Einwilligung[580] – eingreift.

222

IV. Kontrollfragen

1. Wann wurden die §§ 303 a, 303 b in das StGB eingeführt? (Rn. 196)
2. Warum werden Datenveränderung und Computersabotage nicht von § 303 erfaßt? (Rn. 196)
3. Ist die Veränderung „eigener" Daten strafbar? (Rn. 202)
4. Wonach richtet sich die „Fremdheit" der Daten? (Rn. 204)
5. Wer kann Täter der Computersabotage sein? (Rn. 213)

---

[574] *Gössel*, BT 2, § 18 Rn. 89, 96; *Otto*, BT, § 47 Rn. 41; SK-*Hoyer*, § 303 b Rn. 8.
[575] *Gössel*, BT 2, § 18 Rn. 89; *Kindhäuser*, BT II/1, § 25 Rn. 8; *Lackner/Kühl*, § 303 b Rn. 6; *Schönke/Schröder/Stree*, § 303 b Rn. 10; SK-*Hoyer*, § 303 b Rn. 2.
[576] *Hilgendorf*, JuS 1996, 1082 (1083).
[577] *Otto*, BT, § 47 Rn. 42; *Schönke/Schröder/Stree*, § 303 b Rn. 16; SK-*Hoyer*, § 303 b Rn. 12.
[578] *Gössel*, BT 2, § 18 Rn. 90.
[579] *Maurach/Schroeder/Maiwald*, BT 1, § 36 Rn. 44.
[580] *Hilgendorf*, JuS 1996, 1082 (1083).

V. Literatur

Bühler, Ein Versuch, Computerkriminellen das Handwerk zu legen . Das Zweite Gesetz zur Bekämpfung der Wirtschaftskriminalität, MDR 1987, 448

Lenckner/Winkelbauer, Computerkriminalität – Möglichkeiten und Grenzen des 2. WiKG, CR 1986, 483 (Teil I), 654 (Teil II), 824 (Teil III)

Welp, Datenveränderung (§ 303 a StGB), iur 1988, 443

Wuermeling, Einsatz von Programmsperren, CR 1994, 585

Sachverzeichnis

Die Zahlen hinter dem Stichwort beziehen sich auf die Randnummer.

**Erpresserischer Menschenraub,
§ 239 a StGB   § 2**

Absicht   81, 106, 113 f.
Ausnutzung   96, 110 ff.
Ausnutzungstatbestand   102
Bemächtigung   75, 105
Dauerdelikt   74, 81
Dolus subsequens   79
Dreiecks-Konstellation   89, 96
Drohung   73, 85 ff., 94
Einverständnis   62, 76
Einwilligung   62, 73
Entführung   73 ff., 105
Erfolgsqualifiziertes Delikt   115
Erpressung   65, 82, 110 ff.
Erpressungsabsicht   80, 106
Geiselnahme   64
Gewalt 73,   85
Kausalität   121
Leichtfertigkeit   123
Mensch   69 ff., 120
Objektive Zurechnung   121
Raub   84
Räuberische Erpressung   65
Räuberischer Diebstahl   84
Rücktritt   124 ff.
Sorge um das Wohl des Opfers   93 ff., 111
Tätige Reue   124 ff.
Täuschung   73, 86 ff.
Tod   118
Zwei-Personen-Konstellation   91, 97 ff.

**Unbefugter Gebrauch eines Fahrzeugs,
§ 248 b StGB   § 1**

Berechtigung   15 ff.
Einverständnis   19 ff.

Einwilligung   27
Fahrrad   9
Festnahmerecht   32
Furtum usus   4
Gesetzeskonkurrenz   36
Ingebrauchnehmen   11 ff.
Kraftfahrzeug   8
Mittelbare Täterschaft   33
Mutmaßliche Einwilligung   28
Rechtfertigender Notstand   29
Selbsthilferecht   30
Subsidiarität   5, 35 ff.
Teilnahme   34
Zueignungsabsicht   4

**Entziehung elektrischer Energie,
§ 248 c StGB   § 1**

Eigentum   48
Elektrische Anlage   49
Elektrische Einrichtung   49
Elektrische Energie   47
Entziehen   50
Leiter   51
Sache   44
Zueignungsabsicht   54

**Geldwäsche,
§ 261 StGB   § 5**

Begünstigung   8
Gegenstand   16
Gesetzeskonkurrenz   40
Hehlerei   8
Herrühren   17 ff.
Leichtfertigkeit   24 f.
Organisierte Kriminalität   1

Strafvereitelung 8
Tätige Reue 27
Verschaffen 33
Verwahren 33
Verwenden 33
Vortat 11 ff.

**Computerbetrug,
§ 263 a StGB § 3**

Bande 32
Bankomatenmißbrauch 21
Betrug 9, 15, 26, 30
Daten 16 ff.
Datenverarbeitungsvorgang 26 f.
Diebstahl 10, 21
Geldspielautomaten 25
Gewerbsmäßigkeit 34
Input-Manipulation 18
KreditkartenMißbrauch 11
Programm 16 f.
ScheckkartenMißbrauch 11
Täuschung 4, 9, 15
Unbefugt 20 ff.
Unterschlagung 10, 21
Vermögensschaden 28
Wirtschaftskriminalität 5, 6

**Subventionsbetrug,
§ 264 StGB § 3**

Amtsträger 52
Abstraktes Gefährdungsdelikt 36
Bande 76
Betrug 36, 42, 46, 75
Erlangen 73
Gebrauchen 73
Gewerbsmäßigkeit 76, 78
Leichtfertigkeit 60 f., 65, 71, 74, 77, 82
Regelbeispiel 79
Sonderdelikt 66
Steuerhinterziehung 43, 46
Subvention 46
Subventionserhebliche Tatsachen 47, 69
Subventionsgeber 50
Subventionsgesetz 41
Subventionsverfahren 49
Tätige Reue 81 ff.
Täuschung 36, 48, 51, 53 ff.
Unterlassungsdelikt 66, 70

Untreue 44
Verwendungsbeschränkung 63
Vorteilhaftigkeit 54 ff., 69
Wirtschaftskriminalität 35, 37

**Kapitalanlagebetrug,
§ 264 a StGB § 3**

Abstraktes Gefährdungsdelikt 86
Angaben 101
Angebot 99
Anteile 97 f.
Betrug 86
Bezugsrechte 96
Börsengesetz 89
Darstellungen 104
Prospekte 104
Tätige Reue 107 f.
Täuschung 86, 91, 99, 100 ff.
Übersichten 104
Unterlassung 102
Verschweigen 102
Vertrieb 99
Vorteilhaftigkeit 103
Wertpapiere 95
Wirtschaftskriminalität 85

**Versicherungsmißbrauch,
§ 265 StGB § 3**

Beiseiteschaffen 123
Betrug 110, 113
Beschädigung 119
Brauchbarkeitsbeeinträchtigung 122
Leistungsverschaffungsabsicht 127 ff.
Rücktritt 131
Sache 117
Subsidiarität 132 ff.
Überlassen 124
Versuch 130
Zerstörung 121

**Erschleichen von Leistungen,
§ 265 a StGB § 3**

Automat 144 ff., 160
Betrug 136
Einrichtung 154, 163
Entgelt 141, 148, 158

Entgelthinterziehungsabsicht 167
Erschleichen 156 ff.
Leistungsautomat 144
Subsidiarität 139 f., 168 f.
Täuschung 136, 159
Telekommunikation 149, 161
Veranstaltung 154, 163
Verkehrsmittel 150, 162
Warenautomat 144

**Kreditbetrug,
§ 265 b StGB § 3**

Abstraktes Gefährdungsdelikt 172
Betrieb 179, 188
Betrug 171
Tätige Reue 190 ff.
Täuschung 171, 175, 182 ff.
Unterlassungsdelikt 186
Unternehmen 179, 188
Vorteilhaftigkeit 183
Wirtschaftskriminalität 170

**Vorenthalten und Veruntreuen
von Arbeitsentgelt, § 266 a StGB § 4**

Arbeitgeber 8 ff., 36
Arbeitnehmer 47
Arbeitnehmerbeiträge 12 ff., 48
Arbeitsentgelt 37 ff.
Einbehalten 39
Einzugsstelle 16
Ersatzkasse 47
Nichtunterrichtung 44
Nichtzahlung 42
Omissio libera in causa 19
Tätige Reue 23 ff., 51
Unmöglichkeit 19, 43
Unterlassen 17, 42
Vorenthalten 17 ff., 49
Wirtschaftskriminalität 3

**Mißbrauch von Scheck- und
Kreditkarten, § 266 b StGB § 4**

Außenverhältnis 64, 71
Betrug 52 ff.
Codekarte 65
Dreiecks-Konstellation 64 f., 70

Geldautomat 65
Innenverhältnis 64, 71
Kreditkarte 70
Kreditkartenmißbrauch 68 ff.
Kundenkarte 70
Mißbrauch 64, 71
Scheckkarte 63
Überlassung 62
Untreue 52 ff.
Vermögensschaden 66
Wirtschaftskriminalität 3, 52

**Insolvenzdelikte,
§§ 283 ff. StGB § 5**

Abstraktes Gefährdungsdelikt 145, 149, 158
Bankrott 144 ff., 152
Buchführungspflicht 148 ff.
Einwilligung 160
Gläubigerbegünstigung 152 ff.
Leichtfertigkeit 147
Insolvenzordnung 134
Notwendige Teilnahme 154
Objektive Strafbarkeitsbedingung 143, 147, 151, 156, 163
Schuldnerbegünstigung 157 ff.
Überschuldung 146
Zahlungsunfähigkeit 146

**Unerlaubtes Glücksspiel,
§§ 284 ff. StGB § 5**

Ausspielung 181
Behördliche Erlaubnis 171
Beteiligung 179
Gewerbsmäßigkeit 173
Glücksspiel 168
Lotterie 180
Öffentlich 169
Veranstalten 170, 182
Werbung 175, 183

**Vereiteln der Zwangsvollstreckung,
§ 288 StGB § 5**

Abstraktes Gefährdungsdelikt 88
Agent provocateur 111
Anspruch 93 ff.

Beiseiteschaffen 98
Mittäterschaft 109
Mittelbare Täterschaft 106 ff.
Schuldner 90
Veräußern 99
Vereitelungsabsicht 103
Vermögensbestandteile 96
Zwangsvollstreckung 92

Pfandkehr,
§ 289 StGB § 5

Absicht 130
Eigentum 118
Gebrauchsrecht 123
Nutznießer 120
Pfändungspfandrecht 122
Pfandrecht 121 ff.
Sache 117
Vermieterpfandrecht 126
Wegnahme 125 f
Zurückbehaltungsrecht 124

Unbefugter Gebrauch von
Pfandsachen, § 290 StGB, § 5

Eigentum 187
Furtum usus 184
Gebrauch 188
Pfandleiher 186
Sache 187
Unbefugt 188

Wucher,
§ 291 StGB § 5

Additionsklausel 77
Ausbeuten 69
Betrug 52
Erpressung 52
Gewähren 68
Gewerbsmäßigkeit 83
Leistungen 71
Mißverhältnis 72
Mittäterschaft 76 ff.
Notwendige Teilnahme 80
Regelbeispiel 81 ff.
Unerfahrenheit 60
Urteilsvermögen 61

Versprechen 67
Vermögensvorteil 63 ff.
Willensschwäche 62
Wirtschaftskriminalität 48 f.
Zwangslage 57 ff.

Wilderei,
§§ 292, 293 StGB § 1

Agent provocateur 75, 77
Aneignungsrecht 57, 98
Beschädigen 84, 103
Dauerdelikt 78
Defensivnotstand 93
Doppelirrtum 91
Eigenjagdbezirk 63
Einwilligung 65, 92
Erlegen 80
Fangen 78
Fischen 103
Fischereirecht 101
Fischwilderei 98 ff.
Gemeinschaftlicher Jagdbezirk 63
Gewerbsmäßigkeit 95
Gewohnheitsmäßigkeit 95
Herrenlosigkeit 66, 102
Jagdausübungsrecht 63
Jagdbare Tiere 67
Jagderlaubnis 64
Jagdpacht 64
Jagdrecht 62
Nachstellen 71 ff.
Notwehr 93
Rechtfertigender Notstand 93
Regelbeispiel 94
Rücktritt 75, 76
Tatbestandsirrtum 88 ff.
Unechtes Unternehmensdelikt 74, 103
Untauglicher Versuch 74
Wild 67
Zerstören 86, 103
Zueignen 81 ff., 103

Gefährdung von Schiffen, Kraft-
und Luftfahrzeugen durch
Bannware, § 297 StGB § 5

Anbordbringen 194
Anbordnehmen 194

Bannware 193
Eigentum 190
Kraftfahrzeugführer 192
Kraftfahrzeughalter 192
Luftfahrzeugführer 192
Luftfahrzeughalter 192
Reeder 192
Schiffsführer 192

Wettbewerbsbeschränkende Absprachen bei Ausschreibungen, § 298 StGB § 3

Absprache 201 ff.
Abstraktes Gefährdungsdelikt 197
Angebot 208
Ausschreibung 198
Betrug 192
Gewerbliche Leistungen 199
Submissionsbetrug 192
Tätige Reue 214
Täuschung 193
Ware 199

Bestechlichkeit und Bestechung im geschäftlichen Verkehr, § 299 § 3

Anbieten 244
Angestellter 220
Annehmen 230
Beauftragter 220
Bevorzugung 235
Fordern 226 f.
Gegenleistung 238
Gewähren 246
Regelbeispiele 251
Unlauterkeit 237
Unrechtsvereinbarung 233 ff., 249
Versprechen 228 f., 245
Vorteil 223 ff., 248

Datenveränderung, Computersabotage, §§ 303 a, b StGB § 5

Beschädigen 219
Beseitigen 219
Computersabotage 212 ff.
Daten 203
Datenträger 218
Datenveränderung 201 ff.
Datenverarbeitung 214 ff.
Datenverarbeitungsanlage 217
Fremd 204
Löschen 206, 219
Störung 220
Unbrauchbarmachen 208, 219
Unterdrücken 207, 219
Verändern 209, 219
Wirtschaftskriminalität 196
Zerstören 219

Räuberischer Angriff auf Kraftfahrer, § 316 a StGB § 2

Aberratio ictus 8
Absicht 31 ff.
Angriff 14, 27 f.
Ausnutzung 22 ff.
Autofallenraubgesetz 4
Beendigung 27, 36
Drohung 15
Einwilligung 7
Entschlussfreiheit 15
Erfolgsqualifiziertes Delikt 42
Fahrzeugführer 13, 16 ff.
Gewalt 15
Kausalität 50
Leben 15
Leib 15
Leichtfertigkeit 58
List 15
Mensch 46
Mitfahrer 13, 16 ff.
Mittäterschaft 38
Objektive Zurechnung 51 ff.
Rücktritt 5, 41
Straßenverkehr 23
Tat 48
Teilnahme 39
Tod 45
Unmittelbarkeit 53
Unternehmensdelikt 5
Verbrechen 11
Versuch 11, 27, 40
Verüben 14
Vollendung 14, 27
Vorbereitung 11, 27, 36

MIX
Papier aus verantwortungsvollen Quellen
Paper from responsible sources
FSC® C105338

If you have any concerns about our products,
you can contact us on
ProductSafety@springernature.com

In case Publisher is established outside the EU,
the EU authorized representative is:
**Springer Nature Customer Service Center GmbH
Europaplatz 3, 69115 Heidelberg, Germany**

Printed by Libri Plureos GmbH
in Hamburg, Germany